計量經濟學（第三版）

靳庭良 編著

財經錢線

第三版前言

本書至今已出版發行了兩個版本（第一版，2010.10；第二版，2012.8）。本書第三版繼承了前兩版的特點，但與第二版相比，主要有如下四點變化：

（1）完善了本書第二版的內容體系。在第 3 章 §3.4、§3.5 節增加了多元線性迴歸模型參數置信區間和模型預測區間大小的影響因素分析，刪掉了第 2 章一元線性迴歸模型的相關內容。在第 4 章引言中增加了隨機誤差項的正態性檢驗方法，§4.4 節增加了含有隨機解釋變量的經典線性迴歸模型的定義、參數 OLS 估計量的性質以及假設檢驗的系統討論；增加了附錄 §4.2，以證明異方差性或自相關性模型中參數 OLS 估計量的一致性。在第 5 章 §5.2 節增加了在非嵌套迴歸模型之間選擇的統計檢驗方法。刪掉了附錄 A 的內容（數學基礎知識）。

（2）在每一章增加了「結束語」一節。該節包括兩部分內容：一是給出本章知識結構的樹狀圖，使讀者對本章知識有一個整體、系統地認識；二是提出學習本章知識時應該注意的問題，具體包括本章知識與其他章節的聯繫、在應用中的局限性、相關內容的擴展簡介，以及對疑難問題的較深入探討等。

（3）為引導學生從不同角度理解和應用所學理論和方法，也便於教師檢測學生的學習效果，本書將習題設置為選擇題、簡答題和綜合應用題三類，並增加了相當數量的典型習題，其中既包括考察理論和方法的問題又包括能反應計量分析軟件使用情況的應用題。

（4）改變了一些內容的編排次序或表述方式。例如：在第 1 章 §1.1 節將經典計量經濟學與非經典計量經濟學的介紹納入本學科誕生與發展部分；在第 2 章 §2.3 節對參數 OLS 估計量的統計性質做了進一步說明；在第 3 章 §3.3 節通過分析參數估計量方差的表達式，理解增加解釋變量對參數估計精度的影響；在第 4 章 §4.2 節精練了（可行的）加權最小二乘法的相關表述並增加了權序列的設定方法，結合 EViews 軟件版本的

變化，修改了例題 4.2 的解題過程，在附錄 4.1 指出了在 EViews6.0 下利用 WLS 法估計模型的輸出結果中存在的問題；在第 5 章將該章標題改為「迴歸模型的設定與選擇」，並在 §5.1 節通過進一步考察對遺漏變量模型的估計問題，以加深對遺漏變量偏誤的理解；在第 6 章 §6.2 節精練了對分佈滯後模型參數意義的表述；在第 8 章 §8.4 節比較規範地介紹了 EG 協整檢驗的基本原理和步驟；等等。

由於本人學識所限，書中難免存在不妥甚至錯誤之處，懇請讀者批評指正。

靳庭良

目 錄

1 緒論 ·· (1)
　§1.1 什麼是計量經濟學 ··· (1)
　　　1.1.1 什麼是計量經濟學 ·· (1)
　　　1.1.2 計量經濟模型 ··· (3)
　§1.2 經典計量經濟學的建模步驟 ··· (4)
　　　1.2.1 理論模型的設定 ·· (5)
　　　1.2.2 變量數據的搜集與處理 ··· (6)
　　　1.2.3 模型參數的估計 ·· (9)
　　　1.2.4 模型的檢驗 ··· (9)
　　　1.2.5 模型的選擇 ··· (10)
　§1.3 計量經濟模型的應用 ··· (10)
　　　1.3.1 結構分析 ··· (10)
　　　1.3.2 經濟預測 ··· (12)
　　　1.3.3 政策評價 ··· (12)
　§1.4 閱讀本書需要的數學知識及計量分析軟件 ··················· (13)
　　　1.4.1 數學預備知識 ·· (13)
　　　1.4.2 計量分析軟件 ·· (13)
　§1.5 結束語 ·· (13)
　練習題一 ·· (15)

2 一元線性迴歸模型 ·· (17)
　§2.1 迴歸分析與迴歸模型 ··· (17)
　　　2.1.1 迴歸分析與迴歸模型 ··· (17)
　　　2.1.2 引入隨機誤差項的原因 ······································· (19)
　§2.2 基本概念及普通最小二乘法 ·· (19)
　　　2.2.1 基本概念 ··· (19)
　　　2.2.2 普通最小二乘法 ·· (22)
　§2.3 總體迴歸模型的基本假定及 OLS 估計量的統計性質 ···· (26)
　　　2.3.1 基本假定 ··· (26)
　　　2.3.2 OLS 估計量的統計性質 ······································· (27)
　　　2.3.3 隨機誤差項方差的 OLS 估計量 ·························· (30)

§2.4 擬合優度的度量 ………………………………………………… (31)
    2.4.1 可決系數（R^2） ……………………………………… (32)
    2.4.2 相關係數與 R^2 的關係 ………………………………… (35)
§2.5 迴歸系數的假設檢驗及其區間估計 ……………………………… (36)
    2.5.1 OLS 估計量的概率分佈 …………………………………… (36)
    2.5.2 變量的顯著性檢驗 ………………………………………… (37)
    2.5.3 迴歸系數的區間估計 ……………………………………… (41)
§2.6 預測 ……………………………………………………………… (42)
    2.6.1 點預測 ……………………………………………………… (42)
    2.6.2 區間預測 …………………………………………………… (43)
§2.7 案例分析 ………………………………………………………… (46)
§2.8 結束語 …………………………………………………………… (49)
練習題二 ………………………………………………………………… (51)
附錄 2.1 迴歸系數 OLS 估計量的最小方差性證明 ……………………… (56)
附錄 2.2 隨機誤差項方差 OLS 估計量的無偏性證明 …………………… (57)

3 多元線性迴歸模型 …………………………………………………… (59)
§3.1 基本概念及普通最小二乘法 ……………………………………… (59)
    3.1.1 基本概念 …………………………………………………… (59)
    3.1.2 普通最小二乘法 …………………………………………… (62)
§3.2 總體迴歸模型的基本假定及 OLS 估計量的統計性質 …………… (66)
    3.2.1 基本假定 …………………………………………………… (66)
    3.2.2 OLS 估計量的統計性質 …………………………………… (67)
    3.2.3 隨機誤差項方差的 OLS 估計量 …………………………… (69)
§3.3 可決系數與調整的可決系數 ……………………………………… (70)
    3.3.1 可決系數（R^2） ……………………………………… (70)
    3.3.2 調整的可決系數（$\bar{R}^2$） ………………………… (71)
§3.4 變量的顯著性檢驗及迴歸系數的區間估計 ……………………… (73)
    3.4.1 變量的顯著性檢驗 ………………………………………… (73)
    3.4.2 迴歸系數的區間估計 ……………………………………… (76)
§3.5 預測 ……………………………………………………………… (78)
    3.5.1 點預測 ……………………………………………………… (78)
    3.5.2 區間預測 …………………………………………………… (78)
    3.5.3 預測區間大小的影響因素分析 …………………………… (80)

§3.6 可線性化的非線性迴歸模型 …………………………………… (82)
 3.6.1 幾種常見的模型 ………………………………………… (82)
 3.6.2 模型的估計與預測 ……………………………………… (87)
§3.7 案例分析 …………………………………………………………… (87)
§3.8 結束語 ……………………………………………………………… (91)
練習題三 …………………………………………………………………… (93)
附錄3.1 最大似然估計法 ………………………………………………… (98)
附錄3.2 不可線性化非線性迴歸模型的估計 …………………………… (99)
附錄3.3 在 EViews 軟件下進行矩陣運算的基本過程 ………………… (100)

4 違背基本假定的多元線性迴歸模型 …………………………… (102)
引言 ………………………………………………………………………… (102)
§4.1 多重共線性 ……………………………………………………… (104)
 4.1.1 多重共線性的概念 ……………………………………… (104)
 4.1.2 多重共線性的後果 ……………………………………… (106)
 4.1.3 多重共線性的診斷 ……………………………………… (107)
 4.1.4 多重共線性的處理 ……………………………………… (108)
§4.2 異方差性 ………………………………………………………… (115)
 4.2.1 異方差性的概念 ………………………………………… (115)
 4.2.2 異方差性的後果 ………………………………………… (117)
 4.2.3 異方差性的檢驗 ………………………………………… (119)
 4.2.4 異方差性的補救措施 …………………………………… (123)
§4.3 自相關性 ………………………………………………………… (130)
 4.3.1 自相關性的概念及表現形式 …………………………… (130)
 4.3.2 自相關性的後果 ………………………………………… (134)
 4.3.3 自相關性的檢驗 ………………………………………… (135)
 4.3.4 自相關性的補救措施 …………………………………… (139)
§4.4 隨機解釋變量模型 ……………………………………………… (148)
 4.4.1 經典線性迴歸模型的一般定義及 OLSE 的統計性質 …… (148)
 4.4.2 內生解釋變量問題及工具變量法 ……………………… (151)
§4.5 結束語 …………………………………………………………… (158)
練習題四 ………………………………………………………………… (161)
附錄4.1 在 EViews 軟件下利用 WLS 法估計模型的輸出結果 ……… (167)
附錄4.2 當模型存在異方差或自相關時，迴歸系數 OLSE 的一致性證明 … (168)

3

5 迴歸模型的設定與選擇 ……(170)

引言 ……(170)

§5.1 解釋變量選取的偏誤 ……(171)

    5.1.1 遺漏相關變量 ……(171)

    5.1.2 誤選無關變量 ……(173)

§5.2 模型設定的統計檢驗 ……(174)

    5.2.1 線性約束的 F 檢驗 ……(174)

    5.2.2 解釋變量的篩選 ……(175)

    5.2.3 非嵌套模型之間的選擇 ……(176)

    5.2.4 模型結構突變的 Chow 檢驗 ……(176)

§5.3 模型的選擇準則 ……(180)

§5.4 定性因素量化與虛擬變量 ……(181)

    5.4.1 定性因素的量化 ……(181)

    5.4.2 虛擬變量的設置 ……(182)

    5.4.3 虛擬變量在模型結構差異檢驗中的應用 ……(184)

§5.5 結束語 ……(189)

練習題五 ……(191)

6 滯後變量模型 ……(198)

§6.1 滯後效應與滯後變量模型 ……(198)

§6.2 分佈滯後模型 ……(199)

    6.2.1 模型參數的意義 ……(199)

    6.2.2 模型的估計 ……(200)

    6.2.3 模型滯後長度的確定 ……(208)

§6.3 自迴歸模型 ……(209)

    6.3.1 自適應預期模型 ……(209)

    6.3.2 局部調整模型 ……(210)

    6.3.3 一般自迴歸模型 ……(211)

§6.4 Granger 因果關係檢驗 ……(213)

§6.5 結束語 ……(219)

練習題六 ……(220)

7 聯立方程模型 ……(225)

引言 ……(225)

§7.1 聯立方程模型的基本概念 ………………………………………… (226)
　　7.1.1 變量的分類 ……………………………………………… (226)
　　7.1.2 結構式模型 ……………………………………………… (227)
　　7.1.3 簡化式模型 ……………………………………………… (230)
§7.2 模型的識別 …………………………………………………………… (231)
　　7.2.1 識別的定義 ……………………………………………… (231)
　　7.2.2 結構方程識別的條件 …………………………………… (234)
§7.3 模型的估計方法 ……………………………………………………… (239)
　　7.3.1 間接最小二乘法（ILS 法）……………………………… (239)
　　7.3.2 二階段最小二乘法（2SLS 法）………………………… (241)
　　7.3.3 三階段最小二乘法（3SLS 法）………………………… (243)
§7.4 遞歸系統模型 ………………………………………………………… (246)
　　7.4.1 模型的定義 ……………………………………………… (246)
　　7.4.2 模型的識別與估計 ……………………………………… (247)
§7.5 聯立方程模型的檢驗 ………………………………………………… (248)
　　7.5.1 單方程的檢驗 …………………………………………… (248)
　　7.5.2 方程系統的檢驗 ………………………………………… (249)
§7.6 克萊因戰爭間模型 …………………………………………………… (250)
§7.7 結束語 ………………………………………………………………… (255)
練習題七 …………………………………………………………………… (256)
附錄 7.1 利用 3SLS 法估計模型（7.38）的輸出結果 ………………… (258)
附錄 7.2 長期乘數估計值的推導過程 …………………………………… (259)

8 偽迴歸現象與協整理論 ……………………………………………… (261)
引言 ………………………………………………………………………… (261)
§8.1 基本概念及平穩性條件 ……………………………………………… (262)
　　8.1.1 基本概念 ………………………………………………… (262)
　　8.1.2 平穩性條件 ……………………………………………… (267)
§8.2 單位根檢驗 …………………………………………………………… (270)
　　8.2.1 DF 檢驗 ………………………………………………… (270)
　　8.2.2 ADF 檢驗 ……………………………………………… (273)
§8.3 偽迴歸現象與協整的概念 …………………………………………… (278)
　　8.3.1 偽迴歸現象 ……………………………………………… (278)
　　8.3.2 協整的概念 ……………………………………………… (279)

§8.4　協整檢驗 ·· (282)
　　　　8.4.1　雙變量的 EG 檢驗 ··· (282)
　　　　8.4.2　多變量的 EG 檢驗 ··· (284)
　　　　8.4.3　協整方程的動態普通最小二乘估計 ························· (284)
　　§8.5　誤差修正模型 ·· (288)
　　　　8.5.1　模型的結構 ·· (288)
　　　　8.5.2　模型的估計 ·· (289)
　　§8.6　結束語 ·· (290)
　　練習題八 ·· (293)
　　附錄 8.1　隨機模擬生成樣本序列的簡單程序舉例 ······················ (295)

附錄 A　EViews6.0 軟件的操作基礎 ·· (298)
　　§A.1　EViews 簡介 ··· (298)
　　§A.2　EViews 的啟動與關閉 ··· (298)
　　§A.3　工作文件的建立與數據的輸入 ··· (300)
　　§A.4　數據的處理 ··· (306)
　　§A.5　作圖 ·· (308)
　　§A.6　常用描述統計量的計算 ··· (310)

附錄 B　統計分佈表 ··· (312)
　　附表 1　標準正態分佈表 ··· (312)
　　附表 2　t 分佈表 ·· (313)
　　附表 3　F 分佈表 ··· (314)
　　附表 4　χ^2 分佈表 ··· (320)
　　附表 5　DW 檢驗臨界值表 ··· (321)
　　附表 6　EG 協整檢驗臨界值表 ·· (325)

1 緒論

本章從整體上對計量經濟學進行概略性的介紹，包括這門學科的性質、特點、研究目的、經典計量經濟學的建模步驟，以及本書的研究內容、閱讀本書需要具備的數學基礎知識和計量分析軟件。

§1.1 什麼是計量經濟學

1.1.1 什麼是計量經濟學

1.1.1.1 計量經濟學的誕生與發展

計量經濟學（Econometrics） 這個名詞是 1926 年挪威經濟學家、第一屆諾貝爾經濟學獎獲得者之一弗瑞希（R. Frisch）在《論純經濟問題》一文中，按照「生物計量學」（Biometrics）一詞的結構仿造出來的，因此也被譯成經濟計量學。人們一般認為，1930 年 12 月弗瑞希和荷蘭人丁伯根（J. Tinbergen）、美國人費歇爾（I. Frisher）等經濟學家發起的國際計量經濟學會的成立，才標誌著計量經濟學作為一門獨立學科正式誕生。1933 年該學會正式出版了會刊——《計量經濟學》（Econometrica）雜誌，在發刊詞中，弗瑞希指出：經驗表明，統計學、經濟理論和數學這三者對於真正瞭解現代經濟生活中的數量規律都是必要的，但本身並非充分條件；三者結合起來，就有力量，這種結合便構成了計量經濟學。由此可見，計量經濟學是一門由統計學、理論經濟學和數學相結合形成的一門經濟學分支學科，其目的是揭示社會經濟現象發展變化中的數量規律。

自計量經濟學作為一門學科誕生以來，經過近 90 年的發展，其理論、方法已經形成了龐大的內容體系，應用領域也更加廣泛。其發展過程大致經歷了兩個階段：第一個階段（20 世紀 30~60 年代）是經典計量計量經濟學形成和完善階段，第二個階段（20 世紀 70 年代—）是非經典計量經濟學的發展階段。

在 20 世紀 60 年代以前，計量經濟學的主要特徵是，計量經濟模型的建立是以經濟理論為導向，其所含每個隨機方程中的被解釋變量均是連續型的隨機變量，它的樣本數據都是隨機抽取的，應用範圍主要是宏觀經濟領域。這個時期的計量經濟學常被稱為**經典（或傳統）計量經濟學**。由於經典計量經濟學的建模思想是以經濟理論為導向，因此也稱它是「理論驅動型」的。在這一時期，弗瑞希界定了計量經濟學的學科性質，哈維爾莫（T. Harvelmo）建立了計量經濟學的概率論基礎，斯通（R. Stone）極大地改善了計量經濟分析的數據基礎，丁伯根、克萊因（L. R. Klein）等在推廣和應用計量經濟學方面做出了重要貢獻。它們也因此獲得了諾貝爾經濟學獎：費瑞希、丁伯根，1969；克萊因，1980；斯通，

1984；哈維爾莫，1989。

在實踐應用中，經典計量經濟學存在兩個缺陷：一是依賴於現有的經濟理論，一旦理論失靈或過時，所估計的參數也就失去了意義，基於此所進行的預測往往是不準確的。例如，在20世紀70年代發生了兩次世界性的石油危機(1973—1974，1979—1980)，經濟運行中出現了「滯漲現象」，傳統經濟理論對此無法給予合理的解釋，這使得以理論為建模依據的經典計量經濟學受到了嚴峻地挑戰。二是建模要求被解釋變量是連續的、隨機的，而且要求時間序列變量具有平穩性(見第8章)，當這些條件不滿足時，就可能導致已有的建模方法失效。

自20世紀70年代以來，為了應對經典計量經濟學失靈的局面，計量經濟學家們有針對性地提出了各種建模理論和方法。以韓德瑞(D. F. Hendry)為代表的一些計量經濟學家提出了與「理論驅動型」背道而馳的「數據驅動型」的建模思想。它是以樣本數據的特徵作為主要依據，在「讓數據自身說話」的信念下建立的模型。他們認為任何經濟變量的觀測值都是由隨機過程生成的，在建模中，應該首先建立一個能夠生成樣本數據的一般自迴歸分佈滯後模型(見第6章)，然後逐步約化，最後得到反應變量之間長期穩定關係的簡單模型。由此發展起來的計量經濟學分支被稱為**動態計量經濟學**。此外，在20世紀六七十年代人們開始重視對個體行為中存在的數量規律進行分析，由此對計量經濟模型的類型提出了特殊的要求。例如：隨機方程中被解釋變量取若干離散的數值，以代表人們在決策選擇中可能的選項；樣本數據取自一定的範圍並非完全隨機的。對這些模型的研究和應用促進了**微觀計量經濟學**的誕生和發展。在20世紀80年代，考慮到許多經濟和金融時間序列具有非平穩性，而對於非平穩的時間序列變量，利用經典計量經濟學方法建模，可能產生偽迴歸現象(見第8章)，格蘭杰(C. W. J. Granger)和恩格爾(R. F. Engle)提出了**協整理論**。另外，隨著非參數統計方法在計量經濟分析中的應用，還產生了**非參數計量經濟學**。與經典計量經濟學相對，通常將20世紀70年代以後發展起來的計量經濟學的各分支統稱為**非經典計量經濟學**。在這一時期，許多計量經濟學家因為他們對該學科發展所做出的重要貢獻而榮獲諾貝爾經濟學獎：赫克曼(J. Heckman)和麥克法登(D. McFaddan)奠定了微觀計量經濟學的基礎(2000)；恩格爾提出了條件異方差模型的建模理論，格蘭杰提出了時間序列建模的協整理論(2003)；西姆斯(C. Sims)和薩金特(J. Sargent)在時間序列計量經濟學領域做出了重要貢獻(2011)。

考慮到經典計量經濟學理論方法存在的缺陷，隨著非經典計量經濟學理論方法的發展和完善，人們越來越多地應用非經典計量經濟學的理論方法來研究實際問題。儘管如此，非經典計量經濟學並不能替代經典計量經濟學。首先，後者是進一步學習前者的基礎，而且其在實證分析中仍有重要的應用價值；其次，前者的一些理論方法可以看作是對後者的進一步完善或補充，如在時間序列建模過程中進行協整檢驗能有效地避免偽迴歸現象的發生等。因此，本書將經典計量經濟學與屬於非經典計量經濟學範疇的協整理論納入一個完整的體系進行介紹，其側重點在於經典計量經濟學的基本理論、基本方法及其在EViews軟件下的執行過程，以及變量序列之間協整關係的基本檢驗方法，並結合(宏觀、微觀)經濟實際中的案例進行應用分析。

1.1.1.2　計量經濟學與相關學科之間的關係

弗瑞希在《計量經濟學》雜誌的發刊詞中明確指出，計量經濟學的特點是將經濟理

論、統計學和數學三門學科有機地結合起來，其不同於經濟統計學和經濟理論，也不應簡單地看作是數學在經濟學上的應用。

計量經濟學與理論經濟學的聯繫和區別。計量經濟學研究的主體是經濟現象中經濟關係的數量規律，這決定了計量經濟學在分析經濟數量關係時，應當以經濟學提供的理論原則和揭示的經濟規律為出發點，其研究成果具有明確的經濟意義。但是，計量經濟學並不是機械地照搬經濟理論對經濟現象的定性分析或數理經濟學中變量之間的函數關係式，而是針對具體的經濟運行環境，對經濟理論得到的一般規律提供經驗的內容。例如，微觀經濟學指出，在其他條件不變的情況下，一般商品的需求量隨著該商品價格的上升（下降）而減少（增加），但該理論並不提供任何數量上的度量，如這種商品價格的單位變動將會使需求量具體減少多少或增加多少。計量經濟學家的工作就是要對變量之間的這類數量關係進行具體估計，即為經濟理論提供經驗的內容。此外，計量經濟學還可以對已有的經濟理論進行檢驗，驗證其適用性並對其產生反饋影響。若經大量正確的建模分析都不能支持某一經濟理論或規律，則其反應的經濟行為的合理性就值得懷疑，進而在深入研究解釋同一經濟現象的不同假說或理論以及經濟主體行為機制的基礎上，可以對其提出補充或修改。

計量經濟學與經濟統計學的聯繫和區別。經濟統計學的研究內容主要是，搜集、加工並通過圖或表展現經濟數據，這些數據構成了計量經濟學發現隱藏在經濟現象中經濟關係的數量規律的原始資料。離開了經濟統計，任何對實際經濟問題的計量經濟分析都會寸步難行，但經濟統計學側重的是用統計指標和統計方法對經濟現象的數量描述，而很少去關注蘊含在其中的經濟規律及其經驗的內容。

計量經濟學與數理統計學的聯繫和區別。數理統計學是研究隨機變量統計規律性的學科。描述經濟現象特徵的變量通常是隨機變量，因此數理統計學為計量經濟學的研究提供了方法論基礎。然而，數理統計學中的許多方法只適用於「實驗數據」，即在將研究的系統或過程與外界影響相隔離的環境中，由一組條件的實現所得到的變量的數據，而經濟統計數據往往不是特定條件下的實驗結果，是被動觀測到的經濟現象的數量特徵，因此計量經濟學常常需要結合經濟實際拓展數理統計方法的適用範圍或發展新的方法來研究這類隨機變量問題。此外，數理統計學只是抽象地研究一般隨機變量的統計規律，而計量經濟學所研究的變量具有特定的經濟意義，因此在計量經濟分析中研究方法的選擇必須與實際經濟問題相符合。所以，計量經濟學並不只是數理統計學方法在經濟分析中的簡單應用。

綜上所述，經濟統計學、理論經濟學和數理統計學都能從各自的角度對經濟現象進行數量分析，它們是構成計量經濟學不可或缺的組成部分，但是都不能替代計量經濟學。繼續閱讀本書，讀者會發現計量經濟學的力量就在於將這三門學科的有機結合。

1.1.2 計量經濟模型

計量經濟學研究經濟現象使用的工具是計量經濟模型。所謂**計量經濟模型**就是用隨機性的數學方程（組）對經濟現象或經濟規律的描述和模擬，以揭示蘊含其中的各個因素之間的定量關係。這種模型不同於理論經濟學中用以分析變量之間定量關係的精確數學函數或方程（組）。例如，在研究人們的消費行為時，凱恩斯主義者（Keynesian）認

為，消費是由收入唯一決定的，消費與收入之間存在著穩定的函數關係，並且隨著收入的增加，消費將增加，但消費的增長低於收入的增長，而且邊際消費傾向(MPC)是遞減的。這裡的邊際消費傾向是指收入增加一個單位導致消費支出的增加量。設 C、I 分別表示消費支出和收入，那麼用數學模型可以將這一理論表示為：

$$C = f(I) \qquad (1.1)$$

滿足 $0 < \dfrac{dC}{dI} < 1$，$\dfrac{d^2C}{dI^2} < 0$。但該理論本身並不能明確模型(1.1)中的函數形式，這樣的模型就是通常所說的數理經濟模型。要研究收入 I 的變化對消費支出 C 的影響程度，首先，需要改造模型(1.1)使其具有明確的函數形式。例如，

$$C = \beta_0 + \beta_1 I + \beta_2 I^2 \qquad (1.2)$$

滿足 $\dfrac{d^2C}{dI^2} = 2\beta_2 < 0$。當然，這裡的截距項 β_0、I 和 I^2 的系數 β_1、β_2 都是未知的。

同時，由於人們的消費行為是一個複雜的社會過程，除了受收入的影響外還受許多其他因素的影響，如家庭所擁有的財產、消費習慣、周圍人群的消費水平、對未來收入和消費支出的預期，等等。因此，在現實的經濟生活中，我們不能期望人們的消費支出 C 與其收入 I 具有(1.2)式的精確函數關係。一個合理的處理方法是在該式右端引入隨機變量 u，以使其與消費支出相等，即

$$C = \beta_0 + \beta_1 I + \beta_2 I^2 + u \qquad (1.3)$$

其中 u 被稱為**隨機誤差項**(stochastic error)。它包含了除收入以外的其他因素對消費支出的影響，對於一定的收入水平，它的取值因個人或家庭而異。含有隨機誤差項的方程(1.3)(簡稱為隨機方程)就是反應消費與收入之間定量關係的一個計量經濟模型，其中 β_0、β_1、β_2 為模型的參數。

從上述例子可以看出，數理經濟模型是不可以估計的，因為人們並不知道其明確的函數形式。然而，計量經濟模型是一個具有明確函數形式的隨機方程，借助於樣本數據並使用適當的隨機數學的方法便可能對其中的未知參數進行估計，進而可以分析經濟現象中各因素之間的數量關係。

在模型(1.3)中，等號左邊的變量消費支出 C 是我們的研究對象，而等號右邊的變量收入 I 是影響 C 的因素，用以解釋 C 變化的原因，因此前者被稱為**被解釋變量**(exlpained variable)或**因變量**(dependent variable)，後者被稱為**解釋變量**(explanatory variable)或**自變量**(independent variable)。模型(1.3)是由一個方程構成的，像這樣的模型也稱為**單方程計量經濟模型**。在本書第7章，我們還將看到由多個方程聯立構成的計量經濟模型，即所謂**聯立方程模型**，用以描述複雜的經濟關係。

§1.2　經典計量經濟學的建模步驟

模型(1.3)含有未知參數 β_0、β_1、β_2，還不能用於分析消費支出與收入之間的數量關係，這樣的模型被稱為**理論(或總體)計量經濟模型**。對於實際經濟問題，如何設定理論計量經濟模型並尋找適當的方法估計參數，是計量經濟學研究的重要內容之一。我們

這裡所說的建模是指建立一個能夠用於對經濟現象進行數量分析的計量經濟模型。

經典計量經濟學的建模過程可以用如下流程圖(圖1-1)表示。

```
        ┌──────────────┐
    ┌──→│  理論模型的設定  │
    │   └──────┬───────┘
    │          ↓
    │   ┌──────────────┐
    │   │ 樣本數據的搜集與整理 │
修   │   └──────┬───────┘
正   │          ↓
模   │   ┌──────────────┐
型   │   │   參數的估計    │
    │   └──────┬───────┘
    │          ↓
    │   ┌──────────────┐
    │   │   模型的檢驗    │
    │   └──────┬───────┘
    │          ↓
    │    否 ┌──────────────┐
    └──────│  是否符合標準   │
           └──────┬───────┘
                  ↓ 是
              ┌──────┐
              │  完成  │
              └──────┘
```

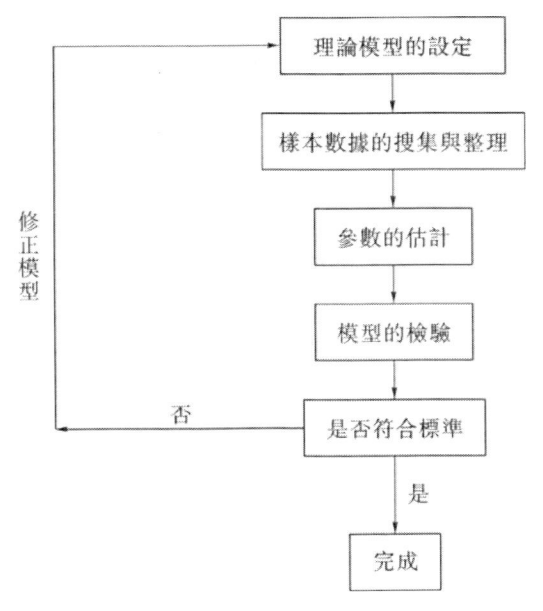

圖1-1　經典計量經濟學建模基本過程的流程圖

從圖1-1可以看出,**建立經典計量經濟模型可分為四個基本步驟**:理論模型的設定、變量數據的搜集與處理、模型參數的估計和模型的檢驗,而且建立一個可以應用的計量經濟模型可能需要多次重複以上基本步驟方能完成。下面舉例說明上述建模步驟,並簡要介紹對已通過檢驗的模型(稱之為競爭模型)的篩選問題。

1.2.1　理論模型的設定

一般說來,理論模型的設定包含四部分工作:

首先,根據研究的目的和模型的用途確定作為研究對象的變量,並從理論上對可能影響這些變量的因素進行分析,確定主要影響因素。例如,在研究消費問題時,要研究的變量是人們的消費支出,按照凱恩斯主義者的絕對收入消費理論,影響人們消費支出的主要因素只有收入。對於一個具體的地區,該理論可能是不合適的,此時可以借助於其他消費理論,如杜森貝里(J. S. Duesenberry, 1949)提出的相對收入消費理論、弗里德曼(M. Friedman, 1957)提出的持久收入消費理論、莫迪利亞尼和布隆伯格(F. Modigliani 和 R. Brumberg, 1954)提出的生命週期消費理論,來確定影響消費支出的主要影響因素。

其次,用適當的可以觀測的變量來表徵所要研究的變量及其影響因素。例如,杜森貝里提出的相對收入消費理論認為,消費者的消費支出不僅受當期收入的影響,還受周圍人群的消費行為和自己過去曾實現的消費水平的影響。依據該理論建模,可以考慮用周圍人群的平均收入表徵它們的消費行為,用前一期的消費支出或收入表徵消費者過去曾實現的消費水平或消費習慣。

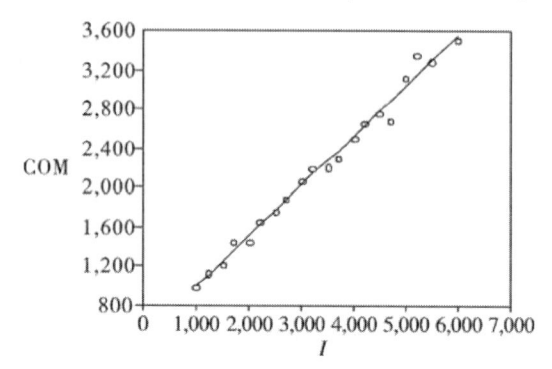

再次，依據經濟行為理論得到的經驗模型或變量之間的散點圖確定模型的數學形式並說明參數的約束條件。在對實際問題進行了大量的計量經濟分析後，經濟學家得到了許多能很好地解釋經濟現象的模型，這些模型可以作為實際建模的重要參考。例如，依據各種消費理論建立的常用計量經濟模型、柯布和道格拉斯（C. W. Cobb 和 P. H. Dauglas）、索洛（R. Solow）等提出的各種形式的生產函數模型、路遲（C. Liuch, 1973）提出的擴展的線性支出系統需求函數模型（ELES: expend linear expenditure system）、霍撒克和泰勒（H. S. Houthakker 和 L. D. Taylor, 1970）提出的描述耐用品和非耐用品需求的狀態調整模型，等等。變量之間的散點圖是各次觀測得到的樣本數據的幾何表示，由此可以初步推測變量之間可能存在的函數關係式。例如，對某社區的抽樣調查結果得到了 20 組家庭月收入 I 和消費支出 C 的數據在坐標系下繪出的散點圖，如圖 1-2 所示。

圖 1-2　消費支出 C 對收入 I 的散點圖（註：圖中 COM 表示 C）

容易看出，圖 1-2 中的散點大致在一條直線周圍。因此，可以初步認為 C 與 I 之間存在線性關係，設定如下計量經濟模型：

$$C = \beta_0 + \beta_1 I + u \tag{1.4}$$

其中 β_1 為邊際消費傾向，$0 < \beta_1 < 1$。模型（1.4）被稱為一元線性迴歸模型。

最後，判斷所建模型是不是可以估計的或可以識別的。如果對於任意的一組樣本數據及任意的一種參數估計方法，都無法區分估計結果是針對所建模型的，還是針對其他模型的，則此時只能認為該模型是不可以估計的或不可以識別的。因此，在設定理論模型時必須保證其是可以識別的。本書在第 4 章 §4.1 和第 7 章 §7.2 將舉例說明模型的可識別性。

1.2.2　變量數據的搜集與處理

為了估計理論計量經濟模型中的參數，首先需要搜集模型中變量的樣本數據並進行加工處理使之適合模型參數的估計。從工作程序上講，樣本數據的搜集與處理是在理論模型建立之後進行，但實際上兩者經常是同時進行的，因為能否搜集到合適的樣本數據是決定變量取捨的重要因素之一。因此，能否得到變量的樣本數據，尤其是高質量的數據，是計量經濟分析能否成功的關鍵，這一點無論怎麼強調都不過分。

1.2.2.1　數據的類型

計量經濟分析中**常用的數據可以分為四類**：截面數據（cross-sectional data）、時間序

列數據(time series data)、混合數據(pooled data)和虛擬變量(dummy variable)數據。

截面數據是指在同一時間(時期或時點)截面上反應一個總體的一批(或全部)個體的同一特徵變量的觀測值。例如:2008年反應中國大陸各省、直轄市、自治區人民生活水平的年人均國民總收入、年人均消費性支出和年人均年底儲蓄存款餘額;某一企業2009年1月份全體職工個人的工資、消費支出;2010年6月11日上海證券交易所某100只A股股票的收盤價。它們都屬於截面數據。

時間序列數據是按時間順序和一定的時間間隔連續排列的一個總體的一個特徵變量在不同時間的觀測值。例如:1978—2008年反應中國人民生活水平的年人均國民總收入、年人均消費性支出和年人均年底儲蓄存款餘額;2000年第一季度至2010年第一季度某一企業產品銷售量的季度數據;2000年1月1日—2010年1月1日每個交易日上證綜合指數的收盤指數。它們都屬於時間序列數據。

混合數據是將截面數據和時間序列數據合併在一起得到的數據集。例如,在2000—2008年每年在全國抽取5,000個家庭,調查每個家庭的人均收入和人均消費支出狀況,共得到45,000個人均收入數據和45,000個人均消費性支出數據,這兩個數據集都屬於混合數據。混合數據中一個重要的特殊類型是**面板數據**(panel data),它是在一定時間段上同一批個體的同一特徵變量的時間序列數據構成的數據集。在上述例子中,每年抽取的家庭可能是不同的,如果每年調查的都是同樣的5,000個家庭,這樣得到的家庭人均收入和人均消費支出數據就屬於面板數據。又如,表1-1給出的2000—2007年反應中國西部12個省、直轄市、自治區每年經濟發展水平的地區生產總值就屬於面板數據。面板數據可以從空間和時間兩個維度提供個體的信息,它已成為計量經濟學研究的重要內容之一。

表1-1 2000—2007年中國西部12個省、直轄市、自治區地區生產總值的面板數據

單位:億元

年份 地區	2000	2001	2002	2003	2004	2005	2006	2007
內蒙古	1,401.01	1,545.79	1,756.29	2,150.42	3,041.07	3,895.55	4,841.82	6,091.12
廣 西	2,050.14	2,231.19	2,455.36	2,735.13	3,433.5	4,075.75	4,828.51	5,955.65
重 慶	1,589.34	1,749.77	1,971.3	2,250.56	2,692.81	3,070.49	3,452.14	4,122.51
四 川	4,010.25	4,421.76	4,875.12	5,456.32	6,379.63	7,385.11	8,637.81	10,505.3
貴 州	993.53	1,084.9	1,185.04	1,356.11	1,677.8	1,979.06	2,270.89	2,741.9
雲 南	1,955.09	2,074.71	2,232.32	2,465.29	3,081.91	3,472.89	3,981.31	4,741.31
西 藏	117.464	138.73	161.42	184.5	220.34	251.21	291.01	342.19
陝 西	1,660.92	1,844.27	2,101.6	2,398.58	3,175.58	3,675.66	4,520.07	5,465.79
甘 肅	983.36	1,072.51	1,161.43	1,304.6	1,688.49	1,933.98	2,276.7	2,702.4
青 海	263.59	300.95	341.11	390.21	466.1	543.32	639.5	783.61
寧 夏	265.57	298.38	329.28	385.34	537.16	606.09	710.76	889.2
新 疆	1,364.36	1,485.48	1,598.28	1,877.61	2,209.09	2,604.19	3,045.26	3,523.16

註:① 表中地區生產總值均以當年價格計算。
② 數據來源於《中國統計年鑒》(2001—2008)。

虛擬變量是在研究涉及定性因素的問題時，為將其納入模型而人為設定的變量。這裡的所謂定性因素是指不存在數值度量的因素。例如，在建立1952—2008年中國糧食產量的計量經濟模型時，由於改革開放政策對中國糧食產量產生了重要影響，因此在選擇解釋變量時，除了考慮播種面積、化肥使用數量、反應農業機械化水平的指標（如農機總動力）、成災面積等可以測量的變量（定量變量）外，還必須考慮該時期內反應政策變化的政策變量。為此，可以在模型中引入如下人工變量：

$$D_t = \begin{cases} 0 & 1952 \leq t \leq 1977 \\ 1 & 1978 \leq t \leq 2008 \end{cases}$$

以反應政策的變化對糧食產量的影響。像D_t這樣的人工變量就被稱為虛擬變量。虛擬變量可能的取值就是所謂的**虛擬變量數據**，這些數據是人為設定的，其目的是將定性因素的不同屬性類型區分開。本書在第5章將對虛擬變量的作用進行詳細討論。

1.2.2.2 數據的搜集

計量經濟分析採用的數據主要是各種經濟統計數據，這些數據往往來自於聯合國的各種統計年鑒、各國政府部門正式出版的各種統計年鑒、月報、季報等，如《中國統計年鑒》及各地區或各部門編製的年鑒、報告等，它們可以從相關的網站上查到。當所研究的問題無法從公眾信息渠道獲得變量的信息時，則需要通過專門組織的調查去獲取數據，這當然會面對很多困難。

在搜集變量的數據時，需要考慮以下問題：

（1）樣本是否來自於所研究的總體？所謂總體是指客觀存在的、具有某種共同屬性的若干個別事物的集合，其中的每個個別事物被稱為個體，而樣本為從總體中抽取的部分個體構成的集合。例如，在抽樣研究某一地區家庭消費支出與可支配收入之間的數量關係時，該地區的所有家庭構成研究的總體，從中隨機調查的1,000個家庭則為一個樣本。這1,000個家庭的月消費支出和月可支配收入就是搜集到的樣本數據。如果調查的對象是個人，則會出現樣本與總體不一致的現象。

（2）數據是否準確地反應了它所描述的經濟因素的狀態，即通常所說的數據本身是否準確？顯然，在上述例子中，如果用家庭成員的月財政工資收入之和作為家庭月可支配收入就是不準確的。

1.2.2.3 變量數據的處理

通常從各種渠道獲取的原始數據，不能直接用於模型參數的估計，還需要考慮以下問題：

（1）是否存在數據的遺失問題，即數據是不是完整的？如果樣本容量足夠大，且樣本點之間的聯繫並不緊密，則可以將遺失數據所在的樣本點整個去掉；如果樣本容量有限，或者樣本點之間的聯繫緊密，去掉某個樣本點會對模型的估計結果產生較大影響，則應採取特定的技術，如插值法等，將遺失數據補上。

（2）數據在不同樣本點之間是不是可比的？計量經濟學方法是從樣本數據中尋找經濟現象本身存在的客觀規律，如果數據在不同樣本點之間是不可比的，模型的估計結果就難以反應變量之間存在的真實數量關係。例如，利用1985—2010年的時間序列數據研究鄭州市家用轎車的擁有量與人均收入水平之間的關係時，由於價格水平的變化，按

當年價格計算的人均收入在不同年份之間是不可比的。因此,在估計模型之前,首先應該將當年價格計算的人均收入數據用價格指數(如居民消費價格指數)調整為按某一年(基期)價格計算的可比數據。其計算公式為:

$$按基期價格計算的人均收入 = \frac{按當年價格計算的人均收入}{當年價格指數} \times 100$$

其中,當年價格指數是相對於基期價格指數(100)的計算值。

1.2.3 模型參數的估計

在建立了理論計量經濟模型並得到符合模型要求的樣本數據之後,如何選擇適當的估計方法估計理論模型中的參數是計量經濟學研究的核心內容。模型參數的估計是一個純技術的過程,包括估計方法的設計、選擇、計量經濟學軟件的應用等內容。在本書後面的章節中將用大量的篇幅討論模型的估計問題。

1.2.4 模型的檢驗

依據樣本數據得到的模型參數的估計值只是真實參數的一個近似,由此得到的模型不能直接加以應用,還需要制定適當的準則對它(們)進行一系列檢驗,以驗證這樣的估計結果是否客觀地揭示了所研究的經濟現象中諸因素之間的關係。計量經濟模型的檢驗一般包括經濟意義檢驗、模型假定的檢驗、統計檢驗等。

1.2.4.1 經濟意義檢驗

經濟意義檢驗主要是檢驗模型參數的估計結果在經濟意義上是否合理,通常是將參數的估計值與理論的預期值進行比較,包括參數的符號、大小及其相互之間的關係,以判斷其合理性。例如,利用某一地區的樣本數據估計模型(1.3),所得到的估計結果為:

$$C = \hat{\beta}_0 + \hat{\beta}_1 I + \hat{\beta}_2 I^2 + e$$

或

$$\hat{C} = \hat{\beta}_0 + \hat{\beta}_1 I + \hat{\beta}_2 I^2$$

其中,$\hat{\beta}_j (j=0,1,2)$ 為參數 β_j 的估計值,e 為殘差,$\hat{C}$ 為 C 的估計值或擬合值。依據邊際消費遞減定律,參數的估計值應該滿足 $0 < \frac{\partial \hat{C}}{\partial I} = \hat{\beta}_1 + 2\hat{\beta}_2 I < 1$ 且 $\frac{\partial^2 \hat{C}}{\partial I^2} = 2\hat{\beta}_2 < 0$。如果參數估計值不滿足這些不等式,一般來說,則應當捨棄所估計的模型,並從模型設定、估計方法、統計數據等方面找出導致錯誤結論的原因。

應該強調的是,模型的經濟意義檢驗是對模型估計結果進行的一項最基本的檢驗,經濟意義不合理,不管其他方面的質量多麼好,模型也是沒有意義的。

1.2.4.2 模型假定的檢驗

計量經濟模型的任何一種估計方法都對模型有一些特定的要求,即它適合於估計滿足一組假定條件的模型,當所研究的模型違背這些假定條件時,這種估計方法往往是失效的。模型假定的檢驗就是對所採用的估計方法,檢驗模型是否滿足該方法所要求的基本條件。本書在第4章將詳細討論模型假定的檢驗問題,主要包括多重共線性檢驗、隨

機擾動項的自相關性、異方差性檢驗以及解釋變量的內生性檢驗等。

1.2.4.3 統計檢驗

通常模型的參數是未知的，需要依據變量的樣本數據進行估計。為了檢驗參數估計值是不是抽樣的偶然結果，需要運用數理統計中的統計推斷方法對模型及參數的統計可靠性進行檢驗，主要包括模型的擬合優度檢驗、變量和方程的顯著性檢驗等。

1.2.5 模型的選擇

當模型通過了上述各種檢驗，則一個可以應用的計量經濟模型就建立起來了。但這樣建立的模型未必是「最好的」，因為它只表明樣本數據沒有出現違背所依據的經濟理論，且模型的估計滿足數理統計理論的要求，若依據其他理論或假說改變模型的設定，也可能建立起通過上述檢驗的其他模型。也就是說，可能有通過上述各種檢驗的更好的「競爭模型」存在。比如，在研究某一地區的消費支出問題時，採用前兩期的消費支出或收入表徵消費者過去曾實現的消費水平或消費習慣，依據相對收入消費理論所建立的模型與依據絕對收入消費理論所建立的模型，可能都能通過上述三個方面的檢驗。那麼，如何從這些「競爭模型」中選擇「最好的」呢？處理這個問題可以從以下四個方面考慮：一是對比各「競爭模型」，看哪一個對經濟現象的解釋更貼切或預測更準確；二是對比模型參數估計量相對樣本容量變化時的靈敏度；三是利用統計檢驗法進行選擇（見第 5 章 §5.2）；四是利用既考慮參數估計的精度又考慮模型對樣本數據擬合優度的各種統計指標進行篩選，如調整的可決系數、各種信息準則〔如赤池信息準則（AIC）、施瓦茨信息準則（SIC）〕等（見第 5 章 §5.3）。

§1.3　計量經濟模型的應用

當一個「最好的」的模型被建立起來以後，便可以將其應用於分析經濟現象中各種因素之間的數量關係。計量經濟模型的應用主要有以下三個方面：結構分析、經濟預測、政策評價。

1.3.1 結構分析

應用計量經濟模型對經濟現象進行結構分析，就是利用已估計參數的計量經濟模型對經濟現象中存在的經濟關係進行定量測度。結構分析可以直接研究當一個或幾個變量發生變化時，它或它們會對其他變量以至於整個經濟系統產生什麼樣的數量影響，此時經常採用的分析方法有乘數分析、彈性分析等。

乘數分析是研究某一變量 X 的絕對數量變化引起另一變量 Y 絕對數量的變化程度，它對於實現經濟系統的調控有重要作用。乘數 M 被定義為變量的絕對改變量之比 $\Delta Y/\Delta X$。例如，利用 1978—2009 年的年度數據，得到反應某一國家的國民總收入 I（億美元）與總消費支出 C（億美元）關係的消費函數模型為：

$$\hat{C} = 78.06 + 0.70I \qquad (1.5)$$

其中 $\hat{C}$ 為 C 的擬合值。從方程(1.5)可知,該國家在樣本期內國民總收入對總消費支出的影響乘數,即邊際消費傾向約為 $\Delta\hat{C}/\Delta I = 0.70$。它表明當國民總收入每增加 1 億美元,總消費支出將大約增加 0.70 億美元。在此基礎上還可以進行投資對收入的乘數分析。在儲蓄等於投資的均衡條件下,投資對國民總收入的影響乘數為:

$$M \approx 1/(1-0.70) \approx 3.33$$

這說明當投資增加 1 億美元時,將最終(註:乘數的實現需要多期)導致國民總收入大約增加 3.33 億美元。由此可以為研究政府政策的改變引起的投資變化對總體經濟產生的影響提供重要信息。

如果 Y 是 X 的可導函數,當 X 的改變量 ΔX 很小時,可以通過求微商(導數) dY/dX 而得到 Y 關於 X 的乘數 M 的(近似)值。

彈性分析是研究某一變量 X 的相對變化引起另一變量 Y 相對變化的程度。彈性 η 被定義為變量的相對改變量之比 $\dfrac{\Delta Y/Y}{\Delta X/X}$。例如,由模型(1.5)可得總消費支出對國民總收入的彈性為:

$$\eta = \frac{\Delta C/C}{\Delta I/I} = \frac{\Delta C}{\Delta I} \cdot \frac{I}{C} \approx 0.70 \cdot \frac{I}{C} \qquad (1.6)$$

對於某一期給定的 I 值和 C 值,如 $I=896$(億美元),$C=729$(億美元),由(1.6)求得:

$$\eta \approx 0.860\,3$$

由此表明當 $I=896$(億美元)、$C=729$(億美元)時,若國民總收入 I 增加 1%,則總消費支出 C 約增加 0.86%。在研究某一時期總消費支出對國民總收入的彈性時,常常將 I 和 C 在該時期的平均值代入(1.6)式所計算的彈性 η 值,用來估計該時期內總消費支出對國民總收入的彈性。

與乘數求法類似,如果 Y 是 X 的可導函數,當 X 的改變量 ΔX 很小時,Y 關於 X 的彈性 η 可以通過如下公式(近似)求得。

$$\frac{dY/Y}{dX/X} = \frac{dY}{dX} \cdot \frac{X}{Y}$$

計量經濟模型的結構分析功能還可以用於檢驗和發展經濟理論。例如,宏觀經濟學中著名的菲利普斯曲線(Pillips curve)是菲利普斯在 1958 年利用 1861—1957 年英國貨幣工資的變化率與失業率的數據擬合的一條曲線,如圖 1-3 所示。該曲線顯示貨幣工資的變化率與失業率之間存在一種此消彼長的關係,即:貨幣工資的變化率高時,失業率低;貨幣工資的變化率低時,失業率高。圍繞它是否一般地揭示了貨幣工資變化率(通貨膨脹率)與失業率之間的關係問題,人們展開了廣泛的討論和經驗驗證。例如,利用某一國家或地區的通貨膨脹率(Y)和失業率(X)的時間序列樣本數據,通過建立如下模型(稱之為倒數模型):

$$Y = \beta_0 + \beta_1 \frac{1}{X} + u \qquad (1.7)$$

或其他能反應圖 1-3 中 Y 與 X 之間關係的模型,對菲利普斯曲線描述的規律進行檢驗。如果經反覆建模分析,都無法證實該曲線的存在,則應該考慮採用其他理論,如預期菲利普斯曲線等,或發展新的理論以解釋該國家或地區通貨膨脹率與失業率之間的關係。

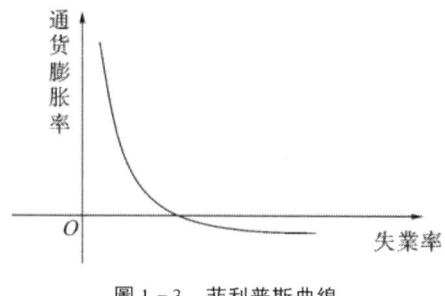

圖 1-3 菲利普斯曲線

又如,經過對一些歐美國家的歷史數據的分析研究,美國經濟學家庫茲涅茨(S. S. Kuznets)在 1955 年提出了描述收入分配差距與經濟增長的關係的「倒 U 假設」(Kuznets hypothesis of「inverted U shape」):在經濟發展過程中,收入分配差別的長期變動軌跡是「先惡化,後改進」。也就是說,在收入水平較低時,經濟增長會加劇分配不平等;當收入達到一定水平後,收入分配差別會處於一個短暫的穩定時期;在收入水平較高時,經濟增長會逐漸改進收入分配不平等的狀況。在坐標系下,收入分配差距與經濟增長的關係可以用「倒 U 曲線」(inverted U curve)來表示。關於這一假設是否具有「經濟規律的力量」一直存在爭議。在實證分析中,通過設置反應收入差距的變量(如基尼系數、20% 最高收入者的收入與 20% 最低收入者的收入之比等)和反應經濟增長的變量(如人均國內生產總值),建立能刻畫「倒 U 曲線」的模型[比如,二次多項式模型(見第 3 章 §3.6 節)],便可以對「倒 U 假設」進行檢驗。

1.3.2 經濟預測

利用計量經濟模型進行經濟預測就是在已知或預先測定的解釋變量或外生變量(見第 7 章)的前提下,利用已選擇的「最優」計量經濟模型,去預測被解釋變量或內生變量(見第 7 章)在樣本期以外的值。例如,當我們通過分析得知上述消費函數模型(1.5)中的國民總收入在 2010 年將達到 930(億美元)時,利用該模型便可以求得 2010 年該國的總消費支出的預測值為:

$$\hat{C} = 78.06 + 0.70 \times 930 = 729.06 \text{(億美元)}$$

當獲得該國 2010 年總消費支出的實際值之後,便可以與預測值進行比較,計算預測誤差,來評價預測的準確性。當然這是事後評價,對於指導預測工作缺乏前瞻性。那麼,在預測之前我們能否將預測誤差限制在最小的的範圍內呢?本書將在第 3 章討論這個問題。

1.3.3 政策評價

不同的經濟政策方案對經濟或社會目標產生的影響存在一定的差異。利用計量經

濟模型進行政策評價,就是將經濟或社會目標作為被解釋變量,在模型中引入反應政策方案的「政策變量」,對各種可供選擇的政策方案的實施效果進行模擬測算,從而對各種政策方案做出評價,此時計量經濟模型起到了「經濟政策實驗室」的作用。利用計量經濟模型對政策進行評價或選擇適用於公司、地區、國家或國際組織等各種層次的決策問題。例如,一國政府要運用緊縮的財政政策或貨幣政策抑制物價持續上漲的趨勢,但又要防止政策的過度使用導致經濟發展出現大幅衰退,就可以同時以通貨膨脹率、經濟增長率為研究的對象或目標,在計量經濟模型的解釋變量中包括財政支出、稅率、貨幣供給量等政策變量,通過這樣的模型便可以分析政策變量的變動對上述目標產生的影響。

§1.4 閱讀本書需要的數學知識及計量分析軟件

1.4.1 數學預備知識

理解本書討論的計量經濟學理論、方法及其應用,需要讀者熟悉高等數學(包括概率論與數理統計、線性代數和微積分)中一些基本概念和運算法則,例如,隨機變量、概率分佈、期望、方差、協方差、點估計、區間估計、假設檢驗、正態分佈、t分佈、χ^2分佈、F分佈、概率極限等概念及其基本性質、特徵,期望、方差、協方差、概率極限等的運算法則;矩陣的基本運算、(半)正定矩陣的含義及性質、矩陣方程的求解;數列的極限、多元函數的連續性及其求導、求微分、求極(最)值的基本方法。

1.4.2 計量分析軟件

隨著電子計算機技術的飛速發展,建立計量經濟模型需要進行的大量複雜的運算過程已經被編製成各種軟件包,如EViews、GAUSS、SPSS、SAS、PC-GIVE等,這為計量經濟學的學習和應用帶來了極大的方便。EViews軟件是目前人們最常用的計量分析軟件,它具有相當強大的功能,包括數據處理、作圖、統計分析、建模分析、預測和模擬試驗等。為此,本書在討論計量經濟分析方法的同時,將介紹EViews軟件的使用,所採用的版本是目前在國內比較流行的EViews6.0。

§1.5 結束語

本章是對計量經濟學的概略性介紹,其中計量經濟學的建模過程及其應用以及非經典的協整理論的細節,是此後各章主要討論的內容。該章的知識結構如圖1-4所示。

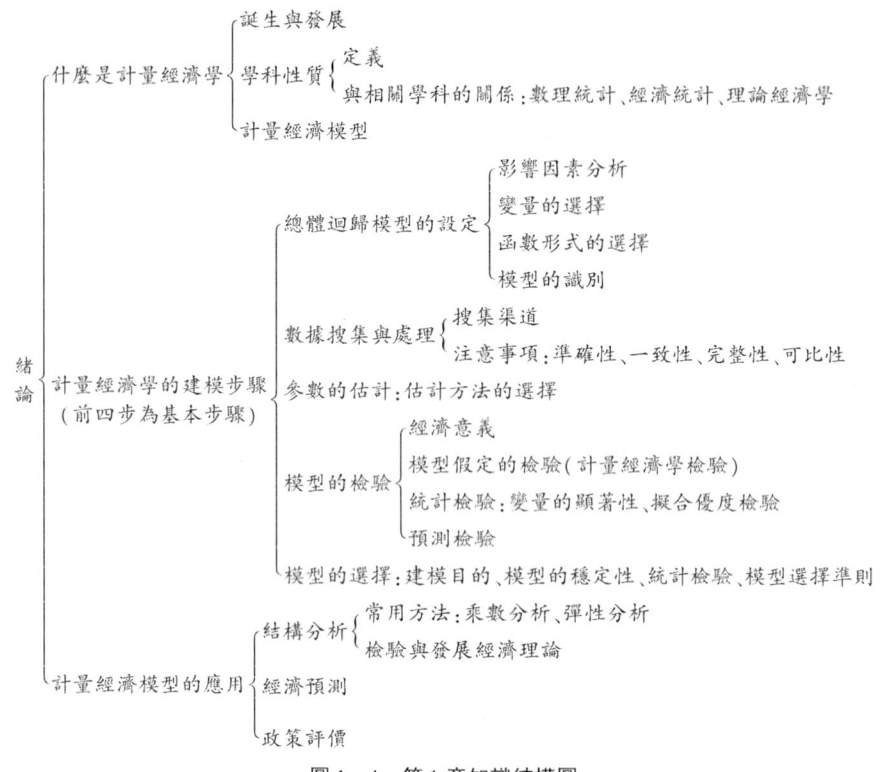

```
                            ┌ 誕生與發展
          ┌ 什麼是計量經濟學 ┤ 學科性質 ┌ 定義
          │                 │         └ 與相關學科的關係:數理統計、經濟統計、理論經濟學
          │                 └ 計量經濟模型
          │
          │                                    ┌ 影響因素分析
          │                  ┌ 總體迴歸模型的設定 ┤ 變量的選擇
          │                  │                 │ 函數形式的選擇
          │                  │                 └ 模型的識別
緒        │                  │                 ┌ 搜集渠道
          │ 計量經濟學的建模步驟 ┤ 數據搜集與處理 ┤
論        ┤ (前四步為基本步驟) │                 └ 注意事項:準確性、一致性、完整性、可比性
          │                  │ 參數的估計:估計方法的選擇
          │                  │                 ┌ 經濟意義
          │                  │                 │ 模型假定的檢驗(計量經濟學檢驗)
          │                  │ 模型的檢驗 ──────┤ 統計檢驗:變量的顯著性、擬合優度檢驗
          │                  │                 └ 預測檢驗
          │                  └ 模型的選擇:建模目的、模型的穩定性、統計檢驗、模型選擇準則
          │
          │                  ┌ 結構分析 ┌ 常用方法:乘數分析、彈性分析
          └ 計量經濟模型的應用 ┤         └ 檢驗與發展經濟理論
                             │ 經濟預測
                             └ 政策評價
```

圖 1-4　第 1 章知識結構圖

讀者在學習本章時需要注意以下幾點：

(1) 計量經濟學在經濟學中地位。計量經濟學是經濟學的分支學科，它建立起連接經濟理論與經濟實踐的橋樑，無論在預測經濟變量或研究它們之間的數量關係，如預測中國明後兩年 GDP 的增長率、通貨膨脹率、利率，預測明年大學本科畢業生的就業率，擴大內需、增加投資對中國經濟增長的影響，某一國家通貨膨脹率、利率、匯率與經濟增長之間的數量關係，是否投資股票與其影響因素之間的數量關係，等等；還是制定和評價經濟政策以及檢驗和發展經濟理論方面，都有著非常重要且廣泛的應用。正如 1970 年諾貝爾經濟經濟學獎獲得者薩繆爾森(P. A. Samuelson)指出的那樣，二戰後的經濟學已經進入計量經濟學時代，這一點從諾貝爾經濟學獎的學科分佈也可以略見一斑。因此，計量經濟學在經濟學中具有非常重要的地位。另外，計量經濟學還可以用於研究一般社會現象中變量之間的數量關係，如子女個數、戶主受教育程度、生活環境、收入水平等對家庭幸福指數的影響，增加政府救濟對人們休閒時間和工作時間的影響，增加社會成員的福利對育齡夫婦生育二胎意願的影響，失業率與犯罪率之間的關係，大學的小班教學對學生學習成績的影響，等等。

(2) 與其他經濟學分支不同，計量經濟學沒有自己的經濟理論，其核心內容是為研究經濟變量之間的數量關係提供適當的方法，但它可以為驗證或發展經濟理論提供經驗證據。需要特別強調的是，模型的函數式只反應了變量之間存在的統計關係，並非因果關係(見第 2 章 §2.8 節)，計量經濟學發展經濟理論的功能必須與經濟主體行為機制的

深入研究相結合才能得以實現。

（3）計量經濟學研究步驟與計量經濟學建模步驟的區別。前者是指利用計量經濟學的方法研究問題的完整過程，既包括計量經濟學的建模步驟如理論模型的設定、樣本數據的搜集與處理、模型的估計、模型的檢驗、模型的選擇等，也包括計量經濟模型的應用。另外，建模步驟的前四步為基本建模步驟，它完成了一個可以應用的模型的建模過程，但由此得到的模型未必是「最好的」模型。在實踐中，建立最終用於經濟分析或預測的模型通常包括模型選擇的步驟，即對若干經上述基本步驟得到的模型進行篩選，以便得到「最好的」模型來應用。

（4）在建立用於結構分析的計量經濟模型時，依據經濟理論或實踐經驗對影響被解釋變量的因素進行分析，進而設定解釋變量，是建立理論（總體）計量經濟模型的重要環節。此時應該從因果關係角度篩選出解釋變量，它們對被解釋變量的構成部分有一定的影響力，而不應該選擇被解釋變量的組成部分作為解釋變量，否則，就成了「自己解釋自己」。例如，在建立中國的經濟增長模型時，以 GDP（國內生產總值）為方程中的被解釋變量，可以考慮選擇固定資產投資、技術創新、經濟政策、制度創新、匯率、利率等作為解釋變量，但不能以第一、二、三產業的增加值為解釋變量，因為它們是 GDP 的組成部分。

（5）模型的簡約原則（principle of parsimony）。該原則是指，在其他情況相同的條件下，簡單模型優於複雜模型。在現實生活中經濟現象往往非常複雜，影響一個變量的因素可能有很多，它們之間的函數關係是未知的，因此很難做到讓模型完全符合現實，而且即使能做到這一點，也會使模型變得難以處理而失去任何實際用處。另外，簡單模型更容易解釋、估計和檢驗，更能體現主要影響因素對所研究變量的影響程度，而且簡單模型參數估計量的穩定性通常要好於複雜模型，更適合於樣本外的預測。因此，在建立計量經濟模型時，只要不遺漏重要的信息，能達到研究目的，模型應該盡可能簡單。

練習題一

一、選擇題

1. 依據企業的樣本數據，通過建立計量經濟模型來研究某國汽車產量 Y 與主要影響因素（勞動力人數 L、資本總量 K）之間的數量關係。下列哪些表達式不能作為備選模型（　　　），這裡 β_j 為不變參數，u 為隨機誤差項。

A. $Q = f(L, K) + u$　　　　　　　　B. $Q = \dfrac{\beta_0}{LK} + u$

C. $Q = \beta_0 L^{\beta_1} K^{\beta_2} e^u$　　　　　　　　D. $Q = \beta_0 L^{\beta_1} K^{\beta_2}$

2. 建立反應居民家庭收入影響因素的單方程計量經濟模型，下列哪一組變量或定性因素（用虛擬變量代替）不宜作為解釋變量引入到模型中。

A. 子女人數、種族　　　　　　　　B. 戶主受教育程度、年齡、職業

C. 親戚的匯款、經營收入、財政工資收入　D. 地理位置、戶口所在地

3. 下列哪兩位計量經濟學家因為在微觀計量經濟學上做出的重要貢獻而獲得 2000 年諾貝爾經濟學獎。（　　　）

A. J. Heckman 和 D. McFaddan B. C. Sims 和 J. Sargent
C. R. Frisch 和 J. Tinbergen D. I. Frisher 和 D. F. Hendry

二、簡答題

1. 什麼是計量經濟學？它與理論經濟學、經濟統計學、數理統計學有何區別和聯繫？
2. 什麼是計量經濟模型？它有何應用價值？
3. 貨幣政策工具有哪些？財政政策工具有哪些？試列舉出 4～5 次財政政策的變革。
4. 試分析物價水平的影響因素。根據前面的分析結果，在建立旨在抑制通貨膨脹的計量經濟模型中，你打算引入哪些解釋變量？
5. 試分析經濟增長的影響因素。根據前面的分析結果，在建立旨在促進經濟增長的計量經濟模型中，你打算引入哪些解釋變量？
6. 試舉出時間序列數據、截面數據、面板數據、虛擬變量數據的實際例子各三個，並說明這些數據的來源。
7. 試述建立計量經濟模型的步驟，並說明其中各步需要考慮那些問題。
8. 如何理解模型的簡約原則？

三、綜合應用題

設函數

$$\ln(\hat{Y}) = 0.5 + 0.86\ln(X) + 0.22Z$$

反應了某一發展中國家家庭年食品支出（Y，美元）與總收入（X，美元）、人口（Z，人）之間的數量關係。對於一個特定家庭（$X=2,000$ 美元，$Y=1,000$ 美元，$Z=4$ 人），回答以下問題：

(1) 在其他變量不變的條件下，分別研究 X、Z 對 Y 的邊際影響和彈性影響。
(2) 當 X 增加 20 美元，Z 增加 1 人時，求 Y 的增加額。

2 一元線性迴歸模型

§2.1 迴歸分析與迴歸模型

2.1.1 迴歸分析與迴歸模型

計量經濟學的許多方法論都是建立在迴歸分析(regression analysis)的基礎之上。所謂**迴歸分析**是研究一個變量(稱為**被解釋變量**或**因變量**)對另一個或多個變量(稱為**解釋變量**或**自變量**)數量依賴關係的數學分析方法,其目的在於通過解釋變量的已知值或設定值,去估計被解釋變量的(平均)值,或分析解釋變量的變動對被解釋變量產生的影響。這裡被解釋變量為隨機變量,解釋變量可以是可控變量,也可以是隨機變量,但在經典迴歸分析中,解釋變量作為被解釋變量變動的原因(基於實踐經驗或相關理論的分析),一般被作為可控變量來處理。所謂**可控變量**是指在實驗之前實驗者能設定其取值,而且可以在重複抽樣中取相同的值的變量,這類變量也被稱為**確定性變量**。例如,在研究經濟問題時,政府支出、貨幣供給量、存款準備金率等政策變量都屬於可控變量。又如,在研究某一社區人們的消費支出問題時,可以提前設定被調查者的收入為6個層次(或水平);月收入 2,000 元以下、2,001 ~ 4,000 元、4,001 ~ 6,000 元、6,001 ~ 8,000 元、8,001 ~ 10,000 元、10,000 元以上,並以各收入區間的中點作為該組收入水平的代表,這裡 10,000 元以上組的代表值設定為 15,000 元,然後對一定收入層次上的個人進行重複抽樣得到他們的消費支出數據。此時人們的收入水平就是一個可控變量,消費支出則為隨機變量。再如,研究某一行業中企業的產量問題,企業的資本、勞動力數量都可以看作可控變量。而從宏觀上研究一個國家(如中國、美國等)的消費支出問題時,國民總收入與總消費支出一樣都是隨機變量,它們的取值是由該國的經濟運行環境同時決定的,此時國民總收入就不能看作一個可控變量。

再如,研究某一行業中企業的產量問題,企業的資本、勞動力數量都可以看作可控變量。而從宏觀上研究一個國家(如中國、美國等)的居民消費支出問題時,國民總收入與總消費支出一樣都是隨機變量,它們的取值是由該國的經濟運行環境同時決定的,此時國民總收入就不能看作一個可控變量。

迴歸分析所使用的重要工具是迴歸模型(regression model)。所謂**迴歸模型**是反應被解釋變量與解釋變量之間數量依賴關係的隨機模型。如第1章中的模型(1.3):

$$C = \beta_0 + \beta_1 I + \beta_2 I^2 + u$$

就是反應消費支出與收入之間數量依賴關係的一個迴歸模型。對於一定的收入水平 I,當隨機誤差項的均值為0,即 $E(u|I) = 0$ 時,$E(C|I) = \beta_0 + \beta_1 I + \beta_2 I^2$。於是,利用迴

歸分析的方法估計模型(1.3)中的參數,進而便可以依據 I 的取值去估計消費支出的平均值 $E(C|I)$,或分析邊際消費傾向 $MPC \approx \dfrac{dC}{dI}$ 的變化規律等。

一般地,隨機變量 Y 對變量 $X_1, X_2, \cdots, X_k$ 的**總體迴歸模型**(population regression model)被設定為:

$$g(Y) = f(X_1, X_2, \cdots, X_k) + u \tag{2.1}$$

其中,Y 為被解釋變量,$X_1, X_2, \cdots, X_k$ 為解釋變量,u 為隨機誤差項,$g(Y)$ 為不含有未知參數的 Y 的函數。稱函數關係式 $g(\tilde{Y}) = f(X_1, X_2, \cdots, X_k)$ 確定的函數 $\tilde{Y}$ 為 Y 對 $X_1, X_2, \cdots, X_k$ 的**總體迴歸函數**(PRF:population regression function),或簡稱為模型(2.1)的總體迴歸函數。在實際經濟問題中,總體迴歸函數通常是依據經濟理論或假說設定的。

例如,模型(1.3)的總體迴歸函數為:

$$\tilde{C} = \beta_0 + \beta_1 I + \beta_2 I^2$$

又如,設 Cobb-Dauglas 生產函數模型為:

$$Q = AK^\alpha L^\beta e^u$$

或

$$\ln Q = \ln A + \alpha \ln K + \beta \ln L + u \tag{2.2}$$

其中,Q、K、L 分別表示產出量、資本投入量和勞動力數量,A、α、β 為參數,則該模型的總體迴歸函數為:

$$\ln \tilde{Q} = \ln A + \alpha \ln K + \beta \ln L$$

當得到參數 A、α、β 的估計值後,便可以據此函數對產出量 Q 進行邊際分析、彈性分析。

被解釋變量對解釋變量的總體迴歸函數通常是未知的,計量經濟學研究的主要任務之一就是利用樣本信息去估計總體迴歸函數,以反應被解釋變量與解釋變量之間的數量依賴關係。

在迴歸模型中有一類重要的特殊情形,即線性迴歸模型。若迴歸模型(2.1)為:

$$Y = \beta_0 + \beta_1 X_1 + \beta_2 X_2 + \cdots + \beta_k X_k + u \tag{2.3}$$

即 Y 與解釋變量 $X_1, X_2, \cdots, X_k$ 之間,與參數 $\beta_j (j = 0, 1, 2, \cdots, k)$ 之間,均為線性關係,則稱之為 **k 元線性迴歸模型**,其中參數 β_j 稱為**迴歸系數**,β_0、$\beta_j (j = 1, 2, \cdots, k)$ 也分別稱為**截距**(或常數項)和**斜率系數**。在模型(2.3)中,Y 對 $X_1, X_2, \cdots, X_k$ 的總體迴歸函數為:

$$\tilde{Y} = \beta_0 + \beta_1 X_1 + \beta_2 X_2 + \cdots + \beta_k X_k$$

若 $X_1, X_2, \cdots, X_k$ 均為可控變量,且對於給定的 $X_1, \cdots, X_k$,$E(u) = 0$,則模型(2.3)相應的總體函數為:

$$E(Y) = \beta_0 + \beta_1 X_1 + \beta_2 X_2 + \cdots + \beta_k X_k \tag{2.4}$$

線性迴歸模型(2.3)以外的迴歸模型統稱為**非線性迴歸模型**。例如,在第 1 章中提到的消費支出模型(1.4):

$$C = \beta_0 + \beta_1 I + u$$

屬於線性迴歸模型;而上面提到的模型(1.3)、模型(2.2)都屬於非線性迴歸模型。

在迴歸模型中,線性迴歸模型具有最簡單的函數形式,而且已經形成一套比較完善且相對簡單的建模方法和理論,許多非線性迴歸模型的研究可以通過轉化為線性迴歸模

型,或借助於線性迴歸模型的分析方法得以較好地展開。因此,它是計量經濟分析最有用的工具之一,掌握線性迴歸模型的迴歸分析方法業已成為研究計量經濟學的一個基本出發點。本書主要針對線性迴歸模型和可以線性化的非線性迴歸模型展開討論。

2.1.2 引入隨機誤差項的原因

在第 1 章 1.1.2 中,針對消費支出模型(1.3)的建立,我們分析了迴歸模型中引入隨機誤差項的原因。一般地,在迴歸模型中引入隨機誤差項的主要原因可以歸納為以下三個方面:

(1)反應被忽略掉的因素對被解釋變量的影響。無論一個迴歸模型多麼複雜,它都不可能包含影響被解釋變量的全部因素,因為有些影響因素無法取得數據。如在研究家庭消費支出時,根據有關經濟理論的分析,家庭財產的數量對家庭消費支出有重要影響,可是一般情況下取得家庭財產的數據是相當困難的;而有些因素或者被認為對被解釋變量的影響較小,或者由於人們認識客觀事物的局限性,目前還未被認識到。對於這些不宜作為單獨的變量引入到模型中去的影響因素,一種合理且自然的處理手段就是將它們歸入隨機誤差項。

(2)總體迴歸函數形式的設定誤差。儘管理論對總體迴歸函數的一些特徵進行了描述,但其具體的函數形式通常是未知的。例如,利用模型來說明菲利普斯曲線的特徵,可以建立模型(1.7):

$$Y = \beta_0 + \beta_1 \frac{1}{X} + u$$

同樣,也可以考慮建立如下迴歸模型:

$$Y = \beta_0 + \beta_1 \frac{1}{\sqrt{X}} + u$$

因為真實的總體迴歸函數形式是未知的,所以無論選擇上述模型中的哪一個,都可能存在因函數形式的設定偏誤引起的誤差。這種誤差的存在也要求在模型中引入隨機誤差項。

(3)變量的觀測誤差。對社會經濟現象進行觀測所得到的統計數據,如一個國家的 GDP、總消費支出的數據,一個企業的利潤等,由於主、客觀的原因,很可能存在一定的觀測誤差。這種觀測誤差也只有歸入隨機誤差項。

由於眾多影響因素的存在,隨機誤差項是一隨機變量而且可能為正也可能為負。因此,為了使總體迴歸函數能系統刻畫被解釋變量與解釋變量之間的數量關係,一般設定迴歸模型隨機誤差項的平均值為0,即 $E(u) = 0$ [進一步的討論見習題二綜合應用題(2)]。

§2.2 基本概念及普通最小二乘法

2.2.1 基本概念

2.2.1.1 一元線性迴歸模型

形如

$$Y = \beta_0 + \beta_1 X + u \tag{2.5}$$

的迴歸模型被稱為 Y 對 X 的**一元線性(總體)迴歸模型**,其中 Y、X 分別為被解釋變量和解釋變量,β_0、β_1 為迴歸系數,u 為隨機誤差項。

就一般而言,模型的參數可能隨著觀測點或個體的變化而變化(見第 5 章 §5.2、§5.4),也可能它們都與觀測點或個體無關。**若無特別聲明,本書所建模型的參數均屬於後者。**

對於模型(2.5),由於從總體(Y, X_i)中抽取的每一組觀測值都滿足(2.5)式,因此對於容量為 n 的樣本$(Y_i, X_i)(i=1,2,\cdots,n)$,一元線性迴歸模型常被表示為:

$$Y_i = \beta_0 + \beta_1 X_i + u_i \quad (i = 1, 2, \cdots, n) \tag{2.6}$$

相應的總體迴歸函數為:

$$\tilde{Y}_i = \beta_0 + \beta_1 X_i$$

圖 2-1 給出了一元線性迴歸模型的幾何表示,其中直線 $\tilde{Y}_i = \beta_0 + \beta_1 X_i$ 被稱為**總體迴歸線**(population regression line)。

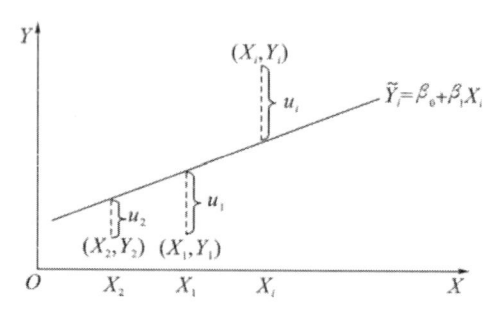

圖 2-1 總體迴歸函數的幾何表示

對於可控的解釋變量 X,在第 i 個觀測點上的觀測值 X_i 為確定的值,因此當 $E(u_i) = 0$ 時,模型(2.6)相應的總體迴歸函數可以直接寫為:

$$E(Y_i) = \beta_0 + \beta_1 X_i$$

2.2.1.2 樣本迴歸函數

由於總體迴歸函數通常是未知的,因此需要利用從總體中抽取的樣本觀測值,採用適當的方法對其進行估計或推斷。對於總體迴歸函數 $\tilde{Y}_i = \beta_0 + \beta_1 X_i (i=1,2,\cdots,n)$,設依據樣本數據得到的 $\tilde{Y}_i$ 的估計量為:

$$\hat{Y}_i = \hat{\beta}_0 + \hat{\beta}_1 X_i \tag{2.7}$$

其中 $\hat{\beta}_0$、$\hat{\beta}_1$ 分別為參數 β_0、β_1 的估計量。函數(2.7)是不含有未知參數的解釋變量的函數,且函數形式與總體迴歸函數一致,像這樣的函數被稱為**樣本迴歸函數**(SRF: sample regression function),它在坐標系下對應的直線被稱為**樣本迴歸線**(sample regression line)。$\hat{Y}_i$ 也被稱為在第 i 個觀測點處 $\tilde{Y}_i$ 或 Y_i 的**擬合值**(fitted value)。

下面考慮某一個社區的家庭消費支出模型

$$COM_i = \beta_0 + \beta_1 I_i + u_i$$

的估計問題，其中 COM[①]、I 分別為消費支出和可支配收入。假設從該社區中隨機抽取 20 個家庭進行觀測，得到一個隨機樣本，如表 2-1 所示。以 I 為橫軸、COM 為縱軸繪製該樣本的散點圖，如圖 2-2 所示。

表 2-1　　　　家庭月可支配收入 I 與月消費支出 COM 的樣本數據

序號	1	2	3	4	5	6	7	8	9	10
可支配收入 I	1,000	1,500	2,000	2,500	3,000	3,500	4,000	4,500	5,000	5,500
消費支出 COM	988	1,221	1,440	1,750	2,079	2,210	2,498	2,750	3,121	3,288
序號	11	12	13	14	15	16	17	18	19	20
可支配收入 I	1,200	1,700	2,200	2,700	3,200	3,700	4,200	4,700	5,200	6,000
消費支出 C	1,132	1,459	1,648	1,896	2,198	2,289	2,665	2,688	3,356	3,500

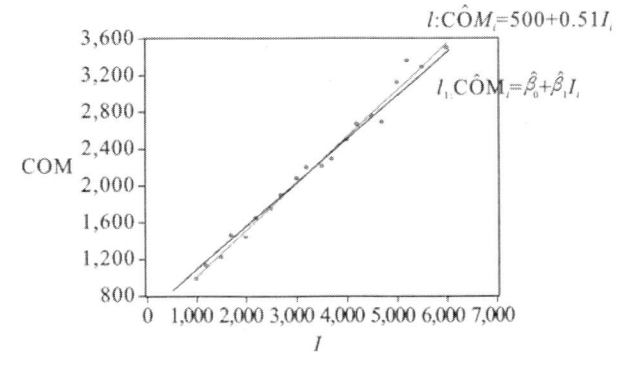

圖 2-2　消費支出 COM 對收入 I 的散點圖

從總體來看，圖 2-2 中的直線 l（細線）與這些散點最接近，因此可以把函數 $\hat{COM}_i = 500 + 0.51 I_i$ 作為一個樣本迴歸函數，其中 500、0.51 分別為參數 β_0、β_1 的估計值。樣本迴歸線 l 是依據表 2-1 中的樣本數據得到的。可以設想，對於另一組樣本數據，採用同樣的選擇標準（總體來看與樣本散點最接近）很可能得到另一條樣本迴歸線或樣本迴歸函數。由此可見，對於選定的參數估計方法，樣本迴歸函數 $\hat{COM}_i = \hat{\beta}_0 + \hat{\beta}_1 I_i$ 及參數估計值 $\hat{\beta}_j (j=0,1)$ 都是隨著樣本變化而變化的隨機變量，通常 $\hat{COM}_i$ 與實際值 COM_i 並不相等。

一般地，對於模型（2.6），我們稱 Y_i 與其擬合值 $\hat{Y}_i$ 之差為**殘差或剩餘項**（residual），記為：

$$e_i = Y_i - \hat{Y}_i \tag{2.8}$$

變形（2.8）式，可得：

$$Y_i = \hat{\beta}_0 + \hat{\beta}_1 X_i + e_i \tag{2.9}$$

該式被稱為**樣本迴歸模型**（sample regression model）。對比總體迴歸模型 $Y_i = \beta_0 + \beta_1 X_i + u_i$ 與樣本迴歸模型（2.9）可知，當用 $\hat{\beta}_0 + \hat{\beta}_1 X_i$ 作為 $\beta_0 + \beta_1 X_i$ 的估計量時，e_i 便可

---

① 在 EViews 軟件中不能用「C」作為變量名，因此為後面討論方便這裡用 COM 表示消費支出。

以作為隨機誤差項 u_i 的估計量。因此，當 u_i 的分佈性質未知時，可以借助於 e_i 的性質對其進行推斷。理解這一點對以後的學習非常重要（見第 4 章 §4.2、§4.3）。圖 2-3 給出了總體迴歸模型 $Y_i = \beta_0 + \beta_1 X_i + u_i$ 與樣本迴歸模型(2.9)之間關係的幾何說明。

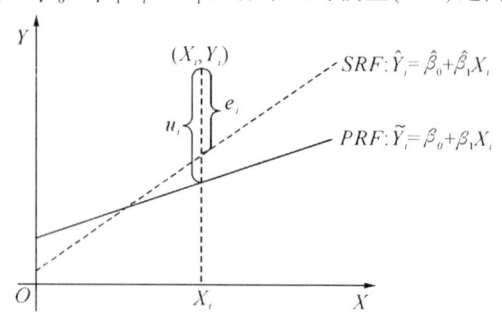

圖 2-3　總體迴歸模型與樣本迴歸模型的關係圖

在上述例題中，你也許認為圖 2-2 中的直線 l_1（粗線）與這些散點總體來看最接近，而把它作為樣本迴歸線，進而得到不同於 $\hat{COM}_i = 500 + 0.51 I_i$ 的樣本迴歸函數 $\hat{COM}_i = \hat{\beta}_0 + \hat{\beta}_1 I_i$。在這兩個樣本迴歸函數之間，很難說哪一個是總體迴歸函數更準確的估計。也就是說，從直觀上尋找樣本迴歸函數，對同樣的樣本數據，不同的人可能會得到不同的樣本迴歸函數，而且由於缺乏正式的規則，其所得結果的準確性難以評估。計量經濟分析的重要任務就是尋求一種正式規則或估計方法，使得到的總體迴歸函數中參數 β_0、β_1 的估計值 $\hat{\beta}_0$ 和 $\hat{\beta}_1$ 能夠「盡可能接近」其真實值。為此，計量經濟學家已經提出了許多參數的估計方法，如最小二乘法、最大似然估計法、廣義矩估計法等。本書主要討論在理論和實證分析中廣為採用的基於最小二乘準則的估計方法，對最大似然估計法的簡單介紹放在第 3 章的附錄 3.1 中。

2.2.2　普通最小二乘法

因為總體迴歸函數通常是未知的，無法直接比較樣本迴歸函數與其接近程度，所以一個自然的想法是，對於給定的一組樣本觀測值 $(Y_i, X_i)(i = 1, 2, \cdots, n)$，希望找到的樣本迴歸函數總體上「盡可能接近」這組觀測值。我們知道，殘差的絕對值 $|e_i| = |Y_i - \hat{Y}_i|$ 反應了第 i 個觀測點處估計值 $\hat{Y}_i$ 與觀測值 Y_i 的接近程度，因此可以考慮用殘差絕對值的和 $\sum_{i=1}^{n} |e_i|$ 度量樣本迴歸函數 $\hat{Y}_i$ 與 Y_i 的總體接近程度（問題：這裡為什麼不宜採用 $\sum_{i=1}^{n} e_i$?）。為了得到具有良好性質的參數估計量以及便於數學工具的應用，通常採用殘差平方和 $\sum_{i=1}^{n} e_i^2$ 替換 $\sum_{i=1}^{n} |e_i|$ 來度量這一接近程度。於是，便得到求參數估計量或樣本迴歸函數的**最小二乘準則**：參數的估計量應該使 $\sum_{i=1}^{n} e_i^2$ 達到最小。依據最小二乘準則去估計迴歸模型中參數的方法就被稱為**普通最小二乘法**（OLS：ordinary least squares），簡稱為 **OLS 法**，由此得到的參數估計量被稱為**普通最小二乘估計量**或 **OLS 估計量**（OLSE：

ordinary least squares estimator)。也就是說，參數 β_0 和 β_1 的 OLS 估計量是使

$$S(\hat{\beta}_0,\hat{\beta}_1) = \sum_{i=1}^{n} e_i^2 = \sum_{i=1}^{n} (Y_i - \hat{\beta}_0 - \hat{\beta}_1 X_i)^2$$

達到最小的 $\hat{\beta}_0, \hat{\beta}_1$ 值。

按照求函數最值的方法，首先求 $S(\hat{\beta}_0,\hat{\beta}_1)$ 對 $\hat{\beta}_0, \hat{\beta}_1$ 的偏導數，並令它們等於 0，得到方程組：

$$\begin{cases} \dfrac{\partial S(\hat{\beta}_0,\hat{\beta}_1)}{\partial \hat{\beta}_0} = -2 \sum_{i=1}^{n} (Y_i - \hat{\beta}_0 - \hat{\beta}_1 X_i) = 0 \\ \dfrac{\partial S(\hat{\beta}_0,\hat{\beta}_1)}{\partial \hat{\beta}_1} = -2 \sum_{i=1}^{n} (Y_i - \hat{\beta}_0 - \hat{\beta}_1 X_i) X_i = 0 \end{cases} \quad (2.10)$$

稱之為**正規方程組**(normal equations)。整理上述方程組，得

$$\begin{cases} \sum_{i=1}^{n} Y_i = n\hat{\beta}_0 + \hat{\beta}_1 \sum_{i=1}^{n} X_i \\ \sum_{i=1}^{n} X_i Y_i = \hat{\beta}_0 \sum_{i=1}^{n} X_i + \hat{\beta}_1 \sum_{i=1}^{n} X_i^2 \end{cases}$$

解該方程組，可得

$$\begin{cases} \hat{\beta}_1 = \dfrac{n \sum_{i=1}^{n} X_i Y_i - \sum_{i=1}^{n} X_i \sum_{i=1}^{n} Y_i}{n \sum_{i=1}^{n} X_i^2 - (\sum_{i=1}^{n} X_i)^2} \\ \hat{\beta}_0 = \dfrac{\sum_{i=1}^{n} X_i^2 \sum_{i=1}^{n} Y_i - \sum_{i=1}^{n} X_i \sum_{i=1}^{n} X_i Y_i}{n \sum_{i=1}^{n} X_i^2 - (\sum_{i=1}^{n} X_i)^2} \end{cases} \quad (2.11)$$

其中 $n \sum_{i=1}^{n} X_i^2 - (\sum_{i=1}^{n} X_i)^2$ 僅當 X_i 都相等時才等於 0[見稍後給出的(2.12)式的驗證過程]，它們可能使 $S(\hat{\beta}_0,\hat{\beta}_1)$ 取得最值。再利用函數取得最值的充分條件，可以驗證它們恰好使 $S(\hat{\beta}_0,\hat{\beta}_1)$ 達到最小。因此，(2.11)式給出的 $\hat{\beta}_0, \hat{\beta}_1$ 即為所求模型(2.6)中迴歸系數 β_0, β_1 的 OLS 估計量。當已知樣本數據時，將其代入(2.11)式，便可以計算出 $\hat{\beta}_0$ 和 $\hat{\beta}_1$ 的 OLS 估計值。

利用正規方程組(2.10)以及參數 OLS 估計量的表達式(2.11)，容易得到如下常用的結論：

① $\hat{\beta}_1$ 可以寫為如下離差形式：

$$\hat{\beta}_1 = \dfrac{\sum_{i=1}^{n} x_i y_i}{\sum_{i=1}^{n} x_i^2} \quad (2.12)$$

其中，$x_i = X_i - \bar{X}, y_i = Y_i - \bar{Y}, \bar{X} = \dfrac{1}{n} \sum_{i=1}^{n} X_i, \bar{Y} = \dfrac{1}{n} \sum_{i=1}^{n} Y_i$。

由(2.11)式，並利用等式：$\sum_{i=1}^{n} x_i^2 = \sum_{i=1}^{n} X_i^2 - n\bar{X}^2$ 和 $\sum_{i=1}^{n} x_i y_i = \sum_{i=1}^{n} X_i Y_i - n\bar{X}\bar{Y}$，即得

結論①。

易見,(2.12)式分母為解釋變量 X 的樣本方差的 $n-1$ 倍,分子為被解釋變量 Y 與解釋變量 X 的樣本協方差的 n 倍。由此可知,若 Y 與 X 樣本正相關,則 $\hat{\beta}_1$ 符號為正;若 Y 與 X 樣本負相關,則 $\hat{\beta}_1$ 符號為負;若 Y 與 X 樣本不相關,則 $\hat{\beta}_1$ 等於 0。

② 殘差的均值 $\bar{e} = \frac{1}{n}\sum_{i=1}^{n} e_i = 0$。

利用正規方程組 (2.10) 的第一個方程,即得結論②。

③ 擬合值的樣本均值與實際觀測值的樣本均值相等,即 $\bar{\hat{Y}} = \bar{Y}$,其中 $\bar{\hat{Y}} = \frac{1}{n}\sum_{i=1}^{n} \hat{Y}_i$。

在 $Y_i = \hat{Y}_i + e_i$ 兩端同時對 i 求和並除以 n,再利用結論②,即得結論③。

④ 樣本均值點 $(\bar{X}, \bar{Y})$ 在樣本迴歸線上,即有等式 $\bar{Y} = \hat{\beta}_0 + \hat{\beta}_1 \bar{X}$ 成立。

在 $Y_i = \hat{\beta}_0 + \hat{\beta}_1 X_i + e_i$ 兩端同時對 i 求和並除以 n,再利用結論②,即得結論④。

⑤ 樣本迴歸函數可以表示為離差形式:$\hat{y}_i = \hat{\beta}_1 x_i$,其中 $\hat{y}_i = \hat{Y}_i - \bar{Y}$。

將 $\hat{Y}_i = \hat{\beta}_0 + \hat{\beta}_1 X_i$ 減去 $\bar{Y} = \hat{\beta}_0 + \hat{\beta}_1 \bar{X}$,再利用結論③,即得結論⑤。

⑥ $\sum_{i=1}^{n} \hat{y}_i e_i = 0$。該式表明樣本迴歸函數與殘差樣本不相關。

將 $\hat{y}_i = \hat{Y}_i - \bar{Y} = \hat{\beta}_0 + \hat{\beta}_1 X_i - \bar{Y}$ 代入 $\sum_{i=1}^{n} \hat{y}_i e_i$ 中,再利用正規方程組,即得結論⑥。

利用 (2.11) 式手工計算參數的 OLS 估計值 $\hat{\beta}_0$ 和 $\hat{\beta}_1$ 比較繁瑣,而利用 (2.12) 式先計算 $\hat{\beta}_1$,然後利用 $\bar{Y} = \hat{\beta}_0 + \hat{\beta}_1 \bar{X}$ 再計算 $\hat{\beta}_0$,相對來說比較簡便。即使如此,當樣本容量較大時,手工計算的工作量仍很大。現在各種計量經濟學的軟件都有現成的工具可供使用,無論採用哪一個公式計算都是輕而易舉的事。

在 EViews 軟件下,利用 OLS 法估計模型 (2.6) 的執行過程:

① 在 Workfile 中,為被解釋變量 Y 和解釋變量 X 輸入樣本數據。

② 在主窗口中,點擊 Quick→Estimate Equation,接著在彈出的 Equation Estimation 窗口的 Equation specification 對話框中,依次鍵入「Y　C　X」,在 Equation settings 欄中都保持默認選擇,然後點擊「確定」,就得到了模型 (2.6) OLS 估計的輸出結果,同時得到殘差序列,它暫時被保存在 Workfile 的變量 resid 中。

③ 在輸出結果窗口點擊工具欄中的 Resids,可以得到殘差序列 (Residual)、被解釋變量實際值 (Actual) 和擬合值 (Fitted) 的趨勢圖。

例題 2.1 在 EViews 軟件下應用 OLS 法估計模型的輸出結果

依據表 2-1 中的樣本數據,在 EViews 軟件下應用 OLS 法估計消費支出模型

$$COM_i = \beta_0 + \beta_1 I_i + u_i \quad (i = 1, 2, \cdots, 20)$$

可得如表 2-2 所示的輸出結果,以及殘差序列 (Residual)、被解釋變量實際值 (Actual) 和擬合值 (Fitted) 的趨勢圖,如圖 2-4 所示。

表 2-2　　　　　　　　　OLS 法估計模型的輸出結果

Dependent Variable: COM
Method: Least Squares
Date: 05/19/12　Time: 15:40
Sample: 1, 20
Included observations: 20

Variable	Coefficient	Std. Error	t-Statistic	Prob.
C	499.525,3	49.147,95	10.163,70	0.000,0
I	0.507,957	0.013,391	37.932,65	0.000,0

R-squared	0.987,645	Mentan edpende var	2,208.800
Adjusted R-squared	0.986,958	S. D. dependent var	768.437,3
S. E. of regression	87.755,11	Akaike info criterion	11.881,62
Sum squared resid	138,617.3	Schwarz criterion	11.981,19
Log likelihood	-116.816,2	Hannan-Quinn criter.	11.901,05
F-statistic	1,438.886	Durbin-Watson stat	2.854,757
Prob(F-statistic)	0.000,000		

在表 2-2 中，表頭給出了模型估計的基本信息，包括被解釋變量、估計方法、估計時間、樣本區間和觀測個數等。在表頭下面給出了參數的估計量及其標準差的估計值、t 統計量值及其相應的概率值，其中 Variable 對應解釋變量序列，C 代表截距項，Coefficient 對應的列中值 499.5、0.508 分別為截距項 β_0 和解釋變量 I 的斜率系數 β_1 的 OLS 估計值，即

$$\hat{\beta}_0 = 499.5, \quad \hat{\beta}_1 = 0.508$$

進而，可得樣本迴歸函數為：

$$\hat{COM}_i = 499.5 + 0.508 I_i$$

上式中收入 I_i 的系數 0.508 大於 0，表明家庭消費支出隨著可支配收入的增加而增加，而且家庭月可支配收入增加 1 元，平均消費支出約增加 0.51 元。

表 2-2 的最後一部分給出了評價模型估計結果的一些統計量值。隨著討論的深入，我們將陸續介紹這些統計量值和前一部分提到的參數估計量的標準差估計值、t 統計量值及其相應的概率值的含義。

從圖 2-4 可以直觀地看出，上方的被解釋變量 COM_i 曲線與其擬合值 $\hat{COM}_i$ 的曲線總體上非常接近。此表明用 $\hat{COM}_i$ 估計 COM_i 總體效果比較好。

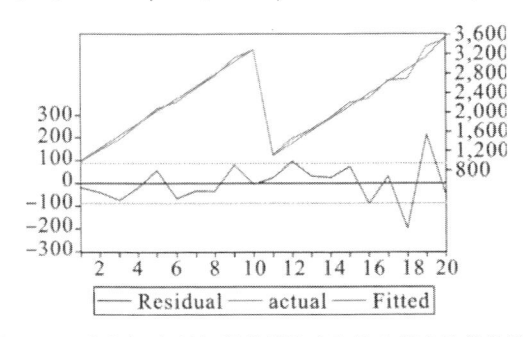

圖 2-4　殘差序列、被解釋變量的實際值和擬合值的趨勢圖

§2.3 總體迴歸模型的基本假定及 OLS 估計量的統計性質

在迴歸分析中,我們的目的不僅僅是獲得參數的估計量 $\hat{\beta}_j(j=0,1)$,而且要驗證其是否具有優良的統計性質,如無偏性、最小方差性、一致性等(見本節 2.3.2),並對參數 β_j 的真實值及其所在的範圍做出統計推斷(見 §2.5 節)。為此,我們必須對產生樣本數據的總體或所設定的總體迴歸模型做出某些假定;否則,將無法基於用樣本數據表示的參數估計量做出任何統計推斷。對於模型(2.6):

$$Y_i = \beta_0 + \beta_1 X_i + u_i \quad (i=1,2,\cdots,n)$$

在給定解釋變量 X_i 的條件下,隨機誤差項 u_i 的分佈決定了 Y_i 的分佈,因此通常是對無法直接觀測的隨機誤差項 u_i 做出某些基本假定,以對樣本數據 Y_i 的來源進行約束。本節將介紹的基本假定是針對普通最小二乘估計法而提出的。

需要說明的是,對於一般的迴歸模型,在給定隨機解釋變量的情形下研究被解釋變量的變化規律,迴歸分析的方法與解釋變量為確定性變量情形下的研究方法是一致的。因此,為行文方便,在第 4 章 §4.4 之前,我們針對解釋變量為確定性的情形展開討論,然後再將其擴展到解釋變量含有隨機變量的情形。

2.3.1 基本假定

對於模型(2.6),做出如下**基本假定**:

假定 1(**解釋變量的非隨機性**):解釋變量為可控變量或確定性變量,即在第 i 個觀測點上的解釋變量值 X_i 為確定的值。

假定 2(**零均值性**):u_i 的均值為 0,即

$$E(u_i) = 0 \quad (i=1,2,\cdots,n)$$

假定 3(**同方差性**):u_i 在各觀測點上的方差相同,即

$$Var(u_i) = \sigma^2 \quad (i=1,2,\cdots,n)$$

假定 4(**無自相關性**):不同觀測點上的 u_i 之間不相關,即

$$Cov(u_i, u_j) = 0 \quad (i \neq j, i,j=1,2,\cdots,n)$$

假定 5(**正態性**):u_i 服從正態分佈,即

$$u_i \sim N(0, \sigma^2) \quad (i=1,2,\cdots,n)$$

假定 6:解釋變量滿足

$$\lim_{n \to \infty} \frac{1}{n} \sum_{i=1}^{n} x_i^2 = Q$$

其中 Q 為非 0 的有限常數。

基本假定條件中的假定 1 和假定 6 是針對解釋變量給出的,其他假定都是針對隨機誤差項給出的。假定 1 和假定 2 蘊含著總體迴歸函數為 $E(Y_i) = \beta_0 + \beta_1 X_i$。由於正態隨機變量之間的不相關性與獨立性是等價的,因此假定 4 和假定 5 意味著隨機誤差項之間

是相互獨立的。假定 6 是保證參數的 OLS 估計量具有一致性的基本條件之一。

我們稱滿足這些基本假定條件的線性迴歸模型為**經典線性迴歸模型**（CLRM：classical linear regression model），它是計量經濟學最基本的研究對象。毋庸置疑，在對經濟或社會問題的實證分析中，這些基本假定條件往往難於滿足或全部滿足，但是經典線性迴歸模型理論是計量經濟學理論的基礎，關於違背基本假定條件模型的理論都是在此基礎上發展起來的。經典線性迴歸模型在計量經濟學中的地位就相當於價格理論中的完全競爭模型在西方經濟學中的地位。古扎拉蒂（2005）對此給出了如下陳述：經濟學學生通常先熟悉完全競爭模型，再去接觸諸如壟斷和寡頭等非完全競爭模型，因為從完全競爭模型引申出來的含義能使我們更好地領會非完全競爭模型，並不是因為完全競爭模型一定是真實的。

2.3.2　OLS 估計量的統計性質

這裡我們將證明，在模型（2.6）滿足基本假定的條件下，$\beta_j(j=0,1)$ 的 OLS 估計量 $\hat{\beta}_j$ 具有如下優良的統計性質：線性性、無偏性、最小方差性和一致性。

2.3.2.1　線性性

線性性是指估計量 $\hat{\beta}_j(j=0,1)$ 是 $Y_1, Y_2, \cdots, Y_n$ 的線性函數。在模型滿足基本假定的條件下，$u_1, \cdots, u_n$ 服從正態分佈且相互獨立，因此 $Y_1, \cdots, Y_n$ 也服從正態分佈且相互獨立。進而，由 $\hat{\beta}_j$ 的線性性可知，$\hat{\beta}_j$ 服從正態分佈，這是後文對 β_j 進行統計推斷的基礎。

由 $\hat{\beta}_1$ 的離差表達式（2.12）可知：

$$\hat{\beta}_1 = \frac{\sum_{i=1}^{n} x_i y_i}{\sum_{i=1}^{n} x_i^2} = \frac{\sum_{i=1}^{n} x_i (Y_i - \bar{Y})}{\sum_{i=1}^{n} x_i^2}$$

$$= \frac{\sum_{i=1}^{n} x_i Y_i}{\sum_{i=1}^{n} x_i^2} - \frac{\bar{Y} \sum_{i=1}^{n} x_i}{\sum_{i=1}^{n} x_i^2} = \sum_{i=1}^{n} \left(\frac{x_i}{\sum_{i=1}^{n} x_i^2} \right) Y_i$$

$$= \sum_{i=1}^{n} k_i Y_i \tag{2.13}$$

其中 $k_i = \dfrac{x_i}{\sum_{i=1}^{n} x_i^2}$。由 $\bar{Y} = \hat{\beta}_0 + \hat{\beta}_1 \bar{X}$ 及（2.13）式可知：

$$\hat{\beta}_0 = \bar{Y} - \hat{\beta}_1 \bar{X} = \frac{1}{n} \sum_{i=1}^{n} Y_i - \bar{X} \sum_{i=1}^{n} k_i Y_i$$

$$= \sum_{i=1}^{n} \left(\frac{1}{n} - \bar{X} k_i \right) Y_i = \sum_{i=1}^{n} w_i Y_i \tag{2.14}$$

其中 $w_i = \dfrac{1}{n} - \bar{X} k_i$。

（2.13）式和（2.14）式表明，$\hat{\beta}_0, \hat{\beta}_1$ 都是 $Y_1, Y_2, \cdots, Y_n$ 的線性函數。

2.3.2.2　無偏性

無偏性是指估計量 $\hat{\beta}_j(j=0,1)$ 的均值等於參數真值 β_j，即 $E(\hat{\beta}_j) = \beta_j$。此表明，就

平均而言,我們用 $\hat{\beta}_j$ 估計 β_j 肯定是準確的。

將 $Y_i = \beta_0 + \beta_1 X_i + u_i$ 代入(2.13)式,得

$$\hat{\beta}_1 = \sum_{i=1}^{n} k_i Y_i = \sum_{i=1}^{n} k_i (\beta_0 + \beta_1 X_i + u_i)$$

$$= \beta_0 \sum_{i=1}^{n} k_i + \beta_1 \sum_{i=1}^{n} k_i X_i + \sum_{i=1}^{n} k_i u_i$$

因為

$$\sum_{i=1}^{n} k_i = \sum_{i=1}^{n} \frac{x_i}{\sum_{i=1}^{n} x_i^2} = \frac{\sum_{i=1}^{n} x_i}{\sum_{i=1}^{n} x_i^2} = 0$$

$$\sum_{i=1}^{n} k_i X_i = \sum_{i=1}^{n} \frac{x_i}{\sum_{i=1}^{n} x_i^2}(x_i + \bar{X}) = \frac{\sum_{i=1}^{n} x_i^2}{\sum_{i=1}^{n} x_i^2} + \frac{\bar{X}\sum_{i=1}^{n} x_i}{\sum_{i=1}^{n} x_i^2} = 1$$

所以

$$\hat{\beta}_1 = \beta_1 + \sum_{i=1}^{n} k_i u_i \tag{2.15}$$

於是,利用假定 1 及假定 2,可得

$$E(\hat{\beta}_1) = \beta_1 + \sum_{i=1}^{n} k_i E(u_i) = \beta_1$$

利用 $\bar{Y} = \beta_0 + \beta_1 \bar{X} + \frac{1}{n}\sum_{i=1}^{n} u_i$ 及(2.15)式,可得

$$\hat{\beta}_0 = \bar{Y} - \hat{\beta}_1 \bar{X} = \beta_0 + \beta_1 \bar{X} + \frac{1}{n}\sum_{i=1}^{n} u_i - (\beta_1 + \sum_{i=1}^{n} k_i u_i)\bar{X}$$

$$= \beta_0 + \frac{1}{n}\sum_{i=1}^{n} u_i - \bar{X}\sum_{i=1}^{n} k_i u_i = \beta_0 + \sum_{i=1}^{n} (\frac{1}{n} - \bar{X} k_i) u_i$$

$$= \beta_0 + \sum_{i=1}^{n} w_i u_i \tag{2.16}$$

於是

$$E(\hat{\beta}_0) = E(\beta_0 + \sum_{i=1}^{n} w_i u_i)$$

$$= \beta_0 + \sum_{i=1}^{n} w_i E(u_i) \quad (利用假定 1)$$

$$= \beta_0 \quad (利用假定 2)$$

至此完成估計量 $\hat{\beta}_j (j = 0, 1)$ 的無偏性證明。

2.3.2.3 最小方差性(有效性)

這裡的**最小方差性**是指在 β_j ($j = 0, 1$) 的所有線性無偏估計量中,普通最小二乘估計量 $\hat{\beta}_j$ 具有最小的方差,即對 β_j 的任意線性無偏估計量 $\hat{\beta}_j^* = \sum_{i=1}^{n} c_{ji} Y_i$,均有

$Var(\hat{\beta}_j^*) \geq Var(\hat{\beta}_j)$，這裡只有當 $\hat{\beta}_j^* = \hat{\beta}_j$ 時，等式才成立。此表明，與 β_j 的其他線性無偏估計量相比，OLS 估計量 $\hat{\beta}_j$ 更密集地分佈在 β_j 附近。

首先，求出 $\hat{\beta}_j (j = 0, 1)$ 的方差。由(2.15)式和(2.16)式，可推得它們的方差分別為：

$$Var(\hat{\beta}_1) = Var(\beta_1 + \sum_{i=1}^{n} k_i u_i)$$

$$= Var(\sum_{i=1}^{n} k_i u_i) = \sum_{i=1}^{n} k_i^2 Var(u_i) \quad (\text{利用假定 1、4})$$

$$= \sum_{i=1}^{n} \left(\frac{x_i}{\sum_{i=1}^{n} x_i^2} \right)^2 \sigma^2 \quad (\text{利用假定 3})$$

$$= \frac{\sigma^2}{\sum_{i=1}^{n} x_i^2} \quad (2.17)$$

$$Var(\hat{\beta}_0) = Var(\beta_0 + \sum_{i=1}^{n} w_i u_i)$$

$$= \sum_{i=1}^{n} w_i^2 Var(u_i) \quad (\text{利用假定 1、4})$$

$$= \sigma^2 \sum_{i=1}^{n} w_i^2 \quad (\text{利用假定 3})$$

$$= \frac{\sum_{i=1}^{n} X_i^2}{n \sum_{i=1}^{n} x_i^2} \sigma^2 \quad (\text{代入 } w_i = \frac{1}{n} - \bar{X} k_i) \quad (2.18)$$

其次，利用(2.17)式、(2.18)式，可以證明 $\hat{\beta}_1$ 和 $\hat{\beta}_0$ 具有最小方差性(見本章附錄 2.1)。

綜上所述，在滿足基本假定的條件下(假定 5、假定 6 除外)，一元線性迴歸模型迴歸系數的 OLS 估計量具有線性性、無偏性和最小方差性。這樣的估計量稱為**最佳線性無偏估計量**(BLUE；best linear unbiased estimator)。該結論就是著名的**高斯－馬爾科夫定理**(Gauss－Markov theorem)的特例。

關於高斯－馬爾科夫定理的兩點說明：

(1) 在定理的證明過程中沒有用到假定 5 和假定 6，因此只要解釋變量在各觀測點上的取值不全相同，無論隨機誤差項服從什麼分佈，高斯－馬爾科夫定理均成立。

(2) 該定理指出 OLS 估計量在線性無偏估計量中是最佳估計量，但在有偏或非線性的估計量中，可能存在方差比 OLS 估計量更小的估計量。

2.3.2.4 一致性

一致性是指參數 $\beta_j (j = 0, 1)$ 的 OLS 估計量 $\hat{\beta}_j$ 依概率收斂於 β_j：$P \lim_{n \to \infty} \hat{\beta}_j = \beta_j$，即對於任意給定的 $\varepsilon > 0$，均有：

$$\lim_{n \to \infty} P(|\hat{\beta}_j - \beta_j| < \varepsilon) = 1$$

此表明,隨著樣本容量 n 的無限增大,除極個別值外,$\hat{\beta}_j$ 的取值聚集在 β_j 附近,而且要多接近就有多接近。因此,在實踐中,當 n 很大時,$\hat{\beta}_j$ 可以看作近似等於 β_j。

由(2.15)式可知

$$\hat{\beta}_1 = \beta_1 + \sum_{i=1}^{n} k_i u_i = \beta_1 + \frac{\frac{1}{n}\sum_{i=1}^{n} x_i u_i}{\frac{1}{n}\sum_{i=1}^{n} x_i^2}$$

於是,只要 $P\lim_{n\to\infty}\frac{1}{n}\sum_{i=1}^{n}x_i u_i = 0, P\lim_{n\to\infty}\frac{1}{n}\sum_{i=1}^{n}x_i^2 = Q \neq 0$(假定6),直接利用概率極限的運算法則,就可以得到:

$$P\lim_{n\to\infty}\hat{\beta}_1 = \beta_1 + \frac{P\lim_{n\to\infty}\frac{1}{n}\sum_{i=1}^{n}x_i u_i}{P\lim_{n\to\infty}\frac{1}{n}\sum_{i=1}^{n}x_i^2} = \beta_1$$

即 $\hat{\beta}_1$ 是 β_1 的一致估計量。

由於在模型滿足基本假定的條件下,隨機變量序列 $x_1 u_1, x_2 u_2, \cdots, x_n u_n, \cdots$ 滿足 $E(x_i u_i) = 0$ 及大數定律(辛欽大數定律、切比雪夫大數定律)成立的條件,因此有 $P\lim_{n\to\infty}\frac{1}{n}\sum_{i=1}^{n}x_i u_i = 0$ 成立。從而可知,在基本假定條件下,$\hat{\beta}_1$ 具有一致性。

同理,由(2.16)式可以證明,在同樣的條件下,$\hat{\beta}_0$ 也具有一致性。

綜上所述,在滿足基本假定的條件下,模型(2.6)迴歸系數的 OLS 估計量是最佳線性無偏估計量而且是一致估計量,前者與樣本容量無關,稱之為**有限樣本性質**或**小樣本性質**,後者是在樣本容量很大時才具有的性質,稱之為**大樣本性質**。

2.3.3 隨機誤差項方差的 OLS 估計量

參數估計量的方差 $Var(\hat{\beta}_j)(j = 0,1)$ 和標準差 $SE(\hat{\beta}_j)$ 度量了 $\hat{\beta}_j$ 估計 β_j 的精確程度,但在 $Var(\hat{\beta}_j)$[見(2.17)式和(2.18)式]的表達式中含有未知的隨機誤差項的方差 σ^2,實際上它們是無法計算的,因此需要對其進行估計。可以證明[①],在滿足基本假定的條件下,

$$\sigma^2 = \frac{\sum_{i=1}^{n} e_i^2}{n-2} \tag{2.19}$$

是 σ^2 的無偏且一致的估計量。由(2.19)式可以得到隨機誤差項標準差 σ 的估計量:

$$\hat{\sigma} = \sqrt{\frac{\sum_{i=1}^{n} e_i^2}{n-2}} \tag{2.20}$$

---

① 本章附錄 2.2 給出了無偏性的證明,關於一致性的證明參見:靳雲匯,等.高級計量經濟學(上冊)[M].北京:北京大學出版社,2007:202-203.

通常稱之為**迴歸標準差**。注意:這個估計量不再是無偏的。但由斯魯茨基(Slutsky)定理[①]可知,它仍是 σ 的一致估計量。

將(2.19)式分別代入(2.17)式和(2.18)式,便可以得到 $Var(\hat{\beta}_j)(j=0,1)$ 的估計量,進而可以得到 $SE(\hat{\beta}_j)$ 的估計量:

$$\hat{Var}(\hat{\beta}_1) = \hat{\sigma}^2 \frac{1}{\sum_{i=1}^{n} x_i^2} \qquad (2.21)$$

$$\hat{SE}(\hat{\beta}_1) = \hat{\sigma} \sqrt{\frac{1}{\sum_{i=1}^{n} x_i^2}} \qquad (2.22)$$

$$\hat{Var}(\hat{\beta}_0) = \hat{\sigma}^2 \frac{\sum_{i=1}^{n} X_i^2}{n \sum_{i=1}^{n} x_i^2} \qquad (2.23)$$

$$\hat{SE}(\hat{\beta}_0) = \hat{\sigma} \sqrt{\frac{\sum_{i=1}^{n} X_i^2}{n \sum_{i=1}^{n} x_i^2}} \qquad (2.24)$$

在評價用 $\hat{\beta}_j$ 估計 β_j 的精確性時,使用的就是利用(2.21)式至(2.24)式計算的結果。這些估計值能在 EViews 軟件下利用 OLS 法迴歸模型的輸出結果中直接讀出或利用該輸出結果間接地計算出來。例如,在例題 2.1 的表 2-2 中,S. E. of regression 對應的值 87.755,11 即為迴歸標準差 $\hat{\sigma}$;Std. Error 對應列中的 49.147,95、0.013,391 分別為 $\hat{\beta}_0$ 和 $\hat{\beta}_1$ 的標準差的估計值,即

$$\hat{SE}(\hat{\beta}_0) = 49.147,95, \quad \hat{SE}(\hat{\beta}_1) = 0.013,391$$

由此便可以計算出 $\hat{Var}(\hat{\beta}_0)$ 和 $\hat{Var}(\hat{\beta}_1)$。

§2.4 擬合優度的度量

由 §2.2 節的討論可知,對任意給定的一組樣本數據,依據最小二乘準則總能找到一個線性樣本迴歸函數,使殘差平方和達到最小,即從整體來看,與其他線性函數相比,該函數與被解釋變量的樣本數據「最接近」,或者說,該函數與樣本數據擬合得最好,但我們並不知道它本身與樣本數據的擬合程度。例如,圖 2-5(a)(b) 分別為變量 Y_1 對 X_1、Y_2 對 X_2 的散點圖,其中直線為依據散點對應的樣本數據,利用 OLS 法迴歸所得樣本迴歸線,其相應的樣本迴歸函數為 SRF_1、SRF_2。雖然 SRF_1 和 SRF_2 都使各自的殘差平方和達

[①] 斯魯茨基(Slutsky)定理:如果 $\underset{n \to \infty}{Plim} \hat{\theta}_n = \theta$,且 $g(x)$ 是 x 的一個連續函數,則

$$\underset{n \to \infty}{Plim} g(\hat{\theta}_n) = g(\underset{n \to \infty}{Plim} \hat{\theta}_n) = g(\theta)$$

到最小,但從該圖可以看出,(a)中的散點較密集地分佈在直線 SRF_1 周圍,SRF_1 與樣本數據擬合得較好,它能夠反應 Y_1 隨著 X_1 的變化而變化的趨勢;而(b)中的散點分佈較為分散,從整體來看,它們離直線 SRF_2 比較遠,SRF_2 與樣本數據擬合得較差,它不能反應 Y_2 隨著 X_2 變化而變化的趨勢。因此,在估計完模型的參數之後,還需要對樣本迴歸函數與樣本數據的擬合程度進行合理的度量,這項任務稱為模型擬合優度的度量或檢驗。本節通過建立一個定量指標來度量模型的擬合優度。

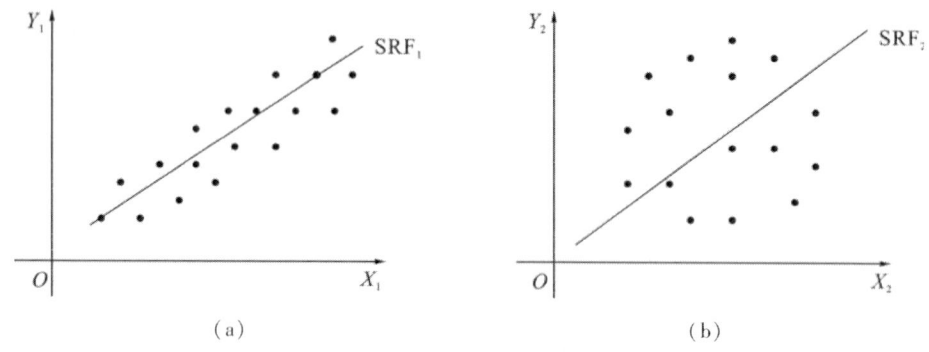

圖 2-5 樣本迴歸線與樣本觀測數據擬合程度的比較

我們知道,對於相同的樣本數據,可以用殘差平方和來比較兩個樣本迴歸函數與樣本數據的擬合程度,但把它作為度量模型擬合優度的指標存在一個明顯的缺陷,這就是它與被解釋變量的測量單位有關。由迴歸系數估計量的表達式(2.11)可知,當 Y 的單位擴大適當的倍數時,殘差平方和

$$\sum_{i=1}^{n} e_i^2 = \sum_{i=1}^{n} (Y_i - \hat{\beta}_0 - \hat{\beta}_1 X_i)^2$$

可以小於任意給定的正數[見練習題二綜合應用題(4)]。因此,一個適當的度量擬合優度的指標應該是一個與變量的測量單位無關的相對量。下面我們在分解被解釋變量 Y 的總離差平方和的基礎上,導出一種常用的度量模型擬合優度的指標——可決系數(coefficient of determination)。

2.4.1 可決系數(R^2)

對於給定的一組樣本數據 $(Y_i, X_i)(i = 1, 2, \cdots, n)$,$y_i^2 = (Y_i - \bar{Y})^2$ 反應了在第 i 個觀測點上 Y_i 對均值 $\bar{Y}$ 的偏離程度,因此可以用被解釋變量 Y 的**總離差平方和**(也稱為**總變差**)(TSS:total sum of squares)

$$\sum_{i=1}^{n} y_i^2 = \sum_{i=1}^{n} (Y_i - \bar{Y})^2 \qquad (2.25)$$

來度量 Y_i 對其均值的總體偏離程度,即 Y_i 的總變異程度。若在各觀測點上都有 $Y_i = \bar{Y}$,則 Y_i 不存在變異,此時 $\sum_{i=1}^{n} y_i^2 = 0$;否則,Y_i 就存在變異。下面分析 Y_i 產生變異的原因及其與模型擬合程度的關係。

對於參數 $\beta_j (j = 0, 1)$ 的 OLS 估計量 y_i,利用 $Y_i = \hat{Y}_i + e_i$,可得

$$Y_i - \bar{Y} = (\hat{Y}_i - \bar{Y}) + e_i \qquad (2.26)$$

由此可知,在第 i 個觀測點上導致 Y_i 變異的原因有兩個:一個是解釋變量 X_i 的變異通過樣本迴歸函數 $\hat{Y}_i = \hat{\beta}_0 + \hat{\beta}_1 X_i$ 引起的,另一個是由解釋變量 X_i 不能解釋的殘差引起的。圖 2-6 給出了這些量之間關係的幾何說明。

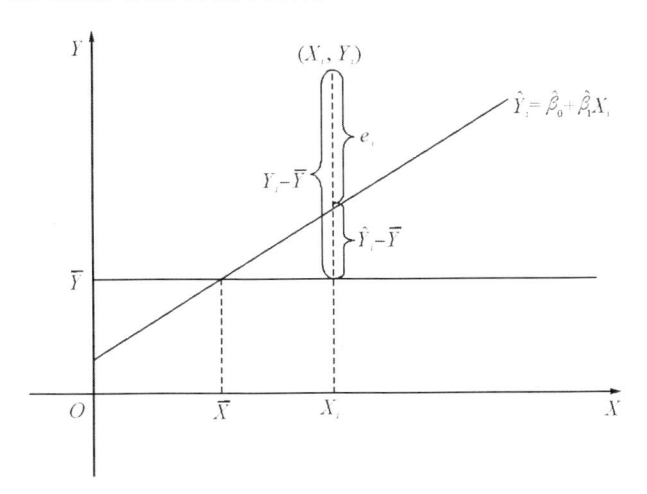

圖 2-6　Y_i 的變異分解圖

於是,對於利用 OLS 法得到的樣本迴歸函數 $\hat{Y}_i$,由(2.26)式可得

$$\sum_{i=1}^{n} y_i^2 = \sum_{i=1}^{n} [(\hat{Y}_i - \bar{Y}) + e_i]^2$$

$$= \sum_{i=1}^{n} (\hat{Y}_i - \bar{Y})^2 + 2\sum_{i=1}^{n} (\hat{Y}_i - \bar{Y})e_i + \sum_{i=1}^{n} e_i^2$$

$$= \sum_{i=1}^{n} (\hat{Y}_i - \bar{Y})^2 + \sum_{i=1}^{n} e_i^2 \quad [\text{利用} \sum \hat{Y}_i e_i = \sum (\hat{Y}_i - \bar{Y})e_i = 0] \qquad (2.27)$$

從上式可以看出,與單個觀測點處 Y_i 的變異一樣,Y 的總變異也可以分為兩部分,其中 $\sum_{i=1}^{n} (\hat{Y}_i - \bar{Y})^2$ 是由解釋變量 X 的變異通過樣本迴歸函數 $\hat{Y}_i = \hat{\beta}_0 + \hat{\beta}_1 X_i$ 引起的,稱之為**迴歸平方和**(ESS:explained sum of squares);**殘差平方和**(RSS:residual sum of squares) $\sum_{i=1}^{n} e_i^2$ 是由其他影響因素通過殘差引起的。

依據(2.27)式,對於給定的樣本數據,即 TSS $= \sum_{i=1}^{n} y_i^2$ 一定,若迴歸平方和 ESS 越大,殘差平方和越小,則樣本迴歸函數與樣本數據擬合得越好;否則,則反是。於是,可以用 Y 的總變異中能夠由解釋變量的變異解釋的比重,即

$$\frac{\sum_{i=1}^{n} (\hat{Y}_i - \bar{Y})^2}{\sum_{i=1}^{n} y_i^2} = 1 - \frac{\sum_{i=1}^{n} e_i^2}{\sum_{i=1}^{n} y_i^2} \qquad (2.28)$$

來度量樣本迴歸函數與樣本數據的擬合優度。稱(2.28)式為**可決系數**,記之為 R^2。由定義可知,$0 \leq R^2 \leq 1$。R^2 越接近於 1,表明樣本迴歸函數與樣本數據擬合得越好;相反,R^2 越接近於 0,表明樣本迴歸函數與樣本數據擬合得越差。這裡有兩種極端的情形:當斜率係數 $\hat{\beta}_1$ 等於 0,即樣本迴歸直線是一條水平直線 $\hat{Y}_i = \bar{Y}$ 時,X 的變異對 Y 的變異沒有解釋能力,$R^2 = 0$;當樣本數據均在樣本迴歸直線上時,殘差平方和等於 0,Y 的變異完全由 X 的變異來解釋,$R^2 = 1$。

將(2.27)式兩端同時除以 $n-1$,得

$$\frac{1}{n-1}\sum_{i=1}^{n} y_i^2 = \frac{1}{n-1}\sum_{i=1}^{n}(\hat{Y}_i - \bar{Y})^2 + \frac{1}{n-1}\sum_{i=1}^{n} e_i^2 \qquad (2.29)$$

即

Y 的樣本方差 = $\hat{Y}$ 的樣本方差 + 殘差的樣本方差　（利用 $\bar{Y} = \bar{\hat{Y}}$）

由此可見,若用 Y 的樣本方差來度量其總變異程度,會得到同樣的總變異分解式,而且 R^2 也是相同的。

例題 2.1(續)　模型的擬合優度檢驗

由 OLS 法估計消費支出模型的輸出結果(表 2 - 2)可以直接讀出 R^2 的樣本值,即 R - squared 對應的值 0.987,645。此表明在消費支出的總變異中,解釋變量的變異解釋了其中的 98.7%,模型的擬合優度較高。

在實證分析中,計量經濟學家們發現,R^2 的大小隨著樣本數據類型的不同而有所變化。一般來說,利用時間序列樣本數據估計模型,通常會有較高的 R^2,而利用截面樣本數據得到的 R^2 則比較低。這主要是因為解釋變量和被解釋變量的樣本數據通常隨著時間的變化具有共同的變化趨勢,這種共同的變化趨勢形成了它們共同變異的大部分內容。比如,消費支出模型中的消費支出與可支配收入隨著時間都呈現遞增的趨勢。另外,對於給定的樣本數據,R^2 是一個數值,究竟高到什麼程度才算通過了擬合優度檢驗,這裡沒有一般的標準。R^2 越高,殘差的變異在總變異中所占的比重越小,$\hat{Y}_i$ 越傾向於接近 Y_i,因此若建模的目的是對被解釋變量進行預測,則往往要求 R^2 較高;若建模的目的在於對經濟變量之間的關係進行結構分析,或政策變量對經濟系統影響的顯著性,則人們更關心的是迴歸係數的真實值,此時 R^2 並非一個重要的指標。

需要指出的是,總離差平方和分解式(2.27)成立的前提條件是 $\sum_{i=1}^{n} \hat{Y}_i e_i = 0$,當模型不是含有截距項的一元線性迴歸模型或採用的估計方法不是 OLS 法時,該式未必成立,因此這時將

$$R^2 = \frac{\sum_{i=1}^{n}(\hat{Y}_i - \bar{Y})^2}{\sum_{i=1}^{n} y_i^2}$$

解釋為「Y 的變異中由 X 的變異解釋的比例」是值得懷疑的,而且按照公式

$$R^2 = 1 - \frac{\sum_{i=1}^{n} e_i^2}{\sum_{i=1}^{n} y_i^2}$$

計算的 R^2 可能為負值(註:EViews 軟件就是按此公式計算的)。所以,對於不含有截距項的一元線性迴歸模型或非線性迴歸模型(如,$Y_i = e^{\beta_0 + \beta_1 X_i} + u_i$),應該謹慎使用 R^2 來評價模型的擬合優度。

2.4.2 相關係數與 R^2 的關係

通過以上討論可知,R^2 反應了樣本迴歸直線與樣本點的「總體接近」程度。R^2 越高,表明樣本點的分佈越靠近樣本迴歸直線,也就是 Y 與 X 的樣本相關程度越高;否則,則反是。因此,R^2 也是度量解釋變量與被解釋變量之間相關程度的一個指標。那麼,它與常用的相關分析的工具——相關係數之間有什麼關係呢?

在數值上

$$\begin{aligned} R^2 &= \frac{\sum_{i=1}^{n} \hat{y}_i^2}{\sum_{i=1}^{n} y_i^2} = \frac{\hat{\beta}_1^2 \sum_{i=1}^{n} x_i^2}{\sum_{i=1}^{n} y_i^2} \qquad (\text{利用 } \hat{y}_i = \hat{\beta}_1 x_i) \\ &= \frac{(\sum_{i=1}^{n} x_i y_i)^2}{(\sum_{i=1}^{n} x_i^2)^2} \cdot \frac{\sum_{i=1}^{n} x_i^2}{\sum_{i=1}^{n} y_i^2} \qquad [\text{利用}(2.12)\text{式}] \\ &= \left[\frac{\sum_{i=1}^{n} x_i y_i}{\sqrt{\sum_{i=1}^{n} x_i^2}\sqrt{\sum_{i=1}^{n} y_i^2}}\right]^2 = r_{XY}^2 \end{aligned}$$

由此可知,可決系數 R^2 恰好等於 Y 與 X 的簡單(樣本)相關係數 r_{XY} 的平方[1]。利用這個關係,我們可以借助迴歸分析研究變量之間的相關程度。

儘管有如上數量關係,但是應注意二者在概念上是有明顯區別的。一方面,可決系數 R^2 是就估計的迴歸模型而言,度量了樣本迴歸函數對樣本數據的擬合程度,並沒有指出變量 Y 與 X 的相關方向是正相關還是負相關,而相關係數則較全面地表明了兩變量之間的相關性。另一方面,R^2 表示解釋變量的變異對被解釋變量變異的解釋比例,而不是相反;相比之下,Y 與 X 的相關係數與變量的順序無關,它並不包含一個變量的變異解釋另一個變量變異的信息。

---

[1] 人們習慣用 R 或 r 記變量之間的相關係數(correlation coefficient),由於該等式成立,因此人們常用 R^2 來記可決系數。

§2.5 迴歸系數的假設檢驗及其區間估計

前面我們討論的是用一個數值作為 $\beta_j(j=0,1)$ 的估計,這樣的估計量稱為點估計量。實際上,由於參數 β_j 是未知的,依據一次具體抽樣得到的參數估計值 $\hat{\beta}_j$,並不能告訴我們 β_j 的真值是什麼或 $\hat{\beta}_j$ 與 β_j 有多麼「接近」。因此,在得到參數估計量 $\hat{\beta}_j$ 的基礎上,還需要對參數 β_j 的真值及其所在的範圍做進一步的統計推斷。前者為假設檢驗問題,即檢驗參數是否等於某一個特定的值;後者則為區間估計問題,即在一定的可靠度或置信度下確定參數所在的範圍,或者說,從統計角度估計利用樣本數據得到的參數估計值與參數的真值有多麼「接近」。要解決這些問題,首先需要明確參數估計量 $\hat{\beta}_j$ 的概率分佈。

2.5.1　OLS 估計量的概率分佈

我們知道,參數的 OLS 估計量 $\hat{\beta}_j(j=0,1)$ 是 $Y_1, Y_2, \cdots, Y_n$ 的線性函數,而 $Y_i = \beta_0 + \beta_1 X_i + u_i$,所以 $\hat{\beta}_j$ 也是 $u_1, u_2, \cdots, u_n$ 的線性函數。又由於在基本假定條件下 u_i 之間相互獨立且均服從正態分佈,因此 $\hat{\beta}_j$ 服從正態分佈,其分佈特徵由其均值和方差來決定。於是,由 $\hat{\beta}_j$ 的無偏性及其方差的計算公式 (2.17) 式和 (2.18) 式可知,在滿足基本假定的條件下,

$$\hat{\beta}_1 \sim N\left(\beta_1, \frac{\sigma^2}{\sum_{i=1}^{n} x_i^2}\right) \tag{2.30}$$

$$\hat{\beta}_0 \sim N\left(\beta_0, \frac{\sum_{i=1}^{n} X_i^2}{n \sum_{i=1}^{n} x_i^2} \sigma^2\right) \tag{2.31}$$

進而,將正態變量 $\hat{\beta}_1, \hat{\beta}_0$ 做標準化變換,可得如下標準正態變量:

$$z_1 = \frac{\hat{\beta}_1 - \beta_1}{SE(\hat{\beta}_1)} = \frac{\hat{\beta}_1 - \beta_1}{\dfrac{\sigma}{\sqrt{\sum_{i=1}^{n} x_i^2}}} \sim N(0,1) \tag{2.32}$$

$$z_0 = \frac{\hat{\beta}_0 - \beta_0}{SE(\hat{\beta}_0)} = \frac{\hat{\beta}_0 - \beta_0}{\sigma \sqrt{\dfrac{\sum_{i=1}^{n} X_i^2}{n \sum_{i=1}^{n} x_i^2}}} \sim N(0,1) \tag{2.33}$$

顯然,(2.32) 式和 (2.33) 式描述了反應 $\hat{\beta}_j(j=0,1)$ 與 β_j 接近程度的變量的概率分佈,當 u_i 的標準差 σ 已知時,便可以利用它們對 β_j 進行統計推斷。但是,在通常情形下 σ 是未知的,z_0 和 z_1 不能作為統計量,因此需要用它的估計量來替代它。一個自然的想法

是，用 $\hat{\sigma} = \sqrt{\dfrac{\sum\limits_{i=1}^{n} e_i^2}{n-2}}$ 替代(2.32)式和(2.33)式中的 σ（因為 $\hat{\sigma}^2 = \dfrac{\sum\limits_{i=1}^{n} e_i^2}{n-2}$ 是 σ^2 的無偏且一致估計量）去構造統計量。可以證明，如下分佈成立：

$$t_1 = \frac{\hat{\beta}_1 - \beta_1}{\hat{SE}(\hat{\beta}_1)} = \frac{\hat{\beta}_1 - \beta_1}{\dfrac{\hat{\sigma}}{\sqrt{\sum\limits_{i=1}^{n} x_i^2}}} \sim t(n-2) \qquad (2.34)$$

$$t_0 = \frac{\hat{\beta}_0 - \beta_0}{\hat{SE}(\hat{\beta}_0)} = \frac{\hat{\beta}_0 - \beta_0}{\hat{\sigma}\sqrt{\dfrac{\sum\limits_{i=1}^{n} X_i^2}{n\sum\limits_{i=1}^{n} x_i^2}}} \sim t(n-2) \qquad (2.35)$$

於是，在 u_i 的標準差 σ 未知的情形下，應用(2.34)式和(2.35)式便可以對 β_j 進行統計推斷。我們在此只針對這種情形展開討論[註：可以應用(2.32)式和(2.33)式類似地對 σ 已知的情形進行討論]。

2.5.2 變量的顯著性檢驗

2.5.2.1 t 檢驗

在計量經濟學中，關於參數的假設檢驗主要是對參數是否為 0 進行檢驗。例如，檢驗例題 2.1 中消費支出模型的迴歸系數 $\beta_1 = 0$ 是否成立，若檢驗結果表明 $\beta_1 = 0$，則意味著收入 I 的變化對消費支出 COM 沒有顯著影響；若檢驗結果表明 $\beta_1 \neq 0$，則意味著收入 I 的變化對消費支出 COM 有顯著影響。因此，對於迴歸系數是否為 0 的檢驗也稱為**變量的顯著性檢驗**。利用樣本數據得到的參數估計值一般不會等於 0，但這可能是抽樣得到的偶然結果，不能由此得出參數真值不等於 0 的結論。為此，需要從統計角度，對參數的真值是否為 0 進行假設檢驗。基於上述 t 分佈[(2.34)式、(2.35)式]對迴歸系數是否為 0 進行假設檢驗，是最常用的一種檢驗方法，稱之為 t **檢驗**。下面以一元線性迴歸模型(2.6)的斜率系數 $\beta_1 = 0$ 的 t 檢驗為例復習假設檢驗的基本過程。

首先，提出原假設 $H_0: \beta_1 = 0$ 和與 H_0 互不相容的備擇假設 H_1，這裡的「互不相容」意味著 H_0 與 H_1 不能同時成立。關於備擇假設 H_1 的設定有三種情形：① $H_1: \beta_1 \neq 0$；② $H_1: \beta_1 > 0$；③ $H_1: \beta_1 < 0$。以情形①為備擇假設的檢驗稱為**雙側檢驗**，以情形②或情形③為備擇假設的檢驗稱為**單側檢驗**。

其次，利用具有概率性質的反證法推斷是否接受 H_0。具體而言，在 H_0 成立的條件下，利用 t 統計量[見(2.3.4)式]構造一個小概率事件，若利用樣本數據（這是一次觀測或試驗的結果）判斷該事件發生了，則認為「H_0 成立」是不正確的，因而拒絕 H_0 而接受 H_1；反之，若該事件沒有發生，則不能拒絕 H_0，通常就接受 H_0。這裡利用了「小概率事件原理」：小概率事件在一次試驗中幾乎是不可能發生的。事件發生的概率的大小是相對而言的，因此在假設檢驗中關於小概率事件的標準是由檢驗者依據所研究的問題事先確

定的,通常設定發生的概率不超過0.05(或0.01、0.10等)的事件為小概率事件。

假設檢驗是利用樣本信息去推斷總體的性質,可能得出錯誤結論。比如,對$H_0:\beta_1=0$的檢驗,當$\beta_1=0$正確時,檢驗結果卻拒絕H_0,這類錯誤稱為第一類錯誤(或棄真錯誤);當$\beta_1=0$不正確時,檢驗結果卻接受H_0,這類錯誤稱為第二類錯誤(或取偽錯誤)。顯然,假設檢驗犯第一類錯誤的概率就是事先設定的小概率事件發生的概率,通常稱之為**顯著性水平**(或檢驗水平),記為α。如果犯第一類錯誤會導致較嚴重的後果,則顯著性水平α要定得低一些。對於一定的樣本容量,一種檢驗方法不可能使犯這兩類錯誤的概率同時變小,通常是對於一定的顯著性水平,尋求犯第二類錯誤較小的檢驗方法。

在假設檢驗中還有另一個重要概念,即**檢驗的勢**(或**檢驗的功效**),它是指在H_0不正確時檢驗結果拒絕H_0的概率,即1減去檢驗犯第二類錯誤的概率。減小犯第二類錯誤的概率就意味著提高檢驗的功效。

在建立一元線性迴歸模型時,需要分別對β_0和β_1是否等於0進行t檢驗。下面以β_1的檢驗為例給出t檢驗的步驟:

(1)雙側t檢驗

① 提出原假設和備擇假設:

原假設$H_0:\beta_1=0$

備擇假設$H_1:\beta_1\neq 0$

② 在H_0成立的條件下,對於給定的顯著性水平α,查自由度為$n-2$的t分佈表(見附錄B附表2)得臨界值$t_{\alpha/2}(n-2)$,使得

$$P\left[|t_1|=\left|\frac{\hat{\beta}_1}{\hat{SE}(\hat{\beta}_1)}\right|>t_{\alpha/2}(n-2)\right]=\alpha \tag{2.36}$$

(2.36)式的幾何表示如圖2-7所示。

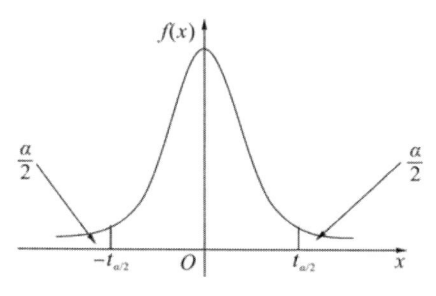

圖2-7 雙側t檢驗的臨界值與顯著性水平之間的關係的示意圖

③ 計算t統計量的值:

$$t_1=\frac{\hat{\beta}_1}{\hat{SE}(\hat{\beta}_1)}=\frac{\hat{\beta}_1}{\dfrac{\hat{\sigma}}{\sqrt{\sum_{i=1}^{n}x_i^2}}}$$

④ 給出判斷結果：

若 $|t_1| > t_{\alpha/2}(n-2)$，則拒絕 $H_0:\beta_1 = 0$，接受 $H_1:\beta_1 \neq 0$。這意味著在 α 的顯著性水平下，$\beta_1 \neq 0$ 顯著成立，即 X 對 Y 具有顯著影響。

若 $|t_1| < t_{\alpha/2}(n-2)$，則不拒絕 $H_0:\beta_1 = 0$，通常接受 $H_0:\beta_1 = 0$。這意味著在 α 的顯著性水平下，$\beta_1 = 0$ 顯著成立，即 X 對 Y 沒有顯著影響。

（2）單側 t 檢驗（$H_1:\beta_1 > 0$ 的情形）

① 提出原假設和備擇假設：

原假設 $H_0:\beta_1 = 0$

備擇假設 $H_1:\beta_1 > 0$

② 在 H_0 成立的條件下，對於給定的顯著性水平 α，查自由度為 $n-2$ 的 t 分佈表得臨界值 $t_\alpha(n-2)$，使得

$$P\left[t_1 = \frac{\hat{\beta}_1}{\hat{SE}(\hat{\beta}_1)} > t_\alpha(n-2)\right] = \alpha \tag{2.37}$$

(2.37)式的幾何表示如圖 2-8 所示。

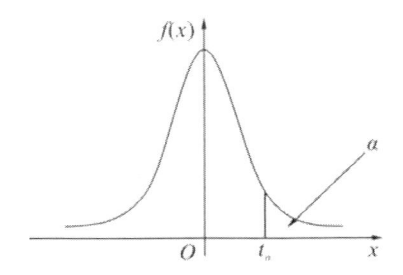

圖 2-8 單側 t 檢驗的臨界值與顯著性水平之間的關係的示意圖

③ 計算 t 統計量的值：

$$t_1 = \frac{\hat{\beta}_1}{\hat{SE}(\hat{\beta}_1)} = \frac{\hat{\beta}_1}{\frac{\hat{\sigma}}{\sqrt{\sum_{i=1}^{n} x_i^2}}}$$

④ 給出判斷結果：

若 $t_1 > t_\alpha(n-2)$，則拒絕 $H_0:\beta_1 = 0$，接受 $H_1:\beta_1 > 0$。這意味著在 α 的顯著性水平下，$\beta_1 > 0$ 顯著成立，即 X 對 Y 具有顯著影響並且 Y 隨著 X 的增加而增加。

若 $t_1 < t_\alpha(n-2)$，則不拒絕 $H_0:\beta_1 = 0$，通常接受 $H_0:\beta_1 = 0$。這意味著在 α 的顯著性水平下，$\beta_1 = 0$ 顯著成立，即 X 對 Y 沒有顯著影響。

關於 $H_1:\beta_1 < 0$ 的情形，請讀者自己總結 t 檢驗的步驟。

容易看到，雙側 t 檢驗與單側 t 檢驗具有如下關係：顯著性水平為 α 的雙側 t 檢驗的臨界值與顯著性水平為 $\alpha/2$ 的單側 t 檢驗臨界值的絕對值是一致的，而且在 $\alpha/2$ 的顯著性水平下有一個單側 t 檢驗拒絕原假設當且僅當在 α 的顯著性水平下雙側 t 檢驗拒絕原假設。

例題 2.1(續)　變量的顯著性檢驗

在應用 OLS 法估計消費支出模型所得輸出結果(表 2-2)中,t-Statistic 對應列中的數值 10.163,70、37.932,65 分別為檢驗 $\beta_0 = 0$ 和 $\beta_1 = 0$ 的 t 統計量值,即:

$$t_0 = \frac{\hat{\beta}_0}{\hat{SE}(\hat{\beta}_0)} = 10.163,70, \quad t_1 = \frac{\hat{\beta}_1}{\hat{SE}(\hat{\beta}_1)} = 37.932,65$$

在 $\alpha = 0.05$ 的顯著性水平下,對迴歸系數進行雙側 t 檢驗,需要查自由度為 $n-2=18$ 的 t 分佈表得到的臨界值為 $t_{\alpha/2}(18) = 2.101$。因為 $|t_0| > 2.101$,$|t_1| > 2.101$,所以在 0.05 的顯著性水平下,$\beta_0 \neq 0, \beta_1 \neq 0$ 均顯著成立,即可以認為在消費支出模型中截距項顯著不為 0,而且收入 I 對消費支出 COM 具有顯著影響。

在 $\alpha = 0.05$ 的顯著性水平下對斜率系數進行單側 t 檢驗($H_1: \beta_1 > 0$),查 t 分佈表得到的臨界值應為 $t_\alpha(18) = 1.734$。因為 $t_1 > 1.734$,所以在 0.05 的顯著性水平下,$\beta_1 > 0$ 顯著成立,即可以認為收入 I 對消費支出 COM 具有顯著影響,而且 COM 隨著 I 的增加而增加。

上面我們針對原假設為等式的情形,討論了單側 t 檢驗,在實踐中你可能會認為這樣設定的原假設約束過強。例如,若對於參數 β_j 的符號沒有先驗信息,即 $\beta_j < 0$ 和 $\beta_j > 0$ 都是可能的,那麼單側 t 檢驗的原假設就應該設定為 $H_0: \beta_j \leq 0$ 或 $H_0: \beta_j \geq 0$。關於原假設為 $H_0: \beta_j \leq 0 (H_0: \beta_j \geq 0)$,備擇假設為 $H_1: \beta_j > 0 (H_1: \beta_j < 0)$ 的 t 檢驗,與原假設為 $H_0: \beta_j = 0$,備擇假設為 $H_1: \beta_j > 0 (H_1: \beta_j < 0)$ 的 t 檢驗,檢驗過程是一樣的,它們的檢驗統計量、臨界值以及稍後提到的相應的 P 值都相同。因此,關於單側 t 檢驗,重點在於必須適當地設定備擇假設。

2.5.2.2　t 檢驗的 P 值

下面以經典迴歸模型(2.6)為例解釋 t 檢驗的 P 值的概念。對於依據給定的樣本數據得到的 t 統計量值 $t_j^* = \frac{\hat{\beta}_j}{\hat{SE}(\hat{\beta}_j)} (j = 0, 1)$,所謂對 $H_0: \beta_j = 0$ 進行雙側 t 檢驗的 P 值,也稱之為 t 統計量的 P 值,是按照如下公式計算出的概率值:

$$P \text{ 值} = P(|t_j| > |t_j^*|) \tag{2.38}$$

其中 t_j 為服從自由度為 $n-2$ 的 t 分佈的隨機變量。

將(2.38)式與(2.36)式對比可知,P 值就是以 $|t_j^*|$ 為臨界值的顯著性水平。從圖 2-7 可以看出,顯著性水平 α 越小,臨界值就越大;反之,顯著性水平 α 越大,臨界值就越小。因此,P 值 $< \alpha$ 當且僅當 $|t_j^*| > t_{\alpha/2}(n-2)$,也就是說,$P$ 值是 t 檢驗拒絕原假設 $H_0: \beta_j = 0$ 的最小的顯著性水平。於是,可以通過比較給定的顯著性水平 α 與 P 值的大小而完成 t 檢驗。具體而言,就是:

若 $\alpha > P$ 值,則在顯著性水平 α 下,拒絕原假設 H_0,認為 $\beta_j \neq 0$;

若 $\alpha < P$ 值,則在顯著性水平 α 下,不拒絕原假設 H_0,通常接受 $\beta_j = 0$。

在 EViews 軟件下,利用 OLS 法估計模型所得輸出結果中同時給出了各迴歸系數的 t 統計量值及其相應的雙側 t 檢驗的 P 值,據此可以直接得到 t 檢驗的結果。例如,在例題

2.1中,OLS法迴歸模型的輸出結果(表2-2)中 Prob. 對應列中的數值0.000,0、0.000,0分別為對$\beta_0 = 0$和$\beta_1 = 0$進行雙側t檢驗的P值。顯然,通常設定的顯著性水平均大於這些P值,因此可以認為$\beta_0 \neq 0$和$\beta_1 \neq 0$均顯著成立。此與利用臨界值進行檢驗結果是一致的。

對於備擇假設為$H_1:\beta_j > 0$的單側t檢驗,若t統計量值$t_j^* \leq 0$,顯然,不能拒絕原假設$H_0:\beta_j = 0$或$H_0:\beta_j \leq 0$;若t統計量值$t_j^* > 0$,則該檢驗拒絕H_0的最小的顯著性水平,即t統計量的P值為:

$$P 值 = P(t_j > t_j^*) \tag{2.39}$$

由於t分佈是關於0對稱的,因此上述單側t檢驗的P值是雙側t檢驗的P值的一半,同理可知,若t統計量值$t_j^* < 0$,則對於備擇假設為$H_1:\beta_j < 0$的單側t檢驗的P值也是雙側t檢驗的P值的一半。於是,將在EViews軟件下得到的雙側t檢驗($H_1:\beta_1 \neq 0$)的P值除以2,即可得到某一單側t檢驗($H_1:\beta_1 > 0$或$H_1:\beta_1 < 0$)的P值,進而將其與給定的顯著性水平進行比較,便可以完成該單側t檢驗。

本書後文提到的假設檢驗P值的含義及計算公式與t檢驗P值的完全類似。

2.5.3 迴歸系數的區間估計

對參數的區間估計,通常採用的方法是求參數的一個置信區間,即在一定的置信度$1 - \alpha$下,構造一個包含參數真值的隨機區間。它意味著在重複試驗中,這樣的區間以$1 - \alpha$的概率包含參數的真值。

由本節2.5.1的討論可知,在隨機誤差項的方差σ^2未知的情形下,有

$$t_j = \frac{\hat{\beta}_j - \beta_j}{\hat{SE}(\hat{\beta}_j)} \sim t(n - 2) \qquad (j = 0, 1)$$

成立。於是,對於給定的置信度$1 - \alpha$,可以查自由度為$n - 2$的t分佈表得臨界值$t_{\alpha/2}(n - 2)$,使得

$$P\left[|t_j| = \left| \frac{\hat{\beta}_j - \beta_j}{\hat{SE}(\hat{\beta}_j)} \right| \leq t_{\alpha/2}(n - 2) \right] = 1 - \alpha \tag{2.40}$$

[通過比較(2.40)式與(2.36)式,你會得出什麼結論?]
即

$$P\left[-t_{\alpha/2}(n - 2) \leq \frac{\hat{\beta}_j - \beta_j}{\hat{SE}(\hat{\beta}_j)} \leq t_{\alpha/2}(n - 2) \right] = 1 - \alpha$$

亦即

$$P[\hat{\beta}_j - \hat{SE}(\hat{\beta}_j)t_{\alpha/2}(n - 2) \leq \beta_j \leq \hat{\beta}_j + \hat{SE}(\hat{\beta}_j)t_{\alpha/2}(n - 2)] = 1 - \alpha$$

於是,得到參數β_j的置信度為$1 - \alpha$的置信區間為:

$$[\hat{\beta}_j - \hat{SE}(\hat{\beta}_j)t_{\alpha/2}(n - 2), \hat{\beta}_j + \hat{SE}(\hat{\beta}_j)t_{\alpha/2}(n - 2)] \tag{2.41}$$

利用已知的樣本數據和(2.41)式便可以求得一個具體的置信區間。

例題 2.1 (續)　迴歸系數的區間估計

由表 2-2 可知

$$\hat{\beta}_0 = 499.5, \hat{SE}(\hat{\beta}_0) = 49.15, \hat{\beta}_1 = 0.508, \hat{SE}(\hat{\beta}_1) = 0.013$$

對於顯著性水平 $\alpha = 0.05$，查 t 分佈表得臨界值 $t_{\alpha/2}(18) = 2.101$。於是，利用公式 (2.41) 可得參數 β_0、β_1 的置信度為 0.95 的置信區間分別為：

$$[499.5 - 49.15 \times 2.101, 499.5 + 49.15 \times 2.101]$$

即

$$[396.23, 602.76]$$

和

$$[0.508 - 0.013 \times 2.101, 0.508 + 0.013 \times 2.101]$$

即

$$[0.480,6, 0.535,3]$$

§2.6 預測

計量經濟模型的一個重要應用就是經濟預測。對於一元經典線性迴歸模型

$$Y_i = \beta_0 + \beta_1 X_i + u_i \quad (i = 1, 2, \cdots, n) \tag{2.42}$$

當我們利用樣本數據及 OLS 法得到了樣本迴歸函數

$$\hat{Y}_i = \hat{\beta}_0 + \hat{\beta}_1 X_i \tag{2.43}$$

後，便可以在已知樣本期外解釋變量值 X_F 的條件下，利用 (2.43) 式對樣本期外的被解釋變量值 Y_F 或其均值 $E(Y_F|X_F)$ 進行預測。**預測可分為點預測和區間預測**。前者是指將 X_F 直接代入 (2.43) 式，把計算出來的 $\hat{Y}_F$ 作為個別值 Y_F 或 $E(Y_F|X_F)$ 的預測值；後者是指在一定的可靠度下預測 Y_F 或 $E(Y_F|X_F)$ 所在的範圍，或 $\hat{Y}_F$ 與它們有多麼「接近」，通常是建立一個置信區間作為預測區間。

在展開討論之前，首先需要明確我們進行的預測所滿足的前提條件。除已知解釋變量在預測期的取值外，還要求在樣本期和預測期內，隨機誤差項滿足基本假定條件，並且 Y 與 X 的函數關係式不變，即

$$Y_F = \beta_0 + \beta_1 X_F + u_F$$

這就是說，我們所進行的預測是一種條件預測，在預測之前首先要在經濟理論分析和經驗研究的基礎上，判定所研究變量之間的關係在樣本期和預測期有無明顯變化以及能否取得預測期內解釋變量的值。

2.6.1　點預測

點預測是將 $\hat{Y}_F = \hat{\beta}_0 + \hat{\beta}_1 X_F$ 作為 Y_F 或 $E(Y_F|X_F)$ 的預測值。令 $e_F = Y_F - \hat{Y}_F$ 為預測誤差，因為 $\hat{\beta}_j (j = 0, 1)$ 為 β_j 的無偏估計，即 $E(\hat{\beta}_j) = \beta_j$，所以

$$E(\hat{Y}_F | X_F) = E[\hat{\beta}_0 + \hat{\beta}_1 X_F | X_F] = \beta_0 + \beta_1 X_F = E(Y_F | X_F) \qquad (2.44)$$
$$E(e_F | X_F) = E[(Y_F - \hat{Y}_F) | X_F] = E(Y_F | X_F) - E(\hat{Y}_F | X_F) = 0 \qquad (2.45)$$

此表明利用樣本迴歸函數 $\hat{Y}_F$ 對 Y_F 或 $E(Y_F | X_F)$ 進行點預測沒有系統偏差。

在 EViews 軟件下，利用 OLS 法估計模型 (2.42) 並對 Y 進行點預測的基本執行過程：

① 擴展工作範圍：在 Workfile 窗口，雙擊 Range，接著在彈出的窗口中，輸入擴展的工作範圍(包括樣本區間和預測區間)，然後點擊 OK，接著在彈出窗口中再點擊 Yes。

② 輸入預測期解釋變量的數據：在 Workfile 窗口，選中並雙擊解釋變量 X，打開序列 X 的窗口，並輸入 X 在預測區間的數據。

③ 得到模型的 OLS 估計結果及 Y 的預測值：在主窗口中，點擊 Quick→ Estimate Equation，彈出 Equation Estimation 窗口，在該窗口的 Equation Specification 對話框中，依次鍵入「Y C X」，然後點擊「確定」，得到模型 OLS 估計的輸出結果；在該輸出結果窗口的工具欄上，點擊 Forecast，接著在彈出的 Forecast 窗口的 Forecast sample 對話框中輸入預測區間，在 s.e(optional) 對話框中輸入預測誤差標準差的序列名 SE，然後點擊 OK，便得到 Y 的預測值序列 YF 和 YF±2SE 的趨勢圖，同時 YF 與 SE 出現在 Workfile 窗口的對象目錄中。

2.6.2 區間預測

關於被解釋變量的區間預測，無論是統計量的構造過程，還是區間的表現形式都與 §2.4 中迴歸系數的區間估計類似。

2.6.2.1 $E(Y_F | X_F)$ 的區間預測

要分析 $\hat{Y}_F$ 與 $E(Y_F | X_F)$ 的接近程度，或構造置信區間，首先需要知道 $\hat{Y}_F$ 的概率分佈。由於參數 $\hat{\beta}_0, \hat{\beta}_1$ 都是 $Y_1, Y_2, \cdots, Y_n$ 的線性函數，也是 $u_1, u_2, \cdots, u_n$ 的線性函數，所以 $\hat{Y}_F = \hat{\beta}_0 + \hat{\beta}_1 X_F$ 仍是 $u_1, u_2, \cdots, u_n$ 的線性函數。又由 u_i 之間相互獨立且均服從正態分佈可知，在給定 X_F 的條件下 $\hat{Y}_F$ 也服從正態分佈。可以證明：$\hat{Y}_F$ 的條件均值和條件方差分別為：

$$E(\hat{Y}_F | X_F) = \beta_0 + \beta_1 X_F = E(Y_F | X_F) \qquad [見(2.44)式]$$
$$\mathrm{Var}(\hat{Y}_F | X_F) = \sigma^2 \left[\frac{1}{n} + \frac{(X_F - \bar{X})^2}{\sum_{i=1}^{n} x_i^2} \right]$$

於是

$$\hat{Y}_F | X_F \sim N\left\{ E(Y_F | X_F), \sigma^2 \left[\frac{1}{n} + \frac{(X_F - \bar{X})^2}{\sum_{i=1}^{n} x_i^2} \right] \right\}$$

類似於參數置信區間的構造過程，當 σ 未知時，在給定 X_F 的條件下可以進一步證明：

$$t = \frac{\hat{Y}_F - E(Y_F | X_F)}{\hat{SE}(\hat{Y}_F | X_F)} \sim t(n-2)$$

其中 $\hat{SE}(\hat{Y}_F | X_F) = \hat{\sigma} \sqrt{\dfrac{1}{n} + \dfrac{(X_F - \bar{X})^2}{\sum_{i=1}^{n} x_i^2}}$，$\hat{\sigma} = \sqrt{\sum_{i=1}^{n} e_i^2 / (n-2)}$。於是，對於給定的置信度 $1 - \alpha$，查自由度為 $n - 2$ 的 t 分佈表得臨界值 $t_{\alpha/2}(n - 2)$，使得

$$P\left[\left|\dfrac{\hat{Y}_F - E(Y_F | X_F)}{\hat{SE}(\hat{Y}_F | X_F)}\right| \leq t_{\alpha/2}(n - 2)\right] = 1 - \alpha$$

即

$$P\left[-t_{\alpha/2}(n - 2) \leq \dfrac{\hat{Y}_F - E(Y_F | X_F)}{\hat{SE}(\hat{Y}_F | X_F)} \leq t_{\alpha/2}(n - 2)\right] = 1 - \alpha$$

亦即

$$P[\hat{Y}_F - \hat{SE}(\hat{Y}_F | X_F) t_{\alpha/2}(n - 2) \leq E(Y_F | X_F) \leq \hat{Y}_F + \hat{SE}(\hat{Y}_F | X_F) t_{\alpha/2}(n - 2)] = 1 - \alpha$$

因此，$E(Y_F | X_F)$ 的置信度為 $1 - \alpha$ 的預測區間為：

$$[\hat{Y}_F - \hat{SE}(\hat{Y}_F | X_F) t_{\alpha/2}(n - 2), \hat{Y}_F + \hat{SE}(\hat{Y}_F | X_F) t_{\alpha/2}(n - 2)] \quad (2.46)$$

2.6.2.2 個別值 Y_F 的區間預測

預測誤差 $e_F = Y_F - \hat{Y}_F$ 反應了 $\hat{Y}_F$ 與 Y_F 的接近程度，要建立 Y_F 的預測區間，首先需要知道 e_F 的概率分佈。由於

$$e_F = Y_F - \hat{Y}_F = \beta_0 + \beta_1 X_F + u_F - \hat{Y}_F$$

是 $u_F, u_1, u_2, \cdots, u_n$ 的線性函數，與上述推導 $\hat{Y}_F$ 的概率分佈的過程完全類似，可以證明：e_F 服從如下正態分佈：

$$e_F | X_F \sim N\left\{0, \sigma^2 \left[1 + \dfrac{1}{n} + \dfrac{(X_F - \bar{X})^2}{\sum_{i=1}^{n} x_i^2}\right]\right\}$$

進而，類似於 $E(Y_F | X_F)$ 預測區間的建立過程，當 σ 未知時，在給定 X_F 的條件下可以證明：

$$t = \dfrac{Y_F - \hat{Y}_F}{\hat{SE}(e_F | X_F)} \sim t(n - 2)$$

其中 $\hat{SE}(e_F | X_F) = \hat{\sigma} \sqrt{1 + \dfrac{1}{n} + \dfrac{(X_F - \bar{X})^2}{\sum_{i=1}^{n} x_i^2}}$。於是，可得 Y_F 的置信度為 $1 - \alpha$ 的預測區間為：

$$[\hat{Y}_F - \hat{SE}(e_F | X_F) t_{\alpha/2}(n - 2), \hat{Y}_F + \hat{SE}(e_F | X_F) t_{\alpha/2}(n - 2)] \quad (2.47)$$

例題 2.1(續)　模型的預測

對於月收入 I_F 為 5,600 元、5,900 元、6,200 元的家庭，預測其月消費支出 COM_F，並求 $I_F = 5,600$ 元時，COM_F 與 $E(COM_F | I_F = 5,600)$ 的預測區間。前面已經得到了樣本迴歸函數：

$$\hat{COM}_i = 499.5 + 0.508 I_i$$

由此可得,月收入 I_F 為 5,600 元、5,900 元、6,200 元時,家庭月消費支出 COM_F 的預測值分別為:

$$\hat{COM}_F\big|_{I_F=5,600} = 499.5 + 0.508 \times 5,600 = 3,344.3(元)$$

$$\hat{COM}_F\big|_{I_F=5,900} = 499.5 + 0.508 \times 5,900 = 3,496.7(元)$$

$$\hat{COM}_F\big|_{I_F=6,200} = 499.5 + 0.508 \times 6,200 = 3,649.1(元)$$

上述 COM_F 的預測值也可以利用 EViews 軟件得到。按照前面給出的在 EViews 軟件下進行預測的基本執行過程,首先將工作區間擴展為「1　23」,然後打開序列 I,並在觀測點 21、22、23 處分別輸入 I 的值:5,600、5,900、6,200。其次在打開的 Forecast 窗口中,輸入預測區間「21　23」,再點擊 OK,便可以得到圖 2-9。該圖中間的直線為預測區間上 COM_F 的預測值圖形,上下兩條虛線為預測值加減其 2 倍標準差得到的圖形。在 Workfile 窗口打開序列 COMF,可以查看 COM_F 的預測值。注意這裡的預測值與上述手工計算得到的值有微小的差別,這是因為我們所利用樣本迴歸函數中的參數估計值是 EViews 輸出結果中的近似值的緣故。

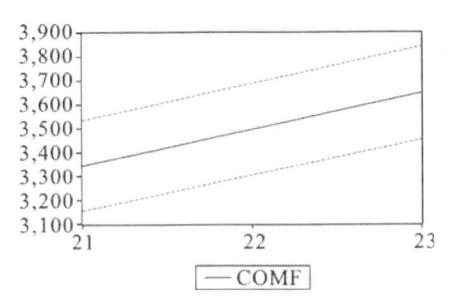

圖 2-9　COM_F 預測值的圖形

利用 EViews 軟件,容易計算出 I_i 的樣本均值及其離差平方和分別為:

$$\bar{I} = 3,365,\quad \sum_{i=1}^{n}(I_i - \bar{I})^2 = 42,945,505$$

又由表 2-2 可知,$\hat{\sigma} = 87.755,11$。進而可得,當 $I_F = 5,600$ 時,

$$\hat{SE}(\hat{COM}_F \mid I_F = 5,600) = \hat{\sigma}\sqrt{\frac{1}{n} + \frac{(I_F - \bar{I})^2}{\sum_{i=1}^{n}(I_i - \bar{I})^2}}$$

$$= 87.755,11 \times \sqrt{\frac{1}{20} + \frac{(5,600 - 3,365)^2}{42,945,505}} = 35.788,1$$

對於置信度 $1 - \alpha = 1 - 0.05$,查自由度為 $n - 2 = 18$ 的 t 分佈表得臨界值 $t_{\alpha/2}(18) = 2.101$。於是,利用 (2.46) 式可得,當 $I_F = 5,600$ 時,家庭月消費支出的均值 $E(COM_F \mid I_F = 5,600)$ 的置信度為 0.95 的預測區間為:

$$[3,344.3 - 35.788,1 \times 2.101, 3,344.3 + 35.788,1 \times 2.101]$$

即

$$[3,269.11, 3,419.49]$$

類似地,可以求得,當 $I_F = 5,600$ 時,家庭月消費支出 COM_F 的置信度為 0.95 的預測

區間為:

$$[3\,344.3 - 94.772\,08 \times 2.101, 3\,344.3 + 94.772\,08 \times 2.101]^{①}$$

即

$$[3\,145.18, 3\,543.42]$$

在 EViews 下,也可以利用在點預測時得到的預測誤差標準差的估計值 SE,直接計算 COM_F 的預測區間,再由 SE 得到 $\hat{Y}_F$ 的標準差的估計值,進而計算出 $E(COM_F|I_F)$ 的預測區間。

§2.7 案例分析

例題 2.2　恩格爾定律的實證檢驗

1857 年,德國統計學家恩格爾(E. Engel)在研究家庭收入水平對其消費結構的影響時,闡述了一個著名的定律 - 恩格爾定律:收入越高,家庭將其收入用於食物支出的比例越低,並利用 Edouard Ducpetiaux 搜集的 198 個比利時家庭的家庭預算數據驗證了該定律是成立的。下面我們應用從印度 55 個農戶調查得到的食物支出 Y 和總支出 X 的樣本數據(如表 2-3 所示)對恩格爾定律進行檢驗,即檢驗食物支出占收入的比例是否隨著收入的增加而遞減,並對收入 $X_F = 900$ 盧比的農戶的平均食物支出 $E(Y_F|X_F=900)$ 進行預測。這裡我們以各農戶總支出作為其總收入的代理變量。

表 2-3　　　　印度農戶的周食物支出與總支出樣本數據　　　　單位:盧比

序號	食物支出 Y	總支出 X	序號	食物支出 Y	總支出 X	序號	食物支出 Y	總支出 X
1	217	382	20	383	616	39	415	721
2	196	388	21	315	618	40	540	730
3	303	391	22	267	623	41	360	731
4	270	415	23	420	627	42	450	733
5	325	456	24	300	630	43	395	745
6	260	460	25	410	635	44	430	751
7	300	472	26	220	640	45	332	752
8	325	478	27	403	648	46	397	752
9	336	494	28	350	650	47	446	769
10	345	516	29	390	655	48	480	773
11	325	525	30	385	662	49	352	773
12	362	554	31	470	663	50	410	775
13	315	575	32	322	677	51	380	785
14	355	579	33	540	680	52	610	788
15	325	585	34	433	690	53	530	790
16	370	586	35	295	695	54	360	795
17	390	590	36	340	695	55	305	801
18	420	608	37	500	695			
19	410	610	38	450	720			

---

① 式中預測誤差的標準差 94.772 08 也可以在 EViews 下直接得到。具體操作過程如下:在 Forecast 窗口 S. E. (optional)的對話框中輸入預測誤差的標準差的序列名 se(用戶也可以用其他符號為該序列命名);當 EViews 執行預測命令後,在 Workfile 窗口打開序列 se,便可找到預測誤差的標準差 94.772 08。

註：資料來源於 Chandan Mukherjee, Howard White and Marc Wuyts. Econometric and Data Analysis for Developing Countries, Routledge, New York,1998:437.

依據表 2-3 中的數據，作食物支出 Y 對總支出 X 的散點圖，如圖 2-10 所示。

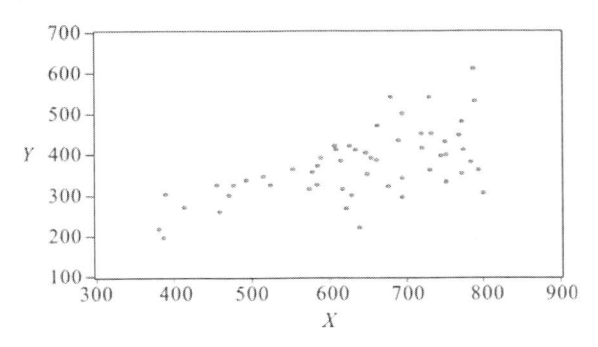

圖 2-10　食物支出 Y 對總支出 X 的散點圖

1. 恩格爾定律的檢驗

從圖 2-10 可以看出，隨著 X 的增加 Y 大致呈現出線性增加的趨勢，因此可以建立如下線性迴歸模型：

$$Y_i = \beta_0 + \beta_1 X_i + u_i \quad (i=1,2,\cdots,55) \tag{2.51}$$

總體迴歸函數為：

$$E(Y_i) = \beta_0 + \beta_1 X_i$$

於是，有：

$$\frac{E(Y_i)}{X_i} = \frac{\beta_0}{X_i} + \beta_1$$

由此可知，若 $\beta_0 > 0$，則表明隨著收入的增加平均食物支出占收入的比例是遞減的；若 $\beta_0 < 0$，則表明隨著收入的增加平均食物支出占收入的比例是遞增的；若 $\beta_0 = 0$，則表明平均食物支出占收入的比例不隨收入的變化而變化。於是，檢驗恩格爾定律就歸結為檢驗 β_0 是否等於 0 及其符號。

在 §2.5 節關於迴歸系數的 t 檢驗是針對經典線性迴歸模型給出的，因此在應用該檢驗法之前首先應該對基本假定條件進行檢驗。在本書第 4 章將討論基本假定的檢驗問題，在此我們權且假定模型(2.51)滿足基本假定條件，直接應用 OLS 法估計模型並對其進行統計檢驗。利用 OLS 法迴歸模型(2.51)，得如下迴歸結果：

$$\hat{Y}_i = 94.21 + 0.436\,8 X_i$$

t 值　　1.852　　5.577

P 值　　0.069 5　　0.000

這裡 t 值為迴歸系數顯著性檢驗的 t 統計量值，P 值為其上方 t 值相應的概率值。

一般來說，隨著人們收入的增加，其用於食品的支出也會增加，因此斜率系數 β_1 的估計值 $\hat{\beta}_1 = 0.4368 > 0$ 與我們的預期是一致的。下面分別對 $\beta_0 > 0$ 和 $\beta_1 > 0$ 進行單側 t 檢驗。從上述迴歸結果可知，β_0、β_1 的估計值分別為 $\hat{\beta}_0 = 94.21 > 0$、$\hat{\beta}_1 = 0.436\,8 > 0$，相應 t 統計量的 P 值分別為 0.069 5、0.000。於是，利用雙側 t 檢驗與單側 t 檢驗 P 值之間

的關係,可得備擇假設 $H_1:\beta_0>0$ 和 $H_1:\beta_1>0$ 的單側 t 檢驗的 P 值分別為 0.034,75 和 0.000,0,它們均小於 0.05。因此,在 0.05 的顯著性水平下,可以認為 β_0 和 β_1 均為正數。此表明表 2-3 給出的對印度農戶的調查數據支持恩格爾定律。

另外,上述估計結果還表明,一個沒有收入的印度農戶在食品上的支出平均為 94.21 盧比,這可以看作印度農戶在食品上的基本支出水平,而且在任一收入水平上,若農戶增加一盧比的收入,預期其在食物上的支出平均增加 0.436,8 盧比。這些結論對於政府制定食品補貼或財政補貼計劃、食品行業的發展規劃等能提供有用的信息。

2. 預測

當印度農戶總支出 $X_F = 900$ 盧比時,由上述樣本迴歸函數可得其食品支出的預測值為:

$$\hat{Y}_F = 94.21 + 0.436,8 \times 900 = 487.33(盧比)$$

下面給出 Y_F 的均值 $E(Y_F|X_F=900)$ 的預測區間。利用 EViews 軟件,容易計算出總支出 X_i 的樣本均值及其離差平方和分別為:

$$\bar{X} = 639.04, \sum_{i=1}^{n} x_i^2 = 728,623.6$$

模型(2.51)的迴歸標準差為 $\hat{\sigma} = 66.86$。對於置信度 $1-\alpha = 1-0.05$,查自由度為 $n-2=53$ 的 t 分佈表得臨界值 $t_{\alpha/2}(53) = 2.01$[①]。於是,可得在 0.95 的置信度下食品支出的均值 $E(Y_F|X_F=900)$ 的預測區間為:

$$\left[487.33 - 2.01 \times 66.86 \times \sqrt{\frac{1}{55} + \frac{(900-639.04)^2}{728,623.6}}, 487.33 + 2.01 \times 66.86 \times \sqrt{\frac{1}{55} + \frac{(900-639.04)^2}{728,623.6}}\right]$$

即

$$[442.43, \quad 532.23]$$

此表明一個收入為 900 盧比的印度農戶,一般來說,對食物的支出為 442.43~532.23 盧比。

需要指出的是,從圖 2-10 還可以看出,隨著總支出(收入)的增加,食品支出的分散程度呈現增加的趨勢,此表明模型(2.51)的隨機誤差項在不同的觀測點可能具有不同的方差,即該模型可能不滿足基本假定條件。若是這樣,那麼關於迴歸系數的顯著性 t 檢驗以及前面給出的預測區間公式都是失效的。在第 4 章 §4.2 中,我們將討論違背同方差假定(即存在異方差性)模型的檢驗和參數估計問題,並進一步驗證:在考慮存在異方差性的前提下,表 2-3 中的數據仍是支持恩格爾定律的。

恩格爾定律闡述的是食品支出與收入之間存在的一種關係。對於其他類型的消費支出,如住房支出、娛樂支出等,與收入之間是否也存在類似的關係呢?讀者可以嘗試運用典型的樣本數據來研究這樣的問題,並分析所得結論產生的原因。

[①] t 分佈表中沒有給出 $t_{0.025}(53)$ 的臨界值,2.01 是 $t_{0.025}(53)$ 臨近的兩個臨界值 $t_{0.025}(40) = 2.021$ 和 $t_{0.025}(60) = 2.000$ 的算術平均數。

§2.8 結束語

本章介紹了迴歸分析的基本思想,以及一元線性迴歸模型的估計、檢驗及應用,其知識結構如圖 2-11 所示。

```
                    ┌ 迴歸分析
迴歸分析             │              ┌ 一般表達式
與迴歸模型           │ 迴歸模型      │ 基本術語:被解釋變量、解釋變量、隨機誤差項、總體(樣本)迴歸模型、
                    │              │           總體(樣本)迴歸函數、殘差
                    │              │ 迴歸模型與因果關係
                    └ 引入隨機誤差項的原因:被忽略的被解釋變量的影響因素、總體迴歸函數的設定
                                     誤差、測量誤差

基本假定條件 ┌ 為什麼要設定基本假定條件
            │                    ┌ 對解釋變量的假設:確定性、$\lim_{n\to\infty}\frac{1}{n}\sum_{i=1}^{n}x^2 = Q(\neq 0)$
            └ 基本假定條件         └ 對隨機誤差項的假設:零均值、同方差、無自相關和正態性

                           ┌ OLS 法  ┌ 最小二乘準則
                           │         │ 正規方程組
OLS 法及參數的              │         └ 有關 OLS 估計結果的幾個結論
OLSE 的統計性質             │ 迴歸係數 OLSE 的統計性質 ┌ 小樣本性質:線性性、無偏性、有效性
                           │                          └ 大樣本性質:一致性
                           │                  ┌ 計算公式
                           └ 誤差項方差的 OLSE │ 性質:一致性、無偏性
                                              └ 迴歸標準差

                        ┌ 可決系數 $R^2$ ┌ 總離差平方和分解式
擬合優度的度量           │                │ 定義
                        │                └ 適用範圍
                        └ $R^2$ 與相關係數 $r_{XY}$ 的關係:$R^2 = r_{XY}^2$

迴歸係數的假設     ┌ 迴歸係數 OLSE 的概率分佈
檢驗與區間估計     │                ┌ 假設檢驗基本原理
                  │ 雙(單)側 t 檢驗 │ P 值
                  │                └ 檢驗程序:利用臨界值檢驗、利用 P 值檢驗
                  └ 置信區間

模型的應用:  ┌ 預測的條件:解釋變量在預測期的取值 $X_f$ 已知、在預測期和樣本期被解釋變量
預測         │              與解釋變量的函數式不變、模型均滿足基本假定條件
             └ 預測的類型 ┌ 點預測:均值的預測和個別值的預測
                          └ 區間預測:均值的預測和個別值的預測
```

圖 2-11 第 2 章知識結構圖

讀者在學習本章時需要注意以下幾點:

(1) 關於迴歸模型與因果關係。迴歸模型是迴歸分析的重要工具,它是從統計角度反應變量之間的數量依賴關係,但這種關係無論多麼顯著都不能直接推斷為因果關係。例如,在某一地區,農作物的收成(Y)依賴於降雨量(X),可以用如下模型:

$$Y_t = \beta_0 + \beta_1 X_t + u_t \quad (\beta_1 \neq 0)$$

來刻畫,由此可得如下模型:

$$X_t = \alpha_0 + \alpha_1 Y_t + v_t$$

其中 $\alpha_0 = -\dfrac{\beta_0}{\beta_1}, \alpha_1 = \dfrac{1}{\beta_1} \neq 0, v_t = -\dfrac{1}{\beta_1}u_t$。可見,當 u_t 滿足基本假定條件時,v_t 也滿足,而且可以驗證,兩模型中關於斜率係數 t 檢驗的統計量是相同的[見習題二綜合應用題

(3)]。也就是說,在實證分析中,當 β_1 顯著不為 0 時, α_1 亦顯著不為 0。但由此推斷降雨量也依賴於農作物的收成,顯然是荒謬的。事實上,我們說農作物收成依賴於降雨量,不是出於統計角度,而是基於常識或自然規律。同理,家庭的消費支出依賴於實際收入,也是基於經濟理論,無論兩者的迴歸結果多麼顯著,也不能推斷出家庭的收入依賴於其消費支出的結論。

(2) 關於經典線性迴歸模型的基本假定條件。現在教科書中流行的做法是,將解釋變量設定成一般的變量(隨機變量或確定性變量),在給定解釋變量的條件下,給出隨機誤差項 u 的假定條件。這樣設定討論起來比較繁瑣,關於參數估計量的無偏性、最小方差性以及統計量的概率分佈的推導過程都是以解釋變量已知為條件。我們注意到,有一些教科書以解釋變量已知為條件設定基本假設,但在後續的討論中常常忽略這個條件的存在,表述不夠嚴謹。事實上,對於隨機解釋變量,當給定其取值的條件下所進行的上述各種討論過程及所得結論,與確定性解釋變量的情形是一致的,而先研究後者,然後直接推廣到前者,表述起來更加簡明,對於初學者也更容易接受。另外,對於隨機解釋變量,誤差項的條件均值(以解釋變量為已知條件)為 0,是一個較誤差項與解釋變量不相關更強的條件,驗證這一條件比較困難(見第 4 章 §4.4)。對於初學者,舉例說明滿足這個假定時,通常還是選擇確定性變量的情形。

(3) 樣本容量與參數估計量的性質。在計量經濟學的教科書中,經常遇到參數估計量的小樣本性質和大樣本性質的表述。前者也稱為有限樣本性質,是指與樣本容量無關的性質,如高斯-馬爾科夫定理所陳述的性質即為小樣本性質;後者是指只有在樣本容量充分大時,參數估計量才具有的性質,如一致性、漸近正態性、漸近有效性等。從經典線性迴歸模型 OLS 估計量為 BLUE 和一致估計量的證明過程可以看出,嚴格來說,小樣本性質和大樣本性質沒有強弱之分。但在實證分析中,一般後者成立的條件更容易滿足。另外,樣本容量雖然不影響經典線性迴歸模型迴歸系數 OLS 估計量的最小方差性,但它會影響其有效程度。例如,由(2.7)式可得,

$$Var(\hat{\beta}_1) = \frac{\sigma^2}{n} \frac{1}{\frac{1}{n}\sum_{i=1}^{n} x_i^2}$$

利用假定 6 可知,一般來說,樣本容量 n 越大,參數估計量的方差越小,因而也就越有效。

(4) 經濟理論的檢驗。應用計量經濟學方法檢驗經濟理論的重要環節是,將理論或假說所定性描述的經濟現象中的數量關係,轉化為計量經濟模型中參數的檢驗問題,如 §2.7 節恩格爾定律的檢驗問題。當然,所建模型的質量不同,所得到的檢驗結果也可能不一致。

(5) 模型的解釋。一般地,模型的解釋適合於樣本期及其附近,對於遠離樣本範圍的個體或觀測點,由於其經濟行為或所處的外部環境與樣本期相比,可能差異較大,因此需要謹慎地應用模型來解釋其中的經濟行為。

(6) 何時使用單側檢驗?在實際應用中,通常在如下兩種情形下使用單側檢驗:①提出的問題本身需要進行單側檢驗,如在 §2.7 節恩格爾定律的檢驗問題;②存在明確的理由可以使用單側備擇假設進行檢驗,這個理由可能來源於經濟理論或之前的經驗證據。例如,在消費函數模型中,若參數為邊際消費傾向,則檢驗該參數是否為 0,就可以設定備擇假設為它大於 0。在情形②下,參數估計值的符號通常都能通過經濟意義檢驗,此時單側檢驗的 P 值為雙側檢驗 P 值的一半,單側檢驗更容易拒絕原假設。

(7) 為什麼建立線性迴歸模型時常含保留截距項 β_0?在建模過程中,除非經濟理

論或常識斷定不含有截距項,否則,即使 β_0 未能通過顯著性檢驗,即它是顯著為 0 的,我們通常也將其保留在模型中(古扎拉蒂,2005)。這樣做的主要理由直接是:如果 $\beta_0 \neq 0$,而模型未包含它,則會導致解釋變量斜率係數的估計量是有偏的;如果 $\beta_0 = 0$,而模型卻包含它,則通常會導致解釋變量斜率係數估計量的方差增大,但只要不影響模型的經濟意義和它們的顯著性,這往往被看作一個可以忽略的問題。例如,對於下面兩個一元線性迴歸模型:

A: $Y_i = \beta_0 + \beta_1 X_i + u_i$(滿足基本假定條件,$Var(u_i) = \sigma^2$)

B: $Y_i = \alpha_1 X_i + v_i$

利用 OLS 法估計,可得(請讀者自己完成推導過程):

$$Var(\hat{\beta}_1) = \frac{\sigma^2}{\sum_{i=1}^{n} x_i^2}, \quad Var(\hat{\alpha}_1) = \frac{\sigma^2}{\sum_{i=1}^{n} X_i^2}$$

可以驗證:$Var(\hat{\beta}_1) \geq Var(\hat{\alpha}_1)$,且只有當 $\bar{X} = 0$ 時,等式才成立(因為 $\sum_{i=1}^{n} x_i^2 = \sum_{i=1}^{n} X_i^2 - n\bar{X}^2$)。另外,當 $\beta_0 \neq 0$ 時,仿照 §2.3 節關於無偏性的證明過程,可以證明,利用 OLS 法估計模型 B 所得 $\hat{\alpha}_1$ 是有偏的。

練習題二

一、選擇題

1. 高斯-馬爾科夫定理中的最小方差性(有效性)是指迴歸係數的 OLSE( )。
   A. 在所有無偏估計量中方差最小 B. 在所有線性有偏估計量中方差最小
   C. 在所有估計量中方差最小   D. 在所有線性無偏估計量中方差最小

2. 參數 β 的估計量 $\hat{\beta}$ 具有一致性,是指( )。
   A. $\lim_{n \to \infty} E(\hat{\beta}) = \beta$
   B. $\lim_{n \to \infty} P(|\hat{\beta} - \beta| < \varepsilon) = 1$(對任意給定 $\varepsilon > 0$)
   C. $\lim_{n \to \infty} Var(\hat{\beta}) = \beta$
   D. $\lim_{n \to \infty} \hat{\beta} = \beta$

3. 利用 OLS 法估計下面幾個模型,哪一個模型的 R^2 能被解釋為在 Y 的總變異中能夠由解釋變量 X 的變異解釋的比例。( )
   A. $Y_i = \beta_0 + \beta_1 X_i + u_i$ B. $Y_i = \beta_1 X_i + u_i$
   C. $\ln(Y_i) = \beta_0 + \beta_1 X_i + u_i$ D. $Y_i = \beta_0 X_i^{\beta_1} + u_i$

二、簡答題

1. 我們觀察到第 i 個家庭在 2009 年的儲蓄額、可支配收入分別為 5,000 元和 30,000 元,而在計量經濟模型

$$Y_i = \beta_0 + \beta_1 X_i + u_i$$

中又把該家庭在 2009 年的儲蓄額 Y_i 看作隨機變量。對此你如何解釋?

2. 為什麼總體迴歸模型中要引入隨機誤差項？

3. 通過各種統計檢驗的迴歸模型，能反應解釋變量與被解釋變量之間的因果關係。這種說法是否正確？為什麼？

4. 依據最小二乘準則所得到的樣本迴歸函數已經使殘差平方和達到最小，亦即，總體來看，樣本迴歸函數與樣本數據最接近，為什麼還要討論模型的擬合優度問題？

5. 建立迴歸模型為什麼要進行變量的顯著性檢驗？試舉例表述假設檢驗的基本過程及依據。

6. 試分析哪些因素影響一元經典線性迴歸模型迴歸系數置信區間的大小。

7. 試分析哪些因素影響一元經典線性迴歸模型預測區間的大小。

8. 建立線性迴歸模型時常保留截距項的理由是什麼？

三、綜合應用題

1. 對於一元線性迴歸模型

$$Y_i = \beta_0 + \beta_1 X_i + u_i \quad (i = 1, 2, \cdots, n) \quad (2.52)$$

函數 $\beta_0 + \beta_1 X_i$ 能反應 Y_i 隨著 X_i 的變化而變化的趨勢的一個基本條件是 $E(u_i) = 0 (i = 1, 2, \cdots, n)$。若 $E(u_i) = a \neq 0 (i = 1, 2, \cdots, n)$，則總可以將上述模型變換為斜率系數不變，隨機誤差項滿足零均值假定的 Y 對 X 的一元線性迴歸模型。試證明這個結論，並討論以下問題：

(1) 若模型(2.52)滿足除零均值假定以外的其他基本假定條件，經上述變換後的模型是否還滿足這些條件？

(2) 利用 OLS 法估計上述變換前後的兩個模型，它們的參數估計量在統計性質上有什麼異同？

2. 依據2003年中國大陸各省的人均消費支出(Y,元)和人均可支配收入(X,元)的數據，建立消費函數模型：

$$Y_i = \beta_0 + \beta_1 X_i + u_i$$

在 EViews6.0 下利用 OLS 法估計該模型，得到如下表所示的輸出結果：

表 2 - 4

Dependent Variable: Y
Method: Least Squares
Date: 07/29/17   Time: 07:26
Sample: 1, 31
Included observations: 31

Variable	Coefficient	Std. Error	t - Statistic	Prob.
C	238.336,1	276.025,4	A	0.395,0
X	0.746,818	0.032,108	23.259,69	0.000,0

R - squared	B	Mean dependent var		6,432.710
Adjusted R - squared	0.947,370	S. D. dependent var		1,761.355
S. E. of regression	C	Akaike info criterion		14.903,43
Sum squared resid	4,735.089.	Schwarz criterion		14.995,95
Log likelihood	-229.003,2	Hannan - Quinn criter.		14.933,59
F - statistic	541.013,2	Durbin - Watson stat		1.221,371
Prob(F - statistic)	0.000,000			

回答以下問題:

(1)計算 A、B、C 處的數值,以及 Y 與 X 的樣本相關係數;你如何評價 Y 與 X 的相關性?

(2)寫出樣本迴歸函數,並解釋其經濟含義。

(3)可決系數 R^2 為多少?它說明什麼問題?

(4)有人認為「在 2003 年中國人均可支配收入增加一元,人均消費支出大約增加 0.6 元」。從迴歸結果來看,你是否讚成這一觀點?說明你的理由。

3. 依據同樣的樣本數據,利用 OLS 法估計如下兩個模型:
$$Y_i = \beta_0 + \beta_1 X_i + u_i$$
和
$$X_i = \alpha_0 + \alpha_1 Y_i + v_i$$

研究以下問題:

(1)它們參數的估計量有何關係?

(2)兩模型中解釋變量顯著性 t 檢驗的結果是否一致,它們的 R^2 是否相同?

4. 對於一元線性迴歸模型
$$Y_i = \beta_0 + \beta_1 X_i + u_i \quad (i = 1, 2, \cdots, n)$$

試分析下列變換對該模型的 OLS 估計結果,包括迴歸系數的估計量、被解釋變量的擬合值以及殘差等,會產生什麼影響?你能從中總結出什麼規律?它們對 t 統計量和可決系數 R^2 有影響嗎?

(1)將 X 的測量單位擴大 10 倍,即將樣本數據由 X_i 變為 $\frac{1}{10}X_i$。

(2)將 Y 的測量單位擴大 10 倍,即將樣本數據由 Y_i 變為 $\frac{1}{10}Y_i$。

(3)將 X 的測量單位擴大 $a(\neq 0)$ 倍,同時將 Y 的測量單位擴大 $b(\neq 0)$ 倍。

(4)將 X 的觀測值都增加 5,即將樣本數據由 X_i 變為 $X_i + 5$。

(5)將 Y 的觀測值都增加 5,即將樣本數據由 Y_i 變為 $Y_i + 5$。

5. 在 Edouard Ducpetiaux 搜集的 19 世紀比利時家庭的家庭預算數據中,除包括食物支出和總支出的樣本數據外,還包括部分家庭的住房支出數據,表 2-5 給出了這些住房支出數據的前 60 個。以總支出作為收入的代理變量,試利用這些數據研究以下問題:

表 2-5　　　　　　　　比利時住房支出與總支出的樣本數據　　　　　　　　單位:法郎

序號	總支出 X	住房支出 Y	序號	總支出 X	住房支出 Y	序號	總支出 X	住房支出 Y
1	835.94	60.32	21	1,230.92	75	41	838.76	44.2
2	876.04	59.8	22	1,807.96	110	42	535.08	15.08
3	951.47	78	23	415.44	40.7	43	487.76	39
4	473	60	24	541.2	45	44	692.64	53.04
5	601	60	25	581.36	26	45	997.88	78
6	683	80	26	743.08	52	46	507	52
7	832.3	40	27	1,057.68	71.76	47	654.16	49.4
8	958.88	26	28	420.16	40.04	48	933.92	67.6

表2-5(續)

序號	總支出 X	住房支出 Y	序號	總支出 X	住房支出 Y	序號	總支出 X	住房支出 Y
9	1,129.54	26	29	541.32	52	49	433.68	27.04
10	1,213.76	25	30	639.08	65.52	50	587.6	43.66
11	539.64	52	31	750.88	65.52	51	896.48	160.16
12	457.6	52	32	829.4	65	52	454.48	19.76
13	562.64	52	33	984.36	75.92	53	585	22.36
14	636	50	34	1,311.44	111.8	54	502.44	36
15	759.4	80	35	1,492.4	260	55	713.52	45
16	1,078.84	90	36	505.44	52	56	906	69
17	499.75	70	37	621.91	62.4	57	517.8	20
18	1,020.02	100	38	801.32	91	58	695.8	60
19	1,595.16	200	39	555.88	24.44	59	1,532.31	108
20	876.6	91	40	713.44	34.32	60	1,056.08	82.15

註：資料來源於 www.aw-bc.com/murray。

(1) 以總支出 X 為橫軸、住房支出 Y 為縱軸繪製散點圖，並依據散點圖判斷 Y 與 X 的趨勢關係，進而設定迴歸模型。

(2) 你所設定迴歸模型中的隨機誤差項可能包含哪些影響住房支出的因素？

(3) 假定你設定的模型滿足基本假定條件，試應用 OLS 法估計該模型，對迴歸係數進行經濟意義檢驗和其是否為0的統計檢驗，對模型進行擬合優度檢驗，並解釋你的檢驗結果。

(4) 住房支出與收入之間是否存在類似於恩格爾定律那樣的數量規律，即收入越高，家庭將其收入用於住房支出的比例越低？

(5) 對於收入為1,000法郎的家庭，預測它們的平均住房支出額，並在0.95的置信度下，求其預測區間。

(6) 你認為上述研究有哪些不足之處？

6. 表2-6給出了來自《美國青年跟蹤調查》的黑人女性工人的部分樣本數據，其中包括年收入 Y(美元)和受教育年數 X(年)。試利用該表中的數據，研究以下問題：

表2-6　　黑人女性工人受教育年數和年收入的樣本數據

序號	受教育年數 X(年)	收入 Y(美元)	序號	受教育年數 X(年)	收入 Y(美元)	序號	受教育年數 X(年)	收入 Y(美元)
1	11	10,700	21	12	22,333	41	14	25,333
2	15	3,000	22	15	36,500	42	14	13,000
3	11	5,000	23	14	17,600	43	18	20,000
4	13	14,489	24	14	7,433	44	12	18,333
5	12	9,666	25	10	13,433	45	12	14,166
6	12	3,506	26	14	13,500	46	12	20,333
7	12	1,063	27	12	22,000	47	12	21,300
8	19	28,946	28	17	20,094	48	12	2,500
9	12	18,333	29	16	3,000	49	15	24,333
10	13	27,166	30	12	10,100	50	12	6,210
11	13	26,666	31	18	33,643	51	12	9,333

表2-6(續)

序號	受教育年數 X(年)	收入 Y(美元)	序號	受教育年數 X(年)	收入 Y(美元)	序號	受教育年數 X(年)	收入 Y(美元)
12	14	19,566	32	12	17,933	52	15	20,000
13	16	25,833	33	16	15,333	53	13	23,000
14	12	6,333	34	12	8,333	54	13	1,266
15	14	22,666	35	16	15,500	55	12	25,766
16	15	18,125	36	12	14,000	56	14	16,333
17	12	8,333	37	12	8,866	57	12	39,000
18	16	24,872	38	12	10,000	58	14	12,750
19	13	8,763	39	13	22,333	59	11	7,475
20	11	10,000	40	13	11,000	60	14	25,666

註:① 資料來源:www.aw-bc.com/murray。
② 本表中數據是被調查的655名黑人女性工人中最後60名的樣本數據。

(1) 以受教育年數 X 為橫軸、年收入 Y 為縱軸繪製散點圖,並依據此圖判斷能否設定迴歸模型為:

$$Y_i = \alpha_0 + \alpha_1 X_i + u_i \tag{2.53}$$

(2) 模型(2.53)中的隨機誤差項 u_i 可能包含哪些影響黑人女性工人收入的因素?

(3) 假定模型(2.53)滿足基本假定條件,試應用 OLS 法估計該模型,對迴歸系數進行經濟意義檢驗及其是否為0的統計檢驗,對模型進行擬合優度檢驗,並解釋你的檢驗結果。

(4) 在0.95的置信度下,求斜率系數 α_1 的置信區間。

(5) 以受教育年數 X 為橫軸、收入的自然對數 $\ln(Y)$ 為縱軸繪製散點圖,並依據散點圖判斷是否可以將迴歸模型設定為:

$$\ln(Y_i) = \beta_0 + \beta_1 X_i + u_i \tag{2.54}$$

從散點圖上看,在模型(2.53)與模型(2.54)之間,你認為選擇哪一個更合適?

(6) 若令 $W_i = \ln(Y_i)$,則模型(2.54)便可以轉化為一個線性迴歸模型

$$W_i = \beta_0 + \beta_1 X_i + u_i \tag{2.55}$$

於是,估計模型(2.54)就轉化為估計線性迴歸模型(2.55)的問題。試利用這種方法估計模型(2.54)。由此得到的可決系數 R^2 能否被解釋為收入 Y 的變異中由受教育年數 X 的變異解釋的比重? 為什麼?

7. 美國經濟學家奧肯(A. M. Okun)在1962年根據美國1947—1960年的數據,提出了著名的奧肯定律(Okun's law)。該定律表明,在美國經濟中,失業率下降1個百分點,產出大約增加3個百分點。為了檢驗奧肯定律在中國的適用性,有人建議用 GDP 的實際增長率(Y)代表產出增長率,用城鎮登記的失業率代表實際失業率(X),依據中國1978—2015年的數據,對該定律進行檢驗。請你查找相關的數據,利用一元迴歸模型的建模方法,繼續完成這個檢驗過程,並思考該過程有哪些不足之處。

附錄2.1　迴歸系數 OLS 估計量的最小方差性證明

這裡只證明 β_1 的 OLS 估計量 $\hat{\beta}_1$ 的最小方差性，即在 β_1 的所有線性無偏估計量中，$\hat{\beta}_1$ 的方差 $Var(\hat{\beta}_1)$ 是最小的。關於 $\hat{\beta}_0$ 的最小方差性，可以類似地證明。

由(2.13)式和(2.17)式可知，

$$\hat{\beta}_1 = \sum_{i=1}^{n} k_i Y_i, \quad Var(\hat{\beta}_1) = \frac{\sigma^2}{\sum_{i=1}^{n} x_i^2}$$

其中 $k_i = \dfrac{x_i}{\sum_{i=1}^{n} x_i^2}$。設 $\hat{\beta}_1^* = \sum_{i=1}^{n} c_i Y_i$ 為 β_1 的任意一個線性無偏估計量，則有 $E(\hat{\beta}_1^*) = \beta_1$。

由於

$$E(\hat{\beta}_1^*) = E(\sum_{i=1}^{n} c_i Y_i)$$

$$= E[\sum_{i=1}^{n} c_i (\beta_0 + \beta_1 X_i + u_i)]$$

$$= \beta_0 \sum_{i=1}^{n} c_i + \beta_1 \sum_{i=1}^{n} c_i X_i \qquad \text{（利用假定 1、2）}$$

所以有如下恒等式成立

$$\beta_1 = \beta_0 \sum_{i=1}^{n} c_i + \beta_1 \sum_{i=1}^{n} c_i X_i$$

由此可知，

$$\sum_{i=1}^{n} c_i = 0, \quad \sum_{i=1}^{n} c_i X_i = 1$$

因為

$$Var(\hat{\beta}_1^*) = Var(c_i Y_i) = \sum_{i=1}^{n} c_i^2 Var(Y_i) \qquad \text{（利用假定 1、4）}$$

$$= \sigma^2 \sum_{i=1}^{n} c_i^2 \qquad \text{（利用假定 3）}$$

$$= \sigma^2 \sum_{i=1}^{n} (c_i - k_i + k_i)^2$$

$$= \sigma^2 [\sum_{i=1}^{n} (c_i - k_i)^2 + \sum_{i=1}^{n} k_i^2 + 2\sum_{i=1}^{n} (c_i - k_i) k_i]$$

上式最後一項

$$2\sum_{i=1}^{n} (c_i - k_i) k_i = 2\sum_{i=1}^{n} \frac{c_i x_i}{\sum_{i=1}^{n} x_i^2} - 2\sum_{i=1}^{n} \frac{x_i^2}{(\sum_{i=1}^{n} x_i^2)^2}$$

$$= \frac{2}{\sum_{i=1}^{n} x_i^2} \sum_{i=1}^{n} c_i(X_i - \bar{X}) - \frac{2}{\sum_{i=1}^{n} x_i^2}$$

$$= \frac{2}{\sum_{i=1}^{n} x_i^2}(\sum_{i=1}^{n} c_i X_i - \bar{X}\sum_{i=1}^{n} c_i) - \frac{2}{\sum_{i=1}^{n} x_i^2}$$

$$= 0 \qquad (利用 \sum_{i=1}^{n} c_i = 0, \sum_{i=1}^{n} c_i X_i = 1)$$

所以

$$Var(\hat{\beta}_1^*) = \sigma^2 \sum_{i=1}^{n} (c_i - k_i)^2 + \sigma^2 \sum_{i=1}^{n} k_i^2$$

$$= \sigma^2 \sum_{i=1}^{n} (c_i - k_i)^2 + \frac{\sigma^2}{\sum_{i=1}^{n} x_i^2}$$

$$= \sigma^2 \sum_{i=1}^{n} (c_i - k_i)^2 + Var(\hat{\beta}_1)$$

$$\geq Var(\hat{\beta}_1)$$

而且對於 $\sigma^2 > 0$，只有當 $c_i = k_i (i = 1,2,\cdots,n)$，即 $\hat{\beta}_1^* = \hat{\beta}_1$ 時，才有 $Var(\hat{\beta}_1^*) = Var(\hat{\beta}_1)$ 成立。故 $\hat{\beta}_1$ 具有最小方差性。

附錄 2.2　隨機誤差項方差 OLS 估計量的無偏性證明

隨機誤差項方差 σ^2 的 OLS 估計量為 $\hat{\sigma}^2 = \sum_{i=1}^{n} e_i^2/(n-2)$，下面證明 $\hat{\sigma}^2$ 是 σ^2 的無偏估計量，即

$$E(\hat{\sigma}^2) = E[\sum_{i=1}^{n} e_i^2/(n-2)] = \sigma^2$$

由於

$$e_i = Y_i - \hat{Y}_i = Y_i - \bar{Y} - (\hat{Y}_i - \bar{\hat{Y}}) = y_i - \hat{y}_i \qquad (利用 \bar{Y} = \bar{\hat{Y}})$$

而

$$y_i = Y_i - \bar{Y} = \beta_0 + \beta_1 X_i + u_i - (\beta_0 + \beta_1 \bar{X} + \bar{u}) \qquad (這裡 \bar{u} = \frac{1}{n}\sum_{i=1}^{n} u_i)$$

$$= (u_i - \bar{u}) + \beta_1(X_i - \bar{X})$$

$$= (u_i - \bar{u}) + \beta_1 x_i$$

$$\hat{y}_i = \hat{\beta}_1 x_i$$

所以

$$e_i = (u_i - \bar{u}) + (\beta_1 - \hat{\beta}_1)x_i$$

於是

$$\sum_{i=1}^{n} e_i^2 = \sum_{i=1}^{n} [(u_i - \bar{u}) + (\beta_1 - \hat{\beta}_1)x_i]^2$$

$$= \sum_{i=1}^{n} (u_i - \bar{u})^2 + 2(\beta_1 - \hat{\beta}_1) \sum_{i=1}^{n} (u_i - \bar{u})x_i + (\beta_1 - \hat{\beta}_1)^2 \sum_{i=1}^{n} x_i^2$$

對上式兩端同時求期望,得

$$E(\sum_{i=1}^{n} e_i^2) = E[\sum_{i=1}^{n} (u_i - \bar{u})^2] + 2E[(\beta_1 - \hat{\beta}_1) \sum_{i=1}^{n} (u_i - \bar{u})x_i] + E[(\beta_1 - \hat{\beta}_1)^2 \sum_{i=1}^{n} x_i^2]$$

因為

$$E[\sum_{i=1}^{n} (u_i - \bar{u})^2] = E[\sum_{i=1}^{n} u_i^2 - 2\sum_{i=1}^{n} u_i \bar{u} + \sum_{i=1}^{n} \bar{u}^2]$$

$$= E[\sum_{i=1}^{n} u_i^2 - n\bar{u}^2]$$

$$= \sum_{i=1}^{n} E(u_i^2) - \frac{1}{n} E(\sum_{i=1}^{n} u_i)^2$$

$$= n\sigma^2 - \frac{1}{n} E(\sum_{i=1}^{n} u_i^2 + 2\sum_{i=1}^{n}\sum_{j=i+1}^{n} u_i u_j) \quad (利用假定 3)$$

$$= n\sigma^2 - \frac{1}{n} \sum_{i=1}^{n} E(u_i^2) \quad (利用假定 4)$$

$$= n\sigma^2 - \sigma^2 \quad (利用假定 3)$$

$$2E[(\beta_1 - \hat{\beta}_1) \sum_{i=1}^{n} (u_i - \bar{u})x_i] = 2E[(\beta_1 - \hat{\beta}_1)(\sum_{i=1}^{n} x_i u_i - \bar{u} \sum_{i=1}^{n} x_i)]$$

$$= 2E[(\beta_1 - \hat{\beta}_1) \sum_{i=1}^{n} x_i u_i] \quad (利用 \sum_{i=1}^{n} x_i = 0)$$

$$= -2E[(\beta_1 - \hat{\beta}_1)^2 \sum_{i=1}^{n} x_i^2] \quad [利用(2.15)式]$$

$$= -2 \frac{\sigma^2}{\sum_{i=1}^{n} x_i^2} \sum_{i=1}^{n} x_i^2 = -2\sigma^2 \quad [利用假定1及(2.17)式]$$

$$E[(\beta_1 - \hat{\beta}_1)^2 \sum_{i=1}^{n} x_i^2] = \frac{\sigma^2}{\sum_{i=1}^{n} x_i^2} \sum_{i=1}^{n} x_i^2 = \sigma^2 \quad [利用假定1及(2.17)式]$$

所以

$$E(\sum_{i=1}^{n} e_i^2) = n\sigma^2 - \sigma^2 - 2\sigma^2 + \sigma^2 = (n-2)\sigma^2$$

於是,有

$$E[\sum_{i=1}^{n} e_i^2/(n-2)] = \sigma^2$$

故 $\hat{\sigma}^2 = \sum_{i=1}^{n} e_i^2/(n-2)$ 是 σ^2 的無偏估計量。

3 多元線性迴歸模型

在上一章,我們討論了一元線性迴歸模型的基本概念和建模過程,所研究的被解釋變量只受一個解釋變量的影響,但是在實際經濟問題中,一個經濟變量往往受多個因素的影響。例如,消費者對某種商品的需求量不僅受該種商品價格的影響,而且還受消費者的收入水平、其他相關商品的價格等因素的影響;企業的產出量同時受資本的投入量和勞動力數量、生產技術水平等因素的影響;一個國家的貨幣需求量不僅受該國經濟總量(如 GDP)的影響,還受利率、物價水平、外匯儲備等多種因素的影響。諸如此類比較複雜的經濟問題的研究,就需要像第 2 章 §2.1 中建立生產函數模型

$$Q = AK^\alpha L^\beta e^u$$

那樣,在迴歸模型中引入多個解釋變量,由此得到的模型稱為多元迴歸模型。本章將討論的多元線性迴歸模型是一類最簡單的多元迴歸模型,也是計量經濟分析中最重要的工具。關於多元線性迴歸模型的許多結論都是一元線性迴歸模型相應結論的直接推廣,其不同之處只是表述過程比較複雜,用到了矩陣代數的一些概念和運算。

§3.1 基本概念及普通最小二乘法

3.1.1 基本概念

3.1.1.1 總體迴歸模型與樣本迴歸模型

在第 2 章 §2.1 中,我們業已給出了被解釋變量 Y 對解釋變量 $X_1, X_2, \cdots, X_k$ 的 k 元(總體)線性迴歸模型的表達式,即(2.3)式:

$$Y = \beta_0 + \beta_1 X_1 + \beta_2 X_2 + \cdots + \beta_k X_k + u$$

對於可控解釋變量 $X_1, X_2, \cdots, X_k$,在 $E(u) = 0$ 的條件下,該模型相應的總體迴歸函數可以表示為(2.4)式:

$$E(Y) = \beta_0 + \beta_1 X_1 + \beta_2 X_2 + \cdots + \beta_k X_k$$

對於模型(2.3),由於從總體 $(Y, X_1, X_2, \cdots, X_k)$ 中抽取的每一組觀測值都滿足(2.3)式,因此對於容量為 n 的樣本 $(Y_i, X_{1i}, X_{2i}, \cdots, X_{ki})(i = 1, 2, \cdots, n)$,$k$ 元線性迴歸模型常被表示為:

$$Y_i = \beta_0 + \beta_1 X_{1i} + \beta_2 X_{2i} + \cdots + \beta_k X_{ki} + u_i \quad (i = 1, 2, \cdots, n)$$

或

$$\begin{cases} Y_1 = \beta_0 + \beta_1 X_{11} + \beta_2 X_{21} + \cdots + \beta_k X_{k1} + u_1 \\ Y_2 = \beta_0 + \beta_1 X_{12} + \beta_2 X_{22} + \cdots + \beta_k X_{k2} + u_2 \\ \vdots \\ Y_n = \beta_0 + \beta_1 X_{1n} + \beta_2 X_{2n} + \cdots + \beta_k X_{kn} + u_n \end{cases} \quad (3.1)$$

相應地,將 Y 對可控變量 $X_1, X_2, \cdots, X_k$ 的總體迴歸函數(2.4)式改寫為:

$$E(Y_i) = \beta_0 + \beta_1 X_{1i} + \beta_2 X_{2i} + \cdots + \beta_k X_{ki} \ (i = 1, 2, \cdots, n)$$

或

$$\begin{cases} E(Y_1) = \beta_0 + \beta_1 X_{11} + \beta_2 X_{21} + \cdots + \beta_k X_{k1} \\ E(Y_2) = \beta_0 + \beta_1 X_{12} + \beta_2 X_{22} + \cdots + \beta_k X_{k2} \\ \vdots \\ E(Y_n) = \beta_0 + \beta_1 X_{1n} + \beta_2 X_{2n} + \cdots + \beta_k X_{kn} \end{cases} \quad (3.2)$$

利用矩陣運算,(3.1)式和(3.2)式可以簡便地分別表示為如下矩陣形式:

$$Y = X\beta + u \quad (3.3)$$

和

$$E(Y) = X\beta \quad (3.4)$$

其中

$$Y = \begin{pmatrix} Y_1 \\ Y_2 \\ \vdots \\ Y_n \end{pmatrix}, \quad X = \begin{pmatrix} 1 & X_{11} & X_{21} & \cdots & X_{k1} \\ 1 & X_{12} & X_{22} & \cdots & X_{k2} \\ \vdots & \vdots & \vdots & \cdots & \vdots \\ 1 & X_{1n} & X_{2n} & \cdots & X_{kn} \end{pmatrix}, \quad \beta = \begin{pmatrix} \beta_0 \\ \beta_1 \\ \vdots \\ \beta_k \end{pmatrix}$$

$$u = \begin{pmatrix} u_1 \\ u_2 \\ \vdots \\ u_n \end{pmatrix}, \quad E(Y) = \begin{pmatrix} E(Y_1) \\ E(Y_2) \\ \vdots \\ E(Y_n) \end{pmatrix}$$

我們稱 X 為**解釋變量矩陣**,其中第一列元素與截距項相對應,可以看作一個每次觀測都取值為1的虛變量的觀測值序列,其餘各列依次為 $X_1, X_2, \cdots, X_k$ 的樣本數據序列。

將上述表達式中的期望值 $E(Y_i)$ ($i = 1, 2, \cdots, n$)、$E(Y)$ 分別改為總體迴歸函數的一般記號 $\tilde{Y}_i$ 和 $\tilde{Y}$,就得到了一般多元線性迴歸模型相應的總體迴歸函數的表達式。

與一元線性迴歸模型相仿,依據樣本數據 $(Y_i, X_{1i}, X_{2i}, \cdots, X_{ki})$ ($i = 1, 2, \cdots, n$) 得到的總體迴歸函數的估計量

$$\hat{Y}_i = \hat{\beta}_0 + \hat{\beta}_1 X_{1i} + \hat{\beta}_2 X_{2i} + \cdots + \hat{\beta}_k X_{ki} \quad (3.5)$$

稱為**樣本迴歸函數**,其中 $\hat{\beta}_j$ ($j = 0, 1, \cdots, k$) 為迴歸系數 β_j 的估計量。$\hat{Y}_i$ 也稱為在第 i 個觀測點處 Y_i 或總體迴歸函數 $\tilde{Y}_i$ 的**擬合值**。由於擬合值 $\hat{Y}_i$ 依賴於參數的估計方法和變量的樣本數據,對於選定的參數估計方法,迴歸系數的估計量 $\hat{\beta}_j$ 及 $\hat{Y}_i$ 隨著樣本的變化而變化,因此在一般情形下,$\hat{Y}_i$ 與實際值 Y_i 並不相等。我們稱 Y_i 與 $\hat{Y}_i$ 之差為**殘差**(或剩餘項),記為:

$$e_i = Y_i - \hat{Y}_i \quad (3.6)$$

由(3.5)式和(3.6)式,可得
$$Y_i = \hat{\beta}_0 + \hat{\beta}_1 X_{1i} + \hat{\beta}_2 X_{2i} + \cdots + \hat{\beta}_k X_{ki} + e_i \tag{3.7}$$
稱(3.7)式為**樣本迴歸模型**。

與總體的情形類似,可以把樣本迴歸函數(3.5)和樣本迴歸模型(3.7)分別寫成如下矩陣形式:
$$\hat{Y} = X\hat{\beta} \tag{3.8}$$
和
$$Y = X\hat{\beta} + e \tag{3.9}$$
其中
$$\hat{Y} = \begin{pmatrix} \hat{Y}_1 \\ \hat{Y}_2 \\ \vdots \\ \hat{Y}_n \end{pmatrix}, \quad \hat{\beta} = \begin{pmatrix} \hat{\beta}_0 \\ \hat{\beta}_1 \\ \vdots \\ \hat{\beta}_k \end{pmatrix}, \quad e = \begin{pmatrix} e_1 \\ e_2 \\ \vdots \\ e_n \end{pmatrix}$$

3.1.1.2 偏迴歸系數的含義

由總體迴歸函數
$$E(Y) = \beta_0 + \beta_1 X_1 + \beta_2 X_2 + \cdots + \beta_k X_k$$
易知,在保持其他解釋變量不變的條件下,給 X_j ($j = 1, 2, \cdots, k$) 一個改變量 ΔX_j,即 X_j 的取值由 X_j 變為 $X_j + \Delta X_j$,則總體迴歸函數 $E(Y)$ 的改變量為:
$$\Delta E(Y) = \beta_j \Delta X_j$$
即
$$\frac{\Delta E(Y)}{\Delta X_j} = \beta_j$$
該式表明在保持其他解釋變量不變的條件下,解釋變量 X_j 增加一個單位,平均來說,被解釋變量 Y 增加 β_j 個單位,即 β_j 反應了 X_j 的單位變化對被解釋變量 Y 的淨影響(不含其他變量的影響)程度。因此,β_j 也被稱為**偏迴歸系數**。

需要注意的是,上面對偏迴歸系數 β_j 的解釋是在保持其他解釋變量不變的條件下進行的,若不能做到這一點,也就是說,當解釋變量 X_j 的取值變化時,有別的解釋變量在同一觀測點處的取值也隨著變化,那麼 β_j 的大小通常就不能反應 X_j 對被解釋變量 Y 的影響程度。例如,設 Y 對可控變量 X_1、X_2 的二元線性迴歸模型為:
$$Y = \beta_0 + \beta_1 X_1 + \beta_2 X_2 + u$$
其中 $X_2 = X_1^2$,$E(u) = 0$。由於 X_1 變化時,X_2 也隨著變化,因此說「在保持 X_2 不變的條件下改變 X_1」是沒有意義的。若 X_1 為連續變量,則將總體迴歸函數 $E(Y) = \beta_0 + \beta_1 X_1 + \beta_2 X_1^2$ 對 X_1 求導數,容易得到:
$$\frac{dE(Y)}{dX_1} = \beta_1 + 2\beta_2 X_1$$
由此可知,對於 X_1 的一個微小的改變量 ΔX_1,近似地有:
$$\frac{\Delta E(Y)}{\Delta X_1} = \beta_1 + 2\beta_2 X_1$$

此表明 X_1 對 Y 的邊際效應不僅取決於所有斜率系數,而且與 X_1 的取值有關。

3.1.2 普通最小二乘法

由於多元總體迴歸函數通常是未知的,因此多元迴歸分析的主要目的是依據樣本數據,選擇適當的方法通過建立樣本迴歸函數來估計總體迴歸函數。與一元線性迴歸模型的參數估計一樣,多元線性迴歸模型參數估計最基本的方法仍然是基於最小二乘準則的普通最小二乘法(OLS 法)。

對於給定的一組樣本數據 $(Y_i, X_{1i}, X_{2i}, \cdots, X_{ki})(i = 1, 2, \cdots, n)$,設樣本迴歸模型為:

$$Y = X\hat{\beta} + e$$

即

$$Y_i = \hat{\beta}_0 + \hat{\beta}_1 X_{1i} + \hat{\beta}_2 X_{2i} + \cdots + \hat{\beta}_k X_{ki} + e_i \tag{3.10}$$

依據最小二乘準則,參數 $\beta_j (j = 0, 1, \cdots, k)$ 的普通最小二乘估計量(OLS 估計量)$\hat{\beta}_j$ 使得殘差平方和

$$S(\hat{\beta}_0, \hat{\beta}_1, \cdots, \hat{\beta}_k) = \sum_{i=1}^{n} e_i^2 = \sum_{i=1}^{n} (Y_i - \hat{\beta}_0 - \hat{\beta}_1 X_{1i} - \cdots - \hat{\beta}_k X_{ki})^2$$

達到最小。根據多元函數取得最值的必要條件,可得到如下方程組(稱之為**正規方程組**)

$$\begin{cases} \dfrac{\partial S(\hat{\beta}_0, \hat{\beta}_1, \cdots, \hat{\beta}_k)}{\partial \hat{\beta}_0} = -2 \sum_{i=1}^{n} (Y_i - \hat{\beta}_0 - \hat{\beta}_1 X_{1i} - \cdots - \hat{\beta}_k X_{ki}) = 0 \\ \dfrac{\partial S(\hat{\beta}_0, \hat{\beta}_1, \cdots, \hat{\beta}_k)}{\partial \hat{\beta}_1} = -2 \sum_{i=1}^{n} (Y_i - \hat{\beta}_0 - \hat{\beta}_1 X_{1i} - \cdots - \hat{\beta}_k X_{ki}) X_{1i} = 0 \\ \vdots \\ \dfrac{\partial S(\hat{\beta}_0, \hat{\beta}_1, \cdots, \hat{\beta}_k)}{\partial \hat{\beta}_k} = -2 \sum_{i=1}^{n} (Y_i - \hat{\beta}_0 - \hat{\beta}_1 X_{1i} - \cdots - \hat{\beta}_k X_{ki}) X_{ki} = 0 \end{cases}$$

即

$$\begin{cases} \sum_{i=1}^{n} e_i = 0 \\ \sum_{i=1}^{n} e_i X_{1i} = 0 \\ \vdots \\ \sum_{i=1}^{n} e_i X_{ki} = 0 \end{cases} \tag{3.11}$$

該方程組的矩陣表達式為:

$$X'e = \begin{pmatrix} 1 & X_{11} & X_{21} & \cdots & X_{k1} \\ 1 & X_{12} & X_{22} & \cdots & X_{k2} \\ \vdots & \vdots & \vdots & & \vdots \\ 1 & X_{1n} & X_{2n} & \cdots & X_{kn} \end{pmatrix}' \begin{pmatrix} e_1 \\ e_2 \\ \vdots \\ e_n \end{pmatrix} = 0 \tag{3.12}$$

由樣本迴歸模型 $Y = X\hat{\beta} + e$ 及正規方程組 $X'e = 0$,可得:

$$X'Y = X'X\hat{\beta} + X'e = X'X\hat{\beta}$$

於是，若 $X'X$ 為滿秩矩陣，則有：
$$\hat{\beta} = (X'X)^{-1}X'Y \tag{3.13}$$

利用函數取得最值的充分條件，可以證明，由(3.13)式得到的參數估計量 $\hat{\beta}_j$（$j = 0$, $1, \cdots, k$）即為所求參數 β_j 的 OLS 估計量。

當已知樣本數據時，將其代入(3.13)式，運用矩陣運算法則便可以計算出參數的 OLS 估計值。例如，對於只有兩個解釋變量的線性迴歸模型：
$$Y_i = \beta_0 + \beta_1 X_{1i} + \beta_2 X_{2i} + u_i$$
其參數 OLS 估計量的展開式為：

$$\hat{\beta}_1 = \frac{\sum_{i=1}^{n} y_i x_{1i} \sum_{i=1}^{n} x_{2i}^2 - \sum_{i=1}^{n} y_i x_{2i} \sum_{i=1}^{n} x_{1i} x_{2i}}{\sum_{i=1}^{n} x_{1i}^2 \sum_{i=1}^{n} x_{2i}^2 - (\sum_{i=1}^{n} x_{1i} x_{2i})^2} \tag{3.14}$$

$$\hat{\beta}_2 = \frac{\sum_{i=1}^{n} y_i x_{2i} \sum_{i=1}^{n} x_{1i}^2 - \sum_{i=1}^{n} y_i x_{1i} \sum_{i=1}^{n} x_{1i} x_{2i}}{\sum_{i=1}^{n} x_{1i}^2 \sum_{i=1}^{n} x_{2i}^2 - (\sum_{i=1}^{n} x_{1i} x_{2i})^2} \tag{3.15}$$

$$\hat{\beta}_0 = \bar{Y} - \hat{\beta}_1 \bar{X}_1 - \hat{\beta}_2 \bar{X}_2 \tag{3.16}$$

其中對於 $j = 1, 2, i = 1, 2, \cdots n, x_{ji} = X_{ji} - \bar{X}_j, \bar{X}_j = \frac{1}{n}\sum_{i=1}^{n} X_{ji}$。

從(3.14)式至(3.16)式可以看出，多元線性迴歸模型參數估計量的展開式要比一元線性迴歸模型的情形複雜得多。在實踐中，我們沒有必要記住它們，因為利用 EViews 軟件可以輕而易舉地得到這些參數的估計值，具體的執行程序與估計一元線性迴歸模型的情形完全類似。另外，當 X_1 與 X_2 樣本不相關，即 $\sum_{i=1}^{n} x_{1i} x_{2i} = 0$ 時，由(3.14)式和(3.15)式，易得：

$$\hat{\beta}_1 = \frac{\sum_{i=1}^{n} y_i x_{1i}}{\sum_{i=1}^{n} x_{1i}^2}, \quad \hat{\beta}_2 = \frac{\sum_{i=1}^{n} y_i x_{2i}}{\sum_{i=1}^{n} x_{2i}^2}$$

它們恰好分別為模型
$$Y_i = \alpha_0 + \alpha_1 X_{1i} + v_i$$
和
$$Y_i = \gamma_0 + \gamma_2 X_{2i} + w_i$$

中斜率系數的 OLS 估計量。由此可知，當 X_1 與 X_2 樣本不相關時，Y 同時對 X_1 和 X_2 進行線性迴歸與單獨對它們進行一元線性迴歸所得到的斜率系數的 OLS 估計量是相同的。這個結論也可以推廣到三個以上解釋變量的情形，即：

在利用 OLS 法估計 $k(k \geqslant 3)$ 元線性迴歸模型
$$Y_i = \beta_0 + \beta_1 X_{1i} + \beta_2 X_{2i} + \cdots + \beta_k X_{ki} + u_i$$
時，如果解釋變量之間兩兩樣本不相關，則斜率系數 $\beta_j(j = 1, 2, \cdots, k)$ 的 OLS 估計量可

以通過 Y 對 X_j 進行一元線性迴歸而得到。

與一元線性回模型的情形類似,可以利用正規方程組(3.11)得到多元線性迴歸模型普通最小二乘估計結果的如下結論:

① 殘差的均值 $\bar{e} = \frac{1}{n}\sum_{i=1}^{n} e_i = 0$。

② 擬合值的樣本均值與實際觀測值的樣本均值相等,即 $\bar{\hat{Y}} = \bar{Y}$,其中 $\bar{\hat{Y}} = \frac{1}{n}\sum_{i=1}^{n} \hat{Y}_i$。

③ 樣本均值 $\bar{X}_1, \cdots, \bar{X}_k, \bar{Y}$ 滿足如下等式:
$$\bar{Y} = \hat{\beta}_0 + \hat{\beta}_1\bar{X}_1 + \cdots + \hat{\beta}_k\bar{X}_k \qquad (3.17)$$

④ $\sum_{i=1}^{n} \hat{y}_i e_i = 0$,其中 $\hat{y}_i = \hat{Y} - \bar{Y}$。該式表明樣本迴歸函數與殘差樣本不相關。

在後面的討論中,我們還會用到參數估計量的離差表達式:
$$\begin{cases} \hat{\beta}^{(0)} = (x'x)^{-1}x'y \\ \hat{\beta}_0 = \bar{Y} - \hat{\beta}_1\bar{X}_1 - \cdots - \hat{\beta}_k\bar{X}_k \end{cases} \qquad (3.18)$$

其中

$$\hat{\beta}^{(0)} = \begin{pmatrix} \hat{\beta}_1 \\ \hat{\beta}_2 \\ \vdots \\ \hat{\beta}_k \end{pmatrix}, \quad y = \begin{pmatrix} y_1 \\ y_2 \\ \vdots \\ y_n \end{pmatrix}, \quad x = \begin{pmatrix} x_{11} & x_{21} & \cdots & x_{k1} \\ x_{12} & x_{22} & \cdots & x_{k2} \\ \vdots & \vdots & & \vdots \\ x_{1n} & x_{2n} & \cdots & x_{kn} \end{pmatrix}$$

這裡 $x_{ji} = X_{ji} - \bar{X}_j (i = 1, 2, \cdots, n, j = 1, 2, \cdots, k)$。

(3.18)式的推導過程如下:

將(3.10)式與(3.17)式兩端同時相減,得樣本迴歸模型的離差形式:
$$y_i = \hat{\beta}_1 x_{1i} + \hat{\beta}_2 x_{2i} + \cdots + \hat{\beta}_k x_{ki} + e_i$$

其矩陣表達式為:
$$y = x\hat{\beta}^{(0)} + e \qquad (3.19)$$

由正規方程組(3.11)式,可得
$$\begin{cases} \sum_{i=1}^{n} e_i(X_{1i} - \bar{X}_1) = \sum_{i=1}^{n} e_i x_{1i} = 0 \\ \qquad\qquad \vdots \\ \sum_{i=1}^{n} e_i(X_{ki} - \bar{X}_k) = \sum_{i=1}^{n} e_i x_{ki} = 0 \end{cases}$$

該方程組的矩陣表達式為 $x'e = 0$。於是,用 x' 同時乘(3.19)式兩端,並利用 $x'e = 0$,可得
$$x'y = x'x\hat{\beta}^{(0)}$$

進而,在 $X'X(x'x)$ 滿秩的條件下,推得
$$\hat{\beta}^{(0)} = (x'x)^{-1}x'y$$

再由(3.17)式,可知(3.18)式成立。

例題 3.1　美國黑人女性工人收入與受教育年數和工作經驗之間的數量關係

在練習題二綜合應用題(6)中，研究的問題是美國黑人女性工人的受教育年數對其收入的數量影響。事實上，個人的工資或收入除受受教育年數的影響外，還受其他因素的影響，如工作經驗、現任職務的任期、失業率等。下面我們仍利用《美國青年跟蹤調查》中的截面樣本數據，研究美國黑人女性工人的收入與其主要影響因素：受教育年數和工作經驗以及它們之間的數量關係。在此我們以工作經歷年數作為工作經驗的代理變量。表 3-1 給出了來自《美國青年跟蹤調查》中的黑人女性工人工作經歷年數 Z(年)的部分樣本數據，關於年收入 Y(美元)和受教育年數 X(年)的樣本數據見第 2 章表 2-6，兩表中相同序號對應同一個調查者。

表 3-1　　　　　　黑人女性工人工作經歷年數的樣本數據

序號	工作經歷年數 Z	序號	工作經歷年數 Z	序號	工作經歷年數 Z	序號	工作經歷年數 Z	序號	工作經歷年數 Z
1	10	13	10	25	10	37	6	49	7
2	7	14	10	26	8	38	10	50	7
3	8	15	11	27	11	39	8	51	9
4	8	16	9	28	10	40	8	52	13
5	8	17	7	29	8	41	11	53	14
6	10	18	11	30	9	42	10	54	9
7	10	19	9	31	8	43	12	55	11
8	11	20	9	32	9	44	10	56	10
9	12	21	9	33	11	45	11	57	14
10	11	22	10	34	11	46	8	58	12
11	11	23	7	35	9	47	11	59	6
12	11	24	11	36	7	48	8	60	11

註：數據來源於 www.aw-bc.com/murray。

在練習題二綜合應用題(6)中，考慮了收入 Y 只對受教育年數 X 的迴歸模型，在此我們添加工作經歷年數 Z 作解釋變量，建立如下迴歸模型：

$$Y_i = \beta_0 + \beta_1 X_i + \beta_2 Z_i + u_i \quad (i = 1, 2, \cdots, 60) \tag{3.20}$$

總體迴歸函數為：

$$E(Y_i) = \beta_0 + \beta_1 X_i + \beta_2 Z_i$$

與一元線性迴歸模型的情形類似，依據表 2-6 和表 3-1 的樣本數據，在 EViews 軟件下得到利用 OLS 法估計模型(3.20)的輸出結果，如表 3-2 所示。

表 3-2　　　　　　　　OLS 法估計模型的輸出結果

Dependent Variable: Y
Method: Least Squares
Date: 05/19/12　　Time: 16:24
Sample: 1, 60
Included observations: 60

Variable	Coefficient	Std. Error	t-Statistic	Prob.
C	-22,409.36	7,939.117	-2,822.652	0.006,5
X	1,491.001	514.621,1	2,897.280	0.005,3
Z	1,937.851	544.060,0	3,561.834	0.000,8

R-squared	0.307,717	Mean dependent var	16,034.28
Adjusted R-squared	0.283,426	S.D. dependent var	8,837.528
S.E. of regression	7,481.029	Akaike info criterion	20.726,84
Sum squared resid	3.19E+09	Schwarz criterion	20.831,55
Log likelihood	-618.805,1	Hannan-Quinn criter.	20.767,80
F-statistic	12.668,11	Durbin-Watson stat	1.947,952
Prob(F-statistic)	0.000,028		

由表 3-2 可得，迴歸系數 β_0、β_1、β_2 的 OLS 估計值分別為 $\hat{\beta}_0 = -22,409.36$，$\hat{\beta}_1 = 1,491.00$ 和 $\hat{\beta}_2 = 1,937.85$。進而，得到樣本迴歸函數為：

$$\hat{Y}_i = -22,409.36 + 1,491.00 X_i + 1,937.85 Z_i$$

上式中收入 X_i 和 Z_i 的系數分別為 1,491 和 1,937.85，均大於 0，表明在美國黑人女性工人的群體中，隨著個人受教育年數 X_i 或工作經歷年數 Z_i 的增加，個人平均年收入呈增加的趨勢，而且保持工作經歷年數 Z_i 或工作經驗不變，受教育年數 X_i 增加一年，個人平均年收入約增加 1,491 美元；保持受教育年數 X_i 不變，工作經歷年數 Z_i 增加一年，個人平均年收入約增加 1,937 美元。

§3.2　總體迴歸模型的基本假定及 OLS 估計量的統計性質

3.2.1　基本假定

與一元線性迴歸模型類似，為了使得迴歸系數的 OLS 估計量具有良好的統計性質（如無偏性、最小方差性、一致性等），並對迴歸系數進行統計推斷，需要對產生樣本數據的總體或總體迴歸模型設定若干基本假定條件。為此，對於總體迴歸模型(3.1)

$$Y_i = \beta_0 + \beta_1 X_{1i} + \beta_2 X_{2i} + \cdots + \beta_k X_{ki} + u_i \quad (i = 1, 2, \cdots, n)$$

即

$$Y = X\beta + u$$

做出如下**基本假定**：

假定 1（解釋變量的非隨機性）：解釋變量為可控變量或確定性變量，即第 i 次觀測對應的解釋變量值 $X_{ji}(j = 1, 2, \cdots, k)$ 為確定的值。

假定 2（零均值性）：u_i 的均值為 0，即
$$E(u_i) = 0 \quad (i = 1,2,\cdots,n)$$

假定 3（同方差性）：u_i 在各觀測點上的方差相同，即
$$Var(u_i) = \sigma^2 \quad (i = 1,2,\cdots,n)$$

假定 4（無自相關性）：不同觀測點上的 u_i 之間不相關，即
$$Cov(u_i, u_j) = 0 \quad (i \neq j, i,j = 1,2,\cdots,n)$$

假定 5（正態性）：u_i 服從正態分佈，即
$$u_i \sim N(0, \sigma^2) \quad (i = 1,2,\cdots,n)$$

假定 6（解釋變量之間無完全多重共線性）：解釋變量矩陣 X 是滿秩的，即
$$Rank(X) = k+1$$

假定 7：解釋變量滿足
$$\lim_{n \to \infty} \frac{1}{n}(X'X) = Q \quad ①$$

其中 Q 為有限正定矩陣。

假定 6 是為保證迴歸系數 OLS 估計量的唯一性而設定的，它蘊含著樣本容量 n 大於等於 $k+1$，且解釋變量的樣本數據之間不存在嚴格的線性關係，即無完全多重共線性（見第 4 章 §4.1）。假定 7 是保證迴歸系數的 OLS 估計量具有一致性的基本條件之一，它蘊含著 $\lim_{n \to \infty} \frac{1}{n} \sum_{i=1}^{n} X_{ji}^2$ 是存在的。我們稱滿足上述基本假定的線性迴歸模型為**經典多元線性迴歸模型**。

3.2.2 OLS 估計量的統計性質

3.2.2.1 高斯－馬爾科夫定理

與一元線性迴歸模型的情形同理，借助於矩陣代數的知識可以證明：對於滿足基本假定條件（假定 5、假定 7 除外）的模型（3.1），參數 $\beta_j (j = 0,1,\cdots,k)$ 的 OLS 估計量 $\hat{\beta}_j$ 具有如下優良的統計性質：線性性、無偏性、最小方差性，即 $\hat{\beta}_j$ 是 β_j 的線性無偏估計量且在所有線性無偏估計量中具有最小的方差，亦稱之為最佳線性無偏估計量，並且向量 $\hat{\beta} = (\hat{\beta}_0, \hat{\beta}_1, \cdots, \hat{\beta}_k)'$ 的方差－協方差矩陣②為：

$$Cov(\hat{\beta}) = \sigma^2 (X'X)^{-1} \qquad (3.21)$$

---

① 矩陣序列的極限是數列極限概念的直接推廣。對於 $m \times p$ 矩陣序列 $A^{(n)}$ ($n = 1,2,\cdots$) 及由常數構成的 $m \times p$ 矩陣 B，$A^{(n)}$ 以 B 為極限，即
$$\lim_{n \to \infty} A^{(n)} = B$$
當且僅當對任意 i,j ($i = 1,2,\cdots,m; j = 1,2,\cdots,p$)，均有
$$\lim_{n \to \infty} a_{ij}^{(n)} = b_{ij}$$
其中 $a_{ij}^{(n)}$ 為矩陣 $A^{(n)}$ 的 (i,j) 元，b_{ij} 為 B 的 (i,j) 元。

② 一個隨機向量 $\xi = (\xi_1, \cdots, \xi_m)'$ 的方差－協方差矩陣 $Cov(\xi)$ 定義為
$$Cov(\xi) = \begin{pmatrix} Var(\xi_1) & Cov(\xi_1, \xi_2) & \cdots & Cov(\xi_1, \xi_m) \\ Cov(\xi_2, \xi_1) & Var(\xi_2) & \cdots & Cov(\xi_2, \xi_m) \\ \vdots & \vdots & \cdots & \vdots \\ Cov(\xi_m, \xi_1) & Cov(\xi_m, \xi_2) & \cdots & Var(\xi_m) \end{pmatrix}$$

其中 σ^2 為隨機誤差項 u_i 的方差。這個結論就是解釋變量為確定性變量情形下的**高斯－馬爾科夫定理**。由(3.21)式可得 $\hat{\beta}_j$ 的方差為：

$$Var(\hat{\beta}_j) = \sigma^2 (X'X)^{-1}_{j+1,j+1} \qquad (3.22)$$

其中 $(X'X)^{-1}_{j+1,j+1}$ 為矩陣 $(X'X)^{-1}$ 主對角線上的第 $j+1$ 個元素。下面只給出 $\hat{\beta}_j$ 的線性性和無偏性的證明過程，關於最小方差性的證明，有興趣的讀者可以參考相關的書籍（格林 2007；龐皓，2007）。

因為

$$\hat{\beta} = (X'X)^{-1} X'Y = [(X'X)^{-1} X'] Y$$

所以依據矩陣乘積的定義可知，$\hat{\beta}_j$ 是矩陣 $[(X'X)^{-1} X']$ 的第 $j+1$ 行的元素與 Y 的對應位置上元素的乘積之和，也就是 $Y_1, Y_2, \cdots, Y_n$ 的線性組合。因此，$\hat{\beta}_j$ 具有線性性。

將 $Y = X\beta + u$ 代入 $\hat{\beta}$ 的表達式，得

$$\hat{\beta} = (X'X)^{-1} X'(X\beta + u) = (X'X)^{-1}(X'X)\beta + (X'X)^{-1} X'u$$
$$= \beta + (X'X)^{-1} X'u$$

於是

$$E(\hat{\beta}) = \beta + E[(X'X)^{-1} X'u]$$
$$= \beta + (X'X)^{-1} X'E(u) \qquad （利用假定1）$$
$$= \beta ① \qquad （利用假定2）$$

因此，$\hat{\beta}_j$ 具有無偏性。

3.2.2.2 一致性

在基本假定條件下，迴歸系數的 OLS 估計量具有一致性。下面是該結論的簡要證明過程：

利用上述 $\hat{\beta}$ 的分解式及假定7，只要再證明 $P\lim_{n \to \infty}(\frac{1}{n} X'u) = 0$ ②，就可以得到：

---

① 以隨機變量為元素的矩陣（簡稱為隨機矩陣）的期望是隨機變量期望概念的直接推廣。一個隨機矩陣 $A_{m \times n} = (a_{ij})_{m \times n}$（$a_{ij}$ 為矩陣 A 的 (i,j) 元）的期望被定義為：$E(A_{m \times n}) = [E(a_{ij})]_{m \times n}$。隨機矩陣的期望具有以下運算法則：

(1) $E(a_1 X_1 + a_2 X_2) = a_1 E(X_1) + a_2 E(X_2)$，其中 a_1, a_2 為常數；

(2) 若 X_1 的元素與 X_2 的元素相互獨立，則 $E(X_1 X_2) = E(X_1) E(X_2)$。

這裡所有矩陣的期望均存在。

② 隨機矩陣的概率極限是隨機變量序列概率極限概念的直接推廣。對於 $m \times p$ 隨機矩陣序列 $A^{(n)}$（$n = 1, 2, \cdots$），及由常數構成的 $m \times p$ 矩陣 B，$A^{(n)}$ 的概率極限為 B，即 $P\lim_{n \to \infty} A^{(n)} = B$ 當且僅當對任意 i, j（$i = 1, 2, \cdots, m$；$j = 1, 2, \cdots, p$），均有 $P\lim_{n \to \infty} a_{ij}^{(n)} = b_{ij}$，其中 $a_{ij}^{(n)}$ 為矩陣 $A^{(n)}$ 的 (i,j) 元，b_{ij} 為 B 的 (i,j) 元。顯然，若 $A^{(n)}$ 為非隨機序列，則 $\lim_{n \to \infty} A^{(n)} = B$ 也意味著 $P\lim_{n \to \infty} A^{(n)} = B$。

隨機矩陣的概率極限具有以下運算法則：

(1) $P\lim_{n \to \infty}(X^{(n)} \pm Y^{(n)}) = P\lim_{n \to \infty} X^{(n)} \pm P\lim_{n \to \infty} Y^{(n)}$

(2) $P\lim_{n \to \infty}(X^{(n)} Y^{(n)}) = P\lim_{n \to \infty} X^{(n)} P\lim_{n \to \infty} Y^{(n)}$

(3) $P\lim_{n \to \infty} X^{(n)-1} = [P\lim_{n \to \infty} X^{(n)}]^{-1}$

這裡所有矩陣的概率極限均存在。

$$P\lim_{n\to\infty}\hat{\beta} = \beta + P\lim_{n\to\infty}(\frac{X'X}{n})^{-1} P\lim_{n\to\infty}(\frac{1}{n}X'u)$$
$$= \beta + Q^{-1} \cdot 0$$
$$= \beta$$

因為

$$\frac{1}{n}X'u = \frac{1}{n}\begin{pmatrix} 1 & X_{11} & X_{21} & \cdots & X_{k1} \\ 1 & X_{12} & X_{22} & \cdots & X_{k2} \\ \vdots & \vdots & \vdots & \cdots & \vdots \\ 1 & X_{1n} & X_{2n} & \cdots & X_{kn} \end{pmatrix}' \begin{pmatrix} u_1 \\ u_2 \\ \vdots \\ u_n \end{pmatrix} = \begin{pmatrix} \frac{1}{n}\sum_{i=1}^{n} u_i \\ \frac{1}{n}\sum_{i=1}^{n} X_{1i}u_i \\ \vdots \\ \frac{1}{n}\sum_{i=1}^{n} X_{ki}u_i \end{pmatrix}$$

而且在滿足基本假定的條件下，利用切比雪夫大數定律或辛欽大數定律可知，上式各分量的概率極限都等於 0，所以有

$$P\lim_{n\to\infty}(\frac{1}{n}X'u) = 0$$

成立。

綜上所述，便證得 $\hat{\beta}_j$ 具有一致性。

3.2.3 隨機誤差項方差的 OLS 估計量

在 $Var(\hat{\beta}_j)$ 的表達式中含有未知的隨機誤差項的方差 σ^2，實際上它是無法計算的，所以需要對其進行估計。可以證明（靳雲匯等，2007）：在滿足基本假定的條件下，

$$\hat{\sigma}^2 = \frac{\sum_{i=1}^{n} e_i^2}{n-k-1} \tag{3.23}$$

為 σ^2 的無偏且一致估計量。

進而，可以得到隨機誤差項標準差 σ 的估計量：

$$\hat{\sigma} = \sqrt{\frac{\sum_{i=1}^{n} e_i^2}{n-k-1}} \tag{3.24}$$

通常稱之為**迴歸標準差**。注意：這個估計量不再是無偏的，但由斯魯茨基定理可知，它仍是 σ 的一致估計量。

將（3.23）式代入（3.22）式，便得到 $\hat{\beta}_j$ 的方差 $Var(\hat{\beta}_j)$ 的估計量：

$$\hat{Var}(\hat{\beta}_j) = \hat{\sigma}^2 (X'X)^{-1}_{j+1,j+1} \tag{3.25}$$

進而，可以得到其標準差的估計量：

$$\hat{SE}(\hat{\beta}_j) = \hat{\sigma}\sqrt{(X'X)^{-1}_{j+1,j+1}} \tag{3.26}$$

例題 3.1(續) 迴歸系數估計量的標準差的估計

由表 3-2 可得模型(3.20)的迴歸標準差為：

$$\hat{\sigma} = \sqrt{\frac{\sum_{i=1}^{n} e_i^2}{60-2-1}} = 7,481.029$$

迴歸系數 β_0、β_1、β_2 的 OLS 估計量 $\hat{\beta}_0, \hat{\beta}_1, \hat{\beta}_2$ 的標準差估計值分別為 $\hat{SE}(\hat{\beta}_0) = 7,939.117$、$\hat{SE}(\hat{\beta}_1) = 514.621,1$，$\hat{SE}(\hat{\beta}_2) = 544.060,0$。

§3.3 可決系數與調整的可決系數

3.3.1 可決系數(R^2)

在第 2 章裡，對於一元線性迴歸模型，我們引進了度量樣本迴歸函數與樣本數據擬合程度的指標——可決系數 R^2，它反應了在被解釋變量的變異中能夠由解釋變量的變異所解釋的比重。與之類似，當得到多元線性迴歸模型的樣本迴歸函數後，也可以建立可決系數以反應在被解釋變量的總變異中能夠由所有解釋變量的變異所解釋的比重。

對於給定的樣本數據 $(Y_i, X_{1i}, X_{2i}, \cdots, X_{ki})(i=1,2,\cdots,n)$，設應用 OLS 法估計模型(3.1)得到的樣本迴歸函數為：

$$\hat{Y}_i = \hat{\beta}_0 + \hat{\beta}_1 X_{1i} + \hat{\beta}_2 X_{2i} + \cdots + \hat{\beta}_k X_{ki}$$

與(2.27)式的推導過程一樣，利用 $\sum_{i=1}^{n} \hat{y}_i e_i = 0$，可將反應被解釋變量 Y 總變異程度的總離差平方 $TSS = \sum_{i=1}^{n} y_i^2 = \sum_{i=1}^{n} (Y_i - \bar{Y})^2$ 做如下分解：

$$\sum_{i=1}^{n} y_i^2 = \sum_{i=1}^{n} (\hat{Y}_i - \bar{Y})^2 + \sum_{i=1}^{n} e_i^2 \tag{3.27}$$

上式表明 $TSS = \sum_{i=1}^{n} y_i^2$ 可以分解為由樣本迴歸函數或解釋變量的變異解釋的迴歸平方和 $ESS = \sum_{i=1}^{n} (\hat{Y}_i - \bar{Y})^2$ 與由其餘因素解釋的殘差平方和 $RSS = \sum_{i=1}^{n} e_i^2$ 之和，即

$$TSS = ESS + RSS$$

在 TSS 中，ESS 所占的比重越大，表明 Y 的總變異中能由所有解釋變量的變異解釋的比例越高，樣本迴歸函數與樣本數據擬合得越好；否則，則反是。基於此，可以建立如下評價模型擬合程度的指標——**可決系數 R^2**：

$$R^2 = \frac{ESS}{TSS} = 1 - \frac{RSS}{TSS} = 1 - \frac{\sum_{i=1}^{n} e_i^2}{\sum_{i=1}^{n} y_i^2} \tag{3.28}$$

顯然，$0 \leq R^2 \leq 1$。R^2 越大，表明樣本迴歸函數與樣本數據的擬合程度就越高，解釋變量的變異對被解釋變量變異的解釋能力越強；否則，則反是。

與一元線性迴歸模型的可決系數一樣，多元線性迴歸模型的可決系數是基於 OLS 法估計的含有截距項的線性迴歸模型建立起來的，當模型是非線性的或不含有截距項或採用的估計方法不是 OLS 法時，總離差平方和分解式(3.27)不一定成立(因為 $\sum_{i=1}^{n} \hat{y}_i e_i = 0$ 不一定成立)，因此將 R^2 解釋為 Y 的變異中由所有解釋變量的變異解釋的比重是值得懷疑的，而且按照公式

$$R^2 = 1 - \frac{\sum_{i=1}^{n} e_i^2}{\sum_{i=1}^{n} y_i^2}$$

計算的 R^2 可能為負值。

與可決系數密切相關但含義不同的一個概念是復相關係數，後者反應了一個變量與一組變量的線性相關程度。Y 與 $X_1, X_2, \cdots, X_k$ 的**復相關係數**被定義為 Y 與 Y 對 $X_1, X_2, \cdots, X_k$ 進行 OLS 迴歸[模型為(3.1)]所得擬合值 $\hat{Y}$ 的簡單相關係數 $r_{Y\hat{Y}}$，記為 $r_{Y;X_1,X_2,\cdots,X_k}$。可以驗證：模型(3.1)的可決系數恰好等於被解釋變量 Y 與解釋變量 $X_1, X_2, \cdots, X_k$ 的復相關係數的平方，即

$$R^2 = r^2_{Y;X_1,X_2,\cdots,X_k}$$

驗證過程如下：

$$r^2_{Y\hat{Y}} = \frac{(\sum_{i=1}^{n} y_i \hat{y}_i)^2}{\sum_{i=1}^{n} y_i^2 \sum_{i=1}^{n} \hat{y}_i^2} = \frac{[\sum_{i=1}^{n} (\hat{y}_i + e_i)\hat{y}_i]^2}{\sum_{i=1}^{n} y_i^2 \sum_{i=1}^{n} \hat{y}_i^2}$$

$$= \frac{(\sum_{i=1}^{n} \hat{y}_i^2 + \sum_{i=1}^{n} e_i \hat{y}_i)^2}{\sum_{i=1}^{n} y_i^2 \sum_{i=1}^{n} \hat{y}_i^2}$$

$$= \frac{\sum_{i=1}^{n} \hat{y}_i^2}{\sum_{i=1}^{n} y_i^2} = R^2 \qquad (利用 \sum_{i=1}^{n} \hat{y}_i e_i = 0)$$

顯然，這個結論對於一元線性迴歸模型也是成立的。

3.3.2 調整的可決系數($\bar{R}^2$)

R^2 反應了樣本迴歸函數對樣本數據的擬合程度，可以證明(格林，2007；戴森和麥金農，2006)，它隨著模型中解釋變量個數的增加不會下降，通常會嚴格增加。因此，應用 R^2 來選擇變量或模型，存在一個重要的缺陷，這就是，以 R^2 最大為標準，很可能將一些與被解釋變量無關的變量引入到模型中去。由本章 §3.4 節的(3.39)式和(3.42)式可知，

當解釋變量個數增加時,R_j^2 通常會增大,進而可能使 $Var(\hat{\beta}_j)$ 增大,導致 $\hat{\beta}_j$ 的精度下降。因此,在計量經濟分析的建模實踐中,通常需要權衡模型的擬合優度和參數的估計精度(或解釋變量的個數)。為了彌補 R^2 存在的缺陷,人們通過引入解釋變量的個數或殘差平方和的自由度[①]對 R^2 進行調整,以建立在考慮參數估計精度下度量模型擬合優度的指標,其中應用最為廣泛的是如下定義的調整的可決系數(adjusted coefficient of determination),即調整的 R^2 [②]。

$$\bar{R}^2 = 1 - \frac{RSS/(n-k-1)}{TSS/(n-1)} = 1 - \frac{\sum_{i=1}^{n} e_i^2/(n-k-1)}{\sum_{i=1}^{n} y_i^2/(n-1)}$$

(3.31)

其中 $n-k-1$、$n-1$ 分別為 $\sum_{i=1}^{n} e_i^2$ 和 $\sum_{i=1}^{n} y_i^2$ 的自由度。

容易驗證,R^2 與 $\bar{R}^2$ 具有如下算術關係:

$$\bar{R}^2 = 1 - \frac{n-1}{n-k-1}(1-R^2)$$

從上述關係式可以看出,當 $k \geq 1$ 時,$\bar{R}^2 < R^2$,k 值越大,兩者的差距越大,而且 $\bar{R}^2$ 可能為負值。例如,當 Y 與 $X_1, X_2, \cdots, X_k$ 不相關時,$R^2 = 0$,則有

$$\bar{R}^2 = \frac{-k}{n-k-1} < 0$$

$\bar{R}^2$ 的根本吸引力在於,在其計算公式(3.29)中引入了 $\sum_{i=1}^{n} e_i^2$ 的自由度 $n-k-1$,對增加變量進行了一定程度的懲罰。當增加一個變量時,$n-k-1$ 變小,而 $\sum_{i=1}^{n} e_i^2$ 通常也會減少,因此 $\bar{R}^2$ 是上升還是下降依賴於新變量對樣本迴歸函數擬合程度的貢獻($\sum_{i=1}^{n} e_i^2$ 減少)是否超過對損失一個額外自由度所做修正的補償。

---

① 在數理統計學中,由樣本構造的變量的平方和中獨立的變量平方的個數稱為該平方和的自由度(degree of freedom)。利用OLS法估計滿足基本假定條件的模型(3.1),由於殘差 e_i 受 $\sum_{i=1}^{n} e_i = 0, \sum_{i=1}^{n} e_i X_{ji} = 0 (j=1,2,\cdots,k)$ 這 $k+1$ 個等式的約束,因此 $\sum_{i=1}^{n} e_i^2$ 中 e_i^2 之間不是獨立的,其獨立取值的個數為 $n-(k+1)$,即它的自由度為 $n-(k+1)$。同理,由於 y_i 受 $\sum_{i=1}^{n} y_i = 0$ 的約束,可知 $\sum_{i=1}^{n} y_i^2$ 的自由度為 $n-1$。

② 格林(2007)和古扎拉蒂(2005)還介紹了其他通過調整 R^2 得到的評價指標。

例題 3.1(續)　模型的擬合優度檢驗

在表 3-2 中，R-squared 和 Adjusted R-squared 分別為 R^2 和調整的 R^2，即 $\bar{R}^2$，其樣本值為 $R^2 = 0.308$ 和 $\bar{R}^2 = 0.283$。此表明在被解釋變量的變異中只有 30.8% 能由解釋變量的變異來解釋，模型的擬合優度較低。

§3.4　變量的顯著性檢驗及迴歸系數的區間估計

3.4.1　變量的顯著性檢驗

對於多元線性迴歸模型，變量的顯著性檢驗分為解釋變量的總體顯著性檢驗和個別變量的顯著性檢驗。前者也稱為方程的顯著性檢驗，它是檢驗模型中被解釋變量與解釋變量之間的線性關係在總體上是否顯著成立，或者說解釋變量聯合起來對被解釋變量是否具有顯著影響；後者是對模型中個別迴歸系數是否顯著為 0 進行的檢驗，主要目的是檢驗個別解釋變量對被解釋變量是否具有顯著影響。

3.4.1.1　變量的總體顯著性檢驗（F 檢驗）

對於多元線性迴歸模型

$$Y_i = \beta_0 + \beta_1 X_{1i} + \beta_2 X_{2i} + \cdots + \beta_k X_{ki} + u_i \quad (i = 1, 2, \cdots, n)$$

在一定的顯著性水平下，變量的總體顯著性檢驗是一個聯合檢驗，其原假設和備擇假設分別為：

原假設 H_0：$\beta_1 = \beta_2 = \cdots = \beta_k = 0$

備擇假設 H_1：$\beta_1, \beta_2, \cdots, \beta_k$ 不全為 0

若接受 H_0，即所有偏迴歸系數都顯著為 0，則表明 Y 與解釋變量之間在總體上不存在顯著的線性關係；若接受 H_1，即存在顯著不為 0 的偏迴歸系數，則表明 Y 與解釋變量之間在總體上存在顯著的線性關係，或者說解釋變量聯合起來對 Y 具有顯著影響。在模型滿足基本假定的條件下，變量的總體顯著性檢驗通常採用的是基於 F 統計量的 F 檢驗。

F 統計量的構造思想來自於總離差平方和的分解式：

$$TSS = ESS + RSS$$

由於迴歸平方和 ESS 反應了被解釋變量的變異中能由樣本迴歸函數或解釋變量的變異解釋的部分，RSS 反應了剩餘因素所解釋的部分，因此如果 ESS/RSS 的值較大，則樣本迴歸函數的變異對 Y 的變異的解釋程度較高，可以認為在總體上 Y 與解釋變量之間存在線性關係；否則，如果 ESS/RSS 的值較小，則可以認為在總體上 Y 與解釋變量之間不存在線性關係。

若上述模型為經典線性迴歸模型，那麼可以證明（靳雲匯，2007）：

$$RSS/\sigma^2 = \sum_{i=1}^{n} e_i^2/\sigma^2 \sim \chi^2(n-k-1)$$

$$ESS/\sigma^2 = \sum_{i=1}^{n} \hat{y}_i^2/\sigma^2 \sim \chi^2(k) \quad (在原假設 H_0 成立的條件下)$$

且 RSS/σ^2 與 ESS/σ^2 相互獨立。[1] 由此可得,當原假設 H_0 成立時,

$$F = \frac{ESS/k}{RSS/(n-k-1)} = \frac{\sum_{i=1}^{n} \hat{y}_i^2/k}{\sum_{i=1}^{n} e_i^2/(n-k-1)} \sim F(k, n-k-1) \quad (3.30)$$

於是,對於給定的顯著性水平 α,查第一自由度為 k、第二自由度為 $n-k-1$ 的 F 分佈表可得到臨界值 $F_\alpha(k, n-k-1)$,使得

$$P[F > F_\alpha(k, n-k-1)] = \alpha$$

將依據樣本數據計算的 F 統計量值與該臨界值進行比較,便可以推斷是接受 H_0 還是接受 H_1:

若 F 統計量值 $> F_\alpha(k, n-k-1)$,則拒絕 H_0,即認為解釋變量聯合起來對被解釋變量的影響是顯著的;

若 F 統計量值 $< F_\alpha(k, n-k-1)$,則通常接受 H_0,即認為被解釋變量與解釋變量之間的線性關係是不顯著的。

在 EViews 軟件下應用 OLS 法估計模型得到的輸出結果中,給出了 F 統計量值及其相應的 P 值。我們可以利用 F 統計量值與查表得到的臨界值進行比較完成 F 檢驗,也可以將顯著性水平 α 與 F 檢驗的 P 值進行比較完成 F 檢驗,此時若 P 值 $> \alpha$,則通常接受 H_0;若 P 值 $< \alpha$,則拒絕 H_0。

例題 3.1(續) 方程的顯著性檢驗

在表 3-2 中,F-statistic 對應的值 12.668,11 即為方程顯著性檢驗的 F 統計量值,其下方 Prob(F-statistic) 對應的值 0.000,028 即為 F 檢驗的 P 值。在 0.05 的顯著性水平下,查 F 分佈表得臨界值 $F_{0.05}(2, 57) = 3.16$ [2]。因為 $F = 12.668, 11 > 3.16$,所以可以認為模型(3.20)中的斜率係數不全為 0,即在美國黑人女性工人群體中,受教育年數和工作經驗合起來對收入具有顯著影響。通過將顯著性水平 0.05 與 P 值進行比較,也可以得到同樣的結論。

(調整的)可決系數與 F 統計量都是建立在被解釋變量的總離差平方和分解式的基礎之上,這也決定了它們之間存在一定的數量關係。容易驗證,如下兩式成立:

$$F = \frac{n-k-1}{k} \times \frac{R^2}{1-R^2} \quad (3.31)$$

和

---

[1] RSS 的分佈及 ESS 與 RSS 相互獨立的證明不需要 H_0 成立的條件。

[2] F 分佈表中沒有給出臨界值 $F_{0.05}(2, 57)$,3.16 是 $F_{0.05}(2, 57)$ 臨近的兩個臨界值 $F_{0.05}(2, 55) = 3.17$ 和 $F_{0.05}(2, 60) = 3.15$ 的算術平均數。

$$\bar{R}^2 = 1 - \frac{n-1}{n-k-1+kF} \tag{3.32}$$

從(3.31)式可以看出，F 統計量與 R^2 同方向變化，並且當 $R^2 = 0$ 時，$F = 0$；當 $R^2 \to 1$ 時，$F \to \infty$。

3.4.1.2 個別變量的顯著性檢驗（t 檢驗）

在一定的顯著性水平下，對第 j（$j = 1, 2, \cdots, k$）個變量 X_j 的顯著性檢驗的原假設和備擇假設分別為：

原假設 H_0：$\beta_j = 0$

備擇假設 H_1：$\beta_j \neq 0$

若接受 H_0，則表明 X_j 對 Y 的影響是不顯著的；若接受 H_1，則表明 X_j 對 Y 的影響是顯著的。

與一元線性迴歸模型的情形同理，對於上述經典多元線性迴歸模型，迴歸系數 β_j 的 OLS 估計量 $\hat{\beta}_j$ 服從如下正態分佈：

$$\hat{\beta}_j \sim N[\beta_j, \sigma^2 (X'X)^{-1}_{j+1,j+1}] \tag{3.33}$$

將其標準化，得到服從標準正態分佈的隨機變量

$$z_j = \frac{\hat{\beta}_j - \beta_j}{SE(\hat{\beta}_j)} = \frac{\hat{\beta}_j - \beta_j}{\sigma \sqrt{(X'X)^{-1}_{j+1,j+1}}} \sim N(0,1) \tag{3.34}$$

當 σ 未知時，用 $\hat{\sigma}$ 去替代(3.34)式中的 σ，得到服從自由度為 $n-k-1$ 的 t 分佈的隨機變量

$$t_j = \frac{\hat{\beta}_j - \beta_j}{\hat{SE}(\hat{\beta}_j)} = \frac{\hat{\beta}_j - \beta_j}{\hat{\sigma} \sqrt{(X'X)^{-1}_{j+1,j+1}}} \sim t(n-k-1) \tag{3.35}$$

因此，利用(3.35)式就可以對 β_j 進行假設檢驗和區間估計。

與一元線性迴歸模型的情形類似，多元線性迴歸模型個別變量的顯著性檢驗也分為雙側檢驗和單側檢驗。下面只介紹雙側 t 檢驗，關於單側 t 檢驗，請讀者自己寫出檢驗過程。

由(3.35)式可知，在 H_0 成立的條件下，

$$t_j = \frac{\hat{\beta}_j}{\hat{SE}(\hat{\beta}_j)} \sim t(n-k-1) \tag{3.36}$$

於是，對於給定的顯著性水平 α，查自由度為 $n-k-1$ 的 t 分佈表可得到臨界值 $t_{\alpha/2}(n-k-1)$，使得

$$P\left[|t_j| = \left|\frac{\hat{\beta}_j}{\hat{SE}(\hat{\beta}_j)}\right| > t_{\alpha/2}(n-k-1)\right] = \alpha$$

依據樣本數據計算 t 統計量值 t_j，若 $|t_j| > t_{\alpha/2}(n-k-1)$，則拒絕 H_0，認為 X_j 對 Y 的影響是顯著的；若 $|t_j| < t_{\alpha/2}(n-k-1)$，則通常接受 H_0，認為 X_j 對 Y 的影響是不顯著的。

對於截距項是否為 0 也可以類似地進行 t 檢驗。

在建立計量經濟模型時，通常需要對每個解釋變量都進行顯著性檢驗，去掉那些對被解釋變量影響不顯著的變量[1]。

---

[1] 當模型存在嚴重的多重共線性時，應該謹慎地剔除不顯著的變量（見第 4 章 §4.1）。

例題 3.1(續)　變量的顯著性檢驗

由表 3-2 可得，檢驗迴歸系數 β_0、β_1、β_2 是否等於 0 的 t 統計量值分別為 $t_0 = -2.823$、$t_1 = 2.897$、$t_2 = 3.562$。在 0.05 的顯著性水平下，查 t 分佈表得臨界值 $t_{0.025}(57) = 2.000$[①]。因為 $|t_0| = 2.823$、$|t_1| = 2.897$、$|t_2| = 3.562$ 均大於 $t_{0.025}(57) = 2.000$，所以可以認為迴歸系數 β_0、β_1、β_2 都顯著不為 0。此表明在美國黑人女性工人群體中，受教育年數和工作經驗對收入都具有顯著影響。通過將顯著性水平 0.05 與 P 值進行比較，也可以得到同樣的結論。

需要指出的是，對於一元線性迴歸模型，F 檢驗與斜率系數的雙側 t 檢驗是等價的。一方面，兩者具有相同的原假設 $H_0:\beta_1 = 0$ 和備擇假設 $H_1:\beta_1 \neq 0$。另一方面，兩者的統計量具有如下數量關係：

$$F = \frac{\sum_{i=1}^{n} \hat{y}_i^2}{\sum_{i=1}^{n} e_i^2/(n-2)} = \frac{\hat{\beta}_1^2 \sum_{i=1}^{n} x_i^2}{\sum_{i=1}^{n} e_i^2/(n-2)} \quad (\text{利用 } \hat{y}_i = \hat{\beta}_1 x_i)$$

$$= \frac{\hat{\beta}_1^2}{[\sum_{i=1}^{n} e_i^2/(n-2)]/\sum_{i=1}^{n} x_i^2}$$

$$= \left[\frac{\hat{\beta}_1}{\sqrt{\sum_{i=1}^{n} e_i^2/(n-2)}/\sqrt{\sum_{i=1}^{n} x_i^2}}\right]^2 = t_1^2$$

由於服從自由度為 $n-2$ 的 t 分佈的隨機變量的平方恰好為服從第一自由度為 1，第二自由度為 $n-2$ 的 F 分佈，因此對斜率系數的 F 檢驗與雙側 t 檢驗的結果是一致的，即它們是等價的。

3.4.2　迴歸系數的區間估計

3.4.2.1　區間估計

對迴歸系數 β_j 進行區間估計，就是要在一定的置信度下去求 β_j 的置信區間。在 σ 未知的情形下，由(3.35)式可知，對於一定的置信度 $1-\alpha$，查 t 分佈表可得到臨界值 $t_{\alpha/2}(n-k-1)$，使得

$$P\left[\left|\frac{\hat{\beta}_j - \beta_j}{\hat{SE}(\hat{\beta}_j)}\right| \leq t_{\alpha/2}(n-k-1)\right] = 1-\alpha$$

即

$$P[\hat{\beta}_j - \hat{SE}(\hat{\beta}_j)t_{\alpha/2}(n-k-1) \leq \beta_j \leq \hat{\beta}_j + \hat{SE}(\hat{\beta}_j)t_{\alpha/2}(n-k-1)] = 1-\alpha$$

於是，得到迴歸系數 β_j 的置信度為 $1-\alpha$ 的置信區間為：

$$[\hat{\beta}_j - \hat{SE}(\hat{\beta}_j)t_{\alpha/2}(n-k-1), \hat{\beta}_j + \hat{SE}(\hat{\beta}_j)t_{\alpha/2}(n-k-1)] \tag{3.37}$$

---

① t 分佈表中沒有給出 $t_{0.025}(57)$ 的臨界值，我們使用 $t_{0.025}(60) = 2.000$ 作為它的近似值。

例題 3.1(續)　迴歸系數的區間估計

對於給定的置信度 $1-\alpha = 0.95$，查 t 分佈表得臨界值 $t_{0.025}(57) = 2.000$。由表 3-2 可得：

$$\hat{\beta}_0 = -22,409.36, \quad \hat{SE}(\hat{\beta}_0) = 7,939.11$$
$$\hat{\beta}_1 = 1,491.00, \quad \hat{SE}(\hat{\beta}_1) = 514.62$$
$$\hat{\beta}_2 = 1,937.85, \quad \hat{SE}(\hat{\beta}_2) = 544.06$$

將上述結果代入(3.37)式，便可計算出 β_0、β_1、β_2 的置信度為 0.95 的置信區間分別為 $[-38,287.6, -6,531.13]$、$[461.75, 2,520.24]$ 和 $[849.73, 3,025.97]$。

3.4.2.2 置信區間大小的影響因素分析

對於給定的置信度 $1-\alpha$，參數的置信區間越小或長度越短，表明能限定參數在越小的範圍內。由(3.37)式得 β_j 的置信區間的長度為

$$d = 2\hat{SE}(\hat{\beta}_j) t_{\alpha/2}(n-k-1) \tag{3.38}$$

我們希望 d 值越小越好。為了看清楚影響 d 的樣本因素，需要將 $\hat{SE}(\hat{\beta}_j)$ 的矩陣表達式(3.26)展開。可以驗證，$\hat{\beta}_j$ 的方差表達式(3.22)等價於

$$Var(\hat{\beta}_j) = \frac{\sigma^2}{\sum_{i=1}^{n} x_{ji}^2} \cdot \frac{1}{1-R_j^2} \tag{3.39}$$

其中 R_j^2 為 X_j 對其他解釋變量迴歸的可決系數，即利用 OLS 法估計如下線性迴歸模型

$$X_{ji} = \alpha_0 + \alpha_1 X_{1i} + \cdots + \alpha_{j-1} X_{j-1,i} + \alpha_{j+1} X_{j+1,i} + \cdots + \alpha_k X_{k,i} + v_i \tag{3.40}$$

得到的可決系數。進而，可得

$$\hat{SE}(\hat{\beta}_j) = \hat{\sigma} \sqrt{\frac{1}{\sum_{i=1}^{n} x_{ji}^2} \cdot \frac{1}{1-R_j^2}} \tag{3.41}$$

$$d = \frac{2\hat{\sigma}}{\sqrt{n}} \sqrt{\frac{1}{\frac{1}{n}\sum_{i=1}^{n} x_{ji}^2} \cdot \frac{1}{1-R_j^2}} \cdot t_{\alpha/2}(n-k-1) \tag{3.42}$$

由此可知，在給定的置信度 $1-\alpha$ 下，影響 β_j 的置信區間大小的因素包括以下四個方面：迴歸標準差 $\hat{\sigma}$、樣本容量 n、解釋變量 X_j 的分散程度，以及 X_j 與其他解釋變量的線性相關程度。具體而言，在其他因素不變的條件下，

(1) $\hat{\sigma}$ 越小，β_j 的置信區間越小。

(2) 至少在樣本容量 n 較大的情形下，n 越大，β_j 的置信區間通常就越小。該結論來自於以下理由：隨著 n 的增大，$1/\sqrt{n}$ 遞減；$\hat{\sigma}$ 依概率收斂於 σ；$\frac{1}{n}\sum_{i=1}^{n} x_{ji}^2$ 收斂於非零的常數(由假定 7)；$t_{\alpha/2}(n-k-1)$ 遞減。

(3) $\sum_{i=1}^{n} x_{ji}^2$ 越大，即 X_j 的取值越分散，β_j 的置信區間越小。

(4) R_j^2 越小,即模型(3.40)的樣本迴歸函數 $\hat{X}_j$ 與 X^j 的樣本數據的擬合程度越低,或者說,X_j 與其他解釋變量線性相關程度越低,β_j 的置信區間越小。

從上述分析過程可見,當 n 變化時,(3.38)式中 $S\hat{E}(\hat{\beta}_j)$ 和 $t_{\alpha/2}(n-k-1)$ 的變化方向通常是一致的。因此,在給定的置信度下,一般來說,$S\hat{E}(\hat{\beta}_j)$ 越小,即 $\hat{\beta}_j$ 的估計精度越高,則 β_j 的置信區間就越小,反之亦然。

§3.5 預測

多元線性迴歸模型的一個重要應用就是經濟預測。對於經典線性迴歸模型
$$Y_i = \beta_0 + \beta_1 X_{1i} + \beta_2 X_{2i} + \cdots + \beta_k X_{ki} + u_i \ (i = 1, 2, \cdots, n)$$
即
$$Y = X\beta + u$$
當我們依據樣本數據,利用 OLS 法得到了樣本迴歸函數
$$\hat{Y}_i = \hat{\beta}_0 + \hat{\beta}_1 X_{1i} + \hat{\beta}_2 X_{2i} + \cdots + \hat{\beta}_k X_{ki} \tag{3.43}$$
後,便可以在已知預測期解釋變量向量 $X_F = (1, X_{1F}, X_{2F}, \cdots, X_{kF})$ 的條件下,利用樣本迴歸函數(3.43)對被解釋變量值 Y_F 或其均值 $E(Y_F|X_F)$ 進行預測。與一元線性迴歸模型的情形類似,**預測分為點預測和區間預測**。前者是指將 X_F 的分量直接代入(3.43)式,把計算出的 $\hat{Y}_F = X_F\hat{\beta}$ 作為個別值 Y_F 或 $E(Y_F|X_F)$ 的預測值;後者是指在一定的可靠度下,求一個置信區間作為預測區間,確定 Y_F 或 $E(Y_F|X_F)$ 所在的範圍。同樣,這裡我們進行的預測仍是條件預測,除要求已知解釋變量在預測期的取值外,還要求在樣本期和預測期內,Y 與 X 的函數關係式不變,即
$$Y_F = \beta_0 + \beta_1 X_{1F} + \beta_2 X_{2F} + \ldots + \beta_k X_{kF} + u_F \tag{3.44}$$
並且隨機誤差項滿足基本假定條件。

因此,在預測之前首先要在經濟理論分析和經驗研究的基礎上,判斷所研究的變量之間的關係在樣本期和預測期有無明顯變化。

3.5.1 點預測

點預測是將 $\hat{Y}_F = X_F\hat{\beta}$ 作為 Y_F 或 $E(Y_F|X_F)$ 的預測值。令 $e_F = Y_F - \hat{Y}_F$ 為預測誤差,由於 $\hat{\beta}_j (j = 0, 1, \cdots, k)$ 為 β_j 的無偏估計,即 $E(\hat{\beta}_j) = \beta_j$,所以
$$E(\hat{Y}_F|X_F) = E(X_F\hat{\beta}|X_F) = X_F E(\hat{\beta}|X_F) = X_F\beta = E(Y_F|X_F) \tag{3.45}$$
$$E(e_F|X_F) = E[(Y_F - \hat{Y}_F)|X_F] = E(Y_F|X_F) - E(\hat{Y}_F|X_F) = 0 \tag{3.46}$$
此表明利用樣本迴歸函數 $\hat{Y}_F$ 對 Y_F 或 $E(Y_F|X_F)$ 進行預測沒有系統偏差。

3.5.2 區間預測

3.5.2.1 $E(Y_F|X_F)$ 的區間預測

要構造 $E(Y_F|X_F)$ 的置信區間,首先需要知道 $\hat{Y}_F$ 的概率分佈。與一元線性迴歸模型的情形同理,可以證明:在給定 X_F 的條件下,$\hat{Y}_F = X_F\hat{\beta}$ 也服從正態分佈,並且 $\hat{Y}_F$ 的條件均值和條件方差分別為:

$$E(\hat{Y}_F \mid X_F) = X_F \beta = E(Y_F \mid X_F) \qquad [見(3.45)式]$$
$$Var(\hat{Y}_F \mid X_F) = \sigma^2 X_F (X'X)^{-1} X_F'$$

即

$$\hat{Y}_F \mid X_F \sim N[E(Y_F \mid X_F), \sigma^2 X_F (X'X)^{-1} X_F']$$

與上一節中迴歸系數置信區間的構造過程類似，當 σ 未知時，在給定 X_F 的條件下可以進一步證明：

$$t = \frac{Y_F - \hat{Y}_F}{S\hat{E}(\hat{Y}_F)} = \frac{Y_F - \hat{Y}_F}{\hat{\sigma}\sqrt{X_F(X'X)^{-1}X_F'}} \sim t(n-k-1)$$

其中 $\hat{\sigma} = \sqrt{\sum_{i=1}^{n} e_i^2 /(n-k-1)}$。於是，對於給定的置信度 $1-\alpha$，查 t 分佈表可得臨界值 $t_{\alpha/2}(n-k-1)$，使得

$$P\left[\left|\frac{\hat{Y}_F - E(Y_F \mid X_F)}{\hat{\sigma}\sqrt{X_F(X'X)^{-1}X_F'}}\right| \leqslant t_{\alpha/2}(n-k-1)\right] = 1-\alpha$$

進而，可求得 $E(Y_F \mid X_F)$ 的置信度為 $1-\alpha$ 的預測區間為：

$$[\hat{Y}_F - \hat{\sigma}\sqrt{X_F(X'X)^{-1}X_F'}\,t_{\alpha/2}(n-k-1),\,\hat{Y}_F + \hat{\sigma}\sqrt{X_F(X'X)^{-1}X_F'}\,t_{\alpha/2}(n-k-1)]$$
(3.47)

3.5.2.2 Y_F 的區間預測

預測誤差 $e_F = Y_F - \hat{Y}_F$ 反應了 $\hat{Y}_F$ 與 Y_F 的接近程度，要建立 Y_F 的預測區間，首先需要知道 e_F 的概率分佈。由於

$$e_F = Y_F - \hat{Y}_F = X_F\beta + u_F - X_F\hat{\beta}$$

是 $u_F, u_1, u_2, \cdots, u_n$ 的線性函數，與上述推導 $\hat{Y}_F$ 的概率分佈的過程類似，可以證明：e_F 服從正態分佈，並且它的條件期望和條件方差分別為：

$$E(e_F \mid X_F) = 0 \qquad [見(3.46)式]$$
$$Var(e_F \mid X_F) = \sigma^2[1 + X_F(X'X)^{-1}X_F']$$

即

$$e_F \mid X_F \sim N\{0, \sigma^2[1 + X_F(X'X)^{-1}X_F']\}$$

當 σ 未知時，在給定 X_F 的條件下可以進一步證明：

$$t = \frac{Y_F - \hat{Y}_F}{S\hat{E}(e_F)} = \frac{Y_F - \hat{Y}_F}{\hat{\sigma}\sqrt{1 + X_F(X'X)^{-1}X_F'}} \sim t(n-k-1)$$

於是，對於給定的置信度 $1-\alpha$，查 t 分佈表可得臨界值 $t_{\alpha/2}(n-k-1)$，使得

$$P\left[\left|\frac{Y_F - \hat{Y}_F}{\hat{\sigma}\sqrt{1 + X_F(X'X)^{-1}X_F'}}\right| \leqslant t_{\alpha/2}(n-k-1)\right] = 1-\alpha$$

進而，可求得 Y_F 的置信度為 $1-\alpha$ 的預測區間為：

$$[\hat{Y}_F - \hat{\sigma}\sqrt{1 + X_F(X'X)^{-1}X_F'}\,t_{\alpha/2}(n-k-1),\,\hat{Y}_F + \hat{\sigma}\sqrt{1 + X_F(X'X)^{-1}X_F'}\,t_{\alpha/2}(n-k-1)]$$
(3.48)

例題 3.1 (續)   模型的預測

對於受教育年數 $X_F = 15$，工作經歷年數 $Z_F = 10$ 的黑人女性工人，預測其收入 Y_F，並在 $1 - \alpha = 0.95$ 的置信度下，求 $E(Y_F | X_F = 15, Z_F = 10)$ 和 Y_F 的預測區間。

前面已經得到了樣本迴歸函數

$$\hat{Y}_i = -22,409.36 + 1,491.00 X_i + 1,937.85 Z_i$$

將 $X_F = 15, Z_F = 10$ 代入上式，可得到 Y_F 的預測值為：

$$\hat{Y}_F = -22,409.36 + 1,491.00 \times 15 + 1,937.85 \times 10 = 19,334.14 (美元)$$

在 §2.6 中，我們介紹了利用 EViews 軟件進行點預測的基本執行過程，請讀者在模型的 OLS 估計輸出結果的基礎上，利用 EViews 軟件得到上述條件下 Y_F 的預測值。

在 $1 - \alpha = 0.95$ 的置信度下，臨界值為 $t_{0.025}(57) = 2.000$。由表 3-2 可得 $\hat{\sigma} = 7,481.03$，利用 EViews 軟件很容易計算出預測區間中的矩陣表達式(執行過程見本章附錄 3.3)：

$$W_F (W'W)^{-1} W'_F = 0.029,323$$

其中 $W_F = (1 \; X_F \; Z_F)$，W 為模型(3.20)的解釋變量矩陣，其第一列元素全為1，第二、三列分別為受教育年數 X 和工作經歷年數 Z 的樣本數據序列。這裡使用符號 W 而不使用 X 表示模型的系數矩陣只是為了與受教育年數 X 區分開，別無他意。於是，利用 (3.47) 式和 (3.48) 式就可以計算出 $E(Y_F | X_F = 15, Z_F = 10)$ 和 Y_F 的預測區間分別為 $[16,772.04, 21,896.24]$、$[4,154.29, 34,513.98]$。

在 EViews 下，也可以直接利用在點預測時得到的預測誤差的標準差 SE 的估計值，計算 Y_F 和 $E(Y_F | X_F, Z_F)$ 的預測區間。

3.5.3 預測區間大小的影響因素分析

由 (3.47) 式和 (3.48) 式可知，$E(Y_F | X_F)$ 與 Y_F 的預測區間的長度分別為：

$$d_1 = 2S\hat{E}(\hat{Y}_F) t_{\alpha/2}(n-k-1) = 2\hat{\sigma}\sqrt{X_F(X'X)^{-1}X'_F} t_{\alpha/2}(n-k-1) \quad (3.49)$$

$$d_2 = 2S\hat{E}(e_F) t_{\alpha/2}(n-k-1) = 2\hat{\sigma}\sqrt{1 + X_F(X'X)^{-1}X'_F} t_{\alpha/2}(n-k-1)$$

$$(3.50)$$

容易看出，影響 $E(Y_F | X_F)$ 和 Y_F 的預測區間大小的因素是相同的，且 $d_2 > d_1$，即在同樣的置信度下，$E(Y_F | X_F)$ 的預測區間小於 Y_F 的預測區間。這與我們依據經驗得到的預期是一致的，因為對均值(常數)的預測要比對個別值(隨機變量)的預測更容易、更準確。

為了看清楚影響 $d_1 (d_2)$ 的樣本因素，需要將其中的矩陣表達式展開。可以驗證，

$$X_F(X'X)^{-1}X'_F = \frac{1}{n} + \sum_{j=1}^{k}\sum_{m=1}^{k}(X_{jF} - \bar{X}_j)(X_{mF} - \bar{X}_m)(X^{(0)'}MX^{(0)})_{jm}$$

其中 $\bar{X}_j$ 為 X_j 的樣本均值，M 為 n 階對稱冪等矩陣，即

$$M = M^2 = \begin{pmatrix} 1-\dfrac{1}{n} & -\dfrac{1}{n} & \cdots & -\dfrac{1}{n} \\ -\dfrac{1}{n} & 1-\dfrac{1}{n} & \cdots & -\dfrac{1}{n} \\ \vdots & \vdots & \cdots & \vdots \\ -\dfrac{1}{n} & -\dfrac{1}{n} & \cdots & 1-\dfrac{1}{n} \end{pmatrix}$$

$$X^{(0)} = \begin{pmatrix} X_{11} & X_{21} & \cdots & X_{k1} \\ X_{12} & X_{22} & \cdots & X_{k2} \\ \vdots & \vdots & \cdots & \vdots \\ X_{1n} & X_{2n} & \cdots & X_{kn} \end{pmatrix}$$

$(X^{(0)\prime}MX^{(0)})_{jm}$ 為 $X^{(0)\prime}MX^{(0)}$ 的 (j,m) 元。由此可知，在給定的置信度 $1-\alpha$ 下，影響 $E(Y_F|X_F)$ 和 Y_F 的預測區間大小的因素來自四個方面：迴歸標準差 $\hat{\sigma}$、X_F 的取值、樣本容量 n 以及解釋變量的樣本數據。具體而言，在其他影響因素不變的條件下，

(1) $\hat{\sigma}$ 越小，預測區間越小。

(2) X_F 越接近於解釋變量的樣本均值 $\bar{X} = (1, \bar{X}_1, \bar{X}_2, \cdots, \bar{X}_k)$，預測區間越小；當 $X_F = \bar{X}$ 時，預測區間最小。

(3) 至少在樣本容量 n 較大的情形下，n 越大，預測區間越小，並且當 n 無限增大時，d_1 可以無限接近於 0，即可以對 $E(Y_F|X_F)$ 做到精準預測。但是由於標準差 σ 是大於 0 的數，無論我們有多少數據，d_2 都不會無限接近於 0，因此我們不可能做到完全準確地預測 Y_F。該結論來自於以下理由：隨著 n 的增大，$\hat{\sigma}$ 依概率收斂於 σ；$t_{\alpha/2}(n-k-1)$ 遞減；

$$X_F(X'X)^{-1}X'_F = \frac{1}{n}X_F\left(\frac{X'X}{n}\right)^{-1}X'_F$$

收斂於 0（由假定 7）。

(4) 與解釋變量矩陣 X 有關。例如，對於一元迴歸模型，(3.50) 式的展開式為 [見第 2 章 §2.6 節 (2.47) 式]：

$$d_2 = 2\hat{\sigma}\sqrt{1 + \frac{1}{n} + \frac{(X_F - \bar{X}_1)^2}{\sum_{i=1}^{n} x_{1i}^2}}\, t_{\alpha/2}(n-2)$$

可見，$\sum_{i=1}^{n} x_{1i}^2$ 越大，即 X 的取值越分散，Y_F 的預測區間越小。

從上述分析過程可見，當 n 變化時，(3.49) 式和 (3.50) 式中的 $S\hat{E}(\hat{Y}_F)$ 和 $S\hat{E}(e_F)$ 與 $t_{\alpha/2}(n-k-1)$ 的變化方向通常是一致的。因此，一般來說，$S\hat{E}(\hat{Y}_F)$ 和 $S\hat{E}(e_F)$ 越小，則 $E(Y_F|X_F)$ 和 Y_F 的預測區間就越小，反之亦然。

在實際中，人們常用預測值的均方誤差 (MSE；mean squared error) 來度量其與實際值之間的「接近」程度，或預測的精度。設 $\hat{\theta}$ 為 θ 的預測值，$\hat{\theta}$ 的均方誤差 ($MSE(\hat{\theta})$) 定義為

$$MSE(\hat{\theta}) = E(\hat{\theta} - \theta)^2$$

$MSE(\hat{\theta})$ 越小，表明 $\hat{\theta}$ 的預測精度越高。稱 $\sqrt{MSE(\hat{\theta})}$ 為均方根誤差 (RMSE；root mean squared error)。顯然，若 $E(\hat{\theta} - \theta) = 0$，即預測誤差的均值為 0，則 $MSE(\hat{\theta}) = Var(\hat{\theta} - \theta)$。

$MSE(\hat{\theta})$ 的定義式含有實際值 θ，在事前它是無法計算的，因此它常被用作事後評價指標。若要在事前應用 $MSE(\hat{\theta})$ 來評價預測結果，則首先需要對蘊含其中的參數進行估計，得到它的估計量，然後才能應用。均方誤差的另一個重要應用，是利用均方誤差最小原則，從理論上研究最優預測問題。

利用 $\hat{Y}_F$ 預測 $E(Y_F|X_F)$ 和 Y_F 時，由於預測誤差 e_F 的均值都為 0，因此都有 $MSE(\hat{Y}_F) = Var(e_F)$。由此可知，在 (3.49) 和 (3.50) 式中，$S\hat{E}(\hat{Y}_F)$ 和 $S\hat{E}(e_F)$ 分別是預測 $E(Y_F|X_F)$ 和 Y_F 時，$\hat{Y}_F$ 的均方根誤差的一致估計量。因此，在給定的置信度下，就一般而言，$S\hat{E}(\hat{Y}_F)$ 和 $S\hat{E}(e_F)$ 越小，即 $\hat{Y}_F$ 的估計精度越高，$E(Y_F|X_F)$ 和 Y_F 的預測區間越小，反之亦然。

上述分析表明，儘管不能利用依據歷史數據建立的樣本迴歸函數完全準確地對被解釋變量進行預測，但是注意到這些影響預測精度的因素，可以提示我們如何使預測進行得更精確。

§3.6　可線性化的非線性迴歸模型

前面我們討論了多元線性迴歸模型的估計、檢驗和預測問題，但是在現實經濟現象中，被解釋變量與解釋變量之間的關係往往並不呈現線性關係，而是比較複雜的非線性關係。刻畫變量之間非線性關係的迴歸模型就是所謂的非線性迴歸模型。例如，在第 1 章中，我們看到的可以用於刻畫菲利普斯曲線的模型

$$Y = \beta_0 + \beta_1 \frac{1}{X} + u$$

以及反應消費支出 C 與收入 I 之間數量依賴關係的二次曲線模型

$$C = \beta_0 + \beta_1 I + \beta_2 I^2 + u$$

都是非線性迴歸模型。又如，Cobb–Dauglas 生產函數模型

$$Q = AK^\alpha L^\beta + u \tag{3.51}$$

其中 Q、K、L 分別表示產出量、資本投入量和勞動力數量，也屬於非線性迴歸模型。上述前兩個模型經變換可以轉化為線性迴歸模型（見本節後面的討論），因此可以利用本章前面介紹的線性迴歸模型的估計方法對其進行估計。像這樣的非線性迴歸模型稱為**可線性化的非線性迴歸模型**。而對於模型 (3.51)，我們無法經過變換將它轉變為線性模型的表現形式，像這樣的模型稱為**不可線性化的非線性迴歸模型**。本節我們以一元或二元迴歸模型為例介紹幾種常見的可線性化的非線性迴歸模型及其線性化的處理過程，包括倒數模型、對數模型、半對數模型、多項式模型、增長曲線模型、交互效應模型等，並假設解釋變量均為連續取值的變量（註：在第 5 章 §5.4 中將討論包含離散取值解釋變量的模型），關於不可線性化的非線性迴歸模型的估計問題放在本章附錄 3.2 中。

3.6.1　幾種常見的模型

3.6.1.1　倒數模型

形如

$$Y = \beta_0 + \beta_1 (1/X) + u \tag{3.52}$$

$$1/Y = \beta_0 + \beta_1 X + u \tag{3.53}$$
$$1/Y = \beta_0 + \beta_1(1/X) + u \tag{3.54}$$

的迴歸模型,統稱為**倒數模型**。在這類模型中被解釋變量或解釋變量取倒數後變量之間呈線性關係。它們有一個共同的特點,即隨著 X 的無限增大,Y 趨近於一個常數。比如,在模型(3.52)中,隨著 X 的無限增大,Y 趨近於截距項 β_0。圖 3-1 描繪了 Y 隨著 X 的變化而變化的趨勢線或總體迴歸線 $\tilde{Y} = \beta_0 + \beta_1(1/X)$ 的基本形狀。該曲線以 $\tilde{Y} = \beta_0$ 為漸近線,至於 $\tilde{Y}$ 從上方還是下方趨近 β_0 取決於 β_1 的符號。因此,倒數模型常被用於描述產量與平均成本、供給量與價格、失業率與通貨膨脹率等變量之間的關係。

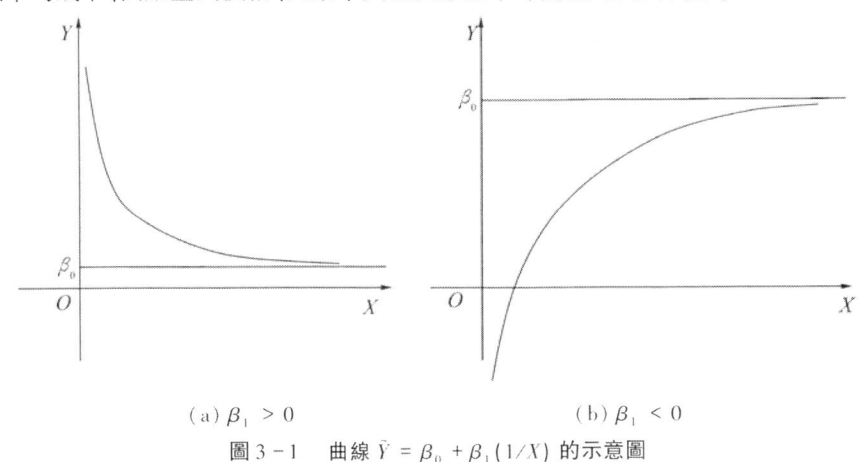

(a) $\beta_1 > 0$ (b) $\beta_1 < 0$

圖 3-1   曲線 $\tilde{Y} = \beta_0 + \beta_1(1/X)$ 的示意圖

做倒數變換 $X^* = 1/X$ 或 $Y^* = 1/Y$,可以將倒數模型轉化為線性迴歸模型。比如,令 $X^* = 1/X$,便可以將模型(3.52)變換為線性迴歸模型

$$Y = \beta_0 + \beta_1 X^* + u$$

3.6.1.2 對數模型

形如

$$\ln Y = \beta_0 + \beta_1 \ln X + u \tag{3.55}$$

的迴歸模型稱為**對數模型**。在這種模型中被解釋變量與解釋變量都取自然對數後所得變量之間呈線性關係,因此也稱為雙對數模型。對模型(3.55)的總體迴歸函數

$$\ln \tilde{Y} = \beta_0 + \beta_1 \ln X$$

求導數並整理,可得

$$\frac{d\tilde{Y}}{dX} \frac{X}{\tilde{Y}} = \beta_1$$

此式表明模型(3.55)中的迴歸系數 β_1 恰好(近似)為總體迴歸函數 $\tilde{Y}$ 對 X 的彈性,它意味著若 X 增加 1%,Y 將大約增加 β_1%。因此,對數模型常被用於刻畫在任何觀測點上,被解釋變量對解釋變量的彈性保持不變的經濟現象。

令 $Y^* = \ln Y$,$X^* = \ln X$,便可以將模型(3.55)變換為線性迴歸模型

$$Y^* = \beta_0 + \beta_1 X^* + u$$

多元雙對數模型的一個典型例子來自如下設置的 Cobb-Dauglas 生產函數模型

對上式兩端同時求自然對數,便可以轉化為二元雙對數模型

$$Q = AK^\alpha L^\beta e^u$$

$$\ln Q = \ln A + \alpha \ln K + \beta \ln L + u \quad (3.56)$$

對模型(3.56)的總體迴歸函數

$$\ln \widetilde{Q} = \ln A + \alpha \ln K + \beta \ln L$$

求偏導數並整理,可得

$$\frac{\partial \widetilde{Q}}{\partial K}\frac{K}{\widetilde{Q}} = \alpha, \quad \frac{\partial \widetilde{Q}}{\partial L}\frac{L}{\widetilde{Q}} = \beta$$

由此可見,模型(3.56)中的迴歸系數 α、β 分別刻畫了資本 K 和勞動力 L 的產出彈性。而且它們之和 $\alpha+\beta$ 反應了生產的規模報酬情況: $\alpha+\beta=1$ 表明生產是規模報酬不變的; $\alpha+\beta<1$ 表明生產是規模報酬遞減的; $\alpha+\beta>1$ 表明生產是規模報酬遞增的。

3.6.1.3　半對數模型

形如

$$Y = \beta_0 + \beta_1 \ln X + u \quad (3.57)$$

或

$$\ln Y = \beta_0 + \beta_1 X + u \quad (3.58)$$

的迴歸模型,稱為**半對數模型**。這類模型的特點是被解釋變量與解釋變量有一方取對數後呈線性關係。對模型(3.57)的總體迴歸函數

$$\widetilde{Y} = \beta_0 + \beta_1 \ln X$$

求導數並整理,可得

$$\frac{d\widetilde{Y}}{dX/X} = \beta_1$$

上式意味著當 X 增加1%時, Y 大約增加 $0.01 \times \beta_1$ 個單位。

類似地,由模型(3.58)的總體迴歸函數

$$\ln \widetilde{Y} = \beta_0 + \beta_1 X$$

可得

$$\frac{d\widetilde{Y}/\widetilde{Y}}{dX} = \beta_1$$

上式意味著當 X 增加一個單位時, Y 大約增加 $100 \times \beta_1 \%$。

做對數變換 $Y^* = \ln Y$ 或 $X^* = \ln X$,便可以將半對數模型轉變為線性迴歸模型。比如,令 $X^* = \ln X$,就可以將模型(3.57)變換為線性迴歸模型

$$Y = \beta_0 + \beta_1 X^* + u$$

特別地,若時間序列變量 Y_t 對時間變量 t 的總體迴歸函數為

$$\ln \widetilde{Y}_t = \beta_0 + \beta_1 t$$

則有

$$\frac{d\widetilde{Y}_t/\widetilde{Y}_t}{dt} = \beta_1$$

此式表明 β_1 近似等於 Y_t 的單位時間內的增長率。因此,該模型經常被用於測定經濟變

量的增長率,如勞動力增長率、貨幣供應量增長率、GDP 增長率等。在這樣的模型中時間 t 是一個確定性變量,因此可以按照本章前面介紹的方法對其中的參數進行估計。後面介紹的邏輯斯蒂增長曲線模型也屬於這種情形。

3.6.1.4 多項式模型

形如

$$Y = \beta_0 + \beta_1 X + \beta_2 X^2 + \cdots + \beta_k X^k + u$$

的迴歸模型,稱為**多項式模型**。這類模型的總體迴歸函數是解釋變量 X 的一個 k 次多項式函數,經常被用於反應生產活動中成本與產量、稅收與稅率之間的關係等。例如,描述稅收與稅率之間數量關係的著名的拉弗曲線(Laffer curve,如圖 3-2 所示)就可以考慮用二次多項式模型

$$Y = \beta_0 + \beta_1 X + \beta_2 X^2 + u \quad (\beta_2 < 0) \tag{3.59}$$

來刻畫,其中 Y、X 分別為稅收和稅率。

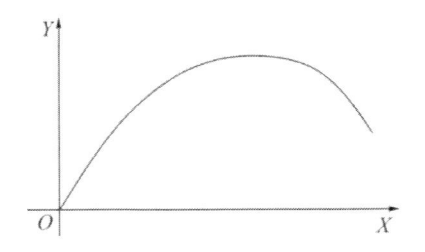

圖 3-2 拉弗曲線示意圖

令 $X^* = X^2$,便可以將模型(3.59)轉變為線性迴歸模型

$$Y = \beta_0 + \beta_1 X + \beta_2 X^* + u$$

又如,描述經濟增長與收入分配差距之間數量關係的著名的庫茲涅茨倒 U 假設,也可以考慮用二次多項式模型來刻畫。

3.6.1.5 邏輯斯蒂(Logistic)增長曲線模型

形如

$$Y_t = \frac{K}{1 + e^{\beta_0 + \beta_1 t + u_t}} \quad (K > 0) \tag{3.60}$$

的迴歸模型,稱為**邏輯斯蒂增長曲線模型**。該模型的總體迴歸函數為:

$$\tilde{Y}_t = \frac{K}{1 + e^{\beta_0 + \beta_1 t}}$$

容易得到以下等式:

$$\frac{d\tilde{Y}_t}{dt} = \frac{-K\beta_1 e^{\beta_0 + \beta_1 t}}{(1 + e^{\beta_0 + \beta_1 t})^2}$$

且總體迴歸曲線有一個拐點 $(-\frac{\beta_0}{\beta_1}, \frac{K}{2})$。由此可知,當 $\beta_1 < 0 (\beta_1 > 0)$ 時,模型(3.60)的總體迴歸函數 $\tilde{Y}$ 是單調遞增的(遞減的),在拐點之前 $\tilde{Y}$ 增加(減少)的速度越來越快,在

拐點之後 $\tilde{Y}$ 增加（減少）的速度越來越慢，其上限為 $\tilde{Y} = K$，下限為 $\tilde{Y} = 0$，其圖形呈 S 形狀（倒 S 形狀），如圖 3-3 所示。

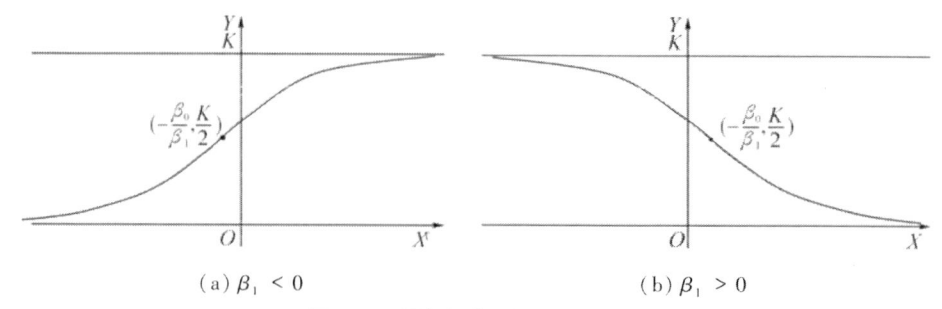

圖 3-3 邏輯斯蒂增長曲線示意圖

在實際經濟活動中，很多經濟變量的變化過程，都表現為一種 S 曲線的特徵，即先緩慢啟動，然後高速增長，最後減速增長並趨於穩定。比如，成功推廣的新產品和新技術，像傳真機、CD、彩色電視機等耐用消費品、互聯網等，它們的銷售量隨著時間的變化趨勢就呈現出如圖 3-3(a) 所示 S 曲線的特徵，因此經常被用邏輯斯蒂增長曲線模型來刻畫。

要線性化模型(3.60)，首先需要依據經濟理論或實踐經驗設定極限值 K。例如，可以依據人口數和消費水平推測某種消費品的最大需求量；依據光能轉換效率推算單位耕地面積農產品產量的極限值。在 K 已知時，令 $Y_t^* = \ln(\frac{K}{Y} - 1)$，便可以將模型(3.60)變換為可以估計的線性迴歸模型

$$Y_t^* = \beta_0 + \beta_1 t + u_t$$

3.6.1.6 交互效應模型

形如

$$Y = \beta_0 + \beta_1 X_1 + \beta_2 X_2 + \beta_3 X_1 X_2 + u \tag{3.61}$$

的迴歸模型，稱為**交互效應模型**。這類模型中含有解釋變量的交叉乘積項，能夠反應一個解釋變量對被解釋變量的(偏)邊際效應受其他解釋變量影響，即解釋變量之間存在的交互效應。對模型(3.61)的總體迴歸函數

$$\tilde{Y} = \beta_0 + \beta_1 X_1 + \beta_2 X_2 + \beta_3 X_1 X_2$$

求偏導數，可得

$$\frac{\partial \tilde{Y}}{\partial X_1} = \beta_1 + \beta_3 X_2, \frac{\partial \tilde{Y}}{\partial X_2} = \beta_2 + \beta_3 X_1$$

由上述兩式知，解釋變量 X_1、X_2 對被解釋變量 Y 的(偏)邊際效應可以分別近似地表示為 $\beta_1 + \beta_3 X_2$ 和 $\beta_2 + \beta_3 X_1$。若 β_3 不等於 0，則表明 X_1 與 X_2 之間存在交互效應；否則，則反是。因此，可以通過檢驗 β_3 是否等於 0 來檢驗交互效應的存在性。

例如，Klein 和 Morgen(1951) 提出了有關收入和財產在決定消費模式上相互作用的假設。他們認為收入對消費的邊際效應依賴於財產的多少——較富有的人可能會有不同的邊際消費傾向。這個假設可以用如下交互效應模型來刻畫。

$$Y = \beta_0 + \beta_1 X_1 + \beta_2 X_2 + \beta_3 X_1 X_2 + u$$

其中 Y, X_1, X_2 分別為個人的消費支出、收入和擁有的財產。令 $X^* = X_1 X_2$，便可以將上述模型轉變為線性迴歸模型

$$Y = \beta_0 + \beta_1 X_1 + \beta_2 X_2 + \beta_3 X^* + u$$

在第 5 章 §5.4 我們將繼續討論交互效應模型的應用。

3.6.2 模型的估計與預測

關於可線性化的非線性迴歸模型的估計，可以按照此前我們的處理方法，通過引入中間變量首先將其變換為線性迴歸模型，然後再運用 OLS 法進行估計。在 EViews 軟件下，也可以不用引入中間變量直接進行估計。例如，要估計雙對數模型

$$\ln Y = \beta_0 + \beta_1 \ln X + u$$

可以直接在 Equation Estimation 窗口的 Equation specification 對話框中，輸入 log(Y)　c　log(X)，在 Equation settings 欄中都保持默認選擇，然後點擊「確定」，便得到利用 OLS 法估計該模型的輸出結果。由此得到的殘差序列為 $\ln Y - \hat{\beta}_0 - \hat{\beta}_1 \ln X$。應用這種估計程序所得到的輸出結果，可以直接對 $\ln Y$ 或 Y 進行預測。在進行預測時，與基於線性迴歸模型進行預測的不同之處是，在 Forecast 窗口中需要對預測的序列(Series to Forecast)進行選擇，即選擇 $\ln Y$ 或 Y。

§3.7　案例分析[①]

例題 3.2　漢堡連鎖店的總收入模型及其利潤最大化問題

每週，Bay Area Rapid Food 漢堡連鎖店的管理部門都必須決定應該花多少錢來為其產品做廣告，以及應採取什麼特價活動(降價)。管理部門特別關心的是當廣告的支出水平改變時，總收入會變動多少，即廣告支出的增加是否會導致總收入的增加。如果是的話，總收入的增加是否足以證明廣告支出的增加是合理的？管理部門也很關心產品的定價策略。產品降價將會導致總收入增加還是減少？若價格的下降只導致銷售量小幅上升，則總收入將會減少(需求對價格缺乏彈性)；若價格的下降導致銷售量大幅上升，則總收入將會增加(需求對價格富有彈性)。這些經濟信息對有效的管理來說是很基本的要素。為此，我們通過建立迴歸模型來研究該漢堡連鎖店的產品價格(p)和廣告支出(a)對其總收入(tr)的影響，以及利潤最大化問題。

一家漢堡店出售許多產品，如漢堡、薯條、奶昔等，每種產品都有自己的價格，因此需要使用所有產品的某種平均價格作為衡量該店產品的價格水平。表 3-3 列出了某個漢堡連鎖店一些具有代表性的總收入 tr、價格 p 和廣告支出 a 的觀測值。

[①] 本案例選自 R. 卡特·希爾，等. 初級計量經濟學[M]. 於陽，等譯. 2 版. 大連：東北財經大學出版社，2007. 本書作者對原書中的分析過程做了改動。

表 3-3　　　漢堡連鎖店的總收入、價格及廣告支出的周觀測值

周次	總收入 tr (千美元)	價格 p (美元)	廣告支出 a (千美元)	周次	總收入 tr (千美元)	價格 p (美元)	廣告支出 a (千美元)
1	123.1	1.92	12.4	40	153.2	2.13	19.6
2	124.3	2.15	9.9	41	120.1	2.05	6.3
3	89.3	1.67	2.4	42	119.3	1.89	9
4	141.3	1.68	13.8	43	150.6	2.12	18.7
5	112.8	1.75	3.5	44	92.2	1.87	2.2
6	108.1	1.55	1.8	45	130.5	2.09	16
7	143.9	1.54	17.8	46	112.5	1.76	4.5
8	124.2	2.1	9.8	47	111.8	1.77	4.3
9	110.1	2.44	8.3	48	120.1	1.94	9.3
10	111.7	2.47	9.8	49	107.4	2.37	8.3
11	123.8	1.86	12.6	50	128.6	2.1	15.4
12	123.5	1.93	11.5	51	124.6	2.29	9.2
13	110.2	2.47	7.4	52	127.2	2.36	10.2
14	100.9	2.11	6.1	53	129.9	2.87	16
15	123.3	2.1	9.5	54	101.5	2.05	4
16	115.7	1.73	8.8	55	136.3	2.55	19.6
17	116.6	1.86	4.9	56	97.6	3.49	10.2
18	153.5	2.19	18.8	57	118.9	3.45	17.5
19	149.2	1.9	18.9	58	130.5	3.45	18.3
20	89	1.67	2.3	59	128.5	2.58	18.2
21	132.6	2.43	14.1	60	138.3	2.87	22.1
22	97.5	2.13	2.9	61	103.6	1.76	4.1
23	106.1	2.33	5.9	62	151.8	2.97	24.9
24	115.3	1.75	7.6	63	128.5	2.77	14.7
25	98.5	2.05	5.3	64	128.5	2.64	18.6
26	135.1	2.35	16.8	65	143.7	1.5	20.9
27	124.2	2.12	8.8	66	108.6	1.61	4.8
28	98.4	2.13	3.2	67	158.8	2.66	27.7
29	114.8	1.89	5.4	68	147.2	1.74	20.6
30	142.5	1.5	17.3	69	146.3	3.21	25.4
31	122.6	1.93	11.2	70	121.2	1.5	10.2
32	127.7	2.27	11.2	71	107	1.78	4.9
33	113	1.66	7.9	72	121.2	2.43	12.1
34	144.2	1.73	17	73	125.4	2.04	12.3
35	109.2	1.59	3.3	74	141.9	2.99	19.7
36	106.8	2.29	7.1	75	120	2.83	14.3
37	145	1.86	15.3	76	101.9	2.47	4.8
38	124	1.91	12.7	77	130.4	2.04	11.6
39	106.7	2.34	6.1	78	139.9	1.87	19.8

1. 理論模型的設定

多元總體迴歸模型的設定主要是依據經濟理論或參考前人累積的經驗模型,也可以通過觀察被解釋變量對每個解釋變量的散點圖得到函數形式設定的啟示。依據表3-3中的樣本數據,作 tr 對 p、tr 對 a 的散點圖,如圖3-4所示。

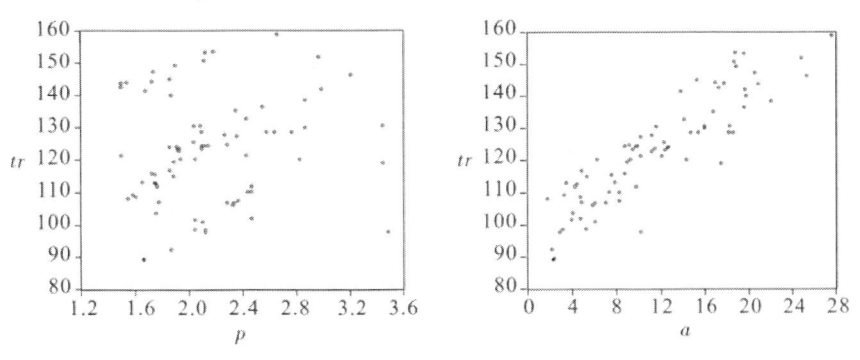

圖3-4 tr 對 p、tr 對 a 的散點圖

從圖3-4可以看出,tr 與 a 具有較明顯的線性關係,而 tr 與 p 似乎不呈現任何關係。但是,由於 tr 的樣本數據是由 a 和 p 共同影響的結果,因此在理論模型中並不能排除解釋變量 p。基於此,可以將 tr 對 p、a 的迴歸模型設定為:

$$tr_i = \beta_0 + \beta_1 p_i + \beta_2 a_i + u_i \tag{3.62}$$

我們預期在價格不變的前提下廣告支出的增加不會減少收入,即 $\beta_2 \geq 0$。

同時,模型(3.62)中迴歸系數均為常數,這意味著無論現有的廣告支出水平如何,在價格不變的前提下,增加廣告支出將持續地以相同的比例增加收入。然而,當廣告支出增加到一定水平時,我們預期隨著廣告支出的繼續增加,收入的增加將開始遞減,即廣告支出的邊際報酬將遞減。為刻畫這一經濟現象,可以在模型(3.62)中添加 a_i^2 項,建立如下迴歸模型:

$$tr_i = \beta_0 + \beta_1 p_i + \beta_2 a_i + \beta_3 a_i^2 + u_i \tag{3.63}$$

為了考察 a_i 的邊際報酬,將 $E(tr_i)$ 對 a_i 求偏導數,得

$$\frac{\partial E(tr_i)}{\partial a_i} = \beta_2 + 2a_i \beta_3 \tag{3.64}$$

由於當 $a_i = 0$ 時,廣告支出對收入的(偏)邊際效應是非負的,因此由(3.64)式可知,應該有 $\beta_2 \geq 0$,而且若廣告支出存在邊際報酬遞減現象,應該有 $\beta_3 < 0$。

顯然,模型(3.62)是模型(3.63)在 $\beta_3 = 0$ 時的特殊情形。於是,可以先設定較一般的模型(3.63),然後通過檢驗 $\beta_3 = 0$ 是否成立來判斷哪一個模型更合適(關於模型選擇問題的深入探討,見第5章)。

2. 模型的估計及檢驗

利用OLS法估計模型(3.63),得到如下迴歸結果:

$$\hat{tr}_i = 110.464, 1 - 10.198 p_i + 3.361 a_i - 0.026, 7 a_i^2 \tag{3.65}$$

$$\quad\quad\quad (3.741) \quad (1.581) \quad (0.421) \quad (0.015, 8)$$

t 值　　　29.524　　 -6.446　　 7.969　　 -1.684

P 值　　 0.000, 0　　0.000, 0　　0.000, 0　　0.096, 4

$$R^2 = 0.878\,5, \bar{R}^2 = 0.873\,6, F = 178.43\ (P\text{值}=0.000\,0)$$

其中 t 值上方括號中數字為迴歸系數估計量的標準差估計值。

由迴歸結果(3.65)式可知,廣告支出 a_i 的系數為正, a_i^2 的系數為負,表明廣告支出存在邊際報酬遞減現象,這與我們的預期是一致的;F 統計量值的 P 值 $= 0.000\,0$,表明迴歸方程顯著成立;p_i 顯著性 t 檢驗的 P 值為 $0.000\,0$,表明價格 p_i 對總收入 tr_i 的影響是顯著的;$R^2 = 0.878\,5, \bar{R}^2 = 0.873\,6$,表明模型具有較高的擬合優度。

下面分別對 $\beta_2 > 0$ 和 $\beta_3 < 0$ 進行單側 t 檢驗。從上述迴歸結果可知,β_2、β_3 的估計值分別為 $\hat{\beta}_2 = 3.361 > 0$,$\hat{\beta}_3 = -0.026\,7 < 0$,相應的 t 統計量的 P 值分別為 $0.000\,0$、$0.096\,4$,所以利用雙側 t 檢驗與單側 t 檢驗 P 值之間的關係,可得備擇假設為 $H_1: \beta_2 > 0$ 和 $H_1: \beta_3 < 0$ 的單側 t 檢驗的 P 值分別為 $0.000\,0$ 和 $0.048\,2$,它們均小於 0.05。因此,在 0.05 的顯著性水平下,可以認為 $\beta_2 > 0$ 和 $\beta_3 < 0$ 均成立,此表明廣告支出 a_i 存在邊際報酬遞減現象。

利用 OLS 法估計模型(3.62)得到的迴歸結果:

$$\hat{tr}_i = 113.835 - 10.256 p_i + 2.679 a_i \tag{3.66}$$

$$(3.199)\quad (1.600)\quad (0.118)$$

t 值　　35.579　　-6.407　　22.529

P 值　　0.000,0　　0.000,0　　0.000,0

$$R^2 = 0.873\,8, \bar{R}^2 = 0.870\,5, F = 259.86\ (P\text{值}=0.000\,0)$$

比較(3.65)式與(3.66)式可以發現,兩式中價格系數的估計值非常接近,(3.65)式中的 $\bar{R}^2 = 0.873\,6$ 略高於(3.66)式的 $\bar{R}^2 = 0.870\,5$。這進一步表明我們將模型設定為(3.63)式是合適的。

3. 模型分析及結論

綜合以上檢驗結果,可以認為價格 p_i 和廣告支出 a_i 對總收入的影響是顯著的,而且在廣告支出保持不變的條件下,價格每增加 1 美元,平均總收入 $E(tr_i)$ 約下降 10.198 美元;在價格不變的條件下,隨著廣告支出的增加總收入的邊際增加額是遞減的。這裡存在兩個問題:一是為得到更高的收入應採取何種降價策略?是否可以持續降價?二是漢堡連鎖店的經營目標是利潤最大化,那麼廣告支出增加到什麼水平,能使該店的利潤達到最大?顯然,回答這些問題能為管理者提供更有價值的信息。

很明顯,當價格 $p_i = 0$ 時,總收入 $tr_i = 0$,因此持續降價是不可行的。這是否與我們得到的降價能提高收入的結論相矛盾?需要注意的是,前面迴歸分析的結果是依據表 3-3 中的樣本數據得到的,它們體現了在樣本範圍內總收入 tr_i 與價格 p_i、廣告支出 a_i 之間的數量關係。對於遠離樣本範圍的 tr_i、p_i 和 a_i,它們之間的關係與樣本範圍體現出的數量關係可能相差很遠。因此,利用上述迴歸分析的結果去推斷極端情形下價格 p_i 和廣告支出 a_i 對應的總收入 tr_i 是不可行的。但降價能提高收入的結論告訴我們,在適當的範圍內(樣本範圍及其附近)採取一些降價策略(特價活動)能夠增加總收入。

下面討論在價格不變的前提下,該漢堡連鎖店的利潤最大化問題。經濟理論表明,要使利潤最大化,需要邊際收益等於邊際成本。對於 Bay Area Rapid Food 漢堡連鎖店,廣告支出的邊際效益是增加一個單位的廣告支出得到的總收入的增加額,約等於

$$\frac{\partial E(tr_i)}{\partial a_i} = \beta_2 + 2a_i\beta_3$$

其邊際成本為增加一個單位廣告支出的廣告的成本(1個單位)加上由於有效的廣告而多售出產品的準備成本。如果我們忽略後者,則利潤最大化的條件是:

$$\beta_2 + 2a_i\beta_3 = 1$$

於是,將迴歸係數 β_2、β_3 的 OLS 估計值代入上式,得

$$3.361 + 2 \times (-0.026,7)\hat{a}_i = 1$$

解之,可得

$$\hat{a}_i = 44.213,5$$

由此可知,對於一定的價格水平,「最優周廣告支出水平」約為 44,214 美元。管理部門據此調整廣告支出的力度,以實現利潤的最大化。

若考慮有效的廣告而多售出產品的準備成本,你推測最優周廣告支出水平會如何變化?

§3.8 結束語

本章將第 2 章就一元線性迴歸模型介紹的迴歸分析方法推廣到了多元迴歸模型的情形,其知識結構如圖 3-5 所示。

在第 2 章結束語中所提到的需要注意的地方,也適合於本章的學習。此外,關於多元線性迴歸模型的學習,還應注意以下幾點:

(1) 關於經典線性迴歸模型的結論,如果沒有特別說明,應該就多元線性迴歸模型的情形進行表述。

(2) 關於調整的可決係數 $\bar{R}^2$。$\bar{R}^2$ 是在考慮到應用可決係數 R^2 選擇模型存在一定缺陷(只度量了模型的擬合優度,未考慮參數估計的精度)的背景下,建立起來的一種既考慮模型的擬合優度,又顧及參數估計精度的評價模型的指標。它與第 5 章 §5.3 介紹的 AIC 和 SIC 等信息準則一樣,都屬於綜合評價模型優劣的準則,並非模型設定檢驗的統計量。在以 $\bar{R}^2$ 最大化為準則選擇模型時,與 R^2 一樣,也存在將對被解釋變量影響不顯著的變量納入模型的問題,只是問題的嚴重性得到一定程度的控制。可以證明,只有當新添加的解釋變量顯著性 t 檢驗統計量值(見下一節)的絕對值 $|t| > 1$ 時,$\bar{R}^2$ 才會增加。事實上,在實證分析中,對於一般的顯著性水平 α,t 檢驗的臨界值 $t_{\alpha/2}$ 在 2 附近,因此添加對解釋變量影響不顯著的變量(此時 $1 < |t| < t_{\alpha/2}$),也會增加 $\bar{R}^2$。

(3) 關於變量顯著性 t 檢驗和方程顯著性 F 檢驗。在建立線性迴歸模型時,經常要對變量進行顯著性 t 檢驗,又要對方程進行顯著性 F 檢驗。這兩種檢驗有一定的聯繫(例如,對於一元線性迴歸模型斜率係數的雙側檢驗,兩者是等價的),但它們不能互相替代。對於多元線性迴歸模型,從待檢驗的假設來看,t 檢驗是對某一個參數等式的檢驗,F 檢驗是對多個參數等式是否同時成立的聯合檢驗;從統計量的構造來看,前者是基於參數的

多元線性回歸模型

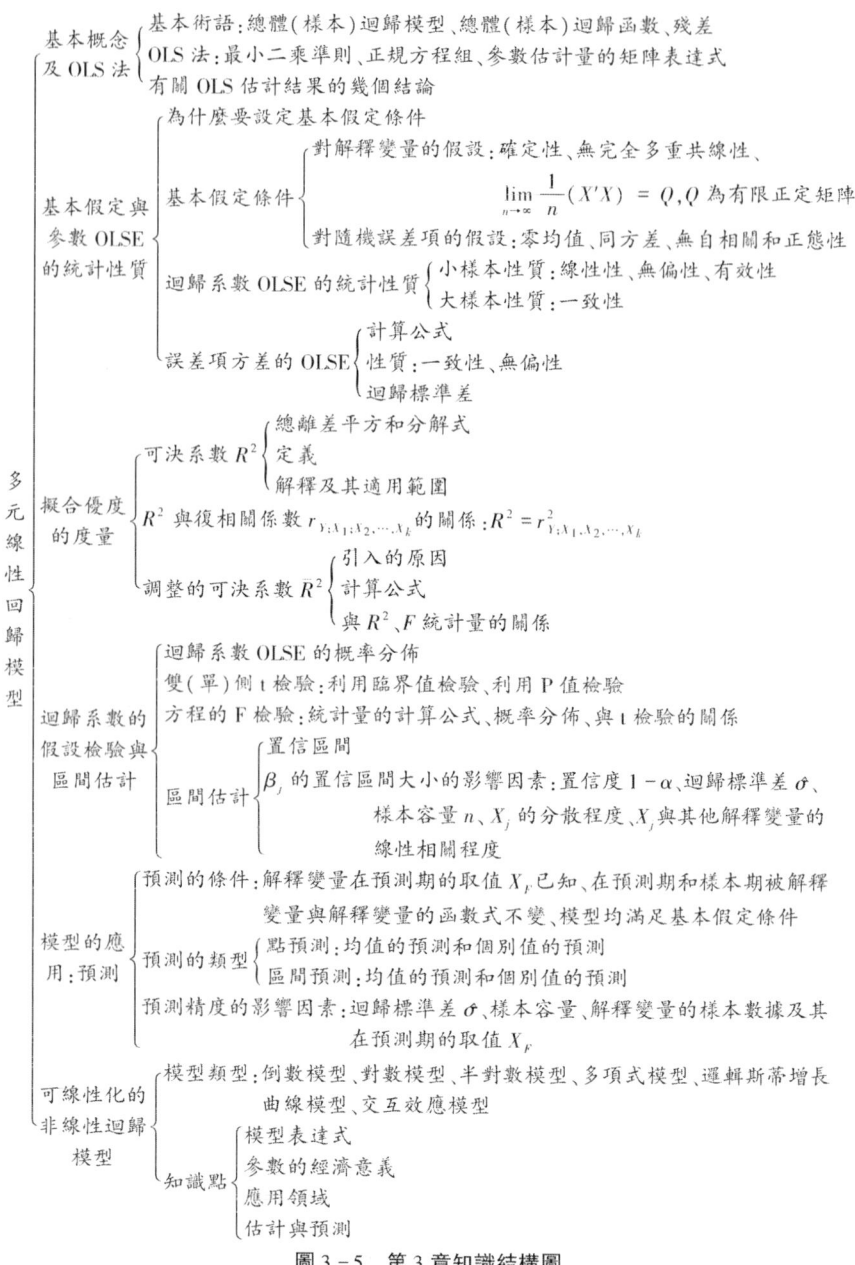

- **基本概念及 OLS 法**
  - 基本術語：總體(樣本)迴歸模型、總體(樣本)迴歸函數、殘差
  - OLS 法：最小二乘準則、正規方程組、參數估計量的矩陣表達式
  - 有關 OLS 估計結果的幾個結論

- **基本假定與參數 OLSE 的統計性質**
  - 為什麼要設定基本假定條件
  - 基本假定條件
    - 對解釋變量的假設：確定性、無完全多重共線性、$\lim_{n\to\infty}\frac{1}{n}(X'X) = Q$，$Q$ 為有限正定矩陣
    - 對隨機誤差項的假設：零均值、同方差、無自相關和正態性
  - 迴歸系數 OLSE 的統計性質
    - 小樣本性質：線性性、無偏性、有效性
    - 大樣本性質：一致性
  - 誤差項方差的 OLSE
    - 計算公式
    - 性質：一致性、無偏性
    - 迴歸標準差

- **擬合優度的度量**
  - 可決系數 R^2
    - 總離差平方和分解式
    - 定義
    - 解釋及其適用範圍
  - R^2 與復相關係數 $r_{y:x_1,x_2,\cdots,x_k}$ 的關係：$R^2 = r^2_{y:x_1,x_2,\cdots,x_k}$
  - 調整的可決系數 $\bar{R}^2$
    - 引入的原因
    - 計算公式
    - 與 R^2、F 統計量的關係

- **迴歸系數的假設檢驗與區間估計**
  - 迴歸系數 OLSE 的概率分佈
  - 雙(單)側 t 檢驗：利用臨界值檢驗、利用 P 值檢驗
  - 方程的 F 檢驗：統計量的計算公式、概率分佈、與 t 檢驗的關係
  - 區間估計
    - 置信區間
    - β_j 的置信區間大小的影響因素：置信度 $1-\alpha$、迴歸標準差 $\hat{\sigma}$、樣本容量 n、X_j 的分散程度、X_j 與其他解釋變量的線性相關程度

- **模型的應用：預測**
  - 預測的條件：解釋變量在預測期的取值 X_F 已知、在預測期和樣本期被解釋變量與解釋變量的函數式不變、模型均滿足基本假定條件
  - 預測的類型
    - 點預測：均值的預測和個別值的預測
    - 區間預測：均值的預測和個別值的預測
  - 預測精度的影響因素：迴歸標準差 $\hat{\sigma}$、樣本容量、解釋變量的樣本數據及其在預測期的取值 X_F

- **可線性化的非線性迴歸模型**
  - 模型類型：倒數模型、對數模型、半對數模型、多項式模型、邏輯斯蒂增長曲線模型、交互效應模型
  - 知識點
    - 模型表達式
    - 參數的經濟意義
    - 應用領域
    - 估計與預測

圖 3-5　第 3 章知識結構圖

估計量與其真值的接近程度構造統計量，既可以進行雙側檢驗，也可以進行單側檢驗；後者是基於迴歸平方和與殘差平方和的比值來構造統計量，即基於約束模型和無約束模型與樣本數據的擬合程度的差異來構造統計量(見第 5 章 §5.2)，只能進行雙側檢驗；從檢驗結果來看，當方程通過顯著性檢驗時，單個變量未必通過顯著性檢驗；當變量均通過顯著性檢驗時，方程也未必通過顯著性檢驗(靳庭良、張寶青，2009)。

練習題三

一、選擇題

1. 對於總體迴歸模型 $\ln(Y_i) = \beta_0 + \beta_1 X_i^2 + \beta_2 \ln(Z_i) + u_i$，樣本迴歸函數可表示為（　　）。
   A. $\ln(Y_i) = \beta_0 + \hat{\beta}_1 X_i^2 + \hat{\beta}_2 \ln(Z_i)$　　B. $\ln(\hat{Y}_i) = \hat{\beta}_0 + \hat{\beta}_1 X_i^2 + \hat{\beta}_2 \ln(Z_i)$
   C. $\ln(Y_i) = \hat{\beta}_0 + \hat{\beta}_1 X_i^2 + \hat{\beta}_2 \ln(Z_i)$　　D. $E[\ln(Y_i)] = \beta_0 + \beta_1 X_i^2 + \beta_2 \ln(Z_i)$

2. 對於線性迴歸模型，下列關於 R^2 與調整的 R^2 的敘述，不正確的是（　　）。
   A. $\bar{R}^2$ 可能小於 0
   B. 依據 $\bar{R}^2$ 最大準則所選模型中的解釋變量對被解釋變量都有顯著影響
   C. 自變量個數越多，兩者相差越大
   D. 判斷多元線性迴歸模型優劣時，使用後者

3. 下列模型中，哪一個常被用於刻畫庫茲涅茨「倒 U」假設中經濟增長與收入分配差距之間的數量關係。（　　）
   A. $1/Y = \beta_0 + \beta_1(1/X) + u$　　B. $\ln Y = \beta_0 + \beta_1 \ln X + u$
   C. $Y = \beta_0 + \beta_1 X + \beta_2 X^2 + u$　　D. $Y_t = \dfrac{K}{1 + e^{\beta_0 + \beta_1 t + u_t}}$

二、簡答題

1. 由 §3.1 節已知，當 X_1 與 X_2 不相關時，二元線性迴歸模型
$$Y_i = \beta_0 + \beta_1 X_{1i} + \beta_2 X_{2i} + u_i$$
中斜率系數的 OLSE 與下面兩個模型：$Y_i = \alpha_0 + \alpha_1 X_{1i} + v_i$ 和 $Y_i = \gamma_0 + \gamma_2 X_{2i} + w_i$ 中斜率系數的 OLSE，具有如下關係：$\hat{\beta}_1 = \hat{\alpha}_1, \hat{\beta}_2 = \hat{\gamma}_2$。因此可以用後面兩個模型代替前者，來研究 X_1 與 X_2 對 Y 的邊際影響程度。你認為這樣做合適嗎？為什麼？

2. 在對模型中變量進行篩選時，為什麼常用 $\bar{R}^2$，而不用 R^2？

3. 試分析哪些因素影響多元經典線性迴歸模型迴歸系數置信區間的大小。

4. 試分析哪些因素影響多元經典線性迴歸模型的預測精度。

三、綜合應用題

1. 利用 OLS 法估計下列模型
   模型一：$Y_i = \beta_0 + \beta_1 X_{1i} + \beta_2 X_{2i} + u_{1i}$
   模型二：$X_{1i} = \alpha_0 + \alpha_1 X_{2i} + u_{2i}$
   模型三：$Y_i = \eta_0 + \eta_1 X_{2i} + u_{3i}$
   模型四：$Y_i = \gamma_0 + \gamma_1 e_{2i} + \gamma_2 X_{2i} + u_{4i}$
   模型五：$e_{3i} = \mu_0 + \mu_1 e_{2i} + \mu_2 X_{2i} + u_{5i}$
   這裡 e_{2i}、e_{3i} 分別為由模型二、三得到的殘差序列。

   (1) 證明參數 β_1、γ_1、μ_1 的 OLS 估計量均相等，即 $\hat{\beta}_1 = \hat{\gamma}_1 = \hat{\mu}_1$，並從直觀上解釋該結論。

(2)證明分別由模型一、四、五所得的殘差序列 e_{1i}、e_{4i}、e_{5i} 均相同，即 $e_{1i} = e_{4i} = e_{5i}$。

(3)將(1)、(2)中關於模型一、五的結論推廣到一般情形即得到著名的弗瑞希—沃—洛維爾(Frisch 和 Waugh, 1933；lovell, 1963)定理。對於 k 元線性迴歸模型

$$Y_i = \beta_0 + \beta_1 X_{1i} + \cdots + \beta_m X_{mi} + \beta_{m+1} X_{m+1,i} + \cdots + \beta_k X_{ki} + u_{1i}$$

考慮參數 $\beta_1, \cdots, \beta_m$ 的估計量，請你寫出該定理的內容。

2. 初步研究表明，吸菸者每天的吸菸數量(cigs，單位：根)可能與吸菸者的受教育年數(edu)、年收入(income，單位：美元)以及每包香菸的價格(price，單位：美分)有關。依據對 309 個吸菸者的隨機抽樣調查數據，有人建立了香菸日需求函數模型，並在 EViews6.0 下利用 OLS 法估計該模型，得到表 3-4 所示的輸出結果。試回答下列問題：

表 3-4　　　　　　　　　OLS 法估計模型的輸出結果

Dependent Variable: CIGS
Method: Least Squares
Date: 12/08/17　　Time: 12:18
Sample: 1, 309
Included observations: 309

Variable	Coefficient	Std. Error	t - Statistic	Prob.
C	-17.451,21	36.203,65	-0.482,029	0.630,1
EDU	0.665,194	0.287,441	A	0.021,3
LOG(PRICE)	1.345,682	8.593,336	0.156,596	0.875,7
LOG(INCOME)	2.731,995	1.110,789	2.459,507	0.014,5

R - squared	0.045,623	Mean dependent var	22.524,27
Adjusted R - squared	B	S. D. dependent var	13.164,43
S. E. of regression	12.923,72	Akaike info criterion	7.968,866
Sum squared resid	C	Schwarz criterion	8.017,194
Log likelihood	-1,227.190	Hannan - Quinn criter.	7.988,188
F - statistic	D	Durbin - Watson stat	1.909,737
Prob(F - statistic)	0.002,565		

(1)計算 A、B、C、D 的值，以及 cigs 與 edu、ln(income)、ln(price) 的複相關係數的絕對值。

(2)寫出日香菸需求的總體迴歸模型和樣本迴歸函數，並說明樣本迴歸函數中斜率系數的經濟含義。

(3) R^2 和 $\bar{R}^2$ 各為多少？如何解釋 R^2？

(4)寫出方程顯著性 F 檢驗的原假設和備擇假設，以及在原假設下 F 統計量的概率分佈，並在 0.05 的顯著性水平下，分別依據 F 統計量的 P 值和其分佈的臨界值，檢驗方程的顯著性。

(5)寫出單個變量顯著性 t 檢驗的統計量及其概率分佈，並在 0.05 的顯著性水平下，分別檢驗吸菸者的受教育年數、年收入以及每包香菸的價格是否對其日吸菸數量具有顯著影響。

(6)你如何評價題中的模型以及上述檢驗過程？若有不足之處，你打算如何修改模

3. 依據某地區 506 個社區的數據，有人利用 OLS 法估計了一個住房價格模型（註：該模型滿足基本假定條件），得到樣本迴歸函數為

$$\ln(price) = 13.39 - 0.868\ln(nox) - 0.087\ln(dist) - 0.545 rooms + 0.062 rooms^2 - 0.044 stratio$$
$$(0.57)\;(0.126)\qquad(0.043)\qquad(0.165)\qquad(0.013)\qquad(0.006)$$
$$R^2 = 0.603,\;\bar{R}^2 = 0.599,\;樣本容量\;n = 506$$

其中 price、nox、dist、rooms、stratio 依次表示住房價格（元/每平米）、社區空氣中氧化亞氮的含量（百萬分子）、社區到商業中心的距離（公里）、平均每套房的間數（間）、社區學校的平均學生—教師比，括號內數據為對應參數估計量標準差的估計值。試回答下列問題：

(1) 解釋 $\ln(nox)$、$\ln(dist)$、stratio 前面系數的經濟含義。

(2) 檢驗迴歸方程的顯著性；社區空氣中氧化亞氮含量是否對其住房價格有顯著影響？為什麼？

(3) 有人認為「在其他因素不變的條件下，社區到商業中心的距離增加 1%，住房價格下降 0.1%」，你是否同意這個觀點？為什麼？

(4) 有人認為「在其他因素不變的條件下，社區學校的平均學生—教師比增加 0.1，住房價格下降幅度會超過 0.5%」，你是否同意這個觀點？為什麼？

(5) 在其他因素不變的條件下，隨著房間數的增加，住房的價格是否呈現先減後增的變化趨勢？給出你的統計學依據，並討論房間數為多少時，住房的價格最低。

(6) 若住房價格用「百元」計，社區到商業中心的距離用「百米」計，試簡單推導利用同樣估計法得到的樣本迴歸函數。

(7) 題中住房價格模型暗含著假定在樣本期 nox 對 price 的偏彈性 η 系數是常數。若該假定條件未必成立，你打算如何擴展原模型，使之包容 η 為可變的情形？試寫出擴展後的總體迴歸模型，並說明如何檢驗 η 的可變性。

4. 關於多元線性迴歸模型

$$Y_i = \beta_0 + \beta_1 X_{1i} + \beta_2 X_{2i} + \cdots + \beta_k X_{ki} + u_i\;(i = 1, 2, \cdots, n) \tag{3.67}$$

也存在類似於第 2 章練習題二綜合應用題（4）中的問題。可以驗證，在那裡得到的關於一元線性迴歸模型的規律也適合於模型 (3.67)，即一個解釋變量偏迴歸系數的 OLS 估計量與它和被解釋變量的測量單位有關。因此，對於具有不同測量單位的解釋變量，不能通過比較它們偏迴歸系數估計量的大小，來得到相應解釋變量對被解釋變量影響是較大還是較小的結論。

避免測量單位對迴歸系數估計量影響的一種方法是將變量用其樣本標準差來測量，然後再對模型進行迴歸。具體做法是：

令

$$Y_i^* = \frac{Y_i}{S_Y},\quad X_{ji}^* = \frac{X_{ji}}{S_{X_j}}\quad (j = 1, 2, \cdots, k)$$

其中

$$S_Y = \sqrt{\frac{\sum_{i=1}^{n}(Y_i - \bar{Y})^2}{n-1}},\quad S_{X_j} = \sqrt{\frac{\sum_{i=1}^{n}(X_{ji} - \bar{X}_j)^2}{n-1}}$$

再利用 OLS 法估計模型

$$Y_i^* = \beta_0^* + \hat{\beta}_1^* X_{1i}^* + \beta_2^* X_{2i}^* + \cdots + \beta_k^* X_{ki}^* + u_i^* \tag{3.68}$$

在模型(3.68)中，所有變量都用其標準差來測量，而變量的標準差的單位與該變量本身的單位相同，所以模型(3.68)的 OLS 估計量與變量的測量單位無關，這樣就可以把所有解釋變量放到相同的地位上。模型(3.68)的偏迴歸系數常被稱為 **β 系數**。因此，可以通過比較 β 系數的估計量來評價被解釋變量對不同解釋變量變化的敏感程度。類似於普通模型中偏迴歸系數的解釋，β_j^* 被解釋為：在其他解釋變量不變的條件下，解釋變量 X_{ji} 增加一個標準差，被解釋變量平均將增加 β_j^* 個標準差。

(1) 試證明：模型(3.67)與模型(3.68)中偏迴歸系數的 OLS 估計量具有如下關係：

$$\hat{\beta}_j^* = \hat{\beta}_j \frac{S_{X_j}}{S_Y} \tag{3.69}$$

(2) 試利用 β 系數來比較例題 3.1 中黑人女性職工的年收入 Y 對工作經歷年數 Z 和受教育年數 X 變化的敏感程度。

5. 在例題 3.1 中，我們利用線性迴歸模型研究了美國黑人女性工人年收入 Y 與受教育年數 X 和工作經驗 Z 之間的數量關係，當時的討論是在假定模型滿足基本假定條件下進行的。一般認為，使用收入或工資的對數作為被解釋變量所建模型更接近於經典線性迴歸模型(在第4章 §4.3 將對此做進一步說明)。基於此，可以設定理論迴歸模型為：

$$\ln(Y_i) = \beta_0 + \beta_1 X_i + \beta_2 Z_i + u_i \tag{3.70}$$

對上述模型的總體迴歸函數

$$\ln(\tilde{Y}_i) = \beta_0 + \beta_1 X_i + \beta_2 Z_i$$

求偏導數，可得

$$\frac{1}{\tilde{Y}_i} \frac{\partial \tilde{Y}_i}{\partial X_i} = \beta_1 \tag{3.71}$$

$$\frac{1}{\tilde{Y}_i} \frac{\partial \tilde{Y}_i}{\partial Z_i} = \beta_2 \tag{3.72}$$

(3.71)式意味著，在工作經驗保持不變，受教育年數的改變量 ΔX_i 很小時，等式

$$\frac{\frac{\Delta Y_i}{Y_i}}{\Delta X_i} = \beta_1$$

近似成立，該式左端為 Y_i 的相對變化率與 X_i 的絕對改變量的比值。此式表明在工作經驗保持不變的條件下，黑人女性工人受教育年數 X 增加一年，她的收入大約增加 $100 \times \beta_1\%$。勞動經濟學家常稱 $100 \times \beta_1\%$ 為教育的回報率。類似地，(3.72)式意味著，對於受教育年數一樣的黑人女性工人，工作經驗多一年，她的收入大約增加 $100 \times \beta_2\%$。依據例題 3.1 中的樣本數據，

(1) 應用 OLS 法估計模型(3.70)，並寫出主要的迴歸結果。

(2) 對斜率系數進行經濟意義檢驗，對單個變量和方程進行顯著性檢驗，並解釋你的檢驗結果。

(3) 迴歸結果中的可決系數 R^2 能否被解釋為解釋變量的變異占收入 Y 的變異的比重？為什麼？

（4）在 0.95 的置信度下，求斜率系數 β_1 和 β_2 的置信區間。

6. 經研究發現，家庭書刊消費支出受家庭收入和戶主受教育年數的影響。表 3－5 給出了對某地區部分家庭抽樣調查得到的樣本數據。

表 3－5　　家庭書刊消費支出、家庭收入和戶主受教育年數的樣本數據

序號	家庭書刊年消費支出 Y(元)	家庭月平均收入 X(元)	戶主受教育年數 T(年)	序號	家庭書刊年消費支出 Y(元)	家庭月平均收入 X(元)	戶主受教育年數 T(年)
1	450	1027.2	8	10	793.2	1998.6	14
2	507.7	1045.2	9	11	660.8	2196	10
3	613.9	1225.8	12	12	792.7	2105.4	12
4	563.4	1312.2	9	13	580.8	2147.4	8
5	501.5	1316.4	7	14	612.7	2154	10
6	781.5	1442.4	15	15	890.8	2231.4	14
7	541.8	1641	9	16	1121	2611.8	18
8	611.1	1768.8	10	17	1094.2	3143.4	16
9	1222.1	1981.2	18	18	1253	3624.6	20

（1）依據表 3－4 中的樣本數據，建立家庭書刊消費支出的理論迴歸模型。

（2）利用 OLS 法估計（1）中所建立的模型。

（3）檢驗樣本迴歸函數的經濟意義，檢驗戶主受教育年數和家庭月平均收入對家庭書刊消費支出是否有顯著影響。

（4）所建模型有何用處？對於家庭月平均收入 X 為 2500 元、戶主受教育年數 T 為 16 年的家庭，預測它的家庭書刊年消費支出額 Y，並在 0.95 的置信度下，求其預測區間。你如何評價自己的預測結果？為了提高預測精度，你有哪些建議？

7. 利用 §3.4 節給出的殘差平方和的概率分佈

$$\sum_{i=1}^{n} e_i^2 / \sigma^2 \sim \chi^2(n-k-1)$$

（1）仿照迴歸系數區間估計的做法，建立 σ^2 的置信區間，並對影響該區間大小的因素進行分析。

（2）利用例題 3.1 給出的樣本數據，在 0.95 的置信度下，求模型（3.20）中 u_i 的方差 σ^2 的置信區間。

附錄 3.1　最大似然估計法

最大似然估計法（ML：maximum likelihood method）是不同於最小二乘法（LS：least squares）的另一種重要的參數估計方法，近代計量經濟學的發展更多的是建立在這種估計方法之上，一些特殊的計量經濟學模型只有使用最大似然估計法估計，才能得到具有良好性質的參數估計量。這種方法依據的基本原理是最大似然原理：既然所抽取的樣本是在一次觀測中得到的，則可以認為該樣本來自使其出現可能性最大的總體。基於這一原理，在模型的參數估計中，應該選擇使樣本數據出現可能性最大的參數值作為模型真實參數的估計值。這種求參數估計量的方法就稱為最大似然估計法，由此得到的參數估計量稱為**最大似然估計量**或 ML 估計量（MLE：maximum likelihood estimator）。

對於多元經典線性迴歸模型

$$Y_i = \beta_0 + \beta_1 X_{1i} + \beta_2 X_{2i} + \cdots + \beta_k X_{ki} + u_i \quad (i = 1, 2, \cdots, n)$$

由於 X_{ji} 均為確定性變量，u_i 之間相互獨立且 $u_i \sim N(0, \sigma^2)$，所以 Y_i 之間亦相互獨立，並且

$$Y_i \sim N(\beta_0 + \beta_1 X_{1i} + \beta_2 X_{2i} + \cdots + \beta_k X_{ki}, \sigma^2)$$

其概率密度函數為：

$$f(Y_i \mid \beta_j, j = 0, 1, \cdots, k; \sigma^2) = \frac{1}{(2\pi\sigma^2)^{\frac{1}{2}}} e^{-\frac{(Y_i - \beta_0 - \beta_1 X_{1i} - \beta_2 X_{2i} - \cdots - \beta_k X_{ki})^2}{2\sigma^2}}$$

於是，$Y_1, Y_2, \cdots, Y_n$ 的聯合概率密度函數就等於各變量的概率密度函數的乘積，即

$$f(Y_1, Y_2, \cdots, Y_n \mid \beta_j, j = 0, 1, \cdots, k; \sigma^2) = \frac{1}{(2\pi\sigma^2)^{\frac{n}{2}}} e^{-\sum_{i=1}^{n} \frac{(Y_i - \beta_0 - \beta_1 X_{1i} - \beta_2 X_{2i} - \cdots - \beta_k X_{ki})^2}{2\sigma^2}}$$

我們稱上式為樣本數據的**似然函數**（likelihood function），記為 $L(Y \mid \beta_j, j = 0, 1, \cdots, k; \sigma^2)$ 或 L。由於連續型隨機變量在某一點附近取值的概率取決於該點處的概率密度，因此依據最大似然原理，參數的最大似然估計量 $\hat{\beta}_j(j = 0, 1, \cdots, k)$、$\hat{\sigma}^2$ 應使上述聯合概率密度函數達到最大。因為自然對數函數 $\ln x$ 是 x 的嚴格遞增函數，所以上述似然函數與其對數函數同時達到最大。於是，參數的最大似然估計量應使似然函數的對數

$$\ln L = -\frac{n}{2}\ln(2\pi) - \frac{n}{2}\ln(\hat{\sigma}^2) - \sum_{i=1}^{n} \frac{(Y_i - \hat{\beta}_0 - \hat{\beta}_1 X_{1i} - \hat{\beta}_2 X_{2i} - \cdots - \hat{\beta}_k X_{ki})^2}{2\hat{\sigma}^2}$$

達到最大。求 $\ln L$ 對 $\hat{\beta}_j (j = 0, 1, \cdots, k)$、$\hat{\sigma}^2$ 的偏導數，並令其為 0，得方程組

$$\begin{cases} \dfrac{\partial \ln L}{\partial \hat{\beta}_0} = \dfrac{1}{\hat{\sigma}^2} \sum_{i=1}^{n} (Y_i - \hat{\beta}_0 - \hat{\beta}_1 X_{1i} - \hat{\beta}_2 X_{2i} - \cdots - \hat{\beta}_k X_{ki}) = 0 \\[2mm] \dfrac{\partial \ln L}{\partial \hat{\beta}_j} = \dfrac{1}{\hat{\sigma}^2} \sum_{i=1}^{n} (Y_i - \hat{\beta}_0 - \hat{\beta}_1 X_{1i} - \hat{\beta}_2 X_{2i} - \cdots - \hat{\beta}_k X_{ki}) X_{ji} = 0 \quad (j = 1, \cdots, k) \\[2mm] \dfrac{\partial \ln L}{\partial \hat{\sigma}^2} = -\dfrac{n}{2\hat{\sigma}^2} + \dfrac{1}{2\hat{\sigma}^4} \sum_{i=1}^{n} (Y_i - \hat{\beta}_0 - \hat{\beta}_1 X_{1i} - \hat{\beta}_2 X_{2i} - \cdots - \hat{\beta}_k X_{ki})^2 = 0 \end{cases}$$

即

$$\begin{cases} \sum_{i=1}^{n} (Y_i - \hat{\beta}_0 - \hat{\beta}_1 X_{1i} - \hat{\beta}_2 X_{2i} - \cdots - \hat{\beta}_k X_{ki}) = 0 \\ \sum_{i=1}^{n} (Y_i - \hat{\beta}_0 - \hat{\beta}_1 X_{1i} - \hat{\beta}_2 X_{2i} - \cdots - \hat{\beta}_k X_{ki}) X_{ji} = 0 \quad (j = 1, \cdots, k) \\ -n + \frac{1}{\hat{\sigma}^2} \sum_{i=1}^{n} (Y_i - \hat{\beta}_0 - \hat{\beta}_1 X_{1i} - \hat{\beta}_2 X_{2i} - \cdots - \hat{\beta}_k X_{ki})^2 = 0 \end{cases}$$

上述方程組也稱為**正規方程組**。顯然,該方程組的前 $k+1$ 個方程恰好為利用 OLS 法估計該模型時的正規方程組,因此經典線性迴歸模型迴歸係數的最大似然估計量與 OLS 估計量是一致的,其矩陣表達式亦為:

$$\hat{\beta} = (X'X)^{-1} X'Y$$

由正規方程組的最後一個方程,可以求得隨機誤差項方差 σ^2 的最大似然估計量為:

$$\hat{\sigma}^2 = \frac{1}{n} \sum_{i=1}^{n} (Y_i - \hat{\beta}_0 - \hat{\beta}_1 X_{1i} - \hat{\beta}_2 X_{2i} - \cdots - \hat{\beta}_k X_{ki})^2 = \frac{1}{n} \sum_{i=1}^{n} e_i^2$$

從上述估計過程及結果可以看出,精確的最大似然估計要求知道隨機誤差項的概率分佈,對於經典線性迴歸模型,迴歸係數的最大似然估計量與 OLS 估計量是一致的,但隨機誤差項方差 σ^2 的最大似然估計量是有偏的,而其 OLS 估計量 ($\frac{1}{n-k-1} \sum_{i=1}^{n} e_i^2$) 是無偏的。

附錄 3.2 不可線性化非線性迴歸模型的估計

對於不可線性化的非線性迴歸模型,如 Cobb – Dauglas 生產函數模型(3.51):

$$Q_i = AK_i^{\alpha} L_i^{\beta} + u_i \quad (i = 1, 2, \cdots, n)$$

我們無法通過變換將它變換為線性迴歸模型。估計這類模型的方法主要有非線性最小二乘法(NLS;nonlinear least squares)和非線性最大似然估計法(NML;nonlinear maximum likelihood method)。在此只就模型(3.51)的估計介紹非線性最小二乘法的基本思路。

非線性最小二乘法依據的基本原理仍是最小二乘原理:參數的估計量應使殘差平方和達到最小。利用這種方法估計模型(3.51)就是去求使殘差平方和

$$S(\hat{A}, \hat{\alpha}, \hat{\beta}) = \sum_{i=1}^{n} e_i^2 = \sum_{i=1}^{n} (Q_i - \hat{A} K_i^{\alpha} L_i^{\beta})^2$$

達到最小的參數 A、α、β 的估計量 $\hat{A}$、$\hat{\alpha}$、$\hat{\beta}$,稱之為**非線性最小二乘估計量**或 NLS 估計量(NLSE;nonlinear least squares estimator)。為此,考慮 $S(\hat{A}, \hat{\alpha}, \hat{\beta})$ 取得最值的必要條件,即通過求 $S(\hat{A}, \hat{\alpha}, \hat{\beta})$ 對 $\hat{A}$、$\hat{\alpha}$、$\hat{\beta}$ 的偏導數,並令它們等於 0,得到方程組

$$\begin{cases} \frac{\partial S(\hat{A}, \hat{\alpha}, \hat{\beta})}{\partial \hat{A}} = -2 \sum_{i=1}^{n} (Q_i - \hat{A} K_i^{\alpha} L_i^{\beta}) K_i^{\alpha} L_i^{\beta} = 0 \\ \frac{\partial S(\hat{A}, \hat{\alpha}, \hat{\beta})}{\partial \hat{\alpha}} = -2\hat{A} \sum_{i=1}^{n} (Q_i - \hat{A} K_i^{\alpha} L_i^{\beta})(\ln K_i) K_i^{\alpha} L_i^{\beta} = 0 \\ \frac{\partial S(\hat{A}, \hat{\alpha}, \hat{\beta})}{\partial \hat{\beta}} = -2\hat{A} \sum_{i=1}^{n} (Q_i - \hat{A} K_i^{\alpha} L_i^{\beta})(\ln L_i) K_i^{\alpha} L_i^{\beta} = 0 \end{cases}$$

顯然,該方程組是一個比較複雜的非線性方程組,我們無法像估計線性迴歸模型那樣得到它的顯示解。也就是說,該方程組的解不能寫成我們熟悉的函數形式,因此求非線性最小二乘估計量 $\hat{A}$、$\hat{\alpha}$、$\hat{\beta}$ 必須使用迭代法。可以證明,在一定的條件下,非線性最小二乘估計量漸近服從正態分佈,並且具有一致性和漸近有效性[1]。但正如我們在§3.3中討論的那樣,對於基於非線性最小二乘估計量計算的 R^2 可作為一種評價模型優劣的參考指標,但不能像線性迴歸模型那樣進行解釋。關於這部分內容的詳細討論,有興趣的讀者可以參考相關的書籍(格林,2007;戴維森和麥金農,2006)。

> 在 EViews 軟件下,利用非線性最小二乘法估計模型(3.51)的執行過程:
> 在主窗口中,點擊 Quick→Estimate Equation,接著在彈出的 Equation Estimation 窗口的 Equation Specification 對話框中,輸入方程 Q = C(1)×K^C(2)×L^C(3),在 Method 對話框中選擇 LS - Least Squares(NLS and ARMA),然後點擊「確定」,就得到了模型(3.51)的估計結果[註:這裡 C(1)、C(2)、C(3)分別對應參數 A、α、β]。
> 可以看到,非線性最小二乘法的輸出格式與普通最小二乘法的完全一樣。

附錄 3.3　在 EViews 軟件下進行矩陣運算的基本過程

首先介紹在 EViews 軟件下矩陣輸入及其基本運算的命令格式,然後給出計算§3.5例題中的 $W_F'(W'W)^{-1}W_F$ 的執行過程。

1. 矩陣輸入及其基本運算的命令格式

矩陣輸入及其基本運算是在已建立 Workfile 的基礎上,通過在主窗口的命令區輸入相應的命令(再按回車鍵)而實現的。

(1)矩陣輸入

下面以一個 $m \times n$ 矩陣 A(m、n 均為正整數)的輸入為例介紹矩陣輸入的基本步驟:首先,在主窗口的命令區輸入

matrix(m,n)　A

再按回車鍵,這樣在 Workfile 中可以生成矩陣 A,其圖標是一個小矩陣。在 Workfile 的目錄中選中 A 並用左鍵雙擊之,即彈出顯示矩陣 A 的窗口,此時該矩陣中元素均為 0。同時用類似於變量數據的輸入方法給矩陣 A 輸入實際數據。

(2)矩陣的基本運算

下面給出矩陣的基本運算:加法、減法、乘法、數乘、轉置和求逆矩陣等的命令格式。設在 Workfile 中已存在四個矩陣:$m \times n$ 矩陣 A,$m \times n$ 矩陣 B 和 $n \times p$ 矩陣 E,n 階可逆矩陣 G,k 為一個常數,

---

[1] 一個隨機變量的**漸近分佈**(或**在大樣本下的近似分佈**)是指,當樣本容量很大時用來近似該變量真實分佈的分佈,漸近分佈的均值和方差分別稱為**漸近均值和漸近方差**。迴歸系數的 OLS 估計量漸近服從正態分佈意味著,在大樣本下的情形下,該估計量可以看作是近似服從正態分佈的。一個一致估計量具有漸近有效性是指,在所有一致估計量中,它具有最小的漸近方差。

①計算 A + B 的命令格式： matrix S = A + B

②計算 A − B 的命令格式： matrix M = A − B

③計算 kA 的命令格式： matrix H = k × A

④計算 AE 的命令格式： matrix T = A × E

⑤計算 A′ 的命令格式： matrix TR = @ transpose(A)

⑥計算 G^{-1} 的命令格式： matrix INV = @ inverse(G)

這裡各種運算結果的矩陣名稱:S、M、H、T、TR、INV 是由用戶自己設定的。

2. 計算 $W_F(W'W)^{-1}W'_F$ 的基本過程

首先,輸入 W_F (在 EViews 下不妨用 WF 表示):在主窗口的命令區輸入

matrix(1,3)　WF

再按回車鍵,繼而在 Workfile 中將它打開,依次輸入 1、15、10。接著輸入 W:在主窗口的命令區輸入

matrix(60,3)　W

再按回車鍵,並在 Workfile 中將它打開,將第一列都輸入 1,將 X、Z 的數據依次粘貼到第二、三列。

其次,在主窗口的命令區輸入

matrix M = WF × @ inverse(@ transpose(W) × W) × @ transpose(WF)

再按回車鍵,矩陣 M 便顯示在 Workfile 的目錄中,它即為所求 $W_F(W'W)^{-1}W'_F$。左鍵雙擊 M 就可以看到它的計算結果。

4 違背基本假定的多元線性迴歸模型

引言

在上一章,我們討論了多元線性迴歸模型的估計、檢驗和預測,在那裡基於 OLS 法得到的迴歸系數的最佳線性無偏估計量,以及變量顯著性 t 檢驗和方程顯著性 F 檢驗的程序都是以模型滿足基本假定條件為前提的。但是,在實際建立的計量經濟模型中,完全滿足這些基本假定條件的情況並不常見。不滿足或違背基本假定條件的情況主要包括解釋變量之間存在多重共線性、隨機誤差項的異方差性、序列相關性、非正態性以及隨機解釋變量問題等。對於違背基本假定的線性迴歸模型,自然會提出以下基本問題:

◆ OLS 法是否還適用?其所得參數估計量是否還具有優良的統計性質?變量顯著性 t 檢驗和方程顯著性 F 檢驗是否還有效?

◆ 如果 OLS 法失效,有哪些補救措施?

◆ 如何檢驗模型是否違背基本假定條件?

本章主要針對違背基本假定中的一條而其他假定條件仍滿足的線性迴歸模型,對上述問題展開討論,具體內容包括:多重共線性、異方差性、自相關性、隨機解釋變量問題。

關於隨機誤差項 u_i 不滿足正態性的線性迴歸模型,在此只做如下簡單討論:

1. OLS 估計量的統計性質

由高斯—馬爾可夫定理及迴歸系數 OLS 估計量的一致性證明過程可知,當 u_i 不服從正態分佈時,迴歸系數 OLS 估計量仍然是最佳線性無偏估計量,且具有一致性。同樣,u_i 的方差 σ^2 的 OLS 估計量 $\hat{\sigma}^2$ 也仍是無偏且一致的。

2. 變量的顯著性檢驗問題

因為變量顯著性的 t 檢驗和 F 檢驗都是建立在隨機誤差項服從正態分佈的基礎之上,所以當 u_i 不服從正態分佈時,t 檢驗和 F 檢驗都是非有效的。但是,可以證明,迴歸系數的 OLS 估計量漸近服從正態分佈(這裡「漸近服從」是指,在樣本容量很大的情形下,可以看作近似服從。見第 3 章附錄 3.2 的腳註①),通常變量顯著性檢驗的 t 統計量漸近服從標準正態分佈,F 統計量漸近服從 $F(k,\infty)$。又由於在樣本容量 n 很大時,$t(n-k-1)$ 分佈非常接近於標準正態分佈,$F(k,n-k-1)$ 分佈非常接近於 $F(k,\infty)$ 分佈,所以在大樣本的情形下,通常的 t 檢驗和 F 檢驗都是近似有效的。對於小樣本的情形,則需要選擇其他方法,以完成變量的顯著性檢驗。

3. 常用的正態性檢驗方法

由於隨機誤差項 u_i 不能直接觀測,因此它的正態性檢驗方法都是基於 OLS 法得到

的殘差 e_i 建立起來的,通過研究 e_i 的正態性來推斷 u_i 的正態性。下面介紹兩種常用的檢驗正態性的方法:**直方圖法**和**雅克—貝拉**(Jarque – Bera)**檢驗**(C. M. Jarque 和 A. K. Bera,1987)。

(1)直方圖法

直方圖法是依據估計模型得到的殘差 e_i 的直方圖的形狀,來推斷 u_i 的概率分佈的方法。殘差直方圖的作法:在橫軸上,將 e_i 的最大值與最小值構成的區間分成若干等長的小區間,然後在每個小區間上以其所含觀測值的個數(頻數)或頻率(頻數/觀測值總數)為高作矩形。若直方圖大致呈鐘形,則認為 u_i 近似服從正態分佈。這是一種粗略的幾何直觀判斷方法。

(2)雅克-貝拉檢驗

雅克-貝拉檢驗是通過研究一個隨機變量 Y 的概率分佈與正態分佈在偏度(skewness)和峰度(kurtosis)上的差異,建立起來的檢驗其正態性的一種統計檢驗法。偏度和峰度是度量隨機變量概率分佈(概率密度函數曲線)形態特徵的數字指標。

所謂 Y 的偏度定義為 $S = \dfrac{E(Y-\mu)^3}{\sigma^3}$,其中 $\mu = E(Y)$,$\sigma = \sqrt{Var(Y)}$。它度量了分佈關於均值的不對稱性,如果分佈是對稱的,則偏度 S 為 0,如正態分佈、t 分佈的偏度 S 均為 0。偏度 $S>0$,意味著分佈是右偏的,有一個較長的右尾;偏度 $S<0$,意味著分佈是左偏的,有一個較長的左尾。偏度 S 的樣本值為 $\hat{S} = \dfrac{\frac{1}{n}\sum_{i=1}^{n}(Y_i - \bar{Y})^3}{\tilde{\sigma}^3}$,其中 n 為樣本容量,$\bar{Y}$ 為 Y 的均值,$\tilde{\sigma} = \sqrt{\dfrac{1}{n}\sum_{i=1}^{n}(Y_i - \bar{Y})^2}$。

所謂 Y 的峰度定義為 $K = \dfrac{E(Y-\mu)^4}{\sigma^4}$。它度量了分佈的陡峭或扁平程度(與正態分佈相比)。正態分佈的峰度 K 為 3,如果峰度 $K>3$,則意味著分佈相對於正態分佈呈現尖峰狀態;如果峰度值 $K<3$,則意味著分佈相對於正態分佈呈現扁平狀態。Y 的峰度的樣本為 $\hat{K} = \dfrac{\frac{1}{n}\sum_{i=1}^{n}(Y_i - \bar{Y})^4}{\tilde{\sigma}^4}$。

檢驗隨機誤差項 u_i 正態性的雅克-貝拉檢驗的原假設為 $H_0: u_i$ 服從正態分佈,備擇假設為 $H_1: u_i$ 不服從正態分佈,其統計量定義為

$$JB = n\left[\dfrac{\hat{S}^2}{6} + \dfrac{(\hat{K}-3)^2}{24}\right]$$

其中 $\hat{S}$、$\hat{K}$ 分別為殘差 e_i 的偏度和峰度樣本值。在原假設為 H_0 成立的條件下,JB 統計量漸近服從自由度為 2 的 χ^2 分佈,即 $JB \overset{a}{\sim} \chi^2(2)$。於是,在大樣本的情形下,對於給定的顯著性水平,利用 JB 統計量值和 $\chi^2(2)$ 分佈的臨界值或 P 值,按照通常的判斷規則便可以完成對 u_i 的正態性檢驗。

在 EViews 軟件下,首先利用 OLS 法估計模型,然後在輸出結果窗口的菜單欄中點擊 View→Residual Tests→Histogram – Normality Test,便可以得到 e_i 的直方圖和對 u_i 進行雅克-貝拉檢驗的輸出結果,其中包括 JB 統計量值和相應的 P 值,如圖附 B - 16 所示。

§4.1 多重共線性

4.1.1 多重共線性的概念

經典線性迴歸模型

$$Y_i = \beta_0 + \beta_1 X_{1i} + \beta_2 X_{2i} + \cdots + \beta_k X_{ki} + u_i \quad (i = 1, 2, \cdots, n)$$

即

$$Y = X\beta + u$$

的基本假定之一是解釋變量矩陣 X 的秩 $Rank(X) = k+1$，它保證了迴歸系數 OLS 估計量的唯一性。否則，若 $Rank(X) < k+1$，利用 OLS 法則不能得到迴歸系數的唯一一組估計量[①]。

由 X 的表達式

$$X = \begin{pmatrix} 1 & X_{11} & X_{21} & \cdots & X_{k1} \\ 1 & X_{12} & X_{22} & \cdots & X_{k2} \\ \vdots & \vdots & \vdots & \cdots & \vdots \\ 1 & X_{1n} & X_{2n} & \cdots & X_{kn} \end{pmatrix}_{n \times (k+1)}$$

可知，$Rank(X) < k+1$ 意味著 X 的各列是線性相關的，即存在不全為 0 的常數 $\lambda_0, \lambda_1, \cdots, \lambda_k$，使得

$$\lambda_0 + \lambda_1 X_{1i} + \cdots + \lambda_k X_{ki} = 0 \quad (i = 1, 2, \cdots, n) \tag{4.1}$$

也就是說，解釋變量的樣本數據之間存在嚴格的線性關係，這種性質稱為解釋變量 $X_1, X_2, \cdots, X_k$ 之間存在**完全多重共線性**(perfect multicollinearity)。(4.1)式中的 $\lambda_1, \cdots, \lambda_k$ 同時為 0 時，λ_0 也等於 0，因此解釋變量之間的完全多重共線性也意味著存在某一解釋變量的樣本數據能由其餘解釋變量的樣本數據線性表示。

顯然，如果解釋變量中有兩個變量，如 X_1 與 X_2，的樣本數據點 (X_{1i}, X_{2i}) 位於某一條直線上，即它們滿足

$$\lambda_0 + \lambda_1 X_{1i} + \lambda_2 X_{2i} = 0 \quad (i = 1, 2, \cdots, n)$$

其中 λ_1, λ_2 為不全為 0 的常數，那麼所有解釋變量之間就存在完全多重共線性。

經濟數據通常是非實驗數據，完全多重共線性並不多見。常見的情形是：存在不全為 0 的常數 $\lambda_0, \lambda_1, \cdots, \lambda_k$，使得

$$\lambda_0 + \lambda_1 X_{1i} + \cdots + \lambda_k X_{ki} \approx 0 \quad (i = 1, 2, \cdots, n) \tag{4.2}$$

即解釋變量的樣本數據之間存在近似的線性關係，此時稱解釋變量之間存在**不完全**(或**近似**)**多重共線性**(less than perfect multicollinearity)。顯然，解釋變量之間存在不完全多

[①] 在第 3 章 §3.1 中，由 OLS 法的正規方程組可知，$X'Y = X'X\hat{\beta}$。因為
$$Rank(X'X) \leq \min\{Rank(X'), Rank(X)\} = Rank(X).$$
所以只有當 $Rank(X) = k+1$ 時，才有 $Rank(X'X) = k+1$ 成立，即 $X'X$ 是可逆的，方可推出 $X'Y = X'X\hat{\beta}$ 有唯一一組解。

重共線性意味著存在某一解釋變量的樣本數據能由其餘解釋變量的樣本數據近似地線性表示。

在計量經濟學中,解釋變量之間的完全多重共線性和不完全多重共線性統稱為**多重共線性**(multicollinearity)。

從上述定義可知,多重共線性本質上是解釋變量的樣本數據之間存在完全或近似的線性相關性。此性質的一種極端情形是解釋變量之間存在嚴格的或準確的線性關係。例如,以某一農村地區居民家庭收入(I_1)、家庭經營收入(I_2)和其他收入(I_3)為解釋變量,建立該地區的家庭消費函數模型:

$$C = \beta_0 + \beta_1 I_1 + \beta_2 I_2 + \beta_3 I_3 + u \tag{4.3}$$

由於對每個家庭均有 $I_1 = I_2 + I_3$,即三個解釋變量之間具有嚴格的線性關係,因此該模型存在完全多重共線性。對於存在這種極端情形多重共線性的模型(4.3),無論用什麼方法都無法對其進行估計[1],因此在設定模型時首先應該避免這種情形的出現。

容易知道,當解釋變量中有兩個變量的樣本數據之間高度相關時,模型就存在較嚴重的多重共線性。但當解釋變量兩兩之間的相關程度都比較低時,所有解釋變量之間仍可能存在較嚴重的多重共線性。例如,假設變量 X_1、X_2、X_3 的樣本數據如表4-1所示。從該表可以看出,在任意一個觀測點 i 上,都有 $X_{3i} = X_{1i} + X_{2i}$ 成立,因此 X_1、X_2、X_3 之間存在完全多重共線性。但是容易算出這三個變量兩兩之間的相關係數分別為 $r_{X_1 X_2} = -0.5$ 和 $r_{X_1 X_3} = r_{X_2 X_3} = 0.5$,此表明它們兩兩之間的相關程度都不高。

表4-1　　　　　　　　　變量 X_1、X_2、X_3 的樣本數據

序號	X_1	X_2	X_3	序號	X_1	X_2	X_3
1	1	0	1	9	0	1	1
2	1	0	1	10	0	1	1
3	1	0	1	11	1	1	2
4	1	0	1	12	1	1	2
5	1	0	1	13	1	1	2
6	0	1	1	14	1	1	2
7	0	1	1	15	1	1	2
8	0	1	1				

多重共線性是變量的樣本數據特徵;在實際經濟問題中,完全不相關的變量幾乎不存在,因此解釋變量之間一般都存在一定程度上的多重共線性,只是有些模型強一些,有些模型則相對較弱。下面是幾個可能存在較嚴重多重共線性的例子:

---

[1] 對任意的非零數 q,令

$$\beta_1' = \beta_1 - q, \beta_2' = \beta_2 + q, \beta_3' = \beta_3 + q$$

可將原模型(4.3)改寫為

$$C = \beta_0 + \beta_1' I_1 + \beta_2' I_2 + \beta_3' I_3 + u \tag{4.4}$$

由於模型(4.3)和模型(4.4)具有完全相同的統計形式,即它們的被解釋變量、解釋變量以及函數形式都相同,而且隨機誤差項也相同,因此對於任意一組樣本數據以及任意一種參數估計方法,都無法區分估計結果是針對模型(4.3)的,還是針對模型(4.4)的。此時只能認為原模型(4.3)是**不可以估計的**或**不可以識別的**。

（1）在經濟上升時期，收入、消費、就業率等時間序列變量均呈現增長的趨勢，而在經濟收縮時期，它們又都呈現下降趨勢。若同時將這些變量作為解釋變量引入模型，就可能引起較嚴重的多重共線性。

（2）利用截面數據建立生產函數模型時，由於資本和勞動力的投入量與生產的規模相關，大企業投入的資本、勞動力數量都較多，而小企業投入的都較少，因此表示資本和勞動力的變量之間往往高度相關，致使含有這些變量的生產函數模型存在較嚴重的多重共線性。

（3）在實際經濟問題中，經濟變量當期值與其過去時期的值（稱之為滯後變量）之間往往存在一定的相關性，若將它們同時引入到模型中，就很可能導致模型存在較嚴重的多重共線性。比如，以當期收入水平 X_t，前一期收入水平（記為 X_{t-1}）為解釋變量，建立消費函數模型，由於 X_t 與 X_{t-1} 呈現出的相關性，很可能導致該模型存在較嚴重的多重共線性。

4.1.2 多重共線性的後果

當模型存在多重共線性時，利用 OLS 法估計模型的參數，可能會產生一些不良後果。下面分兩種情形進行討論：

（1）完全多重共線性的情形

由本節 4.1.1 的討論可知，當解釋變量之間存在完全多重共線性時，$Rank(X) < k+1$，無法得到唯一一組參數估計量，即參數的估計量無法確定。

（2）不完全多重共線性的情形

在不完全多重共線性的情形下，仍然有 $Rank(X) = k+1$ 成立，因此利用 OLS 法還能得到參數的唯一一組估計量，而且在滿足其他基本假定的條件下，迴歸係數的 $\hat{\beta}_j$ 仍是最佳線性無偏估計量。但是這樣的估計量並不是「完美的」，它會給參數的估計、解釋及統計檢驗帶來以下後果：

①嚴重的多重共線性會使模型的估計結果對數據的微小變化非常敏感，可能出現參數的估計值具有不合理的大小，甚至「錯誤的」符號，使迴歸結果不能通過經濟意義檢驗。

由(3.39)式已知，

$$Var(\hat{\beta}_j) = \frac{\sigma^2}{\sum_{i=1}^{n} x_{ji}^2} \cdot \frac{1}{1 - R_j^2} \tag{4.5}$$

其中 R_j^2 為利用 OLS 法估計模型

$$X_{ji} = \alpha_0 + \alpha_1 X_{1i} + \cdots + \alpha_{j-1} X_{j-1,i} + \alpha_{j+1} X_{j+1,i} + \cdots + \alpha_k X_{k,i} + v_i \tag{4.6}$$

所得可決係數。若 X_j 能近似地由 $X_{1i}, \cdots, X_{j-1,i}, X_{j+1,i}, \cdots, X_{k,i}$ 線性表示，則 X_j 對其餘解釋變量的復相關係數的絕對值就比較大，進而可知 R_j^2 比較大，而且近似程度越高，R_j^2 就越大。因此，由上式可知，對於已設定的總體迴歸模型，在 $\sum_{i=1}^{n} x_{ji}^2$ 不變的條件下，當 X_j 與其他解釋變量之間的多重共線性程度很高時，X_j 的迴歸係數的估計量 $\hat{\beta}_j$ 的方差就會很大，因此就可能出現上述後果。

②變量的顯著性檢驗容易產生誤導，使對被解釋變量具有顯著影響的變量無法通過

顯著性檢驗。

我們知道,變量顯著性檢驗的 t 統計量為:

$$t_j = \frac{\hat{\beta}_j}{\hat{SE}(\hat{\beta}_j)}$$

由上述①可知,X_j 與其他解釋變量之間的多重共線性程度越高,$\hat{\beta}_j$ 的標準差估計量 $\hat{SE}(\hat{\beta}_j)$ 可能就越大,因此對於給定的顯著性水平 α,容易出現

$$|t_j| = \left|\frac{\hat{\beta}_j}{\hat{SE}(\hat{\beta}_j)}\right| < t_{\alpha/2}(n-k-1)$$

進而得到 X_j 對 Y 的影響不顯著的結論(事實上,X_j 對 Y 的影響可能是顯著的)。

③對於一定的置信度,由於參數估計量方差的增加,導致樣本迴歸函數不穩定,進而使得在其他條件不變時對被解釋變量進行預測的精度下降。

需要指出的是,某些解釋變量之間存在嚴重的多重共線性對模型中其他解釋變量斜率系數估計的影響可能並不重要。比如,當變量 X_j 與其餘解釋變量兩兩樣本線性無關時,利用迴歸系數 OLS 估計量的離差表達式(3.18),可得模型(4.6)的迴歸系數的 OLS 估計量為

$$\begin{cases} \hat{\alpha}^{(j)} = [x'_{(j)}x_{(j)}]^{-1}x'_{(j)}x_j = 0 \\ \hat{\alpha}_0 = \bar{X}_j - \hat{\alpha}_1\bar{X}_1 - \cdots - \hat{\alpha}_{j-1}\bar{X}_{j-1} - \hat{\alpha}_{j+1}\bar{X}_{j+1} - \cdots - \hat{\alpha}_k\bar{X}_k = \bar{X}_j \end{cases}$$

其中 $\hat{\alpha}^{(j)}$ 為模型(4.6)的迴歸系數的 OLS 估計量 $\hat{\alpha}_1,\cdots,\hat{\alpha}_{j-1},\hat{\alpha}_{j+1},\cdots,\hat{\alpha}_k$ 構成的列向量,$x_{(j)}$ 是由 $X_1,\cdots X_{j-1},X_{j+1},\cdots,X_k$ 的離差序列為列構成的矩陣,x_j 為 X_j 的離差序列構成的列向量。由此可知,無論其餘解釋變量之間的相關程度如何,X_j 對它們迴歸得到的可決系數 R_j^2 都等於 0。因此,參數估計量 $\hat{\beta}_j$ 的方差為:

$$Var(\hat{\beta}_j) = \frac{\sigma^2}{\sum_{i=1}^{n} x_{ji}^2}$$

在(4.5)式中,$\frac{1}{1-R_j^2}$ 反應了 X_j 與其餘解釋變量的多重共線性對方差 $Var(\hat{\beta}_j)$ 的擴大程度(相對於 X_j 與其餘解釋變量均樣本不相關的情形而言),因此稱之為 $\hat{\beta}_j$ 的**方差膨脹因子**(variance inflation factor),記為 VIF_j。顯然,當 $R_j^2 = 0$ 時,VIF_j 取得最小值 1;當 $R_j^2 \to 1$ 時,VIF_j 單調趨於無窮大,$Var(\hat{\beta}_j)$ 亦單調趨於無窮大。

4.1.3 多重共線性的診斷

由於經濟變量之間或多或少存在著一定程度的相關關係,因此多重共線性的診斷並不在於有無之間的區分,而在於觀察或判斷它的嚴重程度以及它是由哪些變量引起的。這裡我們介紹**幾種常見的診斷多重共線性的方法**:綜合分析法、簡單相關係數法、輔助迴歸法和條件指數法(condition index)等。

4.1.3.1 綜合分析法

應用 OLS 法估計模型,若 R^2 與 F 值均較大,但 t 統計量值的絕對值普遍較小,或迴歸系數估計值的大小或符號不合理,則模型很可能存在較嚴重的多重共線性。這種方法

的依據是前面總結的多重共線性可能造成的後果,它是對多重共線性的一種初步診斷。

4.1.3.2 簡單相關係數法

簡單相關係數法是依據解釋變量兩兩之間的線性相關程度去判斷模型是否存在多重共線性的一種簡便方法。若存在兩個解釋變量的簡單相關係數的絕對值接近於1,則可以認為解釋變量之間存在較嚴重的多重共線性。顯然,這只是判斷多重共線性存在的充分條件而不是必要條件,因為當解釋變量兩兩之間的簡單相關係數都比較小時,並不能就此得出模型不存在多重共線性的結論。利用 EViews 軟件可以直接得到解釋變量之間的相關係數矩陣,據此可以完成簡單相關係數法的檢驗。

4.1.3.3 輔助迴歸法

將每一個解釋變量對其餘解釋變量進行線性迴歸,稱之為輔助迴歸,若某一輔助迴歸的 R^2 較大(如大於0.8或0.90)或 VIF 較大(如大於5或10),則可以認為解釋變量之間存在較嚴重的多重共線性;若所有輔助迴歸的可決系數都比較小,則可以認為解釋變量之間的多重共線性並不嚴重。

4.1.3.4 條件指數法

條件指數法是 Belsley 等於1980年提出的一種依據條件指數診斷多重共線性的方法。這種方法基於如下考慮:當 $X_1,X_2,\cdots,X_k$ 之間存在多重共線性時,其中至少有一個變量能或近似能由其餘變量線性表示,因此有 $|X'X|=0$ 或 $|X'X|\approx 0$。條件指數就是判斷 $|X'X|$ 接近於0的程度的一個指標,其定義為:

$$CI = \sqrt{\frac{\lambda_{\max}}{\lambda_{\min}}} \tag{4.7}$$

其中 $\lambda_{\max}$、$\lambda_{\min}$ 分別為矩陣 $S(X'X)S$ 的最大特徵值和最小特徵值。

$$S = \begin{pmatrix} 1/\sqrt{n} & 0 & \cdots & 0 \\ 0 & 1/\sqrt{\sum_{i=1}^{n} X_{1i}^2} & \cdots & 0 \\ \vdots & \vdots & \vdots & \vdots \\ 0 & 0 & \cdots & 1/\sqrt{\sum_{i=1}^{n} X_{ki}^2} \end{pmatrix}$$

顯然,$CI \geqslant 1$。一般地,解釋變量之間多重共線性程度越高,條件指數 CI 通常就越大。實踐經驗表明,若 $CI>20$,則可以認為模型存在較嚴重多重共線性的徵兆。關於條件指數法的理論依據超出了本書的範圍,有興趣的讀者可以參考相關的書籍[①]。

4.1.4 多重共線性的處理

如果模型存在較嚴重的多重共線性,該怎麼辦? 有兩種方法可供我們選擇:①不做處理;②採用某些補救措施以減弱多重共線性對估計結果的影響。

---

① 如 D. A. Delsley, E. Kuh, and R. E. Welsch. Regression Diagnostics: Identifying Influential Data and Sources of Collinearity, John Wiley & Sons, New York, 1980, Chap. 3.

4.1.4.1 不做處理

多重共線性引起的各種不良後果都是源自解釋變量之間的共線性導致參數估計量方差的增大,但多重共線性只是影響參數估計量方差的因素之一,由(4.5)式可知,它還受模型隨機誤差項的方差(σ^2)和解釋變量變異程度($\sum_{i=1}^{n} x_{ji}^2$)的影響。當σ^2很小、解釋變量變異程度很大時,即使存在較嚴重的多重共線性,參數估計量的方差也可能是比較小的或可以接受的。因此,當模型的估計結果能夠通過經濟意義檢驗,並且變量的顯著性檢驗結果也合理時,多重共線性並不是一個嚴重的問題,可以不做任何處理,或者說,「無為而治」。另外,如果研究目的僅在於預測被解釋變量 Y 的值,而且解釋變量之間多重共線關係的性質在預測期將繼續保持,這時可決系數 R^2 越高,預測就越準確,對多重共線性問題也可以不做處理。

4.1.4.2 補救措施

若多重共線性導致模型的估計出現了嚴重的後果,則應該採取必要的措施減弱多重共線性引起的不良影響。這裡介紹幾種常用的做法:

第一種做法:經驗做法

(1)剔除相對不重要的變量

直接從模型中去掉那些引起多重共線性的、相對而言不重要的變量,以減弱變量之間的多重共線性。這種做法簡便易行,但值得注意的是,從一個設定正確的模型中去掉變量,可能引起模型設定的偏誤,致使參數的 OLS 估計量不再具有無偏性,而且統計檢驗結果也是不可靠的(見第 5 章的討論)。

(2)補充新樣本數據

嚴重的多重共線性意味著解釋變量的樣本數據構成的向量之間存在高度的線性相關性,增加新的樣本數據,一方面可能會減弱它們之間的相關程度,另一方面通常會使 $\sum_{i=1}^{n} x_{ji}^2$ 增加,進而導致 $Var(\hat{\beta}_j)$ 減小[依據(4.5)式]。看起來這是一種解決問題的好辦法,但在實證分析中,我們往往是已盡可能地利用了所有的樣本數據,很難再有額外的數據資料可供利用。

(3)利用先驗信息

第一種情形:依據經濟理論或實踐經驗得到的某些參數之間的線性關係,對參數進行約束最小二乘估計。例如,在建立 Cobb – Dauglas 生產函數模型

$$\ln Q = \ln A + \alpha \ln K + \beta \ln L + u \tag{4.8}$$

時,若長期的實踐經驗表明生產是規模報酬不變的,則有 $\alpha + \beta = 1$。於是,利用該式可以將模型(4.8)變換為:

$$\ln Q = \ln A + \alpha \ln K + (1 - \alpha) \ln L + u$$

即

$$\ln(Q/L) = \ln A + \alpha \ln(K/L) + u$$

消除其存在的多重共線性。進而,利用 OLS 法估計變換後的模型得到 $\ln A$ 和 α 的估計量 $\hat{\ln A}$、$\hat{\alpha}$,再令 $\hat{\beta} = 1 - \hat{\alpha}$,得到 β 的估計量 $\hat{\beta}$。

第二種情形:在某些參數的橫截面估計與時間序列估計一致,或在不同截面之間的估計沒有大的變化的前提下,綜合使用橫截面數據與時間序列數據分批估計參數。其基本做法是:首先利用橫截面數據估計出部分參數,再利用時間序列數據估計出另外的部分參數,從而完成對整個模型的估計。

例如,我們要研究中國家用轎車的需求問題,搜集到了關於家用轎車的銷售數量(Y_t)、平均價格(P_t)和消費者收入(I_t)的時間序列數據,並設定模型為:

$$\ln Y_t = \beta_0 + \beta_1 \ln P_t + \beta_2 \ln I_t + u_t$$

目的是估計價格彈性β_1和收入彈性β_2。

如果由於價格P_t與收入I_t具有相同的變化趨勢,致使模型存在較嚴重的多重共線性問題,那麼解決這一問題的一種方法是,利用定點調查得到的消費者的橫截面數據(在這一點上平均價格是常數)。如城鎮(或農村)居民住戶調查數據,通過迴歸模型

$$\ln Y_i = \alpha_1 + \alpha_2 \ln I_i + v_i$$

得到參數α_2的截面估計量$\hat{\alpha}_2$。若在該截面上的收入彈性與在時間序列樣本區間上的收入彈性可以看作是相等的,則可以把$\hat{\alpha}_2$作為β_2的估計量。於是,原模型便可以轉化為

$$\ln Y_t = \beta_0 + \beta_1 \ln P_t + \hat{\alpha}_2 \ln I_t + w_t$$

即

$$Y_t^* = \beta_0 + \beta_1 \ln P_t + w_t$$

其中$Y_t^* = \ln Y_t - \hat{\alpha}_2 \ln I_t$。再利用時間序列樣本數據,就可以得到價格彈性的估計量$\hat{\beta}_1$。

(4)變換模型的形式

這種做法是對模型進行適當的變換,以使新模型具有較弱的多重共線性。例如,時間序列變量之間的多重共線性往往是由於它們具有隨著時間朝同一方向變化的趨勢造成的,若對變量進行差分變換,消除各變量中存在的時間趨勢,就可能減弱模型存在的多重共線性。

具體做法是:若原模型為

$$Y_t = \beta_0 + \beta_1 X_{1t} + \beta_2 X_{2t} + \cdots + \beta_k X_{kt} + u_t \tag{4.9}$$

這裡t可以是樣本期內的任一時點,那麼對於時點$t-1$,仍有

$$Y_{t-1} = \beta_0 + \beta_1 X_{1,t-1} + \beta_2 X_{2,t-1} + \cdots + \beta_k X_{k,t-1} + u_{t-1} \tag{4.10}$$

將(4.9)式減去(4.10)式,得

$$\Delta Y_t = \beta_1 \Delta X_{1t} + \beta_2 \Delta X_{2t} + \cdots + \beta_k \Delta X_{kt} + \Delta u_t \tag{4.11}$$

其中

$$\Delta Y_t = Y_t - Y_{t-1}$$

$$\Delta X_{jt} = X_{jt} - X_{j,t-1} \quad (j = 1, 2, \cdots, k)$$

$$\Delta u_t = u_t - u_{t-1}$$

分別稱為Y_t、X_{jt}、u_t的一階差分,模型(4.11)稱為**一階差分模型**。利用 OLS 法估計模型(4.11),首先得到$\beta_j(j=1,\cdots,k)$的估計量$\hat{\beta}_j$,再通過關係式$\bar{Y} = \hat{\beta}_0 + \hat{\beta}_1 \bar{X}_1 + \cdots + \hat{\beta}_k \bar{X}_k$,得到$\beta_0$的估計量$\hat{\beta}_0$。

需要注意的是,若原模型的隨機誤差項滿足基本假定條件,變換模型的形式雖然可能減弱多重共線性的影響,但是變換後的模型可能會違背基本假定中的某些條件。比

如,上述差分模型中的 $\Delta u_t = u_t - u_{t-1}$ 是自相關的(請讀者自己驗證)。在後面兩節,我們將會看到,這些對基本假定條件的違背可能帶來比多重共線性更為嚴重的後果。因此,在實踐中應該謹慎使用這種做法。

第二種做法:逐步迴歸法

逐步迴歸法也稱為 Frisch 修正法,是處理多重共線性問題的一種常用方法。其基本步驟是:

(1)用被解釋變量分別對每一個解釋變量進行線性迴歸,依據對解釋變量的重要性、變量的顯著性和 R^2 的綜合分析,從中選擇一個最合適的迴歸模型作為基礎模型。

(2)依據變量的重要性,在基礎模型中逐個增加其他解釋變量,每增加一個解釋變量都重新進行線性迴歸,並按下面的規則決定是捨棄還是保留新增加的解釋變量,直至考慮完所有的解釋變量為止。

逐步迴歸法添加解釋變量的一般規則:

① 若樣本迴歸函數不能通過經濟意義檢驗,或者明顯地影響了其他變量顯著性檢驗的結果,則說明該解釋變量與其他變量之間具有較嚴重的多重共線性,應該捨棄。

② 若樣本迴歸函數通過了經濟意義檢驗,對其他變量的顯著性 t 檢驗未帶來什麼影響,但未能明顯改進 R^2 或新增加的解釋變量是不顯著的,則認為該變量是多餘的,應該捨棄。

③ 除①②之外,則保留新增加的解釋變量。

逐步迴歸法存在的缺陷是,逐步迴歸過程中的每一次迴歸都只是針對部分解釋變量進行的,因此這種方法與剔除相對不重要的變量的做法一樣,可能引起模型設定的偏誤,致使參數的 OLS 估計量不再具有無偏性,而且參數的檢驗結果也是不可靠的。所以,逐步迴歸法在取捨變量上缺乏理論依據,它實際上仍屬於一種經驗做法。

第三種做法:改變參數的估計方法以減小參數估計量的方差

多重共線性造成的主要後果是參數估計量具有較大的方差。為瞭解決這一問題,計量經濟學家們提出了一些以引入偏誤為代價來提高參數估計量穩定性的參數估計方法,如嶺迴歸法(ridge regression)、主成分迴歸法(principal components regression)等。下面簡要介紹嶺迴歸法的基本思想。

嶺迴歸法是霍爾(A. E. Hoerl)在 20 世紀 70 年代提出的通過直接修正 OLS 估計量,來解決多重共線性問題的一種方法。其基本思想是,由於解釋變量之間存在多重共線性時,$|X'X| \approx 0$,進而導致參數的 OLS 估計量具有較大的方差,因此為減弱多重共線性產生的這一後果,可以通過修正參數的 OLS 估計量 $\hat{\beta} = (X'X)^{-1}X'Y$ 中的矩陣 $X'X$,以得到方差較小的估計量。通常的做法是,在 $\hat{\beta}$ 中引入對角矩陣 rD,使參數的估計量為:

$$\tilde{\beta} = (X'X + rD)^{-1}X'Y \qquad (4.12)$$

其中 D 為 $X'X$ 主對角線上的元素構成的對角矩陣,r 為大於 0 的常數。這個估計量稱為**嶺迴歸估計量**(ridge regression estimator)。可以證明:$\tilde{\beta}$ 的第 j 個分量 $\tilde{\beta}_j$ 是參數 β_j 的有偏估計量,即 $E(\tilde{\beta}_j) \neq \beta_j$,並且 $Var(\tilde{\beta}_j) < Var(\hat{\beta}_j)$。

嶺迴歸估計量的方差 $Var(\tilde{\beta}_j)$ 和偏倚 $E(\tilde{\beta}_j) - \beta_j$ 與 r 值的設定有關,r 越大,$\tilde{\beta}_j$ 的偏倚越大,其方差就越小。在實際應用中,往往使用逐步搜索的方法,首先給定較小的 r 值,

然後逐漸增大 r 值,直至嶺迴歸估計量 $\tilde{\beta}$ 趨於穩定為止。

嶺迴歸估計法是借助於 OLS 估計量的表達式,機械地設定一種具有較小方差的參數估計量以解決多重共線性問題的方法,它的吸引力在於用較小的偏誤換來方差的改善,但在如何確定 r 值上缺乏令人信服的理論依據,而且對參數的統計推斷也相當複雜。因此,這種方法在實際中並不常用。

例題 4.1　河南省糧食生產函數模型

本案例的研究目的是依據 1978—2000 年的樣本數據建立河南省糧食生產函數模型。根據理論和經驗分析,影響河南省糧食產量(Y)的主要因素有糧食播種面積、種植糧食使用的化肥數量及機械化作業的程度、成災面積、有效灌溉面積、從事糧食生產的勞動力數量等。成災面積主要是自然災害形成的,不能看作可控變量,因此這裡暫且不把它列為解釋變量。考慮到樣本數據的可得性,除糧食種植面積(X_1)外,我們使用農業生產的總體數據代替影響糧食生產的各種因素的指標數據,即以農用化肥施用量(X_2)、農用機械總動力(X_3)、農、林、牧、漁業勞動力人數(X_4)、農田有效灌溉面積(X_5)分別替代種植糧食使用的化肥數量、機械化作業的程度、種植糧食的勞動力數量及種植糧食的土地的有效灌溉面積等,建立如下糧食生產函數模型:

$$Y_t = \beta_0 + \beta_1 X_{1t} + \beta_2 X_{2t} + \beta_3 X_{3t} + \beta_4 X_{4t} + \beta_5 X_{5t} + u_t \quad (t = 1,978, 1,979, \cdots, 2,000)$$

表 4-2 給出了有關河南省糧食生產的相關數據。

表 4-2　　　　　　　　　　　　河南省糧食生產的相關數據

年份	糧食產量（萬噸）	糧食播種面積（千公頃）	農用化肥施用量（萬噸）	農用機械總動力（萬千瓦）	農、林、牧、漁業勞動力（萬人）	有效灌溉面積（千公頃）
1978	2,097.40	9,123.30	52.54	974.4	2,251	3,722.67
1979	2,134.50	9,066.70	60.05	1,079.3	2,300	3,636.00
1980	2,148.68	8,858.90	72.52	1,178.0	2,365	3,536.23
1981	2,314.50	9,029.30	81.90	1,262.1	2,457	3,388.00
1982	2,217.10	8,923.30	105.50	1,356.3	2,515	3,265.33
1983	2,904.00	9,286.70	130.67	1,405.9	2,537	3,210.00
1984	2,893.50	8,996.70	140.16	1,507.0	2,565	3,278.67
1985	2,710.53	9,029.30	143.58	1,590.0	2,558	3,189.97
1986	2,545.67	9,372.20	148.73	1,737.9	2,561	3,212.71
1987	2,948.41	9,365.20	135.58	1,865.9	2,583	3,250.07
1988	2,663.00	9,053.80	150.57	2,004.2	2,636	3,358.76
1989	3,149.44	9,262.00	184.25	2,153.4	2,706	3,438.00
1990	3,303.66	9,316.10	213.18	2,264.0	2,820	3,550.09
1991	3,010.30	9,040.40	239.74	2,330.4	2,913	3,676.59
1992	3,109.61	8,804.70	251.13	2,424.4	2,947	3,779.72
1993	3,639.21	8,969.00	288.21	2,624.0	2,902	3,868.33
1994	3,253.80	8,810.90	292.47	2,780.5	2,859	3,931.30
1995	3,466.50	8,810.00	322.21	3,115.4	2,808	4,044.19

表4-2(續)

年份	糧食產量（萬噸）	糧食播種面積（千公頃）	農用化肥施用量（萬噸）	農用機械總動力（萬千瓦）	農、林、牧、漁業勞動力（萬人）	有效灌溉面積（千公頃）
1996	3,839.90	8,965.30	345.33	4,256.4	2,816	4,191.05
1997	3,894.66	8,879.90	355.31	4,337.9	2,903	4,333.06
1998	4,009.61	9,101.98	382.80	4,764.4	2,940	4,513.86
1999	4,253.25	9,032.30	399.85	5,342.9	3,299	4,648.78
2000	4,101.50	9,029.60	420.71	5,780.6	3,559	4,725.31

註：數據來源於《河南省統計年鑒》(2001)

首先，利用 OLS 法估計模型，得到如下迴歸結果：

$$\hat{Y}_t = -2,708.08 + 0.588X_{1t} + 6.095X_{2t} + 0.049X_{3t} - 0.150X_{4t} - 0.150X_{5t}$$

t 值　　　　 -0.971　　 2.330　　　 5.136　　　 0.398　　　 -0.512　　　 -0.702

P 值　　　 $0.345,0$　 $0.032,4$　　 $0.000,1$　　 $0.695,5$　　 $0.614,9$　　 $0.492,4$

$R^2 = 0.954,6, \bar{R}^2 = 0.941,3, F = 71.562(P 值 = 0.000,0)$

從上述結果可以看出，R^2 和 $\bar{R}^2$ 均大於 0.94，表明模型的擬合優度較高；F 檢驗的 P 值 $= 0.000,0$，表明解釋變量整體對糧食產量具有顯著影響。但由於 X_3、X_4、X_5 對應的 t 統計量的 P 值都相當高，不能通過顯著性檢驗，而且後兩者係數的符號不合理，因此初步判斷解釋變量之間存在嚴重的多重共線性。

其次，進一步檢驗多重共線性。利用 EViews 軟件可得解釋變量之間的簡單相關係數矩陣，如表 4-3 所示。

表4-3　　　　　　　　解釋變量之間的簡單相關係數矩陣

變量	X_1	X_2	X_3	X_4	X_5
X_1	1.000	-0.296	-0.213	-0.195	-0.383
X_2	-0.296	1.000	0.955	0.912	0.868
X_3	-0.213	0.955	1.000	0.895	0.915
X_4	-0.195	0.912	0.895	1.000	0.770
X_5	-0.383	0.868	0.915	0.770	1.000

因為 X_2 與 X_3、X_4、X_5，X_3 與 X_4、X_5 的相關係數均在 0.80 以上，而且 X_2 與 X_3 的相關係數達到 0.955，故可推斷解釋變量之間存在嚴重的多重共線性。

我們可以利用輔助迴歸法進一步驗證多重共線性的存在。將每個解釋變量對其他解釋變量進行迴歸，考察它們的可決係數 R^2。為節省篇幅，這裡只給出輔助迴歸的 R^2 及由此得到的方差膨脹因子 VIF，如表 4-4 所示。

表4-4　　　　　　　　輔助迴歸的 R^2 值和 VIF

被解釋變量	X_1	X_2	X_3	X_4	X_5
R_j^2	0.375,8	0.938,1	0.960,3	0.851,0	0.888,2
$VIF_j(\frac{1}{1-R_j^2})$	1.602	16.155	25.188	6.711	8.945

由於 $X_2, \cdots, X_5$ 相應的 R^2 均大於 0.85，VIF 均大於 6，其中 X_3 相應的 R_3^2 達到 0.96，VIF_3 達到 25，因此也可推斷模型存在嚴重的多重共線性。

為克服多重共線性的影響，我們採用逐步迴歸法重新建立迴歸模型。

(1) 建立基礎迴歸模型。將 Y 對每一個解釋變量進行 OLS 法迴歸，得

$$\hat{Y}_t = 7,640.89 - 0.505, 1X_{1t}$$

t 值　　　1.010, 5　　-0.604, 6
P 值　　　0.323, 7　　0.551, 9
$$R^2 = 0.017, 1, \bar{R}^2 = -0.029, 6$$

$$\hat{Y}_t = 1,893.14 + 5.504X_{2t}$$

t 值　　　16.291　　23.115
P 值　　　0.0000　　0.0000
$$R^2 = 0.926, 6, \bar{R}^2 = 0.923, 1$$

$$\hat{Y}_t = 1,965.93 + 0.436, 7X_{3t}$$

t 值　　　17.789　　11.396
P 值　　　0.000, 0　　0.000, 0
$$R^2 = 0.860, 8, \bar{R}^2 = 0.854, 1$$

$$\hat{Y}_t = -2,198.24 + 1.929X_{4t}$$

t 值　　　-3.576, 9　　8.623, 5
P 值　　　0.001, 8　　0.000, 0
$$R^2 = 0.779, 7, \bar{R}^2 = 0.769, 3$$

$$\hat{Y}_t = -1,071.85 + 1.110, 9X_{5t}$$

t 值　　　-1.568, 4　　6.108, 8
P 值　　　0.131, 7　　0.000, 0
$$R^2 = 0.639, 9, \bar{R}^2 = 0.622, 7$$

依據變量的重要性並比較上述迴歸結果中的 R^2 及 t 值的絕對值，可知宜選擇

$$Y_t = \gamma_0 + \gamma_1 X_{2t} + v_t$$

為基礎模型。

(2) 將其餘變量逐個引入基礎模型，估計結果如表 4-5 所示。

表 4-5　　　　　　　　糧食生產函數模型逐步迴歸的結果

模型	X_1	X_2	X_3	X_4	X_5	R^2	DW
$f(X_2)$		5.505 (0.000)				0.923	2.123
$f(X_1, X_2)$	0.654 (0.003)	5.792 (0.000)				0.948	2.310
$f(X_1, X_2, X_3)$	0.665 (0.005)	5.999 (0.000)	-0.017 (0.833)			0.946	2.322

表4-5(續)

模型	X_1	X_2	X_3	X_4	X_5	$\bar{R}^2$	DW
$f(X_1,X_2,X_4)$	0.670 (0.004)	6.058 (0.000)		-0.109 (0.691)		0.946	2.332
$f(X_1,X_2,X_5)$	0.622 (0.007)	6.084 (0.000)			-0.086 (0.555)	0.946	2.376

註：① 模型均為 Y 對解釋變量的含有截距項的線性迴歸模型，如 $f(X_2)$ 意味著 $Y_t = \gamma_0 + \gamma_1 X_{2t} + v_t$。
② 解釋變量所在列中數字為相應解釋變量的系數估計值，括號中數字為該變量顯著性檢驗 t 統計量的 P 值。
③ DW 值是檢驗模型的隨機誤差項是否存在自相關性的 DW 檢驗的統計量值，DW 值在 2 附近表明隨機誤差項無自相關性(詳細的討論在本章 §4.3)。

從表 4-5 可以看出，在基礎模型中引入 X_1 後，R^2 明顯提高，變量系數估計值的符號合理且都能通過 t 檢驗，因此保留 X_1。在此基礎上分別引入 X_3、X_4、X_5 所得模型的估計結果中，R^2 都有所下降，而且由於 X_3、X_4、X_5 均與 X_2 高度相關，導致它們的系數估計值的符號不合理且都不能通過 t 檢驗，因此模型中不再引入這些變量。於是，按此引入變量的順序，所建立的河南省糧食生產函數模型為：

$$\hat{Y}_t = -4,090.05 + 0.654 X_{1t} + 5.792 X_{2t} \tag{4.13}$$

t 值　　　-2.278　　　3.334　　　19.928

P 值　　　0.033,9　　0.003,3　　0.000,0

$R^2 = 0.952,8, \bar{R}^2 = 0.948,1, F = 202.19(P = 0.000,0), DW = 2.310,4$

另外，可以驗證：若改變引入變量的順序，所得迴歸模型都達不到模型(4.13)的擬合效果。因此，模型(4.13)即為最終建立的河南省糧食生產函數模型。

需要說明的是，模型(4.13)沒有考慮自然災害對糧食生產的影響，而且 X_2 為農用化肥施用量而不是用於糧食生產的化肥施用量，這在一定程度上影響了模型的質量。如果在這些方面加以改進，可以預期所建模型的質量會進一步提高。

§4.2　異方差性

4.2.1　異方差性的概念

經典線性迴歸模型

$$Y_i = \beta_0 + \beta_1 X_{1i} + \cdots + \beta_k X_{ki} + u_i \quad (i = 1,2,\cdots,n)$$

的同方差性假定要求對所有的觀測點 i 都有

$$Var(u_i) = \sigma^2$$

如果模型違背了同方差性假定，隨機誤差項 u_i 的方差在不同觀測點處不再為同一常數，即

$$Var(u_i) = \sigma_i^2 \quad (i = 1,2,\cdots,n) \tag{4.14}$$

則稱 u_i（或模型）**存在異方差性**（heteroskedasticity）。由於 $X_j(j = 1,2,\cdots,k)$ 為確定性變量，

$$Var(Y_i) = Var(u_i)$$

所以(4.14)式等價於

$$Var(Y_i) = \sigma_i^2 \quad (i = 1,2,\cdots,n)$$

異方差性表明隨機誤差項 u_i 或被解釋變量 Y_i 在各個觀測點處的方差與觀測點有關，或者說，與解釋變量的取值有關。因此，異方差性往往用某一解釋變量或多個解釋變量的函數來表示，其一般形式為：

$$\sigma_i^2 = \sigma^2 f(X_{1i}, X_{2i}, \cdots, X_{ki})$$

這裡 σ^2 為正常數。當然，至於選擇哪些變量及採用什麼函數形式要依據異方差的性質而定。

對於某一解釋變量 X_j，異方差一般可以分為三種類型：①單調遞增型：σ_i^2 隨 X_{ji} 的增加而增加。②單調遞減型：σ_i^2 隨 X_{ji} 的增加而減小。③複雜型：σ_i^2 隨 X_{ji} 的變化呈複雜形式。圖4-1 為各種類型的異方差性對應的樣本散點圖。

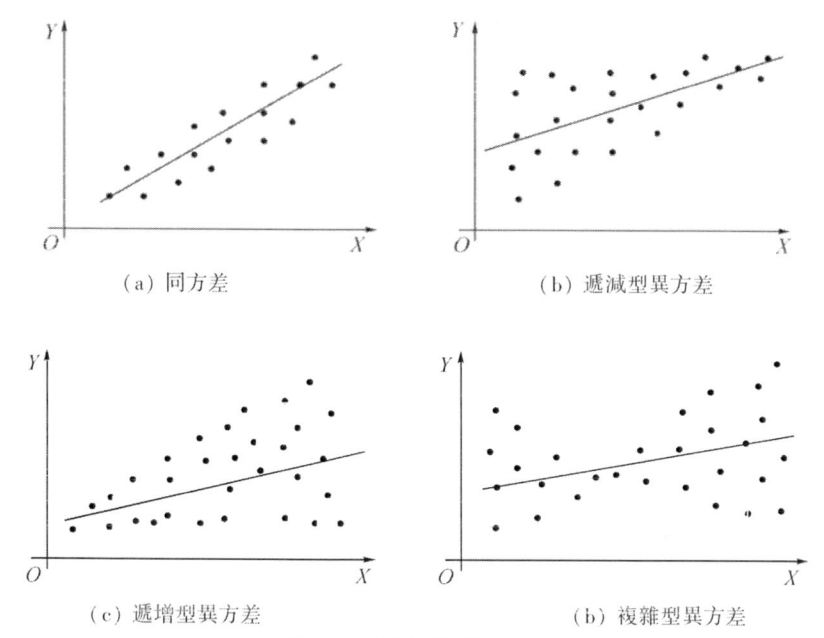

(a) 同方差

(b) 遞減型異方差

(c) 遞增型異方差

(b) 複雜型異方差

圖4-1　異方差性的示意圖

由於現實經濟活動的錯綜複雜性，建模過程中異方差現象是經常出現的。下面是幾個可能存在異方差性的例子：

(1)利用居民家庭的儲蓄額 Y（被解釋變量）和可支配收入 X（解釋變量）的截面樣本數據建立居民家庭的儲蓄函數模型。一般來說，高收入家庭的儲蓄差異比較大，低收入家庭的儲蓄則更有規律性(如為某一目的而儲蓄)，差異較小，因此 $Var(Y)$ 往往隨著 X 的增加而增加，呈現出單調遞增型的變化。

(2)以某一行業的企業為樣本建立企業生產函數模型,其中被解釋變量為企業的產出量,解釋變量為企業的資本投入量、勞動力數量和技術水平。除這些解釋變量外,企業的管理水平、所處外部環境(能源供應、政策、自然環境等)對產出量也會產生一定的影響,而且對大企業的影響往往要比對小企業的影響大。換言之,就是在解釋變量一定的條件下,企業管理水平、所處外部環境的差異導致大企業產量的波動性(方差)要大於小企業產量的波動性(方差),從而導致模型出現異方差性。

(3)模型設定的偏誤(指實際建立的模型與「正確的模型」不一致)導致其可能存在異方差性。如,在模型中忽略了或為減弱多重共線性人為去掉了某些變量,這些變量就歸入了隨機誤差項中,如果它們本身存在異方差性,就可能會導致隨機誤差項出現異方差性。再如,正確模型為對數模型(不存在異方差性),而實際建立的是線性模型,則該模型就會存在異方差性。

(4)樣本數據觀測誤差的波動性有可能隨研究範圍的擴大而增加,也可能隨著觀測技術的提高和數據處理方法的改進而逐步減小,因此當觀測誤差構成了隨機誤差項的主要成分時,在上述兩種情形下隨機誤差項就可能出現異方差性。

一個經驗的結論是:採用橫截面樣本數據建模,由於在不同的樣本點上解釋變量之外的其他影響因素的差異較大,因而模型往往存在異方差性。

4.2.2 異方差性的後果

在線性迴歸模型存在異方差性的情形下,由第 2、3 章關於迴歸系數 OLS 估計量 $\hat{\beta}_j$ 的統計性質的證明過程可知,$\hat{\beta}_j$ 仍然具有線性性、無偏性,而且通常也具有一致性(見附錄 4.2)。儘管如此,採用 OLS 法估計存在異方差性的模型會產生以下後果:

4.2.2.1 迴歸系數的 OLS 估計量不再具有最小方差性

可以證明:對於存在異方差性的模型,利用加權最小二乘法(見本節 4.2.4)得到的迴歸系數的估計量是最佳線性無偏估計量,並且其方差小於 OLS 估計量的方差。換言之,在所有線性無偏估計量中,迴歸系數 OLS 估計量的方差不再是最小的(註:從下面的例題可以看出,有時 OLS 估計量的方差也是最小的,但這種情形沒有實際意義)。這表明模型的異方差性使迴歸系數 OLS 估計量的穩定性或估計的精度下降,此時也稱 OLS 估計量是非有效的。

下面以一元線性迴歸模型(為簡單起見,模型中沒有包括截距項)

$$Y_i = \beta X_i + u_i \tag{4.15}$$

為例,說明迴歸系數 OLS 估計量的非有效性及其方差估計中遇到的問題。這裡 $Var(u_i) = \sigma^2 X_i^2$,模型滿足其他基本假定條件。容易求得 β 的 OLS 估計量為:

$$\hat{\beta} = \frac{\sum_{i=1}^{n} X_i Y_i}{\sum_{i=1}^{n} X_i^2} = \beta + \frac{\sum_{i=1}^{n} X_i u_i}{\sum_{i=1}^{n} X_i^2}$$

$\hat{\beta}$ 的方差為:

$$Var(\hat{\beta}) = \sum_{i=1}^{n} \left(\frac{X_i}{\sum_{i=1}^{n} X_i^2}\right)^2 Var(u_i) \qquad (利用假定1、4)$$

$$= \sum_{i=1}^{n} \left(\frac{X_i}{\sum_{i=1}^{n} X_i^2}\right)^2 \sigma^2 X_i^2 = \frac{\sigma^2}{\sum_{i=1}^{n} X_i^2} \cdot \frac{\sum_{i=1}^{n} X_i^4}{\sum_{i=1}^{n} X_i^2}$$

在本節 4.2.4 中我們將看到，利用加權最小二乘法可得參數 β 的最佳線性無偏估計量為：

$$\hat{\beta}^{wls} = \frac{1}{n} \sum_{i=1}^{n} \frac{Y_i}{X_i}$$

其方差為：

$$Var(\hat{\beta}^{wls}) = \frac{1}{n^2} \sum_{i=1}^{n} \frac{Var(Y_i)}{X_i^2} \qquad (利用假定1、4)$$

$$= \frac{1}{n^2} \sum_{i=1}^{n} \frac{\sigma^2 X_i^2}{X_i^2} = \frac{\sigma^2}{n}$$

由於 $\left(\sum_{i=1}^{n} X_i^2\right)^2 \leq n \sum_{i=1}^{n} X_i^4$，其中等式只有當 X_i^2 為與 i 無關的常數時才成立（這種情形在實際經濟問題中並不存在），因此

$$\frac{\sigma^2}{\sum_{i=1}^{n} X_i^2} \cdot \frac{\sum_{i=1}^{n} X_i^4}{\sum_{i=1}^{n} X_i^2} \geq \frac{\sigma^2}{n}$$

即 $Var(\hat{\beta}) \geq Var(\hat{\beta}^{wls})$。此表明 β 的 OLS 估計量不再具有最小方差性。

同時，在 $Var(\hat{\beta})$ 中含有未知的參數 σ^2，因此要度量 $\hat{\beta}$ 的穩定性或估計 β 的精度，就需要對該參數及 $Var(\hat{\beta})$ 進行估計。我們知道，對同樣的樣本數據，若將隨機誤差項「看作」具有相同的方差 σ_0^2，則 $\hat{\beta}$ 的方差為：

$$\widetilde{Var}(\hat{\beta}) = \frac{\sigma_0^2}{\sum_{i=1}^{n} X_i^2}$$

於是，可得

$$\frac{Var(\hat{\beta})}{\widetilde{Var}(\hat{\beta})} = \frac{\sigma^2}{\sigma_0^2} \cdot \frac{\sum_{i=1}^{n} X_i^4}{\sum_{i=1}^{n} X_i^2}$$

顯然，$\dfrac{Var(\hat{\beta})}{\widetilde{Var}(\hat{\beta})}$ 的大小與解釋變量及其測量單位有關，它既可能大於 1 也可能小於 1。由

此可知,通常用於估計 $\widetilde{Var}(\hat{\beta})$ 的估計量 $\dfrac{\hat{\sigma}_0^2}{\sum_{i=1}^n X_i^2}$（其中 $\hat{\sigma}_0^2 = \dfrac{\sum_{i=1}^n e_i^2}{n-1}$），用來估計 $Var(\hat{\beta})$ 是不合適的。在本節 4.2.4 中我們將介紹 $Var(\hat{\beta})$ 的一個一致估計量。

4.2.2.2 通常的變量和方程的顯著性檢驗失效

採用 OLS 法迴歸模型,變量的顯著性檢驗通常採用的統計量為(3.36)式:

$$t_j = \dfrac{\hat{\beta}_j}{\hat{SE}(\hat{\beta}_j)} \sim t(n-k-1) \quad \text{（在 } H_0 : \beta_j = 0 \text{ 成立的條件下）}$$

其中, $\hat{SE}(\hat{\beta}_j) = \hat{\sigma} \sqrt{(X'X)^{-1}_{j+1,j+1}}, \hat{\sigma}^2 = \dfrac{\sum_{i=1}^n e_i^2}{n-k-1}$。上述分佈依賴於 u_i 具有同方差性,當 u_i 存在異方差性時,如此構造的統計量 t_j 不再服從 $t(n-k-1)$ 分佈,因此將其樣本值與 $t(n-k-1)$ 分佈的臨界值相比較進行變量的顯著性檢驗,其結果是不可靠的。關於方程的 F 檢驗也是如此。

4.2.2.3 通常的預測區間不可靠

在 u_i 存在異方差性時,迴歸系數的 OLS 估計量仍然是無偏且一致的,並且基於此對被解釋變量 Y 進行的預測也無系統偏差。儘管如此,由於 $E(Y_F \mid X_F)$ 通常的預測區間要求 u_i 具有同方差性,當 u_i 存在異方差性時,

$$t = \dfrac{\hat{Y}_F - E(Y_F \mid X_F)}{\hat{\sigma} \sqrt{X_F(X'X)^{-1}X'_F}} \sim t(n-k-1)$$

不再成立,導致基於此所建立的預測區間將是不可靠的。同理,通常構造的 Y_F 的預測區間也是不可靠的。

4.2.3 異方差性的檢驗

由於異方差性使得迴歸系數的 OLS 估計量不再是有效的,並且給模型的統計推斷和預測帶來了許多不良後果,因此在建模過程中有必要對模型的異方差性進行檢驗,以便採取適當的參數估計方法。在此我們介紹**幾種常用的異方差性檢驗方法**:圖示檢驗法、戈德菲爾德-匡特(Goldfeld-Quandt)檢驗、懷特(White)檢驗和戈里瑟(Glejser)檢驗等。

異方差性檢驗就是要檢驗隨機誤差項 u_i 的方差是否隨著解釋變量的變化而變化。由於 u_i 是不可觀測的,其方差 σ_i^2 也是未知的,因此異方差性檢驗首先要解決的問題是用什麼來替代或估計 σ_i^2。在第 2 章中我們已經指出,當 u_i 的分佈性質未知時,可以借助於殘差 e_i 的性質來對其進行推斷。由於 β_j 的 OLS 估計量 $\hat{\beta}_j$ 是無偏一致的,並且

$$\begin{aligned} e_i &= Y_i - \hat{\beta}_0 - \hat{\beta}_1 X_{1i} - \hat{\beta}_2 X_{2i} - \cdots - \hat{\beta}_k X_{ki} \\ &= (\beta_0 - \hat{\beta}_0) + (\beta_1 - \hat{\beta}_1)X_{1i} + (\beta_2 - \hat{\beta}_2)X_{2i} + \cdots + (\beta_k - \hat{\beta}_k)X_{ki} + u_i \end{aligned}$$

因此可以認為,至少在大樣本的情形下, $e_i \approx u_i$。又由於

$$E(u_i^2) = \sigma_i^2$$

因此在只有一個樣本值時,可以把 u_i^2 作為 σ_i^2 的估計。於是,在 u_i^2 未知的情形下,將 e_i^2 作為 σ_i^2 的估計量是一個自然的選擇。基於這種考慮,異方差性檢驗的基本思路通常是,首先利用 OLS 法估計參數並計算 e_i^2,然後通過研究 e_i^2 是否隨著觀測點的變化而變化來推斷 u_i 是否存在異方差性。

4.2.3.1 圖示檢驗法

圖示檢驗法是通過作 e_i^2 對某一解釋變量 X_{ji} 的散點圖,從幾何直觀上對 u_i 的異方差性進行推斷。圖 4-2 為 e_i^2 對 X_{ji} 的各種散點圖,其中圖(a)表明 u_i 為同方差的;圖(b)(c)(d)為 u_i 存在異方差性的情形,並且依次為遞增型、遞減型和複雜型的異方差性。

在實踐中,如果我們事先無法確定針對哪一個解釋變量合適,可以對每一個解釋變量都作其與 e_i^2 的散點圖,利用上述檢驗法進行檢驗。若所有散點圖均與圖 4-2(a)類似,則認為隨機誤差項 u_i 是同方差的;否則,則認為 u_i 存在異方差性。

圖示檢驗法簡單易操作,但對異方差性的判斷比較粗糙。由於引起異方差性的原因錯綜複雜,僅靠圖形有時很難準確對是否存在異方差性下結論,因此該方法通常是作為對異方差性的一種初步檢驗。

(a)

(b)

(c)

(d)

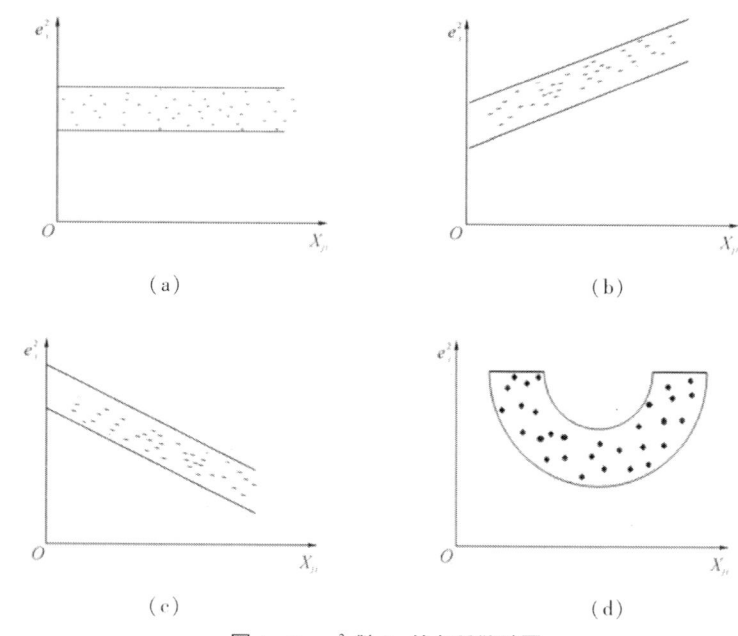

圖 4-2 e_i^2 對 X_{ji} 的各種散點圖

4.2.3.2 戈德菲爾德-匡特(Goldfeld-Quandt)檢驗

戈德菲爾德-匡特檢驗是戈德菲爾德和誇特於 1965 年提出的,可用於檢驗遞增型或遞減型異方差性的一種檢驗方法。該檢驗的基本思想是:由於在滿足基本假定條件下,基於 OLS 法得到的估計量 $\hat{\sigma}^2 = \dfrac{\sum\limits_{i=1}^{n} e_i^2}{n-k-1}$ 是隨機誤差項 u_i 的方差 σ^2 的無偏且一致

估計量,因此若樣本的兩部分(稱它們為子樣本)u_i的方差相同,那麼依據它們各自得到的u_i的方差的OLS估計量通常應該非常接近。於是,可以通過考察這兩個估計量之間的比值,來推斷兩個子樣本u_i的方差是否存在顯著差異。戈德菲爾德-匡特檢驗是在經初步檢驗已知u_i對於解釋變量X_j可能存在遞增(或遞減)型的異方差性的基礎上進行的。其原假設和備擇假設分別為:

$H_0: u_i$ 具有同方差性

$H_1: u_i$ 具有遞增(或遞減)型的異方差性

對於u_i可能存在遞增型異方差性的情形,戈德菲爾德-匡特檢驗的通常做法是:

① 將樣本數據$(Y_i, X_{1i}, X_{2i}, \cdots, X_{ki})(i=1,2,\cdots,n)$按$X_j$從小到大的順序排序,並把排在中間的$c$(約$n/4$)個數據去掉,再將剩餘數據分為前後兩個子樣本,每個子樣本的樣本容量為$(n-c)/2$(整數)。

② 對每個子樣本分別進行OLS迴歸,並計算各自的殘差平方和,分別用RSS_1、RSS_2表示前後兩個子樣本的殘差平方和。

③ 在原假設H_0成立的條件下,構造如下統計量:

$$F = \frac{RSS_2/(\frac{n-c}{2}-k-1)}{RSS_1/(\frac{n-c}{2}-k-1)} = \frac{RSS_2}{RSS_1} \sim F(\frac{n-c}{2}-k-1, \frac{n-c}{2}-k-1) \quad (4.16)$$

④ 對於給定的顯著性水平α,查F分佈表得臨界值$F_\alpha(\frac{n-c}{2}-k-1, \frac{n-c}{2}-k-1)$,並計算統計量的樣本值$F$。若$F > F_\alpha(\frac{n-c}{2}-k-1, \frac{n-c}{2}-k-1)$,則拒絕原假設,認為$u_i$存在異方差性,並且是遞增型的;若$F < F_\alpha(\frac{n-c}{2}-k-1, \frac{n-c}{2}-k-1)$,則接受原假設,認為$u_i$具有同方差性。

對於u_i可能存在遞減型異方差性的情形,執行戈德菲爾德-匡特檢驗的第①步是按某一解釋變量從大到小的順序排序,接下來的步驟與檢驗遞增型的情形相同。

與圖示檢驗法的說明類似,如果我們事先無法確定按哪一個解釋變量排序,可以對每一個可能與e_i^2有遞增或遞減關係的解釋變量進行戈德菲爾德-匡特檢驗。若所有檢驗結果均接受原假設,則認為隨機誤差項u_i是同方差的;否則,則認為u_i存在異方差性。

4.2.3.3 懷特(White)檢驗

懷特檢驗是懷特在1980年提出的一種異方差性檢驗方法,它不需要對異方差性的類型做任何假定。懷特檢驗的原假設和備擇假設分別為$H_0: u_i$具有同方差性,$H_1: u_i$具有異方差性。其通常的檢驗步驟為:

① 用OLS法估計原模型,並計算殘差$e_i = Y_i - \hat{Y}_i$的平方e_i^2。

② 以e_i^2為被解釋變量,對所有解釋變量及其平方、解釋變量之間的乘積進行OLS迴歸,稱之為輔助迴歸,得到可決系數R^2。例如,二元迴歸模型

$$Y_i = \beta_0 + \beta_1 X_{1i} + \beta_2 X_{2i} + u_i$$

對應的輔助迴歸模型為:

$$e_i^2 = \alpha_0 + \alpha_1 X_{1i} + \alpha_2 X_{2i} + \alpha_3 X_{1i}^2 + \alpha_4 X_{2i}^2 + \alpha_5 X_{1i} X_{2i} + v_i \qquad (4.17)$$

③ 在原假設 H_0 成立的條件下,構造如下統計量:

$$nR^2 \overset{a}{\sim} \chi^2(p-1)$$

即 nR^2 漸近服從自由度為 $p-1$ 的 χ^2 分佈,這裡 n 為模型的樣本容量,p 為輔助迴歸模型中待估參數的個數。例如,輔助迴歸模型(4.17)中的 p 值為6。

④ 對於給定的顯著性水平 α,查 χ^2 分佈表得臨界值 $\chi_\alpha^2(p-1)$,並計算統計量的樣本值 nR^2。若 $nR^2 > \chi_\alpha^2(p-1)$,則拒絕原假設,認為 u_i 存在異方差性;若 $nR^2 < \chi_\alpha^2(p-1)$,則接受原假設,認為 u_i 具有同方差性。

執行懷特檢驗時需要注意以下事項:

(1) 如果模型中含有虛擬變量,即取值為0、1的人工變量(見第1、5章),必須捨棄輔助迴歸中相同的變量,否則會產生完全多重共線性問題。

(2) 當解釋變量個數較多時,輔助迴歸模型中待估參數的個數會相當多,造成輔助迴歸模型的估計精度較差,甚至無法進行估計,此時可以去掉輔助迴歸模型中解釋變量之間的交叉乘積項。在 EViews 軟件中依據輔助迴歸是否含有交叉乘積項,將懷特檢驗相應地分為兩種情形(註:在 EViews6.0 下,選擇不含有交叉項時,輔助迴歸中亦不含有一次項;在此前 EViews 的版本下,同樣的選擇,輔助迴歸中含有一次項)。

(3) 懷特檢驗是基於統計量 nR^2 的漸近分佈,因此該檢驗要求樣本為大樣本。

(4) 由於輔助迴歸模型特定的函數形式,導致懷特檢驗通常具有較高的犯第二類錯誤(即模型存在異方差性但檢驗結果卻接受原假設)的概率。

> 在 EViews 軟件下,懷特檢驗的執行過程:
> 在原模型 OLS 迴歸的輸出結果中,點擊 View→Residual Tests→Heteroskedasticity Tests,在彈出窗口的 Test type 中選擇 White,並根據需要確定是否選擇 Include White cross terms(包括懷特交叉項),然後點擊 OK,即得到懷特檢驗的輸出結果,其中包括 Obs * R - squared(nR^2)的值及 Prob. Chi - Square 值(nR^2 的 P 值)。依據 nR^2 的 P 值便可以完成懷特檢驗。

4.2.3.4 戈里瑟(Glejser)檢驗

戈里瑟檢驗是戈里瑟在1969年提出的一種異方差性的檢驗方法。其基本思想是:通過檢驗由 OLS 迴歸得到的殘差 e_i 的絕對值 $|e_i|$ 是否與某一個解釋變量 X_{ji} 之間存在某種函數關係,來推斷 u_i 是否存在異方差性。在實際檢驗中,戈里瑟採用了如下一些假設的模型形式(不妨稱之為「試驗模型」):

$$|e_i| = \alpha_0 + \alpha_1 X_{ji} + v_i$$

$$|e_i| = \alpha_0 + \alpha_1 \sqrt{X_{ji}} + v_i$$

$$|e_i| = \alpha_0 + \alpha_1 \frac{1}{X_{ji}} + v_i$$

$$|e_i| = \alpha_0 + \alpha_1 \frac{1}{\sqrt{X_{ji}}} + v_i$$

等,並發現對於大樣本的情形,一般都能給出令人滿意的檢驗結果。

戈里瑟檢驗的具體步驟：

① 用 OLS 法估計原模型，並計算殘差 $e_i = Y_i - \hat{Y}_i$ 的絕對值 $|e_i|$。

② 以 $|e_i|$ 為被解釋變量，某一 X_{ji} 為解釋變量建立「試驗模型」，並進行 OLS 迴歸。

③ 利用 t 檢驗法檢驗每個「試驗模型」中斜率係數 α_1 的顯著性。如果某一個模型的 α_1 顯著不為 0，則認為 u_i 存在異方差性，進而可以依據 R^2 確定異方差性的表現形式；否則，則認為 u_i 具有同方差性。

在 EViews 軟件下執行戈里瑟檢驗，只需將懷特檢驗執行過程中的 Specification Test type 選項改為 Glejser，並在 Regressors 區域輸入試驗模型中的解釋變量，再點擊 OK。依據輸出結果中 F 統計量的 P 值，便可以檢驗試驗模型中斜率係數的顯著性（註：對於一元線性迴歸模型，F 檢驗與 t 檢驗是等價的）。

與戈德菲爾德－匡特檢驗類似，對於含有多個解釋變量的模型，可能需要多次重複上述戈里瑟檢驗的步驟，方能得出隨機誤差項 u_i 是否存在異方差性的結論。

戈里瑟檢驗是基於 OLS 法對「試驗模型」中的變量進行通常的 t 檢驗來檢驗異方差性的。如果它們的誤差項不滿足基本假定條件，如存在異方差性、序列相關性（見下一節）等，此時 t 檢驗是失效的，那麼其檢驗結果就值得懷疑。

戈里瑟檢驗的優點是：不僅可以檢驗異方差性是否存在，而且通過在檢驗過程中設定不同函數形式的「試驗模型」，可以探測異方差性的具體表現形式，這有助於旨在消除異方差性影響的各種估計方法（如加權最小二乘法等）的應用。其不足之處是：檢驗過程比較繁瑣，需要對各種可能的異方差性表現形式進行試驗。

除上述介紹的幾種檢驗方法外，還有其他一些檢驗異方差性的方法，如 Breusch-Pagan(1979)檢驗、Koenker-Bassett(1982)檢驗、等等。需要指出的是，對於各種異方差性的檢驗方法，很難說哪一種方法最為有效。因此，在實踐中，往往需要綜合考慮幾種檢驗方法的結果，來最終確定隨機誤差項是否存在異方差性。

4.2.4 異方差性的補救措施

對於存在異方差性的模型，通常需要採取適當的補救措施，以消除或減小異方差性對參數估計和統計推斷的影響。首先應檢查異方差性是否源於模型設定的偏誤。若它是因函數形式設定不正確引起的，則應對其加以修正。若它是因忽略了重要的解釋變量引起的，而且將其添加到模型中並不會產生多重共性問題，則應補充這些變量以消除模型存在的異方差性。對於其他原因導致的異方差性，通常則需要採取新的參數估計方法或統計推斷方法解決模型存在的異方差性問題。這裡主要介紹**兩種常見的處理方法**：加權最小二乘法或 WLS 法（WLS: weighted least squares）、懷特異方差-穩健性程序（White heteroskedasticity-robust procedure）。

4.2.4.1 加權最小二乘法

加權最小二乘法的基本思路是，首先依據異方差性的表現形式對模型進行適當的加權變換，將其變成不存在異方差性的模型，然後利用 OLS 法估計該模型得到參數的估計量。

設模型
$$Y_i = \beta_0 + \beta_1 X_{1i} + \beta_2 X_{2i} + \cdots + \beta_k X_{ki} + u_i \quad (i = 1, 2, \cdots, n) \quad (4.18)$$
存在異方差性：$Var(u_i) = \sigma^2 h_i^2, \sigma^2$ 為正常數，$h_i > 0$。在 h_i 已知的情形下，應用加權最小二乘法估計模型(4.18)的具體做法如下：

首先，用 $\frac{1}{h_i}$ 乘(4.18)式兩端，得到一個新模型

$$\frac{Y_i}{h_i} = \beta_0(\frac{1}{h_i}) + \beta_1(\frac{X_{1i}}{h_i}) + \beta_2(\frac{X_{2i}}{h_i}) + \cdots + \beta_k(\frac{X_{ki}}{h_i}) + (\frac{u_i}{h_i}) \quad (4.19)$$

其中 $\frac{Y_i}{h_i}$、$\frac{u_i}{h_i}$ 分別為被解釋變量和隨機誤差項，該模型的迴歸系數仍是原模型(4.18)中的迴歸系數。我們稱這個變換過程為**加權變換**，稱模型(4.19)為**加權模型**，其中 $\frac{1}{h_i}$ 稱為**權序列**。由於在第 i 個觀測點上，h_i 是一個已知常數，所以

$$Var(\frac{u_i}{h_i}) = \frac{1}{h_i^2} Var(u_i) = \frac{1}{h_i^2} \sigma^2 h_i^2 = \sigma^2$$

此表明加權模型(4.19)滿足同方差性。

其次，利用 OLS 法估計模型(4.19)，得到參數 $\beta_j (j = 0, 1, 2, \cdots, k)$ 的最佳線性無偏估計量，記為 $\hat{\beta}_j^{wls}$，並稱之為**加權最小二乘估計量**或 **WLS 估計量**（WLSE：WLS estimator）。

進而，可以得到 Y 對 $X_1, X_2, \cdots, X_k$ 迴歸的樣本迴歸函數為：

$$\hat{Y}_i = \hat{\beta}_0^{wls} + \hat{\beta}_1^{wls} X_{1i} + \hat{\beta}_2^{wls} X_{2i} + \cdots + \hat{\beta}_k^{wls} X_{ki}$$

且可以基於模型(4.19)，按照通常的 t 檢驗和 F 檢驗程序對變量進行顯著性檢驗。

例如，利用 WLS 法估計異方差性為 $Var(u_i) = \sigma^2 X_i^2 (X_i > 0)$ 的模型：

$$Y_i = \beta X_i + u_i$$

首先需要用權數序列 $\frac{1}{X_i}$ 對原模型進行加權變換，得加權模型：

$$\frac{Y_i}{X_i} = \beta + \frac{u_i}{X_i} \quad (4.20)$$

然後利用 OLS 法估計模型(4.20)，便得到參數 β 的 WLS 估計量

$$\hat{\beta}^{wls} = \frac{1}{n} \sum_{i=1}^{n} \frac{Y_i}{X_i}$$

及樣本迴歸函數

$$\hat{Y}_i = \hat{\beta}^{wls} X_i$$

從上述 WLS 法的估計過程可以看出，應用該方法需要已知 $Var(u_i)$ 中的 h_i。在對實際經濟問題的建模分析中，h_i 通常含有未知的參數，因此不能直接應用 WLS 法估計模型。對於這種情形，在已知 $Var(u_i)$ 或 h_i 的函數形式的條件下，可以先依據樣本數據得到 h_i 的一致估計量 $\hat{h}_i$，然後再以 $\frac{1}{\hat{h}_i}$ 為權序列進行 WLS 法的估計過程，得到原模型中參數的估計量。這種方法稱為**可行的加權最小二乘法**或 **FWLS 法**（FWLS：feasible weighted least squares），由此得到的估計量稱為**可行的加權最小二乘估計量**或 **FWLS 估計量**

（FWLSE：FWLS estimator）。可以證明，在一定的基本假定條件下，FWLS 估計量漸近服從正態分佈，而且具有一致性和漸近有效性。

要應用可行的加權最小二乘法，首先需要估計權序列 $\frac{1}{h_i}$。估計 $\frac{1}{h_i}$ 的基本思路是，利用 OLS 法估計模型得到的殘差的平方 e_i^2 作為誤差項方差的估計量，並設定 e_i^2 對解釋變量的迴歸模型，通過估計該模型得到 e_i^2 的估計量 $\hat{e}_i^2$，進而得到 $\frac{1}{h_i} = \frac{1}{|\hat{e}_i|}$。關於 e_i^2 對解釋變量的迴歸模型的設定，有如下兩種常見的形式（伍德里奇，2015；格林，2007）：

$$e_i^2 = \alpha_0 + \alpha_1 X_{1i} + \alpha_2 X_{2i} + \cdots + \alpha_k X_{ki} + v_i$$
$$\ln e_i^2 = \alpha_0 + \alpha_1 X_{1i} + \alpha_2 X_{2i} + \cdots + \alpha_k X_{ki} + v_i$$

除上述一般性方法外，也可以依據異方差性檢驗提供的信息估計權序列。例如，若戈里瑟檢驗結果表明模型存在異方差性，且斜率係數顯著不為 0、擬合「最佳」的實驗模型為：

$$|e_i| = \hat{\alpha}_0 + \hat{\alpha}_1 \sqrt{X_{ji}} + \hat{v}_i$$

則可以考慮令 $\frac{1}{h_i} = \frac{1}{\hat{\alpha}_0 + \hat{\alpha}_1 \sqrt{X_{ji}}}$ 或 $\frac{1}{h_i} = \frac{1}{\sqrt{X_{ji}}}$。

在 EViews 軟件下，應用 WLS 法估計模型（4.18）的執行過程：

① 在 Workfile 中，輸入被解釋變量 Y、解釋變量 X1、X2、⋯、Xk 的樣本數據，並生成權序列 W = 1/ h（註：X1、X2、⋯、Xk 分別表示變量 X_1、X_2、⋯、X_k）。

② 在主窗口中，點擊 Quick→Estimate Equation，接著在彈出的 Equation Estimation 窗口的 Equation Specification 對話框中依次鍵入「Y　C　X1　X2　⋯　Xk」，然後點擊 options，並在彈出的界面上選擇 Weighted LS/TSLS，在 Weight 對話框中鍵入「W」，接著點擊「確定」，便得到加權最小二乘法估計模型（4.18）的輸出結果。

4.2.4.2 懷特異方差－穩健性程序

懷特異方差－穩健性程序是懷特（White）於 1980 年提出的一種處理異方差性導致參數統計推斷失效問題的方法。它的基本做法是，在未知異方差性表現形式的情形下，仍然利用 OLS 法估計模型，但依據懷特給出的迴歸係數 OLS 估計量方差的一致估計量構造 t 統計量，進而對參數進行統計推斷。

我們知道，對於存在異方差性的模型（4.18），利用 OLS 法估計的不良後果之一是迴歸係數通常的 t 檢驗可能會引起誤導。究其根源在於 t 統計量的構造過程中使用了 $\hat{\beta}_j$ 的標準差的不合適的估計量，致使其不再服從 t 分佈。為此，在未知異方差性表現形式的情況下，懷特（1980）給出了 $\hat{\beta}_j$ 的方差 $Var(\hat{\beta}_j)$ 的一致估計量，並基於此建立起迴歸係數的**異方差－穩健性 t 檢驗**（heteroskedasticity－robust t test）。下面是他給出的迴歸係數向量 β 的 OLS 估計量 $\hat{\beta}$ 的方差－協方差矩陣的一致估計量：

$$\hat{Cov}(\hat{\beta}) = \frac{n}{n-k-1}(X'X)^{-1}\left(\sum_{i=1}^{n} e_i^2 X_i X_i'\right)(X'X)^{-1} \tag{4.21}$$

其中 $X_i' = (1, X_{1i}, X_{2i}, \cdots, X_{ki})$，$e_i$ 為利用 OLS 法迴歸原模型得到的殘差序列，矩陣 $\widehat{Cov}(\hat{\beta})$ 主對角線上的第 $j+1$ 個元素即為 $Var(\hat{\beta}_j)$ 的一致估計量，記為 $\widehat{Var}(\hat{\beta}_j)$。由於無論異方差性的類型如何，由(4.21)式得到的 $\widehat{Var}(\hat{\beta}_j)$ 都是 $Var(\hat{\beta}_j)$ 的一致估計量，因此它被稱為 $\hat{\beta}_j$ 的**異方差－穩健性方差估計量**（heteroskedasticity－robust variance estimator）。相應地，稱 $\sqrt{\widehat{Var}(\hat{\beta}_j)}$ 為 $\hat{\beta}_j$ 的**異方差－穩健性標準差估計量**或**異方差－穩健性標準誤**（heteroskedasticity－robust standard error）。利用 $\sqrt{\widehat{Var}(\hat{\beta}_j)}$ 便可以構造漸近服從自由度為 $n-k-1$ 的 t 分佈的統計量

$$t = \frac{\hat{\beta}_j - \beta_j}{\sqrt{\widehat{Var}(\hat{\beta}_j)}}$$

稱之為**異方差－穩健性 t 統計量**（heteroskedasticity－robust t statistic）。於是，在大樣本的情形下，利用這個結論便可以對 $\beta_j = 0$ 進行假設檢驗。

由此可見，引進參數估計量的異方差－穩健性方差估計量的目的是糾正在參數統計推斷上存在的問題，但其參數的估計量仍是非有效的 OLS 估計量。因此，儘管這種估計程序不要求知道隨機誤差項異方差性的表現形式，具有廣泛的實用性，但它不能替代（可行的）加權最小二乘法，因為當異方差性已知或其中的參數可以一致估計時，（可行的）加權最小二乘估計量是（漸近）有效的估計量。

無論是可行的加權最小二乘法還是基於 OLS 法的異方差－穩健性程序，都是適用於大樣本的情形。對於小樣本或有限樣本的情形，這些處理異方差性的方法與 OLS 法相比，哪一個更有效並沒有一般的結論。但參考異方差－穩健性方差估計量，可以幫助我們判斷是否有些結論對所使用的方差估計量有敏感的反應。另外，對於大樣本的情形，由於異方差－穩健性方差估計量是對 OLS 估計量的方差的漸近估計，而利用一個合適的權序列所得到的可行的加權最小二乘估計量是漸近有效的，因此它的方差估計量通常應該小於異方差－穩健性方差估計量。由此可以通過比較這兩個方差估計量，為權序列的選擇提供基本依據。

在 EViews 軟件下，應用懷特異方差－穩健性程序估計模型(4.18) 的執行過程：

① 在 Workfile 中，輸入被解釋變量 Y、解釋變量 X1、X2、⋯、Xk 的樣本數據。

② 在主窗口中，點擊 Quick→Estimate Equation，接著在彈出的 Equation Estimation 窗口的 Equation Specification 對話框中，依次鍵入「Y　C　X1　X2　⋯　Xk」，然後點擊 options，彈出 Estimation options 窗口。在此窗口中，選擇 Heteroskedasticity consistent coefficient，再選擇 White，然後點擊「確定」，就得到了利用懷特異方差－穩健性程序估計模型(4.18)的輸出結果。（註：該輸出結果與通常的 OLS 法估計的輸出結果的不同之處，只在於參數估計量的標準差估計值和 t 統計量值是基於懷特異方差－穩健性方差估計值計算所得。）

以上我們對於已設定的模型討論了異方差性問題的補救措施。在實證分析中,在符合研究目的且經濟意義成立的前提下,也可以通過選擇適當的函數形式以減弱模型的異方差性。例如,建立如下雙對數模型:

$$\ln Y_i = \beta_0 + \beta_1 \ln X_i + u_i \tag{4.22}$$

或半對數模型:

$$\ln Y_i = \beta_0 + \beta_1 X_i + u_i \tag{4.23}$$

往往具有較弱的異方差性。

在許多實證分析的論文中,業已把建立對數模型以避免或減弱異方差性作為一種常規的建模手段。但值得注意的是,對數變換並不是總能起到減弱異方差性的效果(請讀者自己舉例說明)。另外,對數模型中的參數與線性模型中的參數具有不同的含義,模型(4.22)中的 β_1 近似為 Y_i 對 X_i 的彈性,模型(4.23)中的 β_1 則近似反應了 X_i 增加一個單位時 Y_i 的相對改變量的大小。因此,是否建立對數模型或半對數模型應該因研究的目的、異方差的程度及變量的觀測值而定。

例題 4.2　恩格爾定律的再檢驗

在第 2 章 §2.7 例題 2.2 中,在假定模型(2.51):

$$Y_i = \beta_0 + \beta_1 X_i + u_i \quad (i = 1, 2, \cdots, 55)$$

滿足基本假定條件的情況下,我們的檢驗結果表明,印度農戶的週食物支出 Y 與總支出 X 的樣本數據支持恩格爾定律。但從 Y 對 X 的散點圖(圖 2-10)可以看出,隨著 X 的增加 Y 的分散程度呈現增加的趨勢,此表明在不同的觀測點上 Y_i 可能具有不同的方差,即該模型可能存在異方差性。我們知道,在存在異方差性的情形下,通常進行的變量顯著性 t 檢驗是失效的,因此有必要對模型(2.51)進行異方差性檢驗。

首先,在 EViews 軟件下,利用 OLS 法估計模型(2.51),並生成殘差序列 e = resid。

(1) 利用圖示檢驗法檢驗。生成殘差序列的平方 $e2 = e^2$,並作 e2 對 X 的散點圖,如圖 4-3 所示。從該圖可以看出,殘差平方 e2 隨著 X 的增加呈現增大的趨勢,因此模型很可能存在遞增型的異方差性。

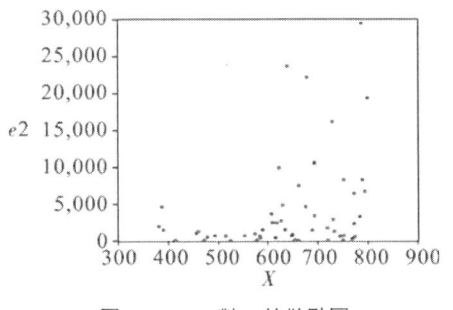

圖 4-3　e2 對 X 的散點圖

(2) 利用懷特檢驗法檢驗。在 EViews 軟件下懷特檢驗的輸出結果如表 4-6 所示。

表 4-6　　　　　　　　　　懷特檢驗的(部分)輸出結果

Heteroskedasticity Test: White			
F-statistic	4.025,939	Prob. F(2,52)	0.023,7
Obs*R-squared	7.374,513	Prob. Chi-Square(2)	0.025,0
Scaled explained SS	7.650,764	Prob. Chi-Square(2)	0.021,8

在表 4-6 中，nR^2 的值為 7.374,513，其 P 值為 0.025,041［註：Prob. Chi-Square(2) 中的 2 為 nR^2 的漸近 χ^2 分佈的自由度］，因此在 0.05 的顯著性水平下，懷特檢驗拒絕同方差性的原假設，可以認為模型存在異方差性。

(3) 利用戈里瑟檢驗法檢驗。生成殘差序列的絕對值 $|e|$，並利用 OLS 法估計 $|e|$ 對 X 的迴歸模型：

$$|e_i| = \alpha_0 + \alpha_1 X_i + v_i \ (i = 1, 2, \cdots, 55) \tag{4.24}$$

得如下樣本迴歸模型：

$$|e_i| = -32.220 + 0.130,7 X_i + \hat{v}_i$$

t 值　　　　-1.092,6　　　2.878,0

P 值　　　　0.279,5　　　0.005,8

$$R^2 = 0.135,2, F = 8.283 (P \text{ 值} = 0.005,8), DW = 1.846,7$$

由於 $\alpha_1 = 0$ 的顯著性 t 檢驗的 P 值 = 0.005,8 小於 0.05，因此在 0.05 的顯著性水平下，X_i 對 $|e_i|$ 的影響是顯著的，即可以認為模型(2.51) 存在異方差性。利用前文給出的其他「試驗模型」，也可以得到同樣的結論。

(4) 利用戈德菲爾德-匡特檢驗法檢驗。將樣本數據按 X 從小到大排序(註：在 Workfile 窗口，點擊工具欄中的 Proc→Sort Current Page，在彈出窗口的對話框內輸入「X」，在 Sort order 選項中選擇 Ascending，點擊 OK 即可)，並去掉中間的 13 組數據，得到兩個容量為 21 的子樣本。對兩個子樣本分別進行 Y 對 X 的 OLS 線性迴歸，求各自的殘差平方和 RSS_1 和 RSS_2。

子樣本 1：1—21

$$\hat{Y}_i = 28.556 + 0.573,2 X_i$$

t 值　　　　0.581,8　　　6.131

P 值　　　　0.567,5　　　0.000,0

$$R^2 = 0.664,3, DW = 1.662,2, RSS_1 = 21,986.20$$

子樣本 2：35—55

$$\hat{Y}_i = 219.97 + 0.263,6 X_i$$

t 值　　　　0.532,0　　　0.479,3

P 值　　　　0.600,8　　　0.637,2

$$R^2 = 0.011,9, DW = 1.687,3, RSS_2 = 131,198.6$$

計算 F 統計量值：

$$F = \frac{RSS_2}{RSS_1} = \frac{131,198.6}{21,986.20} = 5.967,3$$

在0.05的顯著性水平下，查F分佈表得臨界值$F_{0.05}(19,19) = 2.18$[①]。因為

$$F = 5.967\,3 > F_{0.05}(19,19) = 2.18$$

所以拒絕原模型具有同方差性的原假設，可以認為隨機誤差項存在遞增型的異方差性。

上述各種檢驗均表明模型(2.51)存在異方差性。於是，為減弱或消除異方差性對迴歸結果的影響，我們分別採用懷特異方差－穩健性程序和FWLS法來估計模型。

懷特異方差－穩健性程序的估計結果：

$$\hat{Y}_i = 94.208 + 0.436\,8X_i \qquad (4.25)$$
$$(43.263)\ (0.074\,2)$$

t 值　　　2.177,5　5.882,5

P 值　　　0.033,9　0.000,0

$R^2 = 0.369\,8,\ DW = 2.083,2$

這裡括號中數字為迴歸系數普通最小二乘估計量的懷特異方差－穩健性標準差估計值。

以$1/X_i$為權序列利用FWLS法估計模型(2.51)，加權迴歸模型的估計結果為(本章附錄4.1給出了EViews軟件下應用該方法估計的輸出結果)：

$$\frac{\hat{Y}_i}{X_i} = 76.544 \times \frac{1}{X_i} + 0.465\,0 \qquad (4.26)$$
$$(37.944)\qquad (0.063\,2)$$

t 值　　　2.017　　　7.361

P 值　　　0.048,7　0.000,0

$DW = 2.122,8$

這裡括號中數字為迴歸系數可行的加權最小二乘估計量的標準差估計值。利用懷特檢驗法可以驗證，該加權迴歸模型已不存在異方差性(註：在EViews6.0下對任意加權迴歸模型進行懷特檢驗時，輔助迴歸模型均不含有一次項。)。

由(4.26)式，即得模型(2.51)的樣本迴歸函數：

$$\hat{Y}_i = 76.544 + 0.465\,0X_i$$

比較上述兩種方法的估計結果可以看出，(4.25)式與(4.26)式中迴歸系數的估計值比較接近，且均大於0；所有迴歸系數t統計量P值的一半均小於通常設定的顯著性水平0.05，因此在0.05的顯著性水平下，單側t檢驗的結果都支持迴歸系數均大於0的結論。另外，迴歸系數可行的加權最小二乘估計量的標準差估計值小於普通最小二乘估計量的懷特異方差－穩健性標準差估計值，此表明這裡權序列的選擇與本節前面理論分析所得結果是相容的。

綜上所述，在考慮存在異方差性的情形下，無論是採用懷特異方差－穩健性程序還是可行的加權最小二乘法，檢驗結果均表明印度農戶的樣本數據仍支持恩格爾定律，即隨著收入的增加平均食物支出佔收入的比例是遞減的。

[①] F分佈表中沒有給出臨界值$F_{0.05}(19,19)$，2.18是其臨近的兩個臨界值$F_{0.05}(16,19) = 2.21$和$F_{0.05}(20,19) = 2.15$的算術平均數。

§4.3 自相關性

4.3.1 自相關性的概念及表現形式

4.3.1.1 自相關性的概念

經典線性迴歸模型

$$Y_i = \beta_0 + \beta_1 X_{1i} + \cdots + \beta_k X_{ki} + u_i \quad (i = 1, 2, \cdots, n)$$

的無自相關性假定要求在不同觀測點上的 u_i 之間互不相關,即

$$Cov(u_i, u_j) = 0 \quad (i \neq j, i, j = 1, 2, \cdots, n)$$

如果模型違背了無自相關性假定,即 $Cov(u_i, u_j)(i \neq j, i, j = 1, 2, \cdots, n)$ 不全為0,則稱 u_i(或模型)存在**自相關性**(autocorrelation)。由於解釋變量為確定性變量,

$$Cov(Y_i, Y_j) = Cov(u_i, u_j)$$

所以 u_i 存在自相關性也意味著 $Cov(Y_i, Y_j)(i \neq j, i, j = 1, 2, \cdots, n)$ 不全為0。因此,分析 u_i 的自相關性就等價於分析 Y_i 的自相關性。

我們知道,變量之間的線性相關程度通常採用無量綱的相關係數來度量。在滿足基本假定中其他假定條件的情形下,u_i 之間的相關係數可以表示為:

$$\rho_{ij} = \frac{Cov(u_i, u_j)}{Var(u_i)} = \frac{E(u_i u_j)}{E(u_i^2)} \tag{4.27}$$

其中,$|\rho_{ij}|$ 越接近1,表明 u_i 與 u_j 之間的相關程度越高。$\rho_{ij} < 0(\rho_{ij} > 0)$ 表明它們之間存在負(正)相關性。由於 u_i 通常是不可以觀測的,它們之間的相關係數也是未知的,因此在實際分析中,或者採用 Y_i 的(樣本)相關係數,或者採用基於迴歸模型得到的 ρ_{ij} 的適當估計量(見本節4.3.3),來研究模型的自相關性。

在實證分析中,導致迴歸模型存在自相關性的原因主要來自以下六個方面:

(1)經濟行為的慣性

在經濟運行過程中,居民的消費、企業的投資和經營模式、政府稅收和購買等經濟行為在時間上都有一定的持續性或慣性,因此導致描述經濟系統運行特徵的各種數量指標(變量)呈現週期性的波動特徵。例如,在經濟復甦階段,國內生產總值、物價指數、就業率、固定資產投資、居民消費支出等都呈現逐期上升的趨勢;當經濟進入繁榮時期時,它們都會在較高的水平持續一段時間。而在經濟衰退階段,這些經濟變量呈現逐期下降的趨勢;當經濟進入蕭條時期時,它們都會在較低的水平持續一段時間。如果以這些變量為被解釋變量建立時間序列模型,那麼該模型就很可能存在(正)自相關性。

(2)偶然因素的持續影響

地震、戰爭、氣候、金融危機等偶然因素對經濟系統的影響可能會持續多個時期,在此期間一些經濟變量會低於或高於長期均衡水平,若以這些變量為被解釋變量建模,其誤差項就可能存在自相關性。

(3)個體相鄰的地理位置的影響

利用截面數據建模時,由於地理位置相鄰的個體之間在經濟活動上存在一定的聯繫,致使模型可能存在自相關性。例如,一個家庭的消費行為可能會影響一些鄰近家庭的

消費行為,一個地區經濟的快速增長很可能會帶動鄰近其他地區的經濟增長,由此可能導致家庭的消費支出、反應地區經濟增長的變量在不同觀測點上存在自相關性。

(4)模型設定的偏誤

模型設定的偏誤可能導致其存在自相關性。如,在模型中忽略了或為減弱多重共線性人為去掉了某些變量,這些變量就歸入了隨機誤差項中,如果它們本身存在自相關性,就可能導致隨機誤差項出現自相關性。再如,正確模型為解釋變量的二次函數形式(不存在自相關性),而實際建立的是線性模型,則該模型就會存在自相關性。

(5)對實際觀測數據加工處理得到的樣本數據

在實證分析中,有些變量的樣本數據是經過對實際觀測數據加工處理得到的,它們在不同期之間存在一定的內在聯繫,因此以這些變量為被解釋變量的模型就可能存在自相關性。例如,設變量序列 X_t 為白噪聲過程,為了消除季節因素的影響,採用如下移動平均公式

$$X_t^* = w_0 X_t + w_1 X_{t-1} + w_2 X_{t-2} + w_3 X_{t-3}$$

其中 $w_0 + w_1 + w_2 + w_3 = 1$,得到的季節調整後的變量序列 X_t^*。容易驗證,X_t^* 存在自相關性。再如,對缺失的時間點上的數據,採用特定的內插或外推處理方法加以彌補,也可能使所得樣本數據的前後期相關,從而產生自相關性。

(6)蛛網現象

蛛網現象是微觀經濟學中的一個概念。它是指某種商品當期的供給量受其前一期價格的影響而表現出來的,呈蛛網狀收斂於供需的均衡點或發散的一種經濟現象。許多農產品的供給需要經過一定的時間(一年或半年)才能實現,由此導致供給對價格的反應要滯後一個時期。也就是說,第 t 期的供給量 Y_t 是受第 $t-1$ 期價格 P_{t-1} 的影響,呈現出蛛網現象的特徵。因此,這些農產品的供給函數模型可以設定為:

$$Y_t = \beta_0 + \beta_1 P_{t-1} + u_t \tag{4.28}$$

當第 t 期的農產品供給量 Y_t 高於長期均衡供給量 $E(Y_t)$($u_t > 0$)時,在需求量不變的條件下,該農產品的價格 P_t 通常會低於 $t-1$ 期的價格 P_{t-1},因此農民就很可能決定在第 $t+1$ 期減少該農產品的種植,從而減少供給量(如圖 4-4 所示)。因此,模型(4.28)中的 u_t 很可能存在(負)自相關性。

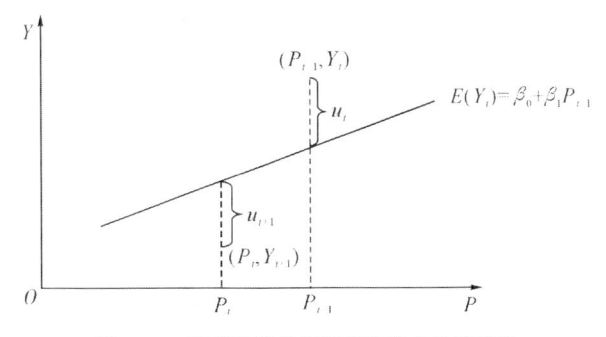

圖 4-4 農產品供給量隨價格變化的示意圖

自相關性經常出現在以時間序列數據為樣本的模型中[此時也稱之為**序列相關性**(serial correlation)],因此在本節後文的討論中,變量的下標用 t 表示,並稱 u_t 與 u_{t-k} 之間

的相關係數為 k 階自相關係數，記為 ρ_k。在以橫截面數據為樣本的模型中也可能會出現自相關性，通常稱其為**空間自相關**（spatial autocorrelation），它屬於空間計量經濟學的研究範疇。本書主要討論時間序列模型的自相關性問題。

4.3.1.2 自相關性的表現形式

由於實際問題中變量序列的自相關性相當複雜，因此人們常常採用有規律的幾種表現形式去近似地刻畫它。對於分佈特徵不隨著觀測點的變化而變化的平穩變量序列（詳細的討論在第 8 章 §8.1），常用**自迴歸過程**（AR：autoregressive process）、**移動平均過程**（MA：moving average process）和**自迴歸移動平均過程**（ARMA：autoregressive moving average process）來刻畫。

(1) 自迴歸過程

若隨機變量序列 u_t 滿足

$$u_t = c + \varphi_1 u_{t-1} + \varphi_2 u_{t-2} + \cdots + \varphi_p u_{t-p} + \varepsilon_t \tag{4.29}$$

其中 $c, \varphi_1, \varphi_2, \cdots, \varphi_p$ 為任意常數，ε_t 滿足

$$E(\varepsilon_t) = 0 \tag{4.30}$$

$$Var(\varepsilon_t) = \sigma^2 \quad (0 < \sigma^2 < \infty) \tag{4.31}$$

$$Cov(\varepsilon_t, \varepsilon_s) = 0 \quad (t \neq s) \tag{4.32}$$

則稱 u_t 為 p 階**自迴歸過程**，記為 **AR(p)**，稱 $\varphi_j (j = 1, 2, \cdots, p)$ 為**自迴歸係數**，稱 ε_t 為**擾動項**（disturbance）或**新息**（innovation）。滿足 (4.30) 至 (4.32) 式的變量序列 ε_t 稱為**白噪聲過程**（white noise process），記為 $\varepsilon_t \sim WN(0, \sigma^2)$。

在自迴歸過程中，一階自迴歸過程 AR(1)：

$$u_t = \varphi u_{t-1} + \varepsilon_t \tag{4.33}$$

其中 $|\varphi| < 1$，是最簡單，也是實際建模時廣為使用的平穩自迴歸過程。

可以驗證，對於一般的平穩 AR(p) 過程 u_t，其中變量 u_t 與 u_s 之間自相關係數的絕對值隨著 $|t - s|$ 的增加逐漸衰減為 0。此表明隨著 u_t 與 u_s 之間間隔的增加，它們之間的相關關係越來越弱並最終消失。下面以一階自迴歸過程 (4.33) 為例來驗證這個結論。

由 (4.33) 式，可以得到 u_t 的各期滯後值的表達式：

$$u_{t-1} = \varphi u_{t-2} + \varepsilon_{t-1}$$
$$u_{t-2} = \varphi u_{t-3} + \varepsilon_{t-2}$$
$$\cdots\cdots\cdots$$

將上述各式依次代入 (4.33) 式，可得

$$u_t = \varepsilon_t + \varphi \varepsilon_{t-1} + \varphi^2 \varepsilon_{t-2} + \cdots = \sum_{r=0}^{\infty} \varphi^r \varepsilon_{t-r} \tag{4.34}$$

當 $|\varphi| < 1$ 時，由於 $\varepsilon_t \sim WN(0, \sigma^2)$，則可以推導出以下結果：

$$E(u_t) = \sum_{r=0}^{\infty} \varphi^r E(\varepsilon_{t-r}) = 0 \tag{4.35}$$

$$Var(u_t) = \sum_{r=0}^{\infty} \varphi^{2r} Var(\varepsilon_{t-r}) = \frac{\sigma^2}{1 - \varphi^2} \tag{4.36}$$

$$Cov(u_t, u_{t-k}) = \varphi^k Var(u_t) \quad (k = 1, 2, \cdots) \tag{4.37}$$

下面是 (4.37) 式的推導過程：

$$Cov(u_t, u_{t-1}) = E(u_t u_{t-1}) = E[(\varphi u_{t-1} + \varepsilon_t) u_{t-1}]$$
$$= E(\varphi u_{t-1}^2 + \varepsilon_t u_{t-1})$$
$$= \varphi E(u_{t-1}^2) + E(\varepsilon_t u_{t-1})$$
$$= \varphi Var(u_t) \quad [利用(4.34)式-(4.36)式、\varepsilon_t \sim WN(0,\sigma^2)]$$
$$Cov(u_t, u_{t-2}) = E(u_t u_{t-2}) = E[(\varphi u_{t-1} + \varepsilon_t) u_{t-2}] = E(\varphi u_{t-1} u_{t-2} + \varepsilon_t u_{t-2})$$
$$= E[\varphi(\varphi u_{t-2} + \varepsilon_{t-1}) u_{t-2} + \varepsilon_t u_{t-2}] = E(\varphi^2 u_{t-2}^2 + \varphi \varepsilon_{t-1} u_{t-2} + \varepsilon_t u_{t-2})$$
$$= \varphi^2 E(u_{t-2}^2) + \varphi E(\varepsilon_{t-1} u_{t-2}) + E(\varepsilon_t u_{t-2})$$
$$= \varphi^2 Var(u_t) \quad [利用(4.34)式-(4.36)式、\varepsilon_t \sim WN(0,\sigma^2)]$$

以此類推，即可得到(4.37)式。

進而，可得 u_t 與 u_{t-k} 的相關係數為：
$$\rho_k = \varphi^k$$

由此可知，當 $0 < |\varphi| < 1$ 時，一階自迴歸過程 AR(1) 滿足 0 均值和同方差性，它們的自相關係數均不為 0，即該過程的各期變量之間存在自相關性，但隨著滯後期 k 的增加，u_t 與 u_{t-k} 之間的相關性逐漸減弱並最終消失。

(2) 移動平均過程

若隨機變量序列 u_t 滿足
$$u_t = \mu + \varepsilon_t + \theta_1 \varepsilon_{t-1} + \theta_2 \varepsilon_{t-2} + \cdots + \theta_q \varepsilon_{t-q} \tag{4.38}$$

其中 $\mu, \theta_1, \theta_2, \cdots, \theta_q$ 為任意常數，$\varepsilon_t \sim WN(0, \sigma^2)$，則稱該過程為 q **階移動平均過程**，記為 **MA(q)**，稱 $\theta_j (j = 1, 2, \cdots, q)$ 為**移動平均係數**。

可以驗證，在一個 MA(q) 過程 u_t 中，當 $j > q$ 時，變量 u_t 與 u_{t-j} 的自相關係數都等於 0。此表明該過程中的變量只與相鄰的 $2q$ 個變量相關。

例如，設一階移動平均過程 MA(1) 為：
$$u_t = \mu + \varepsilon_t + \theta \varepsilon_{t-1} \tag{4.39}$$

則由 $\varepsilon_t \sim WN(0, \sigma^2)$，可得
$$E(u_t) = \mu$$
$$Var(u_t) = Var(\varepsilon_t) + \theta^2 Var(\varepsilon_{t-1}) = (1 + \theta^2) \sigma^2$$
$$Cov(u_t, u_{t-1}) = Cov(\mu + \varepsilon_t + \theta \varepsilon_{t-1}, \mu + \varepsilon_{t-1} + \theta \varepsilon_{t-2}) = \theta \sigma^2$$

當 $j > 1$ 時，
$$Cov(u_t, u_{t-j}) = Cov(\mu + \varepsilon_t + \theta \varepsilon_{t-1}, \mu + \varepsilon_{t-j} + \theta \varepsilon_{t-j-1}) = 0$$

(3) 自迴歸移動平均過程

若隨機變量序列 u_t 滿足
$$u_t = c + \varphi_1 u_{t-1} + \varphi_2 u_{t-2} + \cdots + \varphi_p u_{t-p} + \varepsilon_t + \theta_1 \varepsilon_{t-1} + \cdots + \theta_q \varepsilon_{t-q} \tag{4.40}$$

其中 $c, \varphi_1, \varphi_2, \cdots, \varphi_p, \theta_1, \theta_2, \cdots, \theta_q$ 為任意常數，$\varepsilon_t \sim WN(0, \sigma^2)$，則稱該過程為 (p, q) **階自迴歸移動平均過程**，記為 **ARMA(p, q)**。

容易看到，自迴歸移動平均過程 u_t 是由兩部分構成的：前一部分是自迴歸項，後一部分是由擾動項構成的移動平均項。顯然，AR(p) 過程和 MA(q) 過程都可以看作 ARMA(p, q) 過程的特例。可以驗證，在平穩的 ARMA(p, q) 過程中，隨著變量之間間隔的增加，它們之間的相關關係越來越弱並最終消失。

4.3.2 自相關性的後果

在線性迴歸模型存在自相關性的情形下,由第 2、3 章迴歸系數 OLS 估計量 $\hat{\beta}_j$ 的統計性質的證明過程可知,$\hat{\beta}_j$ 仍然具有線性性、無偏性、而且通常也具有一致性(見附錄 4.2)。儘管如此,採用 OLS 法估計存在自相關性的模型會產生以下後果:

4.3.2.1 OLS 估計量不再具有最小方差性

可以證明:利用廣義最小二乘法(GLS:generalized least squares)(見本節 4.3.4)得到的迴歸系數的估計量(即廣義最小二乘估計量)是最佳線性無偏估計量,並且其方差小於 OLS 估計量的方差。換言之,在所有線性無偏估計量中,迴歸系數 OLS 估計量的方差不再是最小的(註:從下面的例題可以看出,有時 OLS 估計量的方差也是最小的,但這種情形沒有實際意義)。此表明模型的自相關性使其迴歸系數 OLS 估計量的穩定性或估計的精度下降,即迴歸系數的 OLS 估計量是非有效的。

這裡以如下一元迴歸模型為例,說明迴歸系數 OLS 估計量的非有效性及其方差估計中遇到的問題:

$$Y_t = \beta X_t + u_t$$

其中,u_t 為 AR(1) 過程 $u_t = \varphi u_{t-1} + \varepsilon_t (0 < |\varphi| < 1, \varepsilon_t \sim WN(0, \sigma^2))$。參數 β 的 OLS 估計量為:

$$\hat{\beta} = \beta + \frac{\sum_{t=1}^{n} X_t u_t}{\sum_{t=1}^{n} X_t^2}$$

利用前面得到的關於 u_t 的方差及協方差的計算結果,即(4.36)式和(4.37)式,容易得到 $\hat{\beta}$ 的方差為:

$$Var(\hat{\beta}) = \frac{\sigma_u^2}{\sum_{t=1}^{n} X_t^2} (1 + 2\varphi \frac{\sum_{t=1}^{n-1} X_t X_{t+1}}{\sum_{t=1}^{n} X_t^2} + 2\varphi^2 \frac{\sum_{t=1}^{n-2} X_t X_{t+2}}{\sum_{t=1}^{n} X_t^2} + \cdots + 2\varphi^{n-1} \frac{X_1 X_n}{\sum_{t=1}^{n} X_t^2})$$

(4.41)

其中 $\sigma_u^2 = Var(u_t)$。

在本節 4.3.4 中我們將看到,利用廣義最小二乘法可得參數 β 的最佳線性無偏估計量為:

$$\hat{\beta}^{gls} = \frac{\sum_{t=2}^{n} (X_t - \varphi X_{t-1})(Y_t - \varphi Y_{t-1}) + (1 - \varphi^2) X_1 Y_1}{\sum_{t=2}^{n} (X_t - \varphi X_{t-1})^2 + (1 - \varphi^2) X_1^2}$$

其方差為:

$$Var(\hat{\beta}^{gls}) = \frac{\sigma^2}{\sum_{t=2}^{n} (X_t - \varphi X_{t-1})^2 + (1 - \varphi^2) X_1^2}$$

可以驗證,$Var(\hat{\beta}^{gls}) \leq Var(\hat{\beta})$,而且對於實際的經濟問題,此不等式是嚴格成立的。

此表明 β 的 OLS 估計量不再具有最小方差性。

同時，$Var(\hat{\beta})$ 中含有未知的參數 σ_u^2，因此要度量 $\hat{\beta}$ 的穩定性或估計 β 的精度，就需要對該參數及 $Var(\hat{\beta})$ 進行估計。我們知道，對同樣的樣本數據，若將隨機誤差項「看作」是無自相關性的，則 $\hat{\beta}$ 的方差為：

$$\widetilde{Var}(\hat{\beta}) = \frac{\sigma_u^2}{\sum_{i=1}^{n} X_t^2}$$

從(4.41)式可以看出，當 $\varphi \neq 0$ 時，$Var(\hat{\beta})$ 與 $\widetilde{Var}(\hat{\beta})$ 通常是不相等的，前者可能大於後者，也可能小於後者（請讀者自己分析各種可能的情況）。此外，還可以證明：當 u_t 存在自相關性時，基於 OLS 法得到的 $\hat{\sigma}_u^2 = \dfrac{\sum_{i=1}^{n} e_t^2}{n-1}$ 通常不再是 u_t 的方差 σ_u^2 的無偏估計。因此，利用 $\dfrac{\hat{\sigma}_u^2}{\sum_{i=1}^{n} X_t^2}$ 去估計 $\hat{\beta}$ 的方差 $Var(\hat{\beta})$ 是不合適的。在本節 4.3.4 中我們將介紹 $Var(\hat{\beta})$ 的一個一致估計量，即所謂的尼威－韋斯特自相關－穩健性估計量。

4.3.2.2　通常的變量和方程的顯著性檢驗失效

採用 OLS 法迴歸模型，變量的顯著性檢驗通常採用的統計量為(3.36)式：

$$t_j = \frac{\hat{\beta}_j}{\hat{SE}(\hat{\beta}_j)} \sim t(n-k-1) \quad （在 H_0:\beta_j = 0 成立的條件下）$$

其中 $\hat{SE}(\hat{\beta}_j) = \hat{\sigma}\sqrt{(X'X)^{-1}_{j+1,j+1}}$，$\hat{\sigma}^2 = \dfrac{\sum_{i=1}^{n} e_t^2}{n-k-1}$。上述分佈依賴於 u_t 具有無自相關性，當 u_t 存在自相關性時，如此構造的統計量 t_j 不再服從 $t(n-k-1)$ 分佈，因此將其與 $t(n-k-1)$ 分佈的臨界值相比較進行變量的顯著性檢驗，其結果是不可靠的。關於方程的 F 檢驗也是如此。

4.3.2.3　通常的預測區間不可靠

在 u_t 存在自相關性時，迴歸系數的 OLS 估計量仍然是無偏且一致的，並且基於此對被解釋變量 Y 進行的預測也無系統偏差。儘管如此，由於 $E(Y_F|X_F)$ 通常的預測區間要求 u_t 具有無自相關性，當 u_t 存在自相關性時，

$$t = \frac{\hat{Y}_F - E(Y_F|X_F)}{\hat{\sigma}\sqrt{X_F(X'X)^{-1}X_F'}} \sim t(n-k-1)$$

不再成立，從而基於此所建立的預測區間將不再可靠。同理，通常構造的 Y_F 的預測區間也不再可靠。

4.3.3　自相關性的檢驗

由於 u_t 是不可觀測的，依據異方差性檢驗時的同樣理由，要檢驗 u_t 的自相關性，首先需利用 OLS 法估計模型得到殘差 e_t，並把它作為 u_t 的估計量，然後通過研究 e_t 的自相關性來推斷 u_t 的自相關性。在此我們介紹幾種常用的自相關性檢驗方法：圖示檢驗法、

DW 檢驗法、拉格朗日乘數(LM:lagrange multiplier)檢驗法。

4.3.3.1 圖示檢驗法

圖示檢驗法是通過作殘差 e_t 的趨勢圖或 e_t 與其滯後值的散點圖,從幾何直觀上對 u_t 的自相關性進行推斷,如圖4-5所示。若殘差圖與圖4-5(a)或(b)類似,則表明 u_t 存在正自相關性;若其與圖4-5(c)或(d)類似,則表明 u_t 存在負自相關性。

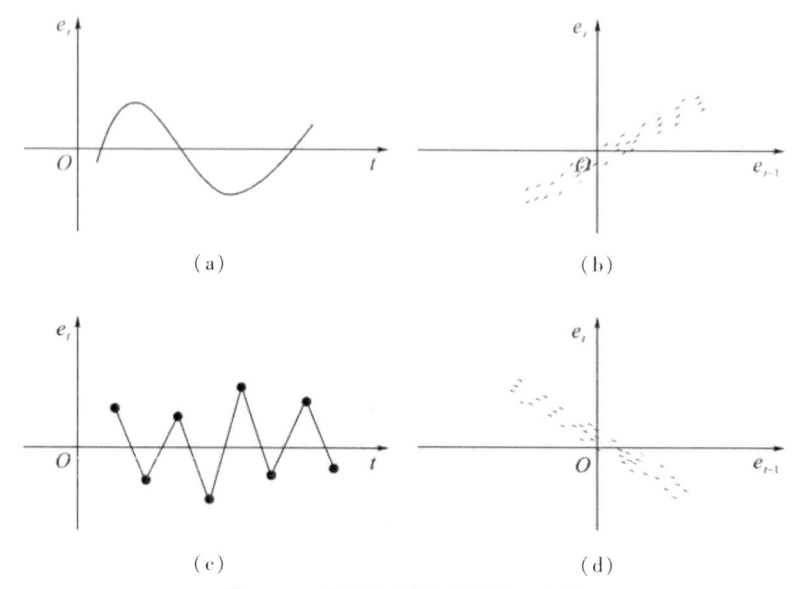

圖 4-5 殘差序列自相關性的示意圖

4.3.3.2 DW 檢驗法

DW(Durbin-Watson)檢驗法是德賓(J. Durbin)和沃特森(G.S. Watson)於1950年提出的一種被廣為應用的自相關性檢驗方法。該方法的基本假定條件是:

① 迴歸模型含有截距項,且不含滯後被解釋變量。
② 解釋變量為非隨機變量。
③ 隨機誤差項服從正態分佈,且為一階自迴歸過程: $u_t = \varphi u_{t-1} + \varepsilon_t, (|\varphi| < 1)$。
④ 樣本容量較大。

DW 檢驗的原假設和備擇假設分別為:

$H_0: \varphi = 0$(無自相關性)
$H_1: \varphi \neq 0$(存在自相關性)

該檢驗的統計量為:

$$DW = \frac{\sum_{t=2}^{n}(e_t - e_{t-1})^2}{\sum_{t=1}^{n} e_t^2} \tag{4.42}$$

其中 e_t 為利用 OLS 法迴歸模型得到的殘差,即 $e_t = Y_t - \hat{Y}_t$, $t = 1,2,\cdots,n$。

在給出檢驗規則之前,首先考察一下 DW 統計量與 u_t 的一階自相關係數 φ 之間的關

係。展開(4.42)式，可得

$$DW = \frac{\sum_{t=2}^{n} e_t^2 + \sum_{t=2}^{n} e_{t-1}^2 - 2\sum_{t=2}^{n} e_t e_{t-1}}{\sum_{t=1}^{n} e_t^2} \qquad (4.43)$$

當 n 較大時，$\sum_{t=2}^{n} e_t^2 \approx \sum_{t=2}^{n} e_{t-1}^2 \approx \sum_{t=1}^{n} e_t^2$，從而(4.43)式可以簡化為：

$$DW \approx 2\left[1 - \frac{\sum_{t=2}^{n} e_t e_{t-1}}{\sum_{t=2}^{n} e_{t-1}^2}\right] = 2(1 - \hat{\varphi}) \qquad (4.44)$$

其中

$$\hat{\varphi} = \frac{\sum_{t=2}^{n} e_t e_{t-1}}{\sum_{t=2}^{n} e_{t-1}^2} \qquad (4.45)$$

為 e_t 的一階樣本自相關係數，它是 u_t 的一階自相關係數 φ 的一個估計量。

因為 $|\varphi| < 1$，所以 DW 統計量一般位於 0 和 4 之間。表 4-7 給出了 DW 統計量與 $\hat{\varphi}$ 之間的近似對應關係。

表 4-7　　　　　　　　　DW 統計量與 $\hat{\varphi}$ 之間的近似對應關係

$\hat{\varphi}$	DW
-1	4
(-1, 0)	(2, 4)
0	2
(0, 1)	(0, 2)
1	0

由此可知，若 u_t 無自相關性，則 $\hat{\varphi}$ 分佈在 0 附近，DW 統計量分佈在 2 附近；若 u_t 與 u_{t-1} 之間存在完全正相關性，則 $\hat{\varphi}$ 分佈在 1 附近，DW 統計量分佈在 0 附近；若 u_t 與 u_{t-1} 之間存在完全負相關性，則 $\hat{\varphi}$ 分佈在 -1 附近，DW 統計量分佈在 4 附近。於是，若知道在原假設 H_0 成立時 DW 統計量的分佈，便可以對 u_t 的自相關性進行檢驗。在前述基本假定條件下，杜賓和沃特森的研究表明，DW 統計量的概率分佈依賴於解釋變量的取值。但對於給定的顯著性水平，他們成功地找到了 DW 統計量分佈的臨界值的上限 d_U 和下限 d_L（見書末附表 5），而這些上下限只與樣本容量 n 和解釋變量的個數有關。進而建立了如下 **DW 檢驗的判斷規則**：對於給定的顯著性水平，

若 $0 \leq DW < d_L$，則認為 u_t 存在一階正自相關；

若 $d_L \leq DW \leq d_U$，則不能確定 u_t 是否存在一階自相關；

若 $d_U < DW < 4 - d_U$，則認為 u_t 不存在一階自相關；

若 $4 - d_U \leq DW \leq 4 - d_L$，則不能確定 u_t 是否存在一階自相關；

若 $4-d_L<DW\leq 4$,則認為 u_t 存在一階負自相關。

DW 檢驗的判斷規則可以用坐標圖直觀地表示出來,如圖 4-6 所示。

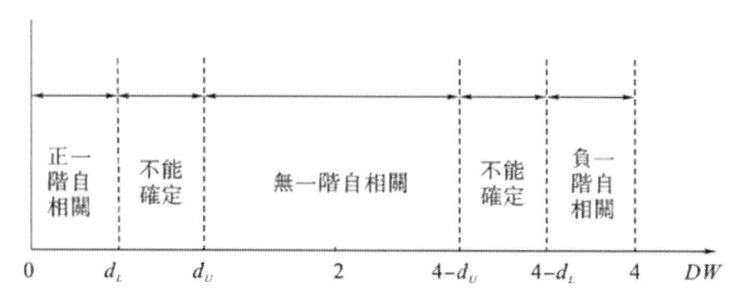

圖 4-6　DW 檢驗的判斷規則示意圖

在 EViews 軟件下,利用 OLS 法估計模型的輸出結果中給出了 DW 統計量值(Durbin-Watson stat),據此並應用上述判斷規則可以完成對隨機誤差項 u_t 的自相關性檢驗。

需要注意的是,DW 檢驗有兩個不能確定的區域($d_L\leq DW\leq d_U$ 和 $4-d_U\leq DW\leq 4-d_L$),當 DW 統計量值落入這兩個區域時,該檢驗是失效的。另外,DW 檢驗建立在其成立的基本假定條件之上,當它們當中的某一條不成立時,該檢驗也是失效的。例如,當模型中含有滯後被解釋變量 Y_{t-1} 作解釋變量時,Y_{t-1} 是隨機變量且與隨機誤差項 u_{t-1} 相關。模擬實驗表明,對這樣的模型,DW 統計量值一般趨近於 2。也就是說,當隨機誤差項存在自相關時,DW 檢驗傾向於得出無自相關的結論。因此,DW 檢驗不適合這類模型自相關性的檢驗。

4.3.3.3　拉格朗日乘數(LM)檢驗法

拉格朗日乘數檢驗是布勞殊(Breusch)與格弗雷(Godfrey)於 1978 年基於拉格朗日乘數(LM:Lagrange multiplier)原理提出的一種自相關性的檢驗方法。它是建立在統計量的漸近分佈上的大樣本檢驗法,也稱為 BG 檢驗。與 DW 檢驗法不同,LM 檢驗法適用於檢驗任意階自迴歸形式的自相關性,而且不受迴歸模型是否含有滯後被解釋變量的影響。

對於模型

$$Y_t = \beta_0 + \beta_1 X_{1t} + \beta_2 X_{2t} + \cdots + \beta_k X_{kt} + u_t \quad (t=1,2,\cdots,n) \quad (4.46)$$

若懷疑隨機誤差項 u_t 具有 p 階自迴歸形式

$$u_t = \varphi_1 u_{t-1} + \cdots + \varphi_p u_{t-p} + \varepsilon_t$$

的自相關性,LM 檢驗的基本步驟是:

① 提出假設檢驗的原假設和備擇假設分別為:

$H_0:u_t$ 無自相關性($\varphi_1 = \cdots = \varphi_p = 0$)

$H_1:u_t$ 存在自相關性($\varphi_1,\cdots,\varphi_p$ 不全為 0)

② 利用 OLS 法估計如下輔助迴歸模型:

$$e_t = \alpha_0 + \alpha_1 X_{1t} + \alpha_2 X_{2t} + \cdots + \alpha_k X_{kt} + \rho_1 e_{t-1} + \cdots + \rho_p e_{t-p} + v_t$$

得到可決系數 R^2,這裡 e_t 為利用 OLS 法迴歸原模型(4.46)得到的殘差序列,p 為滯後階數;並建立 LM 統計量:

$$LM(p) = nR^2$$

可以證明,若原假設成立,那麼在相當一般的條件下,$LM(p)$漸近服從自由度為p的χ^2分佈,即

$$LM(p) = nR^2 \overset{a}{\sim} \chi^2(p)$$

③ 對於給定的顯著性水平α,查自由度為p的χ^2分佈表得臨界值$\chi_\alpha^2(p)$,並與$LM(p)$統計量值進行比較。若$LM(p) > \chi_\alpha^2(p)$,則拒絕原假設,認為u_t存在階數小於或等於p的自迴歸形式的自相關性;若$LM(p) < \chi_\alpha^2(p)$,則接受原假設,認為u_t不存在階數小於或等於p的自迴歸形式的自相關性。

LM 檢驗的結果可能與自迴歸過程u_t的滯後階數p有關。在實際應用中,可以從1階、2階……逐次對更高階自迴歸形式的原假設進行檢驗。

需要指出的是,LM 檢驗也適合於隨機誤差項具有一般 $ARMA(r,q)$ 過程形式的自相關性的檢驗,此時 LM 檢驗的原假設和備擇假設分別被一般地設定為:

$H_0: u_t$ 不存在 1 至 p 階的自相關,即 u_t 的 1 至 p 階的自相關係數都為 0

$H_1: u_t$ 存在 $ARMA(r,q)$ 過程形式的自相關性,這裡 $\text{Max}\{r,q\} = p$

顯然,這裡的一般備擇假設 H_1 包括 $AR(p)$ 過程。關於一般 LM 檢驗統計量的構造與檢驗 u_t 是否具有 $AR(p)$ 過程形式的自相關性的 LM 統計量完全一樣,而且在原假設 H_0 成立的條件下,該統計量仍漸近服從自由度為 p 的 χ^2 分佈。

在 EViews 軟件下,LM 檢驗的執行過程:

① 利用 OLS 法估計原模型,得到輸出結果。

② 在該輸出結果窗口,點擊 View→Residual Tests→Series Correlation LM test,接著在彈出的 Lag Specification 窗口的對話框中,設置滯後階數 p(即輔助迴歸模型中滯後殘差的項數),然後點擊 OK,便可得到 LM 檢驗的輸出結果,其中列出了 $LM(p)$ 的統計量值(Obs * R - squared)及其相應的 P 值(Probability)。將 $LM(p)$ 的 P 值與顯著性水平比較就可以完成 LM 檢驗。

4.3.4 自相關性的補救措施

對於存在自相關性的模型,通常需要採取適當的補救措施,以消除或減小自相關性對參數估計和統計推斷的影響。首先應檢查自相關性是否源於模型設定的偏誤。若它是因函數形式設定不正確引起的,則應對其加以修正。若它是因忽略了重要的解釋變量引起的,而且將其添加到模型中並不會產生多重共性問題,則應補充這些變量以消除模型存在的自相關性。對於其他原因導致的自相關性,通常則需要採取新的參數估計方法或統計推斷方法解決模型存在自相關性問題。這裡我們介紹幾種常見的處理方法:廣義最小二乘法(GLS:generalized least squares)、廣義差分法(generalized difference method)、非線性最小二乘法(NLS 法)(見第 3 章附錄 3.2)、尼威和韋斯特自相關 - 穩健性估計程序(Newey - West autocorrelation - robust procedure)。

4.3.4.1 廣義最小二乘法

廣義最小二乘法估計存在自相關性或異方差性模型的基本思路是,首先將模型變換為不存在自相關性和異方差性的模型,然後利用OLS法得到參數的估計量。

設模型(4.46)的矩陣表達式為:

$$Y = X\beta + u \tag{4.47}$$

隨機誤差項向量 $u = (u_1, \cdots, u_n)'$ 的方差－協方差矩陣為:

$$\text{Cov}(u) = \begin{pmatrix} \text{Var}(u_1) & \text{Cov}(u_1, u_2) & \cdots & \text{Cov}(u_1, u_n) \\ \text{Cov}(u_2, u_1) & \text{Var}(u_2) & \cdots & \text{Cov}(u_2, u_n) \\ \cdots & \cdots & \cdots & \cdots \\ \text{Cov}(u_n, u_1) & \text{Cov}(u_n, u_2) & \cdots & \text{Var}(u_n) \end{pmatrix} \tag{4.48}$$

並設其存在異方差性或自相關性,即 $\text{Cov}(u) = \sigma^2 \Omega$,其中 σ^2 為正常數,Ω 為正定對稱矩陣且 $\Omega \neq I_n$。**在 Ω 已知的情形下**,應用廣義最小二乘法估計模型(4.47)的具體做法如下:

首先,將 Ω 進行分解:$\Omega = PP'$,其中 P 為 n 階可逆矩陣,並用 P^{-1} 左乘(4.47)式兩端,得到一個新模型

$$P^{-1}Y = (P^{-1}X)\beta + P^{-1}u \tag{4.49}$$

其中 $P^{-1}Y$、$P^{-1}X$、$P^{-1}u$ 分別為被解釋變量向量、解釋變量矩陣和隨機誤差項向量,該模型的迴歸系數向量仍是原模型(4.47)中的 β。可以驗證:經變換後的模型(4.49)滿足同方差性和無自相關性。

其次,利用 OLS 法估計模型(4.49),便得到原模型(4.47)中迴歸系數 β_j($j = 0, 1, \cdots, k$) 的最佳線性無偏估計量,記為 $\hat{\beta}_j^{gls}$,稱之為**廣義最小二乘估計量或GLS估計量**。迴歸系數向量的 GLS 估計量的表達式為:

$$\begin{aligned} \hat{\beta}^{gls} &= [(P^{-1}X)'(P^{-1}X)]^{-1}(P^{-1}X)'(P^{-1}Y) \\ &= [X'(P^{-1'}P^{-1})X]^{-1}X'(P^{-1'}P^{-1})Y \\ &= (X'\Omega^{-1}X)^{-1}X'\Omega^{-1}Y \quad (\text{利用 } \Omega = PP') \end{aligned} \tag{4.50}$$

請讀者自己驗證:OLS 法和估計存在異方差性模型的 WLS 法都是廣義最小二乘法的特例。

從(4.50)式可以看出,GLS 法需要已知隨機誤差項 u 的方差－協方差矩陣中的 Ω。在對實際經濟問題的建模分析中,Ω 通常是未知的,若樣本容量為 n,它最多含有 $\frac{n}{2}(n+1)$ 個未知參數。因此,一般的做法是設定 u_t 具有特殊結構的自相關性,以使 Ω 含有少量的未知參數,首先得到這些參數的一致估計量,進而得到 Ω 的估計量 $\hat{\Omega}$;然後用 $\hat{\Omega}$ 替換(4.50)中的 Ω,得到迴歸系數 β_j 的估計量。這種方法稱為**可行的廣義最小二乘法**(FGLS;feasible generalized least squares estimator),由此得到的估計量稱為**可行的廣義最小二乘估計量或可行的GLS估計量**(FGLSE;FGLS estimator)。可以證明,在一定的基本條件下,可行的 GLS 估計量是一致且漸近有效的。

4.3.4.2 廣義差分法

對於 u_t 為 AR(p) 過程的自相關性模型(4.46),也可以應用廣義差分法得到迴歸系

4 違背基本假定的多元線性迴歸模型

數 β_j 的最佳線性無偏估計量。下面以 u_t 為 AR(1) 過程

$$u_t = \varphi u_{t-1} + \varepsilon_t \quad (0 < |\varphi| < 1)$$

為例,介紹**廣義差分法**的具體做法。

首先,對原模型進行廣義差分變換得到廣義差分模型。將(4.46)式滯後一期,兩端同時乘以 φ,得

$$\varphi Y_{t-1} = \beta_0 \varphi + \beta_1 \varphi X_{1,t-1} + \beta_2 \varphi X_{2,t-1} + \cdots + \beta_k \varphi X_{k,t-1} + \varphi u_{t-1} \quad (t = 2, 3 \cdots, n)$$
(4.51)

再將(4.46)式減去(4.51)式,可得

$$Y_t - \varphi Y_{t-1} = \tilde{\beta}_0 + \beta_1 (X_{1t} - \varphi X_{1,t-1}) + \beta_2 (X_{2t} - \varphi X_{2,t-1}) + \cdots + \beta_k (X_{xk} - \varphi X_{k,t-1})$$
$$+ (u_t - \varphi u_{t-1}) \quad (t = 2, 3, \cdots, n) \quad (4.52)$$

其中 $\tilde{\beta}_0 = \beta_0(1-\varphi)$,隨機誤差項 $u_t - \varphi u_{t-1} = \varepsilon_t$ 滿足基本假定條件。模型(4.52)稱為**廣義差分模型**(generalized difference model)[1]。

其次,利用 OLS 法估計模型(4.52),便得到迴歸系數 $\beta_0, \beta_1, \cdots, \beta_k$ 的最佳線性無偏估計量 $\hat{\beta}_0 = \hat{\tilde{\beta}}_0 / 1-\varphi, \hat{\beta}_1, \cdots, \hat{\beta}_k$,其中 $\hat{\tilde{\beta}}_0$ 為 $\tilde{\beta}_0$ 的 OLS 估計量,而且通常的 t 檢驗和 F 檢驗都是有效的。

在實際應用中,u_t 的自迴歸系數 φ 通常是未知的,因此首先需要得到 φ 的一致估計量 $\hat{\varphi}$,然後利用 $\hat{\varphi}$ 建立廣義差分模型,並用 OLS 法估計參數。這種方法稱為**可行的廣義差分法**。可以證明,在一定的基本條件下,利用可行的廣義差分法得到的迴歸系數 β_j 的估計量是一致且漸近有效的。

對於 u_t 具有 AR(p) 過程的自相關性模型,利用 GLS 法和廣義差分法都能得到迴歸系數的最佳線性無偏估計量,兩者之間的差別僅在於後者在變換過程中損失了部分樣本信息。例如,對於模型(4.46),當 u_t 存在上述 AR(1) 過程的自相關性時,由(4.36)式和(4.37)式,可得其方差 – 協方差矩陣為:

$$Var(u) = \sigma^2 \Omega = \sigma^2 \begin{pmatrix} 1 & \varphi & \cdots & \varphi^{n-1} \\ \varphi & 1 & \cdots & \varphi^{n-2} \\ \vdots & \vdots & \cdots & \vdots \\ \varphi^{n-1} & \varphi^{n-2} & \cdots & 1 \end{pmatrix}$$

其中 $\sigma^2 = Var(u_t)$。Ω 可以分解為 $\Omega = PP'$,其中可逆矩陣 P 的逆矩陣為:

$$P^{-1} = \begin{pmatrix} \sqrt{1-\varphi^2} & 0 & \cdots & 0 & 0 \\ -\varphi & 1 & \cdots & 0 & 0 \\ 0 & -\varphi & \cdots & 0 & 0 \\ \vdots & \vdots & \cdots & \vdots & \vdots \\ 0 & 0 & \cdots & -\varphi & 1 \end{pmatrix}$$

於是,將 P^{-1} 代入模型(4.49)並展開,可得利用 GLS 法估計,經變換後的模型為:

---

[1] 名稱來源於模型(4.52)中的被解釋變量 $Y_t - \varphi Y_{t-1}$ 與解釋變量 $X_{jt} - \varphi X_{j,t-1} (j=1,2,\cdots,k)$ 均為當期值減去前期值的一部分。

$$\begin{cases} \sqrt{1-\varphi^2}\,Y_1 = \beta_0\sqrt{1-\varphi^2} + \beta_1\sqrt{1-\varphi^2}\,X_{11} + \cdots + \beta_k\sqrt{1-\varphi^2}\,X_{k1} + \sqrt{1-\varphi^2}\,u_1 \\ Y_t - \varphi Y_{t-1} = \beta_0(1-\varphi) + \beta_1(X_{1t} - \varphi X_{1,t-1}) + \cdots + \beta_k(X_{kt} - \varphi X_{k,t-1}) + (u_t - \varphi u_{t-1}) \end{cases}$$
$$(t = 2,3\cdots,n) \tag{4.53}$$

對比模型(4.52)和模型(4.53)可以看出,前者僅比後者少利用了一組樣本觀測值。

$$(\sqrt{1-\varphi^2}\,Y_1, \sqrt{1-\varphi^2}\,X_{11}, \cdots, \sqrt{1-\varphi^2}\,X_{k1}) \tag{4.54}$$

對於更高階的自迴歸形式,也有類似於 AR(1) 情形下的結論。如對於 AR(2) 的情形,廣義差分模型即為利用 GLS 法估計時,經變換後所得模型的後 $n-2$ 個方程,只是 GLS 法變換後的前兩組數據的計算更加複雜(格林,2007)。

由此可見,在小樣本的情形下,GLS 法比廣義差分法更多地利用了樣本信息(用於估計變換後模型的樣本觀測值較多),其參數估計量也更加有效,但在大樣本的情形下,兩者的估計結果是相近的。因此,對於隨機誤差項為自迴歸過程的自相關性模型,在小樣本的情形下,應該使用廣義最小二乘法;在大樣本的情形下,使用廣義差分法估計則更為簡便。

4.3.4.3 科克倫-奧科特(Cochrance-Orcutt)迭代法

科克倫-奧科特迭代法(Cochrane 和 Orcutt,1949)是一種常用的可行的廣義差分法。下面仍以介紹廣義差分法時的例子為例,說明應用這種方法估計模型的基本步驟。

① 使用 OLS 法估計模型(4.46),並計算殘差 $e_t^{(1)}$:
$$e_t^{(1)} = Y_t - \hat{\beta}_0 - \hat{\beta}_1 X_{1t} - \hat{\beta}_2 X_{2t} - \cdots - \hat{\beta}_k X_{kt}$$

② 利用 OLS 法估計如下迴歸模型
$$e_t^{(1)} = \varphi^{(1)} e_{t-1}^{(1)} + v_{1t}$$

得到 φ 的第一次估計值 $\varphi^{(1)}$。

③ 將 $\varphi^{(1)}$ 代入廣義差分模型(4.52),得
$$Y_t - \varphi^{(1)} Y_{t-1} = \beta_0[1 - \varphi^{(1)}] + \beta_1[X_{1t} - \varphi^{(1)} X_{1,t-1}] + \beta_2[X_{2t} - \varphi^{(1)} X_{2,t-1}]$$
$$+ \cdots + \beta_k[X_{kt} - \varphi^{(1)} X_{k,t-1}] + [u_t - \varphi^{(1)} u_{t-1}] \tag{4.55}$$

利用 OLS 法估計模型(4.55),得到 $\beta_j(j=0,1,\cdots,k)$ 的估計值 $\hat{\beta}_j^{(1)}$,並計算殘差
$$e_t^{(2)} = Y_t - \hat{\beta}_0^{(1)} - \hat{\beta}_1^{(1)} X_{1t} - \hat{\beta}_2^{(1)} X_{2t} - \cdots - \hat{\beta}_k^{(1)} X_{kt}$$

④ 利用 OLS 法迴歸模型
$$e_t^{(2)} = \varphi^{(2)} e_{t-1}^{(2)} + v_{2t}$$

得到 φ 的第二次估計值 $\varphi^{(2)}$。

依此繼續下去,直到相鄰兩次估計值 $\varphi^{(l)}$ 與 $\varphi^{(l+1)}$ 之差的絕對值小於事先設定的精度為止。此時 $\hat{\beta}_j^{(l)}(j=0,1,\cdots,k)$ 即為所求參數 β_j 的估計值。

在實踐中,也可以對每次得到的廣義差分模型進行自相關檢驗,如 DW 檢驗等,當不能拒絕無自相關性假設時,則停止迭代。

4.3.4.4 非線性最小二乘法(NLS 法)

在 EViews 軟件下,估計自相關性模型使用的是**非線性最小二乘法**。這種方法的優點是容易理解和應用,並適用於含有滯後被解釋變量作解釋變量的模型,而且所得參數的估計量是一致且漸近有效的。這裡以如下模型為例,介紹應用非線性最小二乘法估計

自相關性模型的基本過程。

$$Y_t = \beta_0 + \beta_1 X_{1t} + u_t$$
$$u_t = \varphi u_{t-1} + \varepsilon_t$$

其中 $0 < |\varphi| < 1, \varepsilon_t \sim WN(0, \sigma^2)$。首先，將廣義差分模型(4.52)轉變為非線性模型：

$$Y_t = \varphi Y_{t-1} + \beta_0(1-\varphi) + \beta_1 X_{1t} - \varphi \beta_1 X_{1,t-1} + \varepsilon_t \quad (t = 2,3\cdots,n)$$

這裡 Y_t 與參數 $\varphi, \beta_0, \beta_1$ 之間的關係是非線性的。然後，採用 Marquardt 非線性最小二乘算法(Marquardt nonlinear least squares algorithm)求得該模型中參數 $\varphi, \beta_0, \beta_1$ 的非線性最小二乘估計量的數值解 $\hat{\varphi}, \hat{\beta}_0, \hat{\beta}_1$。

從上述估計過程可以看出，對於存在自迴歸形式的自相關性，EViews 中的 NLS 法本質上仍是可行的廣義差分法，只是採用了非線性估計技術，同時對模型中的參數和隨機誤差項 u_t 中的自迴歸系數進行估計。當自迴歸過程 u_t 的階數未知時，可以依次設定為 AR(1)、AR(2)……直到廣義差分模型不存在自相關性為止。

在 EViews 軟件下，應用 NLS 法估計上述自相關性模型的執行程序：
① 在 Workfile 中，輸入被解釋變量 Y、解釋變量 X 的樣本數據。
② 在主窗口中，點擊 Quick→Estimate Equation，接著在彈出的 Equation Estimation 窗口的 Equation Specification 對話框中，依次鍵入「Y　C　X　AR(1)」，然後點擊「確定」，就得到了利用 NLS 法估計模型的輸出結果。

注意：在 Equation Specification 對話框中，AR(1) 與自迴歸過程 u_t 中的 u_{t-1} 相對應。若 u_t 為 ARMA(2,1) 過程

$$u_t = c + \varphi_1 u_{t-1} + \varphi_2 u_{t-2} + \varepsilon_t + \theta_1 \varepsilon_{t-1}$$

則在 Equation Specification 對話框中，應該鍵入「Y　C　X　AR(1)　AR(2)　MA(1)」，其中 MA(1) 與 ε_{t-1} 相對應。

4.3.4.5　尼威和韋斯特(Newey-West)自相關-穩健性程序

對於存在自相關性的模型(4.46)，利用 OLS 法估計的不良後果之一是迴歸系數通常的 t 檢驗可能會引起誤導。究其根源在於 t 統計量的構造過程中使用了 $\hat{\beta}_j$ 的標準差的不合適的估計量，致使其不再服從 t 分佈。為此，在未知異方差性和自相關性表現形式的情況下，類似於懷特提出參數的異方差-穩健性 t 檢驗的基本思想，尼威和韋斯特於 1987 年在提出 $\hat{\beta}_j$ 的方差 $Var(\hat{\beta}_j)$ 的一致估計量的基礎上，建立起參數的**自相關-穩健性 t 檢驗**(autocorrelation-robust t test)。下面是他們給出的參數向量 β 的 OLS 估計量 $\hat{\beta}$ 的方差-協方差矩陣的一致估計量。

$$\hat{Cov}(\hat{\beta}) = \frac{n}{n-k-1}(X'X)^{-1}\hat{\Omega}(X'X)^{-1} \qquad (4.56)$$

其中

$$\hat{\Omega} = \frac{n}{n-k-1}\left[\sum_{t=1}^{n} e_t^2 X_t X_t' + \sum_{l=1}^{L}\sum_{t=l+1}^{n}\left(1 - \frac{l}{L+1}\right)e_t e_{t-l}(X_t X_{t-l}' + X_{t-l} X_t')\right]$$

這裡 L 為修正自相關性的滯後截斷參數，$X_t' = (1 \quad X_{1t} \quad X_{2t} \quad \cdots \quad X_{kt})$，$e_t$ 為利用 OLS

法迴歸模型得到的殘差。

矩陣 $\hat{Cov}(\hat{\beta})$ 主對角線上的第 $j+1$ 個元素即為 $Var(\hat{\beta}_j)$ 的一致估計量,記為 $\hat{Var}(\hat{\beta}_j)$。由於無論自相關性的表現形式如何,$\hat{Var}(\hat{\beta}_j)$ 都是 $Var(\hat{\beta}_j)$ 的一致估計量,因此稱之為$\hat{\beta}_j$的**自相關－穩健性方差估計量**。相應地,稱 $\sqrt{\hat{Var}(\hat{\beta}_j)}$ 為$\hat{\beta}_j$的**自相關－穩健性標準差估計量**。利用 $\sqrt{\hat{Var}(\hat{\beta}_j)}$ 便可以構造漸近服從自由度為 $n-k-1$ 的 t 分佈的統計量

$$t = \frac{\hat{\beta}_j - \beta_j}{\sqrt{\hat{Var}(\hat{\beta}_j)}}$$

我們稱之為**自相關－穩健性t統計量**。於是,在大樣本的情形下,利用這個結論便可以對 $\beta_j = 0$ 進行假設檢驗。我們稱上述估計過程為**尼威和韋斯特自相關－穩健性程序**。

從(4.56)式可以看出,進行自相關－穩健性 t 檢驗,需要設定滯後截斷參數 L。在實際應用中,關於如何設定 L 沒有一般的標準。在 EViews 軟件下,設定 $L = 4(n/100)^{\frac{2}{9}}$ 的整數部分。儘管 $\sqrt{\hat{Var}(\hat{\beta}_j)}$ 的計算式非常複雜,但使用 EViews 軟件還是可以很方便地計算出它的值以及自相關－穩健性 t 統計量的值,所以讀者沒有必要記住它。在 EViews 軟件下,執行模型的尼威和韋斯特自相關－穩健性程序與執行懷特異方差－穩健性程序的不同之處,只是在 Estimation options 窗口點擊 Heteroskedasticity 後,選擇 Newey－West(而不是選擇 White),再點擊「確定」。

從上述分析過程可知,應用尼威和韋斯特自相關－穩健性程序的目的是糾正存在自相關性或異方差性的模型在參數統計推斷上存在的問題,但其參數的估計量仍是非有效的 OLS 估計量。因此,儘管這種估計程序不要求知道隨機誤差項的自相關性或異方差性的表現形式,具有廣泛的實用性,但它不能替代(可行的)GLS 法或(可行的)廣義差分法,因為當已知隨機誤差項的方差和協方差的結構時,後者得到的估計量是(漸近)有效的估計量。

需要強調的是,無論是可行的 GLS 法還是基於 OLS 法的自相關－穩健性程序,都是適用於大樣本的情形。對於小樣本或有限樣本的情形,這些處理自相關性的方法與 OLS 法相比,哪一個更有效並沒有一般的結論。但參考自相關－穩健性方差估計量,可以幫助我們判斷是否有些結論對所使用的方差估計量有敏感的反應。另外,由於自相關－穩健性方差估計量是對 OLS 估計量方差的漸近估計,而可行的 GLS 估計量是漸近有效的,因此對於大樣本的情形,它通常應大於可行的 GLS 估計量的方差。由此可以通過比較自相關－穩健性方差估計量與可行的 GLS 估計量的方差估計量,為自相關性表現形式的設定提供基本依據。

例題4.3 日本工薪家庭的消費函數模型

表4-8 給出了在1970—1994 年日本工薪家庭實際消費支出與實際可支配收入的數據。我們以這些數據為樣本建立此期間日本工薪家庭的消費函數模型,其目的是熟悉自相關性模型的各種檢驗方法和估計方法。建模過程分為以下三個步驟:

表 4-8　　日本工薪家庭人均實際消費支出與人均實際可支配收入　　單位：千日元

年份	人均實際消費支出 (Y)	人均實際可支配收入 (X)	年份	人均實際消費支出 (Y)	人均實際可支配收入 (X)	年份	人均實際消費支出 (Y)	人均實際可支配收入 (X)
1970	239	300	1979	293	378	1988	324	428
1971	248	311	1980	291	374	1989	326	434
1972	258	329	1981	294	371	1990	332	441
1973	272	351	1982	302	381	1991	334	449
1974	268	354	1983	304	384	1992	336	451
1975	280	364	1984	308	392	1993	334	449
1976	279	360	1985	310	400	1994	330	449
1977	282	366	1986	312	403			
1978	285	370	1987	314	411			

註：資料來源於日本銀行《經濟統計年報》，表中數據按1990年價格計算。

(1) 作 Y 對 X 的散點圖，設定理論迴歸模型。圖 4-7 為 Y 對 X 的散點圖，從該圖可以看出，散點大致在一條直線附近，所以我們設定如下一元線性迴歸模型

$$Y_t = \beta_0 + \beta_1 X_t + u_t \quad (t = 1,970, \cdots, 1,994) \tag{4.57}$$

來反應 Y 與 X 之間的數量關係。

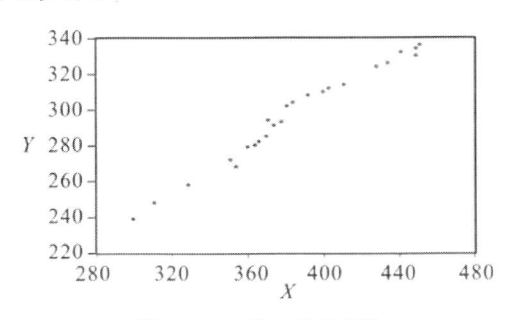

圖 4-7　Y 對 X 的散點圖

(2) 檢驗模型是否存在自相關性和異方差性。利用 OLS 法估計模型(4.57)，得如下迴歸結果：

$$\hat{Y}_t = 50.874,54 + 0.637,437 X_t \tag{4.58}$$

t 值　　6.136,0　　30.008

P 值　　0.000,0　　0.000,0

$R^2 = 0.975,0, \ DW = 0.352,7$

由此可見，迴歸方程具有較高的擬合優度，但 DW 值較低。對於 0.05 的顯著性水平，查 DW 統計量分佈的臨界值表（樣本容量 $n = 25$，解釋變量個數 $k = 1$），可得 $d_L = 1.288$，$d_U = 1.454$。因為 $DW = 0.352,7 < d_L = 1.288$，所以依據 DW 檢驗的判斷規則，可以認為模型(4.57)存在自相關性。

下面再利用 LM 檢驗法對模型的自相關性進行檢驗。令輔助迴歸模型中滯後殘差項數，即滯後階數 $p = 1$，利用 EViews 軟件得到 LM 檢驗的輸出結果，如表 4-9 所示。

表4-9　　　　　　　　　　LM 檢驗的(部分)輸出結果

Breusch – Godfrey Serial Correlation LM Test:			
F – statistic	42.202,52	Prob. F(1,22)	0.000,002
Obs * R – squared	16.433,36	Prob. Chi – Square(1)	0.000,050

由於 $LM(1) = nR^2$ 的值為 16.433,36，其相應的 P 值 = 0.000,05 遠小於 0.05 (註：表中 Prob. Chi – Square(1) 中的「1」為統計量 nR^2 的漸近 χ^2 分佈的自由度)，因此在 0.05 的顯著性水平下，LM 檢驗拒絕無自相關性的原假設，即可以認為模型存在自相關性。

綜合上述檢驗結果可知，模型(4.57)存在一階自迴歸形式的自相關性。另外，可以驗證該模型不存在異方差性(請讀者自己去完成)。

(3)分別利用科克倫－奧科特迭代法和 EViews 軟件中的 NLS 法估計模型。

設隨機誤差項 u_t 具有一階自迴歸形式

$$u_t = \varphi u_{t-1} + \varepsilon_t \tag{4.59}$$

其中 $0 < |\varphi| < 1, \varepsilon_t \sim WN(0, \sigma^2)$。

利用科克倫－奧科特迭代法估計模型：

① 利用樣本迴歸函數(4.58)計算殘差序列：

$$e_t^{(1)} = Y_t - 50.874,54 - 0.637,437\, X_t$$

② 利用 OLS 法將 $e_t^{(1)}$ 對 $e_{t-1}^{(1)}$ 進行迴歸，得

$$\hat{e}_t^{(1)} = 0.850,961 e_{t-1}^{(1)} \quad (t = 1,971,\cdots,1,994)$$

於是，得到 φ 的第一次估計值 $\varphi^{(1)} = 0.850,961$。

③ 用 $\varphi^{(1)} = 0.850,961$ 替換(4.59)式中的 φ，並對原模型進行廣義差分變換，得到廣義差分模型：

$$Y_t^* = \alpha_0 + \beta_1 X_t^* + v_t \quad (t = 1,971,\cdots,1,994) \tag{4.60}$$

其中

$$Y_t^* = Y_t - 0.850,961 Y_{t-1}$$
$$\alpha_0 = \beta_0(1 - 0.850,961)$$
$$X_t^* = X_t - 0.850,961 X_{t-1}$$
$$v_t = u_t - 0.850,961 u_{t-1}$$

利用 OLS 法估計該模型，得

$$\hat{Y}_t^* = 13.973,34 + 0.535,125\, X_t^*$$

t 值　　2.917,5　　7.154

P 值　　0.008,0　　0.000,0

$R^2 = 0.699,4$ [①], $DW = 2.377,6$

在 0.05 的顯著性水平下，查 DW 統計量分佈表得臨界值下限和上限分別為 $d_L = 1.27$, $d_U = 1.45$ (樣本容量為 24)。因為 $d_U = 1.45 < DW = 2.377,6 < 4 - d_U = 2.55$，所以依據 DW 檢驗法的判斷規則，可以認為廣義差分模型(4.60)已不存在自相關性。利用 LM 檢驗法也可以得到同樣的結論(請讀者自己去完成)。由估計模型(4.60)所得迴歸

[①] 廣義差分模型中的 R^2 與原模型中的 R^2 是不可比的，因為這兩個模型的被解釋變量不相同。

系數 t 統計量的 P 值 $=0.000$ 可知,在 0.05 的顯著性水平下,X 對 Y 具有顯著影響。於是,由上述迴歸結果可以得到原模型迴歸係數的估計量為:

$$\hat{\beta}_0 = \hat{\alpha}_0/(1 - 0.850\,961) = 13\,973.34/(1 - 0.850\,961) = 93\,756.27$$
$$\hat{\beta}_1 = 0.535\,125$$

模型(4.57)的樣本迴歸函數為:

$$\hat{Y}_t = 93\,756.27 + 0.535\,125\,X_t \tag{4.61}$$

利用 EViews 軟件中的 NLS 法估計模型。在 Equation Specification 窗口的對話框中依次鍵入「Y C X AR(1)」,然後點擊「確定」得到如下輸出結果:

表 4-10　　自相關性模型非線性最小二乘估計的輸出結果

Dependent Variable: Y				
Method: Least Squares				
Date: 05/20/12　Time: 09:43				
Sample (adjusted): 1971 1994				
Included observations: 24 after adjustments				
Convergence achieved after 10 iterations				
Variable	Coefficient	Std. Error	t-Statistic	Prob.
C	91 358.40	34 494.19	2.648 516	0.015 0
X	0.539 765	0.079 907	6.754 926	0.000 0
AR(1)	0.826 556	0.098 444	8.396 226	0.000 0
R-squared	0.990 570	Mean dependent var		300 666.7
Adjusted R-squared	0.989 672	S.D. dependent var		25 647.56
S.E. of regression	2 606.535	Akaike info criterion		4.870 389
Sum squared resid	142 674.5	Schwarz criterion		5.017 646
Log likelihood	-55 444.67	Hannan-Quinn criter.		4.909 456
F-statistic	1 102.930	Durbin-Watson stat		2.310 700
Prob(F-statistic)	0.000 000			
Inverted AR Roots	.83			

註:① AR(1) 與自迴歸過程 u_t 中的 u_{t-1} 相對應。
② 最後一行中的 Inverted AR Roots(可逆的自迴歸特徵根)為 0.83,表明隨機誤差項 u_t 是平穩的,這是對迴歸模型的基本要求(詳細的討論見第 8 章)。

從表 4-10 可得利用 NLS 法估計模型(4.57)的結果為:

$$\hat{Y}_t = 91\,358.40 + 0.539\,765X_t + 0.826\,556AR(1) \tag{4.62}$$

　　　t 值　　　　2.648 5　　6.754 9　　　8.396 2
　　　P 值　　　　0.015 0　　0.000 0　　　0.000 0

$$R^2 = 0.990\,5, \bar{R}^2 = 0.989\,6, F = 1\,102.9 (P \text{ 值} = 0.000\,0)$$

表 4-11 列出了利用 LM 檢驗法檢驗隨機誤差項自相關性的統計量值及其相應的 P 值。從該表可以看出,當滯後階數取為 1~5 時,LM 檢驗的 P 值都遠大於 0.05,因此在 0.05 的顯著性水平下,可以認為模型

$$Y_t = \beta_0 + \beta_1 X_t + \varphi u_{t-1} + \varepsilon_t$$

或廣義差分模型

$$Y_t - \varphi Y_{t-1} = \beta_0(1 - \varphi) + \beta_1(X_t - \varphi X_{t-1}) + \varepsilon_t$$

中的隨機誤差項 ε_t 不存在自相關性。於是,由迴歸結果(4.62)中迴歸系數 t 統計量的 P 值可知,在 0.05 的顯著性水平下, X 對 Y 具有顯著影響。進而,從(4.62)式可以得到模型(4.57)的樣本迴歸函數為:

$$\hat{Y}_t = 91.358,40 + 0.539,765 X_t \tag{4.63}$$

表 4-11　隨機誤差項自相關性 LM 檢驗的統計量值及其相應的 P 值

滯後階數(p)	1	2	3	4	5
24 R^2	1.952,9	2.284,4	2.388,4	2.388,4	3.765,2
P 值	0.162,2	0.319,1	0.495,7	0.664,7	0.583,6

比較(4.61)式與(4.63)式可以看出,利用上述兩種方法得到模型(4.57)的樣本迴歸函數非常接近,斜率系數位於 0 和 1 之間,所有迴歸系數均能通過 t 檢驗。

綜合上述討論,最終建立的 1970—1994 年日本工薪家庭的消費函數模型為:

$$\hat{Y}_t = 91.358 + 0.539,7 X_t$$

§4.4　隨機解釋變量模型

4.4.1　經典線性迴歸模型的一般定義及 OLSE 的統計性質

至今為止,我們所研究迴歸模型中的解釋變量都是可控變量,但在許多實際經濟問題中,影響一個被解釋變量的變量有一些是可控制的,同時也有一些是不可控制的,它們與被解釋變量一樣是隨機變量。例如,影響糧食產量的自然災害導致的成災面積,一個國家(如中國、美國等)的國內生產總值、總消費支出、總投資、失業率、通貨膨脹率、2000 年第四季度汽油消費量等,都不是由可控制實驗產生的,它們都是隨機變量。若將這樣的隨機變量作為解釋變量加入模型就出現了隨機變量作解釋變量的情形,由此得到的模型稱為**隨機解釋變量模型**。前面我們針對確定性解釋變量的情形,討論了經典線性迴歸模型的估計和檢驗問題,下面將那裡得到的結論擴展到隨機解釋變量模型。

4.4.1.1　經典線性迴歸模型的一般定義

對於線性迴歸模型

$$Y_i = \beta_0 + \beta_1 X_{1i} + \cdots + \beta_k X_{ki} + u_i \quad (i = 1,2,\cdots,n)$$

即

$$Y = X\beta + u \tag{4.64}$$

如果滿足如下假定條件,則稱之為**經典線性迴歸模型**。

假定 2′:零均值性,即 $E(u_i | X) = 0 \ (i = 1,2,\cdots,n)$

假定 3′:同方差性,即 $Var(u_i | X) = \sigma^2 \ (i = 1,2,\cdots,n)$

假定 4′:無自相關性,即 $Cov(u_i, u_m | X) = 0 \ (i \neq m, i,m = 1,2,\cdots,m)$

假定 5′:正態性,即 $u_i | X \sim N(0, \sigma^2) \ (i = 1,2,\cdots,n)$

假定 6′：解釋變量矩陣 $X_{n\times(k+1)}$ 的滿秩性，即 $Rank(X) = k + 1$。

假定 7′：解釋變量滿足 $E[(X'X)^{-1}]$ 存在，$P\lim_{n\to\infty}[\frac{1}{n}(X'X)] = Q_1$ 且 $\lim_{n\to\infty}E[\frac{1}{n}(X'X)] = Q_2$，其中 Q_1、Q_2 均為有限正定矩陣。

假定 8′：$X_{j1}u_1, X_{j2}u_2, \cdots\cdots$ 是獨立的隨機變量序列，$j = 1,2,\cdots,k$。

顯然，第 2、3 章討論的滿足基本假定條件的迴歸模型都是經典線性迴歸模型的特例。

上述假定條件稱為**經典假定條件**（classical assumption），其中假定 2′、3′、4′、6′也稱為**高斯－馬爾科夫假定條件**（Gauss－Markov assumption）。

利用期望迭代律，由假定 2′可知，

$$E(u_t) = E_X[E(u_t|X)] = 0$$

且

$$Cov(u_i, X_{ji}) = E(u_i X_{ji}) = E_X[E(u_i X_{ji}|X)] = E_X[X_{ji}E(u_i|X)] = 0$$

即對任意的 i,j，u_i 的無條件均值也為 0，而且 u_i 與 X_{ji} 不相關。同理，由假定 2′、假定 3′和假定 4′可知，

$$Var(u_i) = E(u_i^2) = E_X\{E(u_i^2|X) - [E(u_i|X)]^2\} = \sigma^2$$

$$Cov(u_i, u_m) = E(u_i u_m) = E_X[E(u_i u_m|X)] = 0 \quad (i \neq m)$$

即在零均值的假定條件下，假定 3′暗含著 u_i 的無條件方差為常數，假定 4′暗含著 u_i 之間是無條件不相關的。

4.4.1.2 高斯－馬爾科夫定理的推論

對於滿足高斯－馬爾科夫假定條件的線性迴歸模型（4.64），類似於確定性解釋變量的情形，可以驗證，在給定解釋變量的條件下，迴歸系數 β 的 OLS 估計量 $\hat{\beta}$ 具有無偏性和最小方差性，即

$$E(\hat{\beta}|X) = \beta$$

且對 β 的任意線性無偏估計量 β^*，均有

$$Cov(\hat{\beta}|X) = \sigma^2(X'X)^{-1} \leq Cov(\beta^*|X) \text{ ①}$$

成立。該結論便是在解釋變量可能含有隨機解釋變量情形下**高斯－馬爾科夫定理的一般表述**。而且若該模型還滿足正態性，那麼變量顯著性 t 檢驗和 F 檢驗仍是有效的。

在實踐中，當解釋變量為隨機變量時，它們往往是和被解釋變量同時確定的，因此有必要進一步討論在不附加已知解釋變量的條件下，高斯－馬爾科夫定理的結論是否成立，變量顯著性的各種檢驗是否還有效？

利用上述有條件的結論和期望迭代律，以及協方差分解式：

$$Cov(\hat{\beta}) = Cov_X[E(\hat{\beta}|X)] + E_X[Cov(\hat{\beta}|X)]$$

可得

$$E(\hat{\beta}) = E_X[E(\hat{\beta}|X)] = E_X(\beta) = \beta$$

---

① 對於兩個對稱矩陣 A 和 B，若 A－B 是半正定的，則稱 A 大於等於 B，記為 A≥B。類似地，可以定義 A＞B。由（半）正定矩陣的性質可知，當 A≥B（A＞B）時，A－B 的主對角線上的元素均大於等於 0（大於 0）。

$$Cov(\hat{\beta}) = E_X[Cov(\hat{\beta}|X)] = \sigma^2 E[X'X]^{-1}$$

$$Cov(\hat{\beta}) = E_X[Cov(\hat{\beta}|X)] \leq E_X[Cov(\beta^*|X)] = Cov(\beta^*)$$

於是，可得**高斯－馬爾科夫定理的推論**（corollary of Gauss–Markov theorem）：

對於滿足高斯－馬爾科夫假定條件的線性迴歸模型，迴歸系數的 OLS 估計量具有線性性和無偏性，而且在所有線性無偏估計量中，其具有最小方差性。

4.4.1.3 一致性

對於經典線性迴歸模型(4.64)，迴歸系數向量的 OLS 估計量為：

$$\hat{\beta} = (X'X)^{-1}X'Y = \beta + (X'X)^{-1}X'u$$

利用假定 7'，只要證明 $P\lim_{n\to\infty} \frac{1}{n}(X'u) = 0$，就可以得到

$$P\lim_{n\to\infty}\hat{\beta} = \beta + P\lim_{n\to\infty}(\frac{X'X}{n})^{-1} P\lim_{n\to\infty}(\frac{1}{n}X'u)$$

$$= \beta + Q_1^{-1} \cdot 0 = \beta$$

由零均值假定可知 $E(X_{ji}u) = 0$，因此有 $E(\frac{1}{n}X'u) = 0$ 成立。依據大數定律，只要證明 $\lim_{n\to\infty}Cov(\frac{1}{n}X'u) = 0$，即可證得

$$P\lim_{n\to\infty}(\frac{1}{n}X'u) = 0$$

在解釋變量矩陣給定的條件下，附錄 4.2 業已證明

$$Cov[(\frac{1}{n}X'u|X)] = \frac{1}{n}\frac{X'Cov(u)X}{n}$$

於是，再由協方差分解式，便得

$$Cov(\frac{1}{n}X'u) = Cov_X[E(\frac{1}{n}X'u|X)] + E_X[Cov(\frac{1}{n}X'u|X)]$$

$$= \frac{1}{n}E[\frac{X'Cov(u)X}{n}]$$

$$= \frac{\sigma^2}{n}E(\frac{X'X}{n}) \qquad\qquad （利用假定 2'、3'）$$

由假定 7'可知，$\lim_{n\to\infty}E(\frac{X'X}{n}) = Q_2$ 為常數矩陣，因此

$$\lim_{n\to\infty}Cov(\frac{1}{n}X'u) = 0$$

綜上所述，便完成了迴歸系數向量 β 的 OLS 估計量 $\hat{\beta}$ 具有一致性的證明。

從上述證明過程可見，若

$$\lim_{n\to\infty}E[\frac{X'Cov(u)X}{n}]$$

存在，不利用假定 2'、假定 3'，也可直接證明迴歸系數 $\hat{\beta}$ 具有一致性。

4.4.1.4 假設檢驗

首先，考慮經典線性迴歸模型(4.64)中 $H_0:\beta_j = \beta_j^0$（β_j^0 為已知常數）的統計推斷問

題。在給定 X 且 H_0 成立的條件下，有下式成立。

$$t_j \mid X = \frac{\hat{\beta}_j - \beta_j^0}{S\hat{E}(\hat{\beta}_j)} = \frac{\hat{\beta}_j - \beta_j^0}{\hat{\sigma}\sqrt{(X'X)^{-1}_{j+1,j+1}}} \sim t(n-k-1)$$

由於 $t_j \mid X$ 的概率分佈與 X 無關，因此無論是否給定 X，該統計量都是服從自由度為 $n-k-1$ 的 t 分佈。由此可知，對於含有隨機解釋變量的情形，關於參數的假設檢驗和區間估計，都可以依據通常的 t 統計量直接進行推斷。

同理，對於含有隨機解釋變量的經典線性迴歸模型，第 3 章給出的方程顯著性的 F 檢驗也是有效的。

4.4.2 內生解釋變量問題及工具變量法

4.4.2.1 內生解釋變量

從上述關於迴歸系數的 OLSE 一致性的證明過程可知，該性質的成立要求滿足 $E(X_{ji}u_i) = 0$，即所有解釋變量與隨機誤差項都是同期不相關的。[1] 當存在解釋變量與隨機誤差項同期相關時，迴歸系數的 OLSE 不再具有一致性，這是一個非常嚴重的後果，在這種情形下，OLS 法完全失效。我們稱與隨機誤差項 u_i 在同一觀測點上相關的解釋變量 X_j 為**內生解釋變量**(endogenous explanatory variable)，將其他解釋變量稱為**外生解釋變量**(exogenous explanatory variable)[2]，也就是說，外生解釋變量與隨機誤差項在同一觀測點上是不相關的。

在實際經濟問題中建立的迴歸模型經常會含有內生解釋變量。例如，

(1) 由於某些重要變量無法觀測，或為了克服嚴重的多重共線性問題，不得不人為去掉了一些解釋變量，而這些變量都將歸入隨機誤差項 u_i 中，若它們與保留下的某一解釋變量相關，則這個保留的解釋變量就可能成為內生解釋變量。

(2) 由於經濟現象的複雜性，變量之間往往是互相影響、互為因果關係的，當所建模型中的被解釋變量 Y 與某一解釋變量 X_j 存在相互影響時，X_j 便成為內生解釋變量。比如研究企業的研發投入與績效、經濟增長與居民消費關係的模型都屬於這種情形。

(3) 解釋變量存在測量誤差。

因此，長期以來研究含有內生解釋變量模型的估計和統計檢驗，一直是計量經濟學的一個重要研究領域。下面簡要介紹估計這類模型的一種有效方法——工具變量法或 IV 法 (instrumental variables method)。

4.4.2.2 工具變量法

對於存在內生解釋變量的模型，其參數 OLS 估計量的不一致性是由內生解釋變量與隨機誤差項同期相關引起的，因此工具變量法的基本思路是，為每一個內生解釋變量尋找一個**工具變量**，在模型估計的過程中用工具變量代替內生解釋變量，以得到參數的一致估計量。這裡被選擇為工具變量的變量要求滿足如下條件：

① 工具變量與所代替的解釋變量高度相關。

---

[1] 為了行文方便，我們將兩個變量在同一觀測點上(不)相關簡稱為**同期(不)相關**，在不同觀測點上(不)相關簡稱為**異期(不)相關**。

[2] 內生變量、外生變量的進一步討論將在第 7 章給出。

② 工具變量與隨機誤差項不相關，即工具變量是外生變量。
③ 所有工具變量、外生解釋變量之間不存在嚴重的多重共線性。
下面以二元線性迴歸模型

$$Y_i = \beta_0 + \beta_1 X_{1i} + \beta_2 X_{2i} + u_i \quad (i = 1,2,\cdots,n) \tag{4.65}$$

為例，介紹工具變量法的估計過程。為此，先介紹在 u_i 滿足零均值假定且與解釋變量 $X_{ji}(j = 1,2)$ 同期不相關的條件下，與 OLS 法等價的一種估計方法——**矩估計法**（MM: method of moments）。

首先把模型改寫為：

$$Y_i - \beta_0 - \beta_1 X_{1i} - \beta_2 X_{2i} = u_i \tag{4.66}$$

並分別用 1（與 β_0 相對應）、X_{1i}、X_{2i} 乘上式兩端，得到三個等式，然後將各等式分別對 i 求和，得

$$\sum_{i=1}^{n}(Y_i - \beta_0 - \beta_1 X_{1i} - \beta_2 X_{2i}) = \sum_{i=1}^{n} u_i$$

$$\sum_{i=1}^{n}(Y_i - \beta_0 - \beta_1 X_{1i} - \beta_2 X_{2i})X_{1i} = \sum_{i=1}^{n} u_i X_{1i}$$

$$\sum_{i=1}^{n}(Y_i - \beta_0 - \beta_1 X_{1i} - \beta_2 X_{2i})X_{2i} = \sum_{i=1}^{n} u_i X_{2i}$$

由於

$$E(u_i) = 0$$
$$E(X_{ji} u_i) = Cov(X_{ji}, u_i) = 0$$

所以將樣本均值用總體均值替換，即用 0 替換上述等式右端的 $\sum_{i=1}^{n} u_i$、$\sum_{i=1}^{n} u_i X_{1i}$ 和 $\sum_{i=1}^{n} u_i X_{2i}$，並將參數值改為其估計量，得到如下方程組：

$$\begin{cases} \sum_{i=1}^{n}(Y_i - \hat{\beta}_0 - \hat{\beta}_1 X_{1i} - \hat{\beta}_2 X_{2i}) = 0 \\ \sum_{i=1}^{n}(Y_i - \hat{\beta}_0 - \hat{\beta}_1 X_{1i} - \hat{\beta}_2 X_{2i})X_{1i} = 0 \\ \sum_{i=1}^{n}(Y_i - \hat{\beta}_0 - \hat{\beta}_1 X_{1i} - \hat{\beta}_2 X_{2i})X_{2i} = 0 \end{cases}$$

該方程組恰好為利用 OLS 法估計該模型時的正規方程組，解之便可以得到迴歸系數的 OLS 估計量。

在上述推導過程中，利用了總體矩條件 $E(u_i)=0$ 和 $E(X_{ji} u_i)=0$ 或 $Cov(X_{ji}, u_i)=0$，因此這種方法稱為**矩估計法**，由此得到的估計量稱為**矩估計量**。由前面的討論可知，當 $E(u_i) = 0$ 和 $E(X_{ji} u_i) = 0$ 成立時，參數的矩估計量是一致估計量。

我們要介紹的工具變量法就是一種特殊的矩估計法。現在設 X_1 為內生解釋變量，X_2 為外生變量，$E(u_i) = 0$，並設 Z_1 為 X_1 的工具變量，它滿足上述工具變量的三個條件，從而有 $E(u_i Z_{1i}) = 0$。利用**工具變量法**估計模型(4.65)的過程是：

將上述矩估計法估計過程中同乘模型兩端的內生解釋變量 X_1 改為工具變量 Z_1，其

他不變,並對 i 求和,得

$$\begin{cases} \sum_{i=1}^{n} (Y_i - \beta_0 - \beta_1 X_{1i} - \beta_2 X_{2i}) = \sum_{i=1}^{n} u_i \\ \sum_{i=1}^{n} (Y_i - \beta_0 - \beta_1 X_{1i} - \beta_2 X_{2i}) Z_{1i} = \sum_{i=1}^{n} u_i Z_{1i} \\ \sum_{i=1}^{n} (Y_i - \beta_0 - \beta_1 X_{1i} - \beta_2 X_{2i}) X_{2i} = \sum_{i=1}^{n} u_i X_{2i} \end{cases}$$

繼而將樣本均值用總體均值替換,並將參數值改為其估計量,即得工具變量法的正規方程組:

$$\begin{cases} \sum_{i=1}^{n} (Y_i - \hat{\beta}_0 - \hat{\beta}_1 X_{1i} - \hat{\beta}_2 X_{2i}) = 0 \\ \sum_{i=1}^{n} (Y_i - \hat{\beta}_0 - \hat{\beta}_1 X_{1i} - \hat{\beta}_2 X_{2i}) Z_{1i} = 0 \\ \sum_{i=1}^{n} (Y_i - \hat{\beta}_0 - \hat{\beta}_1 X_{1i} - \hat{\beta}_2 X_{2i}) X_{2i} = 0 \end{cases} \quad (4.67)$$

解該方程組得到的估計量 $\hat{\beta}_j (j = 0, 1, 2)$,即為參數 β_j 的**工具變量法估計量**。

容易看到,當解釋變量均為外生變量時,OLS 法就是一種特殊的工具變量法,此時是將外生變量看作自己的工具變量。

工具變量法可以等價地通過兩次利用 OLS 法來實現。具體做法是[以模型(4.65)為例]:

第一步,利用 OLS 法將內生解釋變量 (X_1) 對所有工具變量 (Z_1) 和外生解釋變量 (X_2) 迴歸,得到擬合值:

$$\hat{X}_{1i} = \hat{\alpha}_0 + \hat{\alpha}_1 Z_{1i} + \hat{\alpha}_2 X_{2i}$$

第二步,用 $\hat{X}_{1i}$ 替換原模型中的 X_{1i},再對所得模型

$$Y_i = \beta_0 + \beta_1 \hat{X}_{1i} + \beta_2 X_{2i} + v_i$$

利用 OLS 法迴歸。這樣得到的參數 β_j 的估計量 $\hat{\beta}_j$ 與直接利用工具變量法得到的估計量是一致的。

上述估計過程兩次用到 OLS 法,因此該方法也稱為**兩階段最小二乘法**(2SLS: two-stage least squares)。可以證明(留作練習):若對於每一個內生解釋變量都能找到至少一個工具變量,那麼迴歸系數的兩階段最小二乘估計量(註:第一階段各內生解釋變量均對所有工具變量和外生解釋變量迴歸)也是一個工具變量法估計量,此時每個內生解釋變量都以上述第一階段所得其擬合值為工具變量。

在 EViews 軟件下,工具變量法或兩階段最小二乘法的執行程序(以上面例題為例):
在主窗口中,點擊 Quick→Estimate Equation,彈出 Equation Estimation 窗口,在此窗口的 Equation Specification 對話框中,依次鍵入「Y　C　X1　X2」,在 Estimate Settings 欄的 Methods 中選擇 TSLS,接著在彈出窗口的 Instrument list 對話框中,輸入所有工具變量(含外生解釋變量)「Z1　X2」,然後點擊「確定」,就得到了工具變量法估計模型(4.65)的輸出結果。(註:在執行過程中,X1、X2、Z1 分別表示變量 X_1、X_2、Z_1)

與解釋變量均為外生變量的情形下迴歸係數 OLS 估計量的一致性證明類似，可以就含有內生解釋變量的 k 元線性迴歸模型的一般情形證明（賈奇等，1993）；迴歸係數的工具變量法估計量也具有一致性，而且在工具變量 $Z_j(j = 1, 2, \cdots, k)$ 滿足 $\frac{1}{\sqrt{n}}\sum_{i=1}^{n}Z_{ji}u_i$ 漸近服從正態分佈的條件下，它們漸近服從正態分佈，通常的 t 檢驗仍是漸近有效的，這裡 $Z_1, Z_2, \cdots, Z_k$ 分別為 k 個解釋變量的工具變量（註：外生解釋變量的工具變量為其自身）。

當存在內生解釋變量時，儘管工具變量法估計量具有上述良好的漸近性質，但它是有偏且非漸近有效的。從理論上講，對於一個內生解釋變量可能有多個滿足要求的工具變量，利用不同的工具變量會得到不同的估計結果，因此採用工具變量法估計內生解釋變量模型可能得到多個一致估計量，但它們都是非漸近有效的。一般認為，工具變量含有的信息越多，所得到的估計量的漸近方差就越小。當一組工具變量的個數多於內生解釋變量的個數時，利用兩階段最小二乘法（註：第一階段各內生解釋變量均對所有工具變量和外生解釋變量迴歸）所得工具變量法估計量是唯一的，並且對於這一組工具變量而言，該估計量是最有效的，即在所有以該組工具變量的線性組合為工具變量得到的估計量中，兩階段最小二乘估計量具有最小的漸近方差。

4.4.2.3 工具變量的選擇

要應用工具變量法估計內生解釋變量模型，首先需要為每一個內生解釋變量至少找到一個既與內生解釋變量相關又與隨機誤差項不相關的工具變量。這裡介紹兩種選擇工具變量的常用方法：

（1）依據經濟理論或對所研究問題的經驗分析，選擇影響內生解釋變量的外生變量作為工具變量。例如，要建立如下小麥需求模型：

$$D_i = \alpha_0 + \alpha_1 P_i + \alpha_2 Y_i + u_i$$

其中 D_i、P_i、Y_i 分別為該商品的需求量、價格和居民收入水平。由於小麥的價格是由小麥的供給與需求共同決定的，當影響需求量的干擾 u_i 大於 0，使得 D_i 增加時，在供給量不變的條件下，價格 P_i 有增加的趨勢。因此，該模型中價格 P_i 與隨機誤差項 u_i 是同期相關的。這時，可以考慮從影響小麥供給的因素中尋找工具變量，因為這些因素與小麥的價格是相關的。一個很自然的工具變量是氣候變量 W_i，它與小麥的價格 P_i 相關，而與 u_i 不太可能相關。

（2）利用模型中變量的滯後值構造工具變量。例如，如果隨機誤差項 u_i 只與解釋變量 X_{ji} 同期相關，而異期不相關，則可以考慮使用該解釋變量的滯後值（如 $X_{j,i-1}$、$X_{j,i-2}$），或 X_{ji} 對其滯後值迴歸得到的擬合值，如

$$\hat{X}_{ji} = \hat{\alpha}_0 + \hat{\alpha}_1 X_{j,i-1} + \hat{\alpha}_2 X_{j,i-2}$$

作為工具變量。

又如，建立內生解釋變量模型：

$$Y_i = \beta_0 + \beta_1 X_{1i} + \beta_2 X_{2i} + \beta_3 Y_{i-1} + u_i$$

其中，X_{1i}、X_{2i} 為外生變量且與 u_i 異期不相關，Y_{i-1} 與 u_i 相關。將 Y_i 對 X_{1i}、X_{2i} 進行迴歸得到擬合值：

$$\hat{Y}_i = \hat{\alpha}_0 + \hat{\alpha}_1 X_{1i} + \hat{\alpha}_2 X_{2i}$$

由於 $\hat{Y}_{i-1}$ 是外生變量 $X_{1,i-1}$、$X_{2,i-1}$ 的線性組合，與 u_i 不相關，因此可以考慮將 $\hat{Y}_{i-1}$ 作為 Y_{i-1} 的工具變量。

4.4.2.4 解釋變量的內生性檢驗

對於不存在內生解釋變量的模型，參數的 OLS 估計量是一致且漸近有效的；對於內生解釋變量模型，參數的 OLS 估計量是有偏且不一致的，而參數的工具變量法估計量儘管具有一致性，卻是有偏且無效的。因此，在選擇估計方法之前，應該對可疑的解釋變量的內生性進行檢驗。下面舉例說明 Hausman 於 1978 年提議的一種檢驗方法。

設

$$Y_i = \beta_0 + \beta_1 X_{1i} + \beta_2 X_{2i} + \beta_3 W_i + u_i \quad (i = 1, 2, \cdots, n) \quad (4.68)$$

其中，X_1、X_2 為外生變量，Z_1、Z_2、Z_3 為變量 W 的工具變量。檢驗 W 是否為內生解釋變量，就是要檢驗 W_i 與 u_i 的相關性。為此，建立如下輔助迴歸模型：

$$W_i = \alpha_0 + \alpha_1 X_{1i} + \alpha_2 X_{2i} + \gamma_1 Z_{1i} + \gamma_2 Z_{2i} + \gamma_3 Z_{3i} + v_i \quad (4.69)$$

這裡的解釋變量為原模型中所有外生解釋變量和所有工具變量。由於模型(4.69)中的每個解釋變量 X_{1i}、X_{2i}、Z_{1i}、Z_{2i}、Z_{3i} 均與 u_i 不相關，所以 W_i 與 u_i 不相關當且僅當 u_i 與 v_i 不相關。設

$$u_i = \delta v_i + \varepsilon_i \quad (4.70)$$

其中 $E(\varepsilon_i) = 0$，$Cov(v_i, \varepsilon_i) = 0$，那麼檢驗 u_i 與 v_i 的相關性就歸結為檢驗 $\delta = 0$ 是否成立。在模型(4.70)中，u_i 與 v_i 都是不可觀測的，因此我們可以用 OLS 法迴歸模型(4.69) 得到的殘差 $\hat{v}_i$ 來代替 v_i，並將 $u_i = \delta \hat{v}_i + \omega_i$ 代入原模型，得

$$Y_i = \beta_0 + \beta_1 X_{1i} + \beta_2 X_{2i} + \beta_2 W_i + \delta \hat{v}_i + \omega_i \quad (4.71)$$

該模型不存在內生解釋變量。於是，利用 OLS 法迴歸模型(4.71)，應用通常的 t 檢驗便可以對 $\delta = 0$ 進行檢驗，從而完成對變量 W 的內生性檢驗。

歸納起來，模型(4.68)中變量 W 內生性的 **Hausman 檢驗**的基本步驟是：

① 利用 OLS 法估計輔助迴歸模型(4.69)，得到殘差 $\hat{v}_i$：

$$\hat{v}_i = W_i - \hat{\alpha}_0 - \hat{\alpha}_1 X_{1i} - \hat{\alpha}_2 X_{2i} - \hat{\gamma}_1 Z_{1i} - \hat{\gamma}_2 Z_{2i} - \hat{\gamma}_3 Z_{3i}$$

② 利用 OLS 法估計迴歸模型(4.71)，並在給定的顯著性水平下對 $\delta = 0$ 進行 t 檢驗。若 $\delta = 0$ 顯著成立，則認為變量 W 是外生變量；若 $\delta = 0$ 顯著不成立，則認為變量 W 是內生變量。

上述步驟②中的 t 統計量可以是通常使用的 t 統計量，當模型存在異方差性時，也可以考慮使用異方差-穩健性 t 統計量。另外，可以驗證：利用 OLS 法迴歸模型(4.71)得到的參數估計量，除 δ ($\hat{v}_i$ 的係數 δ 的估計量)外，其餘均與兩階段最小二乘估計量一致。

一般地，當我們懷疑模型

$$Y_i = \beta_0 + \beta_1 X_{1i} + \beta_2 X_{2i} + \cdots + \beta_k X_{ki} + u_i$$

有 m 個解釋變量具有內生性時，可以對每一個被懷疑的解釋變量進行上述步驟①那樣的估計獲得殘差 $\hat{v}_{1i}, \cdots, \hat{v}_{mi}$，然後將這些殘差作為解釋變量同時添加到原模型中，建立迴歸模型：

$$Y_i = \beta_0 + \beta_1 X_{1i} + \beta_2 X_{2i} + \cdots + \beta_k X_{ki} + \delta_1 \hat{v}_{1i} + \cdots + \delta_m \hat{v}_{mi} + \varepsilon_i$$

利用 F 檢驗法檢驗線性約束 $H_0: \delta_1 = \cdots = \delta_m = 0$ 是否顯著成立(關於線性約束的 F 檢

驗見第5章)。若 H_0 顯著不成立,則表明在被懷疑的解釋變量中至少有一個是內生的;否則,則認為所有解釋變量均是外生的。

例題4.4 中國城鄉居民人民幣儲蓄與經濟總量水平關係的截面分析

理論和經驗分析表明,影響中國大陸各地區城鄉居民人民幣儲蓄的主要因素是各地區的經濟總量水平。在此,我們以各地區城鄉居民人民幣儲蓄存款年底餘額(S)的增加額(Y)代表其當年的城鄉居民人民幣儲蓄,以地區生產總值(GDP)代表其經濟總量水平,從地區層次上來研究21世紀初中國城鄉居民人民幣儲蓄與經濟總量水平的數量依賴關係。表4-12給出了中國大陸各地區(不包括西藏自治區)2001年、2002年城鄉居民人民幣儲蓄存款年底餘額的數據(S_{2001}、S_{2002})和2002年地區生產總值(GDP)、居民消費價格指數(CPI)、外商直接投資(FDI)、當年的城鄉居民人民幣儲蓄存款(Y)的數據。其中,考慮到物價水平的變動,居民人民幣儲蓄 Y 是經過居民消費價格指數調整後,按2002年價格計算的2002年居民人民幣儲蓄存款年底餘額相對於2001年的增加額:$Y = S_{2002} - S_{2001} \times CPI/100$。依據 Y 對 GDP 的散點圖(如圖4-8所示),建立線性迴歸模型

$$Y_i = \beta_0 + \beta_1 GDP_i + u_i \quad (i = 1, 2, \cdots, 30) \tag{4.72}$$

來反應 Y 對 GDP 的數量依賴關係。

表4-12 各地區居民儲蓄、地區生產總值、居民消費價格指數和外商直接投資的數據

序號	地區	2001年居民人民幣儲蓄存款年底餘額 S_{2001}(億元)	2002年居民人民幣儲蓄存款年底餘額 S_{2002}(億元)	居民消費價格指數 CPI(2001年為100)	2002年居民人民幣儲蓄存款 Y(億元)	2002年地區生產總值 GDP(億元)	2002年外商直接投資 FDI(萬美元)
1	北京	3,536.32	4,389.69	98.2	917.023	3,212.71	172,464
2	天津	1,284.95	1,486.38	99.6	206.569	2,051.16	158,195
3	河北	4,364.51	4,808.29	99	487.425	6,122.53	78,271
4	山西	1,979.72	2,307.32	98.4	359.275	2,017.54	21,164
5	內蒙古	986.74	1,137.93	100.2	149.216	1,756.29	17,701
6	遼寧	4,131.55	4,665.04	98.9	578.937	5,265.66	341,168
7	吉林	1,676.06	1,878.45	99.5	210.770	2,246.12	24,468
8	黑龍江	2,578.45	2,915.65	99.3	355.249	3,882.16	35,511
9	上海	3,001.89	3,891.45	100.5	874.550	5,408.76	427,229
10	江蘇	5,172.83	6,276.2	99.2	1,144.753	10,631.75	1,018,960
11	浙江	4,262.38	5,212.69	99.1	988.671	7,796.00	307,610
12	安徽	1,700.47	2,047.51	99	364.044	3,553.56	38,375
13	福建	2,030.93	2,430.46	99.5	409.684	4,682.01	383,837
14	江西	1,429.52	1,706.63	100.1	275.680	2,450.48	108,197
15	山東	5,063.42	5,803.52	99.3	775.543	10,552.06	473,404
16	河南	3,634.51	4,196.01	100.1	557.865	6,168.73	40,463
17	湖北	2,287.4	2,754.54	99.6	476.289	4,830.98	142,665
18	湖南	2,183.73	2,576.4	99.5	403.588	4,140.94	90,022
19	廣東	9,930.12	11,813.33	98.6	2,022.232	11,735.64	1,133,400
20	廣西	1,538.61	1,733.53	99.1	208.767	2,455.36	41,726
21	海南	427.32	483.51	99.5	58.326	597.50	51,196
22	重慶	1,317.17	1,582.33	99.6	270.428	1,971.30	19,576

表4-12(續)

序號	地區	2001年居民人民幣儲蓄存款年底餘額 S_{2001}(億元)	2002年居民人民幣儲蓄存款年底餘額 S_{2002}(億元)	居民消費價格指數 CPI (2001年為100)	2002年居民人民幣儲蓄存款 Y (億元)	2002年地區生產總值 GDP (億元)	2002年外商直接投資 FDI (萬美元)
23	四川	3,123.38	3,665.2	99.7	551.190	4,875.12	55,583
24	貴州	641.67	758.65	99	123.396	1,185.04	3,821
25	雲南	1,298.52	1,499.75	99.8	203.827	2,232.32	11,169
26	陝西	1,768.47	2,108.09	98.9	359.073	2,101.60	36,005
27	甘肅	920.71	1,042.39	100	121.68	1,161.43	6,121
28	青海	188.53	222.37	102.3	29.503	341.11	4,726
29	寧夏	257.97	306.75	99.4	50.327	329.28	2,200
30	新疆	994.3	1,137.64	99.4	149.305	1,598.28	1,899

註：除2002年居民人民幣儲蓄存款Y外，所有數據均來自《中國統計年鑑》(2003、2005)，Y的計算公式為：$Y = S_{2002} - S_{2001} \times CPI/100$。

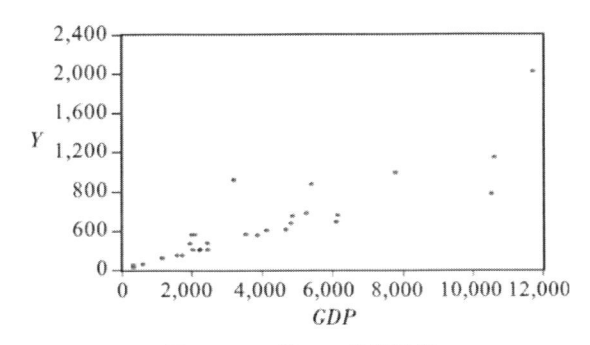

圖4-8　Y對GDP的散點圖

因為在地區生產總值影響居民儲蓄的同時，居民儲蓄通過轉化為投資又對地區生產總值產生影響，即兩者之間存在相互影響，所以模型(4.72)很可能存在內生解釋變量問題。下面利用Hausman檢驗法檢驗GDP_i的內生性。為此，首先需要為GDP_i尋找工具變量。顯然，外商直接投資FDI_i是影響各地區生產總值GDP_i的因素之一。容易計算出FDI_i與GDP_i的相關係數為0.840,2，此表明兩者之間具有較高的相關性。由於FDI_i與除GDP_i之外的影響居民人民幣儲蓄的因素具有很弱的相關性，因此可以認為它與模型(4.72)中的u_i是不相關的。基於上述考慮，我們把FDI_i作為GDP_i的工具變量。

將GDP_i對FDI_i進行OLS迴歸，得樣本迴歸函數：

$$\hat{GDP}_i = 2,320.180 + 0.009,1 FDI_i$$
$$t\text{值} \qquad 6.397,5 \qquad 8.199,9$$
$$R^2 = 0.706,0$$

及殘差序列

$$\hat{v}_i = GDP_i - 2,320.180 - 0.009,1 FDI_i$$

進而，利用OLS法估計模型

$$Y_i = \beta_0 + \beta_1 GDP_i + \delta \hat{v}_i + \varepsilon_i$$

得迴歸結果：

$$\hat{Y}_i = -99.907,65 + 0.142,138GDP_i - 0.076,654\hat{v}_i$$

t 值	$-1.670,9$	$11.051,5$	$-3.231,5$
	$(-1.255,7)$	$(5.793,5)$	$(-2.222,3)$
P 值	$0.106,3$	$0.000,0$	$0.003,2$
	$(0.220,0)$	$(0.000,0)$	$(0.034,8)$

$$R^2 = 0.831,17, \bar{R}^2 = 0.818,6, F = 66.465,3(P \text{ 值} = 0.000,0)$$

這裡括號中數據為懷特異方差－穩健性 t 統計量值及其相應的 P 值。從該結果可以看出，無論是直接採用 OLS 法估計參數估計量的標準差，還是採用懷特異方差－穩健性的估計程序，變量 $\hat{v}_i$ 顯著性 t 檢驗的 P 值均小於 0.05，因此在 0.05 的顯著性水平下，這兩種 t 檢驗都拒絕迴歸係數 H_0 等於 0 的原假設。由此可以推斷 GDP_i 是內生解釋變量。

於是，以 FDI_i 為 GDP_i 的工具變量，利用工具變量法懷特異方差－穩健性程序估計模型(4.72)，得迴歸結果：

$$\hat{Y}_i = -99.907,65 + 0.142,138GDP_i$$

t 值	$-1.156,9$	$5.372,2$
P 值	$0.257,1$	$0.000,0$

$$R^2 = 0.738,6$$

在該結果中，$R^2 = 0.738,6$ 表明模型具有較高的擬合優度。由於 GDP_i 的顯著性 t 檢驗的 P 值為 0.000，因此可以認為中國大陸各地區地區生產總值 GDP_i 對城鄉居民人民幣儲蓄存款 Y_i 具有顯著影響（註：直接利用工具變量法也得到同樣的檢驗結果）。GDP_i 的係數為 $0.142,138$，意味著在這一年地區生產總值增長 1 億元，城鄉居民人民幣儲蓄存款平均約增加 $0.142,138$ 億元。

綜合上述檢驗結果可知，迴歸方程

$$\hat{Y}_i = -99.907,65 + 0.142,138GDP_i$$

能夠反應 2002 年中國大陸各地區（西藏除外）城鄉居民人民幣儲蓄與地區生產總值之間的數量依賴關係。

§4.6　結束語

本章給出了一般經典線性迴歸模型滿足的基本假定條件，並分別討論了線性迴歸模型存在多重共線性、異方差性、自相關性和內生解釋變量四種違背基本假定條件的情形下，參數的估計和檢驗問題。其知識結構如圖 4-8 所示。

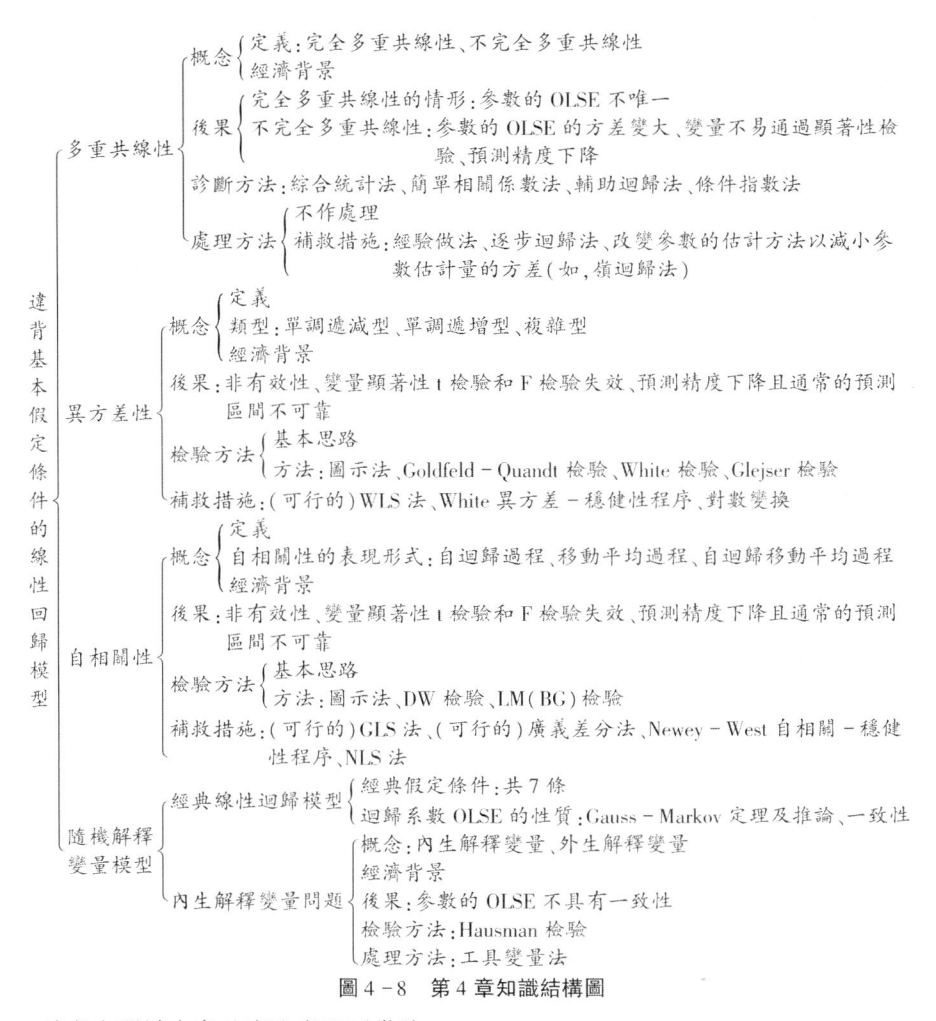

4 違背基本假定的多元線性迴歸模型

```
違背基本假定條件的線性迴歸模型
├─ 多重共線性
│   ├─ 概念 ┬ 定義:完全多重共線性、不完全多重共線性
│   │       └ 經濟背景
│   ├─ 後果 ┬ 完全多重共線性的情形:參數的 OLSE 不唯一
│   │       └ 不完全多重共線性:參數的 OLSE 的方差變大、變量不易通過顯著性檢
│   │          驗、預測精度下降
│   ├─ 診斷方法:綜合統計法、簡單相關係數法、輔助迴歸法、條件指數法
│   └─ 處理方法 ┬ 不作處理
│               └ 補救措施:經驗做法、逐步迴歸法、改變參數的估計方法以減小參
│                  數估計量的方差(如,嶺迴歸法)
├─ 異方差性
│   ├─ 概念 ┬ 定義
│   │       ├ 類型:單調遞減型、單調遞增型、複雜型
│   │       └ 經濟背景
│   ├─ 後果:非有效性、變量顯著性 t 檢驗和 F 檢驗失效、預測精度下降且通常的預測
│   │        區間不可靠
│   ├─ 檢驗方法 ┬ 基本思路
│   │           └ 方法:圖示法、Goldfeld-Quandt 檢驗、White 檢驗、Glejser 檢驗
│   └─ 補救措施:(可行的)WLS 法、White 異方差-穩健性程序、對數變換
├─ 自相關性
│   ├─ 概念 ┬ 定義
│   │       ├ 自相關性的表現形式:自迴歸過程、移動平均過程、自迴歸移動平均過程
│   │       └ 經濟背景
│   ├─ 後果:非有效性、變量顯著性 t 檢驗和 F 檢驗失效、預測精度下降且通常的預測
│   │        區間不可靠
│   ├─ 檢驗方法 ┬ 基本思路
│   │           └ 方法:圖示法、DW 檢驗、LM(BG) 檢驗
│   └─ 補救措施:(可行的)GLS 法、(可行的)廣義差分法、Newey-West 自相關-穩健
│                性程序、NLS 法
└─ 隨機解釋變量模型
    ├─ 經典線性迴歸模型 ┬ 經典假定條件:共 7 條
    │                   └ 迴歸系數 OLSE 的性質:Gauss-Markov 定理及推論、一致性
    └─ 內生解釋變量問題 ┬ 概念:內生解釋變量、外生解釋變量
                        ├ 經濟背景
                        ├ 後果:參數的 OLSE 不具有一致性
                        ├ 檢驗方法:Hausman 檢驗
                        └ 處理方法:工具變量法
```

圖 4-8　第 4 章知識結構圖

讀者在閱讀本章時應注意以下幾點:

(1) 關於時間序列數據的建模問題。當模型的誤差項存在異方差性時,它是非平穩的,如果誤差項滿足均值為 0,且不存在自相關性或為平穩相關的,則總體迴歸函數仍能反應變量之間的數量關係;否則,總體迴歸函數就可能並不反應變量之間的數量關係,使迴歸模型失去意義,從而導到「偽迴歸」問題(見第 8 章 §8.3)。經典計量經濟學沒有對「偽迴歸」產生的原因及補救措施進行研究,這也是它的缺陷之一。本章給出的例題和習題中涉及時間序列變量,完整的建模過程要求首先檢驗它們的單整性及其之間協整關係的存在性,以避免「偽迴歸」現象的發生,這將用到本書第 8 章的知識。等到讀完本書之後,在實證分析中,讀者切記補上這一步驟。在第 5-7 章,也存在同樣的問題。

(2) 關於經典線性迴歸模型的含義。在本章 §4.4 節,我們就一般解釋變量的情形給出了經典線性迴歸模型的概念及其滿足的基本假定條件(經典假定條件),它是第 2、3 章中提到的基本假定條件的推廣。另外,在國外一些計量經濟學教科書(格林,2007;古扎拉蒂,2005)中,稱滿足高斯-馬爾科夫假定的線性迴歸模型為經典線性迴歸模型。國

內大多數教科書中的經典線性迴歸模型，除了滿足高斯－馬爾科夫假定條件外，還要求誤差項滿足正態性，以保證能用標準的 t 檢驗、F 檢驗對參數進行統計推斷，而且為保證參數的估計量具有良好的大樣本性質，還要求解釋變量滿足假定 7′和假定 8′。因此，讀者在遇到這樣的術語時，應該首先熟悉其出現的背景。

（3）關於高斯－馬爾科夫定理。該定理表明，當線性迴歸模型滿足高斯－馬爾科夫假定條件時，迴歸係數的 OLS 估計量是 BLUE，其中無偏性和最小方差性都是以解釋變量矩陣已知為條件的。在實證分析中，解釋變量可能和被解釋變量同時被觀測到，此時一個自然的問題是，上述定理的無條件結論是否成立？即當解釋變量無法事先給定的情況下，迴歸係數的 OLS 估計量是否還是 BLUE？一般初級教科書中往往不再繼續討論這個問題。為了排除讀者的上述疑惑，我們給出了高斯－馬爾科夫定理的推論。

（4）關於經典假定條件的檢驗順序與違背經典假定條件的迴歸模型的估計問題。對於違背經典假定條件的迴歸模型，直接利用 OLS 估計可能產生比較嚴重的後果，因此當總體迴歸模型建立之後，首先需要檢驗它是否滿足經典假定條件，以便採取適當的估計或處理方法，這就是在第 1 章提到的建模過程中的計量經濟學檢驗。本章前四節分別針對只違背一條而其他假定條件仍滿足的情形展開了討論，主要包括解釋變量的多重共線性和內生性檢驗，誤差項的異方差性和自相關性檢驗等。在經濟建模實踐中，所設定的模型可能同時違背幾條經典假定條件，此時就存在一個檢驗順序問題。

我們知道，當模型存在完全多重共線性時，參數的 OLS 估計量不是唯一的；當模型存在不完全多重共線性時，迴歸係數的 OLSE 仍是 BLUE，其造成的後果來自於這個最小方差本身的增大，而 OLSE 的方差除受多重共線性影響外，還受其他因素的影響，因此當模型估計未出現與我們預期相反的結果時，可以不進行多重共線性檢驗。當模型存在異方差性或自相關性時，OLSE 是無偏且通常也是一致的；而當模型存在內生解釋變量時，OLSE 是有偏且不一致的。因此，依據違背假定條件所造成後果的嚴重程度，我們提議，在一般情形下，可以按如下步驟檢驗和估計：

第一步，經濟意義檢驗和多重共線性檢驗。若樣本迴歸函數未出現與我們預期不一致的結果，通過了經濟意義檢驗，則不再進行多重共線性檢驗；否則，首先進行多重共線性檢驗並進行相應的處理。

第二步，內生性檢驗。對通過經濟意義檢驗的模型，檢驗解釋變量的內生性，若存在，則可以採用工具變量法估計模型；否則，進行下一步檢驗。

第三步，異方差性或自相關性檢驗。若不存在異方差性和自相關性，則利用 OLS 法估計模型；否則，則需採取相應的補救措施。關於異方差性與自相關性檢驗的順序，需要依據選擇的檢驗方法是否滿足另一條假定為條件來定。比如，若應用 DW 檢驗法檢驗自相關性，則需要先檢驗模型是否滿足同方差性，因為具有同方差性是該檢驗有效的前提條件。

在實證分析中，我們處理違背經典假定條件的模型，通常採用的都是大樣本方法，如 FGLS 法、可行的廣義差分法、NLS 法、IV 法、自相關或異方差穩健性的統計推斷程序等，在小樣本的情形下，它們之間以及它們與 OLS 法相比，哪一種更有效沒有一般的結論。即使在大樣本的情形下，這些方法的有效性都依賴於一定的前提條件，如 FGLS 法要求模

型不含有內生解釋變量且在已知方差和協方差表現形式下得到其一致估計量、IV法要求選擇合適的工具變量等,當這些條件不滿足時,其有效性是值得懷疑的。因此,我們建議,當模型存在未知形式的異方差性或自相關性,且可能含有內生解釋變量,而又沒有合適的工具變量可供選擇時,宜選擇自相關或異方差穩健性的統計推斷程序(伍德里奇,2015)。

(5)關於工具變量的選擇與2SLS法。利用IV法估計內生解釋變量模型,其有效性與所選工具變量的質量密切相關。在§4.4節我們提到了兩種尋找工具變量的途徑,由此選擇的工具變量或者是影響內生解釋變量的外生變量,或者是滯後變量。我們知道,在實證分析中,產生內生解釋變量的一個重要原因是,被解釋變量與解釋變量之間存在相互影響。對於這種情況,我們可以考慮將被解釋變量、所有內生解釋變量以及其他相關經濟變量構成一個經濟系統,利用聯立方程模型來刻畫它,其中所有前定變量(包括外生變量和滯後變量)都可以用作工具變量。估計聯立方程模型中單個方程的2SLS法就是基於這些變量構成的工具變量組建立起來的工具變量法(見第7章§7.3)。

練習題四

一、選擇題

1. 在高斯-馬爾科夫定理的推論中,參數估計量的方差和無偏性的矩陣表達式為( )。
   A. $Cov(\hat{\beta}) = \sigma^2 E[(X'X)^{-1}]$, $E(\hat{\beta}) = \beta$
   B. $Cov(\hat{\beta}|X) = \sigma^2(X'X)^{-1}$, $E(\hat{\beta}|X) = \beta$
   C. $Cov(\hat{\beta}) = \sigma^2(X'X)^{-1}$, $E(\hat{\beta}) = \beta$
   D. $Cov(\hat{\beta}) = \sigma^2(X'X)$, $E(\hat{\beta}) = \beta$

2. 對於存在自相關性的模型,在小樣本下,採用下列哪一種方法估計,有效性比較差。( )
   A. FGLS法　　　　　　　　B. OLS法
   C. Cochrance-Orcutt迭代法　　D. 不一定

3. 對於含有內生解釋變量的模型,在大樣本的情形下,選擇下列哪一種估計方法為宜。( )
   A. IV法　　　　　　　　B. FWLS法
   C. OLS法　　　　　　　D. 逐步迴歸法

二、簡答題

1. 解釋變量之間的多重共線性可能導致哪些後果?有哪些診斷方法?
2. 修正多重共線性有哪些常用的方法?你如何評價這些方法?
3. 你如何看待模型存在的多重共線性問題?
4. 舉例說明模型存在異方差性、自相關性的經濟背景。
5. 敘述檢驗異方差性和自相關性的基本思路。
6. 模型存在異方差性會產生哪些後果?異方差性的檢驗方法和補救措施有哪些?

7. 模型存在自相關性會產生哪些後果？自相關性的檢驗方法和補救措施有哪些？
8. 敘述經典線性迴歸模型滿足的基本假定條件。
9. 解釋變量的內生性產生的主要原因是什麼？存在內生解釋變量的後果及檢驗方法有哪些？
10. 工具變量要求滿足什麼條件？舉例說明應用 2SLS 法的估計過程，並對這種方法進行評價。
11. 當線性迴歸模型違背經典假定條件時，你如何處理模型的估計問題？

三、綜合應用題

1. 隨著改革開放政策的逐步深入，中國經濟市場化程度的不斷提高，影響中國商品進口額的內部因素主要體現在中國經濟的總量水平和價格水平。表 4-13 給出了 1985—2003 年中國商品進口額 Y、國內生產總值 GDP、居民消費價格指數 CPI 的數據。試研究如下模型：

$$\ln Y_t = \beta_0 + \beta_1 \ln GDP_t + \beta_2 \ln CPI_t + u_t, (t = 1,985,\cdots,2,003)$$

表 4-13　　　中國商品進口額、國內生產總值和居民消費價格指數的數據

年份	商品進口額 Y（億元）	國內生產總值 GDP（億元）	居民消費價格指數 CPI（1985 年 = 100）
1985	1,257.8	8,964.4	100
1986	1,498.3	10,202.2	106.5
1987	1,614.2	11,962.5	114.3
1988	2,055.1	14,928.3	135.8
1989	2,199.9	16,909.2	160.2
1990	2,574.3	18,547.9	165.2
1991	3,398.7	21,617.8	170.8
1992	4,443.3	26,638.1	181.7
1993	5,986.2	34,634.4	208.4
1994	9,960.1	46,759.4	258.6
1995	11,048.1	58,478.1	302.8
1996	11,557.4	67,884.6	327.9
1997	11,806.5	74,462.6	337.1
1998	11,626.1	78,345.2	334.4
1999	13,736.4	82,067.5	329.7
2000	18,638.8	89,468.1	331.0
2001	20,159.2	97,314.8	333.3
2002	24,430.3	105,172.3	330.6
2003	34,195.6	117,251.9	334.6

註：數據來源於《中國統計年鑒》(2000、2004)。

(1) 依據表 4-13 中數據對該模型進行 OLS 迴歸，並運用你所學過的各種檢驗方法檢驗其是否存在多重共線性。

(2) 如果存在多重共線性，是否需要採取必要的措施進行補救？若是，你將採取什麼補救措施？結果如何？

2. 在練習題三綜合應用題(2)中，為了研究吸菸者的受教育程度、收入及香菸價格等因素對香菸消費量的影響，建立了需求函數模型

$$cigs_i = \beta_0 + \beta_1 edu_i + \beta_2 \ln(price_i) + \beta_3 \ln(income_i) + u_i$$

並利用通常的 t 統計量和 F 統計量檢驗了方程和變量的顯著性。由於這些檢驗成立的前提是模型滿足基本假定條件，因此在應用它們之前，首先應該對模型是否滿足基本假定條件進行檢驗。在此我們檢驗同方差性。在 EViews6.0 下利用 OLS 法估計模型，得到異方差性 White 檢驗的輸出結果如下表所示：

表 4-14

Heteroskedasticity Test: White			
F-statistic	2.613,581	Prob. F(3,305)	0.051,4
Obs*R-squared	A	Prob. Chi-Square(3)	0.051,6
Scaled explained SS	11.248,15	Prob. Chi-Square(3)	0.010,5

Test Equation:
Dependent Variable: RESID^2
Method: Least Squares
Date: 12/08/17   Time: 16:26
Sample: 1, 309
Included observations: 309

Variable	Coefficient	Std. Error	t-Statistic	Prob.
C	29.854,75	403.872,9	0.073,921	0.941,1
EDU^2	0.519,006	0.255,165	2.033,998	0.042,8
(LOG(CIGPRICE))^2	-7.623,162	23.314,59	-0.326,970	0.743,9
(LOG(INCOME))^2	1.953,355	1.314,856	1.485,603	0.138,4
R-squared	0.025,063	Mean dependent var		164.860,4
Adjusted R-squared	0.015,474	S.D. dependent var		285.126,9
S.E. of regression	282.912,4	Akaike info criterion		14.141,01
Sum squared resid	24,412,019	Schwarz criterion		14.189,34
Log likelihood	-2,180.786	Hannan-Quinn criter.		14.160,33
F-statistic	2.613,581	Durbin-Watson stat		2.096,432
Prob(F-statistic)	0.051,372			

異方差性 Glejser 檢驗試驗模型的迴歸結果為：

$$|\hat{e}_i| = 4.476 + 0.448\, edu_i$$

t 值   2.053   2.526

試回答以下問題：

(1) 計算上面表格中 A 的數值，寫出 White 檢驗的輔助迴歸模型的估計結果。

(2) 在 0.05 的顯著性水平下，分別依據 χ^2 分佈的臨界值和統計量的 P 值，利用 White 檢驗法檢驗模型的異方差性。

(3) 在 0.05 的顯著性水平下，利用 Glejser 檢驗法檢驗模型的異方差性。

(4) 綜合上述異方差性的檢驗結果，你傾向於接受模型存在同方差性還是異方差性？為什麼？你打算如何處理該模型的估計問題？

(5) 若模型存在異方差性，試依據本題提供的信息，寫出利用 FWLS 法估計模型的具體步驟。

3. 依據某地區1980—2000年的地區生產總值(Y,億元)和固定資產投資額(X,億元)的數據,建立如下計量經濟模型

$$\ln Y_t = \beta_0 + \beta_1 X_t + u_t$$

在EViews6.0下利用OLS法估計模型,得到自相關性DW檢驗的統計量值為DW = 0.75,自相關性LM檢驗(滯後階數$p=1$)的輸出結果如下表所示:

表4-15

Breusch - Godfrey Serial Correlation LM Test:			
F - statistic	9.378,896	Prob. F(1,18)	0.006,7
Obs * R - squared	A	Prob. Chi - Square(1)	0.007,3

Test Equation:
Dependent Variable: RESID
Method: Least Squares
Date: 08/01/17　　Time: 11:37
Sample: 1980, 2000
Included observations: 21
Presample missing value lagged residuals set to zero.

Variable	Coefficient	Std. Error	t - Statistic	Prob.
X	-4.05E-05	8.79E-05	-0.460,084	0.651,0
C	0.019,694	0.055,070	0.357,624	0.724,8
RESID(-1)	0.600,154	0.195,969	3.062,498	0.006,7
R - squared	0.342,559	Mean dependent var		1.59E-16
Adjusted R - squared	0.269,510	S.D. dependent var		0.137,000
S.E. of regression	0.117,092	Akaike info criterion		-1.320,147
Sum squared resid	0.246,790	Schwarz criterion		-1.170,930
Log likelihood	16.861,54	Hannan - Quinn criter.		-1.287,763
F - statistic	4.689,448	Durbin - Watson stat		1.880,277
Prob(F - statistic)	0.022,946			

試回答以下問題:

(1)在0.05的顯著性水平下,利用DW檢驗法檢驗模型的自相關性,並指出自相關的方向。

(2)計算上面表格中A的數值,寫出LM檢驗的輔助迴歸模型的估計結果。

(3)在0.05的顯著性水平下,分別依據χ^2分佈的臨界值和統計量的P值,利用LM檢驗法檢驗模型的自相關性。

(4)如果u_t存在一階自迴歸形式的自相關性:$u_t = \varphi u_{t-1} + \varepsilon_t, \varepsilon_t \sim WN(0,\sigma^2)$,試估計一階自相關係數$\varphi$,並採用可行的廣義差分法處理模型中的自相關問題(只寫出估計步驟)。

4. 在第3章練習題三綜合應用題(6)中,表3-5給出了對某地區部分家庭抽樣調查得到的家庭書刊消費支出(Y)、家庭收入(X)和戶主受教育年數(T)的樣本數據,依據這些數據建立如下模型:

$$Y_i = \beta_0 + \beta_1 X_i + \beta_2 T_i + u_i \quad (t = 1, 2, \cdots, 18)$$

(1)利用OLS法迴歸該模型,得到殘差序列e_i,並作e_i^2對T_i的散點圖,初步判斷模型是否存在異方差性。

(2)運用你所學過的各種合適的統計檢驗方法,進一步檢驗模型是否存在異方差性。

(3) 如果該模型存在異方差性，試利用適當的方法處理它存在的參數估計和統計推斷問題。你如何評價所得到的估計結果？

5. 表4-16給出了美國1960—1995年個人實際可支配收入(X)和個人實際消費支出(Y)的數據。依據這些數據建立美國消費函數模型：

$$Y_t = \beta_0 + \beta_1 X_t + u_t \quad (t = 1,960,\cdots,1,995)$$

(1) 利用OLS法迴歸該模型，得到殘差序列e_t，並作e_t的趨勢圖，初步判斷模型是否存在自相關性。

(2) 運用你所學過的各種統計檢驗方法進一步檢驗模型是否存在自相關性。

(3) 如果該模型存在自相關性，試分別利用科克倫-奧科特迭代法和非線性最小二乘法估計其中的參數。你如何評價所得到的估計結果？

表4-16　　美國個人實際可支配收入和個人實際消費支出的數據　　單位：100億美元

年份	個人實際可支配收入(X)	個人實際消費支出(Y)	年份	個人實際可支配收入(X)	個人實際消費支出(Y)
1960	157	143	1978	326	295
1961	162	146	1979	335	302
1962	169	153	1980	337	301
1963	176	160	1981	345	305
1964	188	169	1982	348	308
1965	200	180	1983	358	324
1966	211	190	1984	384	341
1967	220	196	1985	396	357
1968	230	207	1986	409	371
1969	237	215	1987	415	382
1970	247	220	1988	432	397
1971	256	228	1989	440	406
1972	268	242	1990	448	413
1973	287	253	1991	449	411
1974	285	251	1992	461	422
1975	290	257	1993	467	434
1976	301	271	1994	478	447
1977	311	283	1995	493	458

註：① 表中數據按1992年價格計算。
② 資料來源：*Economic Report of the President* (1960—1995)（美國）。

6. 表4-17給出了1985—2000年中國農村居民人均消費支出、人均純收入按當年價格計算的數據，以及利用農村居民消費價格指數調整得到的農村居民人均實際消費支出(Y)和人均實際純收入(X)（按1985年價格計算）的數據。為了消除價格因素變動對農村居民收入和消費支出數量關係的影響，擬採用人均實際純收入和人均實際消費支出的數據建立中國農村居民的消費函數模型。依據Y對X的散點圖，設定理論模型如下：

$$Y_t = \beta_0 + \beta_1 X_t + u_t \quad (t = 1,985,\cdots,2,000)$$

表 4-17　　　　農村居民人均純收入和人均消費支出的數據　　　　單位:元

年份	年人均消費支出(當年價格)	年人均純收入(當年價格)	消費價格指數(1985年=100)	年人均實際消費支出(1985年價格)	年人均實際純收入(1985年價格)
1985	317.42	397.6	100	317.42	397.6
1986	357	423.8	106.1	336.48	399.43
1987	398.3	462.6	112.7	353.42	410.47
1988	476.7	544.9	132.4	360.05	411.56
1989	535.4	601.5	157.9	339.08	380.94
1990	584.63	686.3	165.1	354.11	415.69
1991	619.8	708.6	168.9	366.96	419.54
1992	659.8	784	176.8	373.19	443.44
1993	769.7	921.6	201	382.94	458.51
1994	1,016.81	1,221	248	410.004	492.34
1995	1,310.36	1,577.7	291.4	449.68	541.42
1996	1,572.1	1,926.1	314.4	500.03	612.63
1997	1,617.15	2,090.1	322.3	501.75	648.50
1998	1,590.33	2,162	319.1	498.38	677.53
1999	1,577.42	2,210.3	314.3	501.88	703.25
2000	1,670	2,253.4	314	531.85	717.64

註:表中按當年價格計算的人均消費支出、人均純收入和居民消費價格指數來自《中國統計年鑒》(1986—2001),按1985年價格計算的人均消費支出、人均純收入是用當年價格計算的數據除以居民消費價格指數,再乘以100得到的。

(1) 假定 X_{t-1} 為 X_t 的一個工具變量,試依據表 4-17 中的數據,利用 Hausman 檢驗法檢驗 X_t 是不是內生解釋變量。

(2) 依據(1)中的檢驗結果,選擇合適的方法估計該模型。

(3) 你認為(1)中的假定能成立嗎?哪些變量可以作為 X_t 的工具變量?為什麼?

7. 在本章例題 4.1 中,我們在沒有考慮自然災害的前提下,建立了河南省糧食生產函數模型。如果考慮這一影響因素,你打算在模型中添加什麼變量?對新建的模型能否直接應用 OLS 法進行估計?請說明理由,並用合適的方法估計該模型。

8. 對於本章例題 4.4 中的模型(4.72),我們找到了地區生產總值 GDP 的一個工具變量,即外商直接投資 FDI。除此之外,你還能找到可以作為 GDP 的工具變量的其他變量嗎?若能,你認為如何估計該模型可以提高參數估計量的有效性?

9. 對於一般的內生解釋變量模型

$$Y = X\beta + u$$

仿照迴歸系數 OLS 估計量的矩陣表達式 $\hat{\beta} = (X'X)^{-1}X'Y$ 的推導過程,證明迴歸系數的工具變量估計量的矩陣表達式為

$$\hat{\beta}^{iv} = (Z'X)^{-1}Z'Y$$

其中 $\hat{\beta}^{iv}$ 為迴歸系數的工具變量估計量構成的列向量,矩陣 Z 為解釋變量的工具變量矩陣,它是將解釋變量矩陣 X 中的內生解釋變量對應的列替換為其工具變量序列得到的矩陣。

附錄 4.1　在 EViews 軟件下利用 WLS 法估計模型的輸出結果

在 EViews 軟件下,以 $\dfrac{1}{X_i}$ 為權序列利用 WLS 法估計該模型的輸出結果如表 4-18 所示。

表 4-18　在 EViews 軟件下利用 WLS 法估計模型(2.51)的輸出結果[①]

Dependent Variable: Y
Method: Least Squares
Date: 12/23/13　　Time: 09:19
Sample: 1, 55
Included observations: 55
Weighting series: 1/X

Variable	Coefficient	Std. Error	t-Statistic	Prob.
X	0.464,997	0.063,171	7.360,907	0.000,0
C	76.543,88	37.943,52	2.017,311	0.048,7

Weighted Statistics

R-squared	0.505,518	Mean dependent var	362.345,9
Adjusted R-squared	0.496,189	S.D. dependent var	62.789,15
S.E. of regression	61.077,23	Akaike info criterion	11.097,84
Sum squared resid	197,712.7	Schwarz criterion	11.170,84
Log likelihood	-303.190,6	Hannan-Quinn criter.	11.126,07
F-statistic	54.182,95	Durbin-Watson stat	2.122,781
Prob(F-statistic)	0.000,000		

Unweighted Statistics

R-squared	0.368,266	Mean dependent var	373.345,5
Adjusted R-squared	0.356,346	S.D. dependent var	83.435,10
S.E. of regression	66.938,33	Sum squared resid	237,479.3
Durbin-Watson stat	2.078,885		

在表 4-18 中,迴歸系數的估計部分與加權統計量部分(Weighted Statistics)是以序列 $\dfrac{1}{wX_i}$ 為權序列,這裡 $w = \dfrac{1}{n}\sum\limits_{i=1}^{n}\dfrac{1}{X_i}$,對模型(2.51)進行可行的加權最小二乘估計的輸出結果,即利用 OLS 法估計加權模型。

[①] 表中 R-squared(0.505,518)和 Adjusted R-squared(0.496,189)的數值都是依據 F-statistic(54.182,95)的值,利用(3.31)式和(3.32)式計算得到的。後者是基於加權模型,檢驗原模型中斜率系數相應的參數是否同時為 0 的 F 統計量值,並非加權模型方程顯著性檢驗的 F 統計量值,它與該模型的 R^2、$\bar{R}^2$ 之間不再滿足(3.31)式和(3.32)式。因此,表中的 0.505,518 和 0.496,189 並非加權模型的 R^2 和 $\bar{R}^2$ 的樣本值,加權模型的 R^2、$\bar{R}^2$、F 統計量值及其相應的 P 值依次應該為:0.071,308、0.053,786、4.069,542、0.048,740。

$$\frac{Y_i}{wX_i} = \beta_0 \left(\frac{1}{wX_i}\right) + \beta_1 \left(\frac{X_i}{wX_i}\right) + \frac{u_i}{wX_i}$$

得到的輸出結果。這種處理方法的目的是消除加權序列的測量尺度,使利用 WLS 法得到的殘差序列與利用 OLS 法得到的殘差序列具有可比性,而關於迴歸系數的估計結果、t 統計量值及其相應的 P 值、R^2、$\bar{R}^2$、DW 統計量值、F 統計量值及其相應的 P 值等,與直接以 $\frac{1}{X_i}$ 為權序列進行可行的加權最小二乘法所得輸出結果是一致的[註:若(可行的)加權模型含有截距項,這種處理方法會影響該截距項的估計量及其標準差]。

表 4-18 中的最後一部分(Unweighted Statistics),是依據迴歸系數的 WLS 估計值得到的樣本迴歸函數

$$\hat{Y}_i = 76.544 + 0.465,0 X_i$$

及殘差序列 $\tilde{e}_i = Y_i - \hat{Y}_i$,經計算得到的統計指標以及被解釋變量 Y_i 的樣本均值和樣本標準差。

需要說明的是,加權模型中被解釋變量為 $\frac{Y_i}{X_i}$(或 $\frac{Y_i}{wX_i}$),而原模型中的被解釋變量為 Y_i,因此利用 OLS 法估計這兩個模型得到的可決系數 R^2 是不可比的,即不能因為加權模型的 $R^2 = 0.071,308$ 小於原模型的 $R^2 = 0.369,824$,而得出利用 WLS 法估計導致模型的擬合優度大幅下降的結論。表 4-18 中 Unweighted Statistics 部分給出的指標就是將 WLS 法迴歸的結果與 OLS 法的迴歸結果進行對比時的參考指標。例如,由於 OLS 法使得殘差平方和最小,因此在 Unweighted Statistics 部分給出的可決系數(0.368,266)要比 OLS 法迴歸模型得到的可決系數(0.369,824)小,但兩者非常接近。此表明利用 WLS 法估計模型得到的樣本迴歸函數的擬合優度與 OLS 法相比只是略有下降。

附錄 4.2　當模型存在異方差或自相關時,迴歸系數 OLSE 的一致性證明

若模型(4.64)滿足零均值性,即 $E(u_i | X) = 0$ ($i = 1,2,\cdots,n$),以及

$$\lim_{n\to\infty} \frac{1}{n}(X'X) = Q_1$$

$$\lim_{n\to\infty} \frac{1}{n}[X'Cov(u)X] = Q_2$$

其中,$Cov(u)$ 為誤差項向量 u 的方差協方差矩陣,Q_1、Q_2 均為有限正定矩陣,則迴歸系數的 OLSE 仍具有一致性。證明過程如下:

利用 OLS 法迴歸模型(4.64),得

$$\hat{\beta} = (X'X)^{-1}X'Y = \beta + (X'X)^{-1}X'u$$

於是,只要證明 $P\lim(\frac{1}{n}X'u) = 0$,便有

$$P\lim_{n\to\infty}\hat{\beta} = \beta + P\lim_{n\to\infty}(\frac{X'X}{n})^{-1} P\lim_{n\to\infty}(\frac{1}{n}X'u)$$
$$= \beta + Q_1^{-1} \cdot 0$$
$$= \beta$$

成立。

由零均值性,可知 $E(\frac{1}{n}X'u) = 0$。又由

$$Cov(\frac{1}{n}X'u) = E[(\frac{1}{n}X'u)(\frac{1}{n}X'u)']$$
$$= \frac{1}{n}[\frac{X'E(uu')X}{n}]$$
$$= \frac{1}{n}[\frac{X'Cov(u)X}{n}]$$

可得

$$\lim_{n\to\infty} Cov(\frac{1}{n}X'u) = \lim_{n\to\infty} \frac{1}{n}[\frac{X'Cov(u)X}{n}] = 0 \cdot Q_2 = 0$$

於是,依據大數定律,可得

$$P\lim(\frac{1}{n}X'u) = 0$$

至此,便完成了迴歸系數向量 β 的 OLS 估計量 $\hat{\beta}$ 具有一致性的證明。

5 迴歸模型的設定與選擇

引言

在前面幾章中,我們針對正確設定的迴歸模型,討論了參數的估計和統計推斷問題。但是,在實際建模實踐中經常遇到的情形是,被解釋變量受很多因素的影響,模型中究竟應該包含多少解釋變量、變量之間的函數關係式是什麼,經濟理論並不能給出具體的指導。因此,如果建模者所設定的模型與「正確的」模型不一致,就出現了模型設定的偏誤。**模型設定的偏誤主要有兩大類**:一類是解釋變量選取的偏誤,另一類是錯誤設定模型的函數關係式。

例如,「正確的」模型為:

$$Y = \beta_0 + \beta_1 X_1 + \beta_2 X_2 + u \tag{5.1}$$

若在實際設定模型時,漏掉了一個(與被解釋變量)相關的變量 X_2,而將模型設定為

$$Y = \alpha_0 + \alpha_1 X_1 + v \tag{5.2}$$

就屬於解釋變量選取的偏誤,稱這種偏誤為**遺漏相關變量**或**擬合不足**。與之相反,若「正確的」模型為(5.2),而我們卻將模型設定為(5.1),即多選了一個(與被解釋變量)無關的變量 X_2,也屬於解釋變量選取的偏誤,稱這種偏誤為**誤選無關變量**或**擬合過度**。

又如,「正確的」模型為雙對數模型:

$$\ln Y = \beta_0 + \beta_1 \ln X_1 + \beta_2 \ln X_2 + u$$

而我們卻將模型設定為模型(5.1),就屬於**錯誤設定模型函數關係式**的偏誤。

在之前我們設定模型中的參數都是常數,即在樣本範圍內解釋變量對被解釋變量的影響程度保持不變。但在實際問題中,當樣本期較長或截面上的樣本點較多時,被解釋變量與解釋變量之間的數量關係很可能會發生變化。若真如此,用於刻畫它們之間數量關係的模型關係式就應與樣本點有關,其中一種典型的情形是,模型函數形式不變,但其參數不同。在這種情形下,若將參數設定為常數,也屬於錯誤設定模型函數關係式的偏誤。

例如,由於改革開放政策的影響,在 1978 年前後,中國居民無論是在收入水平上還是在消費觀念上都發生了很大的變化,所以居民的邊際消費傾向很可能隨之改變。如果利用 1952—1999 年中國居民的樣本數據建立迴歸模型:

$$C = \beta_0 + \beta_1 I + u$$

其中,β_0、β_1 均為常數,C、I 分別為居民的消費支出和可支配收入,就很可能會導致模型設定的偏誤。又如,在研究 1960—1995 年美國的汽油需求量與其影響因素(如收入水平、汽油價格以及汽車價格等)的數量關係時,樣本期內發生了兩次世界性的石油危機。

在1973年之前,世界石油價格一直比較穩定,但在石油危機來臨後,石油市場呈現出供應短缺、價格飆升和間歇性的混亂特徵,因此我們推斷用於反應美國汽油需求量與其影響因素之間關係的迴歸模型的參數在1973年前後很可能發生了變化。如果利用整個樣本期的數據建立參數不變的模型就很可能會導致模型設定的偏誤。

在建模實踐中,由於反應被解釋變量與解釋變量之間數量關係的「正確模型」通常是未知的,因此人們經常面對的問題是,相對於一個模型,另一個(些)模型是否存在誤設問題,或者說,如何從若干迴歸模型中選擇一個比較合適的模型用於實證分析。從統計角度,一般有兩種選擇模型的方法:假設檢驗法和信息準則法。本章我們首先討論解釋變量選取的偏誤產生的後果,然後介紹選擇模型的兩種方法,最後介紹定性因素的量化及模型結構變化問題。

§5.1 解釋變量選取的偏誤

為簡單起見,下面我們對解釋變量為可控變量的經典線性迴歸模型,討論解釋變量選取的偏誤產生的後果。

5.1.1 遺漏相關變量

設「正確的」模型為:
$$Y_i = \beta_0 + \beta_1 X_{1i} + \beta_2 X_{2i} + u_i \tag{5.3}$$
它滿足基本假定條件,並且 $\beta_2 \neq 0$,而實際建立的模型為:
$$Y_i = \alpha_0 + \alpha_1 X_{1i} + v_i \tag{5.4}$$
對比這兩個模型,可得
$$v_i = (\beta_0 - \alpha_0) + (\beta_1 - \alpha_1) X_{1i} + \beta_2 X_{2i} + u_i$$
由於 X_{1i} 與 X_{2i} 均為確定性變量,因此
$$E(v_i) = (\beta_0 - \alpha_0) + (\beta_1 - \alpha_1) X_{1i} + \beta_2 X_{2i}$$
v_i 滿足除零均值之外的其他基本假定條件,並且 $Var(v_i) = \sigma_v^2 = Var(u_i) = \sigma_u^2$。

比較(5.3)式和(5.4)式可見,在總體迴歸函數中遺漏 X_2,變量 X_1 的系數的意義發生了改變,前者表明在 X_2 不變的條件下,X_1 增加一個單位 Y 增加的數量;後者則意味著無論 X_2 是否變化,X_1 增加一個單位 Y 都增加的同樣數量。從模型估計的角度看,估計模型(5.4)可以看作在施加了不正確的約束條件 $\beta_2 = 0$ 下對模型(5.3)進行估計,由此得到的參數 $\alpha_j (j = 0, 1)$ 的估計量通常是 $\beta_j (\alpha_j)$ 的有偏且不一致的估計量。下面主要針對斜率系數的估計加以討論。

利用 OLS 法估計模型(5.4),得到 α_1 的估計量為:
$$\hat{\alpha}_1 = \frac{\sum_{i=1}^{n} x_{1i} y_i}{\sum_{i=1}^{n} x_{1i}^2}$$

將(5.3)式的離差表達式 $y_i = \beta_1 x_{1i} + \beta_2 x_{2i} + u_i - \bar{u}$ 代入上式,得

$$\hat{\alpha}_1 = \frac{\sum_{i=1}^{n} x_{1i}(\beta_1 x_{1i} + \beta_2 x_{2i} + u_i - \bar{u})}{\sum_{i=1}^{n} x_{1i}^2}$$

$$= \frac{\beta_1 \sum_{i=1}^{n} x_{1i}^2 + \beta_2 \sum_{i=1}^{n} x_{1i} x_{2i} + \sum_{i=1}^{n} x_{1i}(u_i - \bar{u})}{\sum_{i=1}^{n} x_{1i}^2}$$

$$= \beta_1 + \frac{\beta_2 \sum_{i=1}^{n} x_{1i} x_{2i}}{\sum_{i=1}^{n} x_{1i}^2} + \frac{\sum_{i=1}^{n} x_{1i} u_i}{\sum_{i=1}^{n} x_{1i}^2} \tag{5.5}$$

從(5.5)式容易推得以下結果:

(1)如果 X_1 與 X_2 樣本相關,即 $\frac{1}{n} \sum_{i=1}^{n} x_{1i} x_{2i} \neq 0$,則

$$E(\hat{\alpha}_1) = \beta_1 + \frac{\beta_2 \sum_{i=1}^{n} x_{1i} x_{2i}}{\sum_{i=1}^{n} x_{1i}^2} \neq \beta_1$$

即用 $\hat{\alpha}_1$ 估計 β_1 是有偏的;並且當 $\lim_{n \to \infty} \frac{1}{n} \sum_{i=1}^{n} x_{1i} x_{2i} \neq 0$ 時,

$$P \lim_{n \to \infty} \hat{\alpha}_1 = \beta_1 + \frac{\beta_2 \lim_{n \to \infty} \frac{1}{n} \sum_{i=1}^{n} x_{1i} x_{2i}}{\lim_{n \to \infty} \frac{1}{n} \sum_{i=1}^{n} x_{1i}^2} \neq \beta_1 \quad (\text{利用} P \lim_{n \to \infty} \frac{1}{n} \sum_{i=1}^{n} x_{1i} u_i = 0)$$

此表明用 $\hat{\alpha}_1$ 作為 β_1 的估計量是不一致的。

從 $E(\hat{\alpha}_1)$ 和 $P \lim_{n \to \infty} \hat{\alpha}_1$ 的表達式可知,在上述條件下,$\hat{\alpha}_1$ 通常也是 α_1 的有偏且不一致的估計量。

(2)如果 X_1 與 X_2 樣本不相關,即 $\frac{1}{n} \sum_{i=1}^{n} x_{1i} x_{2i} = 0$,則有 $E(\hat{\alpha}_1) = \beta_1$;並且只要 $\lim_{n \to \infty} \frac{1}{n} \sum_{i=1}^{n} x_{1i} x_{2i} = 0$,即 X_1 與 X_2 是(樣本)漸近無關的,則有 $P \lim_{n \to \infty} \hat{\alpha}_1 = \beta_1$ 成立,即 $\hat{\alpha}_1$ 是 β_1 的一致估計量。但除非 $\alpha_1 = \beta_1$,$\hat{\alpha}_1$ 作為 α_1 的估計量仍是有偏且不一致的。

另外,可以驗證,無論 X_1 與 X_2 的樣本相關性如何,用 $\hat{\alpha}_0$ 估計 $\beta_0(\alpha_0)$ 都是有偏且不一致的。

(3)由於模型(5.4)中參數 α_1 的 OLS 估計量 $\hat{\alpha}_1$ 的方差為:

$$Var(\hat{\alpha}_1) = \frac{\sigma_u^2}{\sum_{i=1}^{n} x_{1i}^2} \quad (\text{利用} \sigma_v^2 = \sigma_u^2)$$

而模型(5.3)中參數 β_1 的 OLS 估計量 $\hat{\beta}_1$ 的方差為：

$$Var(\hat{\beta}_1) = \frac{\sigma_u^2}{\sum_{i=1}^{n} x_{1i}^2} \cdot \frac{1}{1 - r_{X_1 X_2}^2} \quad （一般結論見§4.1）$$

其中 $r_{X_1 X_2}$ 為 X_1 與 X_2 的樣本相關係數，所以有

$$Var(\hat{\alpha}_1) \leq Var(\hat{\beta}_1)$$

而且等式只有在 $r_{X_1 X_2} = 0$，即 X_1 與 X_2 樣本不相關時才成立。此表明與利用正確模型(5.3)相比，利用模型(5.4)得到的參數 β_1 的 OLS 估計量具有較小的方差，即該估計量具有較好的穩定性。

另外，可以證明以下結論成立（格林，2007）：

(4) 由於 v_i 不滿足零均值假定，對模型(5.4)進行 OLS 迴歸得到的 $\sigma_u^2(\sigma_v^2)$ 的估計量

$$\hat{\sigma}_v^2 = \frac{\sum_{i=1}^{n} \tilde{e}_i^2}{n - 2} \tag{5.6}$$

是有偏的，而且存在正向偏差，即 $E(\hat{\sigma}_v^2) \geq \sigma_u^2$，這裡 $\tilde{e}_i = Y_i - \hat{\alpha}_0 - \hat{\alpha}_1 X_{1i}$。由此導致與方差相關的假設檢驗和區間估計可能得出錯誤的結論。〔註：利用模型(5.3)得到的估計量

$$\hat{\sigma}_u^2 = \frac{\sum_{i=1}^{n} e_i^2}{n - 3} \tag{5.7}$$

是 σ_u^2 的無偏估計量，這裡 $e_i = Y_i - \hat{\beta}_0 - \hat{\beta}_1 X_{1i} - \hat{\beta}_2 X_{2i}$〕

綜上所述，模型中遺漏相關變量通常會導致對隨機誤差項方差的 OLS 估計是有偏的，對迴歸係數的 OLS 估計是有偏且不一致的，但與利用正確模型相比，由此得到的迴歸係數的 OLS 估計量通常具有較小的方差。

5.1.2 誤選無關變量

將遺漏相關變量情形中「正確的」模型與實際建立的模型交換位置，就是誤選無關變量的情形。現在設正確的模型為：

$$Y_i = \alpha_0 + \alpha_1 X_{1i} + v_i \tag{5.8}$$

它滿足基本假定條件，實際建立的模型為：

$$Y_i = \beta_0 + \beta_1 X_{1i} + \beta_2 X_{2i} + u_i \tag{5.9}$$

它包含無關變量 X_{2i}，即 $\beta_2 = 0$。

我們知道，當模型(5.9)滿足基本假定條件時，迴歸係數 $\beta_j(j = 0, 1, 2)$ 的 OLS 估計量 $\hat{\beta}_j$ 是無偏且一致的。這條性質的證明是將 $Y_i = \beta_0 + \beta_1 X_{1i} + \beta_2 X_{2i} + u_i$ 代入 $\hat{\beta}_j$ 的表達式，利用 u_i 及 X_{1i}、X_{2i} 滿足基本假定條件而完成的。由於模型(5.8)可以看作模型(5.9)在 $\beta_2 = 0$ 的約束條件下的特殊形式，因此將 $Y_i = \alpha_0 + \alpha_1 X_{1i} + v_i$ 代入 $\hat{\beta}_j$ 的表達式，利用 v_i 及 X_{1i}、X_{2i} 滿足基本假定條件，便可以證明 $\hat{\beta}_j(j = 0, 1)$ 是參數 α_j 的無偏且一致的估計量。類似地，可以驗證(5.7)式是隨機誤差項方差 σ_v^2 的無偏估計量。

儘管估計一般模型(5.9)仍能得到模型(5.8)中迴歸係數的無偏且一致估計量，但是

由本節5.1.1中的結論(3)可知,當解釋變量之間高度相關時,由於在估計過程中沒有利用$\beta_2 = 0$的信息,因此導致參數估計量與採用正確模型(5.8)所得估計量相比具有較大的方差。

綜上所述,在模型中誤選無關變量對迴歸系數OLS估計量的無偏性和一致性以及隨機誤差項方差OLS估計量的無偏性沒有影響,但是當解釋變量樣本之間高度相關時,迴歸系數估計量的方差會較大,因此導致對其進行估計的精度下降,變量顯著性檢驗會過度接受原假設,從而使檢驗具有較高的犯第二類錯誤的概率。

在實際經濟問題中,變量之間往往存在一定程度的相關性,因此解釋變量選取的偏誤產生的主要後果,是由遺漏或誤選的變量與「正確的」模型中的解釋變量之間的相關性引起的。也就是說,遺漏相關變量會使參數估計量的方差減小,但同時導致參數估計量是有偏且不一致的;而誤選了無關變量雖然仍能得到參數的無偏且一致的估計量,但同時會使參數估計量的方差增大,損失有效性。相比較而言,遺漏相關變量產生的不良後果更加嚴重,因為對於一個存在嚴重偏倚且不一致的估計量,無論如何增加樣本容量或「重複」多少次試驗,按這樣的估計量計算的平均值都會與真實的參數值存在著較大的偏差。由於事先不可能清楚地知道隱含在數據中的真實數量關係,因此在實際建模中,研究者越來越傾向於採用由「一般到特殊」的建模策略,即首先依據經濟理論或經驗建立一個包含盡可能多的可以觀測或量化的變量的「一般」模型,然後採用適當的估計方法、檢驗方法(如各種模型設定的檢驗,見§5.2、t檢驗等)以及各種選擇準則(見§5.3節),將模型簡化到一個令人滿意的「特殊」模型。

§5.2 模型設定的統計檢驗

本節首先介紹關於線性迴歸模型中參數的線性約束的F檢驗,進而利用該檢驗法對模型的設定進行統計檢驗,包括解釋變量的取捨和函數形式設定的檢驗。

5.2.1 線性約束的 F 檢驗

在已建立的理論迴歸模型中,參數之間可能存在某種約束關係。例如,在建立Cobb–Dauglas生產函數模型

$$\ln Q = \ln A + \alpha \ln K + \beta \ln L + u$$

時,這裡Q、K、L分別表示產出量、資本投入量和勞動力數量,如果依據長期的經驗預期生產是規模報酬不變的,則應該有$\alpha + \beta = 1$成立。又如,對於一般線性迴歸模型

$$Y_i = \beta_0 + \beta_1 X_{1i} + \beta_2 X_{2i} + \cdots + \beta_k X_{ki} + u_i \quad (i = 1, 2, \cdots, n) \quad (5.10)$$

可能某些解釋變量,如X_1和X_2聯合起來對被解釋變量沒有影響,則應該有$\beta_1 = \beta_2 = 0$同時成立。對於這些可能存在的約束關係,在實際建模過程中都需要進行檢驗。在第3章中,我們介紹了對於滿足基本假定條件的模型(5.10)檢驗$\beta_1 = \beta_2 = \cdots = \beta_k = 0$是否同時成立的一種檢驗方法,即F檢驗。現在我們將這種檢驗方法推廣到檢驗參數之間的一般線性約束關係上,仍稱之為F檢驗。

為了便於理解,我們採用對如下具體約束條件的檢驗來說明F檢驗的基本步驟。設

模型(5.10) ($k \geq 3$)滿足經典假定條件,待檢驗的原假設和備擇假設分別為:
$H_0: \beta_1 = 2, \beta_2 + \beta_3 = 1$
$H_1: \beta_1 \neq 2$ 或 $\beta_2 + \beta_3 \neq 1$

當原假設成立時,將 $\beta_1 = 2, \beta_2 = 1 - \beta_3$ 代入模型(5.10),並整理得

$$(Y_i - 2X_{1i} - X_{2i}) = \beta_0 + \beta_3(X_{3i} - X_{2i}) + \cdots + \beta_k X_{ki} + u_i \tag{5.11}$$

稱該模型為**約束模型**,而將模型(5.10)稱為**無約束模型**。在這裡,約束模型為無約束模型的特殊情形,或者說,後者包容前者,因此稱它們為**嵌套模型**(nested models)。

可以證明:在 H_0 成立的條件下,

$$F = \frac{(RSS_R - RSS_U)/2}{RSS_U/(n-k-1)} \sim F(2, n-k-1) \tag{5.12}$$

其中 RSS_R、RSS_U 分別為利用 OLS 法估計約束模型(5.11)和無約束模型(5.10)得到的殘差平方和,F 分佈的第一自由度為約束條件中等式的個數 2(註:若約束條件中獨立等式的個數為 J,則需要將此處的 2 改為 J)、第二自由度為 RSS_U 的自由度。

於是,對於給定的顯著性水平 α,查 F 分佈表可以得到臨界值 $F_\alpha(2, n-k-1)$,通過比較依據樣本數據計算的 F 統計量值與 $F_\alpha(2, n-k-1)$ 的大小,便可以對 H_0 進行檢驗:

若 $F > F_\alpha(2, n-k-1)$,則拒絕 H_0,認為 H_1 顯著成立;
若 $F < F_\alpha(2, n-k-1)$,則不拒絕 H_0,認為 H_0 顯著成立。

容易驗證,當檢驗的原假設為 $H_0: \beta_1 = \beta_2 = \cdots = \beta_k = 0$ 時,(5.12)式給出的 F 統計量就是我們熟悉的方程顯著性檢驗的 F 統計量。(請讀者自己驗證)

需要指出的是,F 統計量的分佈要求模型滿足基本假定條件,當隨機誤差項不滿足正態性時,F 統計量不再服從 F 分佈。但是,當樣本容量很大時,F 統計量通常可以看作近似服從 F 分佈。因此,在大樣本的情形下,無論隨機誤差項是否服從正態分佈,F 檢驗都是有效的。

在 EViews 軟件下,F 檢驗的執行過程:
① 利用 OLS 法估計無約束模型,得到輸出結果。
② 在①中的輸出結果窗口,點擊 View→Coefficient Tests →Wald Coefficient Restrictions,接著在彈出窗口的對話框中,輸入約束等式[註:參數按其在模型中的次序依次用 C(1)、C(2)……表示],然後點擊 OK,即得 F 檢驗的輸出結果。依據該結果中的 F 統計量值(F-Statistic)及其相應的 P 值(Probability)便可以完成 F 檢驗。

5.2.2 解釋變量的篩選

這裡我們舉例說明如何利用 F 檢驗對模型中解釋變量進行取捨。設模型

$$Y_i = \beta_0 + \beta_1 X_{1i} + \beta_2 X_{2i} + \beta_3 X_{3i} + \beta_4 X_{4i} + \beta_5 X_{5i} + u_i (i = 1, 2, \cdots, n_1) \tag{5.13}$$

為經典線性迴歸模型,如果懷疑變量 X_4、X_5 為多餘變量,則可以對原假設 $H_0: \beta_4 = 0, \beta_5 = 0$ 進行 F 檢驗。若接受 H_0,則可以認為它們是多餘的;否則,則將它們留在模型中。此時,由(5.12)式可知,在 H_0 成立的條件下,F 統計量的概率分佈為:$F \sim F(2, n-6)$。

關於向模型

$$Y_i = \beta_0 + \beta_1 X_{1i} + \beta_2 X_{2i} + \beta_3 X_{3i} + u_i \qquad (5.14)$$

中添加變量 X_4、X_5 的檢驗，與上述檢驗過程一致。應用這種方法取捨變量時，需要注意模型(5.13)可能存在的多重共線性問題。顯然，上述變量篩選的過程也就是選擇模型(5.13)還是模型(5.14)的過程。

5.2.3 非嵌套模型之間的選擇

當被解釋變量受多個因素影響時，如何合理設定和選擇變量之間的函數關係式，是實證建模過程中的難點。下面將這個問題簡化為在兩個模型之間的選擇問題。比如，在經濟理論和實踐經驗無法提供先驗信息的前提下，如何利用統計檢驗法在如下兩個模型之間進行選擇：

$$Y_i = \beta_0 + \beta_1 X_{1i} + \beta_2 X_{2i} + u_i \qquad (5.15)$$

和

$$Y_i = \alpha_0 + \alpha_1 \ln X_{1i} + \alpha_2 \ln X_{2i} + v_i \qquad (5.16)$$

這兩個模型中的任何一個都不是另一個的特殊情形，我們稱它們為**非嵌套模型**(nonnested models)。這裡我們介紹米松和理查德(Mizon 和 Richard,1986)提出來的在非嵌套模型之間進行選擇的統計檢驗方法。

該檢驗方法的基本過程是，首先構造一個擴展模型，將每個模型都作為特殊情形包含在其中，即擴展模型與每個模型之間都是嵌套關係，然後檢驗導致每個模型的約束條件。例如，對於模型(5.15)和(5.16)，所構造的擴展模型為：

$$Y_i = \gamma_0 + \gamma_1 X_{1i} + \gamma_2 X_{2i} + \gamma_3 \ln X_{1i} + \gamma_4 \ln X_{2i} + w_i \qquad (5.17)$$

通過檢驗原假設 $H_0: \gamma_1 = 0, \gamma_2 = 0$，或 $H'_0: \gamma_3 = 0, \gamma_4 = 0$，來選擇模型(5.16)或模型(5.15)。若接受 H_0，則選擇模型(5.16)；若接受 H'_0，則選擇模型(5.15)。當模型(5.17)滿足經典假定條件時，可以直接利用前面給出的 F 統計量進行檢驗。

可以看出，上述非嵌套模型的檢驗存在一個明顯問題，就是兩個模型都可能被拒絕，也可能沒有一個被拒絕。若是後一種情形，則可以借助於下一節介紹的信息準則進一步選擇。若是前一種情形，則需要考慮將模型設定為其他函數形式的可行性。伍德里奇(2015)指出，在選擇模型時，重要的是知道使用這種或那種形式的實際後果：如果關鍵自變量對被解釋變量的影響沒有較大差異，那麼使用哪個模型實際上並不重要。

5.2.4 模型結構突變的 Chow 檢驗

線性約束的 F 檢驗的另一個應用是對模型結構變化的檢驗。在 1960 年，鄒至莊(G. Chow)依據 F 檢驗的基本原理，提出了檢驗在兩個不相交的子樣本上模型結構是否發生變化的一種方法，即鄒檢驗或 Chow 檢驗(Chow test)。下面介紹 Chow 檢驗的基本步驟。

設在樣本觀測點 n_1 處模型結構可能發生變化，n_1 將樣本分為兩部分：子樣本 1 和子樣本 2，它們所對應的迴歸模型分別為：

子樣本 1：$Y_i = \beta_0 + \beta_1 X_{1i} + \beta_2 X_{2i} + \cdots + \beta_k X_{ki} + u_i \quad (i = 1, 2, \cdots, n_1) \quad (5.18)$

子樣本 2：$Y_i = \alpha_0 + \alpha_1 X_{1i} + \alpha_2 X_{2i} + \cdots + \alpha_k X_{ki} + u_i \quad (i = n_1 + 1, n_1 + 2, \cdots, n)$

$$(5.19)$$

假設模型(5.18)和模型(5.19)都滿足經典假定條件，兩組隨機誤差項序列 $u_1, \cdots, u_{n_1}$ 和

$u_{n_1+1}, \cdots, u_n$ 相互獨立並且具有相同的方差。

Chow 檢驗的原假設和備擇假設分別為：

$H_0: \beta_j = \alpha_j (j = 0, 1, \cdots, k)$

$H_1: \beta_j$ 與 $\alpha_j (j = 0, 1, \cdots, k)$ 不全相等

當原假設成立時，可以合併上述兩個子樣本的數據建立迴歸模型（約束模型）：

$$Y_i = \beta_0 + \beta_1 X_{1i} + \beta_2 X_{2i} + \cdots + \beta_k X_{ki} + u_i \quad (i = 1, 2, \cdots, n) \quad (5.20)$$

Chow 檢驗的基本步驟是，首先建立一個能同時包容模型(5.18)和(5.19)的一般迴歸模型[見練習題五綜合應用題(4)]，在原假設 H_0 成立的條件下該模型恰好為約束模型(5.20)；然後應用前面介紹的 F 統計量對 H_0 進行檢驗。當 H_0 成立時，Chow 檢驗的統計量為：

$$F = \frac{[RSS_R - (RSS_1 + RSS_2)]/(k+1)}{(RSS_1 + RSS_2)/[n - 2(k+1)]} \sim F[k+1, n - 2(k+1)] \quad (5.21)$$

其中 RSS_R, RSS_1, RSS_2 分別為利用 OLS 法估計約束模型(5.20)和模型(5.18)、模型(5.19)得到的殘差平方和，$F[k+1, n-2(k+1)]$ 分佈的第一自由度為 H_0 中等式的個數，第二自由度為樣本容量 n 減去上述一般模型中待估迴歸系數的個數。

上述 Chow 檢驗的統計量是針對模型所有參數都可能發生變化的情形建立起來的。對於模型中部分參數不變，其餘參數可能變化的情形，Chow 檢驗過程中需要構造不同的一般迴歸模型，基於該模型建立的 F 統計量也不同於(5.21)式。例如，已知(5.18)式與(5.19)式中兩個 X_1, X_2 的系數對應相等，即 $\alpha_1 = \beta_1, \alpha_2 = \beta_2$，此時 Chow 檢驗的 F 統計量在結構不變原假設下的概率分佈為：$F \sim F(k-1, n - [2(k-1) + 2])$。

關於 Chow 檢驗的幾點說明：

(1) 按照 Chow 檢驗的邏輯推導過程，可以很容易地將其推廣到模型在樣本期存在 m 次結構變動的情形。此時的原假設為「在整個樣本期間內模型不存在結構變動」，備擇假設為「模型至少存在一次結構變動」，所用 F 統計量與存在一次結構變動情形的差異在於表達式中各子樣本對應的殘差平方和由兩個變為 $m+1$ 個，F 分佈的自由度相應的調整為：第一自由度為 $m(k+1)$，第二自由度為 $n - (m+1)(k+1)$。

(2) 在應用之前，應該驗證該檢驗成立的前提條件。關於兩個時段上隨機誤差項的方差相同（原假設）的檢驗，可以利用如下 F 統計量進行：

$$F = \frac{RSS_1/(n_1 - k - 1)}{RSS_2/(n_2 - k - 1)} \sim F(n_1 - k - 1, n_2 - k - 1) \quad \text{（在原假設成立的條件下）}$$

（註：上述統計量中的分子要大於分母）

(3) 在沒有先驗信息的條件下，Chow 檢驗拒絕原假設只表明在整個樣本期間模型存在結構變化，並不能告訴我們這種變化是來自截距項、斜率系數，還是兩者都有。

(4) 事先要對可能發生結構變化的點做出判斷。

在 EViews 軟件下，Chow 檢驗的執行過程：

① 利用 OLS 法估計約束模型，得到輸出結果。

② 在①中的輸出結果窗口，點擊 View→Stability Tests →Chow Breakpoint Test，接著在彈出的 Chow Tests 窗口的兩個對話框中，分別輸入結構變化點的日期（或觀測點的序號）和可能發生變化的迴歸系數對應的解釋變量（截距項對應 C），然後點擊 OK，即得到在其他系數不變的情形下 Chow 檢驗的輸出結果。依據該結果中的 F 統計量值（F - Statistic）及其相應的 P 值（Probability）便可以完成 Chow 檢驗。

例題 5.1　美國通用電氣公司與西屋電氣公司投資策略異同的 Chow 檢驗

美國兩大電氣公司——通用電氣公司（GE：General Electric Company）和西屋電氣公司（WE：Westinghouse Electric Corperation）生產許多同類產品，相互競爭。我們通過建立計量經濟模型研究它們是否具有相似的投資策略。表 5-1 給出了 1935—1954 年這兩家公司的投資數據，其中：

INV = 在工廠和設備方面的總投資；

V = 公司的價值（即普通股和優先股的價值）；

K = 資本存量。

表 5-1　　　　通用電氣公司和西屋電氣公司的投資相關數據　　　單位：百萬美元

年度	通用電氣公司（GE）			西屋電氣公司（WE）		
	INV	V	K	INV	V	K
1935	33.1	1,170.6	97.8	12.93	191.5	1.8
1936	45	2,015.8	104.4	25.9	516	0.8
1937	77.2	2,803.3	118	35.05	729	7.4
1938	44.6	2,039.7	156.2	22.89	560.4	18.1
1939	48.1	2,256.2	172.6	18.84	519.9	23.5
1940	74.4	2,132.2	186.6	28.57	628.5	26.5
1941	113	1,834.1	220.9	48.51	537.1	36.2
1942	91.9	1,588	287.8	43.34	561.2	60.8
1943	61.3	1,749.4	319.9	37.02	617.2	84.4
1944	56.8	1,687.2	321.3	37.81	626.7	91.2
1945	93.6	2,007.7	319.6	39.27	737.2	92.4
1946	159.9	2,208.3	346	53.46	760.5	86
1947	147.2	1,656.7	456.4	55.56	581.4	111.1
1948	146.3	1,604.4	543.4	49.56	662.3	130.6
1949	98.3	1,431.8	618.3	32.04	583.8	141.8
1950	93.5	1,610.5	647.4	32.04	635.2	136.7
1951	135.2	1,819.4	671.3	54.38	723.8	129.7
1952	157.3	2,079.7	726.1	71.78	864.1	145.5
1953	179.5	2,371.6	800.3	90.08	1,193.5	174.8
1954	189.6	2,759.9	888.9	68.6	1,188.9	213.5

註：① 表中數據均按 1947 年價格計算。
② 數據來源：R. 卡特·希爾，等. 初級計量經濟學[M]. 於陽，等譯. 2 版. 大連：東北財經大學出版社，2007：165.

下面依據表 5-1 中的數據，以 INV 為被解釋變量，V 和 K 為解釋變量建立雙對數模型[①]

$$\ln(INV_t) = \beta_0 + \beta_1 \ln(V_t) + \beta_2 \ln(K_t) + u_t$$

[①] 在 R. 卡特·希爾等著的《初級計量經濟學》（第 2 版，東北財經大學出版社，2007，第 164-166 頁）中，採用的是線性迴歸模型。他們在對兩公司各自建立的時間序列模型在結構上的差異進行 Chow 檢驗時，並沒有檢驗這兩個模型隨機誤差項的方差是否相同。事實上，由於兩公司在各項指標上的差異較大，可以驗證（請讀者自己完成），這兩個模型隨機誤差項的方差存在著顯著差異，因此它們不滿足 Chow 檢驗應用的條件。

來研究兩公司的投資函數是否存在顯著差異。

為便於應用 Chow 檢驗,將兩公司的樣本數據合併成一組,下標用 i 表示:通用電氣公司的 20 組數據排在前面 $i = 1, 2, \cdots, 20$;西屋電氣公司的 20 組數據排在後面 $i = 21, 22, \cdots, 40$,兩公司的投資模型分別為:

$$\ln(INV_i) = \beta_0^{GE} + \beta_1^{GE}\ln(V_i) + \beta_2^{GE}\ln(K_i) + u_i^{GE} \quad (i = 1, 2, \cdots, 20) \quad (5.22)$$

$$\ln(INV_i) = \beta_0^{WE} + \beta_1^{WE}\ln(V_i) + \beta_2^{WE}\ln(K_i) + u_i^{WE} \quad (i = 21, 22, \cdots, 40) \quad (5.23)$$

首先,對 u_i^{GE} 與 u_j^{WE} 的方差是否相同進行 F 檢驗。分別利用 OLS 法估計模型(5.22) 和(5.23),得

$\hat{\ln}(INV_i) = -3.921,414 + 0.658,470\ln(V_i) + 0.598,570\ln(K_i) \quad (i = 1, 2, \cdots, 20)$

t 值　　　　 $-1.718,9$　　　 $2.215,5$　　　　　 $6.630,5$

P 值　　　　 $0.103,8$　　　　 $0.040,7$　　　　　 $0.000,0$

$R^2 = 0.747,4, \bar{R}^2 = 0.717,7, RSS = 1.304,561$(記為 RSS_1)

$\hat{\ln}(INV_i) = -1.867,521 + 0.800,357\ln(V_i) + 0.094,164\ln(K_i) \quad (i = 21, 22, \cdots, 40)$

t 值　　　　 $-1.487,1$　　　 $3.750,6$　　　　　 $1.836,3$

P 值　　　　 $0.155,3$　　　　 $0.001,6$　　　　　 $0.083,9$

$R^2 = 0.735,7, \bar{R}^2 = 0.704,6, RSS = 1.118,366$(記為 RSS_2)

於是,得到 F 統計量值為:

$$F = \frac{RSS_1/(20-2-1)}{RSS_2/(20-2-1)} = \frac{1.304,561}{1.118,366} = 1.166,488$$

在 0.05 的顯著性水平下,查表得臨界值 $F_{0.05}(17, 17) = 2.26$[①]。因為 $F = 1.166,488 < F_{0.05}(17, 17)$,所以可以認為 u_i^{GE} 與 u_i^{WE} 具有相同的方差。

其次,對原假設 $H_0: \beta_0^{GE} = \beta_0^{WE}, \beta_1^{GE} = \beta_1^{WE}, \beta_2^{GE} = \beta_2^{WE}$,在 EViews 軟件下,利用 OLS 法估計約束模型並進行 Chow 檢驗,所得輸出結果如表 5-2 所示。從該表可以看出,F 統計量值 $= 8.589,021$,其 P 值 $= 0.000,2 < 0.05$,因此在 0.05 的顯著性水平下,Chow 檢驗拒絕原假設 H_0,即可以認為在 1935—1954 年通用電氣公司與西屋電氣公司具有不同的投資函數。

表 5-2　　　　　　　　　　　Chow 檢驗的輸出結果

Chow Breakpoint Test: 21			
Null Hypothesis: No breaks at specified breakpoints			
Varying regressors: All equation variables			
Equation Sample: 1, 40			
F - statistic	8.589,021	Prob. F(3,34)	0.000,2
Log likelihood ratio	22.563,77	Prob. Chi - Square(3)	0.000,0
Wald Statistic	25.767,06	Prob. Chi - Square(3)	0.000,0

---

① F 分佈表中沒有給出臨界值 $F_{0.05}(17, 17)$,2.26 是其臨近的兩個臨界值 $F_{0.05}(16, 17) = 2.29$ 和 $F_{0.05}(20, 17) = 2.23$ 的算術平均數。

最後，需要特別指出的是，本例主要是說明 Chow 檢驗和兩個子樣本上誤差項的方差異同的 F 檢驗的基本過程，並沒有檢驗應用 Chow 檢驗需要模型滿足的其他經典假定條件。如果這些條件不滿足，那麼基於標準 F 分佈所得 Chow 檢驗的結果就是值得懷疑的。請讀者自己完成本例中這些經典假定條件的檢驗，並思考下面的問題：當模型存在自相關性時，該如何檢驗模型(5.22)與模型(5.23)是否具有相同的結構。

§5.3 模型的選擇準則

對於具有經濟意義的迴歸模型，從統計角度評價其優劣，主要考慮兩個方面：一是樣本迴歸函數與樣本數據的擬合程度。其度量指標主要是基於殘差平方和得到的可決系數 R^2，對於給定的樣本數據，它的樣本值取決於殘差平方和的大小。二是參數估計的準確性，可以通過估計量的方差或標準差來度量。由本章§5.1 節及第 3 章§3.3、§3.4 節的討論可知，增加解釋變量的個數通常會增加模型的擬合優度，但同時也會導致參數估計量方差的增大；反之，減少解釋變量的個數通常會降低模型的擬合優度，但同時也會導致參數估計量方差的減小。因此，在若干互相競爭的模型中做出選擇時，往往需要在兩者之間進行權衡。為此，在第 3 章§3.3 節我們介紹了一個綜合評價模型的指標(或準則)——調整的可決系數 $\bar{R}^2$。這裡將再介紹兩種常用的模型選擇準則：赤池信息準則(AIC：Akaike information criterion, 1974)、施瓦茨信息準則(SIC：Schwarz information criterion, 1978)。這些準則的共同特點是，在盡可能最小化殘差平方和的同時，對解釋變量個數的增加進行一定程度的懲罰。

(1) 赤池信息準則(AIC 準則)

赤池信息準則常見的計算公式為：

$$AIC(K) = \ln\left(\frac{1}{n}\sum_{i=1}^{n} e_i^2\right) + \frac{2K}{n} \tag{5.24}$$

其中 K 為解釋變量個數(含截距項)，e_i 為利用 OLS 法或 NLS 法估計模型所得殘差。在不同模型之間進行比較時，選擇 $AIC(K)$ 值最小的模型。

在 EViews 軟件中，AIC 準則的計算公式為：

$$AIC(K) = 1 + \ln(2\pi) + \ln\left(\frac{1}{n}\sum_{i=1}^{n} e_i^2\right) + \frac{2K}{n}$$

該式與(5.24)式只差一個常數，在應用它們選擇模型時，會得到同樣的結果。

(2) 施瓦茨信息準則(SIC 準則)

施瓦茨信息準則常見的計算公式為：

$$SIC(K) = \ln\left(\frac{1}{n}\sum_{i=1}^{n} e_i^2\right) + \frac{K\ln n}{n} \tag{5.25}$$

其中符號的意義與(5.24)式的一致。與赤池信息準則一樣，在不同模型之間進行比較時，選擇 $SIC(K)$ 值最小的模型。

在 EViews 軟件中，SIC 準則的計算公式為：

$$SIC(K) = 1 + \ln(2\pi) + \ln\left(\frac{1}{n}\sum_{i=1}^{n} e_i^2\right) + \frac{K\ln n}{n}$$

應用該式與應用(5.25)式選擇模型,所得結果是相同的。

比較(5.24)式和(5.25)式可以看出,$AIC(K)$ 與 $SIC(K)$ 的不同之處只在於第二項中 K 的係數,前者為 $\frac{2}{n}$,後者為 $\frac{\ln n}{n}$。當添加一個解釋變量時,$AIC(K)$ 比 $SIC(K)$ 增加的要少一些(因為 $\ln > 2$),或者說,後者對增加解釋變量的懲罰更加嚴厲。因此,使用 $SIC(K)$ 選擇模型傾向於得到更簡單的模型。

關於信息準則應用的兩點注意事項:

①在 AIC 值和 SIC 值的計算公式中涉及到殘差,如果殘差是針對不同的變量計算的,那麼由此得到的信息準則就不具有可比性。因此,要求備選模型的殘差或者都針對被解釋變量計算,或者都針對模型左端相同的被解釋變量的函數計算。在 EViews 軟件下,利用 OLS 法估計模型的輸出結果都會報告 AIC 值和 SIC 值,在那裡這些準則值都是針對模型左端被解釋變量的函數計算的。例如,估計模型 $\ln Y_i = \beta_0 + \beta_1 X_i + u_i$,所得 AIC 值和 SIC 值是依據殘差 $e_i = \ln Y_i - \ln \hat{Y}_i$ 計算的。

②本節所介紹的模型選擇準則都是描述性的,並非模型設定檢驗的統計量,它們可以看作是前面我們討論的各種檢驗方法的補充,而且在它們中間沒有哪一個肯定優於其他準則。

§5.4 定性因素量化與虛擬變量

5.4.1 定性因素的量化

在前面各章的例題中,作為解釋變量的變量都是可以直接度量的,如居民的收入、企業的產量(或產值)、一種商品的需求量、價格、一個地區的失業率、通貨膨脹率、勞動力人數等,像這樣的變量稱為**定量變量**。但在現實經濟生活中,影響某一被解釋變量的因素,除了一些可以獲得實際觀測數據的定量變量外,還可能包括一些無法用數值度量的因素。例如:經濟體制的變革、戰爭、自然災害會影響一個國家的 GDP;職業、文化程度、性別、種族會影響某一地區的居民消費支出;季節會影響啤酒、電暖氣的需求量;所有制、地理位置、管理者素質會影響某一行業中企業的利潤。像這樣的因素稱為**定性因素**或**屬性因素**。定性因素包括若干種屬性類型或狀態,比如,經濟體制的變革:計劃經濟或市場經濟,性別:男性或女性,地理位置:東部或中部或西部,所有制:私營或非私營,季節:第一、二、三、四季度。要在迴歸模型中反應定性因素對被解釋變量的影響,就需要將這些屬性類型「量化」。這種量化通常是通過引入「虛擬變量」(dummy variable)來完成的。所謂**虛擬變量**是人為設定的通常取值為 0 或 1 的二值變量,一般用 D 來表示。在模型中引入虛擬變量,便可以將定性因素的不同屬性類型區分開,同時反應定性因素對被解釋變量的影響。

例如,在第 1 章建立中國糧食產量模型時,引入了反應經濟體制變革的虛擬變量。又如,在建立居民家庭消費函數模型時,考慮到家庭消費支出(COM_i)不僅受家庭收入(I_i)的影響,還可能受居住地(城鎮或農村)的影響,因此就需要在模型中引入如下反應居住地的虛擬變量

$$D_i = \begin{cases} 0 & \text{若第 } i \text{ 個家庭位於農村} \\ 1 & \text{若第 } i \text{ 個家庭位於城鎮} \end{cases}$$

若居民的居住地只對家庭基本消費支出產生影響,而對邊際消費傾向沒有影響,則可以如下設定總體迴歸函數:

$$E(COM_i | D_i, I_i) = \beta_0 + \beta_1 D_i + \gamma I_i \tag{5.26}$$

在(5.26)式中,若 $D_i = 0$,則得到農村家庭的平均消費支出:

$$E(COM_i | D_i = 0, I_i) = \beta_0 + \gamma I_i \tag{5.27}$$

若 $D_i = 1$,則得到城鎮家庭的平均消費支出:

$$E(COM_i | D_i = 1, I_i) = (\beta_0 + \beta_1) + \gamma I_i \tag{5.28}$$

比較(5.27)式和(5.28)式可以看出,兩者的差別僅在於截距項。若 $\beta_1 \neq 0$,則表明農村家庭與城鎮家庭在基本消費上存在差異,且後者比前者平均多支出個 β_1 個單位。

從上述例題可以看到,對於只有兩種屬性類型的定性因素,只需引入一個虛擬變量就能將它們區分開。

又如,在利用季度數據建立某一地區的煤炭需求模型時,除考慮該地區的收入水平外,還需考慮季節因素對煤炭需求量的影響。要區分四個季度在對煤炭需求上的差異,需要在模型中引入三個虛擬變量,如

$$D_{2t} = \begin{cases} 1 & \text{若 } t \text{ 為第二季度} \\ 0 & \text{其他} \end{cases}, D_{3t} = \begin{cases} 1 & \text{若 } t \text{ 為第三季度} \\ 0 & \text{其他} \end{cases}, D_{4t} = \begin{cases} 1 & \text{若 } t \text{ 為第四季度} \\ 0 & \text{其他} \end{cases}$$

這樣 $D_{2t} = D_{3t} = D_{4t} = 0$ 對應第一季度,$D_{2t} = 1, D_{3t} = D_{4t} = 0$ 對應第二季度,$D_{3t} = 1, D_{2t} = D_{4t} = 0$ 對應第三季度,$D_{4t} = 1, D_{2t} = D_{3t} = 0$ 對應第四季度,恰好將四個季度區分開。

5.4.2 虛擬變量的設置

5.4.2.1 設置規則

一般地,若一個定性因素具有 $m(\geq 2)$ 個屬性類型,則在模型中需要引入 $m-1$ 個虛擬變量。顯然,若引入虛擬變量的個數少於 $m-1$,則無法區分不同屬性類型對被解釋變量的影響。那麼,能否引入 m 個虛擬變量呢?若引入 m 個虛擬變量,會出現兩種可能的結果:①模型與引入 $m-1$ 個虛擬變量所建模型是等價的(請讀者自己舉例說明);②模型是不可以識別的(見§4.1)。例如,在總體迴歸函數(5.26)中,再增加虛擬變量:

$$D_{1i} = \begin{cases} 1 & \text{若第 } i \text{ 個家庭位於農村} \\ 0 & \text{若第 } i \text{ 個家庭位於城鎮} \end{cases}$$

建立迴歸模型:

$$COM_i = \beta_0 + \beta_1 D_i + \beta_2 D_{1i} + \gamma I_i + u_i$$

因為

$$1 - D_i - D_{1i} = 0$$

所以該模型是不可以識別的。像這種因多引入虛擬變量而使模型不可識別的情形稱為陷入「**虛擬變量陷阱**」。

在影響被解釋變量的因素中可能有多個定性因素,此時我們可以對它們分別設置虛擬變量同時引入到模型中。例如,在建立居民家庭消費函數模型時,若還需考慮居住地

所在的地區(東部、中部和西部),那麼在邊際消費傾向不受定性因素影響的前提下,可以將原總體迴歸函數(5.26)改為:

$$E(COM_i|D_i,D_{ei},D_{wi},I_i) = \beta_0 + \beta_1 D_i + \beta_2 D_{ei} + \beta_3 D_{wi} + \gamma I_i \quad (5.29)$$

其中

$$D_{ei} = \begin{cases} 1 & 若第i個家庭位於東部 \\ 0 & 其他 \end{cases}, D_{wi} = \begin{cases} 1 & 若第i個家庭位於西部 \\ 0 & 其他 \end{cases}$$

就可以同時考察居民家庭所在地區、位於農村還是城鎮對家庭消費支出的影響。於是,不同地區農村家庭和城鎮家庭的平均消費支出分別由下列各式給出:

東部農村家庭:$E(COM_i|D_i=0,D_{ei}=1,D_{wi}=0,I_i) = (\beta_0 + \beta_2) + \gamma I_i$

中部農村家庭:$E(COM_i|D_i=0,D_{ei}=0,D_{wi}=0,I_i) = \beta_0 + \gamma I_i$

西部農村家庭:$E(COM_i|D_i=0,D_{ei}=0,D_{wi}=1,I_i) = (\beta_0 + \beta_3) + \gamma I_i$

東部城鎮家庭:$E(COM_i|D_i=1,D_{ei}=1,D_{wi}=0,I_i) = (\beta_0 + \beta_1 + \beta_2) + \gamma I_i$

中部城鎮家庭:$E(COM_i|D_i=1,D_{ei}=0,D_{wi}=0,I_i) = (\beta_0 + \beta_1) + \gamma I_i$

西部城鎮家庭:$E(COM_i|D_i=1,D_{ei}=0,D_{wi}=1,I_i) = (\beta_0 + \beta_1 + \beta_3) + \gamma I_i$

在實證分析中,可以利用樣本數據估計總體迴歸函數(5.29)中的參數,並對$\beta_1 = 0$、$\beta_2 = 0$、$\beta_3 = 0$分別進行顯著性檢驗,以判斷各地區農村家庭和城鎮家庭在基本消費支出上是否存在顯著差異。

需要指出的是,在虛擬變量的設置中,哪一種屬性類型取為1或0,沒有固定的標準。通常令作為比較基礎的類型(基礎類型)的取值為0,而將與基礎類型進行比較的類型(比較類型)取值為1。這樣做的好處是使模型的設定和解釋更加清晰。例如,上述模型(5.29)中的地區虛擬變量就可以看作是以中部家庭為基礎類型,東、西部家庭為比較類型設定的,其中參數β_2、β_3分別表示在收入相同的條件下,東部和西部城鎮(農村)家庭比中部城鎮(農村)家庭平均多消費支出的單位數。

5.4.2.2 引入方式

虛擬變量作為解釋變量引入模型有三種方式:加法方式、乘法方式和混合方式。

(1)加法方式

以加法方式引入虛擬變量,是指將虛擬變量以相加的形式引入模型。例如,上述居民家庭消費函數模型和煤炭需求模型,都是以這種方式引入虛擬變量的。通過加法方式引入虛擬變量,能夠考察定性因素的不同屬性類型對應的總體迴歸函數在截距項上是否存在差異。

(2)乘法方式

以乘法方式引入虛擬變量,是指將虛擬變量與其他虛擬變量或定量解釋變量以相乘的形式引入模型。通過這種方式引入虛擬變量,能夠考察定性因素對定量變量斜率系數的影響以及定性因素之間的交互效應(見§3.6)。例如,在建立1952—1999年中國居民的消費函數模型時,為了體現1978年的改革開放政策對居民邊際消費可能產生的影響,可以在模型中以乘法方式引入虛擬變量,建立模型

$$COM_t = \beta_0 + \beta_1 I_t + \beta_2 D_t I_t + u_t \quad (5.30)$$

其中

$$D_t = \begin{cases} 0 & 1952 \leq t \leq 1977 \\ 1 & 1978 \leq t \leq 1999 \end{cases}$$

若 $E(u_t|D_t,I_t) = 0$，則上述模型表明：

1952—1977 年：$E(COM_t|D_t = 0, I_t) = \beta_0 + \beta_1 I_t$ (5.31)

1978—1999 年：$E(COM_t|D_t = 1, I_t) = \beta_0 + (\beta_1 + \beta_2)I_t$ (5.32)

比較(5.31)式和(5.32)式可以看出，兩者的差別僅在於 I_t 的斜率係數。若 $\beta_2 \neq 0$，則表明改革開放政策對居民的邊際消費傾向產生了影響。

(3) 混合方式

以混合方式引入虛擬變量，是指同時採用加法方式和乘法方式將虛擬變量引入到模型中。通過這種方式引入虛擬變量，能夠同時考察在樣本期內定性因素對模型截距項和斜率係數的影響。例如，設某行業職工收入(Y)主要受職工受教育年數(X)、性別和地理位置(東部、西部)的影響。考慮到不同性別、所處地理位置不同的職工平均收入可能存在一定的差異，而且不同性別在收入上的差異可能與其所在的地理位置有關，即兩個定性因素之間可能存在交互效應，因此可以採用混合方式引入虛擬變量建立如下迴歸模型：

$$Y_i = \beta_0 + \beta_1 D_{1i} + \beta_2 D_{2i} + \beta_3 (D_{1i} D_{2i}) + \gamma X_i + u_i$$

其中

$$D_{1i} = \begin{cases} 1 & \text{第 } i \text{ 個職工為男性} \\ 0 & \text{第 } i \text{ 個職工為女性} \end{cases} \qquad D_{2i} = \begin{cases} 1 & \text{第 } i \text{ 個職工位於東部} \\ 0 & \text{第 } i \text{ 個職工位於西部} \end{cases}$$

若 $E(u_i|D_{1i},D_{2i},X_i) = 0$，則由上述模型可得不同性別職工的平均收入函數分別為：

女職工：$E(Y_i|D_{1i} = 0, D_{2i}, X_i) = (\beta_0 + \beta_2 D_{2i}) + \gamma X_i$

男職工：$E(Y_i|D_{1i} = 1, D_{2i}, X_i) = [\beta_0 + \beta_1 + (\beta_2 + \beta_3)D_{2i}] + \gamma X_i$

由此可知，若 $\beta_3 \neq 0$，則表明不同性別在收入上的差異與其所在的地理位置有關。

5.4.3 虛擬變量在模型結構差異檢驗中的應用

5.4.3.1 模型結構差異的一般檢驗

在 §5.2 中，我們討論了樣本期內模型結構穩定性的 Chow 檢驗。這種檢驗只能告訴我們模型是否存在結構變化，但不能指出是哪些參數發生了變化。通過引入虛擬變量可以彌補 Chow 檢驗的這一缺陷。下面以一元線性迴歸模型為例說明虛擬變量在模型結構差異檢驗中的應用。

設在樣本觀測點 n_1 處模型可能發生結構變化，n_1 將樣本分為兩個子樣本，它們對應的迴歸模型分別為：

子樣本 1：$Y_i = \beta_0 + \beta_1 X_{1i} + u_i$ $(i = 1, 2, \cdots, n_1)$ (5.33)

子樣本 2：$Y_i = \alpha_0 + \alpha_1 X_{1i} + u_i$ $(i = n_1 + 1, n_1 + 2, \cdots, n)$ (5.34)

在樣本期內，可能出現以下四種情形：

① $\beta_0 = \alpha_0, \beta_1 = \alpha_1$：模型沒有發生結構變化；

② $\beta_0 \neq \alpha_0, \beta_1 = \alpha_1$：模型截距發生變化，而斜率系數沒有變化；
③ $\beta_0 = \alpha_0, \beta_1 \neq \alpha_1$：模型截距沒有變化，而斜率系數發生變化；
④ $\beta_0 \neq \alpha_0, \beta_1 \neq \alpha_1$：模型截距和斜率系數都發生變化。
現在依據可能發生結構變化的觀測點 n_1，引入虛擬變量：

$$D_i = \begin{cases} 1 & 1 \leq i \leq n_1 \\ 0 & n_1 + 1 \leq i \leq n \end{cases}$$

建立如下虛擬變量迴歸模型：

$$Y_i = \beta_0 + \gamma_0 D_i + \beta_1 X_{1i} + \gamma_1 D_i X_{1i} + u_i \quad (i = 1, 2, \cdots, n) \tag{5.35}$$

顯然，在模型(5.35)中，若 $\gamma_0 = 0, \gamma_1 = 0$，則表明模型沒有發生結構變化，此與上述情形①相對應。相應地，$\gamma_0 \neq 0, \gamma_1 = 0$；$\gamma_0 = 0, \gamma_1 \neq 0$；$\gamma_0 \neq 0, \gamma_1 \neq 0$ 分別與情形②③④相對應。於是，通過迴歸模型(5.35)，並檢驗參數 γ_0, γ_1 是否顯著為 0，便可以完成樣本期內模型結構的穩定性檢驗。與 Chow 檢驗不同的是，這裡可以分別檢驗 $\gamma_0 = 0$、$\gamma_1 = 0$ 是否成立，而 Chow 檢驗只是對兩者是否同時成立進行的聯合檢驗。

例題 5.2　美國通用電氣公司與西屋電氣公司投資策略異同的再檢驗

在例題 5.1 中，Chow 檢驗的結果表明通用電氣公司與西屋電氣公司在投資行為上存在顯著差異，在那裡沒有考慮模型是否存在自相關性。這裡我們首先通過引入虛擬變量，建立一個包容模型(5.27)和模型(5.28)的一般迴歸模型，並對其進行自相關性檢驗，然後再對這兩個模型結構的異同進行檢驗。

首先，構造如下一般迴歸模型：

$$\ln(INV_i) = \beta_0^{GE} + \beta_1^{GE}\ln(V_i) + \beta_2^{GE}\ln(K_i) + \gamma_0 D_i + \gamma_1[D_i\ln(V_i)] + \gamma_2[D_i\ln(K_i)] + u_i$$
$$(i = 1, 2, \cdots, 40) \tag{5.36}$$

其中

$$D_i = \begin{cases} 0 & i = 1, 2, \cdots, 20 \quad \text{（通用電氣公司）} \\ 1 & i = 21, \cdots, 40 \quad \text{（西屋電氣公司）} \end{cases}$$

例題 5.1 中的檢驗結果表明，該模型具有同方差性。下面進一步檢驗其是否滿足無自相關性。

利用 OLS 法估計模型(5.41)，得到迴歸結果：

$$\hat{\ln}(INV_i) = -3.921,414 + 0.658,470\ln(V_i) + 0.598,570\ln(K_i)$$

t 值　　　　　　　　$-1.783,7$　　　$2.299,0$　　　　$6.880,6$
P 值　　　　　　　　$0.083,4$　　　　$0.027,8$　　　　$0.000,0$

$$+ 2.053,893 D_i + 0.141,888[D_i\ln(V_i)] - 0.504,406[D_i\ln(K_i)]$$

t 值　　　　　　　　$0.803,0$　　　　$0.391,4$　　　　$-4.942,2$
P 值　　　　　　　　$0.427,5$　　　　$0.697,9$　　　　$0.000,0$

$R^2 = 0.853,9, \bar{R}^2 = 0.832,5, F = 39.76(P$ 值 $= 0.000,0), DW = 1.260,7$

在該迴歸結果中，DW 值偏低。對於 0.05 的顯著性水平，DW 檢驗的臨界值下限和上限分別為 $d_L = 1.23, d_U = 1.79$（樣本容量 $n = 40$，解釋變量個數為 $k = 5$）。因為 $d_L = 1.23 <$

$DW=1.260,7 < d_U = 1.79$,所以此時 DW 檢驗失效。對隨機誤差項 u_i 進行 LM 自相關性檢驗,所得統計量值及其相應的 P 值如表 5-3 所示。顯然,在各種情形下 LM 統計量的 P 值均小於 0.05,此表明 u_i 存在自相關性。

表 5-3   LM 統計量值及其相應的 P 值

滯後階數(p)	1	2	3
$40R^2$	6.092,5	23.252	24.001
P 值	0.013,6	0.000,0	0.000,0

由於在模型存在自相關性的情形下,通常進行的基於 OLS 法的 t 檢驗失效,所以我們利用 EViews 軟件中的非線性最小二乘法重新估計模型(5.36),得迴歸結果:

$$\ln(INV_i) = -5.063,179 + 0.793,852\ln(V_i) + 0.621,031\ln(K_i)$$

t 值 $-2.701,1$ $3.280,1$ 10.347
P 值 $0.011,3$ $0.002,6$ $0.000,0$

$$+ 4.543,913 D_i - 0.244,365[D_i\ln(V_i)] - 0.461,943[D_i\ln(K_i)]$$

t 值 $2.014,2$ $-0.781,3$ $-7.150,3$
P 值 $0.053,0$ $0.440,7$ $0.000,0$

$$+ 0.669,316 AR(1) - 0.778,188 AR(2)$$

t 值 $5.537,9$ $-6.461,4$
P 值 $0.000,0$ $0.000,0$

$R^2 = 0.943,7$, $\bar{R}^2 = 0.930,5$, $F = 71.86$ (P 值 $=0.000,0$)

利用 LM 檢驗可以驗證,模型已不存在自相關性(請讀者自己完成)。從該迴歸結果可以看出,在 0.05 的顯著性水平下,只有 $D_i\ln(V_i)$ 的系數(t 統計量的 P 值 $=0.440,7>0.05$)和 D_i 的系數(t 統計量的 P 值 $=0.053,0>0.05$)顯著為 0,其餘各項的系數(含截距項)均顯著不為 0。此表明通用電氣公司與西屋電氣公司在投資函數上存在顯著差異,這種差異主要表現在資本存量 K 對投資 INV 的彈性影響上。前者投資 INV 對資本存量 K 的彈性系數為 0.621,031,後者投資 INV 對資本存量 K 的彈性系數為 $0.621,031 - 0.461,943 = 0.159,088$,前者要高於後者 0.461,943。

從例題 5.2 的檢驗結果可以看出,利用引入虛擬變量的方法,不但可以檢驗模型結構是否發生變化,而且還能檢驗出哪個(些)參數發生了變化。

5.4.3.2 連續總體迴歸函數的結構穩定性檢驗

在實際經濟問題中,描述一些變量之間關係的總體迴歸函數是連續函數,但在不同的樣本區間可能具有不同的斜率系數。圖 5-1 為變量 Y 對 X 的散點圖,從中可以看出,當 $X_i < X^*$ 時,隨著 X_i 的增加,Y_i 增加的速度比較慢;當 $X_i \geq X^*$ 時,隨著 X_i 的增加,Y_i 增加的速度比較快。由此可以初步推斷,在 X^* 兩側 Y_i 對 X_i 線性迴歸的斜率系數可能發生了變化。

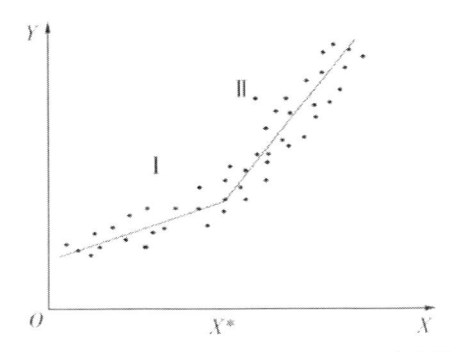

圖 5-1 連續總體迴歸函數的結構變化示意圖

由於在整個樣本期內散點圖並沒有明顯地分為兩塊，因此總體迴歸函數 $E(Y_i)$ 可以看作 X_i 的連續函數。對於這種情形，可以應用如下虛擬變量模型來刻畫變量之間的數量關係：

$$Y_i = \beta_0 + \beta_1 X_i + \beta_2 (X_i - X^*) D_i + u_i \tag{5.37}$$

其中

$$D_i = \begin{cases} 0 & X_i < X^* \\ 1 & X_i \geq X^* \end{cases}$$

若 $E(u_i | X_i, D_i) = 0$，則

當 $X_i < X^*$ 時，$E(Y_i | X_i, D_i = 0) = \beta_0 + \beta_1 X_i$ \hfill (5.38)

當 $X_i \geq X^*$ 時，$E(Y_i | X_i, D_i = 1) = (\beta_0 - \beta_2 X^*) + (\beta_1 + \beta_2) X_i$ \hfill (5.39)

顯然，當 $X_i = X^*$ 時，$E(Y_i | X_i, D_i = 0) = E(Y_i | X_i, D_i = 1)$。若 $\beta_2 = 0$，上述兩式是相同的，則表明模型結構沒有發生變化；否則，則表明模型結構發生了變化。在實際經濟問題中，依據樣本數據估計模型(5.37)，通過對 $\beta_2 = 0$ 進行顯著性檢驗，便可以推斷模型的結構是否存在顯著性變化。有的書稱模型(5.37)為分段線性迴歸模型。

例題 5.3 中國家用轎車擁有量對城鎮居民人均實際可支配收入的迴歸模型

作為通過引入虛擬變量以反應連續總體迴歸函數結構變化的例子，我們建立 1985—2002 年中國家用轎車擁有量對城鎮居民人均實際可支配收入的迴歸模型。表 5-4 給出了在此期間中國家用轎車擁有量 Y、城鎮居民人均可支配收入 I、消費價格指數 P 和城鎮居民人均實際可支配收入 X 的年度數據。從 Y 對 X 的散點圖(如圖 5-2 所示)可以看出，在人均實際可支配收入為 1,000 元附近(1993 年)，Y 與 X 的數量關係可能發生了變化。於是，考慮建立如下分段線性迴歸模型：

$$Y_t = \beta_0 + \beta_1 X_t + \beta_2 (X_t - 1,026.85) D_t + u_t \tag{5.40}$$

其中 1,026.85(元)為 1993 年中國城鎮居民人均實際可支配收入。

$$D_t = \begin{cases} 0 & t \leq 1,992 \\ 1 & t \geq 1,993 \end{cases}$$

表 5-4　中國家用汽車擁有量與城鎮居民人均可支配收入、消費價格指數數據

年度	轎車擁有量 Y(萬輛)	城鎮居民人均可支配收入 I(元)(當年價格)	城鎮居民消費價格指數 P(1978 為 100)	城鎮居民人均實際可支配收入 X(元)(1978 價格)
1985	28.49	739.1	124.1	595.57
1986	34.71	899.6	132.6	678.43
1987	42.29	1,002.2	142.9	701.33
1988	60.42	1,181.4	173.6	680.53
1989	73.12	1,375.7	199.5	689.58
1990	81.62	1,510.2	200.5	753.22
1991	96.04	1,700.6	210.7	807.12
1992	118.2	2,026.6	227	892.78
1993	155.77	2,577.4	251	1,026.85
1994	205.42	3,496.2	319.8	1,093.25
1995	249.96	4,283	373.8	1,145.8
1996	289.67	4,838.9	409.3	1,182.24
1997	358.36	5,160.3	419.2	1,230.99
1998	423.65	5,425.1	410.4	1,321.91
1999	533.88	5,854	396.4	1,476.79
2000	625.33	6,280	392.9	1,598.37
2001	770.78	6,859.6	395.6	1,733.97
2002	968.98	7,702.8	394.8	1,951.06

註：轎車擁有量 Y、城鎮居民人均可支配收入 I 和城鎮居民消費價格指數 P 的數據來自《中國統計年鑒》(1986—2003)，城鎮居民人均實際可支配收入 X 的計算公式：$X = 100 \times I \div P$。

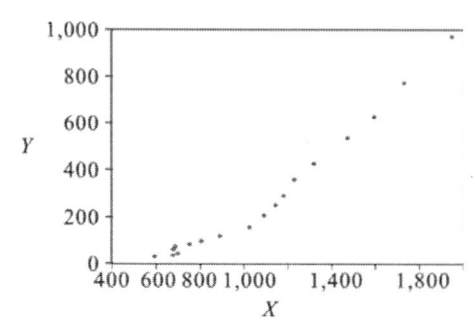

圖 5-2　轎車擁有量 Y 對城鎮居民人均實際可支配收入 X 的散點圖

利用 OLS 法迴歸模型(5.40)，得到迴歸結果：

$$\hat{Y}_t = -148.869,6 + 0.296,952 X_t + 0.569,187(X_t - 1,026.85)D_t$$

t 值　　　－6.959　　　11.684　　　15.766

P 值　　　0.000,0　　　0.000,0　　　0.000,0

$$R^2 = 0.997,7,\ \bar{R}^2 = 0.997,4,\ F = 3,346.56(P 值 = 0.000,0),\ DW = 1.295,5$$

對隨機誤差項 u_t 進行 LM 自相關性檢驗，當滯後階數 $p=2$ 時，統計量 $18 R^2 = 10.501$，其相應的 P 值 $= 0.005,2$ 小於通常的顯著性水平 0.05，因此可以認為 u_t 存在自相關性。於

是，利用 EViews 軟件中的非線性最小二乘法重新估計模型(5.35)，得迴歸結果：

$$\hat{Y}_t = -148.778, 1 + 0.299, 067X_t + 0.560, 021(X_t - 1, 026.85)D_t$$

t 值　　　　-10.101　　　17.245　　　21.992
P 值　　　　0.000, 0　　　0.000, 0　　　0.000, 0

$$+0.583, 063\ AR(1) - 0.762, 476\ AR(2)$$

t 值　　　　3.170, 3　　　　　-3.964, 5
P 值　　　　0.008, 9　　　　　0.002, 2

$$R^2 = 0.999, 2, \bar{R}^2 = 0.998, 9, F = 3, 584.16(P\ \text{值} = 0.000, 0)$$

利用 LM 檢驗法檢驗隨機誤差項的自相關性，結果表明它已不存在自相關性(請讀者自己驗證)。從該迴歸結果可以看出，所有迴歸系數的 t 統計量值的絕對值均很高，其相應的 P 值均遠小於 0.05。由此可知，在 0.05 的顯著性水平下，模型(5.35)中所有迴歸系數均顯著不為 0。因此，可以認為在 1993 年前後中國轎車擁有量 Y 與城鎮居民人均實際可支配收入 X 的數量關係發生了顯著變化。其函數關係式分別為：

1992 年以前：$\hat{Y}_t = -148.778, 1 + 0.299, 067X_t$

1993 年以後：$\hat{Y}_t = -723.836 + 0.859, 088X_t$

此表明在 1992 年以前中國城鎮居民人均實際可支配收入每增加 1 元，家用轎車的擁有量約增加 2,991 輛；在 1993 年以後中國城鎮居民人均實際可支配收入每增加 1 元，家用轎車的擁有量約增加 8,591 輛。

§5.5　結束語

本章討論了總體迴歸模型的設定和選擇問題，包括解釋變量選取偏誤的後果、模型選擇的統計檢驗法和信息準則法以及定性因素的量化問題，其知識結構如圖 5-3 所示。

讀者在閱讀本章時應注意以下幾點：

(1) 關於時間序列的建模問題。[參考§4.6(1)]

(2) 關於 t 檢驗和 F 檢驗的進一步討論。在第 3 章，已知對於一元經典線性迴歸模型斜率系數的雙側檢驗，t 檢驗法和 F 檢驗法是等價的。那裡的 F 檢驗是本章介紹的一般線性約束 F 檢驗的特例。上述結論也可以推廣到多元的情形，即對於多元經典線性迴歸模型中單個迴歸系數取值的雙側檢驗，t 檢驗法和 F 檢驗法是等價的。

(3) 關於模型設定的統計檢驗問題。在§5.2 節介紹了在一般線性迴歸模型中增減變量的 F 檢驗、米松和理查德提出的模型左端為被解釋變量相同函數的非嵌套模型的檢驗以及在樣本期模型結構穩定性的 Chow 檢驗。此外，關於非嵌套模型之間的選擇，戴維森和麥金農(Davidson 和 Mackinnon, 1981)提出了類似於米松和理查德檢驗的一種檢驗方法。其基本做法是，在一個模型中添加另一個模型經 OLS 估計得到的擬合值，若該項的系數顯著為 0，則選擇前者。該檢驗也存在米松和理查德檢驗同樣的缺陷。Ramsey (1969)提出了檢驗模型的函數形式是否為非線性的檢驗方法，簡稱為 RESET 檢驗(RESET:

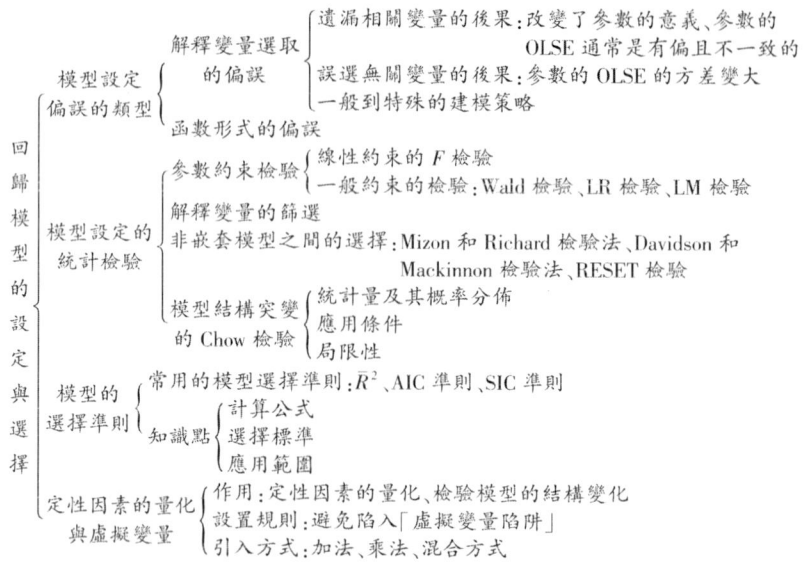

```
                            ┌─解釋變量選取 ┌─遺漏相關變量的後果:改變了參數的意義、參數的
                            │ 的偏誤     │               OLSE 通常是有偏且不一致的
              ┌─模型設定    │          ├─誤選無關變量的後果:參數的 OLSE 的方差變大
              │ 偏誤的類型 │          └─一般到特殊的建模策略
              │            └─函數形式的偏誤
              │
              │            ┌─參數約束檢驗 ┌─線性約束的 F 檢驗
              │            │            └─一般約束的檢驗:Wald 檢驗、LR 檢驗、LM 檢驗
回歸          ├─模型設定的 ├─解釋變量的篩選
模型          │ 統計檢驗    │非嵌套模型之間的選擇:Mizon 和 Richard 檢驗法、Davidson 和
的設          │            │                Mackinnon 檢驗法、RESET 檢驗
定與          │            │            ┌─統計量及其概率分佈
選擇          │            └─模型結構突變├─應用條件
              │              的 Chow 檢驗└─局限性
              │
              │            ┌─常用的模型選擇準則:$\bar{R}^2$、AIC 準則、SIC 準則
              ├─模型的     │            ┌─計算公式
              │ 選擇準則   └─知識點    ├─選擇標準
              │                        └─應用範圍
              │
              └─定性因素的量化 ┌─作用:定性因素的量化、檢驗模型的結構變化
                與虛擬變量    ├─設置規則:避免陷入「虛擬變量陷阱」
                              └─引入方式:加法、乘法、混合方式
```

圖 5-3　第 5 章知識結構圖

regression error specification test)。該檢驗的基本做法是,在已設定的線性迴歸模型中添加經 OLS 迴歸該模型得到的樣本迴歸函數的二次方、三次方等,然後對這些項的係數是否同時為 0 進行 F 檢驗。若拒絕原假設,則認為建立非線性迴歸模型是合適的。這種方法的缺陷是,在拒絕原假設的情形下,它並沒有提供進一步建立非線性模型的方向。所有上述關於模型設定的檢驗方法,在所構造的一般線性迴歸模型滿足經典假定的條件下,都歸結為線性約束的 F 檢驗。另一個長期爭論的模型設定問題,是建立線性模型還是建立雙對數模型問題。關於它們之間的選擇,古扎拉蒂(2013)介紹了一種可供參考的統計檢驗法。

另外,在§5.2 節介紹的 F 檢驗適合於經典線性迴歸模型中參數線性約束的檢驗,當模型不滿足這些經典假定條件時,如存在自相關性或異方差性等,可以按照第 4 章介紹的相應處理方法,將其變換為經典線性迴歸模型,然後再執行 F 檢驗。

(4) 關於參數約束條件的三種漸近等價的古典檢驗方法。前面提到的 F 檢驗適合於線性迴歸模型中線性約束等式組的檢驗,若模型或約束等式為非線性的,則該檢驗通常是無效的。關於一般迴歸模型約束等式組的檢驗,有三種常用的建立在最大似然估計基礎上的漸近等價的檢驗方法(格林,2007):似然比檢驗(LR 檢驗)、沃爾德檢驗(Wald 檢驗)和拉格朗日乘數檢驗(LM 檢驗)。在約束等式組(含 q 個獨立等式)成立的條件下,這三種檢驗的統計量均漸近服從自由度為 q 的 χ^2 分佈,但在有限樣本下,它們的分佈是未知的。可以驗證:Wald 統計量 $\geq$ LR 統計量 $\geq$ LM 統計量。因此,在大樣本下,這三種檢驗是等價的;在小樣本下,其利用相同漸近分佈的臨界值進行檢驗,結果可能是不同的。

(5) 關於虛擬變量的設置問題。在模型中引入虛擬變量,目的是反應定性因素對被解釋變量的影響,此時虛擬變量的取值設定為 0 或 1,可以使我們對模型的參數進行自然的解釋。若將其設定為其他的二值變量,則會導致模型參數的意義不明顯。例如,在

§5.4 節建立了消費函數模型

$$COM_t = \beta_0 + \beta_1 I_t + \beta_2 D_t I_t + u_t \tag{5.30}$$

其中 β_2 反應了 1978 年前後居民邊際消費傾向的差異。若引入如下虛擬變量

$$D_{1t} = \begin{cases} 1 & 1952 \leq t \leq 1977 \\ 6 & 1978 \leq t \leq 1999 \end{cases}$$

建立模型

$$COM_t = \beta_0 + \beta_1 I_t + \beta_2 D_{1t} I_t + u_t$$

由此可得,

在 1952—1977 年: $COM_t = \beta_0 + (\beta_1 + \beta_2)I_t + u_t$

在 1978—1999 年: $COM_t = \beta_0 + (\beta_1 + 6\beta_2)I_t + u_t$

可見,1978 年前後居民邊際消費傾向的差異大約為 $5\beta_2$。

另外,對於包括 m ($m \geq 3$) 個屬性類型的定性因素,不能把如下形式設置的變量作為它的代表引入模型,以反應它對被解釋變量的影響:

$$V = \begin{cases} 0 & 類型 1 \\ 1 & 類型 2 \\ \vdots & \vdots \\ m-1 & 類型 m \end{cases}$$

通過這種方法為各屬性類型賦值,所得到的變量不是我們所說的虛擬變量。將其作為解釋變量引入模型,事先人為設定了各類型下被解釋變量之間的差異程度(參考練習題五簡答題(7)),缺乏依據。

需要說明的是,在微觀計量經濟學中研究離散選擇問題時,常把各選項寫成如上變量 V 的形式。如,可供選擇的 4 種交通工具:地鐵、公共汽車、出租車、自行車等,分別記為 $Y = 0,1,2,3$。在那裡變量 Y 是被解釋變量,人們關心的是從各選項中選擇那一項,或那一項發生的概率比較大,變量 Y 的取值只是一些記號。

練習題五

一、選擇題

1. 初步分析發現,經典線性迴歸模型

$$Y_i = \beta_0 + \beta_1 X_{1i} + \beta_2 X_{2i} + \beta_3 X_{3i} + \beta_4 X_{4i} + u_i \ (i = 1, 2, \cdots, 100)$$

在第 31 個觀測點處其結構可能發生變化,那麼檢驗該模型是否存在結構突變的 Chow 檢驗的 F 統計量及其在原假設下的概率分佈為( ),其中 RSS_R、RSS_1、RSS_2 分別為利用 OLS 法估計約束模型和由可能的突變點分成的兩個子樣本對應模型,得到的殘差平方和。

A. $F = \dfrac{[RSS_R - (RSS_1 + RSS_2)]/5}{(RSS_1 + RSS_2)/90} \sim F(5, 90)$

B. $F = \dfrac{[RSS_R - (RSS_1 + RSS_2)]/5}{(RSS_1 + RSS_2)/95} \sim F(5, 95)$

C. $F = \dfrac{[(RSS_1 + RSS_2) - RSS_R]/5}{RSS_R/90} \sim F(5, 90)$

D. $F = \dfrac{[(RSS_1 + RSS_2) - RSS_R]/5}{RSS_R/95} \sim F(5, 95)$

2. 若收入、學歷和年齡是影響某一商品銷售量的主要因素,年齡分為兩個層次:中老年和青少年,學歷分為高中以下、高中、大學專科以上三個層次,則在建立該商品銷售量的含有截距項的線性迴歸模型時,需要引入(　　　)個虛擬變量比較合適。

A. 5　　　　　B. 4　　　　　C. 3　　　　　D. 2

3. 利用模型選擇準則選擇模型,下列說法哪一組是正確的?(　　　)

A. $\bar{R}^2$ 越大越好,AIC 越小越好　　　B. $\bar{R}^2$ 越小越好,AIC 越小越好

C. R^2 越大越好,AIC 越大越好　　　　D. R^2 越小越好,AIC 越大越好

二、簡答題

1. 解釋變量選取的偏誤會產生什麼後果?如何理解「從一般到特殊的建模策略」?

2. 具有線性約束的 F 檢驗與 t 檢驗有什麼聯繫?前者能否替代後者?

3. 關於參數約束條件的三種漸近等價的古典檢驗方法是指哪三種?在有限樣本下,哪一種檢驗更容易拒絕原假設,哪一種更容易接受原假設?

4. 虛擬變量的設置規則是什麼?什麼是「虛擬變量陷阱」?

5. 引入虛擬變量有哪幾種方式?在建立線性迴歸模型時,以混合方式引入虛擬變量能反應模型的什麼特徵?

6. 利用 1952—1999 年的樣本數據,研究 1978 年前後中國居民在邊際消費傾向上的差異,能否將模型設定為

$$COM_t = \beta_0 + \beta_2 D_{1t} I_t + u_t$$

其中

$$D_{1t} = \begin{cases} 1 & 1952 \leq t \leq 1977 \\ 6 & 1978 \leq t \leq 1999 \end{cases}$$

為什麼?

7. 在其他影響因素相同的條件下,已知男女職工的收入存在顯著差異,為什麼人們在建立職工收入模型時,通常還採用引入性別虛擬變量的方式建模,而不是分別建立男女職工的收入模型?

8. 在建立計量經濟模型時,作為解釋變量引入虛擬變量有什麼作用?

三、綜合應用題

1. 若正確模型為(5.3)式,而實際建立的模型為(5.4)式,利用 OLS 法估計它們,得到的樣本迴歸模型分別為:

$$Y_i = \hat{\beta}_0 + \hat{\beta}_1 X_{1i} + \hat{\beta}_2 X_{2i} + e_i$$

和

$$Y_i = \hat{\alpha}_0 + \hat{\alpha}_1 X_{1i} + e_{1i}$$

那麼有如下等式成立:

$$\hat{\alpha}_1 = \hat{\beta}_1 + \hat{\beta}_2 \gamma_1$$

其中 $\hat{\gamma}_1$ 為利用 OLS 法估計模型 $X_{2i} = \gamma_0 + \gamma_1 X_{1i} + w_i$,所得斜率係數的估計量。試證明上述等式,並直觀解釋為什麼 $\hat{\alpha}_1$ 與 $\hat{\beta}_1$ 通常不相等。

2. 表 5-5 是 1955—1974 年墨西哥的實際國內生產總值(GDP)、就業人數(LABOR)和實際固定資本(CAPITAL)的數據。為研究 GDP 與其影響因素之間的關係,建立如下 C-D 生產函數模型:

$$\ln GDP_t = A + \alpha \ln CAPITAL_t + \beta \ln LABOR_t + u_t$$

試研究 1955—1974 年墨西哥經濟的規模報酬狀況。若它是規模報酬不變的,該如何修改模型?

表 5-5　墨西哥的實際國內生產總值、就業人數和實際固定資本的數據

年份	GDP (百萬比索)	LABOR (千人)	CAPITAL (百萬比索)	年份	GDP (百萬比索)	LABOR (千人)	CAPITAL (百萬比索)
1955	114,043	8,310	182,113	1,965	212,323	11,746	315,715
1956	120,410	8,529	193,749	1,966	226,977	11,521	337,642
1957	129,187	8,738	205,192	1,967	241,194	11,540	363,599
1958	134,705	8,952	215,130	1,968	260,881	12,066	391,847
1959	139,960	9,171	225,021	1,969	277,498	12,297	422,382
1960	150,511	9,569	237,026	1,970	296,530	12,955	455,049
1961	157,897	9,527	248,897	1,971	306,712	13,338	484,677
1962	165,286	9,662	260,661	1,972	329,030	13,738	520,553
1963	178,491	10,334	275,466	1,973	354,057	15,924	561,531
1964	199,457	10,981	295,378	1,974	374,977	14,154	609,825

註:①表中實際國內生產總值和實際固定資本是按 1960 年的價格計算的。
②資料來源於 Victor J. Elias, Sources of Growth: A Study of Seven Latin American Economies, International Center for Economic Growth, ICS Press, San Francisco, 1992. Data from Tables E5、E12 and E14.

3. 在第 3 章 §3.7 節,我們研究了 Bay Area Rapid Food 漢堡連鎖店的利潤最大化問題。該連鎖店的管理部門根據其他城市的經驗認為,在價格不變的條件下,周最優廣告支出水平大約為 40,000 美元。在忽略有效的廣告而多售出產品的準備成本的情形下,你是否同意這一觀點?為什麼?

4. 為了推導 Chow 檢驗的統計量及概率分佈(5.21)式,可以首先通過引入虛擬變量建立如下一般模型:

$$\begin{aligned}Y_i = {} & \beta_0 + \beta_1 X_{1i} + \beta_2 X_{2i} + \cdots + \beta_k X_{ki} + \gamma_0 D_i + \gamma_1 (D_i X_{1i}) + \gamma_2 (D_i X_{2i}) + \cdots \\ & + \gamma_k (D_i X_{ki}) + u_i \quad (i = 1, 2, \cdots, n)\end{aligned} \quad (5.41)$$

其中

$$D_i = \begin{cases} 0 & i = 1, 2, \cdots, n_1 \\ 1 & i = n_1 + 1, \cdots, n \end{cases}$$

顯然,當 $i = 1, 2, \cdots, n_1$ 時,$D_i = 0$,模型(5.41)即為模型(5.18);當 $i = n_1 + 1, \cdots, n$ 時,$D_i = 1$,模型(5.41)即為模型(5.19),且 $\alpha_j = \beta_j + \gamma_j (j = 0, 1, \cdots, k)$。於是,檢驗 H_0 是

否成立等價於檢驗 $\gamma_j = 0(j = 0, 1, \cdots, k)$ 是否同時成立。然後,利用線性約束的 F 檢驗即可導出(5.21)式。請你補充上述推導過程的細節。

5. 依據對來自金融業、消費品工業、公用事業和交通運輸業的 209 個公司的調查數據,利用 OLS 法估計模型,得到關於企業首席執行官(CEO)薪水的樣本迴歸函數:
$$\ln \hat{Y} = 4.59 + 0.257\ln X_1 + 0.011 X_2 + 0.158 D_1 + 0.181 D_2 - 0.283 D_3$$
$$(15.3) \quad (8.03) \quad\quad (2.75) \quad\quad (1.775) \quad (2.13) \quad (-2.895)$$

其中 Y, X_1, X_2 分別表示年薪水平(萬元)、公司年收入(萬元)、公司股票收益(萬元), D_1, D_2, D_3 為行業虛擬變量:

$$D_1 = \begin{cases} 1 & 金融業 \\ 0 & 其他 \end{cases}, D_2 = \begin{cases} 1 & 消費品工業 \\ 0 & 其他 \end{cases}, D_3 = \begin{cases} 1 & 公用事業 \\ 0 & 其他 \end{cases}$$

括號中數據為對應變量顯著性檢驗的 t 統計量值。試回答以下問題:

(1) 解釋 CEO 薪水函數中各變量系數的經濟含義。

(2) 寫出各行業 CEO 的薪水函數。

(3) 公司股票收益對 CEO 的年薪是否有顯著影響?金融業與交通運輸業 CEO 的薪水之間有無顯著差異?(顯著性水平為 0.05)

(4) 依據薪水函數可知,在 X_1 和 X_2 相同的情形下,公用事業 CEO 的薪水比交通運輸業 CEO 的大約低 28%。這個差異在 0.05 的顯著性水平下是否顯著?

(5) 重新設定虛擬變量,建立模型
$$\ln Y = \beta_0 + \beta_1 \ln X_1 + \beta_2 X_2 + \beta_3 D_2 + \beta_4 D_3 + \beta_5 D_4 + u$$
其中
$$D_4 = \begin{cases} 1 & 交通運輸業 \\ 0 & 其他 \end{cases}$$

依據題中給出的樣本數據,求利用 OLS 法迴歸該模型所得的樣本迴歸函數,並說明其中虛擬變量 D_2, D_3 的系數的經濟含義與原樣本迴歸函數中的有什麼不同。

6. 在例題 3.1 中,依據《美國青年跟蹤調查》的黑人女性工人的部分樣本數據(見表 2-6 和表 3-1),我們研究了黑人女性工人的收入與受教育年數、工作經歷之間的數量關係。在這份跟蹤調查資料中還包括美國黑人男性工人的樣本數據,表 5-6 給出了其中的一部分。

表 5-6　　黑人男性工人的受教育年數、工作經歷年數和年收入的樣本數據

序號	受教育年數 X	工作經歷年數 Z	收入 Y (美元)	序號	受教育年數 X	工作經歷年數 Z	收入 Y (美元)
61	11	11	10,166	91	12	8	2,069
62	16	11	25,666	92	12	9	15,666
63	12	9	20,000	93	15	12	27,712
64	16	11	22,500	94	12	11	5,728
65	12	10	27,000	95	12	7	5,501
66	18	10	23,000	96	12	6	17,666

表5-6(續)

序號	受教育年數 X	工作經歷年數 Z	收入 Y（美元）	序號	受教育年數 X	工作經歷年數 Z	收入 Y（美元）
67	16	5	24,300	97	11	11	13,833
68	12	9	3,187	98	11	11	4,500
69	13	12	36,000	99	11	11	17,466
70	12	11	14,666	100	16	10	25,666
71	16	12	34,666	101	13	10	21,250
72	12	8	9,500	102	12	10	1,500
73	12	9	5,857	103	9	8	13,633
74	16	11	27,833	104	11	11	4,000
75	12	11	18,333	105	12	11	13,766
76	12	8	14,333	106	14	10	30,000
77	16	12	35,666	107	12	12	19,450
78	19	11	66,000	108	12	12	25,333
79	12	10	10,666	109	11	2	10,250
80	12	9	5,100	110	4	13	3,500
81	12	11	28,333	111	14	13	29,000
82	12	6	7,333	112	11	13	15,000
83	12	7	17,333	113	11	12	7,000
84	12	12	14,833	114	13	9	9,000
85	13	8	21,600	115	13	14	10,000
86	12	9	12,166	116	12	14	15,666
87	13	7	21,333	117	12	14	17,266
88	16	9	19,800	118	12	12	26,000
89	12	11	11,333	119	12	12	18,666
90	12	11	42,666	120	10	11	11,333

註：資料來源於 www.aw-bc.com/murray。本表中的數據是被調查的707名黑人男性工人中最後60名的樣本數據，序號是接著表2-6、表3-1中黑人女性工人的序號向下排列。

試利用表2-6、表3-1及表5-6中的數據，研究以下問題：

(1) 分別建立如下兩個迴歸模型：

模型一：$Y_i = \beta_0 + \alpha D_i + \beta_1 X_i + \beta_2 Z_i + u_i$　　　　($i = 1, 2, \cdots, 120$)

模型二：$Y_i = \beta_0 + \alpha D_i + \beta_1 X_i + \beta_2 Z_i + \beta_3 (D_i X_i) + u_i$　($i = 1, 2, \cdots, 120$)

其中

$$D_i = \begin{cases} 0 & i = 1, 2, \cdots, 60 \\ 1 & i = 61, 62, \cdots, 120 \end{cases}$$

說明在這兩個模型中引入虛擬變量 D 的作用。

(2) 採用合適的方法估計模型二，從迴歸結果中你會得出什麼結論？

(3) 在工作經歷對收入的偏邊際效應不變的條件下，為了考察美國黑人男、女工人在平均收入、受教育程度對收入的偏邊際效應上是否存在差異，有人對於模型

$$Y_i = \beta_0 + \beta_1 X_i + \beta_2 Z_i + u_i \quad (i = 12, \cdots, 120)$$

直接應用基於 F 統計量的 Chow 檢驗法，來檢驗 β_0 和 β_1 是否在 $i=61$ 處發生變化。請你完成這個檢驗過程，並討論它可能存在什麼問題；這種方法與(2)中利用模型二進行的檢驗有什麼不同之處？

7. 在例題 5.3 中，以 1993 年為界將樣本區間分為 1985—1992 年(時段 1)和 1993—2002 年(時段 2)兩個時段，請你分別建立轎車擁有量 Y 對城鎮居民人均實際可支配收入 X 的線性迴歸模型，並將所得迴歸結果與例題 5.3 中所得迴歸結果進行比較，你會得到什麼結論。

7. 冰箱作為一種耐用消費品，它的銷售量既受人們收入水平的影響，而且與季節有關。表 5-7 給出了美國 1978—1985 年各季度冰箱銷售數量(FRIG)和耐用品支出額(DUR)。我們以耐用品支出額(DUR)替代收入水平，建立如下迴歸模型：

$$FRIG_t = \beta_0 + \beta_1 D_{1t} + \beta_2 D_{2t} + \beta_3 D_{3t} + \gamma DUR_t + u_t \tag{5.42}$$

其中

$$D_{1t} = \begin{cases} 1 & 若 t 為第一季度 \\ 0 & 其他 \end{cases}, D_{2t} = \begin{cases} 1 & 若 t 為第二季度 \\ 0 & 其他 \end{cases}, D_{3t} = \begin{cases} 1 & 若 t 為第三季度 \\ 0 & 其他 \end{cases}$$

表 5-7　1978—1985 年美國各季度冰箱銷售量和耐用品支出額的數據

季度	冰箱銷售量（千臺）	耐用品支出額（10 億美元）	季度	冰箱銷售量（千臺）	耐用品支出額（10 億美元）
1,978.1	1,317	252.6	1,982.1	943	247.7
1,978.2	1,615	272.4	1,982.2	1,175	249.1
1,978.3	1,662	270.9	1,982.3	1,269	251.8
1,978.4	1,295	273.9	1,982.4	973	262
1,979.1	1,271	268.9	1,983.1	1,102	263.3
1,979.2	1,555	262.9	1,983.2	1,344	280
1,979.3	1,639	270.9	1,983.3	1,641	288.5
1,979.4	1,238	263.4	1,983.4	1,225	300.5
1,980.1	1,277	260.6	1,984.1	1,429	312.6
1,980.2	1,258	231.9	1,984.2	1,699	322.5
1,980.3	1,417	242.7	1,984.3	1,749	324.3
1,980.4	1,185	248.6	1,984.4	1,117	333.1
1,981.1	1,196	258.7	1,985.1	1,242	344.8
1,981.2	1,410	248.4	1,985.2	1,684	350.3
1,981.3	1,417	255.5	1,985.3	1,764	369.1
1,981.4	919	240.4	1,985.4	1,328	356.4

註：① 表中耐用品支出額是以 1982 年的價格計算的。

② 資料來源：轉摘自達摩達爾·N.古扎拉蒂．計量經濟學基礎[M]．費劍平，等譯．4 版．北京：中國人民大學出版社，2005．

該模型蘊含著：

第一季度：$FRIG_t = (\beta_0 + \beta_1) + \gamma DUR_t + u_t$

第二季度：$FRIG_t = (\beta_0 + \beta_2) + \gamma DUR_t + u_t$

第三季度：$FRIG_t = (\beta_0 + \beta_3) + \gamma DUR_t + u_t$

第四季度：$FRIG_t = \beta_0 + \gamma DUR_t + u_t$

這樣引入虛擬變量目的是考察第一、二、三季度冰箱的平均銷售量與第四季度相比有無顯著差異，此時是把第四季度作為比較的基礎。在該模型中，迴歸系數 γ 反應了在季節保持不變或排除季節的影響[1]後，耐用品支出額 DUR_t 變動一個單位，冰箱銷售量 $FRIG_t$ 的平均變動數量。請你研究以下問題：

(1) 作 $FRIG_t$ 的時序圖，從該圖能發現什麼規律？

(2) 利用表 5-7 中的數據估計模型(5.42)，檢驗第一、二、三季度冰箱的平均銷售量與第四季度相比有無顯著差異，並解釋你的檢驗結果。

(3) 依據(2)中所得迴歸結果，能否直接判斷第二、三季度冰箱的平均銷售量存在顯著差異，為什麼？若要檢驗第二、三季度冰箱的平均銷售量是否存在顯著差異，現在有兩種方法可供選擇：一種是利用本章 §5.2 介紹的對線性約束的 F 檢驗；另一種是重新設置季節虛擬變量，修改模型(5.42)。試分別利用這兩種方法對上述問題進行檢驗。

---

[1] $FRIG_t$ 排除季節影響的一種做法是，估計模型

$$FRIG_t = \alpha_0 + \alpha_1 D_{1t} + \alpha_2 D_{2t} + \alpha_3 D_{3t} + v_t$$

得到擬合值

$$\hat{FRIG}_t = \hat{\alpha}_0 + \hat{\alpha}_1 D_{1t} + \hat{\alpha}_2 D_{2t} + \hat{\alpha}_3 D_{3t}$$

殘差序列 $e_t = FRIG_t - \hat{FRIG}_t$ 即為 $FRIG_t$ 排除季節影響後的時間序列。

6 滯後變量模型

§6.1 滯後效應與滯後變量模型

在經濟活動中,許多經濟變量不僅受當期各種因素的影響,而且還受過去時期這些因素或自身過去值的影響。也就是說,影響因素對經濟變量的影響在時間上存在延遲或滯後,這種現象稱為**滯後效應**。例如,前面我們討論的某些農產品供應的蛛網模型,在那裡農產品的供給量受前一期價格的影響,即農產品的價格對其供給量的影響存在滯後效應。又如,就一般而言,居民家庭在消費商品或勞務時,由於消費習慣或考慮到子女未來教育的花費、日後購買較貴重的耐用消費品支出等,通常不會把當年的收入全部花光,而是將其中的一部分儲蓄起來用於下一年或幾年的消費。因此,它們的消費支出不僅受當期收入的影響,而且還受前一期甚至前幾期收入的影響,即收入對消費支出的影響存在滯後效應。再如,通貨膨脹與貨幣供應量的變化有著較為密切的聯繫。貨幣數量論認為,物價上漲最直接的原因是相對於流通中商品和勞務的價值量來說貨幣供應過多,即所謂「貨幣的超量供應」。基於此理論,各國政府經常採用貨幣政策,如提高準備金率或利率等,以控制貨幣的供應量作為抑制通貨膨脹的重要手段。但是,貨幣供應量的減少對物價水平的影響並不是即期完成的,只有經過一段時間以後,貨幣供應量的變化才會從實質上影響投資、進出口和消費,進而達到抑制物價水平的目的。在西方發達國家,這段滯後的時間大約為幾個季度。此表明貨幣供應量對物價水平的影響也存在著滯後效應。

在建立迴歸模型時,若影響因素或解釋變量對被解釋變量的影響存在滯後效應,就需要將這些反應滯後效應的變量引入模型,否則就會導致模型設定的偏誤。表示一個變量過去時期取值的變量稱為**滯後變量**,如當期的收入為 Y_t、價格為 P_t,那麼 Y_{t-1}、Y_{t-2}、P_{t-1}、P_{t-3} 等均為滯後變量。顯然,通過在模型中引入滯後變量便能反應解釋變量對被解釋變量影響的滯後效應。我們稱含有滯後變量作解釋變量的迴歸模型為**滯後變量模型**。

例如,第 4 章 §4.3 中的農產品供給模型(4.28):
$$Y_t = \beta_0 + \beta_1 P_{t-1} + u_t$$
反應通貨膨脹率與貨幣供應量之間數量關係的模型:
$$P_t = \alpha + \beta_0 M_t + \beta_1 M_{t-1} + \beta_2 M_{t-2} + \cdots + \beta_s M_{t-s} + u_t \tag{6.1}$$
其中,P_t、M_t 分別為第 t 季度物價指數和廣義貨幣的增長率,s 為滯後期;某一地區的消費函數模型為:
$$C_t = \beta_0 + \beta_1 I_t + \beta_2 I_{t-1} + \beta_3 I_{t-2} + \beta_4 C_{t-1} + \beta_5 D_t + u_t \tag{6.2}$$
其中 C_t、I_t 分別為該地區第 t 年的居民消費支出和可支配收入,加入第 $t-1$ 年的消費支

出 C_{t-1} 作為解釋變量以反應消費習慣對該地區消費支出的影響,

$$D_t = \begin{cases} 1 & \text{第 } t \text{ 年為正常年份} \\ 0 & \text{第 } t \text{ 年為反常年份} \end{cases}$$

都屬於滯後變量模型。

滯後變量模型有兩種重要的特殊情形:**分佈滯後模型**和**自迴歸模型**。前者是指模型中不含有滯後被解釋變量作解釋變量的滯後變量模型,如上述模型(4.28)和模型(6.1);後者是指模型中只含有滯後被解釋變量和解釋變量的當期值作解釋變量的滯後變量模型,如當 $\beta_2 = \beta_3 = 0$ 時,模型(6.2)簡化為:

$$C_t = \beta_0 + \beta_1 I_t + \beta_4 C_{t-1} + \beta_5 D_t + u_t \tag{6.3}$$

即為一個自迴歸模型。一般地,將既含有解釋變量的滯後值又含有滯後被解釋變量作解釋變量的滯後變量模型稱為**自迴歸分佈滯後模型**(ADL: autoregressive distributed lag model),如模型(6.2)就是一個自迴歸分佈滯後模型。

當滯後變量模型含有滯後被解釋變量時,對於給定的解釋變量取值,若已知被解釋變量在某一時期及其以前的取值,那麼就可以推斷被解釋變量在此後的取值及其變化規律,即該類模型能刻畫被解釋變量的動態變化規律,因此也被稱為**動態模型**。這類模型是時間序列計量經濟學研究的重要內容。

本章主要討論形如

$$\begin{aligned} Y_t = &\alpha + \gamma_1 Y_{t-1} + \gamma_2 Y_{t-2} + \cdots + \gamma_q Y_{t-q} \\ &+ \beta_0 X_t + \beta_1 X_{t-1} + \beta_2 X_{t-2} + \cdots + \beta_s X_{t-s} + u_t \end{aligned} \tag{6.4}$$

的自迴歸分佈滯後模型的構建及其估計問題,這裡 s、q 分別稱為變量 X_t 和 Y_t 的滯後長度。記模型(6.4)為 ADL(q,s) 模型。若 s 和 q 均為有限,則稱該模型為**有限自迴歸分佈滯後模型**,如上述模型(6.1)和模型(6.2);若 s 或 q 為無限,則稱該模型為**無限自迴歸分佈滯後模型**。在實際中,許多經濟變量的滯後效應都在相當長的時期內存在。例如,消費水平受收入的影響,可以追溯到較遠的過去時期的收入水平;經濟政策對經濟效益的影響有一個逐步擴散的過程,目前的經濟效益除了受不久前經濟政策的影響外,還要受很久以前經濟政策的影響,儘管這種影響可能很微弱。對於這種滯後效應,如果採用截尾的辦法忽略某滯後期以前的值對被解釋變量的影響,建立有限分佈滯後模型來進行分析,可能存在滯後長度難於確定的問題。為了迴避這一難點,可以使用無限分佈滯後模型來處理。在模型(6.4)中,只有一個具有滯後效應的解釋變量 X,為敘述方便,我們稱像這樣的模型為**一元自迴歸分佈滯後模型**。

§6.2 分佈滯後模型

6.2.1 模型參數的意義

設一元分佈滯後模型為:

$$Y_t = \alpha + \beta_0 X_t + \beta_1 X_{t-1} + \beta_2 X_{t-2} + \cdots + \beta_s X_{t-s} + u_t \tag{6.5}$$

在該模型中,各迴歸系數反應瞭解釋變量 X_t 及其各個滯後值對被解釋變量的影響程度,

通常稱之為 X 對 Y 的影響乘數或**乘數**,其中 β_0 稱為**短期乘數或即期乘數**,反應了 X 變動一個單位對當期 Y 的影響程度;β_i($i=1,2,\cdots,s$)稱為**延遲乘數或動態乘數**,反應了在滯後第 i 期 X 變動一個單位對當期 Y 的影響程度,或當期 X 變動一個單位對此後第 i 期的 Y 的影響程度。具體而言,若 X 在第 $t-i$ 期增加(減少)一個單位,那麼在保持 X 在第 $t-i+1, t-i+2, \cdots, t$ 期的取值不變的條件下,Y 在第 t 期將大約增加(減少)β_i 個單位。

稱 $\sum_{i=0}^{s} \beta_i$ 為**長期(或總)乘數**,它反應了 X 變動一個單位由於滯後效應而形成的對 Y 的總影響程度。例如,設消費函數模型為:

$$C_t = 22 + 0.4I_t + 0.3I_{t-1} + 0.2I_{t-2} + u_t$$

其中 C_t、I_t 分別為第 t 期的消費支出和收入,那麼 I 對 C 影響的即期乘數、滯後1,2期的延遲乘數和長期乘數分別為 0.4、0.3、0.2、0.9。為了說明長期乘數 0.4 + 0.3 + 0.2 = 0.9 的意義,設在第 $t-2$ 期 I 增加一個單位,那麼在保持 I 在其他各期取值不變的條件下,分別由如下三個等式:

$$C_{t-2} = 22 + 0.4I_{t-2} + 0.3I_{t-3} + 0.2I_{t-4} + u_{t-2}$$
$$C_{t-1} = 22 + 0.4I_{t-1} + 0.3I_{t-2} + 0.2I_{t-3} + u_{t-1}$$
$$C_t = 22 + 0.4I_t + 0.3I_{t-1} + 0.2I_{t-2} + u_t$$

可知,C_{t-2} 大約增加 0.4 個單位、C_{t-1} 大約增加 0.3 個單位、C_t 大約增加 0.2 個單位。因此,I 在第 $t-2$ 期增加一個單位,由於滯後效應的存在,最終導致 C 大約增加 0.9 個單位。

由此可見,在分佈滯後模型(6.5)中,迴歸系數體現了由於滯後效應的存在,X 在某一期變動一個單位對 Y 的影響程度的分佈情況。分佈滯後模型也因此而得名。

6.2.2 模型的估計

當模型(6.5)為無限分佈滯後模型($s = \infty$)

$$Y_t = \alpha + \beta_0 X_t + \beta_1 X_{t-1} + \beta_2 X_{t-2} + \cdots + u_t \qquad (6.6)$$

時,由於樣本觀測值的有限性,使得我們無法直接對其進行估計。當模型(6.5)的滯後長度 s 為有限時,可以採用最小二乘法對其進行估計,但會存在如下問題:

(1)多重共線性問題。由於經濟行為的連續性,經濟變量與其滯後值之間通常存在較強的相關性,因此導致分佈滯後模型很可能存在較嚴重的多重共線性問題。

(2)自由度損失問題。如果分佈滯後模型的滯後長度 s 較大,待估計的參數較多,將會損失樣本的自由度,導致參數估計的精確度下降,變量的顯著性檢驗失效。

針對直接估計分佈滯後模型存在的一些缺陷,在實證分析中,計量經濟學家提出了一系列的修正估計方法。下面我們分別介紹有限分佈滯後模型和無限分佈滯後模型常用的估計方法。

6.2.2.1 有限分佈滯後模型的估計

估計有限分佈滯後模型的基本思想是,對模型中的系數施加某種約束,有目的地減少需要直接估計的參數個數,以緩解多重共線性,保證自由度。**常用的估計有限分佈滯**

後模型的方法主要有經驗加權法、阿爾蒙(Almon)多項式法等。

(1)經驗加權法

所謂經驗加權法,是根據實際經濟問題的特點及經驗判斷,給模型中各滯後變量指定權數,利用這些權數構造它們的線性組合以形成新的變量,再應用 OLS 法(或 GLS 法)進行估計。常見的權數分佈有三種類型:遞減型、不變型(或矩型)和倒 V 型。

① 遞減型。遞減型是指隨著滯後期的增加權數是遞減的,如圖6-1(a)所示。這種類型的權數設定適合於解釋變量 X 對被解釋變量 Y 的滯後影響隨著滯後期的增加越來越小的情形。例如,在估計消費函數模型

$$C_t = \alpha + \beta_0 I_t + \beta_1 I_{t-1} + \beta_2 I_{t-2} + \beta_3 I_{t-3} + u_t \qquad (6.7)$$

時,由於收入的近期值對消費支出的影響大於其遠期值的影響,因此可以設定權數分佈為遞減型的。比如,設定 I_t、I_{t-1}、I_{t-2}、I_{t-3} 的權數分別為:

$$\frac{1}{2},\ \frac{1}{4},\ \frac{1}{6},\ \frac{1}{12}$$

將原模型轉變為:

$$\begin{aligned} C_t &= \alpha + \frac{1}{2}\gamma I_t + \frac{1}{4}\gamma I_{t-1} + \frac{1}{6}\gamma I_{t-2} + \frac{1}{12}\gamma I_{t-3} + v_t \\ &= \alpha + \gamma(\frac{1}{2}I_t + \frac{1}{4}I_{t-1} + \frac{1}{6}I_{t-2} + \frac{1}{12}I_{t-3}) + v_t \\ &= \alpha + \gamma Z_t + v_t \end{aligned} \qquad (6.8)$$

其中

$$Z_t = \frac{1}{2}I_t + \frac{1}{4}I_{t-1} + \frac{1}{6}I_{t-2} + \frac{1}{12}I_{t-3}$$

為新的組合變量。此時模型(6.8)不存在前面提到的自由度和多重共線性問題,通過估計該模型,可以得到參數 α、γ 的估計量 $\hat{\alpha}$、$\hat{\gamma}$,進而便可以得到原模型中參數 α、β_0、β_1、β_2、β_3 的估計量分別為 $\hat{\alpha}$、$\frac{1}{2}\hat{\gamma}$、$\frac{1}{4}\hat{\gamma}$、$\frac{1}{6}\hat{\gamma}$、$\frac{1}{12}\hat{\gamma}$。

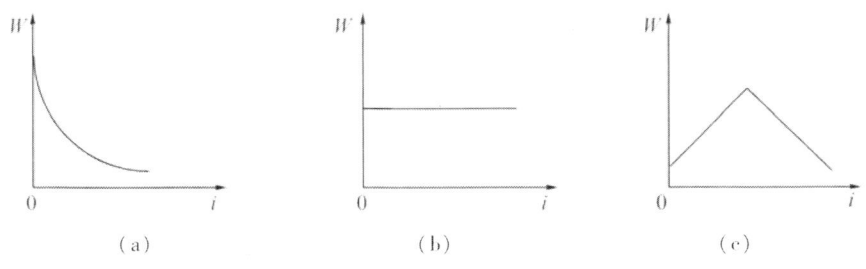

(a)　　　　　　　　　(b)　　　　　　　　　(c)

圖6-1　常見的權數分佈類型(縱軸 W 為權數、橫軸 i 為滯後期)

② 不變型或矩型。不變型或矩型是指權數不隨著滯後期的變化而變化,如圖6-1(b)所示。這種類型的權數設定適合於解釋變量 X 對被解釋變量 Y 的滯後影響不隨著滯後期的變化而變化的情形。例如,估計反應某一地區製造業庫存量 Y 和銷售額 X 之間數量關係的模型

$$Y_t = \alpha + \beta_0 X_t + \beta_1 X_{t-1} + \beta_2 X_{t-2} + \beta_3 X_{t-3} + u_t$$

可以考慮將權數設定為不變型的。比如,設定 $X_t 、X_{t-1}、X_{t-2}、X_{t-3}$ 的權數分別為:

$$\frac{1}{4}, \quad \frac{1}{4}, \quad \frac{1}{4}, \quad \frac{1}{4}$$

通過引入新變量:

$$Z_t = \frac{1}{4}X_t + \frac{1}{4}X_{t-1} + \frac{1}{4}X_{t-2} + \frac{1}{4}X_{t-4}$$

可以將原模型變為:

$$Y_t = \alpha + \gamma Z_t + v_t$$

③ 倒 V 型。倒 V 型是指隨著滯後期的增加權數先遞增後遞減,呈現兩頭小中間大的分佈特徵,如圖 6-1(c) 所示。這種類型的權數設定適合於解釋變量 X 在近期和遠期對被解釋變量 Y 的影響較小,而在中期對 Y 影響較大的情形。例如,設

$$Y_t = \alpha + \beta_0 X_t + \beta_1 X_{t-1} + \beta_2 X_{t-2} + \beta_3 X_{t-3} + \beta_4 X_{t-4} + u_t$$

為一個週期較長的投資項目中投資與產出量之間的迴歸模型,其中 Y 為產出量、X 為投資額。由於投資對產出的影響在週期期中最大,因此可以設定權數的分佈為倒 V 型。比如,設定 $X_t、X_{t-1}、X_{t-2}、X_{t-3}、X_{t-4}$ 的權數分別為:

$$\frac{1}{5}, \quad \frac{1}{3}, \quad \frac{1}{2}, \quad \frac{1}{4}, \quad \frac{1}{8}$$

通過引入新變量:

$$Z_t = \frac{1}{5}X_t + \frac{1}{3}X_{t-1} + \frac{1}{2}X_{t-2} + \frac{1}{4}X_{t-3} + \frac{1}{8}X_{t-4}$$

可以將原模型變為:

$$Y_t = \alpha + \gamma Z_t + v_t$$

經驗加權法能最大限度地節約自由度、避免多重共線性問題,而且如果權數分佈設定正確,原模型中的隨機誤差項 u_t 與變換後模型中的 v_t 相同,由此得到的參數估計量具有良好的統計性質。該方法的缺點是,設置權數的主觀隨意性較大,不正確的設定可能導致參數估計量是有偏的或不一致的。因此,應用該方法估計分佈滯後模型,要求分析者對實際問題的特徵有比較透澈的瞭解。通常的做法是,依據先驗信息,多選幾組權數分別估計,然後對變換後的模型進行模型設定的檢驗,並綜合考慮 t 統計量值、可決系數和各種信息準則,從中選出最佳估計方程。

例題 6.1　美國製造業銷售額對庫存量的影響

利用計量經濟模型研究 1973 年全融危機爆發後美國製造業庫存量 Y 對銷售額 X 的數量依賴關係。表 6-1 給出了 1973—1999 年經季節調整的美國製造業庫存量 Y 與銷售額 X 的數據。考慮到 X 對 Y 的影響存在滯後效應,設定有限分佈滯後模型為:

$$Y_t = \alpha + \beta_0 X_t + \beta_1 X_{t-1} + \beta_2 X_{t-2} + \beta_3 X_{t-3} + u_t \tag{6.9}$$

運用經驗加權法,選擇下列三組權數:① 1,1/2,1/4,1/6;② 1/4,1/4,1/4,1/4;③ 1/5,2/3,1/3,1/6;分別估計上述模型,並從中選擇最佳的樣本迴歸方程。

表 6-1　　經季節調整的美國製造業庫存量與銷售額數據　　單位：百萬美元

年份	庫存量 Y	銷售額 X	年份	庫存量 Y	銷售額 X
1973	124,499	72,931	1987	338,109	206,326
1974	157,625	84,790	1988	369,374	224,619
1975	159,708	86,589	1989	391,212	236,698
1976	174,636	98,797	1990	405,073	242,686
1977	188,378	113,201	1991	390,905	239,847
1978	211,691	126,905	1992	382,510	250,394
1979	242,157	143,936	1993	384,039	260,635
1980	265,215	154,391	1994	404,877	279,002
1981	283,413	168,129	1995	430,985	299,555
1982	311,852	163,351	1996	436,729	309,622
1983	312,379	172,547	1997	456,133	327,452
1984	339,516	190,682	1998	466,798	337,687
1985	334,749	194,538	1999	470,377	354,961
1986	322,654	194,657			

註：數據來源於達摩達爾·N.古扎拉蒂，計量經濟學基礎[M]．費劍平，等譯．4 版．北京：中國人民大學出版社，2005．

依據經驗加權法的基本步驟，構造上述三組權數對應的線性組合變量分別為：

$$Z_{1t} = X_t + \frac{1}{2}X_{t-1} + \frac{1}{4}X_{t-2} + \frac{1}{6}X_{t-3}$$

$$Z_{2t} = \frac{1}{4}X_t + \frac{1}{4}X_{t-1} + \frac{1}{4}X_{t-2} + \frac{1}{4}X_{t-3}$$

$$Z_{3t} = \frac{1}{5}X_t + \frac{2}{3}X_{t-1} + \frac{1}{3}X_{t-2} + \frac{1}{6}X_{t-3}$$

進而建立 Y_t 對 $Z_{ht}(h = 1,2,3)$ 的一元線性迴歸模型：

$$Y_t = \alpha + \beta Z_{ht} + v_t \quad (h = 1,2,3) \tag{6.10}$$

利用 OLS 法估計的結果顯示上述三個模型均存在自相關性，因此我們採用 EViews 軟件中的非線性最小二乘法估計它們，所得迴歸結果分別為：

$h = 1$：　　$\hat{Y}_t = 154,904.8 + 0.497,419Z_{1t} + 0.766,955AR(1)$
　　　　t 值　　　3.443,7　　　5.878,7　　　7.003,2
　　　　P 值　　　0.002,6　　　0.000,0　　　0.000,0
$R^2 = 0.983,0, \bar{R}^2 = 0.981,3, F = 579.91 (P\text{ 值} = 0.000,0)$
$AIC = 21.534, \quad SIC = 21.682$

$h = 2$：　　$\hat{Y}_t = 157,862.1 + 0.969,047Z_{2t} + 0.733,600AR(1)$
　　　　t 值　　　3.564,2　　　5.731,3　　　5.654,3
　　　　P 值　　　0.001,9　　　0.000,0　　　0.000,0
$R^2 = 0.980,3, \bar{R}^2 = 0.978,4, F = 499.68 (P\text{ 值} = 0.000,0)$
$AIC = 21.680, \quad SIC = 21.828$

$h = 3$：　　$\hat{Y}_t = 157,818.0 + 0.704,425Z_{3t} + 0.739,224AR(1)$
　　　　t 值　　　3.467,6　　　5.612,3　　　5.709,6
　　　　P 值　　　0.002,4　　　0.000,0　　　0.000,0

$$R^2 = 0.980,7, \bar{R}^2 = 0.978,7, F = 508.39(P\text{值}=0.000,0)$$
$$AIC = 21.663, \quad SIC = 21.811$$

從上述三個模型的迴歸結果可以看出,所有模型的迴歸系數均顯著不為0,都具有相當高的擬合優度,但相比之下,$h=1$的情形,即選擇遞減結構的權數序列所得迴歸結果,無論是從t-統計量值,還是從R^2、$\bar{R}^2$、AIC、SIC的值來看,均好於其他兩種情形。由此可以認為選擇權數序列為$1,1/2,1/4,1/6$估計模型比較合適。於是,得到利用經驗加權法估計模型(6.9)的樣本迴歸函數為:

$$Y_t = 154,904.8 + 0.497,419X_t + 0.248,71X_{t-1} + 0.124,355X_{t-2} + 0.082,903X_{t-3}$$
(6.11)

(2) 阿爾蒙(Almon)多項式法

為了處理有限分佈滯後模型存在的估計問題,阿爾蒙於1965年提出了一種利用多項式來逼近滯後變量系數的變換結構,以減少直接估計的參數個數的估計方法,即所謂的**阿爾蒙多項式法**。其基本原理是,在有限分佈滯後模型(6.5)的滯後長度s已知的情況下,以滯後期i為橫軸、滯後系數β_i為縱軸建立坐標系,如果點(i, β_i)($i=0,1,2,\cdots,s$)落在一條光滑曲線上或分佈在一條光滑曲線附近,如圖6-2所示,那麼β_i可以由一個關於i的m($m<s$)次多項式很好地逼近[1],即可以認為:

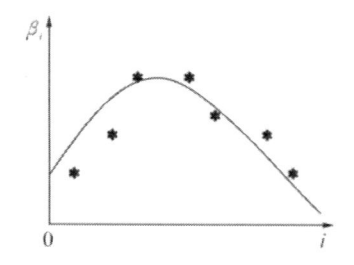

圖6-2 滯後變量系數的結構示意圖

$$\beta_i = \alpha_0 + \alpha_1 i + \alpha_2 i^2 + \cdots + \alpha_m i^m \quad (i=0,1,2,\cdots,s; m<s)$$

即

$$\begin{cases} \beta_0 = \alpha_0 + \alpha_1 \cdot 0 + \alpha_2 \cdot 0^2 + \cdots + \alpha_m \cdot 0^m \\ \beta_1 = \alpha_0 + \alpha_1 \cdot 1 + \alpha_2 \cdot 1^2 + \cdots + \alpha_m \cdot 1^m \\ \beta_2 = \alpha_0 + \alpha_1 \cdot 2 + \alpha_2 \cdot 2^2 + \cdots + \alpha_m \cdot 2^m \\ \quad\vdots \\ \beta_s = \alpha_0 + \alpha_1 \cdot s + \alpha_2 \cdot s^2 + \cdots + \alpha_m \cdot s^m \end{cases}$$
(6.12)

此式稱為**阿爾蒙多項式變換**。於是,利用阿爾蒙多項式變換便可以減少直接估計的參數

---

[1] 該做法的基本依據是數學上的維爾斯特拉斯定理(Weierstrass' theorem),即若$f(x)$為閉區間$[a,b]$上的連續函數,則存在x的多項式序列$P_n(x)$在$[a,b]$上一致收斂於$f(x)$。簡言之,該定理表明一個閉區間上的連續函數可以用適當的多項式序列一致地逼近。

個數,達到減弱多重共線性問題的目的。阿爾蒙多項式法的具體步驟:

① 將(6.12)式代入模型(6.5)並整理,得

$$\begin{aligned}
Y_t = \alpha &+ \alpha_0(X_t + X_{t-1} + X_{t-2} + \cdots + X_{t-s}) \\
&+ \alpha_1(X_{t-1} + 2X_{t-2} + 3X_{t-3} \cdots + sX_{t-s}) \\
&+ \alpha_2(X_{t-1} + 2^2 X_{t-2} + 3^2 X_{t-3} \cdots + s^2 X_{t-s}) \\
&\quad\vdots \\
&+ \alpha_m(X_{t-1} + 2^m X_{t-2} + 3^m X_{t-3} \cdots + s^m X_{t-s}) + u_t
\end{aligned}$$

令

$$\begin{cases} Z_{0t} = X_t + X_{t-1} + X_{t-2} + \cdots + X_{t-s} \\ Z_{1t} = X_{t-1} + 2X_{t-2} + 3X_{t-3} \cdots + sX_{t-s} \\ Z_{2t} = X_{t-1} + 2^2 X_{t-2} + 3^2 X_{t-3} \cdots + s^2 X_{t-s} \\ \quad\vdots \\ Z_{mt} = X_{t-1} + 2^m X_{t-2} + 3^m X_{t-3} \cdots + s^m X_{t-s} \end{cases} \tag{6.13}$$

則

$$Y_t = \alpha + \alpha_0 Z_{0t} + \alpha_1 Z_{1t} + \alpha_2 Z_{2t} + \cdots + \alpha_m Z_{mt} + u_t \tag{6.14}$$

該模型所含待估參數的個數為 $m+2 < s+2$。

② 在 u_t 滿足基本假定的條件下,利用 OLS 法估計模型(6.14)可以得到參數的估計量 $\hat{\alpha}, \hat{\alpha}_0, \hat{\alpha}_1, \cdots, \hat{\alpha}_m$。

③ 將 $\hat{\alpha}, \hat{\alpha}_0, \hat{\alpha}_1, \cdots, \hat{\alpha}_m$ 代入(6.12)式,便可以求得原分佈滯後模型的參數估計量 $\hat{\alpha}$, $\hat{\beta}_0, \hat{\beta}_1, \cdots, \hat{\beta}_s$。

在 EViews 軟件下,利用阿爾蒙多項式法估計模型(6.5)的執行程序:

在主窗口中,點擊 Quick→ Estimate Equation,接著在彈出的 Equation Estimation 窗口的 Equation Specification 對話框中,依次鍵入「Y　C　PDL(X,s,m)」(註:s、m 分別為滯後長度和阿爾蒙多項式的次數的具體數值),然後點擊「確定」,即可得到參數估計值的輸出結果。

注意:對於含有多個具有滯後效應的解釋變量(如 X1、X2、X3)的分佈滯後模型,在 EViews 軟件下利用阿爾蒙多項式法估計,與一元分佈滯後模型的估計不同的是,需要在 Equation Specification 對話框中輸入多個 PDL 項,比如

　　Y　C　PDL(X1,4,2)　　PDL(X2,3,1)　　PDL(X3,3,2)

其中各 PDL 項的意義與一元分佈滯後模型的情形一致。

從上述分析可以看出,通過阿爾蒙多項式變換,所得模型中的待估參數個數少於原分佈滯後模型中的參數個數。但在實際應用中,阿爾蒙多項式的次數 m 的確定帶有一定的主觀性,通常是選擇若干個 m 值,分別利用阿爾蒙多項式法估計模型,通過比較各估計結果的經濟意義和 t 統計量值以及變換後模型的 $\bar{R}^2$、AIC、SIC 的樣本值,從中選擇「最優的」m 值。在一般情形下,m 值取得比較低,很少超過 4。如果 m 值取得過大,則達不到通過阿爾蒙多項式變換減弱多重共線的目的。

例題6.2 模型(6.9)的阿爾蒙多項式法估計

採用阿爾蒙多項式法估計模型(6.9)，首先設定阿爾蒙多項式的次數分別為 $m=1$ 和 $m=2$，並利用 EViews 軟件得到估計結果。按照上面介紹的選擇「最優」m 值的通常做法，比較這兩個估計結果，確定將 $m=1$ 作為阿爾蒙多項式的次數。表6-2 為在 EViews 軟件下，利用阿爾蒙多項式法估計模型(6.9)得到的輸出結果：

表6-2　　阿爾蒙多項式法估計模型(6.9)的輸出結果

Dependent Variable: Y
Method: Least Squares
Date: 05/20/12　　Time: 10:16
Sample (adjusted): 1977, 1999
Included observations: 23 after adjustments
Convergence achieved after 9 iterations

Variable	Coefficient	Std. Error	t - Statistic	Prob.
C	167,806.1	62,114.50	2.701,560	0.014,1
PDL01	0.367,384	0.079,930	4.596,341	0.000,2
PDL02	-0.298,295	0.146,805	-2.031,907	0.056,4
AR(1)	0.807,391	0.108,149	7.465,553	0.000,0

R - squared	0.983,856	Mean dependent var	353,875.0	
Adjusted R - squared	0.981,308	S. D. dependent var	79,127.23	
S. E. of regression	10,818.32	Akaike info criterion	21.572,64	
Sum squared resid	2.22E+09	Schwarz criterion	21.770,12	
Log likelihood	-244.085,4	Hannan - Quinn criter.	21.622,30	
F - statistic	385.980,9	Durbin - Watson stat	1.769,849	
Prob(F - statistic)	0.000,000			

Inverted AR Roots　　.81

Lag Distribution of X	i	Coefficient	Std. Error	t - Statistic
.　　　*|	0	0.665,68	0.212,88	3.126,97
.　　*　|	1	0.367,38	0.079,93	4.596,34
.　*　　|	2	0.069,09	0.102,77	0.672,27
*　.　　|	3	-0.229,21	0.240,50	-0.953,05
Sum of Lags		0.872,95	0.222,26	3.927,68

註：由於經阿爾蒙多項式變換後的模型存在自相關性，我們採用的是 EViews 軟件中的非線性最小二乘法，在操作時需要在 Equation Specification 窗口的對話框中依次鍵入「Y　C　PDL(X,3,1)　AR(1)」。

表6-2 中基本估計信息下面的第一部分是對經阿爾蒙多項式變換後所得模型的估計結果[1]，其中截距項的估計值 167,806.1 亦為原模型中截距項 α 的估計值；第二部分是利用阿爾蒙多項式法所得原模型的估計結果。由此可得模型(6.9)的樣本迴歸函數及 t 統計量值為：

---

[1] 在 EViews 軟件下，經阿爾蒙多項式變換後的模型與我們介紹的模型(6.14)不一致，因此輸出結果中 PDL01 和 PDL02 的系數值並非模型(6.14)中 α_1、α_2 的估計值，但對原模型的估計結果是一致的。

$$\hat{Y}_t = 167,806.1 + 0.665,68X_t + 0.367,38X_{t-1} + 0.069,09X_{t-2} - 0.229,21X_{t-3}$$
$$(62,114.50)\quad(0.212,88)\quad(0.079,93)\quad(0.102,77)\quad(0.240,50)$$
$$t\text{ 值}\quad 2.701,560\quad 3.126,97\quad 4.596,34\quad 0.722,7\quad -0.953,05$$

這裡括號中數字為迴歸係數估計量的標準差估計值。利用 t 檢驗易知，在 0.05 的顯著性水平下，X_t、X_{t-1} 的係數顯著不為 0，X_{t-2}、X_{t-3} 的係數顯著為 0。與利用經驗加權法得到的結果 (6.11) 相比，可以發現樣本迴歸函數前三個斜率係數估計值的符號相同，都是正數，但大小相差較多；X_{t-3} 的係數估計值的符號相反。由此可見，這兩種方法的估計結果存在較大差異。

6.2.2.2 無限分佈滯後模型的估計

估計無限分佈滯後模型的基本思想是，對模型中的滯後項係數施加某種約束，使之變為包含有限個待估參數的模型，然後選擇適當的方法再進行估計。這裡介紹庫伊克 (Koyck) 在 1954 年提出的一種通過庫伊克變換估計無限分佈滯後模型的處理方法。

(1) 庫伊克變換與庫伊克模型

庫伊克認為，對於如下無限分佈滯後模型：

$$Y_t = \alpha + \beta_0 X_t + \beta_1 X_{t-1} + \beta_2 X_{t-2} + \cdots + u_t \tag{6.15}$$

可以假定滯後解釋變量 X_{t-i} 對被解釋變量 Y 的影響隨著滯後期 i 的增加而按幾何級數衰減，並將滯後項係數設定為：

$$\beta_i = \beta_0 \lambda^i \quad (i = 0, 1, 2, \cdots) \tag{6.16}$$

其中 β_0、λ 為待估參數，$0 < \lambda < 1$。公比 λ 值的大小決定了 β_i 衰減的速度，λ 值越接近零，衰減速度越快。通常稱 λ 為分佈滯後衰減率。

將 (6.16) 式代入 (6.15) 式，得

$$\begin{aligned} Y_t &= \alpha + \beta_0 X_t + \beta_0 \lambda X_{t-1} + \beta_0 \lambda^2 X_{t-2} + \cdots + u_t \\ &= \alpha + \beta_0 (X_t + \lambda X_{t-1} + \lambda^2 X_{t-2} + \cdots) + u_t \\ &= \alpha + \beta_0 \sum_{i=0}^{\infty} \lambda^i X_{t-i} + u_t \end{aligned} \tag{6.17}$$

將 (6.17) 式滯後一期，得

$$\begin{aligned} Y_{t-1} &= \alpha + \beta_0 \sum_{i=0}^{\infty} \lambda^i X_{t-1-i} + u_{t-1} \\ &= \alpha + \beta_0 \sum_{i=1}^{\infty} \lambda^{i-1} X_{t-i} + u_{t-1} \end{aligned} \tag{6.18}$$

對 (6.18) 式兩端同乘 λ，再與 (6.17) 式相減，得

$$\begin{aligned} Y_t - \lambda Y_{t-1} &= \left(\alpha + \beta_0 \sum_{i=0}^{\infty} \lambda^i X_{t-i} + u_t\right) - \left(\lambda\alpha + \beta_0 \sum_{i=1}^{\infty} \lambda^i X_{t-i} + \lambda u_{t-1}\right) \\ &= \alpha(1-\lambda) + \beta_0 X_t + (u_t - \lambda u_{t-1}) \end{aligned}$$

即

$$Y_t = \alpha^* + \beta_0 X_t + \lambda Y_{t-1} + u_t^* \tag{6.19}$$

其中 $\alpha^* = \alpha(1-\lambda)$，$u_t^* = u_t - \lambda u_{t-1}$。

模型(6.19)為只含有限個(3 個)待估參數的一階自迴歸模型,稱之為**庫伊克模型**,上述變換過程稱為**庫伊克變換**。於是,無限分佈滯後模型(6.15)的估計問題就轉化為估計庫伊克模型(6.19)的問題。只要得到 α^*、β_0、λ 的估計量 $\hat{\alpha}^*$、$\hat{\beta}_0$、$\hat{\lambda}$,便可以得到原模型中參數 α、$\beta_i(i=0,1,2,\cdots)$ 的估計量:

$$\hat{\alpha} = \hat{\alpha}^*/(1-\hat{\lambda})$$

$$\hat{\beta}_i = \hat{\beta}_0 \hat{\lambda}^i$$

(2)庫伊克模型的估計

對於滿足基本假定條件的無限分佈滯後模型(6.15),經庫伊克變換得到的庫伊克模型(6.19)存在自相關性和內生解釋變量問題,不再滿足基本假定條件。驗證過程如下:

$$\begin{aligned}
Cov(u_t^*, u_{t-1}^*) &= E\{[u_t - \lambda u_{t-1} - E(u_t - \lambda u_{t-1})][u_{t-1} - \lambda u_{t-2} - E(u_{t-1} - \lambda u_{t-2})]\} \\
&= E(u_t u_{t-1}) - \lambda E(u_{t-1}^2) - \lambda E(u_t u_{t-2}) + \lambda^2 E(u_{t-1} u_{t-2}) \\
&\quad \text{(利用 } u_t \text{ 的零均值假定)} \\
&= -\lambda E(u_{t-1}^2) \neq 0 \quad \text{(利用 } u_t \text{ 的無自相關性假定)}
\end{aligned}$$

$$\begin{aligned}
Cov(Y_{t-1}, u_t^*) &= Cov(Y_{t-1}, u_t - \lambda u_{t-1}) \\
&= Cov(\alpha + \beta_0 \sum_{i=1}^{\infty} \lambda^{i-1} X_{t-i} + u_{t-1}, u_t) - \lambda Cov(\alpha + \beta_0 \sum_{i=1}^{\infty} \lambda^{i-1} X_{t-i} + u_{t-1}, u_{t-1}) \\
&= Cov(u_{t-1}, u_t) - \lambda Cov(u_{t-1}, u_{t-1}) \\
&= -\lambda Var(u_{t-1}) \neq 0 \quad \text{(利用 } u_t \text{ 的無自相關性假定)}
\end{aligned}$$

所以,OLS 法或 GLS 法不再適用。解決庫伊克模型的估計問題,常用的方法是在 §4.4 中介紹的工具變量法,由此可以得到參數的一致估計量。

由上述討論可知,利用庫伊克變換,使模型結構得到極大的簡化,可以解決一個無限分佈滯後模型的估計問題。但在實際應用中,應該注意的是,庫伊克模型是建立在滯後解釋變量 X_{t-i} 對被解釋變量 Y 的影響隨著滯後期 i 的增加而逐漸衰減的假定之上,如果所建模型中變量之間的滯後效應不屬於這種情形,那麼庫伊克變換就不再適用。例如,反應固定資產投資對總產出影響的滯後效應的分佈滯後模型就是一例。

6.2.3 模型滯後長度的確定

前面我們所討論的分佈滯後模型的估計問題是在已知滯後長度的前提下進行的,因此要建立一個能夠應用的分佈滯後模型,首先需要確定它的滯後長度。不幸的是,經濟理論往往只指出滯後效應是否存在,並沒有告訴我們滯後效應的截止期限,因此在實際經濟分析中用分佈滯後模型來處理滯後現象時,模型中滯後長度的確定較為困難,往往沒有充分的先驗信息可供使用。常採用的確定方法是:首先確定一個「最大的」滯後長度 P,建立一個「一般」模型,然後依據模型的經濟意義,並綜合考慮 t 檢驗、F 檢驗的結果,以及 $\bar{R}^2$、各種信息準則值來確定合適的滯後長度。

關於分佈滯後模型的確定,阿爾特(Alt)和丁伯根(Tinbergen)曾建議使用 OLS 法遞推地估計模型來確定其滯後長度。其基本思路是,首先做被解釋變量 Y 關於解釋變量 X_t 的迴歸,然後做 Y 關於 X_t 和 X_{t-1} 的迴歸,再做 Y 關於 X_t、X_{t-1} 和 X_{t-2} 的迴歸,依此添加解釋變量 X_t 的滯後項,直到滯後變量的迴歸系數開始變成統計上不顯著或至少有一

個變量的係數改變符號為止,去掉最後添加的滯後變量便得到要建立的分佈滯後模型。這種方法實際是「從特殊到一般」的建模方法。顯然,在所包含的滯後變量個數少於「正確」的個數之前的任何一個模型都存在遺漏變量的偏誤,所得參數的估計量通常是有偏且不一致的,由此得到的統計推斷是不可靠的。因此,我們不建議讀者使用這種方法確定分佈滯後模型的滯後長度。

§6.3 自迴歸模型

庫伊克模型是無限分佈滯後模型經庫伊克變換得到的一階自迴歸模型,本節將介紹基於經濟理論建立的兩個經典自迴歸模型:自適應預期模型(adaptive expectation model)和局部調整模型(partial adjustment model),並進一步討論自迴歸模型的估計問題。

6.3.1 自適應預期模型

在實際經濟活動中,經濟活動的主體經常根據他們對某些經濟變量未來走勢的「預期」來改變自己的決策行為。例如,一家公司的價值在過去穩步增長,投資者就可能會預期這種情況將持續下去,並據此做出投資決策。又如,企業會根據對產品未來價格走勢的預期,決定當期的生產量以及是否對新設備進行投資。同樣,為了確定種植哪種農作物最有利可圖,農民往往要對各種農作物的未來價格進行預測;消費者在決定是否購買房屋、汽車或家用電器時,也需對這些消費品的未來價格進行預測。再如,當期居民消費水平的高低,在一定程度上取決於他們對未來收入水平的預期,即取決於預期的收入水平。這些例子表明某些經濟變量的變化會或多或少地受到另一些經濟變量預期值的影響。為了處理這種經濟現象,我們可以將變量的預期值作為解釋變量引入模型,建立「預期模型」。預期模型最簡單的情形是如下只包含一個變量的預期值作解釋變量的一元線性迴歸模型:

$$Y_t = \alpha + \beta X_t^* + u_t \tag{6.20}$$

其中 X_t^* 為變量 X_t 的預期值。

預期是對未來的判斷,在大多數情況下預期值是不可觀測的,因此在迴歸分析中需要對預期的形成機理做出某種假設。自適應預期假設就是其中之一。**自適應預期假設**認為,經濟活動的主體對某經濟變量的預期是通過一種簡單的學習過程而形成的。其機理是,經濟活動的主體會根據自己過去在做預期時的偏差,來修正他們以後每一時期的預期。具體來說,就是按照前一期預期偏差的某一比例對該期的預期進行修正作為下一期的預期值,使其更符合新的經濟環境。這一調整過程叫作自適應調整過程,用數學式子表示為:

$$X_t^* = X_{t-1}^* + \gamma(X_t - X_{t-1}^*) \tag{6.21}$$

其中參數 γ 為**調節系數**,也稱為**適應系數**,在一般情況下,$0 \leq \gamma \leq 1$。如果上一期預期值偏高,即 $X_t - X_{t-1}^* < 0$,那麼本期預期值會自動降低;反之,如果上一期預期值偏低,即 $X_t - X_{t-1}^* > 0$,那麼本期預期值會自動升高。通常,將解釋變量預期值滿足自適應調整過程的預期模型稱為**自適應預期模型**。

自適應過程(6.21)式可以改寫為:

$$X_t^* = \gamma X_t + (1-\gamma) X_{t-1}^* \tag{6.22}$$

此表明本期預期值是本期實際值和前一期預期值的加權平均,權數分別為 γ 和 $1-\gamma$。

根據自適應預期假設,自適應預期模型可轉化為自迴歸模型。將(6.22)式代入(6.20)式,得

$$Y_t = \alpha + \beta[\gamma X_t + (1-\gamma)X_{t-1}^*] + u_t \tag{6.23}$$

將(6.20)式滯後一期並乘以 $1-\gamma$,得

$$(1-\gamma)Y_{t-1} = \alpha(1-\gamma) + \beta(1-\gamma)X_{t-1}^* + (1-\gamma)u_{t-1} \tag{6.24}$$

再將(6.23)式減去(6.24)式並整理,得

$$Y_t = \alpha^* + \beta_0^* X_t + \hat{\beta}_1^* Y_{t-1} + u_t^* \tag{6.25}$$

其中

$$\alpha^* = \gamma\alpha, \quad \beta_0^* = \gamma\beta, \quad \hat{\beta}_1^* = 1-\gamma, \quad u_t^* = u_t - (1-\gamma)u_{t-1}$$

由此可見,自適應預期模型本質上是一個一階自迴歸模型。如果能得到該模型參數 α^*、β_0^*、$\hat{\beta}_1^*$ 的估計量 $\hat{\alpha}^*$、$\hat{\beta}_0^*$、$\hat{\beta}_1^*$,便可以求得自適應預期模型(6.20)中參數 α、β 的估計量:

$$\hat{\alpha} = \hat{\alpha}^*/\hat{\gamma}, \hat{\beta} = \hat{\beta}_0^*/\hat{\gamma}$$

其中 $\hat{\gamma} = 1 - \hat{\beta}_1^*$。

對於滿足基本假定條件的自適應預期模型(6.20),其對應的一階自迴歸模型(6.25)存在自相關性和內生解釋變量問題,即

$$Cov(u_t^*, u_{t-1}^*) \neq 0$$
$$Cov(Y_{t-1}, u_t^*) \neq 0$$

因此 OLS 法或 GLS 法不再適用。此時同樣需要採用工具變量法進行估計,以得到參數的一致估計量。

6.3.2 局部調整模型

在實際經濟活動中,還會遇到為了適應一個變量的變化,另一個變量有一個理想的最佳值與之對應的現象。例如,企業為了確保生產或供應,對應於一定的產量或銷售量,必須保持一定的原材料或產品儲備,存在著理想的最佳庫存量;為了確保一國經濟健康發展,中央銀行必須保持一定的貨幣供應,對應於一定的經濟總量水平,應該有一個理想的最佳貨幣供應量。也就是說,一個變量的現值影響著另一個變量理想的最佳值。度量變量之間這種關係的最簡單的模型可以表示為:

$$Y_t^* = \alpha + \beta X_t + u_t \tag{6.26}$$

其中,Y_t^* 為變量 Y_t 的理想最佳值,X_t 為解釋變量的現值。在迴歸分析中,這裡存在著與自適應預期模型類似的問題,即如何獲取模型中的理想最佳值問題,因此也需要對理想最佳值的形成機理做出某種假設,局部調整假設就是其中之一。

由於技術、制度、市場、習慣以及管理水平等各方面的限制,對於一定的 X_t 值,變量 Y_t 在當期一般不會達到理想最佳值,而只能向該值進行部分的調整。例如,對於一定的經濟總量水平,與之對應的理想最佳貨幣供應量需要經過若干期後才可能達到。因此,**局部調整假設**認為,變量 Y_t 的實際變化僅僅是理想最佳變化的一部分,用數學式子表示為:

$$Y_t - Y_{t-1} = \delta(Y_t^* - Y_{t-1}) \tag{6.27}$$

其中 δ 稱為**調整係數**或**調整速度**。該式意味著，在每一期裡變量 Y_t 的調整量 $(Y_t - Y_{t-1})$ 為 Y_t 的理想最佳值增量 $(Y_t^* - Y_{t-1})$ 的 $100 \times \delta \%$。一般情況下，$0 \leq \delta \leq 1$。δ 越接近 1，表明調整到理想最佳水平的速度越快。若 $\delta = 1$，則 $Y_t = Y_t^*$，此表明實際變動等於理想變動，調整在當期完全實現；若 $\delta = 0$，則 $Y_t = Y_{t-1}$，此表明當期值與上期值一樣，完全沒有調整。滿足局部調整假設(6.27)的模型(6.26)稱為**局部調整模型**。

局部調整假設(6.27)式也可寫成：

$$Y_t = \delta Y_t^* + (1-\delta)Y_{t-1} \tag{6.28}$$

即 Y_t 的實際值是其當期理想最佳值 Y_t^* 與前一期實際值的加權和，權數分別為 δ 和 $1-\delta$。

把(6.26)式代入(6.28)式，可得局部調整模型的轉化形式：

$$\begin{aligned} Y_t &= \delta(\alpha + \beta X_t + u_t) + (1-\delta)Y_{t-1} \\ &= \delta\alpha + \delta\beta X_t + (1-\delta)Y_{t-1} + \delta u_t \end{aligned} \tag{6.29}$$

令

$$\alpha^* = \delta\alpha, \quad \beta_0^* = \delta\beta, \quad \hat{\beta}_1^* = 1-\delta, \quad u_t^* = \delta u_t \tag{6.30}$$

則(6.29)式變為：

$$Y_t = \alpha^* + \beta_0^* X_t + \hat{\beta}_1^* Y_{t-1} + u_t^* \tag{6.31}$$

這說明局部調整模型本質上也是一個自迴歸模型。若能得到該模型的參數估計量，將它們代入(6.30)式就可求出原模型(6.26)的參數估計量。

若原模型(6.26)滿足基本假定條件，則易知 $u_t^* = \delta u_t$ 具有零均值、無自相關性和同方差性，而且

$$Cov(Y_{t-1}, u_t^*) = 0$$

該等式的推導過程參見本節 6.3.3。因此，模型(6.31)不存在內生解釋變量問題，其參數的 OLS 估計量具有一致性。

從上述分析可以看出，庫伊克模型、自適應預期模型與局部調整模型的最終形式都是一階自迴歸模型，但它們的導出背景並不相同：庫伊克模型是在無限分佈滯後模型的基礎上根據庫伊克幾何分佈滯後假設而導出的；自適應預期模型是在解釋變量的自適應預期假設下得到的；局部調整模型則是在局部調整假設下得到的。因為模型的形成機理不同而導致隨機誤差項的結構有所不同，所以採用的估計方法也不盡相同：前兩個模型需要應用工具變量法，而後一個模型在滿足基本假定條件的情形下可以直接應用 OLS 法估計。另外，對於上述一階自迴歸模型，容易將其轉化為庫伊克模型的無限階分佈滯後模型的形式(請讀者自己驗證)，因此自適應預期模型和局部調整模型都可以看作基於特定經濟含義的庫伊克模型的特例。

6.3.3 一般自迴歸模型

6.3.3.1 基本假定條件

一元有限滯後長度自迴歸模型的一般形式為：

$$Y_t = \alpha + \beta_0 X_t + \gamma_1 Y_{t-1} + \gamma_2 Y_{t-2} + \cdots + \gamma_q Y_{t-q} + u_t \tag{6.32}$$

該式也稱為變量 Y_t 的 **q 階自迴歸模型**。從庫伊克模型、自適應預期模型與局部調整模型

的討論可以看到,當誤差項存在自相關性時,自迴歸模型存在內生解釋變量問題;當誤差項不存在自相關性時,自迴歸模型也不存在內生解釋變量問題。事實上,這種現象具有一定的普遍性,它是由自迴歸模型的結構決定的。

將模型(6.32)滯後 j 期的表達式:

$$Y_{t-j} = \alpha + \beta_0 X_{t-j} + \gamma_1 Y_{t-j-1} + \gamma_2 Y_{t-j-2} + \cdots + \gamma_q Y_{t-j-q} + u_{t-j} \quad (j = 1, 2, \cdots)$$

依次代入(6.32)式中,可以將其變換為:

$$Y_t = \alpha_0 + \sum_{j=0}^{\infty} \beta_j X_{t-j} + \sum_{j=0}^{\infty} \psi_j u_{t-j} \tag{6.33}$$

其中所有變量的系數及截距項均為原模型中參數的函數。顯然,當 u_t 為白噪聲過程且與 $X_t, X_{t-1}, \cdots$ 不相關時,u_t 與 $Y_{t-1}, Y_{t-2}, \cdots$ 也不相關;當 u_t 存在自相關性時,通常 u_t 與 $Y_{t-1}, Y_{t-2}, \cdots$ 是相關的。因此,**自迴歸模型(6.32)不存在內生解釋變量問題的基本條件為**:隨機誤差項 u_t 為白噪聲過程且與 $X_t, X_{t-1}, \cdots$ 不相關。對於滿足這個基本條件的自迴歸模型,其參數的 OLS 估計量就具有一致性。由此可知,若 X 為確定性變量,只要 u_t 為白噪聲過程,就可以利用 OLS 法估計模型(6.32)。

6.3.3.2 階數的確定

在實證分析中,自迴歸模型的一個重要應用是預測。為此,除具有明確經濟背景的情形(如自適應預期模型、局部調整模型等)外,對於具有較強自相關性的變量也可以考慮直接建立自迴歸模型。與分佈滯後模型一樣,自迴歸模型也存在如何確定階數(即滯後長度)的問題。在實際問題中,可以參考分佈滯後模型階數的確定方法並考慮所建模型自相關性的檢驗結果來確定階數。

例題 6.3 美國製造業的最佳庫存量模型

在例題 6.1 和例題 6.2 中,我們利用分佈滯後模型研究了 1973 年金融危機爆發後美國製造業實際庫存量 Y 與實際銷售額 X 之間的數量依賴關係。考慮到對於一定的銷售量,美國製造業存在著理想的最佳庫存量問題,這裡我們依據局部調整假設和表 6-1 給出的樣本數據,建立 1,973—1999 年美國製造業的最佳庫存量模型。對於銷售額 X_t,分別用 Y_t^*、Y_t 表示與之相對應的最佳庫存量和實際庫存量,並設美國製造業的最佳庫存量模型為:

$$Y_t^* = \alpha + \beta X_t + u_t \tag{6.34}$$

其中 Y_t^* 滿足

$$Y_t - Y_{t-1} = \delta(Y_t^* - Y_{t-1})$$

該模型可以轉化為:

$$Y_t = \alpha^* + \beta_0^* X_t + \beta_1^* Y_{t-1} + u_t^* \tag{6.35}$$

其中

$$\alpha^* = \delta\alpha, \quad \beta_0^* = \delta\beta, \quad \beta_1^* = 1 - \delta, \quad u_t^* = \delta u_t$$

利用 OLS 法估計模型(6.35),得迴歸結果:

$$\hat{Y}_t = 38,117.11 + 0.319,829 X_t + 0.711,285 Y_{t-1} \tag{6.36}$$

t 值	4.485,2	2.779,3	7.918,2
P 值	0.000,2	0.010,7	0.000,0

$R^2 = 0.986\,5$, $\bar{R}^2 = 0.985\,3$, $F = 842.96$ (P 值 $= 0.000\,0$)

$AIC = 21.679$,　$SIC = 21.824$

因為模型(6.35)含有滯後被解釋變量 Y_{t-1} 作解釋變量,所以不能使用 DW 檢驗法檢驗該模型的自相關性。表 6-3 給出了採用 LM 檢驗法得到的輸出結果。

表 6-3　　　　　　　　　　LM 檢驗的輸出結果

滯後階數(p)	1	2	3	4
$26R^2$	1.979,420	2.032,664	3.724,035	6.016,215
P 值	0.159,452	0.361,920	0.292,847	0.197,941

從表 6-3 可以看出,當滯後階數為 1~4 時,LM 統計量的 P 值均大於 0.05,此表明在 0.05 的顯著性水平下,模型(6.35)不存在自相關性。在迴歸結果(6.36)中,參數的估計值具有合理經濟意義;$R^2 = 0.986\,5$ 表明模型具有很高的擬合優度;所有 t 統計量的 P 值均小於 0.05,表明在 0.05 的顯著性水平下,所有迴歸係數均顯著不為 0。因此,方程(6.36)能夠反應實際庫存量 Y 與銷售額 X 之間的短期數量關係。由此可知,銷售額 X 對實際庫存量 Y 的短期影響乘數約為 0.32,即銷售額 X 增加 1 百萬美元,當期的實際庫存量約增加 0.32 百萬美元。

於是,可得模型(6.34)中參數 δ, α, β 的估計值分別為:

$\hat{\delta} = 1 - \hat{\beta}_1^* = 1 - 0.711\,285 = 0.288\,715$

$\hat{\alpha} = \hat{\alpha}^*/\hat{\delta} = 38\,117.11/0.288\,715 = 132\,023.3$

$\hat{\beta} = \hat{\beta}_0^*/\hat{\delta} = 0.319\,829/0.288\,715 = 1.107\,767$

進而,得到 1973—1999 年美國製造業的最佳庫存量模型為:

$$\hat{Y}_t^* = 132\,023.3 + 1.107\,767 X_t \tag{6.37}$$

該式表明,在理想狀態下或從長期來看,銷售額 X 對庫存量 Y 的影響乘數,即長期影響乘數約為 1.11 [見練習題六綜合應用題(3)],即當期的銷售額 X 增加 100 萬美元,理想的庫存量應該增加約 111 萬美元。調整係數 $\delta = 0.288\,715$ 表明,在每一期裡,庫存調整量 $(Y_t - Y_{t-1})$ 約為理想庫存量增量 $(Y_t^* - Y_{t-1})$ 的 29%。

在本例中,我們建立的 1973—1999 年美國製造業的最佳庫存量模型為線性表達式(6.37),讀者也可以考慮建立其他競爭模型來刻畫這一時期美國製造業的最佳庫存量與銷售額之間的關係,並對它們進行比較分析[見練習題六綜合應用題(4)]。

§6.4　Granger 因果關係檢驗

經濟變量之間是否存在因果關係,是否可以依據一個變量來估計或預測另一個變量,是人們經常關心的問題。比如,究竟是經濟增長導致貨幣供應量的增加,還是貨幣供應量的增加推動經濟增長,或者兩者互為因果關係?貨幣供應量的增加與通貨膨脹之間是否存在因果關係?擴大內需,增加消費能否促進中國的經濟增長?等等。嚴格的「因

果關係」來自理想條件下的邏輯推理,而經濟理論給出的是變量各種可能的影響因素分析,對於一個具體的經濟環境,其中一些理論上的影響因素對所研究的變量可能並不產生影響,那麼能否依據樣本數據對變量之間的「因果關係」進行檢驗,以便為發現真實的因果方向提供有用的證據呢?格蘭杰(C. W. J. Granger)於1969年提出的基於自迴歸分佈滯後模型的「Granger因果關係檢驗」(Granger causality test),對此給出了肯定的回答。本節作為自迴歸分佈滯後模型的應用,通俗地介紹這種檢驗方法。

Granger 因果關係檢驗的基本思想是,當變量之間存在因果關係時,它們在時間上應該具有先導和滯後的關係,作為原因變量的變化要先於作為結果變量的變化。如果 X 的變化發生在 Y 變化之前,而且 X 的滯後值對於預測當期的 Y 是有幫助的,則稱 **X 能 Granger 引起 Y**,或 **X 是 Y 的 Granger 原因**。對於兩個變量 X 和 Y,Granger 因果關係檢驗就是要檢驗 X 是 Y 的 Granger 原因,還是 Y 是 X 的 Granger 原因,或者兩者互為 Granger 原因。

基於上述基本思想,Granger 因果關係檢驗的出發點是估計以下迴歸模型:

$$Y_t = \gamma_1 + \sum_{j=1}^{p} \alpha_{1j} Y_{t-j} + \sum_{j=1}^{p} \beta_{1j} X_{t-j} + u_{1t} \tag{6.38}$$

$$X_t = \gamma_2 + \sum_{j=1}^{p} \alpha_{2j} Y_{t-j} + \sum_{j=1}^{p} \beta_{2j} X_{t-j} + u_{2t} \tag{6.39}$$

其中 p 為滯後長度,$u_{it}(i=1,2)$ 滿足:$E(u_{it}) = 0$,$Var(u_{it}) = \sigma_i^2$,$Cov(u_{it}, u_{js}) = 0$($i, j = 1, 2; t \neq s$)。利用模型(6.38)和模型(6.39)分別檢驗如下兩個原假設:

$H_{0X}: \beta_{1j} = 0 (j = 1, 2, \cdots, p)$　　(X 不是 Y 的 Granger 原因)

$H_{0Y}: \alpha_{2j} = 0 (j = 1, 2, \cdots, p)$　　(Y 不是 X 的 Granger 原因)

Granger 因果關係檢驗的統計量是基於 OLS 估計的 F 統計量。針對原假設 H_{0X} 的統計量為:

$$F_1 = \frac{(RSS_R - RSS_U)/p}{RSS_U/(n - 2p - 1)} \tag{6.40}$$

其中 RSS_R、RSS_U 分別為利用 OLS 法估計約束模型:

$$Y_t = \gamma_1 + \sum_{j=1}^{p} \alpha_{1j} Y_{t-j} + u_{1t}$$

和無約束模型(6.38)得到的殘差平方和。在 H_{0X} 成立的條件下,F_1 漸近服從 $F(p, n-2p-1)$ 分佈。於是,在大樣的情形下,對於給定的顯著性水平 α,可以查 F 分佈表得臨界值 $F_\alpha(p, n-2p-1)$,將其與統計量 F_1 的樣本值進行比較,便可以判斷原假設 H_{0X} 是否顯著成立:

如果 $F_1 > F_\alpha(p, n-2p-1)$,則拒絕原假設,認為 X 是 Y 的 Granger 原因;

如果 $F_1 < F_\alpha(p, n-2p-1)$,則接受原假設,認為 X 不是 Y 的 Granger 原因。

對於原假設 H_{0Y},可以利用模型(6.39)類似地進行檢驗。

X 與 Y 的 Granger 因果關係檢驗可能得到如下四種檢驗結果之一:

① X 與 Y 互為 Granger 原因(同時拒絕 H_{0X} 和 H_{0Y});

② X 是 Y 的 Granger 原因,Y 不是 X 的 Granger 原因(拒絕 H_{0X},接受 H_{0Y});

③ X 不是 Y 的 Granger 原因,Y 是 X 的 Granger 原因(接受 H_{0X},拒絕 H_{0Y});

④ X 不是 Y 的 Granger 原因,Y 也不是 X 的 Granger 原因(同時接受 H_{0X} 和 H_{0Y})。

> 在 EViews 軟件下，對變量 X 與 Y 進行 Granger 因果關係檢驗的執行程序：
> ① 在 Workfile 窗口，選中 X 和 Y 並雙擊，在彈出的下拉菜單中點擊 Open Group，打開 Group 窗口。
> ② 在 Group 窗口中，點擊 View→ Granger Causality，接著在彈出的 Lag Specification 窗口的對話框中，輸入迴歸模型的滯後長度 p（p 為正整數），然後點擊 OK，便得到 Granger 因果關係檢驗的輸出結果。依據該輸出結果中 F 統計量（F-Statistic）的 P 值（Prob.）便可以完成 Granger 因果關係檢驗。

在應用 Granger 因果關係檢驗時，應該注意以下四點：

(1)「X 是 Y 的 Granger 原因」並不意味著 Y 的變化是因為 X 變化的結果，它只表明 X 的前期信息（滯後值）對解釋 Y 的變化或預測 Y 是有幫助的。因此，Granger 因果關係是統計上的先導和滯後的關係，而非哲學意義上的因果關係，但它能為找出變量變化的原因提供重要參考。

(2) Granger 因果關係檢驗對於自迴歸分佈滯後模型滯後長度的選擇有時很敏感，不同的滯後長度可能得到不同的檢驗結果。通常利用上一節介紹的確定自迴歸模型階數的方法選擇滯後長度。

(3) Granger 因果關係檢驗兩種情形下的迴歸模型通常取相同的滯後長度，儘管從理論上講它們可以是不相同的。

(4) 如果待檢驗的變量受其他外生變量（如季節虛擬變量）的影響，則需要將這些變量添加到迴歸模型中。

模型(6.38)是 Y_t 對其自身滯後值和變量 X_t 的滯後值的迴歸，模型(6.39)是 X_t 對其自身滯後值和變量 Y_t 的滯後值的迴歸，要求它們的誤差項之間異期不相關，目的是避免模型存在內生解釋變量問題。由(6.38)和(6.39)這樣的單方程模型構成的模型系統，稱為關於變量 Y_t 和 X_t 的（二元）**向量自迴歸模型**或 **VAR 模型**（vector autoregression model）記為 VAR(p)，其中滯後長度 p 稱為**模型的階數**。在進行 Granger 因果關係檢驗之前需要對相應的 VAR 模型進行診斷性檢驗，通常主要是檢驗誤差項的自相關性，即各誤差項的自相關性及誤差項之間的交叉相關性（指一誤差項與其他誤差項的滯後值之間的相關性）。常用的檢驗方法是在同時利用 OLS 法估計所有迴歸模型的基礎上進行的，包括交叉相關圖法、多元自相關性 Box-Pierce 檢驗和 Ljung-Box 檢驗以及多元自相關性 LM 檢驗等。這裡僅簡單介紹多元自相關性 LM 檢驗的基本依據，並在方框中舉例說明其在 EViews 軟件下的執行過程。

LM 檢驗的依據是，對於 k 個變量的（k 元）VAR 模型，在誤差項不存在 h 階自相關性的原假設下，可以構造漸近服從自由度為 k^2 的 χ^2 分佈的統計量 LM。據此便可以完成 LM 檢驗；對於給定的顯著性水平 α 以及相應的臨界值 $\chi^2(k^2)$，若統計量值 $LM > \chi^2(k^2)$，則認為誤差項存在 h 階自相關性；若統計量值 $LM < \chi^2(k^2)$，則認為誤差項不存在 h 階的自相關性。關於 VAR 模型的詳細討論，讀者可以參考中高級計量經濟學書籍（Lütkepohl, 1991; Johansen, 1995）。

在 EViews 軟件下,對由(6.38)和(6.39) ($p = 3$) 構成的 VAR 模型進行多元自相關性 LM 檢驗的執行過程:

①同 Granger 因果關係檢驗的執行程序①。

②在 group 窗口中,點擊 Proc→ Make Vector Autoregression,在打開的 VAR Specification 窗口中,選擇 VAR Type 為 Unrestricted VAR,在 Lag Intervals For Endogenous:對話框中輸入「1 3」,其他選項採用默認設定,然後點擊「確定」,得到估計 VAR 模型的輸出結果。

③在 VAR 模型的輸出結果窗口,點擊 View→Residual Tests →Autocorrelation LM Test,在彈出的 Lag Specification 窗口的對話框中,輸入(交叉)自相關性可能的最高階數 h (h 為正整數),然後點擊 OK,便得到 LM 檢驗的輸出結果,其中包括直到設定階數 h 對應的一列 LM 統計量值及其相應的 P 值。依據 LM 統計量的 P 值便可以完成多元自相關性的 LM 檢驗。

例題 6.4　中國國民總收入與城鄉居民儲蓄存款之間的 Granger 因果關係檢驗

改革開放以來,隨著經濟的發展,中國國民總收入以及城鄉居民的儲蓄存款在快速增長。那麼,在 1978—2009 年中國國民總收入與城鄉居民儲蓄存款之間是否能提供有助於對彼此做出更準確預測的信息呢?下面基於 Granger 因果關係檢驗來回答這個問題。

我們以城鄉居民人民幣儲蓄存款年底餘額 S_t 的增加額 $DS_t = S_t - S_{t-1}$ 代表當年居民儲蓄。為了消除價格變動對檢驗結果的影響,分別利用國民總收入年實際增長率 ($RAGNI$)、商品零售價格指數(P)調整以當年價格計算的國民總收入 (GNI) 和 S,得到按可比價格(1978 年的價格)計算的實際國民總收入 ($AGNI$) 和實際人民幣儲蓄存款年底餘額 AS 及其年增加額 DAS。下面依據表 6-4 給出的 1978—2009 年中國城鄉居民人民幣儲蓄存款與國民總收入的相關數據,檢驗 $AGNI$ 的自然對數 $LAGNI = \ln(AGNI)$ 與 DAS 的自然對數 $LDAS = \ln(DAS)$ 之間是否存在 Granger 因果關係①。

表 6-4　　中國城鄉居民人民幣儲蓄存款與國民總收入的相關數據

年份	國民總收入 (GNI_t)(當年價格)	國民總收入年增長率 ($RAGNI_t$)(%)	實際國民總收入 ($AGNI_t$)(1978 年可比價格)	城鄉居民人民幣儲蓄存款年底餘額 (S_t)(當年價格)	商品零售價格指數 (P_t)(1978 年=100)	城鄉居民實際人民幣儲蓄存款年底餘額 (AS_t)(1978 年價格)	城鄉居民實際人民幣儲蓄存款年底餘額的增加額 (DAS_t)(1978 年價格)
1978	3,645.2	11.7	3,645.2	210.6	100	210.6	
1979	4,062.6	7.6	3,922.235	281	102	275.490,2	64.890,2
1980	4,545.6	7.8	4,228.17	395.8	108.1	366.142,5	90.652,26
1981	4,889.5	5.2	4,448.034	523.7	110.7	473.080,4	106.937,9

---

① 在對 $LAGNI$ 和 $LDAS$ 進行 Granger 因果關係檢驗之前,首先要檢驗它們的平穩性,及非平穩情形下協整關係的存在性。第 8 章 §8.2 例題 8.1 的檢驗結果表明,$LAGNI$ 和 $LDAS$ 均為趨勢平穩過程。

表6-4(續)

年份	國民總收入(GNI_t)(當年價格)	國民總收入年增長率($RAGNI_t$)(%)(可比價格)	實際國民總收入($AGNI_t$)(1978年價格)	城鄉居民人民幣儲蓄存款年底餘額(S_t)(當年價格)	商品零售價格指數(P_t)(1978年=100)	城鄉居民實際人民幣儲蓄存款年底餘額(AS_t)(1978年價格)	城鄉居民實際人民幣儲蓄存款年底餘額的增加額(DAS_t)(1978年價格)
1982	5,330.5	9.2	4,857.254	675.4	112.8	598.758,9	125.678,5
1983	5,985.6	11.1	5,396.409	892.5	114.5	779.476	180.717,1
1984	7,243.8	15.3	6,222.059	1,214.7	117.7	1,032.031	252.554,6
1985	9,040.7	13.2	7,043.371	1,622.6	128.1	1,266.667	234.636,1
1986	10,274.4	8.5	7,642.058	2,238.5	135.8	1,648.38	381.713,3
1987	12,050.6	11.5	8,520.894	3,081.4	145.7	2,114.894	466.513,6
1988	15,036.8	11.3	9,483.755	3,822.2	172.7	2,213.202	98.308,47
1989	17,000.9	4.2	9,882.073	5,196.4	203.4	2,554.769	341.566,8
1990	18,718.3	4.1	10,287.24	7,119.6	207.7	3,427.829	873.059,7
1991	21,826.2	9.1	11,223.38	9,244.9	213.7	4,326.111	898.282,8
1992	26,937.3	14.1	12,805.87	11,757.3	225.2	5,220.826	894.714,6
1993	35,260	13.7	14,560.28	15,203.5	254.9	5,964.496	743.669,9
1994	48,108.5	13.1	16,467.67	21,518.8	310.2	6,937.073	972.577
1995	59,810.5	9.3	17,999.17	29,662.3	356.1	8,329.767	1,392.694
1996	70,142.5	10.2	19,835.08	38,520.8	377.8	10,196.08	1,866.316
1997	78,060.8	9.6	21,739.25	46,279.8	380.8	12,153.31	1,957.226
1998	83,024.3	7.3	23,326.22	53,407.5	370.9	14,399.43	2,246.125
1999	88,479.2	7.9	25,168.99	59,621.8	359.8	16,570.82	2,171.383
2000	98,000.5	8.6	27,333.52	64,332.4	354.4	18,152.48	1,581.666
2001	108,068.2	8.1	29,547.53	73,762.4	351.6	20,979.07	2,826.584
2002	119,095.7	9.5	32,354.55	86,910.7	347	25,046.31	4,067.244
2003	135,174	10.6	35,784.13	103,617.7	346.7	29,886.85	4,840.536
2004	159,586.7	10.4	39,505.68	119,555.4	356.4	33,545.29	3,658.439
2005	185,808.6	12	44,246.36	141,051	359.3	39,257.17	5,711.881
2006	217,522.7	12.8	49,909.9	161,587.3	362.9	44,526.67	5,269.507
2007	267,763.7	14.4	57,096.92	172,534.2	376.7	45,801.49	1,274.813
2008	316,228.8	9.6	62,578.23	217,885.4	398.9	54,621.56	8,820.073
2009	343,464.7	9.3	68,398	260,771.7	394.1	66,168.92	11,547.36

註：①表中所有絕對量數據的單位為億元。
②數據來源：國民總收入(GNI_t)、國民總收入增長率($RAGNI_t$)、城鄉居民人民幣儲蓄存款年底餘額(S_t)和商品零售價格指數(P_t)的數據來自《中國統計年鑒》(2000、2009)，其他數據的計算公式分別為：實際國民總收入($AGNI_t$)：$AGNI_t = (1 + RAGNI_t) \times AGNI_{t-1}$；城鄉居民人民幣實際儲蓄存款年底餘額($AS_t$)：$AS_t = 100 \times S_t / P_t$；城鄉居民人民幣實際儲蓄存款年底餘額的增加額($DAS_t$)：$DAS_t = AS_t - AS_{t-1}$。

首先，確定關於 LAGNI 和 LDAS 的 VAR 模型。為此，取一個「最大的」滯後長度 p = 6，分別估計階數為 1~6 的 VAR 模型，並對它們進行診斷性檢驗，這裡只對誤差項進行自相關性 LM 檢驗。然後利用 AIC 和 SIC 信息準則選擇合適的檢驗模型。表6-5 為利用 EViews 軟件得到的 VAR 模型估計結果中的 AIC 值、SIC 值及 LM 檢驗結果。

表 6-5　　　　VAR 模型的 AIC 值、SIC 值及 LM 檢驗結果

VAR 模型的階數(p)	AIC 值	SIC 值	LM 檢驗的最小 P 值	誤差項的自相關性（顯著性水平為 0.05）
1	-3.059,271	-2.779,032	0.029,7(1)	存在
2	-3.330,586	-2.859,105	0.179,7(2)	不存在
3	-3.270,854	-2.604,752	0.157,8(4)	不存在
4	-3.189,279	-2.325,388	0.121,4(2)	不存在
5	-3.129,681	-2.065,138	0.036,7(2)	存在
6	-3.279,222	-2.011,591	0.044,1(6)	存在

註：LM 檢驗的最小 P 值為設定自相關階數為 1~10 對應的 LM 統計量的 P 值中的最小者，P 值後面括號中數字為相應的自相關階數。

從表 6-5 可以看出，只有階數為 $p=2、3、4$ 的 VAR 模型 LM 檢驗的最小 P 值大於 0.05，因此在 0.05 的顯著性水平下，可以認為這些模型的誤差項無自相關性。進一步通過比較無自相關性模型估計結果中的 AIC 值和 SIC 值，可知階數 $p=2$ 的 VAR 模型具有最小的 SIC 值和 AIC 值，因此可以選擇這個模型進行 Granger 因果關係檢驗。為了進一步考察檢驗結果對 VAR 模型階數 p 選擇的敏感性，表 6-6 同時給出了 $p=2、3、4$ 相應的 Granger 因果關係檢驗結果。

表 6-6　　　　LAGNI 與 LDAS 之間 Granger 因果關係的檢驗結果

VAR 模型的階數(p)	原假設	F 統計量值	F 檢驗的 P 值	Granger 因果關係（顯著性水平為 0.05）
2	LAGNI does not Granger Cause LDAS	9.249,60	0.001,1	拒絕原假設
	LDAS does not Granger Cause LAGNI	7.157,31	0.003,6	拒絕原假設
3	LAGNI does not Granger Cause LDAS	2.219,01	0.115,9	接受原假設
	LDAS does not Granger Cause LAGNI	3.652,22	0.029,1	拒絕原假設
4	LAGNI does not Granger Cause LDAS	2.614,16	0.069,8	接受原假設
	LDAS does not Granger Cause LAGNI	3.083,46	0.042,5	拒絕原假設

從表 6-6 可以看出，在各種情形下對原假設「LDAS 不是 LAGNI 的 Granger 原因」(LDAS does not Granger Cause LAGNI) 的 F 檢驗的 P 值均小於 0.05，因此在 0.05 的顯著性水平下，可以認為 LDAS 是 LAGNI 的 Granger 原因。對於 $p=2、3、4$，原假設「LAGNI 不是 LDAS 的 Granger 原因」(LAGNI does not Granger Cause LDAS) 相應的 F 檢驗的 P 值分別為 0.001,1、0.115,9、0.069,8。由此可知，在 0.05 的顯著性水平下，後兩種情形不能拒絕「LAGNI 不是 LDAS 的 Granger 原因」，$p=2$ 時，拒絕「LAGNI 不是 LDAS 的 Granger 原因」；在 0.10 的顯著性水平下，$p=2、4$ 時，拒絕「LAGNI 不是 LDAS 的 Granger 原因」，$p=3$ 時，不能拒絕「LAGNI 不是 LDAS 的 Granger 原因」。可見，在通常的檢驗水平下，原假設「LAGNI 不是 LDAS 的 Granger 原因」的 F 檢驗結果對 VAR 模型階數 p 的選擇比較敏感。於是，我們接受按照 AIC 和 SIC 信息準則所選檢驗模型($p=2$)的檢驗結果。綜上所述，1978—2009 年中國實際國民總收入的對數與城鄉居民實際人民幣儲蓄存款的對數互為 Granger 原因。此表明它們之間能提供有助於對彼此做出更準確預測的信息。

§6.6 結束語

本章介紹了自迴歸分佈滯後模型(ADL 模型)建立的經濟背景、估計及其應用,其知識結構如圖 6-3 所示。

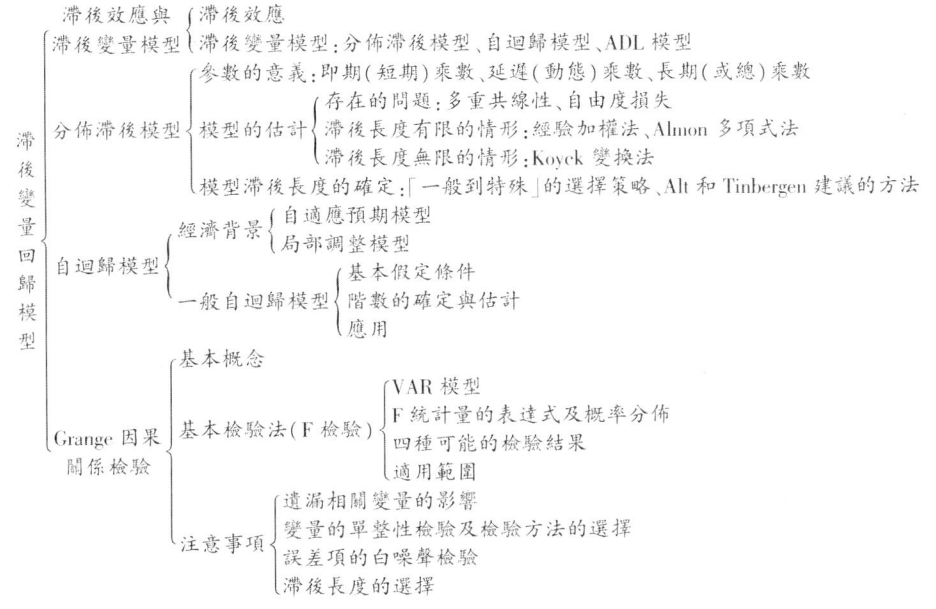

```
                     ┌ 滯後效應與   ┌ 滯後效應
                     │ 滯後變量模型 └ 滯後變量模型:分佈滯後模型、自迴歸模型、ADL 模型
                     │             ┌ 參數的意義:即期(短期)乘數、延遲(動態)乘數、長期(或總)乘數
                     │             │              ┌ 存在的問題:多重共線性、自由度損失
滯                   │ 分佈滯後模型 │ 模型的估計    ┤ 滯後長度有限的情形:經驗加權法、Almon 多項式法
後                   │             │              └ 滯後長度無限的情形:Koyck 變換法
變                   │             └ 模型滯後長度的確定:「一般到特殊」的選擇策略、Alt 和 Tinbergen 建議的方法
量                   │             ┌ 經濟背景     ┌ 自適應預期模型
回  ─────────────────┤             │              └ 局部調整模型
歸                   │ 自迴歸模型   │              ┌ 基本假定條件
模                   │             └ 一般自迴歸模型┤ 階數的確定與估計
型                   │                             └ 應用
                     │             ┌ 基本概念
                     │             │              ┌ VAR 模型
                     │             │ 基本檢驗法    │ F 統計量的表達式及概率分佈
                     │ Granger 因果 ┤ (F 檢驗)     │ 四種可能的檢驗結果
                     │ 關係檢驗    │              └ 適用範圍
                     │             │              ┌ 遺漏相關變量的影響
                     │             │              │ 變量的單整性檢驗及檢驗方法的選擇
                     │             └ 注意事項     ┤ 誤差項的白噪聲檢驗
                     │                             └ 滯後長度的選擇
```

圖 6-3   第 6 章知識結構圖

讀者學習本章時應注意以下問題:

(1) 關於時間序列的建模問題。[參考 §4.6(1)]

(2) 關於 ADL 模型的建立。本章介紹了建立 ADL 模型的經濟背景,如果建模旨在進行結構分析,瞭解這一點是非常必要的。如果建模的目的只是對被解釋變量進行預測,也可以利用這裡的建模手段,直接建立自迴歸模型。另外,ADL 模型的建模理論和方法,是進一步學習向量自迴歸模型(VAR 模型)和結構自迴歸模型或結構 VAR 模型(SVAR;structural VAR)的基礎,它們是時間序列計量經濟學的重要內容。

(3) 關於單整變量(見第 8 章 §8.1)之間 Granger 因果關係的檢驗問題。基於模型(6.38)、模型(6.39)進行的 Granger 因果關係檢驗,要求待檢驗的變量是平穩的或趨勢平穩的。當變量組中含有單整變量時,按(6.40)式構造的 F 統計量通常不再漸近服從標準的 F 分佈,故該檢驗是無效的。Toda 和 Yamamoto(1995)、靳庭良(2013、2015)通過變換模型的形式,分別建立了適合於一般單整變量之間 Granger 因果關係檢驗的基於標準 F 分佈的檢驗方法,前者簡稱為 LA-VAR 檢驗(lag-augmented VAR procedure),後者簡稱為 ECM-DM 檢驗(error correction model-difference model test)。因此,在檢驗變量之間 Granger 因果關係的存在性時,應該先檢驗變量的平穩性,然後再選擇適當的檢驗方法。

(4) Granger 因果關係是針對一定的信息集而言的,它包括所有內生變量的滯後值以及相關外生變量的取值(見第 7 章)。當信息集只包含 X 和 Y 的滯後值時,兩者之間的 Granger 因果性可以基於由(6.38)式和(6.39)式構成的二元 VAR 模型進行檢驗。如果還含有其他內生變量,則應該將其納入模型體系,建立多元 VAR 模型進行 Granger 因果性檢驗。否則,遺漏相關變量的信息,仍用二元 VAR 模型進行檢驗,這樣的檢驗結果可能是虛假的(Granger,1980)。例如,若 Z 是與 X 和 Y 相關的內生變量,那麼當它們均是平穩變量時,應該建立如下三元 VAR 模型,利用線性約束的 F 統計量來檢驗它們之間的 Granger 因果性。

$$\begin{cases} Y_t = \gamma_1 + \sum_{j=1}^{p} \alpha_{1j} Y_{t-j} + \sum_{j=1}^{p} \beta_{1j} X_{t-j} + \sum_{j=1}^{p} \eta_{1j} Z_{t-j} + u_{1t} \\ X_t = \gamma_2 + \sum_{j=1}^{p} \alpha_{2j} Y_{t-j} + \sum_{j=1}^{p} \beta_{2j} X_{t-j} + \sum_{j=1}^{p} \eta_{2j} Z_{t-j} + u_{2t} \\ Z_t = \gamma_3 + \sum_{j=1}^{p} \alpha_{3j} Y_{t-j} + \sum_{j=1}^{p} \beta_{3j} X_{t-j} + \sum_{j=1}^{p} \eta_{3j} Z_{t-j} + u_{3t} \end{cases}$$

在 §6.4 節我們介紹了在 EViews6.0 軟件下變量之間 Granger 因果關係 F 檢驗的執行程序,其檢驗結果是基於二元 VAR 模型得到的。該軟件沒有給出基於三元以上 VAR 模型的 Granger 因果性 F 檢驗的結果,但它給出了 Wald 檢驗的結果。具體執行過程如下:

首先打開變量組(含所有內生變量)(Group)窗口,在該窗口中,點擊 Proc→ Make Vector Autoregression,在彈出的 VAR specification 窗口中設置滯後結構(lag structure)和外生變量,再點擊確定,得到估計 VAR 模型的輸出結果窗口,接著點擊工具欄上的 View→ Lag Structure→Granger Causality/Block Exogeneity Tests,便得到 Granger 因果性 Wald 檢驗的輸出結果。依據該輸出結果中 $\chi^2(p)$ 統計量值或相應的 P 值,便可以完成 Granger 因果關係檢驗,這裡自由度 p 為 VAR 模型的階數。

練習題六

一、選擇題

1. 下面是 1954—1999 年美國製造業的庫存量模型:
$$\hat{Y}_t = 25.845 + 1.115 X_t + 0.683 X_{t-1} + 0.132 X_{t-2}$$
其中 Y、X 分別為庫存量和銷售量。由此可知,反應 X 對 Y 影響程度的即期乘數、滯後 1、2 期的延遲乘數和長期乘數分別為(　　　)。
   A. 1.115、0.683、0.132、1.798　　　　B. 1.115、1.798、1.930、25.845
   C. 1.115、0.683、0.132、25.846.798　　D. 0.132、0.683、1.115、1.798
2. Almon 多項式法適合於估計(　　　)。
   A. 有限分佈滯後模型　　　　　　　　B. ADL 模型
   C. 庫伊克模型　　　　　　　　　　　D. 有限階自迴歸模型

3. 已知變量 X、Y、Z 之間互相影響，要檢驗 X 與 Y 之間 Granger 因果關係的存在性，需要建立(　　　)。

　　A. X 對 Y 的 ADL 模型　　　　　　B. X 與 Y 的二元 VAR 模型
　　C. X 與 Y、Z 的三元 VAR 模型　　D. Y 對 X 的 ADL 模型

二、簡答題

1. 什麼是滯後現象？產生滯後現象的原因主要有哪些？
2. 估計 ADL 模型存在哪些問題？實際應用中如何解決這些問題？
3. 庫伊克模型與自適應預期模型、局部調整模型有哪些共性和不同之處？用什麼方法估計這些模型比較合適？
4. 利用 Granger 因果關係檢驗可以推斷變量之間因果關係的存在性，對嗎？
5. 在應用 Granger 因果關係的 F 檢驗時，應該注意哪些事項？

三、綜合應用題

1. 表 6-7 給出了某地區製造業 1980—2001 年按可比價格計算的固定資產投資 Y 與銷售額 X 的數據。試利用阿爾蒙多項式法估計分佈滯後模型：

$$Y_t = \alpha + \beta_0 X_t + \beta_1 X_{t-1} + \beta_2 X_{t-2} + \beta_3 X_{t-3} + \beta_4 X_{t-4} + u_t$$

並求出 X 對 Y 的短期影響乘數和長期影響乘數。若不知道分佈滯後模型的階數，你如何建立分佈滯後模型？依據表 6-7 中的數據寫出你的分析過程。

表 6-7　某地區製造業按可比價格計算的固定資產投資與銷售額的數據　　　　單位：億元

年份	固定資產投資 Y	銷售額 X	年份	固定資產投資 Y	銷售額 X
1980	36.99	52.805	1991	128.68	168.129
1981	33.60	55.906	1992	123.97	163.351
1982	35.42	63.027	1993	117.35	172.547
1983	42.35	72.931	1994	139.61	190.682
1984	52.48	84.790	1995	152.88	194.538
1985	53.66	86.589	1996	137.95	194.657
1986	58.53	98.797	1997	141.06	206.326
1987	67.48	113.201	1998	163.45	223.541
1988	78.13	126.905	1999	183.80	232.724
1989	95.13	143.936	2000	192.61	239.459
1990	112.60	154.391	2001	182.81	235.142

2. 對於下列一階自迴歸模型的估計結果：

$$\hat{Y}_t = 5 + 0.30 X_t + 0.70 Y_{t-1}$$

$$\hat{Y}_t = 6 + 0.80 \ln X_t + 0.60 Y_{t-1}$$

分別求 X 對 Y 的短期影響乘數和長期影響乘數的估計值或估計式。

3. 比較 (6.25) 式和 (6.29) 式可知，對於同一組樣本數據 (X_t, Y_t)，無論建立自適應

預期模型：

$$\begin{cases} Y_t = \alpha_1 + \beta_1 X_t^* + u_t \\ X_t^* = X_{t-1}^* + \gamma(X_t - X_{t-1}^*) \end{cases} \quad (6.41)$$

其中 X_t^* 為變量 X_t 的預期值，還是建立局部調整模型：

$$\begin{cases} Y_t^* = \alpha_2 + \beta_2 X_t + v_t \\ Y_t - Y_{t-1} = \delta(Y_t^* - Y_{t-1}) \end{cases} \quad (6.42)$$

其中 Y_t^* 為變量 Y_t 的理想最佳值，模型(6.41)中 X_t^* 的系數和模型(6.42)中 X_t 的系數相等，即 $\beta_1 = \beta_2$，並且恰好為 X 對 Y 的長期影響乘數。請你驗證這個結論。

4. 在例題 6.3 中，我們建立的 1973—1999 年美國製造業的最佳庫存量模型為線性表達式(6.37)。從實際庫存量 Y 對實際銷售額 X 的散點圖(如圖 6-3)可以看出，它們之間的數量關係似乎也可以用半對數模型來刻畫。若將此作為設定理想庫存量 Y^* 對實際銷售額 X 的迴歸模型函數表達式的依據，建立局部調整模型：

$$Y_t^* = \alpha + \beta \ln X_t + u_t \quad (6.43)$$

其中 Y_t^* 滿足

$$Y_t - Y_{t-1} = \delta(Y_t^* - Y_{t-1})$$

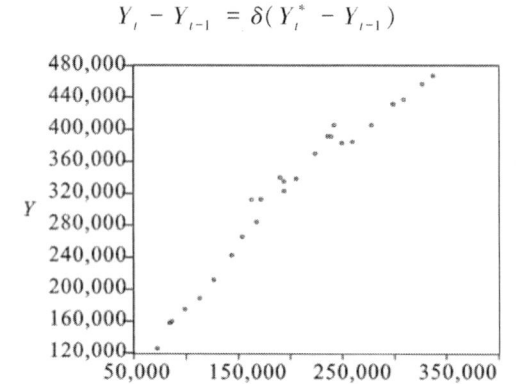

圖 6-3 實際庫存量 Y 對實際銷售額 X 的散點圖

試研究以下問題：

（1）模型(6.43)與線性迴歸模型(6.34)的經濟意義有什麼不同？

（2）利用表 6-1 中的數據估計模型(6.43)，並解釋估計的結果。

（3）根據(2)中的估計結果，在模型(6.34)與模型(6.43)之間，你認為哪個模型更合適？

（4）若依據理性預期假設，建立實際庫存量與預期銷售額之間的半對數迴歸模型，試寫出該模型的函數表達式，並使用合適的方法對其進行估計，解釋參數估計值的經濟意義。

5. 表 6-8 給出了某地區 1953—1985 年各年年末貨幣流通量 Y，社會商品零售額 X_1、城鄉居民儲蓄餘額 X_2 的數據。

表 6-8 某地區各年末貨幣流通量、社會商品零售額、城鄉居民儲蓄餘額的數據 單位：億元

年份	年末貨幣流通量 Y	社會商品零售額 X_1	城鄉居民儲蓄餘額 X_2	年份	年末貨幣流通量 Y	社會商品零售額 X_1	城鄉居民儲蓄餘額 X_2
1953	10.518	78.676	4.163	1970	38.500	240.332	26.156
1954	14.088	101.433	4.888	1971	47.100	274.534	30.944
1955	13.375	103.989	5.689	1972	57.200	299.197	35.961
1956	18.354	124.525	7.406	1973	60.000	314.006	39.667
1957	16.867	126.467	9.156	1974	62.500	318.954	43.320
1958	18.515	134.446	10.193	1975	64.500	336.015	46.184
1959	22.558	154.961	13.939	1976	68.000	352.924	48.311
1960	29.036	170.370	15.495	1977	63.000	378.115	53.313
1961	41.472	149.182	12.553	1978	66.000	415.830	61.290
1962	34.826	154.564	10.080	1979	76.000	452.032	70.033
1963	30.000	142.548	11.602	1980	85.000	512.543	92.800
1964	24.300	143.415	15.031	1981	90.000	547.956	109.707
1965	29.300	156.998	17.108	1982	101.000	591.088	133.799
1966	33.900	176.387	19.301	1983	100.000	646.427	164.314
1967	36.100	178.162	20.485	1984	160.000	733.162	201.199
1968	39.600	167.074	22.572	1985	192.000	919.045	277.185
1969	38.300	214.597	22.958				

設定模型：

$$M_t^* = \alpha X_{1t}^{\beta_1} X_{2t}^{\beta_2} e^{u_t} \qquad (6.44)$$

其中 M_t^* 為長期（或所需求的）貨幣流通量。試依據表 6-8 中的數據研究以下問題：

(1) 根據局部調整假設變換模型 (6.44)，使之成為用可觀測變量表示的模型；採用合適的方法估計變換後的模型，並對變量進行顯著性檢驗。

(2) 依據 (1) 中的估計結果，對貨幣流通量進行長、短期彈性分析。

6. 在實際應用中，有時需要將局部調整模型與自適應預期模型結合起來對某一經濟問題進行研究，即建立局部調整-自適應預期模型。在例題 6.3 中，我們建立了 1973—1999 年美國製造業的最佳庫存量模型為 (6.37) 式。為了研究理想或長期庫存量 Y^* 與預期銷售額 X^* 之間的關聯性，建立如下簡單的局部調整-自適應預期模型：

$$Y_t^* = \alpha + \beta X_t^* + u_t \qquad (6.45)$$

其中 Y_t^*、X_t^* 分別滿足局部調整假設和自適應預期假設條件。

(1) 將模型 (6.45) 變換為可觀測變量的表達式。

(2) 變換後的模型存在什麼估計問題？利用表 6-1 給出的樣本數據，採用合適的方法估計該模型，檢驗變量的顯著性，並對結果進行解釋。

7. 表 6-9 給出了 1978—2000 年中國國內生產總值 GDP、居民消費支出 COM、GDP 指數 R 和居民消費價格指數 CPI 的數據。試分別按當年價格和按 1978 年價格檢驗（暫時不考慮變量的平穩性）此時期中國國內生產總值 GDP 與居民消費支出 COM 是否存在 *Granger* 因果關係，並對檢驗結果進行解釋。

表 6-9　中國國內生產總值、居民消費支出、GDP 指數和居民消費價格指數的數據

年份	國內生產總值 GDP(億元)	居民消費支出 COM(億元)	GDP 指數 R (1978年為100)	居民消費價格指數 CPI (1978年為100)
1985	9,076.7	4,687.4	192.9	131.1
1986	10,508.5	5,302.1	210.0	139.6
1987	12,277.4	6,126.1	234.3	149.8
1988	15,388.6	7,868.1	260.7	178
1989	17,311.3	8,812.6	271.3	210
1990	19,347.8	9,450.9	281.7	216.4
1991	22,577.4	10,730.6	307.6	223.8
1992	27,565.2	13,000.1	351.4	238.1
1993	36,938.1	16,412.1	400.4	273.1
1994	50,217.4	21,844.2	452.8	339
1995	63,216.9	28,369.7	502.3	396.9
1996	74,163.6	33,955.9	552.6	429.9
1997	81,658.5	36,921.5	603.9	441.9
1998	86,531.6	39,229.3	651.2	438.4
1999	91,125	41,920.4	700.9	432.2
2000	98,749	45,854.6	759.9	434
2001	108,972.4	49,213.2	823.0	437
2002	120,350.3	52,571.3	897.8	433.5
2003	136,398.8	56,834.4	987.8	438.7
2004	160,280.4	63,833.5	1,087.4	455.8
2005	188,692.1	71,217.5	1,200.8	464
2006	221,651.3	80,476.9	1,340.7	471
2007	263,093.8	93,602.9	1,515.5	493.6
2008	306,859.8	108,392.2	1,651.2	522.7

註：① 表中國內生產總值和居民消費支出均按支出法計算，1978 年國內生產總值為 3,605.6 億元。
② 數據來源於《中國統計年鑒》(2009)。

7 聯立方程模型

引言

迄今為止,我們討論的都是單一方程計量經濟模型,即用一個方程研究一個被解釋變量與其影響因素或解釋變量之間的數量關係,這種模型適合於變量之間具有單向因果關係的簡單經濟現象的研究。但是,現實世界中的經濟現象通常是一個複雜的經濟系統,其中經濟變量之間往往相互影響,具有互為因果的關係,利用單一方程只能反應變量之間相互關係的一個側面,不能完整描述經濟現象中變量之間存在的反饋機制或均衡狀態。例如,研究某種商品的供求平衡現象構成的經濟系統,其中既包括該商品的需求量 D、供給量 S 和價格 P,還包括影響需求量 D 的居民收入水平 Y 和影響供給量 S 的工資水平 W 等。商品的供求平衡狀態的形成是由供給和需求兩個方面決定的,因此需要建立三個方程才能完整描述該商品的供求平衡狀態。比如,可以建立如下供求平衡模型:

$$\begin{cases} D_t = \alpha_0 + \alpha_1 P_t + \alpha_2 Y_t + u_{1t} & \text{(需求方程)} \\ S_t = \beta_0 + \beta_1 P_t + \beta_2 W_t + u_{2t} & \text{(供給方程)} \\ D_t = S_t & \text{(平衡方程)} \end{cases} \quad (7.1)$$

其中:需求方程反應了需求量與其決定因素之間的數量關係;供給方程反應了供給量與其決定因素之間的數量關係;平衡方程反應了該商品處於供求平衡的狀態,由此可以確定商品的均衡價格。

再如,應用計量經濟模型描述一個由國內生產總值 Y、居民消費總額 C、投資總額 I 和政府支出額 G 構成的簡單宏觀經濟系統。在這個系統中,政府支出額可以看作由系統外部因素決定,並對系統內部其他變量產生影響的變量,國內生產總值、居民消費總額、投資總額三者之間相互影響,具有互為因果的關係,因此要反應它們的決定機制,就需要建立多個方程。比如,可以建立如下簡單宏觀經濟系統模型:

$$\begin{cases} C_t = \alpha_0 + \alpha_1 Y_t + u_{1t} & \text{(消費方程)} \\ I_t = \beta_0 + \beta_1 Y_t + \beta_2 Y_{t-1} + u_{2t} & \text{(投資方程)} \\ Y_t = C_t + I_t + G_t & \text{(定義式)} \end{cases} \quad (7.2)$$

其中:消費方程表示居民消費總額主要受國內生產總值的影響;投資方程表示投資總額主要受國內生產總值的當期值和滯後一期值的影響;定義式表示國內生產總值由居民消費總額、投資總額和政府支出額共同決定。

像模型(7.1)和模型(7.2)那樣,由多個基本方程構成且變量之間存在相互影響的計

量經濟模型就稱為**聯立方程模型**。聯立方程模型中的方程既包括含有隨機誤差項的隨機方程,也可以包括恒等式或定義式。應用聯立方程模型才能完整地描述一個經濟系統中變量之間的相互關係,而且即使是研究經濟系統中的一部分變量,瞭解變量之間的相互作用對模型參數的解釋和估計也具有重要意義(見後文)。

本章只討論簡單的聯立(線性)方程模型,即每個基本方程都是線性迴歸模型或線性恒等式的聯立方程模型,如模型(7.1)、模型(7.2)所示。首先介紹聯立方程模型的若干基本概念,然後討論聯立方程模型的識別問題,即模型中的參數是否可以估計的問題,最後介紹常用的模型參數的估計方法及經典案例分析。

§7.1 聯立方程模型的基本概念

7.1.1 變量的分類

變量是建立計量經濟模型的基本要素。在單一方程模型中,研究的對象只有一個變量,稱之為被解釋變量,而把影響它的變量稱之為解釋變量。但是在描述一個複雜經濟系統的聯立方程模型中,變量之間往往互相影響,同一個變量可能在一個方程中為被解釋變量,而在另一個方程中為解釋變量。因此,對整個模型系統來講,需要對變量的屬性進行重新分類。

在一個聯立方程模型系統中,變量分為內生變量和外生變量。

內生變量是指由模型系統本身決定的變量,它在某個方程中為被解釋變量,而且作為決定其他變量的因素出現在另外某一個(些)方程中。例如,模型(7.1)中的D_t、S_t和P_t[P_t的表達式為後面的(7.3)式],模型(7.2)中的Y_t、C_t和I_t,均為內生變量。

外生變量是影響模型系統中其他變量,而不受其他變量影響的變量,它在方程中為解釋變量。例如,模型(7.1)中的Y_t和W_t,模型(7.2)中的G_t,均為外生變量。就一般而言,外生變量與隨機誤差項不相關。

在隨機方程中,外生變量和作為解釋變量的內生變量在統計特徵上的重要區別是,在一般情形下,外生變量與隨機誤差項不相關,而作為解釋變量的內生變量與隨機誤差項存在同期相關性。例如,在模型(7.1)中,P_t為內生變量,假定$\beta_1 \neq \alpha_1$,解這個方程組,容易得到

$$P_t = \frac{\alpha_0 - \beta_0}{\beta_1 - \alpha_1} + \frac{\alpha_2}{\beta_1 - \alpha_1}Y_t - \frac{\beta_2}{\beta_1 - \alpha_1}W_t + \frac{1}{\beta_1 - \alpha_1}(u_{1t} - u_{2t}) \tag{7.3}$$

顯然,在外生變量Y_t、W_t與隨機誤差項u_{1t}、u_{2t}均不相關的情形下,通常有如下兩式成立:

$$Cov(P_t, u_{1t}) = \frac{1}{\beta_1 - \alpha_1}[Var(u_{1t}) - Cov(u_{2t}, u_{1t})] \neq 0$$

$$Cov(P_t, u_{2t}) = \frac{1}{\beta_1 - \alpha_1}[Cov(u_{1t}, u_{2t}) - Var(u_{2t})] \neq 0$$

此表明在該模型的需求方程和供給方程中P_t為內生解釋變量。

在聯立方程模型中,還經常出現滯後內生變量作解釋變量,用以反應經濟系統的動

態性,如模型(7.2)投資方程中的 Y_{t-1}。可以驗證:如果各方程中隨機誤差項無自相關,而且與外生變量、其他方程中隨機誤差項的滯後值都不相關,那麼滯後內生變量與隨機誤差項就不存在同期相關性。此時它們作為解釋變量不會導致第4章中提到的內生解釋變量問題。因此,在模型的估計過程中將其與外生變量歸為一類,統稱為**前定變量**。

需要注意的是,一個變量屬性類型的歸屬依賴於我們所研究的經濟系統,同一變量在不同的系統中可能具有不同的屬性。例如,在研究某一種商品的供求平衡問題時,居民的收入水平屬於外生變量,但若研究的系統是整個國民經濟,居民收入水平則為內生變量。在本章後面的討論中,我們會看到依據經濟理論或實踐經驗正確地區分變量的屬性類型,無論是對於模型的識別和估計,還是對於模型的應用都有重要意義。

7.1.2 結構式模型

在模型(7.1)和模型(7.2)中,每個方程都是根據經濟行為理論或經濟活動規律建立的,描述的是一個內生變量與其他變量之間直接的經濟結構關係,像這樣的方程稱為**結構方程**,結構方程中的參數稱為**結構參數**。因此,由結構方程組成的聯立方程模型也稱為**結構式模型**。

在結構式模型中,內生變量是研究的對象,外生變量是由系統以外因素決定的用於解釋內生變量的變量。外生變量前面的結構參數反應了該變量的變動對其所在方程中被解釋變量的直接影響程度。比如,模型(7.1)需求方程中的系數 α_2 表示在商品價格 P_t 不變的條件下,收入 Y_t 增加一個單位,需求量大約增加 α_2 個單位。由於內生變量之間存在相互影響,利用方程之間的傳遞性可知,除直接影響外,外生變量對所在方程的被解釋變量還存在間接影響。例如,由價格 P_t 的表達式(7.3)可知,收入 Y_t 的變動會影響價格 P_t,進而通過需求方程還會對需求量 D_t 產生影響,這就是所謂的間接影響。將(7.3)式代入需求方程,得

$$D_t = \alpha_0 + \alpha_1 \frac{\alpha_0 - \beta_0}{\beta_1 - \alpha_1} + \left(\frac{\alpha_1 \alpha_2}{\beta_1 - \alpha_1} + \alpha_2 \right) Y_t - \frac{\alpha_1 \beta_2}{\beta_1 - \alpha_1} W_t + \frac{\alpha_1}{\beta_1 - \alpha_1}(u_{1t} - u_{2t}) + u_{1t}$$

(7.4)

在該式中,需求量 D_t 由外生變量和隨機誤差項表示,Y_t 的系數 $\frac{\alpha_1 \alpha_2}{\beta_1 - \alpha_1} + \alpha_2$ 反應了 Y_t 的變動對 D_t 的總影響程度,其中 α_2、$\frac{\alpha_1 \alpha_2}{\beta_1 - \alpha_1}$ 分別表示直接影響程度和間接影響程度。同時還可以看到,需求方程雖然不含有 W_t,但由於 W_t 的變動影響價格 P_t,進而通過需求方程會對需求量 D_t 產生間接影響,式(7.4)中 W_t 的系數 $-\frac{\alpha_1 \beta_2}{\beta_1 - \alpha_1}$ 則反應了 W_t 對 D_t 的間接影響程度。

由上述討論可知,要求外生變量對內生變量的總影響程度就需要解結構式模型的方程組,將內生變量用前定變量和隨機誤差項來表示。為此,要求(獨立)結構方程[1]的個數

---

[1] 一個結構方程是獨立的意味著該方程不能通過模型中其他方程的線性組合而得到。

與內生變量的個數相等。如果這個條件成立,則稱該**模型是完備的**。本章後面的討論都是針對完備聯立方程模型展開的。

為討論方便,常將一般結構式模型寫成如下的**標準形式**:

$$\begin{cases} \beta_{11}Y_{1t} + \cdots + \beta_{1g}Y_{gt} + \gamma_{11}X_{1t} + \cdots + \gamma_{1k}X_{kt} = u_{1t} \\ \beta_{21}Y_{1t} + \cdots + \beta_{2g}Y_{gt} + \gamma_{21}X_{1t} + \cdots + \gamma_{2k}X_{kt} = u_{2t} \\ \qquad\qquad\qquad\qquad \vdots \\ \beta_{g1}Y_{1t} + \cdots + \beta_{gg}Y_{gt} + \gamma_{g1}X_{1t} + \cdots + \gamma_{gk}X_{kt} = u_{gt} \end{cases} \quad (t=1,2,\cdots,T) \quad (7.5)$$

其中 $Y_1, Y_2, \cdots, Y_g$ 為內生變量;$X_1, X_2, \cdots, X_k$ 為前定變量(當 $X_{1t} \equiv 1$ 時,表明模型存在截距項);$u_1, u_2, \cdots, u_g$ 為隨機誤差項或 0(0 對應不含隨機誤差項的方程);$\beta_{ij}(i,j=1,2,\cdots,g)$ 為內生變量的系數;$\gamma_{ij}(i=1,2,\cdots,g;j=1,2,\cdots k)$ 為前定變量的系數。

結構式模型(7.5)的矩陣表達式有如下兩種形式:

$$BY_t + \Gamma X_t = u_t \quad (t=1,2,\cdots,T) \quad (7.6)$$

或

$$(B \quad \Gamma)\begin{pmatrix} Y \\ X \end{pmatrix} = u \quad (7.7)$$

其中

$$B = \begin{pmatrix} \beta_{11} & \beta_{12} & \cdots & \beta_{1g} \\ \beta_{21} & \beta_{22} & \cdots & \beta_{2g} \\ \vdots & \vdots & \cdots & \vdots \\ \beta_{g1} & \beta_{g2} & \cdots & \beta_{gg} \end{pmatrix}, \quad \Gamma = \begin{pmatrix} \gamma_{11} & \gamma_{12} & \cdots & \gamma_{1k} \\ \gamma_{21} & \gamma_{22} & \cdots & \gamma_{2k} \\ \vdots & \vdots & \cdots & \vdots \\ \gamma_{g1} & \gamma_{g2} & \cdots & \gamma_{gk} \end{pmatrix}$$

$$Y_t = \begin{pmatrix} Y_{1t} \\ Y_{2t} \\ \vdots \\ Y_{gt} \end{pmatrix}, \quad X_t = \begin{pmatrix} X_{1t} \\ X_{2t} \\ \vdots \\ X_{kt} \end{pmatrix}, \quad u_t = \begin{pmatrix} u_{1t} \\ u_{2t} \\ \vdots \\ u_{gt} \end{pmatrix}$$

$$Y = (Y_1 \ Y_2 \ \cdots \ Y_T) = \begin{pmatrix} Y_{11} & Y_{12} & \cdots & Y_{1T} \\ Y_{21} & Y_{22} & \cdots & Y_{2T} \\ \vdots & \vdots & \vdots & \vdots \\ Y_{g1} & Y_{g2} & \cdots & Y_{gT} \end{pmatrix}$$

$$X = (X_1 \ X_2 \ \cdots \ X_T) = \begin{pmatrix} X_{11} & X_{12} & \cdots & X_{1T} \\ X_{21} & X_{22} & \cdots & X_{2T} \\ \vdots & \vdots & \vdots & \vdots \\ X_{k1} & X_{k2} & \cdots & X_{kT} \end{pmatrix}$$

$$u = (u_1 \ u_2 \ \cdots \ u_T) = \begin{pmatrix} u_{11} & u_{12} & \cdots & u_{1T} \\ u_{21} & u_{22} & \cdots & u_{2T} \\ \vdots & \vdots & \vdots & \vdots \\ u_{g1} & u_{g2} & \cdots & u_{gT} \end{pmatrix}$$

結構式模型標準形式(7.7)中的參數並不都是待估計的獨立參數,它會受許多約束。換句話說,就是結構參數矩陣（B Γ）中有許多參數是已知的或參數之間存在一定的數量關係。比如,結構方程是依據經濟行為理論或經濟活動規律建立的,每個隨機方程都有一個被解釋變量,其系數為1,解釋變量中通常也不會包含除該方程的被解釋變量外的所有其他變量,在標準形式中沒有包含在該方程中的變量的系數為0。另外,若模型含有恒等式,其中變量的系數都是已知的。

例如,將模型(7.2)可以寫成標準形式:

$$B\begin{pmatrix} C_t \\ I_t \\ Y_t \end{pmatrix} + \Gamma \begin{pmatrix} 1 \\ Y_{t-1} \\ G_t \end{pmatrix} = \begin{pmatrix} u_{1t} \\ u_{2t} \\ 0 \end{pmatrix}$$

其中

$$B = \begin{pmatrix} 1 & 0 & -\alpha_1 \\ 0 & 1 & -\beta_1 \\ -1 & -1 & 1 \end{pmatrix}, \quad \Gamma = \begin{pmatrix} -\alpha_0 & 0 & 0 \\ -\beta_0 & -\beta_2 & 0 \\ 0 & 0 & -1 \end{pmatrix}$$

我們知道,單方程線性迴歸模型的基本假定是為了保證迴歸系數的OLS估計量是最佳線性無偏估計量及其統計檢驗能在標準分佈下進行而設定的。但對於結構式模型中的隨機方程,存在內生變量作解釋變量,其與隨機誤差項通常是同期相關的,因此利用OLS法或GLS法估計,所得參數估計量是有偏且不一致的,這種性質稱為**聯立方程的偏倚性**。由此可見,估計隨機結構方程需要處理的首要問題是內生解釋變量問題。因此,除非特別需要,我們只設定**結構式模型中的隨機誤差項滿足如下基本條件:**

① 所有方程的隨機誤差項都與外生變量不相關。
② 均值為0:

$$E(u_{it}) = 0 \quad (i = 1, 2, \cdots, g; t = 1, 2, \cdots, T)$$

③ 各方程中的隨機誤差項無自相關,而且不同方程中的隨機誤差項異期不相關:

$$Cov(u_{is}, u_{jt}) = 0 \quad (i, j = 1, 2, \cdots, g,; s, t = 1, 2, \cdots, T, s \neq t)$$

前面的討論業已表明,在該基本條件下,每個u_{it}與所有前定變量都不相關。

對所建立的結構式模型,另一個基本要求是模型中所有隨機方程都是可以識別的,即模型中每個隨機方程的參數都是可以估計的。下面先就一例子來說明可識別的含義,關於模型識別問題的詳細討論留在下一節。

對於供求平衡模型(7.1),假定供給方程中不含有W_t,此時模型變為:

$$\begin{cases} D_t = \alpha_0 + \alpha_1 P_t + \alpha_2 Y_t + u_{1t} & \text{（需求方程）} \\ S_t = \beta_0 + \beta_1 P_t + u_{2t} & \text{（供給方程）} \\ D_t = S_t & \text{（平衡方程）} \end{cases} \qquad (7.8)$$

首先考慮需求方程的估計問題。將三個方程兩端同時相加,再除以2,可得

$$\begin{aligned} D_t &= \frac{1}{2}(\alpha_0 + \beta_0) + \frac{1}{2}(\alpha_1 + \beta_1)P_t + \frac{\alpha_2}{2}Y_t + \frac{1}{2}(u_{1t} + u_{2t}) \\ &= \gamma_0 + \gamma_1 P_t + \gamma_2 Y_t + v_t \end{aligned} \qquad (7.9)$$

其中 $\gamma_0 = \frac{1}{2}(\alpha_0 + \beta_0), \gamma_1 = \frac{1}{2}(\alpha_1 + \beta_1), \gamma_2 = \frac{\alpha_2}{2}, v_t = \frac{1}{2}(u_{1t} + u_{2t})$。顯然，方程(7.9)與需求方程含有相同的變量，且函數關係式的表現形式亦相同。在沒有對隨機誤差項施加特別約束的情形下，對於任意給定的樣本數據，無論用什麼方法估計這兩個方程所得結果都是相同的，我們無法判斷所得到的參數估計量到底是針對哪一個方程的。此時只能說需求方程是不可以估計的或不可識別的。

而對於供給方程，用任意實數 $\lambda(\lambda \neq -1)$ 同時乘需求方程和平衡方程兩端，將所得等式兩端同時相減，再與供給方程相加，經整理可得：

$$S_t = \frac{1}{1+\lambda}(\lambda\alpha_0 + \beta_0) + \frac{1}{1+\lambda}(\lambda\alpha_1 + \beta_1)P_t + \frac{\lambda\alpha_2}{1+\lambda}Y_t + \frac{1}{1+\lambda}(\lambda u_{1t} + u_{2t})$$

(7.10)

易見，當 $\lambda = 0$ 時，模型(7.10)即為供給方程；當 $\lambda \neq 0$ 時，模型(7.10)與供給方程含有不完全相同的變量。因此，利用樣本數據對供給方程的估計結果是沒有疑義的，即供給方程是可以估計的或可以識別的。

7.1.3 簡化式模型

若 B 是可逆的，則從模型(7.6)可以解得：

$$\begin{aligned} Y_t &= -B^{-1}\Gamma X_t + B^{-1}u_t \\ &= \Pi X_t + v_t \end{aligned}$$

(7.11)

其中 $\Pi = -B^{-1}\Gamma, v_t = B^{-1}u_t$。稱(7.11)式為**結構式模型(7.6)的簡化形式**，或**簡化式模型**。簡化式模型中的每個方程稱為**簡化方程**，簡化方程中前定變量的系數稱為**簡化參數**。一般地，用 $\pi_{ij}(i = 1, 2, \cdots, g; j = 1, 2, \cdots, k)$ 表示簡化式模型第 i 個方程中第 j 個前定變量的系數，此時

$$\Pi = \begin{pmatrix} \pi_{11} & \pi_{12} & \cdots & \pi_{1k} \\ \pi_{21} & \pi_{22} & \cdots & \pi_{2k} \\ \vdots & \vdots & \vdots & \vdots \\ \pi_{g1} & \pi_{g2} & \cdots & \pi_{gk} \end{pmatrix}$$

$\Pi = -B^{-1}\Gamma$ 表明了結構參數與簡化參數之間的聯繫，稱之為**參數關係體系**。

例如，將內生變量 D_t, S_t 和 P_t 作為未知量，解結構式模型的方程組(7.1)，可得其簡化式模型為：

$$\begin{cases} D_t = \pi_{10} + \pi_{11}Y_t + \pi_{12}W_t + v_{1t} \\ S_t = \pi_{20} + \pi_{21}Y_t + \pi_{22}W_t + v_{2t} \\ P_t = \pi_{30} + \pi_{21}Y_t + \pi_{32}W_t + v_{3t} \end{cases}$$

(7.12)

其中

$$\pi_{10} = \alpha_0 + \alpha_1\frac{\alpha_0 - \beta_0}{\beta_1 - \alpha_1}, \pi_{11} = \frac{\alpha_1\alpha_2}{\beta_1 - \alpha_1} + \alpha_2, \pi_{12} = -\frac{\alpha_1\beta_2}{\beta_1 - \alpha_1}$$

$$\pi_{20} = \beta_0 + \beta_1\frac{\alpha_0 - \beta_0}{\beta_1 - \alpha_1}, \pi_{21} = \frac{\beta_1\alpha_2}{\beta_1 - \alpha_1}, \pi_{22} = -\frac{\beta_1\beta_2}{\beta_1 - \alpha_1} + \beta_2$$

$$\pi_{30} = \frac{\alpha_0 - \beta_0}{\beta_1 - \alpha_1}, \qquad \pi_{31} = \frac{\alpha_2}{\beta_1 - \alpha_1}, \qquad \pi_{32} = -\frac{\beta_2}{\beta_1 - \alpha_1}$$

為參數關係體系,隨機誤差項分別為:

$$v_{1t} = \frac{\alpha_1}{\beta_1 - \alpha_1}(u_{1t} - u_{2t}) + u_{1t}, v_{2t} = \frac{\beta_1}{\beta_1 - \alpha_1}(u_{1t} - u_{2t}) + u_{2t}, v_{3t} = \frac{1}{\beta_1 - \alpha_1}(u_{1t} - u_{2t})$$

與結構式模型相比較,簡化式模型有以下特點:

(1)每個簡化方程均為隨機方程,其右端不再出現內生變量的當期值,只有前定變量作解釋變量。

(2)在模型滿足前述基本假定條件的情形下,簡化方程不存在內生解釋變量問題,可以直接利用 OLS 法進行估計,此時所得簡化參數的估計量是一致的。因此,如果由參數關係體系 $\Pi = -B^{-1}\Gamma$ 能夠將結構參數用簡化參數來表示,那麼依據斯魯茨基定理,就能得到結構參數的一致估計量。這樣就給出了結構式參數的一種估計方法。

(3)簡化方程中前定變量的系數反應了該變量當期對內生被解釋變量的總影響程度,即直接影響程度與間接影響程度之和,因此利用簡化方程可以求出各外生變量對各內生變量的當期總影響乘數和長期總影響乘數(參見本章§7.6)。

(4)在已知前定變量取值的條件下,可利用估計的簡化方程直接對內生變量進行預測,而結構方程中含有同期內生解釋變量,所以不能直接利用它們的估計結果對內生變量進行預測。

§7.2　模型的識別

結構方程的識別問題就是判斷能否得到結構參數確定的估計值的問題,它是建立聯立方程模型首要考慮的問題。在上一節中,我們舉例解釋了結構方程可識別的含義。本節在對各結構方程隨機誤差項之間的同期相關性沒有施加約束的情形下[1],從理論上分析結構方程可識別的兩種等價定義,然後給出可識別的必要條件和充分必要條件。

7.2.1　識別的定義

在對各結構方程隨機誤差項之間的同期相關性沒有施加約束的情形下,結構方程的識別信息主要來自其所包含的被解釋變量和解釋變量及其函數關係的表現形式。此時結構方程的識別有如下兩種常見的定義:定義 7.1 和定義 7.2。

定義 7.1　對於一個結構方程,如果模型系統中全部方程的任意線性組合所構成的其他方程都不再具有該方程的統計形式,則稱該方程是**可以識別的**;否則,則稱該方程是**不可以識別的**。

這裡所謂方程的「統計形式」是指方程所含被解釋變量和解釋變量及它們之間的函

---

[1] 關於對各結構方程隨機誤差項之間的同期相關性施加一定的約束條件下模型的識別問題,有興趣的讀者可參見唐國興.計量經濟學——理論、方法和模型.上海:復旦大學出版社,1988. 威廉·H. 格林.計量經濟分析[M]. 張成思,譯. 5版. 北京:中國人民大學出版社,2007.

數關係式。如果兩個方程含有相同的被解釋變量和解釋變量,並且它們之間的函數關係具有相同的表現形式,則稱這兩個方程具有**相同的統計形式**。例如,方程(7.9)是供求平衡模型(7.8)中所有方程的一個線性組合,它與需求方程就具有相同的統計形式,而由方程(7.10)可知,模型(7.8)中所有方程的任意一個線性組合,除供給方程本身外,都與供給方程具有不同的統計形式,因此依據定義7.1,模型(7.8)的需求方程是不可以識別的,而供給方程則是可以識別的。從這個例題我們已經看到,不可識別的方程是無法估計的。

模型(7.1)可以看作是在模型(7.8)的供給方程中添加變量 W_t 得到的。容易看到,該模型中各結構方程的所有線性組合,除需求方程和供給方程外,其他組合均同時含有 Y_t 和 W_t,都與需求方程和供給方程具有不同的統計形式,因此需求方程和供給方程都是可以識別的。此表明通過在供給方程中添加需求方程不含有的前定變量 W_t,原來不可以識別的需求方程變得可以識別了,此時稱其是恰好識別的。由此可見,一個方程是否可以識別與其所不包含的前定變量個數或零約束(是指不含有的前定變量可以看作該方程中含有該變量,但對其系數施加等於 0 的約束條件)個數有關,或者說,與模型系統中其他方程含有的前定變量個數有關。容易驗證,若在模型(7.1)的供給方程中繼續添加內生變量 P_t 的滯後值 P_{t-1},得到模型:

$$\begin{cases} D_t = \alpha_0 + \alpha_1 P_t + \alpha_2 Y_t + u_{1t} & \text{(需求方程)} \\ S_t = \beta_0 + \beta_1 P_t + \beta_2 W_t + \beta_3 P_{t-1} + u_{2t} & \text{(供給方程)} \\ D_t = S_t & \text{(平衡方程)} \end{cases} \quad (7.13)$$

此時需求方程中零約束的個數多於模型(7.1)的需求方程中零約束的個數,該方程仍是可以識別的。由於在需求方程中增加了過多的零約束的信息,因此稱其是過度識別的。一般地,對於可以識別的方程,若減少方程中前定變量的零約束個數,方程就不可識別了,則稱該方程為**恰好識別**;若減少方程中前定變量的零約束個數,方程仍可以識別,則稱該方程為**過度識別**。

顯然,如果一個方程中零約束個數太少,則該方程就是不可識別的。

定義7.2 對於給定的簡化參數,如果通過參數關係體系可以解得某結構方程所有結構參數的確定值,則稱該方程是**可以識別的**;否則,稱之是**不可以識別的**。

這裡「確定值」是指一組值或多組(有限)結構參數值,而不是無窮多組(見下面的例題)。若通過參數關係體系能得到某一結構方程參數的唯一一組解,則稱該方程為**恰好識別**;若能得到多組(有限)解,則稱該方程為**過度識別**。

可以證明,定義7.1與定義7.2是等價的,並且基於這兩個定義的恰好識別、過度識別的概念也是等價的。

例題 7.1 利用定義 7.2 判定模型(7.2)的可識別性

首先,將模型(7.2)標準化為:

$$\mathbf{B}\begin{pmatrix} C_t \\ I_t \\ Y_t \end{pmatrix} + \Gamma \begin{pmatrix} 1 \\ Y_{t-1} \\ G_t \end{pmatrix} = \begin{pmatrix} u_{1t} \\ u_{2t} \\ 0 \end{pmatrix}$$

其中

$$B = \begin{pmatrix} 1 & 0 & -\alpha_1 \\ 0 & 1 & -\beta_1 \\ -1 & -1 & 1 \end{pmatrix}, \Gamma = \begin{pmatrix} -\alpha_0 & 0 & 0 \\ -\beta_0 & -\beta_2 & 0 \\ 0 & 0 & -1 \end{pmatrix}$$

並設模型(7.2)的簡化式模型為：

$$\begin{pmatrix} C_t \\ I_t \\ Y_t \end{pmatrix} = \Pi \begin{pmatrix} 1 \\ Y_{t-1} \\ G_t \end{pmatrix} + \begin{pmatrix} v_{1t} \\ v_{2t} \\ v_{3t} \end{pmatrix}$$

其中

$$\Pi = \begin{pmatrix} \pi_{10} & \pi_{11} & \pi_{12} \\ \pi_{20} & \pi_{21} & \pi_{22} \\ \pi_{30} & \pi_{31} & \pi_{32} \end{pmatrix}$$

於是，參數關係體系為：

$$-B\Pi = \Gamma \tag{7.14}$$

展開矩陣方程(7.14)，得等式組：

$$-\pi_{10} + \alpha_1 \pi_{30} = -\alpha_0, \quad -\pi_{11} + \alpha_1 \pi_{31} = 0, \quad -\pi_{12} + \alpha_1 \pi_{32} = 0$$
$$-\pi_{20} + \beta_1 \pi_{30} = -\beta_0, \quad -\pi_{21} + \beta_1 \pi_{31} = -\beta_2, \quad -\pi_{22} + \beta_1 \pi_{32} = 0$$
$$\pi_{10} + \pi_{20} - \pi_{30} = 0, \quad \pi_{11} + \pi_{21} - \pi_{31} = 0, \quad \pi_{12} + \pi_{22} - \pi_{32} = -1$$

當已知簡化參數 $\pi_{ij}(i,j=0,1,2)$ 時，由上述等式組第一行的第一、第二兩個等式，第一、第三兩個等式，可以分別得到消費方程參數的兩組解：

$$\alpha_1 = \frac{\pi_{11}}{\pi_{31}}, \quad \alpha_0 = \pi_{10} - \frac{\pi_{11}\pi_{30}}{\pi_{31}}$$

和

$$\alpha_1 = \frac{\pi_{12}}{\pi_{32}}, \quad \alpha_0 = \pi_{10} - \frac{\pi_{12}\pi_{30}}{\pi_{32}}$$

因此，依據定義7.2，該方程可以識別並且為過度識別。

由上述等式組第二行的三個方程，能得到投資方程參數的唯一一組解：

$$\beta_1 = \frac{\pi_{22}}{\pi_{32}}, \quad \beta_0 = \pi_{20} - \frac{\pi_{22}\pi_{30}}{\pi_{32}}, \quad \beta_2 = \pi_{21} - \frac{\pi_{22}\pi_{31}}{\pi_{32}}$$

因此，依據定義7.2，該方程可以識別並且為恰好識別。

第三個方程不含有待估計的參數，不需要識別。

綜上所述，該模型中的消費方程為過度識別，投資方程為恰好識別。

請讀者自己利用定義7.1、定義7.2分別驗證模型(7.2)和模型(7.1)中各方程的識別狀態[見練習題七綜合應用題(1)]。

值得注意的是，有的書在利用參數關係體系定義結構方程的識別概念時，將定義7.2中的「對於給定的簡化參數」改為「對於給定的簡化參數的估計值」。這樣定義識別的概念容易引起誤解，即方程的識別與參數的估計結果有關，而且使識別過程難於理解。事實上，定義7.1闡述了結構方程是否可以識別的本質，即一個方程可以識別意味著無論

採用什麼方法估計。就模型系統而言,所得參數的估計量都不存在疑義,此表明模型的識別與參數的估計結果無關。

如果結構式模型的所有隨機方程都是可以識別的,則稱**該模型是可以識別的**。

判斷結構式模型的識別狀態是對模型進行估計之前必須要做的工作。對於不可以識別的模型,利用任意估計方法得到的參數估計結果(至少是一部分)都是沒有意義的,這不是通過增加樣本容量能夠解決的統計問題,而是模型設定本身存在的缺陷。因此,當存在不可以識別的方程時,就需要修改模型,使模型中的每個方程都是可以識別的,才能選擇適當的方法對參數進行估計。

7.2.2 結構方程識別的條件

對於一個隨機結構方程,除了可以直接用定義7.1和定義7.2進行識別外,也可以應用由定義導出的判定條件(秩條件和階條件)進行識別。

7.2.2.1 秩條件

秩條件是一個結構方程可以識別的充分必要條件。它可以表述為:第 i 個方程可以識別當且僅當該方程排斥(或不包含)的所有變量(此時將截距項看作取值恒為1的變量的系數,不考慮隨機誤差項)在其他方程中的系數所構成矩陣[記為 (B_i, Γ_i)] 的秩等於模型中內生變量的個數 g 減1,即

$$Rank(B_i, \Gamma_i) = g - 1$$

例題7.2 應用秩條件識別模型(7.2)

首先,將結構式模型寫為標準形式:

$$\begin{cases} C_t - \alpha_1 Y_t - \alpha_0 = u_{1t} \\ I_t - \beta_1 Y_t - \beta_0 - \beta_2 Y_{t-1} = u_{2t} \\ -C_t - I_t + Y_t - G_t = 0 \end{cases}$$

由此得到結構參數矩陣:

$$(B \quad \Gamma) = \begin{pmatrix} C_t & I_t & Y_t & 1 & Y_{t-1} & G_t \\ 1 & 0 & -\alpha_1 & -\alpha_0 & 0 & 0 \\ 0 & 1 & -\beta_2 & -\beta_0 & -\beta_2 & 0 \\ -1 & -1 & 1 & 0 & 0 & -1 \end{pmatrix}$$

其中矩陣上方的變量所對應的列為該變量在各方程中的系數,當方程中不含有某一變量時,令其系數為0。

對於消費方程(第一個方程),矩陣 (B_1, Γ_1) 是由矩陣 $(B \quad \Gamma)$ 第一行中的0元素對應的列與其他行交叉處的元素構成的矩陣,即

$$(B_1 \quad \Gamma_1) = \begin{pmatrix} 1 & -\beta_2 & 0 \\ -1 & 0 & -1 \end{pmatrix}$$

因為 $Rank(B_1, \Gamma_1) = 2$,而模型中內生變量個數 $g = 3$,所以 $Rank(B_1, \Gamma_1) = g - 1$。於是,由方程識別的秩條件可知,消費方程是可以識別的。

對於投資方程(第二個方程),矩陣(B_2, Γ_2)是由矩陣$(B\ \Gamma)$第二行中的0元素對應的列與其他行交叉處的元素構成的矩陣,即

$$(B_2\ \Gamma_2) = \begin{pmatrix} 1 & 0 \\ -1 & -1 \end{pmatrix}$$

因為$Rank(B_2, \Gamma_2) = 2 = g - 1$,所以由方程識別的秩條件可知,投資方程也是可以識別的。

第三個方程為恒等方程,不存在識別問題。

綜合以上結果,該模型是可以識別的。

下面以模型(7.5)中第一個方程(以下稱為方程1)的識別為例給出秩條件的簡單推導過程:

設模型的結構參數矩陣為:

$$(B\ \Gamma) = \begin{pmatrix} \dot{B}_1 & 0 & \dot{\Gamma}_1 & 0 \\ \ddot{B}_1 & B_1 & \ddot{\Gamma}_1 & \Gamma_1 \end{pmatrix}$$

其中$\dot{B}_1$、$\dot{\Gamma}_1$分別為方程1中內生變量和前定變量的非0系數構成的行矩陣,B_1、Γ_1分別為方程1所排斥的內生變量和前定變量在其他方程中的系數構成的矩陣。

對於方程1,模型系統中全部方程的任意線性組合所構成的其他方程都不再具有該方程的統計形式,等價於$(B\ \Gamma)$經任意初等行變換得到的其他矩陣,除$(\dot{B}_1\ 0\ \dot{\Gamma}_1\ 0)$外,其所有行都不具有$(\dot{B}_1\ 0\ \dot{\Gamma}_1\ 0)$的結構,即矩陣$(B_1\ \Gamma_1)$經任意初等行變換得到的矩陣都不含有0行,亦即$(B_1\ \Gamma_1)$的秩為$g-1$。因此,按照定義7.1,方程1可以識別可以等價地表述為:若$Rank(B_1\ \Gamma_1) = g - 1$,則方程1是可以識別的;若$(B_1\ \Gamma_1)$的秩小於$g-1$,則方程1是不可以識別的。於是,得到方程1可以識別的充要條件:該方程所排斥的變量在其他方程中的系數構成矩陣的秩等於模型中內生變量個數減去1。

7.2.2.2 階條件

階條件是一個結構方程可以識別的必要條件。它可以表述為:若第i個方程可以識別,那麼該方程不包含的變量的總個數不少於模型中內生變量個數減1,即

$$(g + k) - (g_i + k_i) \geq g - 1 \tag{7.15}$$

其中g、k分別為模型中內生變量個數和前定變量個數,g_i、k_i分別為第i個方程所包含的內生變量個數和前定變量個數,並且

如果$(g + k) - (g_i + k_i) = g - 1$,則該方程是恰好識別的;

如果$(g + k) - (g_i + k_i) > g - 1$,則該方程是過度識別的。

從(7.15)式,易得

$$k - k_i \geq g_i - 1 \tag{7.16}$$

於是,第i個方程可以識別的階條件也可以表述為:若第i個方程可以識別,那麼該方程不包含的前定變量個數不少於其所包含的內生變量個數減1,即$k - k_i \geq g_i - 1$,並且

如果$k - k_i = g_i - 1$,則該方程是恰好識別的;

如果$k - k_i > g_i - 1$,則該方程是過度識別的。

例如,由例題 7.2 已知模型(7.2)的兩個隨機方程都是可以識別的,它們都滿足階條件:對於消費方程,$k - k_1 = 3 - 1 > g_1 - 1 = 2 - 1$;對於投資方程,$k - k_2 = 3 - 2 = g_2 - 1 = 2 - 1$。由此可知,消費方程是過度識別的,投資方程是恰好識別的。

階條件的簡單推導過程:

假定模型(7.5)的方程 1 可以識別,則由秩條件的推導過程可知,有 $Rank(B_1 \quad \Gamma_1) = g - 1$ 成立。因此,必有 $(B_1 \quad \Gamma_1)$ 所含列數大於等於 $g - 1$,即 $g - g_1 + k - k_1 \geq g - 1$,亦即 $k - k_1 \geq g_1 - 1$。

當 $g - g_1 + k - k_1 = g - 1$ 時,若減少方程 1 中零約束的個數,則有 $Rank(B_1 \quad \Gamma_1) < g - 1$,即方程 1 不可以識別。故此時方程 1 為恰好識別。

當 $g - g_1 + k - k_1 > g - 1$ 時,$(B_1 \quad \Gamma_1)$ 存在一個秩為 $g - 1$ 的子矩陣。易知,若去掉 $(B_1 \quad \Gamma_1)$ 中該子矩陣之外的列對應的變量,即減少方程 1 的零約束個數,所得新模型的方程 1(亦為原模型的方程 1)排斥的變量在其他方程中的係數所構成矩陣的秩仍為 $g - 1$,因此方程 1 還是可以識別的。故此時方程 1 為過度識別。

需要注意的是,階條件是方程可以識別的必要而非充分條件,一個結構方程若不滿足這個條件,則它一定是不可以識別的;反之,一個滿足階條件的結構方程未必是可以識別的。

例如,模型(7.8):

$$\begin{cases} D_t = \alpha_0 + \alpha_1 P_t + \alpha_2 Y_t + u_{1t} & \text{(需求方程)} \\ S_t = \beta_0 + \beta_1 P_t + u_{2t} & \text{(供給方程)} \\ D_t = S_t & \text{(平衡方程)} \end{cases}$$

的需求方程不滿足階條件,因為 $k - k_1 = 2 - 2 < g_1 - 1 = 2 - 1$,因此它是不可以識別的。此與利用識別的定義所得結論是一致的。

又如,在模型(7.2)的基礎上,加入內生變量稅收總額 T,建立如下結構式模型:

$$\begin{cases} C_t = \alpha_0 + \alpha_1 Y_t + \alpha_2 T_t + u_{1t} & \text{(消費方程)} \\ I_t = \beta_0 + \beta_1 Y_t + \beta_2 Y_{t-1} + u_{2t} & \text{(投資方程)} \\ T_t = \gamma_0 + \gamma_1 Y_t + u_{3t} & \text{(稅收方程)} \\ Y_t = C_t + I_t + G_t & \text{(定義式)} \end{cases} \quad (7.17)$$

其中消費方程表示消費總額 C_t 除受國內生產總值 Y_t 的影響外,還受稅收總額 T_t 的影響,稅收方程表示稅收總額 T_t 受國內生產總值 Y_t 的影響,其他方程與模型(7.2)中的相應方程一致。顯然,消費方程滿足階條件:$k - k_1 = 3 - 1 = g_1 - 1$,但該方程是不可以識別的,因為將稅收方程與消費方程兩端同時相加並整理,得方程

$$C_t = (\alpha_0 + \gamma_0) + (\alpha_1 + \gamma_1)Y_t + (\alpha_2 - 1)T_t + (u_{1t} + u_{3t})$$

與消費方程具有相同的統計形式。

7.2.2.3 運用判定條件的識別步驟

對於給定的模型,可以綜合運用階條件和秩條件對每一個隨機方程進行識別。對第 i 個隨機方程進行識別的基本步驟如下:

① 驗證該方程是否滿足階條件:$k - k_i \geq g_i - 1$。若其不滿足階條件,則該方程不可

以識別;若其滿足階條件,則進行下一步。

② 驗證該方程是否滿足秩條件:$Rank(B_i \ \Gamma_i) = g - 1$。若其不滿足秩條件,則該方程是不可以識別的;若其滿足秩條件,則表明該方程是可以識別的,並進行下一步。

③ 利用①中階條件的驗證結果,確定該方程的具體識別狀態,即判斷其是恰好識別還是過度識別。

例題 7.3 應用秩條件和階條件判定模型(7.17)及其各方程的識別狀態

① 驗證階條件:

消費方程:$k - k_1 = 3 - 1 = g_1 - 1 = 3 - 1$。

投資方程:$k - k_2 = 3 - 2 = g_2 - 1 = 2 - 1$。

稅收方程:$k - k_3 = 3 - 1 > g_3 - 1 = 2 - 1$。

上述關係式表明所有隨機方程均滿足階條件。

② 驗證秩條件:將模型(7.17)改寫為標準形式:

$$\begin{aligned} C_t & \quad -\alpha_1 Y_t - \alpha_2 T_t - \alpha_0 & & = u_{1t} \\ & I_t - \beta_1 Y_t \quad\quad -\beta_0 \quad -\beta_2 Y_{t-1} & & = u_{2t} \\ & -\gamma_1 Y_t + T_t \quad -\gamma_0 & & = u_{3t} \\ -C_t - I_t + Y_t & \quad\quad\quad -G_t & & = 0 \end{aligned} \quad (7.18)$$

並寫出其系數矩陣:

$$(B \ \Gamma) = \begin{pmatrix} C_t & I_t & Y_t & T_t & 1 & G_t & Y_{t-1} \\ 1 & 0 & -\alpha_1 & -\alpha_2 & -\alpha_0 & 0 & 0 \\ 0 & 1 & -\beta_1 & 0 & -\beta_0 & 0 & -\beta_2 \\ 0 & 0 & -\gamma_1 & 1 & -\gamma_0 & 0 & 0 \\ -1 & -1 & 1 & 0 & 0 & -1 & 0 \end{pmatrix}$$

消費方程:由矩陣 $(B \ \Gamma)$ 第一行中的 0 元素對應的列與其他行交叉處的元素構成的矩陣為:

$$(B_1 \ \Gamma_1) = \begin{pmatrix} 1 & 0 & -\beta_2 \\ 0 & 0 & 0 \\ -1 & -1 & 0 \end{pmatrix}$$

因為 $Rank(B_1 \ \Gamma_1) = 2 < g - 1 = 4 - 1$,即該方程不滿足秩條件,所以它是不可以識別的。

投資方程:由矩陣 $(B \ \Gamma)$ 第二行中的 0 元素對應的列與其他行交叉處的元素構成的矩陣為:

$$(B_2, \Gamma_2) = \begin{pmatrix} 1 & -\alpha_2 & 0 \\ 0 & 1 & 0 \\ -1 & 0 & -1 \end{pmatrix}$$

因為 $Rank(B_2, \Gamma_2) = 3 = g - 1 = 4 - 1$,即該方程滿足秩條件,所以它是可以識別的。再由①中的階條件可知,該方程是恰好是別的。

稅收方程:由矩陣（B Γ）第三行中的 0 元素對應的列與其他行交叉處的元素構成的矩陣為:

$$(B_3 \quad \Gamma_3) = \begin{pmatrix} 1 & 0 & 0 & 0 \\ 0 & 1 & 0 & -\beta_2 \\ -1 & -1 & -1 & 0 \end{pmatrix}$$

因為 $Rank(B_3 \quad \Gamma_3) = 3 = g - 1 = 4 - 1$，即該方程滿足秩條件,所以它是可以識別的。再由①中的階條件可知,該方程是過度識別的。

第四個方程為定義式,不存在識別問題。

綜上所述,消費方程是不可識別的,投資方程是恰好識別的,稅收方程是過度識別的,整個模型系統是不可以識別的。

7.2.2.4 經驗識別法①

從前面的討論可以感覺到,對於一個含有方程數目比較多(幾十個、幾百個)的結構式模型,無論是直接利用識別的定義,還是利用判定條件(秩條件和階條件)對模型進行識別都是很繁瑣的,甚至是難以做到的。因此,人們在實際設定結構式模型時,往往不是等理論模型建立之後再對其進行識別,而是在設定模型的過程中設法保證每個隨機結構方程的可識別性。一般來說,在設定結構式模型時應遵循以下原則:

在設定一個新的結構方程時,要使該方程包含前面已設定的每一個方程都不包含的至少 1 個變量(內生變量或前定變量);同時要使前面已設定的每一個方程都包含至少 1 個該方程未包含的變量,並且互不相同。

由定義 7.1 可知,該原則的前一句話是保證新設定的方程的引入不破壞前面已有方程的可識別性;後一句話是指已設定的每一個方程都包含至少 1 個該方程未包含的變量,並且在每一個方程中能找出一個這樣的變量,它們是互不相同的,這樣已設定的方程之間的任意線性組合都仍然含有新設定的方程所不含有的變量,因此它保證新設定的方程是可以識別的。

在實際設定一個結構式模型時,可能包含成百上千個方程,因此把每個結構方程所包含的變量記錄在一個表格中將是有幫助的。例如,在表 7-1 中前三個方程都是可以識別的基礎上,設定方程 4。按照上述原則,該方程要包含前三個方程所包含的變量 Y_1、Y_2、Y_3、Y_4、X_1、X_2、X_3 之外的至少一個變量,同時需要檢查前三個方程是否都含有一個方程 4 所未包含的變量,且互不相同。表 7-1 中的方程 4 含有前三方程都不含有的變量 X_4,而且方程 1、2、3 分別含有方程 4 不含有的變量 $Y_2(X_1)$、X_2 和 Y_3,因此該方程的設定符合上述原則。這樣新引入的方程 4 是可以識別的,而且前三個方程仍然可以識別。

---

① 這種方法摘自:李子奈,潘文卿. 計量經濟學[M]. 2 版. 北京:高等教育出版社,2005.

表 7-1　　　　　　　　　　變量記錄表

	內生變量					外生變量				
	Y_1	Y_2	Y_3	Y_4	...	X_1	X_2	X_3	X_4	X_5	...
方程 1	√	√				√					
方程 2		√		√			√				
方程 3	√	√					√	√			
方程 4	√			√					√	√	

註：表中「√」表示橫向對應的方程含有列向對應的變量。

§7.3　模型的估計方法

對於可以識別的結構式模型，參數的估計方法分為兩大類：單方程估計法和系統估計法。

單方程估計法，是指每次只估計模型系統中的一個方程，依次逐個進行估計。由於隨機結構方程存在內生變量作解釋變量，其普遍與隨機誤差項同期相關，因此單方程估計法主要解決的是每個隨機結構方程中存在的內生解釋變量問題，同時盡可能地利用單個方程中沒有包含而在模型系統中包含的變量樣本觀測值的信息。但在估計過程中，這種方法並不考慮其他方程的結構信息，如其他方程所不包含的前定變量個數等，以及各結構方程誤差項之間的相關性信息，如當各方程都忽略了共同的變量或內生變量存在相同的變化趨勢時，其誤差項之間往往表現出同期相關性等，由此得到的估計量是非有效的。因此，單方程估計方法也稱為**有限信息估計方法**。單方程估計法主要包括基於最小二乘原理的間接最小二乘法（ILS；indirect least squares）、兩階段最小二乘法（2SLS；two-stage least squares）和基於最大似然原理的有限信息最大似然估計法（LIML；limited information maximum likelihood）等。

系統估計方法，是指對模型系統中的全部隨機方程同時進行估計，同時得到所有參數的估計量。系統估計方法利用了包括方程之間相關性在內的模型系統能提供的所有信息，因此也稱之為**完全信息估計方法**。系統估計法主要包括三階段最小二乘法（3SLS；three-stage least squares）和完全信息最大似然估計方法（FIML；full information maximum likelihood）。

由於估計模型的出發點不同，系統估計法與單方程估計法無論是在參數估計量的統計性質上，還是在估計過程上都具有較大的差異。在參數估計量的統計性質上，前者要優於後者，但從估計的過程來看，後者要比前者簡單且易於理解。本章將討論**幾種常用的估計方法**：間接最小二乘法（ILS 法）、兩階段最小二乘法（2SLS 法）和三階段最小二乘法（3SLS 法）等。

7.3.1　間接最小二乘法（ILS 法）

ILS 法的基本思想是，由於簡化方程中的解釋變量均為前定變量，因此在前述基本假

定條件下它不存在內生解釋變量問題,可以利用 OLS 法得到簡化參數的一致估計量。進而,再依據結構參數與簡化參數之間的參數關係體系便可以求得結構參數的估計量。這樣的估計量稱為**間接最小二乘估計量**,或 **ILS 估計量**。利用概率極限的運算法則容易證明,ILS 估計量具有一致性。

當結構方程為恰好識別時,其參數的 ILS 估計量只有一組值,而對於結構方程是過度識別的情形,其參數的 ILS 估計量有多組值,在沒有其他信息的條件下,我們無法從中進行選擇,因此 ILS 法一般只適合於恰好識別方程的估計。

下面以模型(7.2):

$$\begin{cases} C_t = \alpha_0 + \alpha_1 Y_t + u_{1t} & (消費方程) \\ I_t = \beta_0 + \beta_1 Y_t + \beta_2 Y_{t-1} + u_{2t} & (投資方程) \\ Y_t = C_t + I_t + G_t & (定義式) \end{cases}$$

中投資方程(已知其是恰好識別的)的估計為例說明 ILS 法的應用過程。

首先,對於投資方程包含的兩個內生變量 I_t 和 Y_t,建立兩個簡化方程:

$$I_t = \pi_{20} + \pi_{21} Y_{t-1} + \pi_{22} G_t + v_{2t} \qquad (7.19)$$

$$Y_t = \pi_{30} + \pi_{31} Y_{t-1} + \pi_{32} G_t + v_{3t} \qquad (7.20)$$

其次,將(7.19)式和(7.20)式代入投資方程兩端,並令前定變量的系數相等,得到參數關係體系中的部分等式(此與直接解結構式模型得到的結果是一致的):

$$\pi_{20} = \beta_0 + \beta_1 \pi_{30}, \quad \pi_{21} = \beta_2 + \beta_1 \pi_{31}, \quad \pi_{22} = \beta_1 \pi_{32}$$

最後,依據樣本數據,利用 OLS 法估計方程(7.19)和方程(7.20),得到簡化參數的估計量 $\hat{\pi}_{20}$、$\hat{\pi}_{21}$、$\hat{\pi}_{22}$、$\hat{\pi}_{30}$、$\hat{\pi}_{31}$、$\hat{\pi}_{32}$,並將它們代入上述等式,可解得投資方程參數的 ILS 估計量:

$$\hat{\beta}_0 = \hat{\pi}_{20} - \frac{\hat{\pi}_{22} \hat{\pi}_{30}}{\hat{\pi}_{32}}, \quad \hat{\beta}_1 = \frac{\hat{\pi}_{22}}{\hat{\pi}_{32}}, \quad \hat{\beta}_2 = \hat{\pi}_{21} - \frac{\hat{\pi}_{22} \hat{\pi}_{31}}{\hat{\pi}_{32}}$$

從上述例題可以看到,ILS 估計量是簡化參數估計量的非線性函數,當簡化參數估計量具有一致性時,利用概率極限的運算法則可知,結構參數的 ILS 估計量也具有一致性。但即使簡化方程滿足基本假定條件,簡化參數的估計量是最佳線性無偏估計量,由此得到的結構參數的 ILS 估計量通常是有偏的且不具有最小方差性。

在第 4 章 §4.4 中,我們介紹了估計內生解釋變量模型的一種一般性方法——工具變量法,那麼 ILS 法與工具變量法之間有什麼聯繫嗎?可以證明,ILS 法也是一種工具變量法。具體而言,對於一個恰好識別的結構方程,其參數的 ILS 估計量也是一種工具變量法估計量,此時內生解釋變量的工具變量集恰好為該方程所不包含的前定變量集。例如,假設結構方程 1 為:

$$Y_{1t} = \beta_{12} Y_{2t} + \cdots + \beta_{1g} Y_{g_1 t} + \gamma_{11} X_{1t} + \cdots + \gamma_{1k_1} X_{k_1 t} + u_{1t} \qquad (7.21)$$

其中 $Y_{1t}, Y_{2t}, \cdots, Y_{g_1 t}$ 為內生變量,$X_{1t}, \cdots, X_{k_1 t}$ 為前定變量,並設該方程是可以識別的,其不包含的前定變量為 $X_{k_1+1,t}, \cdots, X_{kt}$。當方程(7.21)為恰好識別時,前定變量集 $\{X_{k_1+1,t}, \cdots, X_{kt}\}$ 與該方程的內生解釋變量集 $\{Y_{2t}, \cdots, Y_{g_1 t}\}$ 含有相同個數的變量。由於模型中的前定變量與隨機誤差項均同期無關,而且由於內生變量之間相互影響的傳遞性,導致每一個前定變量對所有內生變量都會有一定程度的影響(直接影響或間接影

響),因此可以把 $X_{k_1+1,t},\cdots,X_{kt}$ 依次作為 $Y_{2t},\cdots,Y_{g_1t}$ 的工具變量。可以驗證:這樣得到的方程(7.21)中參數的工具變量法估計量與 ILS 估計量是相同的。

7.3.2 二階段最小二乘法(2SLS 法)

7.3.2.1 基本思想及估計步驟

在實際問題的計量經濟分析中,模型系統往往含有較多方程和前定變量,而每一個結構方程所包含的變量個數通常較少,因此許多結構方程都是過度識別的。前面已指出,對於過度識別的方程不宜使用 ILS 法進行估計。為此,Theil(1953)和 Basmana(1957)各自獨立提出了一種既適合於恰好識別方程又適合於過度識別方程的應用最為普遍的單方程估計方法——**二階段最小二乘法(2SLS 法)**。這種方法實際上也是一種工具變量法。其基本思想是,由於模型中的前定變量與隨機誤差項均同期無關,因而它們的線性組合與隨機誤差項也不相關,於是可以把利用 OLS 法估計簡化方程得到的內生解釋變量 Y_i 的擬合值 $\hat{Y}_i$ 作為 Y_i 的工具變量,利用工具變量法來估計隨機結構方程,此時 $\hat{Y}_i$ 與 Y_i 通常具有較高的相關性而且與隨機誤差項同期無關,滿足作為工具變量的基本條件。由此得到的參數估計量具有一致性和漸近正態性,稱之為**二階段最小二乘估計量**或 **2SLS 估計量**。

例如,設方程(7.21)中內生解釋變量 $Y_{2t},Y_{3t},\cdots,Y_{g_1t}$ 對應的簡化方程為:

$$\begin{cases} Y_{2t} = \pi_{21}X_{1t} + \pi_{22}X_{2t} + \cdots + \pi_{2k}X_{kt} + v_{2t} \\ Y_{3t} = \pi_{31}X_{1t} + \pi_{32}X_{2t} + \cdots + \pi_{3k}X_{kt} + v_{3t} \\ \quad\quad\quad\quad\quad\quad\quad\quad \vdots \\ Y_{g_1t} = \pi_{g_11}X_{1t} + \pi_{g_12}X_{2t} + \cdots + \pi_{g_1k}X_{kt} + v_{g_1t} \end{cases} \quad (7.22)$$

首先,利用 OLS 法估計(7.22)式中的每一個簡化方程,分別得到內生解釋變量的擬合值 $\hat{Y}_{2t},\hat{Y}_{3t},\cdots,\hat{Y}_{g_1t}$。然後,以 $\hat{Y}_{2t},\hat{Y}_{3t},\cdots,\hat{Y}_{g_1t}$ 分別作為 $Y_{2t},Y_{3t},\cdots,Y_{g_1t}$ 的工具變量,利用工具變量法估計方程(7.21),便得到了該方程中參數的 2SLS 估計量。該估計量也可以通過兩次應用 OLS 法而得到。具體步驟如下:

第一階段:利用 OLS 法估計(7.22)中的每個方程,分別得到內生解釋變量 Y_{2t}、$Y_{3t},\cdots,Y_{g_1t}$ 的擬合值 $\hat{Y}_{2t},\hat{Y}_{3t},\cdots,\hat{Y}_{g_1t}$。

第二階段:用 $\hat{Y}_{2t},\hat{Y}_{3t},\cdots,\hat{Y}_{g_1t}$ 分別替換方程(7.21)中的 $Y_{2t},Y_{3t},\cdots,Y_{g_1t}$,得到方程:

$$Y_{1t} = \beta_{12}\hat{Y}_{2t} + \cdots + \beta_{1k_1}\hat{Y}_{g_1t} + \gamma_{11}X_{1t} + \cdots + \gamma_{1k_1}X_{k_1t} + \varepsilon_{1t}$$

最後利用 OLS 法估計該方程,就得到了方程(7.21)中參數的 2SLS 估計量。

從上述 2SLS 法的估計過程來看,並沒有涉及結構方程中內生解釋變量個數與前定變量個數之間的關係,因此該方法與結構方程的具體識別狀態(是恰好識別還是過度識別)無關。也就是說,它既適合於恰好識別的方程的估計也適合於過度識別的方程的估計。

在聯立方程模型中,對於過度識別的方程(含 g_i-1 個內生解釋變量),該方程不包含的前定變量中的任意 g_i-1 個都可以作為工具變量,進而得到參數的一組一致估計量。但正如我們在第4章§4.4中指出的那樣,對於由該方程不包含的前定變量構成的工具變量集而言,2SLS 估計量是最有效的。

> 在 EViews 軟件下, 2SLS 法的執行程序[以模型(7.2)中消費方程的估計為例]:
>
> 在主窗口中, 點擊 Quick→ Estimate Equation, 進入 Equation Estimation 窗口, 在此窗口的 Equation Specification 對話框中, 依次鍵入「COM C Y」(這裡用 COM 表示消費支出變量), 在 Estimate Settings 欄的 Methods 中選擇 TSLS, 接著在彈出窗口的 Instrument list 對話框中, 輸入所有前定變量「Y(-1) G」, 然後點擊「確定」, 就得到了利用 2SLS 法估計消費方程的輸出結果。

7.3.2.2 ILS 法與 2SLS 法之間的聯繫

從上述討論可知, ILS 法與 2SLS 法都屬於工具變量估計法, 它們都適合於恰好識別結構方程的參數估計。通過比較它們的工具變量正規方程組, 可以證明, 當結構方程是恰好識別時, 其參數的 ILS 估計量與 2SLS 估計量是相同的, 即對於恰好識別的結構方程, ILS 法與 2SLS 法是等價的。下面我們以模型(7.2)中投資方程(已知其是恰好識別的):

$$I_t = \beta_0 + \beta_1 Y_t + \beta_2 Y_{t-1} + u_{2t}$$

的估計為例來說明兩者的等價性。

利用 OLS 法估計簡化方程:

$$Y_t = \pi_{30} + \pi_{31} Y_{t-1} + \pi_{32} G_t + v_{3t}$$

得 Y_t 的擬合值:

$$\hat{Y}_t = \hat{\pi}_{30} + \hat{\pi}_{31} Y_{t-1} + \hat{\pi}_{32} G_t$$

ILS 法與 2SLS 法分別用 G_t 和 $\hat{Y}_t$ 作為 Y_t 的工具變量, 它們對應的正規方程組分別為:

$$\begin{cases} \sum_{t=2}^{T} (I_t - \hat{\beta}_0 - \hat{\beta}_1 Y_t - \hat{\beta}_2 Y_{t-1}) = 0 \\ \sum_{t=2}^{T} G_t (I_t - \hat{\beta}_0 - \hat{\beta}_1 Y_t - \hat{\beta}_2 Y_{t-1}) = 0 \\ \sum_{t=2}^{T} Y_{t-1} (I_t - \hat{\beta}_0 - \hat{\beta}_1 Y_t - \hat{\beta}_2 Y_{t-1}) = 0 \end{cases} \quad (7.23)$$

$$\begin{cases} \sum_{t=2}^{T} (I_t - \hat{\beta}_0 - \hat{\beta}_1 Y_t - \hat{\beta}_2 Y_{t-1}) = 0 \\ \sum_{t=2}^{T} (\hat{\pi}_{30} + \hat{\pi}_{31} Y_{t-1} + \hat{\pi}_{32} G_t)(I_t - \hat{\beta}_0 - \hat{\beta}_1 Y_t - \hat{\beta}_2 Y_{t-1}) = 0 \\ \sum_{t=2}^{T} Y_{t-1} (I_t - \hat{\beta}_0 - \hat{\beta}_1 Y_t - \hat{\beta}_2 Y_{t-1}) = 0 \end{cases} \quad (7.24)$$

容易看到, 方程組(7.23)與(7.24)的第一、三個方程是相同的, 並且將方程組(7.23)的第一個方程乘以 $\hat{\pi}_{30}$、第二方程乘以 $\hat{\pi}_{32}$、第三方程乘以 $\hat{\pi}_{31}$ 所得結果兩端同時相加, 即得方程組(7.24)的第二個方程。此表明方程組(7.23)經線性變換可以變為方程組(7.24), 即它們是同解的。因此, 利用 ILS 法與利用 2SLS 法估計投資方程, 所得結果是相同的。

7.3.3 三階段最小二乘法(3SLS 法)

7.3.3.1 基本思想及估計步驟

3SLS 法是 Zellner and Theil 於 1962 年提出的一種系統估計法。其基本思想是,把聯立方程模型的所有隨機方程用一個等價的單方程模型表示,進而首先利用廣義最小二乘法將模型變換為具有同方差性和無自相關性的模型,然後再利用 2SLS 法解決該模型中存在的內生解釋變量問題,並同時得到所有結構參數的估計量。

設模型(7.5)中第 i 個隨機方程的矩陣表達式為:

$$Y_{i,\cdot} = Z_i \delta_i + u_{i,\cdot} \tag{7.25}$$

其中 $Y_{i,\cdot}$、Z_i、δ_i 分別為被解釋變量的樣本值構成的 T 維列向量 $(Y_{i1} \quad Y_{i2} \quad \cdots \quad Y_{iT})'$、解釋變量的樣本值構成的矩陣和參數列向量,$u_{i,\cdot}$ 為各觀測點處隨機誤差項構成的列向量 $(u_{i1} \quad u_{i2} \quad \cdots \quad u_{iT})'$,那麼聯立方程模型(不包括非隨機結構方程)可以改寫為[①]:

$$\tilde{Y} = Z\delta + \tilde{u} \tag{7.26}$$

其中

$$\tilde{Y} = \begin{pmatrix} Y_{1,\cdot} \\ Y_{2,\cdot} \\ \vdots \\ Y_{m,\cdot} \end{pmatrix}, Z = \begin{pmatrix} Z_1 & 0 & \cdots & 0 \\ 0 & Z_2 & \cdots & 0 \\ \vdots & \vdots & \cdots & \vdots \\ 0 & 0 & \cdots & Z_m \end{pmatrix}, \delta = \begin{pmatrix} \delta_1 \\ \delta_2 \\ \vdots \\ \delta_m \end{pmatrix}, \tilde{u} = \begin{pmatrix} u_{1,\cdot} \\ u_{2,\cdot} \\ \vdots \\ u_{m,\cdot} \end{pmatrix}$$

m 為隨機方程的個數。假定模型(7.26)中 $\tilde{u}$ 的協方差矩陣為:

$$Cov(\tilde{u}) = \begin{pmatrix} \sigma_{11}^2 I & \sigma_{12} I & \cdots & \sigma_{1m} I \\ \sigma_{21} I & \sigma_{22}^2 I & \cdots & \sigma_{2m} I \\ \vdots & \vdots & \cdots & \vdots \\ \sigma_{m1} I & \sigma_{m2} I & \cdots & \sigma_{mm}^2 I \end{pmatrix}$$

$$= \Sigma \otimes I$$

其中 I 為 T 階單位矩陣,$\Sigma \otimes I$ 為 Σ 與 I 的直積,

$$\Sigma = \begin{pmatrix} \sigma_{11}^2 & \sigma_{12} & \cdots & \sigma_{1m} \\ \sigma_{21} & \sigma_{22}^2 & \cdots & \sigma_{2m} \\ \vdots & \vdots & \cdots & \vdots \\ \sigma_{m1} & \sigma_{m2} & \cdots & \sigma_{mm}^2 \end{pmatrix}$$

$$\sigma_{ij} = E(u_{it} u_{jt}) \ (i,j = 1,2,\cdots,m, i \neq j; t = 1,2,\cdots,T)$$
$$\sigma_{ii}^2 = E(u_{it}^2) \ (i = 1,2,\cdots,m; t = 1,2,\cdots,T)$$

此假定意味著:除前面 §7.1 中給出的聯立方程模型滿足的基本假定條件之外,還要求各方程隨機誤差項之間的同期相關性與期數無關。那麼,模型(7.26)具有自相關性和異方差性,同時又存在內生解釋變量問題。由前面的討論可知,採用 2SLS 法解決第二個問

[①] 在第 5 章 §5.2 中構造檢驗模型結構突變的 Chow 檢驗的 F 統計量時,我們通過引入虛擬變量使用過這種處理方法。

題,能得到結構參數的一致但非有效的估計量。因此,要得到更有效的估計量,必須考慮隨機誤差項之間的自相關性和異方差性。一個直接的想法是在估計過程中將工具變量法與廣義最小二乘原理相結合。為此,按照第 4 章 §4.3 中介紹的廣義最小二乘原理,令 $\Sigma \otimes I = DD'$,並將模型(7.26)變換為:

$$D^{-1}\tilde{Y} = D^{-1}Z\delta + D^{-1}\tilde{u} \tag{7.27}$$

該模型滿足同方差性和無自相關性的基本假定條件,但它仍存在內生解釋變量問題。為解決這個問題,令

$$\hat{Z} = \begin{pmatrix} \hat{Z}_1 & 0 & \cdots & 0 \\ 0 & \hat{Z}_2 & \cdots & 0 \\ \vdots & \vdots & \cdots & \vdots \\ 0 & 0 & \cdots & \hat{Z}_m \end{pmatrix}$$

其中 $\hat{Z}_i$ 為利用 2SLS 法估計方程(7.25)時的工具變量矩陣,以 $D^{-1}\hat{Z}$ 為 $D^{-1}Z$ 的工具變量矩陣[見練習題四綜合應用題(9)],利用工具變量法估計模型(7.27)。由此得到結構參數的估計量即為**三階段最小二乘估計量(3SLS 估計量)**:

$$\begin{aligned}\hat{\delta}^{3sls} &= [(D^{-1}\hat{Z})'(D^{-1}Z)]^{-1}(D^{-1}\hat{Z})'(D^{-1}\tilde{Y}) \\ &= [\hat{Z}'(D^{-1'}D^{-1})Z]^{-1}\hat{Z}'(D^{-1'}D^{-1})\tilde{Y} \\ &= [\hat{Z}'(\Sigma \otimes I)^{-1}Z]^{-1}\hat{Z}'(\Sigma \otimes I)^{-1}\tilde{Y}\end{aligned}$$

可以驗證,上面得到的參數 3SLS 估計量 $\hat{\delta}^{3sls}$ 可以寫成:

$$\hat{\delta}^{3sls} = [\hat{Z}'(\Sigma \otimes I)^{-1}\hat{Z}]^{-1}\hat{Z}'(\Sigma \otimes I)^{-1}\tilde{Y} \tag{7.28}$$

即 $\hat{\delta}^{3sls}$ 可以通過先利用 2SLS 法估計模型(7.25)得到矩陣 $\hat{Z}$,然後再利用 OLS 法直接估計模型

$$D^{-1}\tilde{Y} = D^{-1}\hat{Z}\delta + v$$

而得到,這裡 v 為隨機誤差項向量。由此可見,3SLS 法在估計過程中三次應用了 OLS 法,該方法也因此而得名。

容易看出,當各方程隨機誤差項之間同期無關,即 $\sigma_{ij} = 0 (i, j = 1, 2, \cdots, g, i \neq j)$ 時,3SLS 估計量與 2SLS 估計量是一致的。

可以證明:結構參數的 3SLS 估計量 $\hat{\delta}^{3sls}$ 具有一致性,而且通常比 2SLS 估計量漸近有效。

在實證分析中,Σ 通常是未知的,對此可以利用 2SLS 法估計方程(7.25),首先得到每個結構方程隨機誤差項 $u_{i,\cdot}$ 的 2SLS 估計量 $e_{i,\cdot}$,然後按照通常的估計程序得到 Σ 的估計量。在 EViews 軟件下,具體計算公式如下:設 $\hat{\delta}_i^{2sls}$ 為 δ_i 的 2SLS 估計量,T_i 為第 i 個方程的樣本觀測值個數。

$$e_{i,\cdot} = Y_{i,\cdot} - Z_i\hat{\delta}_i^{2sls}$$

$$\hat{\sigma}_{ij} = \frac{e'_{i,\cdot}e_{j,\cdot}}{\max\{T_i, T_j\}} \quad (i \neq j)$$

$$\hat{\sigma}_{ii}^2 = \frac{e'_{i,\cdot}e_{i,\cdot}}{T_i}$$

這裡關於方差和協方差估計量的計算,沒有對自由度進行調整,則

$$\hat{\Sigma} = \begin{pmatrix} \hat{\sigma}_{11}^2 & \hat{\sigma}_{12} & \cdots & \hat{\sigma}_{1m} \\ \hat{\sigma}_{21} & \hat{\sigma}_{22}^2 & \cdots & \hat{\sigma}_{2m} \\ \vdots & \vdots & \cdots & \vdots \\ \hat{\sigma}_{m1} & \hat{\sigma}_{m2} & \cdots & \hat{\sigma}_{mm}^2 \end{pmatrix} \tag{7.29}$$

於是,將(7.29)式代入(7.28)式,即得到聯立方程模型(7.5)中結構參數的可行的3SLS估計量:

$$\hat{\delta}^{3sls} = [\hat{Z}'(\hat{\Sigma} \otimes I)^{-1}\hat{Z}]^{-1}\hat{Z}'(\hat{\Sigma} \otimes I)^{-1}\tilde{Y} \tag{7.30}$$

根據以上分析,應用3SLS法可以歸納為如下步驟:

① 利用2SLS法估計每個隨機結構方程,得到殘差向量 $e_{i\cdot} = Y_{i\cdot} - Z_i\hat{\delta}_i^{2sls}$,並構造工具變量矩陣 $\hat{Z}$。

② 依據(7.29)式計算各方程隨機誤差項之間的協方差矩陣 $\hat{\Sigma}$。

③ 應用OLS法估計方程:

$$\hat{D}^{-1}\tilde{Y} = \hat{D}^{-1}\hat{Z}\delta + v \tag{7.31}$$

得到結構參數的3SLS估計量 $\hat{\delta}^{3sls}$,這裡 $\hat{D}$ 滿足 $\hat{\Sigma} \otimes I = \hat{D}\hat{D}'$。

在EViews軟件下,3SLS法的執行程序[以模型(7.2)的估計為例]:

① 建立系統文件。在已輸入數據的Workfile窗口,點擊Object→ New Object,接著在彈出的New Object窗口的Type of object中,選擇System,然後點擊OK,隨即彈出System窗口。在此窗口中,鍵入所有前定變量和待估計的結構方程:

INST　Y(-1)　G
COM = C(1) + C(2) * Y
I = C(3) + C(4) * Y + C(5) * Y(-1)

[註:這裡INST代表前定變量表,C(i)為待估計的參數。]

② 估計結構模型。在System窗口的工具欄上點擊Estimate,繼而在彈出的「System Estimation」窗口中,選擇Three - Stage Least Squares,然後點擊OK,便得到3SLS法估計模型(7.2)的輸出結果。

7.3.3.2　3SLS法與2SLS法的優劣比較

對於隨機誤差項之間存在同期相關性的模型,3SLS估計量和2SLS估計量均具有一致性,但前者比後者具有較小的漸近方差,因此對於正確設定的模型,在大樣本的情形下3SLS法要優於2SLS法。但對於模型設定存在誤差或樣本容量較小的情形,3SLS法與2SLS法的優劣並沒有一般結論,因為:①利用3SLS法估計時,一個方程的設定誤差會影響所有參數的估計,而2SLS法可以將這一問題限制在它出現的方程中;②在小樣本的情形下,3SLS估計量的方差未必小於2SLS估計量的方差。

§7.4 遞歸系統模型

7.4.1 模型的定義

一般地，稱如下形式的模型為**遞歸系統模型**(recursive system model)。

$$\begin{cases} Y_{1t} = \gamma_{11}X_{1t} + \cdots + \gamma_{1k}X_{kt} + u_{1t} \\ Y_{2t} = \beta_{21}Y_{1t} + \gamma_{21}X_{1t} + \cdots + \gamma_{2k}X_{kt} + u_{2t} \\ \qquad\qquad\qquad\vdots \\ Y_{gt} = \beta_{g1}Y_{1t} + \cdots + \beta_{g,g-1}Y_{g-1,t} + \gamma_{g1}X_{1t} + \cdots + \gamma_{gk}X_{kt} + u_{gt} \end{cases} \quad (t=1,2,\cdots,T)$$

(7.32)

其中符號的意義與模型(7.5)中的一致。

遞歸系統模型(7.32)表明，內生變量 Y_1 由第一個方程決定，其解釋變量都是前定變量；Y_2 由第二個方程決定，其解釋變量是 Y_1 和前定變量；依次繼續下去，Y_g 由第 g 個方程決定，其解釋變量為前 $g-1$ 個內生變量 $Y_1, Y_2, \cdots, Y_{g-1}$ 和前定變量。也就是說，在遞歸系統模型中前面的內生變量影響後面出現的內生變量，而不是相反。因此，該模型描述的是內生變量之間的單向因果關係，並不是真正意義上的聯立方程模型。

例如，如下某行業的職工工資與產品價格模型就是一個遞歸系統模型①。

$$\begin{cases} \dot{P}_t = \beta_{10} + \beta_{11}\dot{W}_{t-1} + \beta_{12}\dot{R}_t + \beta_{13}\dot{M}_t + \beta_{14}\dot{L}_t + u_{1t} \\ \dot{W}_t = \beta_{20} + \beta_{21}\dot{P}_t + \beta_{22}UN_t + u_{1t} \end{cases}$$

其中

$\dot{P}_t$ = 單位產品的價格變化率；

$\dot{W}_t$ = 職工工資平均變化率；

$\dot{R}_t$ = 資本的價格變化率；

$\dot{M}_t$ = 進口原材料的價格變化率；

$\dot{L}_t$ = 勞動生產力變化率；

UN_t = 失業率。

在該模型中，價格方程表明產品價格變化率(內生變量)是由前一期職工平均工資變化率 $\dot{W}_{t-1}$ (滯後內生變量)和資本的價格變化率、進口原材料的價格變化率、勞動生產力變化率等外生變量決定；工資方程表明職工平均工資變化率(內生變量)由產品價格變化率和失業率(外生變量)決定。

模型(7.32)的標準形式為：

---

① 該例摘自：達摩達爾·N.古扎拉蒂.計量經濟學基礎[M].費劍平,等譯.4版.北京:中國人民大學出版社, 2005.

$$\begin{cases} Y_{1t} & - \gamma_{11}X_{1t} - \cdots - \gamma_{1k}X_{kt} = u_{1t} \\ -\beta_{21}Y_{1t} + Y_{2t} & - \gamma_{21}X_{1t} - \cdots - \gamma_{2k}X_{kt} = u_{2t} \\ & \vdots \\ -\beta_{g1}Y_{1t} - \cdots - \beta_{g,g-1}Y_{g-1,t} + Y_{gt} - \gamma_{g1}X_{1t} - \cdots - \gamma_{gk}X_{kt} = u_{gt} \end{cases} \quad (t=1,2,\cdots,T)$$

(7.33)

其矩陣表達式為：

$$BY_t + \Gamma X_t = u_t \qquad (7.34)$$

其中

$$B = \begin{pmatrix} 1 & 0 & \cdots & 0 \\ -\beta_{21} & 1 & \cdots & 0 \\ \vdots & \vdots & \cdots & \vdots \\ -\beta_{g1} & -\beta_{g2} & \cdots & 1 \end{pmatrix}, \Gamma = -\begin{pmatrix} \gamma_{11} & \gamma_{12} & \cdots & \gamma_{1k} \\ \gamma_{21} & \gamma_{22} & \cdots & \gamma_{2k} \\ \vdots & \vdots & \cdots & \vdots \\ \gamma_{g1} & \gamma_{g2} & \cdots & \gamma_{gk} \end{pmatrix}$$

其他符號的意義與模型(7.6)中的一致。

最早在經濟模型中提出「遞歸系統」的是丁伯根(Tinbergen)。他在做歐洲經濟模型時，使用的就是遞歸系統模型。他認為事情都是一個因素影響另一個因素，再影響到下一個因素，……這樣有次序地影響下去，因而對一個經濟系統應該建立遞歸系統模型。許多人不同意這樣的觀點，因此在20世紀50年代引起了關於經濟模型究竟是聯立方程模型還是遞歸系統模型的爭論。儘管遞歸系統模型描述的是內生變量之間的單向因果關係，並非強調內生變量之間存在互為因果關係的聯立方程模型，但它採用的仍是聯立方程組的形式，所以在聯立方程模型部分，通常把遞歸系統模型看作聯立方程模型的一種特殊情形。

7.4.2 模型的識別與估計

7.4.2.1 模型的識別

與前面討論的聯立方程模型一樣，遞歸系統模型也是用多個方程來描述一個經濟系統中變量之間的數量關係，因此其中每一個隨機方程都存在識別問題。從模型的定義式可以看出，遞歸系統模型是聯立方程模型的特殊情形，因此前面介紹的有關結構方程的識別方法同樣適合於遞歸系統模型中方程的識別。例如，李和勞埃德(Lee and Lloyd)在1976年建立的資本資產定價的遞歸系統模型為：

$$\begin{cases} R_{1t} = \alpha_1 & + \gamma_1 M_t + u_{1t} \\ R_{2t} = \alpha_2 + \beta_{21}R_{1t} & + \gamma_2 M_t + u_{2t} \\ R_{3t} = \alpha_3 + \beta_{31}R_{1t} + \beta_{32}R_{2t} & + \gamma_3 M_t + u_{3t} \\ \qquad\qquad \vdots \\ R_{7t} = \alpha_7 + \beta_{71}R_{1t} + \beta_{72}R_{2t} + \beta_{73}R_{3t} + \beta_{74}R_{4t} + \beta_{75}R_{5t} + \beta_{76}R_{6t} + \gamma_7 M_t + u_{7t} \end{cases}$$

其中 R_{1t}、…、R_{7t} 分別為七種證券的回報率，M_t 為市場回報率指數。在對隨機誤差項沒有約束的條件下，除第一個方程外，其餘六個方程均是不可以識別的。例如，用任意非零數 λ 乘方程1再與方程2相加，經整理得

$$R_{2t} = (\lambda\alpha_1 + \alpha_2) + (\beta_{21} - \lambda)R_{1t} + (\lambda\gamma_1 + \gamma_2)M_t + (\lambda u_{1t} + u_{2t})$$

該方程與方程2具有相同的統計形式，因此方程2是不可以識別的。同理可以驗證方程3至方程7都是不可以識別的。

7.4.2.2 模型的估計

對於可以識別的遞歸系統模型(7.32)(此時一般定義式中的一些參數是等於0的!),依據各方程隨機誤差項之間的相關性,可以採用OLS法或2SLS法進行估計。

(1)隨機誤差項之間同期無關的情形

當遞歸系統模型各方程隨機誤差項之間同期無關時,即

$$Cov(u_{it}, u_{jt}) = 0 \quad (i,j = 1, 2, \cdots, g, i \neq j; t = 1, \cdots, T)$$

由於前定變量與隨機誤差項同期不相關,因此每個方程右端的內生變量均與隨機誤差項同期無關。例如,

$$Cov(Y_{1t}, u_{jt}) = Cov(\sum_{i=1}^{k} \gamma_{1i} X_{it} + u_{1t}, u_{jt}) = Cov(u_{1t}, u_{jt}) = 0 \quad (j \geq 2)$$

$$\begin{aligned} Cov(Y_{2t}, u_{jt}) &= Cov(\beta_{21} Y_{1t} + \sum_{i=1}^{k} \gamma_{2i} X_{it} + u_{2t}, u_{jt}) \\ &= \beta_{21} Cov(Y_{1t}, u_{jt}) + Cov(\sum_{i=1}^{k} \gamma_{2i} X_{it}, u_{jt}) + Cov(u_{2t}, u_{jt}) \\ &= 0 \quad (j \geq 3) \end{aligned}$$

如此類推,便可以驗證每個方程右端的內生變量均與隨機誤差項同期不相關。因此,在這種情況下,可以逐個利用OLS法估計每個方程,得到參數的一致估計量。

(2)隨機誤差項之間同期相關的情形

當遞歸系統模型各方程隨機誤差項之間同期相關時,即$Cov(u_{it}, u_{jt})(i \neq j)$不全為0,那麼,除第一個方程外,每個方程都可能存在內生解釋問題。例如,若u_{1t}與u_{2t}相關,而它們與其他隨機誤差項,以及其他隨機誤差項之間均不相關,則容易驗證$Cov(Y_{1t}, u_{2t}) \neq 0$,即方程2存在內生解釋變量問題,而其他方程均不存在內生解釋變量問題。於是,可以採用2SLS法估計方程2,對其他方程則可以直接應用OLS法進行估計。若各隨機誤差項相互之間都存在同期相關性,即$Cov(u_{it}, u_{jt}) \neq 0 (i \neq j)$,則除第一個方程外,其他方程均存在內生解釋變量問題。於是,可以應用OLS法估計第一個方程,而對其他方程,宜採用2SLS法進行估計。

綜上所述,遞歸系統模型估計方法的選擇與模型的設定有關,當各方程隨機誤差項之間同期不相關時,可以直接採用OLS法估計;當各方程誤差項之間存在相關性時,對於不存在內生解釋變量問題的方程可以直接應用OLS法進行估計,對於存在內生解釋變量問題的方程宜採用2SLS法進行估計。

§7.5 聯立方程模型的檢驗

與單方程迴歸模型一樣,聯立方程模型在完成參數的估計之後,也需要進行檢驗,它包括單方程檢驗和模型系統的檢驗。

7.5.1 單方程的檢驗

所謂單方程檢驗,就是對估計過程中的每個隨機方程進行檢驗,包括對聯立方程模型的結構方程以及應用2SLS法或3SLS法估計過程中的簡化方程的檢驗。凡是在單方

程迴歸模型中進行的各項檢驗,在這裡都是適用的。由於在 2SLS 的應用過程中,估計簡化方程的目的是為內生解釋變量提供工具變量,因此對簡化方程的檢驗主要是方程的顯著性檢驗和擬合優度檢驗。

7.5.2 方程系統的檢驗

方程系統的檢驗就是要對聯立方程模型的整體性能進行檢驗,即檢驗由模型得到的內生變量的擬合值或預測值與其實際值的總體接近程度。方程系統的檢驗是在單個結構方程檢驗之後進行的,一般主要包括擬合效果檢驗和預測性能檢驗。

7.5.2.1 擬合效果檢驗

擬合效果檢驗是檢驗樣本期內內生變量的擬合值與實際值的接近程度。設聯立方程模型結構參數矩陣的估計量為 $(\hat{B} \ \hat{\Gamma})$,將前定變量的樣本觀測值代入下面的方程組:

$$(\hat{B} \ \hat{\Gamma}) \begin{pmatrix} \hat{Y} \\ X \end{pmatrix} = 0 \qquad (7.35)$$

解該方程組便可以得到內生變量向量的估計值 $\hat{Y}$,將 $\hat{Y}$ 與實際觀測值向量進行比較,據此可以評價模型系統的擬合效果。

常用的評價模型系統擬合效果的檢驗指標是相對均方誤差(用 RMS 表示)。第 i 個內生變量的相對均方誤差計算公式為:

$$RMS_i = \sqrt{\frac{1}{T}\sum_{t=1}^{T}\left(\frac{Y_{it} - \hat{Y}_{it}}{Y_{it}}\right)^2} \qquad (i = 1, 2, \cdots, g) \qquad (7.36)$$

其中:RMS_i 越小,表明 $\hat{Y}_i$ 與 Y_i 擬合得越好;否則,則反是。若 $RMS_i = 0$,則表明 $\hat{Y}_i$ 與 Y_i 完全擬合。與利用可決系數評價單方程模型的擬合優度一樣,利用 RMS_i 來檢驗聯立方程模型的擬合效果也沒有絕對的標準。一般地,所有內生變量的 RMS_i 均不大於 10%,並且 $RMS_i < 5\%$ 的變量數目占 70% 以上,則認為模型系統總體擬合效果較好。

7.5.2.2 預測性能檢驗

建立大型聯立方程模型,一般需要花費較長時間,當建成模型後,樣本期以後或預測期的時間截面上內生變量的實際觀測值已經知道,這就有條件對模型進行預測檢驗。在實踐中,也可以利用一部分樣本估計模型而把其餘的看作預測期的值,用來檢驗所估計模型的預測效果。預測性能檢驗分為靜態預測檢驗和動態預測檢驗。前者是依據預測期前定變量的實際值,計算所有內生變量的估計值,並與其實際值進行比較;後者是依據某一初期內生變量值和外生變量的各期值,遞歸地計算內生變量的估計值,即在初期以後使用滯後內生變量的估計值依次計算各期內生變量的估計值,並與其實際值進行比較。顯然,當前定變量中不含滯後內生變量時,兩種預測檢驗沒有區別。

預測性能檢驗通常採用內生變量估計值的相對誤差(用 RE 表示)的大小來判斷模型預測的準確性。第 i 個內生變量估計值的相對誤差計算公式為:

$$RE_i = \frac{Y_{iF} - \hat{Y}_{iF}}{Y_{iF}} \qquad (i = 1, 2, \cdots, g) \qquad (7.37)$$

其中 Y_{iF}、$\hat{Y}_{iF}$ 分別為預測期內第 i 個內生變量的實際觀測值和估計值。與擬合效果的評價一樣,利用 RE_i 評價模型的預測性能也沒有絕對的標準。一般地,所有內生變量的 RE_i 均不大於 10%,並且 $RE_i < 50\%$ 的變量數目占 70% 以上,則認為模型系統總體預測性能較好。

§7.6 克萊因戰爭間模型

克萊因戰爭間模型是克萊因(L. R. Klein)於1951年為了分析美國第一次世界大戰到第二次世界大戰之間(1920—1941)的經濟狀況,依據凱恩斯(Keynes)的有效需求理論和總量分析方法而建立的經濟系統模型。該模型僅由6個方程構成,但在宏觀計量經濟模型的發展史上佔有重要的地位。

1. 模型的結構

克萊因戰爭間模型共包括6個內生變量和4個外生變量,它們分別是:

$$\text{內生變量}\begin{cases}\text{消費支出}(C)\\ \text{淨投資}(I)\\ \text{私人工資}(W_p)\\ \text{稅後國民收入}(Y)\\ \text{利潤}(P)\\ \text{期末資本存量}(K)\end{cases}$$

$$\text{外生變量}\begin{cases}\text{政府非工資支出}(G)\\ \text{政府工資}(W_g)\\ \text{稅收}(TR)\\ \text{時間}(t)\end{cases}$$

在外生變量中,除時間 t 以外,其餘變量都是由政府控制的變量。該模型由三個隨機方程和三個恒等式構成。具體表述如下:

$$\begin{cases} C_t = \alpha_0 + \alpha_1 P_t + \alpha_2 P_{t-1} + \alpha_3(W_{pt} + W_{gt}) + u_{1t} & \text{(消費方程)}\\ I_t = \beta_0 + \beta_1 P_t + \beta_2 P_{t-1} + \beta_3 K_{t-1} + u_{2t} & \text{(投資方程)}\\ W_{pt} = \gamma_0 + \gamma_1(Y_t + TR_t - W_{gt}) + \gamma_2(Y_{t-1} + TR_{t-1} - W_{g,t-1}) + \gamma_3 t + u_{3t} & \text{(就業或工資方程)}\\ Y_t = C_t + I_t + G_t - TR_t & \text{(國民收入方程)}\\ P_t = Y_t - W_{pt} - W_{gt} & \text{(利潤方程)}\\ K_t = K_{t-1} + I_t & \text{(資本存量方程)}\end{cases}$$

(7.38)

其中:消費方程表示消費總額主要受當期收入、利潤和前一期利潤的影響;投資方程表示淨投資主要由當期利潤、前一期的利潤和資本存量來決定。這裡沒有用產出增長指標作解釋變量,是因為在樣本期內美國的投資行為主要由資金的供給量來決定。就業方程用私人工資額作為就業指標,它主要由當期和前一期的私人總產出即生產規模來決定,時間趨勢項表示日益增強的非經濟因素對就業的影響。其餘三個方程為恒等式。

2. 模型的識別

我們利用定義7.1對模型(7.38)的隨機方程進行識別。為此,只要說明模型(7.38)的全部方程的任意線性組合所構成的其他方程,都不再具有消費方程、投資方程和就業方程

的統計形式,則表明這三個方程是可以識別的,因而模型(7.38)就是可以識別的。在此僅討論消費方程的可識別性,關於其他兩個方程的識別留給讀者自己去完成[見練習題七綜合應用題(3)]。

對模型(7.38)中的六個方程進行線性組合,生成具有消費方程的統計形式的一般方程,為行文方便,稱之為「一般消費方程」。由於消費方程只含有4個變量(隨機誤差項除外):C_t, P_t, P_{t-1} 和 $W_{pt} + W_{gt}$,而只有就業方程含有時間趨勢項 t 和 $Y_{t-1} + TR_{t-1} + W_{g,t-1}$,只有資本存量方程含有 K_t,只有國民收入定義式含有 G_t,因此生成「一般消費方程」的線性組合中不能包括這三個方程,或者說,這三個方程在線性組合中的系數都為0。在餘下的三個方程中,只有投資方程含有 K_{t-1},只有利潤方程含有 Y_t,因此在上述線性組合中也不能包括這兩個方程。綜上所述,由模型(7.38)的全部方程構成的與消費方程具有相同統計形式的「一般消費方程」只有消費方程本身。所以,消費方程是可以識別的。顯然,若在模型中去掉時間趨勢項 t,消費方程仍是可以識別的,因此它是過度識別的。

類似地可以驗證,投資方程和就業方程也都是過度識別的。

3. 模型的估計

表7-2給出了估計克萊因戰爭間模型所依據的1920—1941年的樣本數據。下面我們分別應用2SLS法和3SLS法估計模型(7.38)。

表7-2　　　　　　　　　克萊因戰爭間模型所依據的樣本數據

年份	消費支出 C_t	利潤 P_t	私人工資 W_{pt}	淨投資支出 I_t	資本存量 K_{t-1}	稅後國民收入 Y_t	政府工資 W_{gt}	政府非工資支出 G_t	稅收 TR_t	時間趨勢 t
1920	39.8	12.7	28.8	2.7	180.1	43.7	2.2	2.4	3.4	1
1921	41.9	12.4	25.5	-0.2	182.8	40.6	2.7	3.9	7.7	2
1922	45	16.9	29.3	1.9	182.6	49.1	2.9	3.2	3.9	3
1923	49.2	18.4	34.1	5.2	184.5	55.4	2.9	2.8	4.7	4
1924	50.6	19.4	33.9	3	189.7	56.4	3.1	3.5	3.8	5
1925	52.6	20.1	35.4	5.1	192.7	58.7	3.2	3.3	5.5	6
1926	55.1	19.6	37.4	5.6	197.8	60.3	3.3	3.3	7	7
1927	56.2	19.8	37.9	4.2	203.4	61.3	3.6	4	6.7	8
1928	57.3	21.1	39.2	3	207.6	64	3.7	4.2	4.2	9
1929	57.8	21.7	41.3	5.1	210.6	67	4	4.1	4	10
1930	55	15.6	37.9	1	215.7	57.7	4.2	5.2	7.7	11
1931	50.9	11.4	34.5	-3.4	216.7	50.7	4.8	5.9	7.5	12
1932	45.6	7	29	-6.2	213.3	41.3	5.3	4.9	8.3	13
1933	46.5	11.2	28.5	-5.1	207.1	45.3	5.6	3.7	5.4	14
1934	48.7	12.3	30.6	-3	202	48.9	6	4	6.8	15
1935	51.3	14	33.2	-1.3	199	53.3	6.1	4.4	7.2	16
1936	57.7	17.6	36.8	2.1	197.7	61.8	7.4	2.9	8.3	17
1937	58.7	17.3	41	2	199.8	65	6.7	4.3	6.7	18
1938	57.5	15.3	38.2	-1.9	201.8	61.2	7.7	5.3	7.4	19
1939	61.6	19	41.6	1.3	199.9	68.4	7.8	6.6	8.9	20
1940	65	21.1	45	3.3	201.2	74.1	8	7.4	9.6	21
1941	69.7	23.5	53.3	4.9	204.5	85.3	8.5	13.8	11.6	22

註:①除時間趨勢 t 外,所有變量的單位為億美元。
②數據來源:轉摘自達摩達爾·N.古扎拉蒂.計量經濟學基礎[M].費劍平,等譯.4版.北京:中國人民大學出版社,2005.

模型(7.38)共含有7個前定變量：P_{t-1}、K_{t-1}、$X_{t-1} = Y_{t-1} + TR_{t-1} - W_{g,t-1}$、$t$、$W_{gt}$、$TR_t$ 和 G_t。表7-3給出了在EViews軟件下應用2SLS法和3SLS法估計消費方程、投資方程和就業方程的迴歸結果(註:3SLS法估計的執行過程及輸出結果見本章附錄7.1)。

表7-3　　　　　　　　消費方程、投資方程和就業方程的迴歸結果

隨機方程	估計方法	樣本迴歸函數
消費方程	2SLS	$\hat{C}_t = 16.554,76 + 0.017,302P_t + 0.216,234P_{t-1} + 0.810,183(W_{pt} + W_{gt})$ 　　　　(1.467,979)　(0.131,205)　(0.119,222)　(0.044,735) t值　　11.277,25　　0.131,872　　1.813,714　　18.110,69 P值　　0.000,0　　0.896,6　　0.087,4　　0.000,0 $R^2 = 0.976,7, \bar{R}^2 = 0.972,6$
消費方程	3SLS	$\hat{C}_t = 16.440,79 + 0.124,890P_t + 0.163,144P_{t-1} + 0.790,081(W_{pt} + W_{gt})$ 　　　　(1.304,549)　(0.108,129)　(0.100,438)　(0.037,938) t值　　12.60,266　　1.155,013　　1.624,323　　20.825,63 P值　　0.000,0　　0.253,5　　0.110,5　　0.000,0 $R^2 = 0.980,1, \bar{R}^2 = 0.976,5$
投資方程	2SLS	$\hat{I}_t = 20.278,21 + 0.150,222P_t + 0.615,944P_{t-1} - 0.157,788K_{t-1}$ 　　　　(8.383,249)　(0.192,534)　(0.180,926)　(0.040,152) t值　　2.418,896　　0.780,237　　3.404,398　　-3.929,751 P值　　0.027,1　　0.446,0　　0.003,4　　0.001,1 $R^2 = 0.884,8, \bar{R}^2 = 0.864,5$
投資方程	3SLS	$\hat{I}_t = 28.177,85 - 0.013,079P_t + 0.755,724P_{t-1} - 0.194,848K_{t-1}$ 　　　　(6.793,770)　(0.161,896)　(0.152,933)　(0.032,531) t值　　4.147,601　　-0.080,787　　4.941,532　　-5.989,674 P值　　0.000,1　　0.935,9　　0.000,0　　0.000,0 $R^2 = 0.825,805, \bar{R}^2 = 0.795,065$
就業方程	2SLS	$\hat{W}_{pt} = -0.064,451 + 0.438,859X_t + 0.146,674X_{t-1} + 0.130,396t$ 　　　　(1.147,038)　(0.039,603)　(0.043,164)　(0.032,388) t值　　-0.056,189　　11.081,55　　3.398,063　　4.026,001 P值　　0.955,8　　0.000,0　　0.003,4　　0.000,9 $R^2 = 0.987,4, \bar{R}^2 = 0.985,1$
就業方程	3SLS	$\hat{W}_{pt} = 0.001,128 + 0.400,492X_t + 0.181,291X_{t-1} + 0.149,674t$ 　　　　(1.009,957)　(0.031,813)　(0.034,159)　(0.027,935) t值　　1.009,957　　12.588,77　　5.307,304　　5.357,897 P值　　0.999,1　　0.000,0　　0.000,0　　0.000,0 $R^2 = 0.986,2, \bar{R}^2 = 0.983,8$

註:表中括號中數字為參數估計量的標準差估計值。

從表7-3中參數t統計量的P值可以看出,在0.05的顯著性水平下,各方程無論採

用 2SLS 法還是採用 3SLS 法估計,參數顯著性 t 檢驗的結果是一致的①。除投資方程中 P_t 以外,採用 2SLS 法估計與採用 3SLS 估計得到的其他斜率系數的符號都相同,而且具有合理的經濟含義。雖然應用這兩種方法得到的投資方程中 P_t 的系數估計值的符號相反,但它們相應的 t 統計量的 P 值都大於 0.40,即在通常的顯著性水平下,它們都表明 P_t 的系數是顯著為 0 的。因此,可以認為無論系數估計值為正還是為負都是抽樣的偶然結果。從估計值來看,在這兩種方法下得到的參數估計值的差距大多數小於各自一倍的標準差,最大差距也小於它們的二倍的標準差,此表明這兩種方法得到的估計結果比較接近。從可決系數來看,採用 2SLS 法估計投資方程的擬合效果要好於 3SLS 法,對其他兩個方程,採用 2SLS 法估計與採用 3SLS 法估計的擬合效果非常接近。因此,從整體來看,採用 2SLS 法估計與採用 3SLS 估計所得迴歸結果是相當接近的。

4. 模型分析

以下利用 2SLS 法的估計結果對各內生變量進行乘數分析。為了分析政府可控變量 W_{gt}、TR_t 和 G_t 的變化對經濟系統中各內生變量的長短期影響程度,需要依據參數關係體系以及結構參數的估計值得到簡化參數矩陣的估計值 $\hat{\Pi} = -\hat{B}^{-1}\hat{\Gamma}$,其中 $\hat{B}$、$\hat{\Gamma}$ 分別為模型(7.38)在標準形式下的內生變量系數矩陣 B 和前定變量系數矩陣 Γ 的估計值②,即

$$\hat{B} = \begin{pmatrix} C_t & I_t & W_{pt} & Y_t & P_t & K_t \\ 1 & 0 & -0.810 & 0 & -0.017 & 0 \\ 0 & 1 & 0 & 0 & -0.150 & 0 \\ 0 & 0 & 1 & -0.438 & 0 & 0 \\ -1 & -1 & 0 & 1 & 0 & 0 \\ 0 & 0 & 1 & -1 & 1 & 0 \\ 0 & -1 & 0 & 0 & 0 & 1 \end{pmatrix}$$

$$\hat{\Gamma} = \begin{pmatrix} 1 & Y_{t-1} & P_{t-1} & K_{t-1} & G_t & W_{gt} & t & TR_t & W_{g,t-1} & TR_{t-1} \\ -16.554 & 0 & -0.216 & 0 & 0 & -0.810 & 0 & 0 & 0 & 0 \\ -20.278 & 0 & -0.615 & 0.157.7 & 0 & 0 & 0 & 0 & 0 & 0 \\ 0.064 & -0.146 & 0 & 0 & 0 & 0.438 & -0.130 & -0.438 & 0.146 & -0.146 \\ 0 & 0 & 0 & 0 & -1 & 0 & 0 & 1 & 0 & 0 \\ 0 & 0 & 0 & 0 & 0 & 1 & 0 & 0 & 0 & 0 \\ 0 & 0 & 0 & 0 & -1 & 0 & 0 & 0 & 0 & 0 \end{pmatrix}$$

這裡各矩陣上方的變量對應的列中數據為該變量在各方程中的系數或系數的估計值。

在 EViews 軟件下,利用矩陣運算法則很容易得到簡化參數矩陣的估計值 $\hat{\Pi} = -\hat{B}^{-1}\hat{\Gamma}$ 為:

---

① 應該注意的是,無論是採用 2SLS 法還是採用 3SLS 法,參數的 t 檢驗都是漸近有效的,因此當樣本容量較小時,應該謹慎地看待檢驗的結果。

② 為書寫方便,各矩陣中的參數估計值只保留了三位小數,後面給出的計算結果仍是按原數據計算的,也保留三位小數。

$$\hat{\Pi} = \begin{pmatrix} 41.108 & 0.178 & 0.772 & -0.105 & 0.668 & 0.683 & 0.158,7 & -0.134 & -0.178 & 0.178,5 \\ 26.252 & -0.008 & 0.750 & -0.183 & 0.162 & -0.030 & -0.007 & -0.186 & 0.008 & -0.008 \\ 29.497 & 0.221 & 0.668 & -0.126 & 0.803 & -0.152 & 0.196 & -0.140 & -0.221 & 0.221 \\ 67.360 & 0.170 & 1.523 & -0.288 & 1.830 & 0.652 & 0.151 & -1.320 & -0.170 & 0.170 \\ 37.863 & -0.050 & 0.854 & -0.162 & 1.027 & -0.195 & -0.045 & -1.179 & 0.050 & -0.050 \\ 26.252 & -0.008 & 0.750 & 0.816 & 0.162 & -0.030 & -0.007 & -0.186 & 0.008 & -0.008 \end{pmatrix} \begin{matrix} C_t \\ I_t \\ W_{pt} \\ Y_t \\ P_t \\ K_t \end{matrix}$$

上方各列標題: $1 \quad Y_{t-1} \quad P_{t-1} \quad K_{t-1} \quad G_t \quad W_{gt} \quad t \quad TR_t \quad W_{g,t-1} \quad TR_{t-1}$

這裡矩陣的各行數據為其右端的內生變量對應的簡化方程中各前定變量的系數估計值。在該矩陣中,政府可控變量 W_{gt}、TR_t、G_t 對應的各列數據分別為它們對各個內生變量的短期影響乘數。例如,稅收 TR_t 對應的列中數字 -0.134、-0.186、-0.140、-1.320、-1.179、-0.186 分別為 TR_t 對內生變量 C_t、I_t、W_{pt}、Y_t、P_t 和 K_t 的短期影響乘數,此表明稅收 TR_t 的增長對各內生變量都會產生負的影響。具體而言,在其他前定變量不變的條件下,當 TR_t 增加 1 億美元時,分別引起消費支出 C_t 下降約 0.134 億美元、投資支出 I_t 下降約 0.186 億美元、私人工資 W_{pt} 下降約 0.140 億美元、國民收入 Y_t 下降約 1.320 億美元、利潤 P_t 下降約 1.179 億美元、資本存量 K_t 下降約 0.186 億美元。類似地,可以進行 W_{gt}、G_t 對各內生變量影響的短期乘數分析(留作練習題)。

在簡化方程中含有滯後內生變量,要對各內生變量進行長期乘數分析,需要用滯後外生變量的值連續替代滯後內生變量的值,最終得到外生變量對內生變量的長期影響乘數,如表 7-4 所示(推導過程見本章附錄 7.2)。

表 7-4　　模型(7.38)中外生變量對內生變量的長期影響乘數

	1	G_t	W_{gt}	t	TR_t	$W_{g,t-1}$	TR_{t-1}
C_t	38.518	1.331	0.754	0.175	-0.741	-0.197	0.197
I_t	0	0	0	0	0	0	0
W_{pt}	22.489	1.365	0.002	0.233	-0.581	-0.262	0.262
Y_t	38.518	2.331	0.754	0.175	-1.741	-0.197	0.197
P_t	16.029	0.966	-0.248	-0.057	-1.160	0.064	-0.064
K_t	207.116	4.739	-1.218	-0.283	-5.692	0.318	-0.318

註:表中外生變量對應的列與內生變量對應的行交叉處的數值即為該外生變量對該內生變量的長期影響乘數。例如,G_t 對應的列與 C_t 對應的行交叉處數值 1.331 為 G_t 對 C_t 的長期影響乘數。

從表 7-4 可以看出,各外生變量對淨投資 I_t 的長期影響乘數都為 0,這是因為在均衡狀態下,資本存量不變,沒有投資發生。TR_t 對內生變量 C_t、W_{pt}、Y_t、P_t 和 K_t 的長期影響乘數分別為 -0.741、-0.581、-1.741、-1.160、-5.692,而 TR_t 對這些變量的短期影響乘數分別為 -0.134、-0.140、-1.320、-1.179、-0.186。由此可見,提高稅收對消費支出、私人工資和資本存量的長期影響遠大於短期影響,這提示政府在提高稅收水平時必須十分謹慎。類似地,可以進行 W_{gt}、G_t 對各內生變量影響的長期乘數分析(留作練習題)。

§7.7 結束語

本章介紹了用於刻畫複雜經濟系統的聯立線性迴歸模型的理論和方法,其知識結構如圖7-1所示。

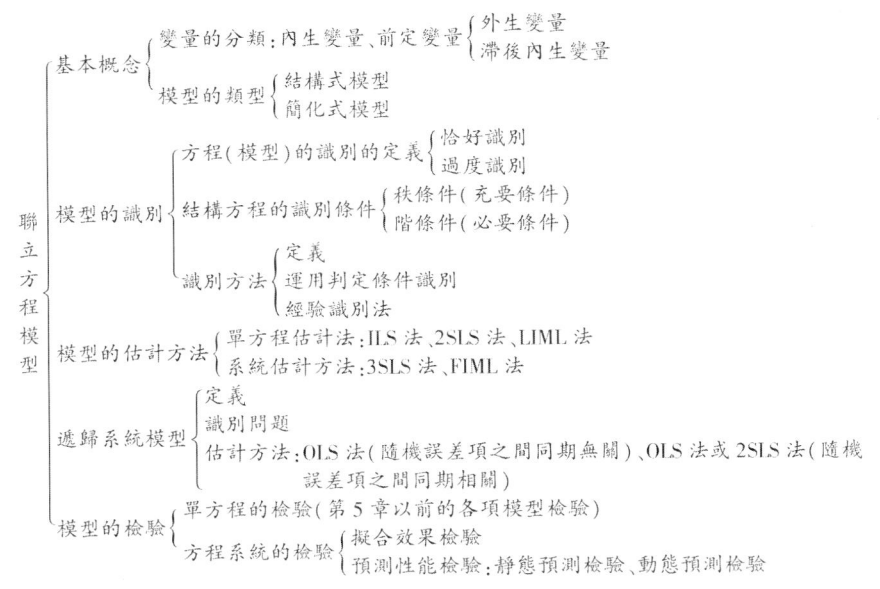

```
                    ┌ 變量的分類:內生變量、前定變量 ┌ 外生變量
              基本概念                              └ 滯後內生變量
                    └ 模型的類型 ┌ 結構式模型
                               └ 簡化式模型
              
                    ┌ 方程(模型)的識別的定義 ┌ 恰好識別
                    │                      └ 過度識別
              模型的識別 ┤ 結構方程的識別條件 ┌ 秩條件(充要條件)
                    │                     └ 階條件(必要條件)
                    │           ┌ 定義
聯立                 └ 識別方法 ┤ 運用判定條件識別
方程                            └ 經驗識別法
模型
              模型的估計方法 ┌ 單方程估計法:ILS法、2SLS法、LIML法
                         └ 系統估計方法:3SLS法、FIML法
              
                       ┌ 定義
                       │ 識別問題
              遞歸系統模型 ┤ 估計方法:OLS法(隨機誤差項之間同期無關)、OLS法或2SLS法(隨機
                       └        誤差項之間同期相關)
              
              模型的檢驗 ┌ 單方程的檢驗(第5章以前的各項模型檢驗)
                      └ 方程系統的檢驗 ┌ 擬合效果檢驗
                                    └ 預測性能檢驗:靜態預測檢驗、動態預測檢驗
```

圖7-1　第7章知識結構圖

讀者學習本章時應注意以下問題:

(1) 關於時間序列的建模問題。[參考§4.6(1)]

(2) 對於一個經濟系統,建立聯立方程模型至少有如下兩個方面的作用:①經濟系統中的變量(內生變量)往往相互影響。這裡既包括直接影響,還包括間接影響,因此在分析每個內生變量直接影響因素的基礎上,通過建立聯立方程模型可以完整反應它們之間相互影響的傳遞機制及數量影響程度。②對於可以識別的模型,可以通過其簡化式模型研究系統所受的外部衝擊對系統中內生變量的影響程度。另外,建立聯立方程模型的系統分析過程,能夠為應用工具變量法估計單方程模型,提供重要的尋找工具變量的途徑。

(3) 關於內生變量與內生解釋變量。本章所謂變量的內生性和外生性是針對所研究的經濟系統或聯立方程模型而言的,模型系統變化後,同一變量的性質也可能會發生變化。而內生解釋變量是針對一個單方程模型而言的,它與誤差項同期相關。這種相關性產生的原因有很多(見§4.4),被解釋變量對它的影響只是可能的原因之一,因此建立包括被解釋變量在內的模型系統,原單方程模型中的內生解釋變量未必是內生變量。反之,在模型系統的一個隨機方程中做解釋變量的內生變量,一般來說,都與誤差項同期相關,因此它(們)是內生解釋變量。

練習題七

一、選擇題

1. 下面是描述某國宏觀經濟的簡單聯立方程模型：

$$\begin{cases} C_t = \alpha_0 + \alpha_1 Y_t + \alpha_2 C_{t-1} + u_{1t} \\ I_t = \beta_0 + \beta_1 K_{t-1} + \beta_2 r_t + u_{2t} \\ r_t = \gamma_0 + \gamma_1 M_t + \gamma_2 Y_t + u_{3t} \\ Y_t = C_t + I_t + G_t \\ K_t = K_{t-1} + I_t \end{cases}$$

其中 C、Y、I、K、r、M 依次為消費、國內生產總值、投資、期末資本存量、利率和貨幣供給量。該模型系統中的內生變量組、外生變量組、前定變量組依次為(　　　)。

A. $\{C_t, Y_t, I_t, K_t, r_t\}$、$\{G_t, M_t\}$、$\{C_{t-1}, K_{t-1}\}$

B. $\{C_t, I_t, r_t\}$、$\{Y_t, K_t, G_t, M_t\}$、$\{C_{t-1}, K_{t-1}\}$

C. $\{C_t, Y_t, I_t, K_t, r_t\}$、$\{G_t, M_t\}$、$\{Y_t, K_t, C_{t-1}, K_{t-1}\}$

D. $\{C_t, Y_t, I_t, K_t, r_t\}$、$\{G_t, M_t\}$、$\{G_t, M_t, C_{t-1}, K_{t-1}\}$

2. 關於聯立方程模型中隨機方程識別的秩條件和階條件，下列表述正確的是(　　　)。

A. 秩條件成立，則階條件一定成立　　B. 階條件成立，則秩條件一定成立

C. 秩條件與階條件是等價的　　　　　D. 階條件與秩條件無關

3. 下列哪種方法不適合估計過度識別的方程？(　　　)

A. 2SLS 法　　　B. ILS 法　　　C. FIML 法　　　D. 3SLS 法

二、簡答題

1. 為什麼要建立聯立方程模型？
2. 寫出結構式模型、簡化式模型以及參數關係體系的矩陣表達式。
3. 結構式模型需要滿足哪些基本條件？
4. 敘述結構方程可以識別、恰好識別以及過度識別的定義。
5. 遞歸系統模型是否也需要識別？對於可以識別的遞歸系統模型，是否可以依次利用 OLS 法估計各個方程？試闡述你的理由。
6. 在小樣本情形下，你如何處理聯立方程模型的估計問題？試說明你的理由。

三、綜合應用題

1. 利用定義 7.2 判定模型(7.1)：

$$\begin{cases} D_t = \alpha_0 + \alpha_1 P_t + \alpha_2 Y_t + u_{1t} & （需求方程） \\ S_t = \beta_0 + \beta_1 P_t + \beta_2 W_t + u_{2t} & （供給方程） \\ D_t = S_t & （平衡方程） \end{cases}$$

中各方程的識別狀態。

2. 利用定義 7.1 判定模型(7.2)：
$$\begin{cases} C_t = \alpha_0 + \alpha_1 Y_t + u_{1t} \\ I_t = \beta_0 + \beta_1 Y_t + \beta_2 Y_{t-1} + u_{2t} \\ Y_t = C_t + I_t + G_t \end{cases}$$
中各方程的識別狀態，並求出前定變量對各內生變量的短期影響乘數和長期影響乘數。

3. 利用定義 7.1 驗證模型(7.38)中投資方程和就業方程的可識別性。

4. 按照 2SLS 法的估計步驟分兩步估計模型(7.38)中的各隨機方程。

5. 利用本章§7.6 中克萊因戰爭間模型的估計結果，分析政府工資支出 W_{gt} 和政府支出 G_t 對各內生變量的長、短期影響。

6. 假設某地區的宏觀經濟模型為：
$$\begin{cases} Y_t = C_t + I_t + G_t \\ C_t = \alpha_0 + \alpha_1 Y_t + \alpha_2 C_{t-1} + u_{1t} \\ I_t = \beta_0 + \beta_1 Y_t + \beta_2 I_{t-1} + u_{2t} \end{cases}$$
其中 Y_t、C_t、I_t、G_t 分別為地區生產總值、居民消費支出、資本形成總額、政府支出，樣本數據如表 7-5 所示。試研究以下問題：

(1) 該模型中哪些變量為內生變量，哪些變量為前定變量？

(2) 利用判定條件(階條件和秩條件)對該模型進行識別。

(3) 若模型可以識別，試分別運用 2SLS 法和 3SLS 法估計該模型，並將所得結果進行比較。

(4) 求出簡化式模型的估計式，並在此基礎上對內生變量進行乘數分析。

(5) 若 2004 年該地區政府支出為 15,000 千美元，試對該地區 2004 年的地區生產總值、居民消費支出和資本形成總額進行預測。

表 7-5　　　　　　　　某地區的宏觀經濟數據　　　　　　單位：千美元，1990 年價格

年份	地區生產總值 Y_t	居民消費支出 C_t	資本形成總額 I_t	政府支出 G_t	年份	地區生產總值 Y_t	居民消費支出 C_t	資本形成總額 I_t	政府支出 G_t
1978	3,605.6	2,239.1	1,377.9	480.0	1991	21,280.4	13,145.9	7,517.0	2,830.0
1979	4,074.0	2,619.4	1,474.2	614.0	1992	25,863.7	15,952.1	9,636.0	3,492.3
1980	4,551.3	2,976.1	1,590.0	659.0	1993	34,500.7	20,182.1	14,998.0	4,499.7
1981	4,901.4	3,309.1	1,581.0	705.0	1994	46,690.7	26,796.0	19,260.6	5,986.2
1982	5,489.2	3,637.9	1,760.2	770.0	1995	58,510.5	33,635.0	23,877.0	6,690.5
1983	6,076.3	4,020.5	2,005.0	838.0	1996	68,330.4	40,003.9	26,867.2	7,851.6
1984	7,164.4	4,694.5	2,468.6	1,020.0	1997	74,894.2	43,579.4	28,457.6	8,724.8
1985	8,792.1	5,773.0	3,386.0	1,184.0	1998	79,003.3	46,405.9	29,545.9	9,484.8
1986	10,132.8	6,542.0	3,846.0	1,367.0	1999	82,673.1	49,722.7	30,701.6	10,388.3
1987	11,784.7	7,451.0	4,322.0	1,490.0	2000	89,340.9	54,600.9	32,499.8	11,705.3
1988	14,704.0	9,360.1	5,495.0	1,727.0	2001	98,592.9	58,927.4	37,460.8	13,029.3
1989	16,466.0	10,556.5	6,095.0	2,033.0	2002	107,897.6	62,798.5	42,304.9	13,916.9
1990	18,319.5	11,365.2	6,444.0	2,252.0	2003	121,511.4	67,442.5	51,382.7	14,764.0

7. 以下列國民經濟主要宏觀經濟指標:國內生產總值、財政收入、居民收入、企業收入、最終消費總額、資本形成總額和全社會固定資產原值等為內生變量,設計一個中國宏觀計量經濟模型,並保證模型具有可識別性。你打算用什麼方法估計所設定的模型?(不要求估計)

附錄7.1 利用3SLS法估計模型(7.38)的輸出結果

在 EViews 軟件下,應用 3SLS 法估計模型(7.38)的執行程序:

(1) 建立系統文件。在已輸入數據的 Workfile 窗口,點擊 Objects→ New Object,接著在打開的 New Object 窗口的 Type of object 中選擇 System,然後點擊 OK,彈出 System 窗口。在此窗口中,鍵入所有前定變量和待估計的結構方程:

INST G P(-1) K(-1) Y(-1) + TR(-1) − WG(-1) T TR WG

COM = C(1) + C(2) × P + C(3) × P(-1) + C(4) × (WP + WG)

I = C(5) + C(6) × P + C(7) × P(-1) + C(8) × K(-1)

WP = C(9) + C(10) × (Y + TR − WG) + C(11) × [Y(-1) + TR(-1) − WG(-1)] + C(12) × T

(註:這裡用 COM 表示消費支出 C,用 WG、WP 分別表示 W_g 和 W_p。)

(2) 估計結構模型。在 System 窗口的工具欄中點擊 Estimate,接著在打開的 System Estimation 窗口,選擇 Three − Stage Least Squares,然後點擊 OK,便得到利用 3SLS 法估計(7.38)的輸出結果,如表 7 − 6 所示。

表 7 − 6   利用 3SLS 法估計模型(7.38)的輸出結果

System: KLEINMODEL
Estimation Method: Three − Stage Least Squares
Date: 05/20/12   Time: 11:29
Sample: 1921, 1941
Included observations: 21
Total system (balanced) observations 63
Linear estimation after one − step weighting matrix

	Coefficient	Std. Error	t − Statistic	Prob.
C(1)	16.440,79	1.304,549	12.602,66	0.000,0
C(2)	0.124,890	0.108,129	1.155,013	0.253,5
C(3)	0.163,144	0.100,438	1.624,323	0.110,5
C(4)	0.790,081	0.037,938	20.825,63	0.000,0
C(5)	28.177,85	6.793,770	4.147,601	0.000,1
C(6)	−0.013,079	0.161,896	−0.080,787	0.935,9
C(7)	0.755,724	0.152,933	4.941,532	0.000,0
C(8)	−0.194,848	0.032,531	−5.989,674	0.000,0
C(9)	0.001,128	1.009,957	0.001,117	0.999,1
C(10)	0.400,492	0.031,813	12.588,77	0.000,0
C(11)	0.181,291	0.034,159	5.307,304	0.000,0
C(12)	0.149,674	0.027,935	5.357,897	0.000,0

表7－6(續)

Determinant residual covariance	0.282,997		
Equation：COM = C(1) + C(2)×P + C(3)×P(-1) + C(4)×(WP + WG)			
Instruments：G P(-1) K(-1) Y(-1) + TR(-1) - WG(-1) T TR WG C			
Observations：21			
R - squared	0.980,108	Mean dependent var	53.995,24
Adjusted R - squared	0.976,598	S. D. dependent var	6.860,866
S. E. of regression	1.049,565	Sum squared resid	18.726,96
Durbin - Watson stat	1.424,939		
Equation：I = C(5) + C(6)×P + C(7)×P(-1) + C(8)×K(-1)			
Instruments：G P(-1) K(-1) Y(-1) + TR(-1) - WG(-1) T TR WG C			
Observations：21			
R - squared	0.825,805	Mean dependent var	1.266,667
Adjusted R - squared	0.795,065	S. D. dependent var	3.551,948
S. E. of regression	1.607,958	Sum squared resid	43.953,98
Durbin - Watson stat	1.995,884		
Equation：WP = C(9) + C(10)×(Y + TR - WG) + C(11)×(Y(-1) + TR(-1) - WG(-1)) + C(12)×T			
Instruments：G P(-1) K(-1) Y(-1) + TR(-1) - WG(-1) T TR WG C			
Observations：21			
R - squared	0.986,262	Mean dependent var	36.361,90
Adjusted R - squared	0.983,838	S. D. dependent var	6.304,401
S. E. of regression	0.801,490	Sum squared resid	10.920,56
Durbin - Watson stat	2.155,046		

附錄7.2　長期乘數估計值的推導過程

令模型(7.38)的簡化式模型的估計式為：

$$\begin{pmatrix} \hat{Z}_{1t} \\ \hat{Z}_{2t} \end{pmatrix} = \begin{pmatrix} 0 & \hat{\Pi}_1 \end{pmatrix} \begin{pmatrix} \hat{Z}_{1,t-1} \\ \hat{Z}_{2,t-1} \end{pmatrix} + \hat{\Pi}_2 \Delta_t \qquad (7.39)$$

其中

$$\hat{Z}_{1t} = (\hat{C}_t \quad \hat{I}_t \quad \hat{W}_{pt})'$$
$$\hat{Z}_{2t} = (\hat{Y}_t \quad \hat{P}_t \quad \hat{K}_t)'$$
$$\Delta_t = (1 \quad G_t \quad W_{gt} \quad t \quad TR_t \quad W_{g,t-1} \quad TR_{t-1} \quad Y_{t-1} \quad P_{t-1} \quad K_{t-1})'$$

$$\hat{\Pi}_1 = \begin{pmatrix} 0.178 & 0.772 & -0.105 \\ -0.008 & 0.750 & -0.183 \\ 0.221 & 0.668 & -0.126 \\ 0.170 & 1.523 & -0.288 \\ -0.050 & 0.854 & -0.162 \\ -0.008 & 0.750 & 0.816 \end{pmatrix} \begin{matrix} C_t \\ I_t \\ W_{pt} \\ Y_t \\ P_t \\ K_t \end{matrix}$$

259

$$\hat{\Pi}_2 = \begin{pmatrix} 41.108 & 0.668 & 0.683 & 0.158,7 & -0.134 & -0.178 & 0.178,5 \\ 26.252 & 0.162 & -0.030 & -0.007 & -0.186 & 0.008 & -0.008 \\ 29.497 & 0.803 & -0.152 & 0.196 & -0.140 & -0.221 & 0.221 \\ 67.360 & 1.830 & 0.652 & 0.151 & -1.320 & -0.170 & 0.170 \\ 37.863 & 1.027 & -0.195 & -0.045 & -1.179 & 0.050 & -0.050 \\ 26.252 & 0.162 & -0.030 & -0.007 & -0.186 & 0.008 & -0.008 \end{pmatrix} \begin{matrix} C_t \\ I_t \\ W_{pt} \\ Y_t \\ P_t \\ K_t \end{matrix}$$

將(7.39)式滯後一期，得

$$\begin{pmatrix} \hat{Z}_{1,t-1} \\ \hat{Z}_{2,t-1} \end{pmatrix} = (0 \quad \hat{\Pi}_1) \begin{pmatrix} \hat{Z}_{1,t-2} \\ \hat{Z}_{2,t-2} \end{pmatrix} + \hat{\Pi}_2 \Delta_{t-1} \tag{7.40}$$

再用(7.40)式的右端替代(7.39)式中的 $\begin{pmatrix} \hat{Z}_{1,t-1} \\ \hat{Z}_{2,t-1} \end{pmatrix}$，得

$$\begin{pmatrix} \hat{Z}_{1t} \\ \hat{Z}_{2t} \end{pmatrix} = (0 \quad \hat{\Pi}_1)^2 \begin{pmatrix} \hat{Z}_{1,t-2} \\ \hat{Z}_{2,t-2} \end{pmatrix} + \hat{\Pi}_2 \Delta_t + (0 \quad \hat{\Pi}_1) \hat{\Pi}_2 \Delta_{t-1}$$

依此繼續替代下去，再利用 $\lim_{m \to \infty} (0 \quad \hat{\Pi}_1)^m = 0$，便得到由外生變量表示的內生變量估計值的表達式為：

$$\begin{pmatrix} \hat{Z}_{1t} \\ \hat{Z}_{2t} \end{pmatrix} = \hat{\Pi}_2 \Delta_t + (0 \quad \hat{\Pi}_1) \hat{\Pi}_2 \Delta_{t-1} + (0 \quad \hat{\Pi}_1)^2 \hat{\Pi}_2 \Delta_{t-2} + \cdots$$

於是，可得外生變量對內生變量的長期影響乘數矩陣為：

$$[I + (0 \quad \hat{\Pi}_1) + (0 \quad \hat{\Pi}_1)^2 + \cdots] \hat{\Pi}_2 = [I - (0 \quad \hat{\Pi}_1)]^{-1} \hat{\Pi}_2$$

其計算結果如表7-7所示。

表7-7　　模型(7.38)中外生變量對內生變量的長期影響乘數

	1	G_t	W_{gt}	t	TR_t	$W_{g,t-1}$	TR_{t-1}
C_t	38.518	1.331	0.754	0.175	-0.741	-0.197	0.197
I_t	0	0	0	0	0	0	0
W_{pt}	22.489	1.365	0.002	0.233	-0.581	-0.262	0.262
Y_t	38.518	2.331	0.754	0.175	-1.741	-0.197	0.197
P_t	16.029	0.966	-0.248	-0.057	-1.160	0.064	-0.064
K_t	207.116	4.739	-1.218	-0.283	-5.692	0.318	-0.318

註：表中外生變量對應的列與內生變量對應的行交叉處的數值即為該外生變量對該內生變量的長期影響乘數。例如，G_t 對應的列與 C_t 對應的行交叉處數值1.331即為 G_t 對 C_t 的長期影響乘數。

8 偽迴歸與協整理論

引言

  在前面各章中,我們討論了經典計量經濟學的基本理論、方法及其應用,其中假定總體迴歸函數反應了被解釋變量隨著解釋變量的變化而變化的趨勢,其核心內容是依據樣本信息,採用適當的方法,通過建立樣本迴歸函數來估計總體迴歸函數。這種分析過程暗含著隨機誤差項是在一定的範圍內有規律的波動。顯然,如果隨機誤差項的方差隨著樣本容量的增大而無限增大,那麼這種假定便不成立,由此得到的結論也就是值得懷疑的。這類問題屬於模型設定的問題而不是估計問題,經典計量經濟學並沒有進一步深入研究模型設定中可能存在的這類問題對分析變量之間數量關係的影響。

  在經典計量經濟學中,模型的基本假定條件由兩部分組成:一部分是解釋變量的樣本數據特徵,另一部分是關於隨機誤差項的分佈特徵。由於模型關係式的成立,對隨機誤差項分佈特徵的設定,暗含著對被解釋變量和解釋變量的分佈特徵做了約束。例如,對於時間序列數據的一元線性迴歸模型:

$$Y_t = \beta_0 + \beta_1 X_t + u_t \quad (t = 1,2,\cdots,T) \tag{8.1}$$

其中u_t為白噪聲過程:$u_t \sim WN(0,\sigma^2)$,即$E(u_t)=0, Var(u_t)=\sigma^2, Cov(u_s,u_t)=0 (s \neq t)$,並且滿足$Cov(u_s,X_h)=0, u_t \sim N(0,\sigma^2)$,這裡$s,t,h=1,2,\cdots,T$。如果變量$X_t$與$Y_t$的二階矩(指$X_t$的方差、$Y_t$的方差及兩者之間的協方差)都存在,則有

$$E(Y_t) = \beta_0 + \beta_1 E(X_t) \tag{8.2}$$

$$Var(Y_t) = \beta_1^2 Var(X_t) + \sigma^2 \tag{8.3}$$

$$Cov(Y_t, Y_{t+k}) = \beta_1^2 Cov(X_t, X_{t+k}) \quad (k=1,2,\cdots,T-t) \tag{8.4}$$

上述三個等式表明X_t與Y_t的均值和方差均呈線性關係,它們是模型要求X_t與Y_t的分佈滿足的約束條件。由此可知,若Y_t的$E(Y_t)$、$Var(Y_t)$與$Cov(Y_t, Y_{t+k})$都不隨著時間t的變化而變化,即變量序列Y_t是平穩的(詳細的討論見§8.1),則模型中的變量序列X_t也要具有這樣的性質;反之亦然。可以驗證(見§8.1):如果X_t與Y_t都具有平穩性,而且它們是平穩相關的,那麼設定(8.1)式那樣的模型,隨機誤差項u_t也是平穩的。此時,點(X_t,Y_t)會圍繞均值線$E(Y_t) = \beta_0 + \beta_1 E(X_t)$上下波動而不會偏離太遠,因此用$E(Y_t) = \beta_0 + \beta_1 E(X_t)$來反應變量$X_t$與$Y_t$之間的數量關係才是合理的。如果變量$X_t$或$Y_t$是不平穩的,那麼設定(8.1)式那樣的模型,誤差項u_t就可能是非平穩的,此時點(X_t, Y_t)可能會無限期地遠離均值線$E(Y_t) = \beta_0 + \beta_1 E(X_t)$,而不是有規律地在其附近波動。這種情形意味著$X_t$與$Y_t$之間不存在長期穩定的數量關係,由此得到的迴歸方程是沒有

意義的,稱之為「偽迴歸」(見§8.3)。

從上述分析可以看到,對於時間序列變量,要研究它們之間是否存在長期穩定的均衡數量關係,或者說,它們之間的關係能否直接用一個線性或非線性迴歸模型來刻畫,首先需要考慮所研究變量的平穩性,然後還需要考察變量之間是否存在穩定的數量關係。對這些問題的研究構成了非經典計量經濟學的重要組成部分,同時也可以看作對經典計量經濟學的完善。本章主要介紹變量序列的平穩性、變量之間的偽迴歸現象和協整關係的概念,以及平穩性、協整關係檢驗的基本方法和簡單誤差修正模型的建立方法。

§8.1 基本概念及平穩性條件

8.1.1 基本概念

進行本章的討論需要用到以下基本概念:時間序列(過程)、平穩過程、趨勢平穩過程、差分平穩過程和單整過程等。

8.1.1.1 時間序列過程

設 Θ 為一個離散的時間集合,所謂 Θ 上的一個**時間序列過程** $\{u_t, t \in \Theta\}$ 就是按照時間順序排列的一列隨機變量,其中對於任意 $t \in \Theta$ 都有一個隨機變量 u_t 與之對應,常簡記為 u_t。稱時間序列過程的一次觀測結果為該過程的一個**樣本序列**(或**實現**、**時間序列**)。

例如,一個國家每年的國內生產總值(GDP)可以看作一個不可控制實驗產生的結果,只有在經濟過程結束後才能被觀測到,此前是不確定的,它是一個隨機變量,而實際觀測到的 GDP 數據則是經濟運行過程所有可能產生的結果之一,那麼在一定時期內(如1978—2009 年)一個國家的 GDP 序列就構成了一個時間序列過程,實際觀測到的 GDP 數據序列就是該過程的一個樣本序列。類似可知,1978—2009 年中國的年通貨膨脹率序列,2000 年 1 月 1 日—2009 年 12 月 31 日上證綜合指數的周收盤值(交易周),1978 年第一季度至 2000 年第四季度鄭州市煤炭銷售量序列等,都是時間序列過程,實際觀測到的與它們相對應的數據序列則為它們的一個樣本序列。

在第 4 章 §4.3 中,為了刻畫隨機誤差項序列的自相關性,我們引入的自迴歸過程 $AR(p)$、移動平均過程 $MA(q)$ 和自迴歸移動平均過程 $ARMA(p,q)$ 就是特殊的時間序列過程的模型表示。

時間序列過程與其樣本序列之間的關係類似於數理統計學中總體與樣本之間的關係。對於一個經濟系統,我們要研究其中的時間序列過程或經濟變量隨時間的變化規律,而實際觀測到的只是它們的一個樣本序列。因此與利用樣本推斷總體的特徵類似,在時間序列分析中,我們是利用樣本序列來對產生它們的時間序列過程[稱之為數據生成過程(DGP;data generating process)]進行推斷。在不致於引起混淆的情況下,後文我們將時間序列過程也稱為時間序列。另外,由於我們研究的時間序列過程通常是反應某一個經濟指標(或變量)在一定時期內的發展變化過程,因此對於給定的樣本期間,有時直接將時間序列過程用相應的變量來描述。

8.1.1.2 平穩性(stationarity)

設 u_t 為時間集合 Θ 上的一個時間序列過程,如果它的均值、方差及自協方差均存在,且不隨時間的推移而改變,即對任意 $t,s \in \Theta$,及任意實數 $m(t+m,s+m \in \Theta)$,有

$$E(u_t) = \mu$$

$$Var(u_t) = \sigma^2$$

$$Cov(u_t,u_s) = Cov(u_{t+m},u_{s+m})$$

同時成立,則稱 u_t 是**弱平穩的**(weakly stationary)。

由上述定義可知,弱平穩的時間序列過程在任意時點的期望和方差都相同,並且任意兩點 u_t 與 u_s 之間的協方差只與兩點的間隔 $s-t$ 有關,而與 s,t 無關,因此弱平穩過程也稱為**協方差平穩過程**。本書所提到的平穩過程都是指弱平穩過程[1]。

顯然,白噪聲過程 $u_t \sim WN(0,\sigma^2)$ 就是一個平穩的時間序列過程。若 u_t 還服從正態分佈,那麼 u_t 之間就是相互獨立且服從相同的分佈。一般地,將獨立且服從相同分佈的(independently and identically distributed)時間序列過程 u_t,記為 $u_t \sim IID(\mu,\sigma^2)$,其中 μ、σ^2 分別為 u_t 的期望和方差。在時間序列分析中會經常用到這種類型的平穩過程。對於獨立且服從正態分佈的時間序列過程 u_t,常記為 $u_t \sim IIDN(\mu,\sigma^2)$。

圖 8-1 為通過隨機模擬得到的獨立且服從正態分佈的平穩時間序列過程的一個樣本序列的趨勢圖[2]。從此圖可以看出,該樣本序列圍繞其均值 $[E(Y_t) = 0]$ 的波動幅度大致不變,而且有回到均值的趨勢,這也是一般平穩時間序列的基本特徵。

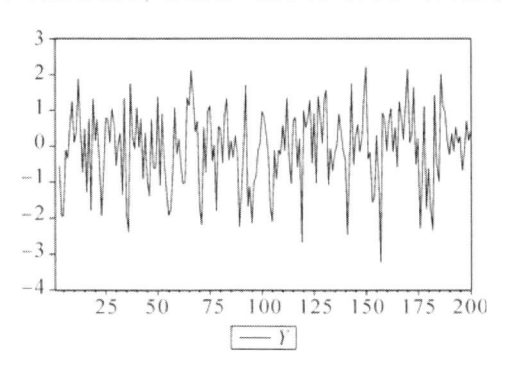

圖 8-1 平穩時間序列過程 Y_t 的樣本序列的趨勢圖 $[Y_t \sim IIDN(0,1)]$

---

[1] 與弱平穩過程相對,還有**嚴格平穩過程**(strictly stationary process)概念。一個時間序列過程稱為嚴格平穩的,是指該過程中隨機變量子集的概率分佈與時間子集的起點無關,只與子集中各時點的間隔有關,即對於任意時間子集 $(t_1,t_2,\cdots,t_n)$ 及任意實數 $m(t_i+m \in \Theta, i=1,2,\cdots,n)$,$(u_{t_1},u_{t_2},\cdots,u_{t_n})$ 與 $(u_{t_1+m},u_{t_2+m},\cdots,u_{t_n+m})$ 具有相同的概率分佈。

嚴格平穩過程與弱平穩過程之間的關係為:
(a) 若二階矩存在,則嚴格平穩過程一定是弱平穩的,但弱平穩過程未必是嚴格平穩的;
(b) 若二階矩不存在,則嚴格平穩過程不是弱平穩的;
(c) 若 u_t 是弱平穩的且服從正態分佈,則它也是嚴格平穩的。

[2] 本章所有通過隨機模擬生成樣本序列的 EViews 程序文件均在本章附錄 8.1 中。

關於平穩性的一個重要結論：

若時間序列 $u_t^{(1)}, u_t^{(2)}, \cdots, u_t^{(n)}$ 均為平穩過程，而且它們兩兩之間是平穩相關的，即它們相互之間的協方差只是時間間隔的函數，用數學式子表示就是，對任意 $i,j = 1, 2, \cdots, n, i \neq j$，以及任意實數 $m(u_{s+m}^{(i)}, u_{t+m}^{(j)}$ 均存在)，都有 $Cov(u_s^{(i)}, u_t^{(j)}) = Cov(u_{s+m}^{(i)}, u_{t+m}^{(j)})$，那麼它們的任意線性組合：

$$a_0 + \sum_{i=1}^{n} a_i u_t^{(i)}$$

仍是平穩的時間序列過程，這裡 $a_i (i = 0, 1, 2, \cdots, n)$ 均為常數，且 $a_1, a_2, \cdots, a_n$ 不全為0。

下面以 $n = 2$ 的情形為例，給出上述結論的推導過程：

因為 $u_t^{(1)}, u_t^{(2)}$ 都是平穩的，且對於任意實數 $m(u_{s+m}^{(1)}, u_{t+m}^{(2)}$ 均存在)，有 $Cov(u_s^{(1)}, u_t^{(2)}) = Cov(u_{s+m}^{(1)}, u_{t+m}^{(2)})$，所以

$$E(a_0 + a_1 u_t^{(1)} + a_2 u_t^{(2)}) = a_0 + a_1 E(u_t^{(1)}) + a_2 E(u_t^{(2)})$$

和

$$\begin{aligned} Var(a_0 + a_1 u_t^{(1)} + a_2 u_t^{(2)}) &= E\{a_0 + a_1 u_t^{(1)} + a_2 u_t^{(2)} - E[a_0 + a_1 u_t^{(1)} + a_2 u_t^{(2)}]\}^2 \\ &= E\{a_1[u_t^{(1)} - E(u_t^{(1)})] + a_2[u_t^{(2)} - E(u_t^{(2)})]\}^2 \\ &= a_1^2 Var(u_t^{(1)}) + a_2^2 Var(u_t^{(2)}) + 2a_1 a_2 Cov(u_t^{(1)}, u_t^{(2)}) \end{aligned}$$

都是與 t 無關的常數，且

$$\begin{aligned} &Cov(a_0 + a_1 u_{s+m}^{(1)} + a_2 u_{s+m}^{(2)}, a_0 + a_1 u_{t+m}^{(1)} + a_2 u_{t+m}^{(2)}) \\ &= Cov(a_1 u_{s+m}^{(1)}, a_1 u_{t+m}^{(1)}) + Cov(a_1 u_{s+m}^{(1)}, a_2 u_{t+m}^{(2)}) + Cov(a_2 u_{s+m}^{(2)}, a_1 u_{t+m}^{(1)}) + Cov(a_2 u_{s+m}^{(2)}, a_2 u_{t+m}^{(2)}) \\ &= a_1^2 Cov(u_{s+m}^{(1)}, u_{t+m}^{(1)}) + a_1 a_2 Cov(u_{s+m}^{(1)}, u_{t+m}^{(2)}) + a_1 a_2 Cov(u_{s+m}^{(2)}, u_{t+m}^{(1)}) + a_2^2 Cov(u_{s+m}^{(2)}, u_{t+m}^{(2)}) \\ &= a_1^2 Cov(u_s^{(1)}, u_t^{(1)}) + a_1 a_2 Cov(u_s^{(1)}, u_t^{(2)}) + a_1 a_2 Cov(u_s^{(2)}, u_t^{(1)}) + a_2^2 Cov(u_s^{(2)}, u_t^{(2)}) \\ &= Cov(a_0 + a_1 u_s^{(1)} + a_2 u_s^{(2)}, a_0 + a_1 u_t^{(1)} + a_2 u_t^{(2)}) \end{aligned}$$

於是，依據平穩性的定義，證得平穩過程 $u_t^{(1)}$ 與 $u_t^{(2)}$ 的線性組合 $a_0 + a_1 u_t^{(1)} + a_2 u_t^{(2)}$ 仍是平穩的。

注意：後文在討論時間序列過程之間的相關性時，我們總假定它們之間是平穩相關的，屆時上述結論可以簡單地敘述為：**平穩時間序列過程的線性組合仍是平穩的**。

在非平穩過程中有一類重要的特殊情形：**隨機遊走過程**（random walk process），它常被用於刻畫股票價格、匯率等金融時間序列的波動特徵。如果一個時間序列過程 u_t 可以表示為：

$$u_t = \mu + u_{t-1} + \varepsilon_t \tag{8.5}$$

其中擾動項 ε_t 為白噪聲過程：$\varepsilon_t \sim WN(0, \sigma^2)$，則稱之為**隨機遊走過程**，其中 μ 稱為**漂移項**。

設隨機遊走過程 u_t 是從初始值 u_0 開始的，則

$$u_t = u_0 + \mu t + \sum_{i=1}^{t} \varepsilon_i \tag{8.6}$$

因為 $\varepsilon_t \sim WN(0, \sigma^2)$，所以

$$E(u_t) = u_0 + \mu t \tag{8.7}$$

$$Var(u_t) = t\sigma^2 \tag{8.8}$$

(8.8)式表明 u_t 的方差隨著 t 的增加而無限增大,因此 u_t 不滿足平穩性定義,即它是非平穩的。在 u_t 的表達式(8.6)中含有以前各期的擾動項,且系數為1,此表明任一時點的擾動(或衝擊)都會對以後各點處的變量產生同等程度的影響。換言之,就是隨機過程 u_t 對任一時期的擾動都具有長記憶性。

按照漂移項 μ 是否為0,隨機遊走過程分為不含有漂移的隨機遊走過程(random walk process without drift)和含有漂移的隨機遊走過程(random walk process with drift)。若(8.5)式中的 $\mu = 0$,則稱 u_t 為**不含有漂移的隨機遊走過程**。對於給定的初始值 u_0,其均值

$$E(u_t) = u_0$$

為常數。圖8-2為隨機模擬得到的不含有漂移的隨機遊走過程 RW_t 的兩個樣本序列的趨勢圖,從該圖可以看出,從 $RW_0 = 0$ 出發後,這兩個樣本序列圍繞其均值 $[E(RW_t) = 0]$ 的波動幅度呈現越來越大的趨勢,而且都很難期望它再次回到均值位置。

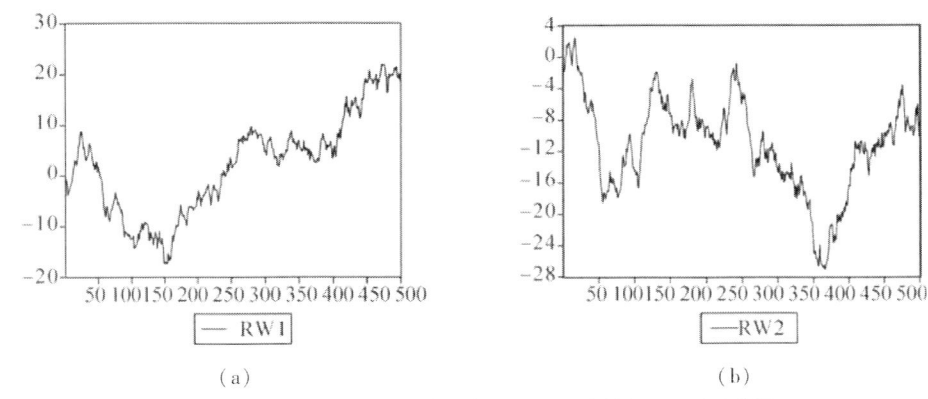

(a)

(b)

圖8-2 不含有漂移的隨機遊走過程 RW_t 的樣本序列的趨勢圖

$$[RW_t = RW_{t-1} + \varepsilon_t, \varepsilon_t \sim IIDN(0,1)]$$

若(8.5)式中的 $\mu \neq 0$,則稱 u_t 為**含有漂移的隨機遊走過程**。對於給定的初始值 u_0,其均值

$$E(u_t) = u_0 + \mu t$$

為時間 t 的線性函數,它隨著 t 的增加而線性地增大。圖8-3為通過隨機模擬得到的含有漂移的隨機遊走過程 RW_t 的一個樣本序列的趨勢圖。從該圖可以看出,從 $RW_0 = 0$ 出發後,該樣本序列具有明顯的線性趨勢,但其圍繞均值線 $E(RW_t) = 0.2t$ 的波動幅度呈現越來越大的趨勢,而且很難期望它再次回到均值位置。顯然,我們不能根據這種趨勢對 RW_t 的變化規律進行預測,因此稱之為**隨機趨勢**。

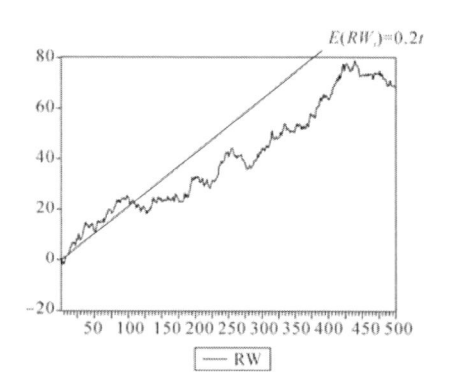

圖 8-3　含有漂移的隨機遊走過程 RW_t 的樣本序列的趨勢圖

$$[RW_t = 0.2 + RW_{t-1} + \varepsilon_t, \varepsilon_t \sim IIDN(0,1)]$$

綜上所述，無論是否含有漂移項，隨機遊走過程的均值對於推斷其變化規律都是沒有價值的。

8.1.1.3　趨勢平穩過程(trend-stationary process)

趨勢平穩過程也是一類非平穩過程，但它與隨機遊走過程具有明顯不同的變化趨勢。如果一個時間序列過程 u_t 可以表示為：

$$u_t = c + \mu t + \varepsilon_t \tag{8.9}$$

其中 $\mu \neq 0$，ε_t 為平穩過程，則稱之為**趨勢平穩過程**。趨勢平穩過程是由確定性(時間)趨勢 $c + \mu t$ 和平穩隨機過程 ε_t 組成，它由確定性趨勢 $c + \mu t$ 所主導，減去趨勢項 μt 之後，該過程就變為平穩過程了。因此，也稱之為**退勢平穩過程**。例如，

$$Z_t = 0.01t + \varepsilon_t, \varepsilon_t \sim IIDN(0,1) \tag{8.10}$$

就是一個趨勢平穩過程。圖 8-4 為通過隨機模擬得到的該過程的一個樣本序列的趨勢圖。從該圖可以看出，該樣本序列圍繞其均值線 $E(Z_t) = 0.01t$ 上下波動，由隨機擾動引起的 Z_t 對均值線的偏離只是暫時的，或者說，趨勢平穩過程對隨機擾動的衝擊只具有有限的記憶能力，其影響會很快消失。由此可見，對趨勢平穩過程，可以利用其確定性趨勢，對該過程的變化規律進行推斷。

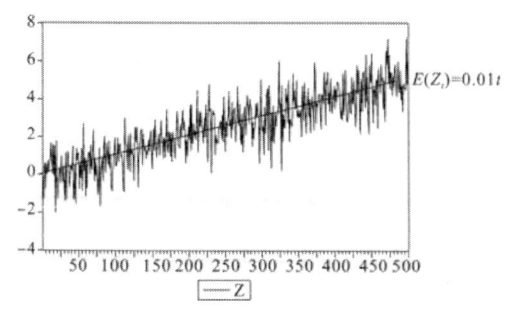

圖 8-4　趨勢平穩過程 Z_t 的樣本序列的趨勢圖

$$[Z_t = 0.01t + \varepsilon_t, \varepsilon_t \sim IIDN(0,1)]$$

8.1.1.4 差分平穩過程(difference stationary process)

若 u_t 是一個非平穩過程,並且只有通過差分變換才能變為一個平穩過程,則稱該過程為**差分平穩過程**。例如,隨機遊走過程 $RW_t : RW_t = \mu + RW_{t-1} + \varepsilon_t$ 的差分 $\Delta RW_t = \mu + \varepsilon_t$ 為平穩過程,因此隨機遊走過程是一個差分平穩過程。

值得注意的是,趨勢平穩過程和差分平穩過程都是非平穩過程,前者除減去趨勢外,也可以通過差分變換變為平穩過程,但後者只有通過差分才能變為平穩過程。差分平穩過程有時也會表現出一定的線性趨勢(如圖 8-3 所示),但這種趨勢是隨機趨勢,它對於時間序列過程變化規律的推斷沒有價值,而趨勢平穩過程則表現為確定性趨勢,可以用來推斷時間序列過程的變化規律。因此,對於現實的經濟和金融時間序列,區分其是差分平穩還是趨勢平穩具有重要意義。

8.1.1.5 單整過程(integration process)

若一個非平穩時間序列 u_t 必須經過 $d(d>0)$ 次差分才能變換為平穩序列,則稱該時間序列為 d **階單整過程**,記為 $u_t \sim I(d)$。

例如,隨機遊走過程是 1 階單整過程 $I(1)$;$AR(2)$ 過程

$$u_t = c + 2u_{t-1} - u_{t-2} + \varepsilon_t \quad (\varepsilon_t \sim WN(0,\sigma^2))$$

為 2 階單整過程,因為 $\Delta u_t = c + \Delta u_{t-1} + \varepsilon_t, \Delta^2 u_t = \Delta u_t - \Delta u_{t-1} = c + \varepsilon_t$。

一個平穩時間序列 u_t 不需要差分變換就已經是平穩的,為行文方便,常稱之為 0 階單整過程,記為 $u_t \sim I(0)$。但通常引用的單整過程是指階數大於 0 的非平穩過程。

容易驗證,單整過程具有如下性質:設 $u_t \sim I(d_1), v_t \sim I(d_2), d_1 > d_2$,則它們的線性組合是 d_1 階單整過程,即

$$\alpha u_t + \beta v_t \sim I(d_1) \tag{8.16}$$

這裡 $\alpha \neq 0$。這個性質表明時間序列的線性組合的波動特徵受高階單整過程的支配。

8.1.2 平穩性條件

在第 4 章 §4.3 中,我們業已指出,經濟和金融時間序列往往表現出自相關性,對於其中平穩的時間序列過程通常可以利用自迴歸過程[$AR(p)$ 過程]、移動平均過程($MA(q)$ 過程)和自迴歸移動平均過程[$ARMA(p,q)$ 過程]等基本過程來刻畫。那麼,這些過程何時才是平穩的呢?本段將對此進行討論。

關於 $MA(q) \ (q < \infty)$ 過程

$$u_t = \mu + \varepsilon_t + \theta_1 \varepsilon_{t-1} + \theta_2 \varepsilon_{t-2} + \cdots + \theta_q \varepsilon_{t-q} \quad (\varepsilon_t \sim WN(0,\sigma^2))$$

因為 u_t 是白噪聲過程的線性函數,所以任意 $MA(q) \ (q < \infty)$ 過程都是平穩的。

在討論 $AR(p)$ 過程和 $ARMA(p,q)$ 過程的平穩性條件之前,首先給出它們的滯後算子(lag operator)表示。如下定義時間序列 X_t 的滯後算子 L:

$$LX_t = X_{t-1}$$
$$L^2 X_t = L(LX_t) = X_{t-2}$$
$$\cdots\cdots$$
$$L^p X_t = L(L^{p-1} X_t) = X_{t-p}$$

並規定：
$$L^0 = 1$$
由上述定義，易得如下運算律成立：
$$L(cX_t) = cL(X_t)$$
$$L(X_t + Y_t) = L(X_t) + L(Y_t)$$
其中 c 為常數，X_t、Y_t 為兩個時間序列。

於是，$AR(p)$ 過程
$$u_t = c + \varphi_1 u_{t-1} + \varphi_2 u_{t-2} + \cdots + \varphi_p u_{t-p} + \varepsilon_t \quad (\varepsilon_t \sim WN(0,\sigma^2)) \quad (8.11)$$
可以用滯後算子表示為：
$$(1 - \varphi_1 L - \varphi_2 L^2 - \cdots - \varphi_p L^p) u_t = c + \varepsilon_t \quad (8.12)$$
$ARMA(p,q)$ 過程
$$u_t - \varphi_1 u_{t-1} - \varphi_2 u_{t-2} - \cdots - \varphi_p u_{t-p} = c + \varepsilon_t + \theta_1 \varepsilon_{t-1} + \cdots + \theta_q \varepsilon_{t-q} \quad (\varepsilon_t \sim WN(0,\sigma^2))$$
$$(8.13)$$
可以用滯後算子表示為：
$$(1 - \varphi_1 L - \varphi_2 L^2 - \cdots - \varphi_p L^p) u_t = c + (1 + \theta_1 L + \theta_2 L^2 + \cdots + \theta_q L^q) \varepsilon_t \quad (8.14)$$
依據(8.12)式和(8.14)式中 $AR(p)$ 部分的滯後算子多項式 $1 - \varphi_1 L - \varphi_2 L^2 - \cdots - \varphi_p L^p$，建立如下方程：
$$1 - \varphi_1 \lambda - \varphi_2 \lambda^2 - \cdots - \varphi_p \lambda^p = 0 \quad (8.15)$$
稱該方程為 $AR(p)$ 過程(8.11)或 $ARMA(p,q)$ 過程(8.13)的**特徵方程**。根據特徵方程根的性質便可以判定 $AR(p)$ 過程和 $ARMA(p,q)$ 過程的平穩性。習慣上，也將方程(8.15)的根直接稱為 $AR(p)$ 過程(8.11)或 $ARMA(p,q)$ 過程(8.13)的**特徵根**。

可以證明，$ARMA(p,q)$ ($0 < p < \infty, 0 \leq q < \infty$) 過程的**平穩性條件**是其特徵方程(8.15)的根全部落在單位圓外，即所有根的模都大於 1[①]。

例如，$AR(1)$ 過程
$$u_t = c + \varphi_1 u_{t-1} + \varepsilon_t$$
的特徵方程為：
$$1 - \varphi_1 \lambda = 0$$
當 $\varphi_1 \neq 0$ 時，該方程的根為 $\lambda = \dfrac{1}{\varphi_1}$。又由於當 $\varphi_1 = 0$ 時，$u_t = c + \varepsilon_t$ 是平穩的，因此該過程的平穩性條件是 $|\varphi_1| < 1$，即當 $|\varphi_1| < 1$ 時，$AR(1)$ 過程是平穩的；當 $|\varphi_1| \geq 1$ 時，$AR(1)$ 過程是非平穩的。

又如，$AR(2)$ 過程

[①] 這裡假定 $ARMA(p,q)$ 過程是從很久以前開始的。另外，在 EViews 軟件中，如下定義 $AR(p)$ 過程(8.11)或 $ARMA(p,q)$ 過程(8.13)的特徵方程
$$z^p - \varphi_1 z^{p-1} - \varphi_2 z^{p-2} - \cdots - \varphi_p = 0$$
顯然，該方程的根與方程(8.15)的根互為倒數。因此，那裡給出的 $AR(p)$ 過程或 $ARMA(p,q)$ 過程的平穩性條件是：特徵方程的根全部落在單位圓內，即所有根的模都小於 1。

$$u_t = 5 + \frac{6}{8}u_{t-1} - \frac{1}{8}u_{t-2} + \varepsilon_t$$

的特徵方程為：

$$1 - \frac{6}{8}\lambda + \frac{1}{8}\lambda^2 = 0$$

該方程的根為 $\lambda_1 = 2, \lambda_2 = 4$。因此，由平穩性條件可知，該 AR(2) 過程是平穩的。

依據 AR(p) 過程或 ARMA(p,q) 過程的平穩性條件可知，若其特徵方程存在為 1 的根，稱之為**單位根**(unit root)，那麼該過程就是非平穩的。例如，隨機遊走過程就是含有一個單位根的非平穩過程。又如，當自迴歸系數滿足 $1 - \varphi_1 - \varphi_2 - \cdots - \varphi_p = 0$ 時，該過程至少含有一個單位根。

對於只含有一個單位根，而其餘特徵根（若有的話）的模均大於 1 的 AR(p) 過程或 ARMA(p,q) 過程，經差分變換所得序列是平穩的，即該序列是一階單整過程。此結論的驗證過程如下：

設 ARMA(p,q) 過程 u_t 的特徵方程有一個單位根，其餘根的模均大於 1，則該方程左端含有因式 $1 - \lambda$，即有

$$f(\lambda)(1 - \lambda) = 0$$

其中 $f(\lambda)$ 為 $p-1$ 次多項式，它的根的模均大於 1。由特徵方程的建立過程可知，ARMA(p,q) 中 AR(p) 部分的滯後算子多項式為：

$$f(L)(1 - L)$$

由 $\Delta u_t = u_t - u_{t-1} = (1 - L)u_t$ 可知，$f(L)$ 為 Δu_t 的滯後算子多項式，其特徵方程

$$f(\lambda) = 0$$

的根的模都大於 1，因此 Δu_t 是平穩的。

上述結論很容易推廣到含有多個單位根的情形：

若 AR(p) 過程或 ARMA(p,q) 過程含有 $d(d \leq p)$ 個單位根，而其餘特徵根（若有的話）的模均大於 1，那麼它是 d 階單整過程。

對於經濟和金融時間序列，很少出現模小於 1 的特徵根，因此在實證分析中通常將一個非平穩時間序列是差分平穩的與其只含有一個單位根作為同義語使用。

另外，需要指出的是，含有單位根數目不同的非平穩過程具有不同的波動特徵。例如，圖 8-5(a)(b)(c) 分別為含有 1 個、2 個、3 個單位根的非平穩過程的樣本序列的示意圖。觀察該圖可以看出，含有一個單位根的時間序列呈現隨機遊走的波動特徵，含有 2 個和 3 個單位根的時間序列則呈現出明顯的非線性趨勢，而且含有的單位根個數越多時間序列波動的越劇烈。因此，識別非平穩時間序列含有的單位根數目，對於研究它們的波動特徵具有重要的意義。

(a) X_t 有 1 個單位根

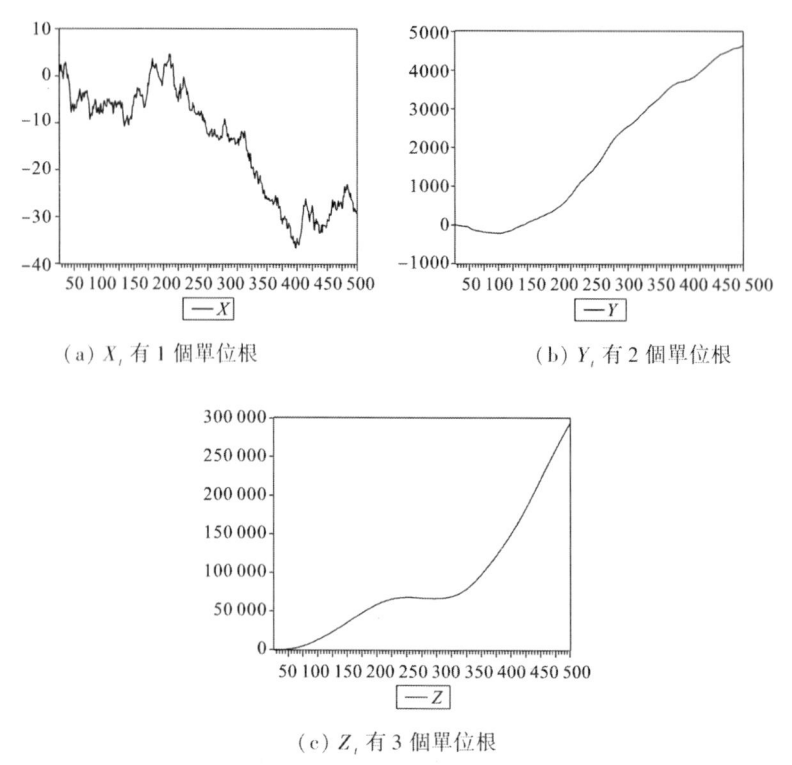

(b) Y_t 有 2 個單位根

(c) Z_t 有 3 個單位根

圖 8-5　含有不同數目單位根的非平穩過程的樣本序列的示意圖

§8.2　單位根檢驗

　　本章前面的討論已初步表明,無論是建立經典計量經濟模型,還是依據時間序列本身的特性對其變化規律進行統計推斷,都需要知道變量序列的平穩性。因此,依據樣本序列數據去推斷它的數據生成過程是平穩的還是非平穩的,是差分平穩的還是趨勢平穩的是時間序列分析重要的基礎工作。關於平穩性的檢驗有許多種方法,本書將介紹在實證分析中被廣泛應用的一種檢驗方法,即 DF 檢驗(Dickey – Fuller test)和擴展的 DF 檢驗,即 ADF 檢驗(augmented Dickey – Fuller test)。這種檢驗方法是 Dickey 和 Fuller 在一系列論文中提出的檢驗時間序列平穩性的一種方法,其原假設是單位根過程,備擇假設是平穩或趨勢平穩過程,因此也被稱為**單位根檢驗**。

8.2.1　DF 檢驗

　　DF 檢驗是 Dickey 和 Fuller 於 1976 年提出的檢驗時間序列平穩性的一種方法。設待檢驗的時間序列 Y_t,或者為隨機遊走過程(含有一個單位根),或者為(趨勢)AR(1)平穩過程。依據 Y_t 的數據生成過程的表現形式,**DF 檢驗分為如下三種常用的情形:**

情形 1:迴歸模型為:
$$Y_t = \rho Y_{t-1} + u_t$$
原假設 $H_0:\rho = 1$　（Y_t 為不含漂移的隨機遊走過程）
備擇假設 $H_1:\rho < 1$　（Y_t 為均值為 0 的平穩過程）

情形 2:迴歸模型為:
$$Y_t = \mu + \rho Y_{t-1} + u_t$$
原假設 $H_0:\mu = 0, \rho = 1$　（Y_t 為不含漂移的隨機遊走過程）
備擇假設 $H_1:\rho < 1$　　　　（Y_t 為平穩過程）

情形 3:迴歸模型為:
$$Y_t = \mu + \delta t + \rho Y_{t-1} + u_t$$
原假設 $H_0:\delta = 0, \rho = 1$　（Y_t 為隨機遊走過程）
備擇假設 $H_1:\rho < 1$　　　　（Y_t 為平穩或趨勢平穩過程）

其中 $u_t \sim IID(0,\sigma^2)$。

DF 檢驗的迴歸模型(也稱為**檢驗式**)實際上是對時間序列數據生成過程的設定,上述三種情形中的迴歸模型都含有 AR(1)過程 $\rho Y_{t-1} + u_t$,其差異在於是否含有確定性的截距項 μ 和趨勢項 δt。可見,DF 檢驗是針對具有 AR(1)過程表現形式的數據生成過程的平穩性或趨勢平穩性的檢驗。依據 AR(1)過程的平穩性條件可知,當 $|\rho| < 1$ 時,$\rho Y_{t-1} + u_t$ 是平穩的,$|\rho| \geq 1$ 時,$\rho Y_{t-1} + u_t$ 是非平穩的。DF 檢驗進行的是單側檢驗,情形 1 和情形 2 是以不含漂移的隨機遊走過程(含有一個單位根)為原假設,備擇假設為平穩過程;情形 3 是以一般的隨機遊走過程為原假設,以平穩或趨勢平穩過程為備擇假設。

DF 檢驗常用的統計量是基於 OLS 法估計迴歸模型得到的 τ 統計量[1]。
$$\tau = (\hat{\rho} - 1)/\hat{\sigma}_{\hat{\rho}} \tag{8.17}$$
其中 $\hat{\rho}、\hat{\sigma}_{\hat{\rho}}$ 分別為迴歸系數 ρ 的 OLS 估計量及其標準差的估計量。該統計量的計算方法與我們熟悉的 t 統計量的計算方法一致,但當原假設成立時,即 Y_t 是非平穩的單位根過程時,利用(8.17)式計算的 τ 統計量不再服從 t 分佈,其極限分佈也不為正態分佈。可以證明(漢密爾頓,1999),τ 統計量的極限分佈存在(並非正態分佈)且與擾動項 u_t 的概率分佈無關。在有限樣本下,模擬試驗表明,τ 統計量的分佈與 t 分佈相比通常向左偏倚,如圖 8-6 所示,因此在一定的顯著性水平下,DF 檢驗不能再使用 t 分佈的臨界值。為此,Dickey 和 Fuller 利用模擬試驗,對擾動項 u_t 服從正態分佈的情形,給出了 τ 統計量分佈的臨界值,如表 8-1 所示。在給定的顯著性水平下,若 τ 統計量值小於臨界值,則拒絕原假設 H_0;若 τ 統計量值大於臨界值,則接受原假設 H_0[2]。

---

[1]　Dickey 和 Fuller 提出的 ADF(DF)單位根檢驗包括三種具體的檢驗法:基於標準化偏差統計量的 k 檢驗、基於傳統 t 統計量的 τ 檢驗和基於 Wald 統計量的 F 檢驗(漢密爾頓,1999)。

[2]　嚴格地講,在有限樣本下,τ 統計量的分佈與擾動項的分佈是有關的,因而其臨界值也存在差異(靳庭良,2006)。

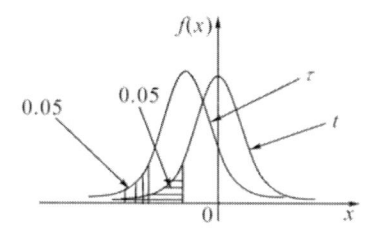

图 8-6　DF 檢驗的 τ 統計量分佈與 t 分佈的比較示意圖[1]

[$f(x)$ 為密度函數，0.05 為陰影區域的面積]

表 8-1　　　　　DF 檢驗的 τ 統計量分佈的臨界值表

樣本容量 T	$\tau = (\hat{\rho} - 1)/\hat{\sigma}_{\hat{\rho}}$ 小於下面項的概率							
	0.01	0.025	0.05	0.10	0.90	0.95	0.975	0.99
情形 1								
25	-2.66	-2.26	-1.95	-1.60	0.92	1.33	1.70	2.16
50	-2.62	-2.25	-1.95	-1.61	0.91	1.31	1.66	2.08
100	-2.60	-2.24	-1.95	-1.61	0.90	1.29	1.64	2.03
250	-2.58	-2.23	-1.95	-1.62	0.89	1.29	1.63	2.01
500	-2.58	-2.23	-1.95	-1.62	0.89	1.28	1.62	2.00
∞	-2.58	-2.23	-1.95	-1.62	0.89	1.28	1.62	2.00
情形 2								
25	-3.75	-3.33	-3.00	-2.63	-0.37	0.00	0.43	0.72
50	-3.58	-3.22	-2.93	-2.60	-0.40	-0.03	0.29	0.66
100	-3.51	-3.17	-2.89	-2.58	-0.42	-0.05	0.26	0.63
250	-3.46	-3.14	-2.88	-2.57	-0.42	-0.06	0.24	0.62
500	-3.44	-3.13	-2.87	-2.57	-0.43	-0.07	0.24	0.61
∞	-3.43	-3.12	-2.86	-2.57	-0.44	-0.07	0.23	0.60
情形 3								
25	-4.38	-3.95	-3.60	-3.24	-1.14	-0.80	-0.50	-0.15
50	-4.15	-3.80	-3.50	-3.18	-1.19	-0.87	-0.58	-0.24
100	-4.04	-3.73	-3.45	-3.15	-1.22	-0.90	-0.62	-0.28
250	-3.99	-3.69	-3.43	-3.13	-1.23	-0.92	-0.64	-0.31
500	-3.98	-3.68	-3.42	-3.13	-1.24	-0.93	-0.65	-0.32
∞	-3.96	-3.66	-3.41	-3.12	-1.25	-0.94	-0.66	-0.33

註：[1] 表格來源於詹姆斯 D. 漢密爾頓. 時間序列分析. 北京：中國社會科學出版社,1999：923. Fuller, W. A. Introduction to Statistical Time Series, New York：John Wiley &Sons,1976：373.

[2] 表中概率值與臨界值之間的關係舉例：對於情形 2，當 $T = 50$ 時，概率值 0.05 對應的臨界值為 -2.93，即 $P(\tau < -2.93) = 0.05$。

關於 DF 檢驗還有另一種等價的表述方式，如情形 2 的迴歸模型可以等價地寫成：

$$\Delta Y_t = \mu + \theta Y_{t-1} + u_t$$

其中 $\theta = \rho - 1$，那麼相應的原假設和備擇假設分別為：

　　$H_0: \mu = 0, \theta = 0$　（Y_t 為不含漂移的隨機遊走過程）

　　$H_1: \theta < 0$　（Y_t 為平穩過程）

---

[1]　在有限樣本下，τ 統計量的精確分佈是未知的，該圖意在從直觀上說明其與 t 分佈在位置上的差異。

此時 DF 檢驗 τ 統計量為：
$$\tau = \hat{\theta}/\hat{\sigma}_{\hat{\theta}} \tag{8.18}$$
其中 $\hat{\theta}$、$\hat{\sigma}_{\hat{\theta}}$ 分別為迴歸系數 θ 的 OLS 估計量及 $\hat{\theta}$ 的標準差估計量。對於其他情形也有類似的等價表述。在 EViews 軟件中，DF 檢驗使用的就是迴歸模型中被解釋變量為差分的形式，而且給出了 Mackinnon(1996) 模擬計算的臨界值，那裡的臨界值比表 8-1 中的臨界值更精確。

> 在 EViews 軟件下，DF 檢驗的執行程序：
> ① 在 Workfile 窗口中，打開待檢驗的變量序列。
> ② 在變量序列窗口中，點擊 View→ Unit Root Test，接著在彈出的 Unit Root Test 窗口的 Test Type 欄中選擇 Augmented Dickey - Fuller，在 Test for unit root in 欄中選擇 Level(原序列)或 1st difference(一階差分序列)或 2st difference(二階差分序列)，在 Include in test equation 欄中選擇 Intercept(情形 2)或 Trend and intercept(情形 3)或 None (情形 1)，在 Lag length 欄中選擇 User specification，並在對話框中輸入「0」，然後點擊 OK，即得到 DF 檢驗的輸出結果。依據該結果中 DF 檢驗的 P 值便可以完成 DF 檢驗。

在實證分析中，經濟和金融時間序列的數據生成過程的表現形式通常是未知的，因此進行 DF 檢驗首先要合理設定檢驗的類型，即原假設及迴歸模型的表達式。已有相關文獻提出了一些 DF 檢驗類型的設定方法，但它們都存在一定的缺陷(靳庭良，2006)。在此，我們僅提議一種比較合理且具有可操作性的 DF 檢驗類型的設定方法，即將圖形分析與 Dolado 等(1990)提出的統計檢驗程序相結合的設定方法。具體操作步驟是：

(1) 分析時間序列的趨勢圖，若圖形具有明顯的線性趨勢，則選擇情形 3 進行檢驗；否則，進行下一步。

(2) 首先按照情形 2 進行檢驗，若檢驗拒絕原假設，則認為序列是平穩的，檢驗結束；否則，利用 OLS 法迴歸模型：
$$\Delta y_t = \mu + u_t$$
並利用通常的 t 檢驗法檢驗 $\mu = 0$ 是否成立。若 $\mu = 0$ 顯著不成立，則認為序列是隨機遊走過程；否則，按照情形 1 進行檢驗，並得到最終結果。

8.2.2 ADF 檢驗

DF 檢驗要求時間序列的數據生成過程具有 AR(1)過程的表現形式，迴歸模型的擾動項是白噪聲過程。但是，在實際檢驗中，時間序列可能是由高階的自迴歸過程生成的，此時採用 AR(1)形式的迴歸模型，其擾動項存在序列相關，並非白噪聲過程，因此 DF 檢驗是無效的。為此，Dickey 和 Fuller(1979，1981)將 DF 檢驗進行了擴展，提出了擴展的 DF 檢驗，即 ADF 檢驗。後來，Said 和 Dickey(1984)的研究表明該檢驗也適用於一般 ARMA 過程平穩性的檢驗。

8.2.2.1 基本思想

考察 AR(p)過程(8.11)：
$$u_t = c + \varphi_1 u_{t-1} + \varphi_2 u_{t-2} + \cdots + \varphi_{p-1} u_{t-p+1} + \varphi_p u_{t-p} + \varepsilon_t$$

首先,將上式右端加、減 $\varphi_p u_{t-p+1}$,使其出現差分項 Δu_{t-p+1}:

$$u_t = c + \varphi_1 u_{t-1} + \varphi_2 u_{t-2} + \cdots + \varphi_{p-1} u_{t-p+1} + \varphi_p u_{t-p+1} - \varphi_p u_{t-p+1} + \varphi_p u_{t-p} + \varepsilon_t$$

$$= c + \varphi_1 u_{t-1} + \varphi_2 u_{t-2} + \cdots + (\varphi_{p-1} + \varphi_p) u_{t-p+1} - \varphi_p \Delta u_{t-p+1} + \varepsilon_t \quad (8.19)$$

接著,再通過將(8.19)式右端加、減 $(\varphi_{p-1} + \varphi_p) u_{t-p+2}$,使上式中出現差分項 Δu_{t-p+2}:

$$u_t = c + \varphi_1 u_{t-1} + \varphi_2 u_{t-2} + \cdots + (\varphi_{p-2} + \varphi_{p-1} + \varphi_p) u_{t-p+2}$$
$$- (\varphi_{p-1} + \varphi_p) \Delta u_{t-p+2} - \varphi_p \Delta u_{t-p+1} + \varepsilon_t$$

不斷重複上述步驟,最終得到

$$u_t = c + (\varphi_1 + \varphi_2 + \cdots + \varphi_p) u_{t-1} - (\varphi_2 + \varphi_3 + \cdots + \varphi_p) \Delta u_{t-1}$$
$$- \cdots - (\varphi_{p-1} + \varphi_p) \Delta u_{t-p+2} - \varphi_p \Delta u_{t-p+1} + \varepsilon_t$$

即

$$\Delta u_t = c + \theta u_{t-1} + \sum_{j=1}^{p-1} \psi_j \Delta u_{t-j} + \varepsilon_t \quad (8.20)$$

其中 $\theta = \sum_{i=1}^{p} \varphi_i - 1, \psi_j = -\sum_{i=j+1}^{p} \varphi_i$。

因為當 $\sum_{i=1}^{p} \varphi_j = 1$,即 $\theta = 0$ 時,u_t 至少有一個單位根,所以可以通過檢驗(8.20)式中的 θ 是否等於 0,來推斷至多含有一個單位根的時間序列 u_t 的平穩性:對於給定的顯著性水平,若 $\theta = 0$ 顯著成立,則認為 u_t 是單位根過程;若 $\theta = 0$ 顯著不成立,則認為 u_t 是非單位根過程。

8.2.2.2 檢驗類型

對於至多含有一個單位根的時間序列 Y_t,即 Y_t 或者為 I(1) 過程,或者為(趨勢)平穩過程,與 DF 檢驗類似,**ADF 檢驗分為如下三種常用的情形**(這裡直接採用迴歸模型的被解釋變量為差分的形式):

情形1:迴歸模型為:

$$\Delta Y_t = \theta Y_{t-1} + \sum_{j=1}^{l} \varphi_j \Delta Y_{t-j} + u_t$$

原假設 $H_0: \theta = 0$ (Y_t 為不含截距項的單位根過程)

備擇假設 $H_1: \theta < 0$ (Y_t 為均值為 0 的平穩過程)

情形2:迴歸模型為:

$$\Delta Y_t = \mu + \theta Y_{t-1} + \sum_{j=1}^{l} \varphi_j \Delta Y_{t-j} + u_t$$

原假設 $H_0: \mu = 0, \theta = 0$ (Y_t 為不含截距項的單位根過程)

備擇假設 $H_1: \theta < 0$ (Y_t 為平穩過程)

情形3:迴歸模型為:

$$\Delta Y_t = \mu + \delta t + \theta Y_{t-1} + \sum_{j=1}^{l} \varphi_j \Delta Y_{t-j} + u_t$$

原假設 $H_0: \delta = 0, \theta = 0$ (Y_t 為一般的單位根過程)

備擇假設 $H_1: \theta < 0$ (Y_t 為平穩或趨勢平穩過程)

其中 l 為正整數,稱之為**滯後截斷參數**(truncation lag), $u_t \sim IID(0,\sigma^2)$。

從 ADF 檢驗的迴歸模型(也稱為**檢驗式**)可以看出,當這些迴歸模型不含有滯後差分項時,它們與 DF 檢驗相應的迴歸模型是一致的,因此 DF 檢驗可以看作 ADF 檢驗的特殊情形。

ADF 檢驗常用的統計量也是基於 OLS 法估計迴歸模型得到的 τ 統計量:
$$\tau = \hat{\theta}/\hat{\sigma}_{\hat{\theta}} \tag{8.21}$$
其中 $\hat{\theta}$、$\hat{\sigma}_{\hat{\theta}}$ 分別為迴歸系數 θ 的 OLS 估計量及 $\hat{\theta}$ 的標準差的估計量。可以證明(漢密爾頓,1999):當原假設成立,即 Y_t 是單位根過程時,ADF 檢驗的 τ 統計量與相應的 DF 檢驗的 τ 統計量具有相同的極限分佈。因此,在大樣本的情形下,ADF 檢驗可以使用相應的 DF 檢驗的臨界值進行檢驗。

要進行 ADF 檢驗,除需要確定迴歸模型中截距項或趨勢項的取捨外,還要選擇適當的滯後截斷參數 l。l 值太小,迴歸模型的擾動項可能存在自相關性,並非白噪聲過程,導致顯著性水平的扭曲,即犯第一類錯誤的概率並非給定的顯著性水平;l 值太大,則會過度接受原假設,使檢驗具有較高的犯第二類錯誤的概率(靳庭良,2006)。在實踐中,可以參考自迴歸分佈滯後模型階數的確定方法來確定 ADF 檢驗迴歸模型中的滯後截斷參數 l,其中依據 AIC 準則或 SIC 準則來確定 l 值是較為常用的方法。

> 在 EViews 軟件下,ADF 檢驗的執行程序與 DF 檢驗的區別僅在於:在 Unit Root Test 窗口的 Lag length 欄中可以選擇 User specification,並在對話框中輸入 l 值(不一定是 0),也可以選擇 Automatic selection,並在下拉菜單中選擇確定 l 值的標準,如 AIC 準則、SIC 準則等。

仿照 DF 檢驗原假設與迴歸模型的確定方法,ADF 檢驗類型的選擇也可以分兩步進行:

(1) 分析時間序列 y_t 的趨勢圖,若圖形具有明顯的線性趨勢,則選擇情形 3,並按照上述方法確定滯後截斷參數 l;否則,進行下一步。

(2) 首先按照情形 2 進行檢驗,建立迴歸模型:
$$\Delta Y_t = \mu + \theta Y_{t-1} + \sum_{j=1}^{l} \varphi_j \Delta Y_{t-j} + u_t$$
並按照上述方法確定滯後截斷參數 l。若檢驗拒絕原假設,則認為序列是平穩的,檢驗結束;否則,利用 OLS 法迴歸模型:
$$\Delta Y_t = \mu + \sum_{j=1}^{l} \varphi_j \Delta Y_{t-j} + \varepsilon_t$$
並應用通常的 t 檢驗法檢驗 $\mu = 0$ 是否成立。若 $\mu = 0$ 顯著不成立,則認為序列是單位根過程;否則,按照情形 1 進行檢驗,並得到最終結果。

8.2.2.3 檢驗策略

ADF(DF) 檢驗假定待檢驗的時間序列至多含有一個單位根。研究結果表明(米爾斯,2002),如果單位根的真實數目大於 1,那麼 ADF(DF) 檢驗會過度拒絕原假設,導致發現任何一個單位根的概率都會降低,更不要說發現所有的單位根了。因此,對於給定的

時間序列 Y_t，我們認為宜採取如下檢驗策略：

若懷疑其可能含有多個單位根，則應該首先對滿足 ADF(DF) 成立條件的某一高階差分 $\Delta^m Y_t (m \geq 1)$，按照 ADF(DF) 檢驗的步驟檢驗其單位根的存在性。如果原假設沒有被拒絕，則認為 Y_t 存在 $m+1$ 個單位根，檢驗結束；如果原假設被拒絕，則接著檢驗 $\Delta^{m-1} Y_t$ 的單位根的存在性。如此繼續下去，直到檢驗結果接受原假設，或接受 Y_t 為平穩或趨勢平穩的為止。

由於經濟和金融時間序列含有單位根的個數很少超過 3，因此在實踐中可以考慮從差分序列 $\Delta^m Y_t (m \leq 2)$ 的單位根檢驗開始，具體的差分階數 m 可以依據樣本數據的圖形（參見圖 8-5）來確定。例如，觀察中國 GDP_t 序列（1978—2008 年）（當年價）的趨勢圖（如圖 8-7 所示），可以發現其具有明顯的快速上升的趨勢，因此初步判斷該序列的數據生成過程可能含有兩個或三個單位根。於是，ADF(DF) 檢驗可以從檢驗 $\Delta^2 GDP_t$ 的平穩性開始。

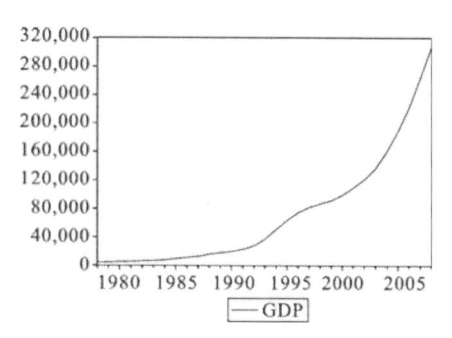

圖 8-7 中國 GDP_t 序列（1978—2008 年）（當年價）的趨勢圖

例題 8.1 中國實際國民總收入的對數序列與城鄉居民實際人民幣儲蓄存款的對數序列的單整性檢驗

利用 ADF 檢驗法，檢驗例題 6.4 中 1978—2009 年中國實際國民總收入的自然對數 $LAGNI_t = \ln(AGNI_t)$ 和城鄉居民實際人民幣儲蓄存款的自然對數 $LDAS_t = \ln(DAS_t)$ 的單整性，即檢驗它們所含單位根的個數。

依據表 6-4 中樣本數據，分別作變量序列 $LAGNI_t$ 和 $LDAS_t$ 趨勢圖，如圖 8-8 所示。

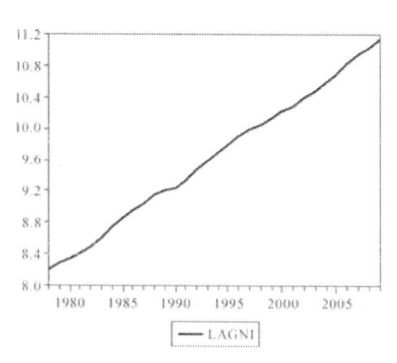

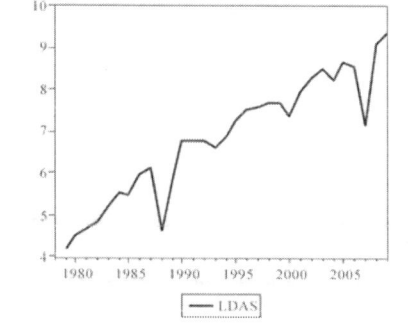

(a) $LAGNI_t$ 的趨勢圖　　(b) $LDAS_t$ 的趨勢圖

圖 8-8 序列 $LAGNI_t$、$LDAS_t$ 的趨勢圖

從圖 8-8 可以看出，在 1978—2009 年，$LAGNI_t$ 和 $LDAS_t$ 都呈現隨時間遞增的非平穩的變化趨勢。進一步作 $LAGNI_t$、$LDAS_t$ 的一階差分序列（分別記為 $DLAGNI_t$、$DLDAS_t$）的趨勢圖，如圖 8-9 所示。

(a) $DLAGNI_t$ 的趨勢圖   (b) $DLDAS_t$ 的趨勢圖

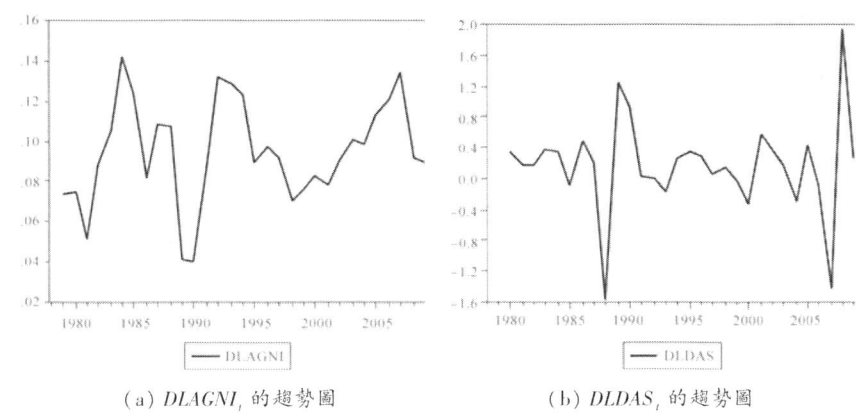

圖 8-9　$LAGNI_t$ 和 $LDAS_t$ 的差分序列的趨勢圖

從圖 8-9 可以看出，$DLAGNI_t$、$DLDAS_t$ 都呈現出圍繞某一水平線上下振盪的變化趨勢，因此推斷它們的單整階數至多為 1，而且可以先採用 ADF 檢驗的情形 2 進行單位根檢驗。

表 8-2 給出了對 $DLAGNI_t$ 進行 ADF 檢驗的部分輸出結果（按 SIC 準則確定滯後截斷參數為 1），它對應的迴歸模型的估計結果為：

$$\Delta(DLAGNI_t) = 0.067,356 - 0.702,841 DAGNI_{t-1} + 0.389,703\Delta(DLAGNI_{t-1}) + e_t$$

利用 LM 檢驗法檢驗自相關性，結果表明該模型不存在自相關性（留給讀者自己去完成）。

表 8-2　　　　　　　　$RAGNI_t$ 的 ADF 檢驗的部分輸出結果

			t - Statistic	Prob.*
Null Hypothesis: D(LAGNI) has a unit root				
Exogenous: Constant				
Lag Length: 1 (Automatic based on SIC, MAXLAG = 7)				
Augmented Dickey - Fuller test statistic			-3.950,469	0.005,2
Test critical values:	1% level		-3.679,322	
	5% level		-2.967,767	
	10% level		-2.622,989	

*MacKinnon (1996) one - sided p - values.

從表 8-2 可以看出，ADF τ 統計量（t - Statistic）值為 -3.950,469，其相應的 P 值為 0.005,2 小於 0.05，因此在 0.05 的顯著性水平下，ADF 檢驗拒絕 $DLAGNI_t$ 為單位根過程的原假設，可以認為 $DLAGNI_t$ 是平穩的。類似地，可以得到在 0.05 的顯著性水平下，$DLDAS_t$ 也是平穩的結論，相應 ADF 檢驗的檢驗結果見表 8-3。

表 8-3　　　　　　　$DLAGNI_t$ 和 $DLDAS_t$ 的 ADF 檢驗結果

變量	迴歸模型的類型	滯後截斷參數 l（SIC 準則）	τ 統計量值	P 值	結果（顯著性水平為 0.05）
$DLAGNI_t$	有截距項、無趨勢項	1	$-3.950,469$	0.005,2	平穩
$DLDAS_t$	有截距項、無趨勢項	1	$-6.709,253$	0.000,0	平穩

因為 $LAGNI_t$、$LDAS_t$ 的一階差分序列 $DLAGNI_t$ 和 $DLDAS_t$ 都是平穩的，所以需要繼續檢驗 $LAGNI_t$、$LDAS_t$ 的平穩性。從圖 8-8 可見，$LAGNI_t$ 與 $LDAS_t$ 都呈現明顯的線性增加的變化趨勢，因此採用 ADF 檢驗的情形 3 對它們進行單位根檢驗，檢驗結果如表 8-4 所示。

表 8-4　　　　　　　$LAGNI_t$ 和 $LDAS_t$ 的 ADF 檢驗結果

變量	迴歸模型的類型	滯後截斷參數 l（SIC 準則）	τ 統計量值	P 值	結果（顯著性水平為 0.05）
$LAGNI_t$	有趨勢項	3	$-3.934,684$	0.023,8	平穩或趨勢平穩
$LDAS_t$	有趨勢項	0	$-4.821,768$	0.002,9	平穩或趨勢平穩

從表 8-4 可以看出，$LAGNI_t$ 和 $LDAS_t$ 的 ADF 檢驗 τ 統計量的 P 值分別為 0.023,8、0.002,9，都小於 0.05，因此在 0.05 的顯著性水平下，拒絕 $LAGNI_t$ 和 $LDAS_t$ 含有單位根的原假設，可以認為它們都是平穩或趨勢平穩過程。再由 ADF 檢驗迴歸模型的估計結果可知，$LAGNI_t$ 和 $LDAS_t$ 的迴歸模型中趨勢項系數 t 檢驗的 P 值分別為 0.000,7 和 0.000,1，均小於 0.05，此表明在 0.05 的顯著性水平下，它們都顯著不為 0。因此，可以進一步認為 $LAGNI_t$ 和 $LDAS_t$ 都是趨勢平穩過程。

上述 ADF 檢驗結果表明，在 1978—2009 年中國實際國民總收入的對數序列與城鄉居民實際人民幣儲蓄存款的對數序列都是趨勢平穩過程。

§8.3　偽迴歸現象與協整的概念

8.3.1　偽迴歸現象

偽迴歸現象（spurious regression phenomenon）是 Granger 和 Newbold 於 1974 年首先發現的，它是指相互獨立的兩個非平穩變量序列，利用 OLS 法估計迴歸模型並進行通常的 t 檢驗，往往得到它們之間存在顯著的函數關係的現象。例如，考慮如下兩個隨機遊走過程：

$$Y_t = Y_{t-1} + \varepsilon_t, \varepsilon_t \sim IIDN(0,1)$$
$$X_t = X_{t-1} + \omega_t, \omega_t \sim IIDN(0,1)$$

其中 $Cov(\varepsilon_s,\omega_t) = 0(s,t = 1,2,\cdots,T)$，$X_0=0, Y_0=0$。由於

$$Y_t = \sum_{i=1}^{t}\varepsilon_i, X_t = \sum_{i=1}^{t}\omega_i$$

因此 Y_t 與 X_t 是相互獨立的。我們利用 EViews 軟件首先隨機生成 ε_t, ω_t 各 500 個樣本值,進而得到 Y_t 與 X_t 容量為 500 的樣本序列。其趨勢圖如圖 8-10 所示。

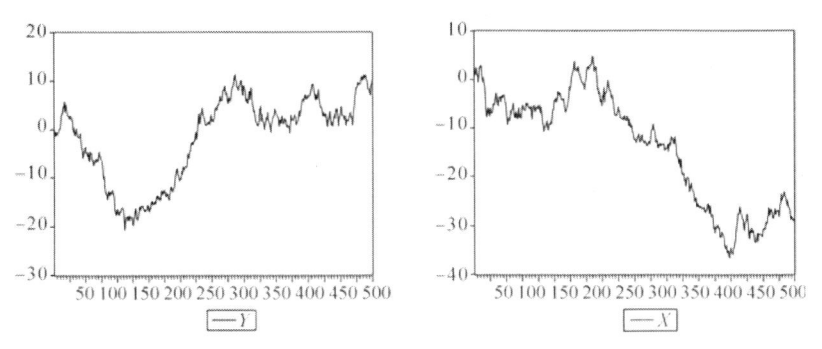

圖 8-10 隨機遊走過程 Y_t 和 X_t 的樣本序列的趨勢圖

依據上述樣本數據,利用 OLS 法將 Y_t 對 X_t 進行迴歸,得到如下迴歸結果:

$$\hat{Y}_t = -8.443\,885 - 0.474\,157 X_t$$

t 值 -17.907 -18.314

$R^2 = 0.402\,4$, $DW = 0.024\,5$

可以看出,t 統計量的絕對值相當大,按照通常的 t 檢驗,會得出 X_t 對 Y_t 具有顯著影響的結論。顯然,該結論與 X_t、Y_t 是兩個獨立的隨機變量序列相矛盾。

事實上,上述例題顯示的結果並不是偶然現象。Granger 和 Newbold(1974)以及 Dvidson 和 Makinnon(1993)等的模擬結果表明(伍德里奇,2015),大數次生成相互獨立的兩個隨機遊走過程的樣本序列,其迴歸結果中大部分都能通過 t 檢驗,即在統計上認為兩者之間存在顯著的數量依存關係。此外,在兩個不相關的隨機遊走過程之間的迴歸,以及在多個不相關的非平穩過程或其中有一些非平穩的過程之間的迴歸,也同樣存在偽迴歸現象。

眾所周知,通常的 t 檢驗只有在 t 統計量服從 t 分佈的情況下才是有效的。Phllips(1986)對偽迴歸現象進行了分析。結果表明,對於上述示例中的數據生成過程,採用 OLS 法迴歸得到的結果不能用通常的假設檢驗進行解釋,因為此時按通常方法計算的 t 統計量不再服從 t 分佈。事實上,隨著樣本容量 T 的增加,t 統計量的分佈是發散的,而且對任意的臨界值,拒絕原假設的概率將隨著樣本容量的增加而增大。

綜上所述,理論分析和模擬結果均表明,在對非平穩變量序列進行迴歸時,可能存在偽迴歸現象。因此,在建立迴歸模型之前,首先應該對變量之間的關係進行檢驗。只有確認解釋變量與被解釋變量之間存在顯著的數量依存關係時,迴歸分析才是有意義的。

8.3.2 協整概念

基於對非平穩變量序列採用傳統建模方法可能導致偽迴歸現象的認識。為了避免這種現象的發生,Granger(1981)提出了協整(cointegration)的概念,並與 Engle 合作(1987)給出了一種基本的協整檢驗方法——EG 檢驗法(Engle and Granger test),從而奠定了協整理論的基礎。本節先介紹協整的概念,關於協整的檢驗留在下一節。

在實證分析中,許多經濟和金融時間序列都是非平穩的,比如,收入、居民儲蓄額、消費支出額、價格指數、貨幣供給量、進口額、出口額、匯率等,但其中某些非平穩時間序列的某種線性組合卻可能是平穩的。例如,中國 1978—2009 年的人均實際國內生產總值的對數 LACOMP,與人均實際消費支出的對數 LAGDPP,均是一階單整的非平穩時間序列[見本章練習題八綜合應用題(2)],但從圖 8-11(a) 可以看出,它們具有比較明顯的共同變化的趨勢。考慮 LACOMP,對 LAGDPP,的簡單迴歸模型:

$$LACOMP_t = \beta_0 + \beta_1 LAGDPP_t + u_t \qquad (8.22)$$

利用 OLS 法估計該模型,得樣本迴歸模型:

$$LACOMP_t = 0.221,485 + 0.854,056 LAGDPP_t + e_t$$

及殘差序列 e_t 的趨勢圖,如圖 8-11(b) 所示。

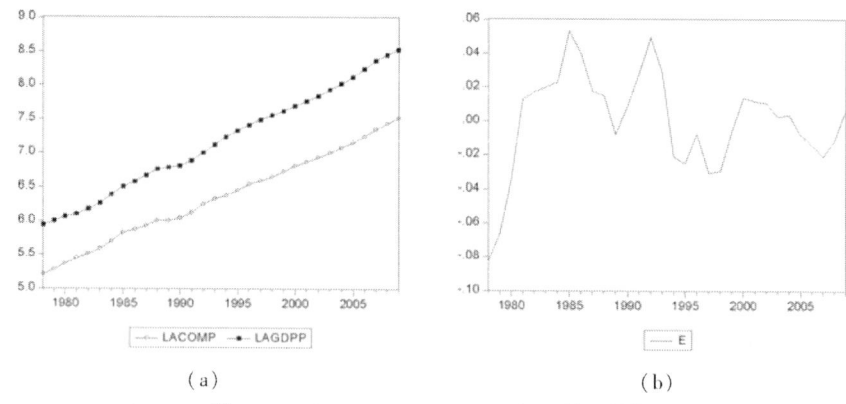

圖 8-11 $LACOMP_t$、$LAGDPP_t$ 和 e_t 的趨勢圖

從圖 8-11(b) 可以看出, e_t 在其均值附近上下波動,具有明顯的平穩特徵,由此推斷模型(8.22)中的隨機誤差項 u_t 是平穩的。這一點可以利用後文介紹的 EG 協整檢驗法得到進一步驗證[見練習題八綜合應用題(5)]。此表明儘管 $LACOMP_t$ 與 $LAGDPP_t$ 都是非平穩的 I(1) 過程,但它們之間有一個平穩的線性組合 $u_t = LACOMP_t - \beta_0 - \beta_1 LAGDPP_t$。這意味著在短期內 $LACOMP_t$ 與 $\beta_0 + \beta_1 LAGDPP_t$ 可能並不相等。但從長期來看,它會穩定地在 $\beta_0 + \beta_1 LAGDPP_t$ 附近上下波動,而不會偏離太遠,即 $LACOMP_t$ 與 $LAGDPP_t$ 之間存在長期穩定的均衡數量關係。因此,可以依據 $LAGDPP_t$ 的變動趨勢對 $LACOMP_t$ 的變動趨勢進行推斷。我們稱 $LACOMP_t$ 與 $LAGDPP_t$ 之間這種長期穩定的均衡數量關係為協整關係,將 $u_t = LACOMP_t - \beta_0 - \beta_1 LAGDPP_t$ 稱為**非均衡誤差**。一般地,如下定義變量之間的協整關係:

設隨機向量 $X_t = (X_{1t}, X_{2t}, \cdots, X_{Nt})$ 的各分量都是 $I(d)$ 過程,如果存在一個常數向量 $\beta = (\beta_1, \beta_2, \cdots, \beta_N)' \neq 0$,使得

$$X_t \beta = \beta_1 X_{1t} + \beta_2 X_{2t} + \cdots + \beta_N X_{Nt} \sim I(d-b)$$

這裡 $d \geq b > 0$,則稱變量 $X_{1t}, X_{2t}, \cdots, X_{Nt}$ 之間存在 (d, b) **階協整關係**,記為 $X_t \sim CI(d, b)$。$\beta_j (j = 1, 2, \cdots, N)$ 稱為**協整系數**,β 稱為**協整向量**。

協整概念表明,具有協整關係的高階單整變量的線性組合具有較低的單整階數。在

協整關係中,$(d,d)(d\geq 1)$階協整是一類非常重要的協整關係,它表明雖然各d階單整變量$X_{1t},X_{2t},\cdots,X_{Nt}$都是非平穩的,但若它們之間存在$(d,d)$階協整關係,那麼它們之間就至少存在一個線性組合為平穩過程。也就是說,它們之間存在長期穩定的均衡數量關係。因此,建立反應它們之間數量依賴關係的迴歸模型,比如

$$X_{1t} = \alpha_2 X_{2t} + \cdots + \alpha_N X_{Nt} + u_t \qquad (8.23)$$

才是有意義的,這裡u_t為平穩過程。

Stock(1987)的研究結果表明(Stock,1987;莫瑞,2009),在u_t為平穩過程的條件下,模型(8.23)中參數的 OLS 估計量具有一致性,而且是超一致性,即它們收斂於真實參數的速度要比變量均為平穩過程時的 OLS 估計量快。

因為兩個階數不同的單整變量的線性組合(系數均非0)的單整階數與兩者中較高的階數相同,所以當兩個變量的單整階數不相同時,它們之間不可能存在協整關係。

在深入研究協整理論時,協整秩是一個非常有用的概念。顯然,用一個非0數去乘一個協整向量所得結果仍是一個協整向量,所以協整關係一旦存在,協整向量就不是唯一的。但是,對於存在協整關係的兩個單整變量,線性無關的協整向量的個數為1。例如,設X_{1t},X_{2t}之間存在$(1,1)$階協整關係,若存在兩個線性無關的向量$\beta = (\beta_1,\beta_2)'$,$\alpha = (\alpha_1,\alpha_2)'$,使得

$$\beta_1 X_{1t} + \beta_2 X_{2t} = u_t \qquad (8.24)$$
$$\alpha_1 X_{1t} + \alpha_2 X_{2t} = v_t \qquad (8.25)$$

其中u_t,v_t都為$I(0)$過程,那麼由

$$\begin{vmatrix} \beta_1 & \beta_2 \\ \alpha_1 & \alpha_2 \end{vmatrix} \neq 0$$

可知,由(8.24)式和(8.25)式構成的方程組有唯一解,即X_{1t},X_{2t}都能表示為平穩過程u_t和v_t的線性組合。由此推出X_{1t},X_{2t}都是平穩的,此與它們均為$I(1)$過程相矛盾。所以,X_{1t}與X_{2t}不可能存在兩個線性無關的協整向量。此時稱X_{1t},X_{2t}的協整秩(co-integrating rank)為1。

當X_t的維數大於2,即它含有的分量個數多於2時,有可能存在多個線性無關的協整向量。我們稱所有協整向量構成的向量組的極大線性無關組所含向量的個數$r(r \leq N-1)$為X_t的**協整秩**。

關於協整概念的兩點補充說明:

(1)前文定義的協整關係是針對階數相同的單整變量給出的,對於三個以上的變量,當它們的單整階數不相同時,它們的線性組合也可能是較低階的單整過程。例如,設$X_{1t} \sim I(1)$,$X_{2t} \sim I(2)$,$X_{3t} \sim I(2)$,如果

$$Y_t = aX_{2t} + bX_{3t} \sim I(1)$$
$$dX_{1t} + cY_t \sim I(0)$$

其中a與b,c與d均不為0,則

$$dX_{1t} + caX_{2t} + cbX_{3t} \sim I(0)$$

即存在X_{1t},X_{2t},X_{3t}的非零線性組合是平穩的。因此,從廣義上講,X_{1t},X_{2t},X_{3t}之間也存

在協整關係。

(2) 若 d 階單整變量 $X_{1t}, X_{2t}, \cdots, X_{Nt}$ 之間存在趨勢 $d-b$ 階單整的線性組合,即存在向量 $\beta = (\beta_1, \beta_2, \cdots, \beta_N)' \neq 0$,使得

$$X_t\beta = \beta_1 X_{1t} + \beta_2 X_{2t} + \cdots + \beta_N X_{Nt} = \delta t + u_t$$

其中 $\delta \neq 0$,$u_t \sim I(d-b)$,即 $X_t\beta$ 去掉趨勢項 δt 後為 $I(d-b)$ 過程

$$X_t\beta - \delta t = u_t$$

則稱 $X_{1t}, X_{2t}, \cdots, X_{Nt}$ 之間存在 $d-b$ 階「**趨勢協整關係**」。當趨勢協整的階數 $d-b=0$ 時,便可以與存在協整關係的情形一樣建立迴歸模型,比如

$$X_{1t} = \mu + \delta t + \alpha_2 X_{2t} + \cdots + \alpha_N X_{Nt} + u_t$$

因此,後文在檢驗變量之間是否存在協整關係時,將協整關係與「趨勢協整關係」一同考慮,並統稱為協整關係。

§8.4 協整檢驗

協整關係的檢驗主要有三種常用的方法:Engle 和 Granger(1987)提出的基於利用 OLS 法估計協整迴歸方程所得殘差的檢驗方法,即 EG 檢驗;Johansen(1988,1995)提出的基於 VAR 模型和最大似然估計的檢驗法,即 J 檢驗;Banerjee 等(1993,1998)提出的基於誤差修正機制(error correction mechanism)(見本章 §8.5)和 OLS 法的檢驗法:ECM 檢驗。本書只介紹比較簡單的 EG 檢驗法。

EG 檢驗法的基本思想是,對於一組 d 階單整的非平穩變量,首先,選擇其中的一個變量對其餘變量建立線性迴歸模型,並利用 OLS 法進行估計,將得到的殘差作為模型中隨機誤差項的估計量;然後,依據殘差序列,利用 ADF(DF)統計量來推斷隨機誤差項的平穩性。若隨機誤差項為平穩或趨勢平穩的,則認為該組變量之間存在協整關係;否則,則認為它們之間不存在 (d,d) 階協整關係。下面我們分雙變量和多變量兩種情形介紹這種協整檢驗法的基本步驟。

8.4.1 雙變量的 EG 檢驗

設 Y_t, X_t 均為 $I(1)$ 單整過程,為了檢驗它們之間是否存在協整關係,EG 檢驗的基本步驟為:

(1) 設定迴歸模型

$$Y_t = \beta_0 + \beta_1 X_t + u_t \tag{8.26}$$

提出原假設和被擇假設分別為:

$H_0: u_t$ 為單位根過程(Y_t 與 X_t 之間不存在協整關係)

$H_1: u_t$ 為平穩或趨勢平穩過程(Y_t 與 X_t 之間存在協整關係)

並利用 OLS 法估計該模型,得到殘差序列:

$$e_t = Y_t - \hat{\beta}_0 - \hat{\beta}_1 X_t \tag{8.27}$$

通常稱模型(8.26)為**協整迴歸方程**(注意:若變量之間不存在協整關係,該方程是沒

有意義的)。

(2) 對於給定的顯著性水平 α，依據 e_t 的數據，利用 EG 統計量及其概率分佈的臨界值 C_α(見書末附表 6)來推斷 u_t 的平穩性。這裡 EG 統計量值即為對 e_t 進行 ADF 單位根檢驗的 τ 統計量值。具體計算過程分為兩種情形：

情形 1，若 e_t 沒有明顯的線性趨勢，則按 ADF 檢驗的情形 1 計算 EG 統計量值[注意：(8.26)式中有常數項，這裡的檢驗式就不用加常數項了]；

情形 2，若 e_t 具有明顯的線性趨勢，則按該檢驗的情形 3 計算 EG 統計量值。

EG 檢驗的判斷規則是，若 EG 統計量值 $> C_\alpha$，則接受原假設，認為 u_t 為單位根過程，即 Y_t 與 X_t 之間不存在協整關係；若 EG 統計量值 $< C_\alpha$，則拒絕原假設，認為 u_t 為平穩或趨勢平穩的，即 Y_t 與 X_t 之間存在協整關係。

需要特別注意的是，EG 檢驗是依據 e_t 的數據推斷 u_t 的單整性，而並非 e_t 本身的單整性，因此它的臨界值與對 e_t 進行 ADF 檢驗的臨界值是不相同的。以情形 1 為例，對 u_t 進行 ADF 單位根檢驗的檢驗式為：

$$\Delta u_t = \theta u_{t-1} + \sum_{j=1}^{l} \varphi_j \Delta u_{t-j} + \varepsilon_t \tag{8.28}$$

而 EG 統計量是利用 OLS 法迴歸模型

$$\Delta e_t = \theta e_{t-1} + \sum_{j=1}^{l} \varphi_j \Delta e_{t-j} + \omega_t \tag{8.29}$$

得到的 τ 統計量，即

$$EG = \hat{\theta}/\hat{\sigma}_{\hat{\theta}}。$$

(8.29)式可以看作是(8.28)式中不可觀測的 u_t 用 e_t 來替代的結果。依據最小二乘原理，OLS 法的估計結果使殘差平方和達到最小，因此利用該方法估計協整方程傾向於得到平穩的殘差序列 e_t。所以，在 u_t 為單位根過程的原假設下，依據 e_t 基於(8.29)式所得 τ 統計量的分佈，較依據 u_t 的「實際觀測值」基於(8.28)式所得 τ 統計量的分佈向下偏倚，如圖 8-12 所示。於是，檢驗 u_t 單整性的 EG 統計量分佈的臨界值，即 EG 檢驗的臨界值，應該比 DF 檢驗的臨界值要小。蒙特卡羅(Monte Carlo)模擬試驗表明，EG 檢驗的臨界值，除了與檢驗式中是否含有趨勢項有關，還與協整迴歸方程中單整變量的個數有關。MacKinnon(1991)通過模擬試驗給出了 EG 檢驗的臨界值(見書末附表 6)。

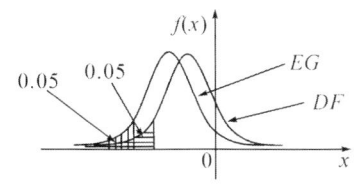

圖 8-12　DF 檢驗的 τ 統計量分佈與 EG 統計量分佈的比較示意圖[①]

[$f(x)$ 為密度函數，0.05 為陰影區域的面積]

---

① 在有限樣本下，DF 檢驗 τ 統計量與 EG 統計量的精確分佈都是未知的，該圖意在直觀說明這兩個分佈在位置上的差異。

8.4.2 多變量的 EG 檢驗

利用 EG 檢驗法檢驗三個以上變量之間的協整關係要比雙變量的情形複雜一些。例如,設 Y_t, X_t, Z_t 都是 $I(1)$ 單整過程,若 Y_t 與 X_t 之間存在協整關係(由此易知 Y_t, X_t, Z_t 之間存在協整關係),而 Z_t 與 Y_t, X_t 都是不相關的,那麼以 Y_t 或 X_t 為被解釋變量建立協整迴歸方程進行 EG 檢驗,則通常會得到三變量之間存在協整關係的結論,但若以 Z_t 為被解釋變量建立協整迴歸方程進行 EG 檢驗,則很可能得到三者之間無協整關係的結論。因此,對多變量進行協整檢驗,可能需要多次重複 EG 檢驗的步驟。具體做法是:

首先設置一個變量為被解釋變量建立協整方程進行 EG 檢驗,若接受存在協整關係的假設,則檢驗結束;否則,需要換另一個變量為被解釋變量建立協整方程進行 EG 檢驗,重複上述過程,依此繼續下去,直到得出存在協整關係的結論,或所有變量依次作為被解釋變量進行檢驗都不能得出存在協整關係的結論,即變量之間不存在協整關係為止。

從上述討論可以看出,EG 檢驗的對象是具有相同單整階數的非平穩過程,因此在進行 EG 檢驗之前首先需要檢驗每一個變量的平穩性,只有當所有變量的單整階數相同時才能應用 EG 檢驗程序。

8.4.3 協整方程的動態普通最小二乘估計

當得知非平穩變量之間存在協整關係後,下面人們關心的問題之一就是變量之間相互影響的顯著性以及影響的程度。我們知道,對於存在協整關係的一組非平穩變量,利用 OLS 法估計協整方程得到的參數估計量是一致的,但非平穩解釋變量的系數估計量通常不是漸近正態的,而且相應的 t 統計量也不漸近服從 t 分佈或標準正態分佈,因此我們通常進行的變量顯著性 t 檢驗是無效的。為解決這一問題,人們提出了一種被稱為**動態普通最小二乘法**或 DOLS 法(DOLS: dynamic OLS)的估計方法(Saikkonen, 1991; Stock 和 Watson, 1993)。

設 Y_t, X_t, Z_t 均為 $I(1)$ 過程,它們之間存在協整關係,並且協整方程為:

$$Y_t = \beta_0 + \beta_1 X_t + \beta_2 Z_t + u_t \tag{8.30}$$

其中 $u_t \sim I(0)$。動態普通最小二乘法的基本做法是,在模型(8.30)中添加 X_t, Z_t 的一階差分項及其若干滯後和超前項,如

$$Y_t = \beta_0 + \beta_1 X_t + \beta_2 Z_t + \sum_{j=-l}^{l} \varphi_j \Delta X_{t-j} + \sum_{j=-l}^{l} \gamma_j \Delta Z_{t-j} + \varepsilon_t \tag{8.31}$$

然後,利用 OLS 法估計模型(8.31)。這樣得到的參數 $\beta_j (j=0,1,2)$ 的估計量稱為**動態普通最小二乘估計量**。可以證明,迴歸系數 β_j 的動態普通最小二乘估計量仍具有一致性,而且它們相應的 t 統計量是漸近服從標準正態分佈的。因此,在大樣本的情形下,可以按照通常的 t 檢驗法檢驗變量 X_t, Z_t 的顯著性。需要指出的是,關於 l 的確定沒有一定的標準,通常是選擇 $l=2$。如果 ε_t 還存在自相關性,可以使用尼威-韋斯特自相關-穩健性 t 統計量進行檢驗。

例題 8.2　費雪效應的存在性檢驗

費雪(Irving Fisher)於 1930 年從理論上闡述了名義利率與通貨膨脹率之間的關係，即在一個信息充分且能夠充分預見的市場中，債券的名義利率與公眾的預期通貨膨脹率之間的變動是一一對應的關係，預期的通貨膨脹率變動一個單位，名義利率也隨之變動一個單位，實際利率則保持不變。基於此，名義利率可以分解為實際利率與預期通貨膨脹率之和，這就是所謂的費雪效應(Fisher effect)。自費雪效應提出以來，眾多學者試圖從理論和實證兩個方面來解釋和檢驗費雪效應。本例題依據自朝鮮戰爭結束至 1998 年 (1954—1998 年)英國的名義利率(r_t)和通貨膨脹率(INF_t)的數據(見表 8-5)，檢驗費雪效應是否存在。

表 8-5　　1954—1998 年英國名義利率和通貨膨脹率的數據

年份	消費價格指數 CPI	通貨膨脹率 INF(%)	名義利率 r(%)	年份	消費價格指數 CPI	通貨膨脹率 INF(%)	名義利率 r(%)
1954	3.825	2.409	3.76	1977	17.001	12.210	10.9
1955	4.026	5.254	4.39	1978	18.423	8.364	12.38
1956	4.148	3.030	4.9	1979	21.589	17.185	11.85
1957	4.331	4.411	5.41	1980	24.860	15.151	11.94
1958	4.402	1.639	4.89	1981	27.848	12.019	13.63
1959	4.402	0	4.99	1982	29.342	5.364	10.65
1960	4.497	2.158	5.63	1983	30.907	5.333	9.9
1961	4.688	4.247	6.56	1984	32.329	4.600	9.94
1962	4.806	2.517	5.6	1985	34.143	5.611	9.89
1963	4.902	1.997	5.79	1986	35.424	3.751	10.28
1964	5.140	4.855	6.25	1987	36.740	3.714	9.31
1965	5.378	4.630	6.44	1988	39.229	6.774	9.1
1966	5.568	3.532	6.67	1989	42.252	7.706	9.8
1967	5.711	2.568	7.13	1990	46.200	9.343	10.41
1968	6.044	5.830	7.99	1991	48.263	4.465	9.74
1969	6.329	4.715	8.94	1992	49.508	2.579	8.56
1970	6.829	7.900	9.69	1993	50.468	1.939	6.64
1971	7.424	8.712	8.62	1994	51.926	2.888	8.42
1972	7.995	7.691	9.71	1995	53.605	3.233	7.75
1973	8.852	10.719	12.38	1996	54.913	2.440	7.71
1974	10.528	18.933	17.1	1997	56.905	3.627	6.38
1975	13.159	24.990	14.86	1998	58.470	2.750	4.49
1976	15.151	15.137	14.82				

註：① 表中通貨膨脹率 INF 為消費價格指數 CPI 的年增長率。
② 數據來源：www.aw-bc.com/murray。

由於預期通貨膨脹率是不可觀測的，因此通常假定對通貨膨脹的預期為理性預期，即

$$INF_t = INF_t^e + v_t$$

其中 INF_t^e 為預期的通貨膨脹率，$v_t \sim IID(0,\sigma^2)$，並在此理性預期假設的基礎上，利用線性迴歸模型

$$r_t = \beta_0 + \beta_1 INF_t + u_t \tag{8.32}$$

檢驗費雪效應是否存在。我們首先檢驗 r_t 與 INF_t 是否存在協整關係，若它們之間存在協整關係，且 $\beta_1 = 1$ 顯著成立，則表明存在完全的費雪效應；若它們之間存在協整關係，但 $0 < \beta_1 < 1$，則表明存在弱的或部分的費雪效應。

1. 變量的單位根檢驗

依據表 8-5 中數據，作 r_t 與 INF_t、r_t 的差分序列 Δr_t 與 INF_t 的差分序列 ΔINF_t 的趨勢圖，如圖 8-13（a）和（b）所示。從這兩個圖形可以看出，這 4 個變量都沒有明顯的線性變化趨勢，而且 Δr_t 與 ΔINF_t 在 0 附近上下波動，具有明顯的平穩特徵。因此，我們只對原序列 r_t 與 INF_t，選擇 ADF 檢驗的情形 2 和情形 1 進行單位根檢驗，並依據 SIC 準則確定檢驗式中的滯後截斷參數。表 8-6 給出了 ADF 檢驗的結果。可以看出，無論是選擇情形 2 還是選擇情形 1，r_t 與 INF_t 對應的 ADF 檢驗 τ 統計量的 P 值都大於通常的顯著性水平 0.05，因此可以認為它們都是含有單位根的 I(1) 過程。

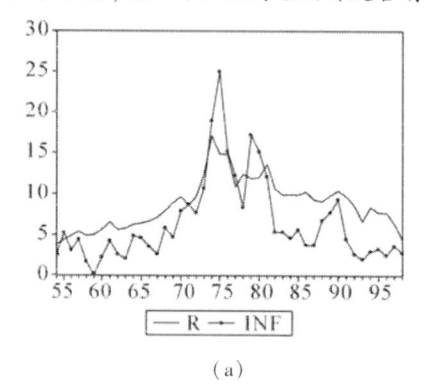

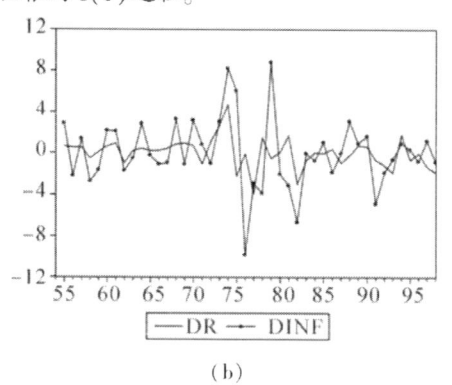

圖 8-13　r_t 與 INF_t、Δr_t 與 ΔINF_t 的趨勢圖

[圖（b）中 DR、DINF 分別表示 Δr_t 和 ΔINF_t]

表 8-6　　　　　　　　　r_t 與 INF_t 的 ADF 檢驗結果

變量	迴歸模型的類型	滯後截斷參數 l	τ 統計量值	P 值	結果（顯著性水平為 0.05）
r_t	有截距項、無趨勢項	0	-1.708,980	0.419,8	有單位根
r_t	無截距項、無趨勢項	0	-0.469,714	0.506,3	有單位根
INF_t	有截距項、無趨勢項	0	-2.234,276	0.197,5	有單位根
INF_t	無截距項、無趨勢項	0	-1.342,512	0.163,7	有單位根

2. 協整檢驗

首先，利用 OLS 法估計協整方程，得樣本迴歸函數：

$$\hat{r}_t = 5.556,248 + 0.492,000 INF_t$$
$$R^2 = 0.685,7, \bar{R}^2 = 0.678,4$$

及殘差序列：

$$e_t = r_t - 5.556,248 - 0.492,000INF_t$$

其趨勢圖如圖 8-14 所示。

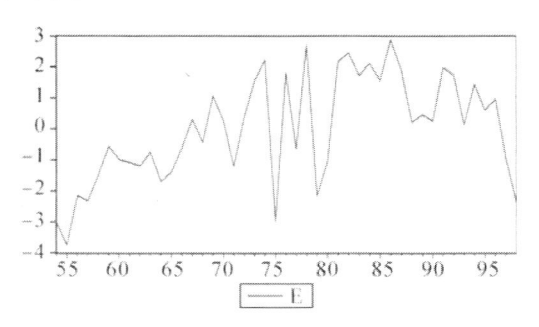

圖 8-14　協整迴歸殘差 e_t 的趨勢圖

從圖 8-14 可以看出，e_t 似乎隨時間呈現一定的線性變動趨勢，因此我們選擇含有趨勢項和不含有趨勢項兩種情形進行 EG 檢驗。表 8-7 給出了 r_t 與 INF_t 之間協整關係的 EG 檢驗結果。

表 8-7　r_t 與 INF_t 協整關係的 EG 檢驗結果(顯著性水平為 0.05)

迴歸模型的類型	滯後截斷參數 l (SIC 準則)	EG 統計量值	臨界值	結果
無截距項、無趨勢項	0	-4.238,6	-3.474,7	有協整關係
有趨勢項	0	-4.793,0	-3.997,6	有協整關係

註：表中迴歸模型是指對協整迴歸方程的隨機誤差項 u_t 進行平穩性檢驗時採用的迴歸模型。

由表 8-7 可知，對於 0.05 的顯著性水平，在迴歸模型無趨勢項和有趨勢項兩種情形下，EG 統計量值分別為 -4.238,6、-4.793,0，均小於各自對應的臨界值 -3.474,7、-3.997,6，因此可以認為 r_t 與 INF_t 之間存在協整關係。此表明在 1954—1998 年英國的名義利率 r_t 與通貨膨脹率 INF_t 之間存在長期穩定的均衡數量關係。

3. 費雪效應的存在性檢驗

為檢驗費雪效應是否存在，下面利用動態普通最小二乘法估計協整方程，並對 r_t 與 INF_t 之間的數量關係進行假設檢驗。為此建立如下模型：

$$r_t = \beta_0 + \beta_1 INF_t + \sum_{j=-2}^{2} \varphi_j \Delta(INF_{t-j}) + \varepsilon_t \quad (t = 1,957, 1,958, \cdots, 1,996) \tag{8.33}$$

利用 OLS 法估計該模型，得到如下迴歸結果：

$$r_t = 5.471,796 + 0.549,199 INF_t - 0.228,939 \Delta(INF_t) - 0.107,524 \Delta(INF_{t-1})$$
$$(0.657,631) \quad (0.069,905) \quad (0.052,609) \quad (0.069,848)$$
$$+ 0.020,861 \Delta(INF_{t-2}) + 0.211,459 \Delta(INF_{t+1}) - 0.097,422 \Delta(INF_{t+2}) \tag{8.34}$$
$$(0.083,673) \quad (0.063,549) \quad (0.057,112)$$

$R^2 = 0.837,7$，$\bar{R}^2 = 0.808,2$，$F = 28.390$（P 值 $= 0.000,0$），$DW = 0.669,2$

其中括號中數字為其上面參數估計量的尼威-韋斯特自相關-穩健性標準差估計值。

利用上述迴歸結果,便可以對 $\beta_1 = 1$ 和 $0 < \beta_1 < 1$ 分別進行 t 檢驗:

$\beta_1 = 1$ 的 t 檢驗(原假設為 $\beta_1 = 1$,備擇假設為 $\beta_1 \neq 1$):

$$t = \frac{\hat{\beta}_1 - 1}{\hat{SE}(\hat{\beta}_1)} = \frac{0.549,199 - 1}{0.069,905} = -6.448,7$$

對於 0.05 的顯著性水平,查自由度為 33(40-7)的 t 分佈表,得臨界值為 $t_{0.025}(33) = 2.031,5$[①]。因為 $|t| = 6.448,7 > 2.031,5$,所以拒絕 $\beta_1 = 1$ 的原假設,接受 $\beta_1 \neq 1$。

$\beta_1 > 0$ 的 t 檢驗(原假設為 $\beta_1 = 0$,備擇假設為 $\beta_1 > 0$):

$$t = \frac{\hat{\beta}_1}{\hat{SE}(\hat{\beta}_1)} = \frac{0.549,199}{0.069,905} = 7.856,3$$

對於 0.05 的顯著性水平,查自由度為 33(40-7)的 t 分佈表,得臨界值為 $t_{0.05}(33) = 1.690,5$[②]。因為 $t = 7.856,3 > 1.690,5$,所以拒絕 $\beta_1 = 0$ 的原假設,接受 $\beta_1 > 0$。

$\beta_1 < 1$ 的 t 檢驗(原假設為 $\beta_1 = 1$,備擇假設為 $\beta_1 < 1$):

由上述兩種情形檢驗的過程可知,該檢驗的 t 統計量值為 $-6.448,7$,在 0.05 的顯著性水平下,臨界值為 $-t_{0.05}(33) = -1.690,5$。因為 $-6.448,7 < -t_{0.05}(33)$,所以接受 $\beta_1 < 1$。

綜上所述,在 1954—1998 年英國的名義利率 r_t 與通貨膨脹率 INF_t 之間不存在完全的費雪效應,但存在弱費雪效應,兩者之間的長期均衡關係式為:

$$\hat{r}_t = 5.471,796 + 0.549,199 INF_t \tag{8.35}$$

此表明當通貨膨脹率上升一個百分點時,名義利率只上升約 0.549 個百分點。

---

§8.5　誤差修正模型

8.5.1　模型的結構

對於非平穩的 I(1) 變量,為了避免偽迴歸現象的發生,可以考慮對它們進行差分變換變為平穩的,然後再建立經典的迴歸模型。例如,對於 I(1) 變量 Y_t, X_t,建立差分模型:

$$\Delta Y_t = \gamma_0 + \gamma_1 \Delta Y_{t-1} + \alpha_1 \Delta X_t + \alpha_2 \Delta X_{t-1} + v_t \tag{8.36}$$

其中 $v_t \sim WN(0, \sigma^2)$。展開(8.36)式,可得一個 ADL(2,2) 模型:

$$Y_t = \gamma_0 + (1 + \gamma_1) Y_{t-1} - \gamma_1 Y_{t-2} + \alpha_1 X_t + (\alpha_2 - \alpha_1) X_{t-1} - \alpha_2 X_{t-2} + v_t \tag{8.37}$$

由此可見,模型(8.36)實質上是動態模型(8.37)的差分表現形式,它反應了 Y_t 與 X_t 之間的短期數量關係。顯然,模型(8.36)的建立和 Y_t 與 X_t 之間是否存在協整關係無關。因此,如果它們之間存在協整關係,即長期穩定的均衡數量關係,那麼建立差分模型(8.36)

[①] t 分佈表中沒有給出臨界值 $t_{0.025}(33)$,2.013,5 是其臨近的兩個臨界值 $t_{0.025}(30) = 2.042$ 和 $t_{0.025}(40) = 2.021$ 的算術平均數。

[②] t 分佈表中沒有給出臨界值 $t_{0.05}(33)$,1.690,5 是其臨近的兩個臨界值 $t_{0.05}(30) = 1.684$ 和 $t_{0.05}(40) = 1.697$ 的算術平均數。

就忽略了這一重要的信息。為此,可以通過引入來自變量之間協整關係的非均衡誤差,來建立反應這些變量之間短期動態關係的迴歸模型,即所謂**誤差修正模型**(ECM:error correction model)。該模型依據的基本原理是,變量之間的長期均衡數量關係之所以存在是因為有一種不斷調整的機制在起作用,這種機制的存在使得變量的短期波動不會偏離其「長期均衡值」太遠。

設 I(1) 變量 Y_t, X_t 之間存在協整關係,其非均衡誤差為:

$$u_t = Y_t - \beta_0 - \beta_1 X_t$$

那麼 u_t 是一個 I(0) 過程。一個最簡單的誤差修正模型為:

$$\Delta Y_t = \alpha \Delta X_t + \lambda u_{t-1} + \varepsilon_t \tag{8.38}$$

其中擾動項 $\varepsilon_t \sim WN(0, \sigma^2)$,並且 $Cov(\varepsilon_s, \Delta X_t) = 0$,$u_{t-1}$ 為滯後一期的非均衡誤差,稱之為**誤差修正項**,通常記為 ecm_{t-1}。

模型(8.38)表明,當 Y_t 與 X_t 之間存在長期均衡數量關係時,Y 的短期波動 ΔY_t 受兩種因素的影響:一種是來自非均衡誤差項 ecm_{t-1},另一種是來自變量 X 的短期波動 ΔX_t。在一般情況下,有 $\lambda < 0$。據此可以分析誤差修正項 ecm_{t-1} 的修正作用:若在 $t-1$ 期 Y_{t-1} 大於其長期均衡值 $\beta_0 + \beta_1 X_{t-1}$,即 $ecm_{t-1} > 0, \lambda ecm_{t-1} < 0$,那麼在 $\Delta X_t = 0$ 的前提下,由模型(8.38)可知,$\Delta Y_t < 0$,即在 t 期 Y_t 將減少,以修正 Y_{t-1} 對其長期均衡值的偏離;同理,若在 $t-1$ 期 Y_{t-1} 小於其長期均衡值 $\beta_0 + \beta_1 X_{t-1}$,即 $ecm_{t-1} < 0, \lambda ecm_{t-1} > 0$,那麼在 $\Delta X_t = 0$ 的前提下,有 $\Delta Y_t > 0$,即在 t 期 Y_t 將增加。因此,在誤差修正模型(8.38)中,誤差修正項體現了系統自動對變量短期離開均衡位置的一種修正,以使這種偏離是一種短期行為,從而保證長期均衡數量關係的成立。λ 的絕對值越大,表明 Y_t 回復均衡位置的速度就越快;λ 的絕對值越小,表明 Y_t 回復均衡位置的速度就越慢,因此稱之為**調整系數**。

上面只是誤差修正模型的一個簡單例子,在實際建立誤差修正模型時,應該注意以下幾點:

(1)從理論上講,在誤差修正模型中可以包括 u_t 的多個滯後值,如 $u_{t-1}, u_{t-2}, u_{t-3}$ 等,以體現誤差修正機制的作用,但此時可能存在完全多重共線性問題(例如,在(8.38)式右端添加 u_{t-2}、ΔY_{t-1} 和 ΔX_{t-1},則有 $u_{t-2} = u_{t-1} - \Delta Y_{t-1} + \beta_1 \Delta X_{t-1}$ 成立),因此在實際中應用較多的還是只含有 u_{t-1} 的情形。

(2)如果模型中的擾動項 ε_t 不是白噪聲過程,可以在模型中適當添加 ΔY_t、ΔX_t 的滯後值,以消除 ε_t 的自相關性。

(3)Granger 表示定理(Granger representation theorem)(Engle 和 Granger,1987)表明,對於存在協整關係的一階單整變量,總存在其中一個變量能由誤差修正模型生成。基於此,對於存在協整關係的多個 I(1) 變量,也可以類似(8.38)式建立誤差修正模型。

8.5.2 模型的估計

針對具有協整關係的 I(1) 變量建立的誤差修正模型,由於 I(1) 變量的差分序列是平穩的,而且誤差修正項也是平穩的,所以利用 OLS 法估計這類模型不存在偽迴歸問題。但是,由於誤差修正項(即非均衡誤差的滯後值)是未知的,因此不能直接對誤差修正模

型進行估計。通常採用的做法是：

首先，檢驗變量之間協整關係的存在性，並採用(動態)普通最小二乘法估計協整方程，計算殘差並把它作為非均衡誤差的估計量；然後，將其滯後值替換誤差修正模型中的誤差修正項，再利用 OLS 法進行估計。

由此得到的參數估計量仍具有一致性而且通常的 t 檢驗和 F 檢驗是漸近有效的。

例題 8.3(續例題 8.2)　英國名義利率與通貨膨脹率之間的誤差修正模型

建立反應 1954—1998 年英國名義利率 r_t 與通貨膨脹率 INF_t 之間短期動態關係的誤差修正模型。例題 8.2 的研究結果表明，r_t 與 INF_t 之間存在協整關係。由(8.35)式可以計算出非均衡誤差的估計值：

$$e_t = r_t - 5.897,150 - 0.487,142 INF_t$$

以 e_{t-1} 為誤差修正項 ecm_{t-1} 的估計值，利用 OLS 法可以得到如下誤差修正模型的迴歸結果：

$$\Delta \hat{r}_t = -0.376,207 ecm_{t-1} + 0.201,443 \Delta INF_t \tag{8.39}$$

t 值　　　　　　-3.256,3　　　　　　3.416,1

P 值　　　　　　0.002,2　　　　　　0.001,4

對誤差修正模型的隨機誤差項進行 LM 檢驗可知，在 0.05 的顯著性水平下，其不存在自相關性(請讀者自己去檢驗)。在(8.39)式中，ecm_{t-1}、ΔINF_t 的斜率系數 t 統計量的 P 值分別為 0.002,2 和 0.001,4，都小於 0.05，所以在 0.05 的顯著性水平下，它們都顯著不為 0。ecm_{t-1} 的系數為 -0.376，體現了誤差修正機制對變量 r_t 短期波動的修正作用，恰好與 r_t 與 INF_t 存在長期均衡數量關係相吻合。因此，可以利用誤差修正模型(8.39)分析 INF_t 對 r_t 的短期影響：由 ΔINF_t 的系數為 0.201 可知，若 INF_t 上升 1 個百分點，則在短期內 r_t 上升約 0.201 個百分點。顯然，該值小於由協整方程(8.35)給出的 r_t 約上升 0.487 個百分點的長期變動幅度。

---

§8.6　結束語

本章簡單介紹了非經典計量經濟學中的協整理論，包括變量單整性的概念和基本檢驗方法，變量之間協整關係的概念、基本檢驗方法及其與誤差修正模型的關係。該理論的提出彌補了經典計量經濟學建模過程存在的缺陷，能有效地避免偽迴歸現象的發生。本章的知識結構如圖 8-15 所示。

讀者學習本章時應注意以下問題：

(1) 關於存在結構突變序列和季節性序列的單位根檢驗問題。ADF(DF)檢驗適用於至多含有一個單位根的時間序列的(趨勢)平穩性檢驗，即該序列或者為 I(1) 過程，或者為(趨勢)平穩過程(註：Dolado 等(1990)、Banerjee 等(1993)還研究了趨勢差分平穩的情形)。當序列的趨勢或均值存在結構變化(指在不同時間段上序列的變化趨勢或均

值不相同)時,即使突變點前後序列均是(趨勢)平穩的,應用 ADF(DF)檢驗,容易得出該

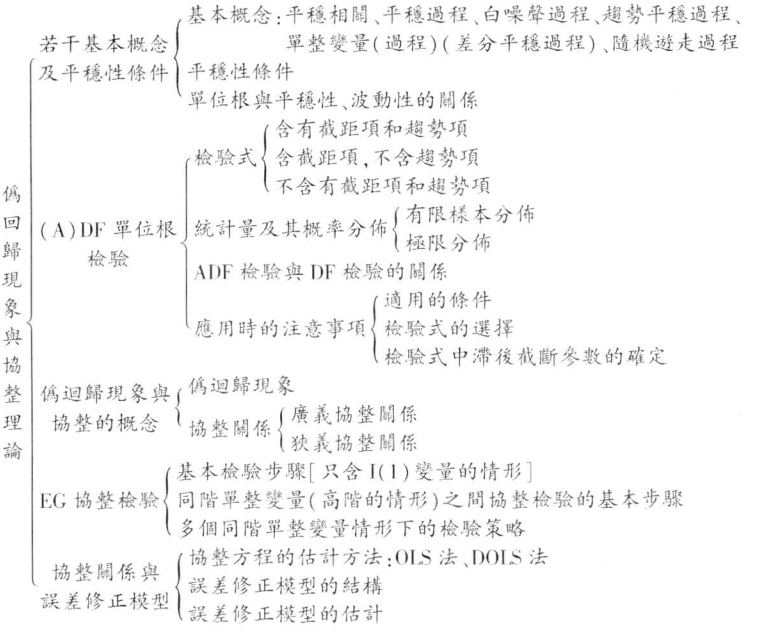

```
                    ┌ 基本概念:平穩相關、平穩過程、白噪聲過程、趨勢平穩過程、
       ┌ 若干基本概念 ┤                單整變量(過程)(差分平穩過程)、隨機遊走過程
       │ 及平穩性條件  │ 平穩性條件
       │             └ 單位根與平穩性、波動性的關係
       │                       ┌ 含有截距項和趨勢項
       │             ┌ 檢驗式  ┤ 含截距項,不含趨勢項
       │             │         └ 不含截距項和趨勢項
  偽    │ (A)DF 單整根 │                  ┌ 有限樣本分佈
  回    │    檢驗     ┤ 統計量及其概率分佈 ┤
  歸    │             │                  └ 極限分佈
  現    │             │ ADF 檢驗與 DF 檢驗的關係
  象   ┤             │                   ┌ 適用的條件
  與    │             └ 應用時的注意事項 ┤ 檢驗式的選擇
  協    │                                └ 檢驗式中滯後截斷參數的確定
  整    │ 偽迴歸現象與 ┌ 偽迴歸現象
  理    │   協整的概念 └ 協整關係 ┬ 廣義協整關係
  論    │                        └ 狹義協整關係
       │             ┌ 基本檢驗步驟[只含 I(1)變量的情形]
       │ EG 協整檢驗 ┤ 同階單整變量(高階的情形)之間協整檢驗的基本步驟
       │             └ 多個同階單整變量情形下的檢驗策略
       │ 協整關係與   ┌ 協整方程的估計方法:OLS 法、DOLS 法
       └ 誤差修正模型 ┤ 誤差修正模型的結構
                     └ 誤差修正模型的估計
```

圖 8-15　第 8 章知識結構圖

序列為單位根過程的結果。另外,對於具有季節性的序列,其差分可能是非(趨勢)平穩的。例如,若季節性序列 Y_t 的生成過程為

$$Y_t = Y_{t-4} + \varepsilon_t \quad (\varepsilon_t \sim WN(0, \sigma^2))$$

其特徵方程的分解式為

$$(1-\lambda)(1+\lambda)(1+\lambda^2) = 0$$

解之得 $\lambda = 1、-1、i、-i$。由此可知,ΔY_t 是非(趨勢)平穩的,不能直接依據樣本數據,應用 ADF(DF)檢驗法檢驗 Y_t 的平穩性。關於上述兩種情形下序列平穩性的檢驗方法,讀者可以查閱相關的文獻(如,沃爾特·恩德斯,2006)。

(2) 關於協整關係的一般含義。Granger(1981)提出的協整關係是針對同階單整變量而言的,考慮到當變量組所含變量個數較多時,不同階的單整變量之間也可能存在長期穩定的均衡數量關係,人們還給出了幾種擴展的協整關係的概念(Johansen, 1996;Flores 和 Szafarz, 1996;Robinson 和 Marinucci, 1998;Bobinson 和 Yajima, 2002),其中 Robinson 和 Marinucci(1998)給出的分數協整(fractional cointegration)的定義包含了如下情形:

設隨機向量 $X_t = (X_{1t}, X_{2t}, \cdots, X_{Nt})'$ 的各分量均為單整過程,$X_{jt} \sim I(d_j)(d_j \geq 1)$,$d = \min\{d_j\}$ 為 d_j 中的最小值,如果存在一個常數向量 $\beta = (\beta_1, \beta_2, \cdots, \beta_N)' \neq 0$,使得

$$X_t\beta = \beta_1 X_{1t} + \beta_2 X_{2t} + \cdots + \beta_N X_{Nt} \sim I(d-b)$$

這裡 $d \geq b > 0$,則稱變量 $X_{1t}, X_{2t}, \cdots, X_{Nt}$ 之間存在 (d, b) 階協整關係。

前面提到的存在協整關係的變量的協整組合都是線性形式,因此也稱為線性協整關係。考慮到經濟變量之間可能存在非線性的均衡數量關係,於是人們又提出了非線性協

整的概念和理論(張世英等,2014)。

(3) 協整關係仍屬於統計關係,並非因果關係。Granger(1981) 提出的協整關係是指波動性較大的單整變量序列,存在波動較小的線性組合,而且當它們的線性組合是平穩過程時,表明它們之間存在長期穩定的均衡數量關係,但這並不意味著它們之間就存在經濟或哲學意義上的因果關係。因此,在實證分析中,將借助於協整理論和檢驗方法所建模型應用於結構分析時,必須以對變量之間相互影響機制的理論分析為前提。

(4) 協整關係與 Granger 因果關係。協整關係與 Granger 因果關係之間存在密切的聯繫。依據 Granger 表示定理,Granger(1988) 指出「當一階單整變量之間存在協整關係時,它們之間就至少存在某一方向的 Granger 因果關係」。另外,一些 Granger 因果關係檢驗是基於已知變量之間的協整性建立起來的,因此在應用它們之前,首先應檢驗變量之間的協整性。但是,協整關係與 Granger 因果關係之間在邏輯上不存在因果關係,不能相互替代。首先,兩者定義的出發點不一樣,前者側重研究變量之間長期穩定的均衡數量關係,後者則是從短期預測的角度研究一個變量的歷史值是否有助於對另一變量的預測。其次,當單整變量之間存在協整關係時,利用 Granger 表示定理並不能確定它們之間存在哪一種 Granger 因果關係。再次,當變量之間不存在協整關係時,它們之間也可能存在 Granger 因果關係(靳庭良,2013)。

(5) 關於 EG 協整檢驗的應用。EG 協整檢驗是在 ADF 單位根檢驗的基礎上發展起來的,它適合於(1,1)階協整關係存在性的檢驗。對於階數相同的高階單整變量,我們建議按如下步驟應用該檢驗法,來檢驗它們之間的協整性(以兩個 2 階單整變量 X 和 Y 的情形為例)。

第 1 步,應用 EG 檢驗法,檢驗差分變量 ΔX 與 ΔY 之間的協整性。若接受原假設,則認為兩者之間不存在協整關係,進而認為 X 與 Y 之間也不存在協整關係;若拒絕原假設,則認為兩者之間存在協整關係,繼續下一步檢驗。

第 2 步,應用 EG 檢驗法,檢驗 X 與 Y 之間的協整性。若拒絕原假設,則認為 X 與 Y 之間存在(2,2)階協整關係;若接受原假設,則認為 X 與 Y 之間存在(2,1)階協整關係。

該檢驗步驟的基本依據:協整檢驗就是對協整方程

$$Y_t = \beta_0 + \beta_1 X_t + u_t$$

的誤差項 u_t 的單整性檢驗,由於 u_t 可能的階數最高為 2,所以按照 §8.2 節給出的 ADF 單位根檢驗的策略,首先應該檢驗 Δu_t 的單整性,即 ΔY_t 與 ΔX_t 之間的協整性。若結果接受原假設,則認為 Δu_t 為 $I(1)$ 過程,即 ΔY_t 與 ΔX_t 之間不存在協整關係,因而 X 與 Y 之間也不存在協整關係。若結果拒絕原假設,則認為 Δu_t 為 $I(0)$ 過程,ΔY_t 與 ΔX_t 之間存在協整關係。此表明 u_t 至多含有一個單位根,因此可以進一步應用 ADF 檢驗法檢驗 u_t 的單整性。將上述過程中的 u_t 的「觀測值」用非均衡誤差 e_t 代替,ADF 檢驗的臨界值用 EG 檢驗的臨界值替換,便得上述 EG 協整檢驗的實施步驟。

(6) 協整理論與經典計量經濟學之間的聯繫。對於時間序列樣本數據,經典計量經濟學的建模理論和方法一般要求變量是平穩或趨勢平穩的,以保證誤差項是平穩或平穩相關的。當模型中含有非平穩的單整變量時,誤差項可能不滿足平穩性和平穩相關性,因此利用經典計量經濟學的建模方法就可能產生偽迴歸現象。協整理論是對經典計量經濟學的建模理論和方法的完善和發展,其重要作用在於它研究了誤差項的單整性對變量之間數量關係、參數估計及檢驗的影響,並為避免「偽迴歸」現象的發生提供了有效的

統計檢驗方法。

練習題八

一、選擇題

1. 下列哪一個時間序列過程 Y_t 是 $I(2)$ 過程,其中 $\varepsilon_t \sim WN(0,\sigma^2)$。(　　　)

   A. $\begin{cases} Y_t = 0.8 + 2Y_{t-1} - Y_{t-2} + u_t \\ u_t = u_{t-1} + \varepsilon_t \end{cases}$
   B. $\begin{cases} Y_t = 0.8 + 2Y_{t-1} - Y_{t-2} + u_t \\ u_t = 2u_{t-1} + \varepsilon_t \end{cases}$

   C. $\begin{cases} Y_t = 0.8 + Y_{t-1} + u_t \\ u_t = 0.5u_{t-1} + \varepsilon_t \end{cases}$
   D. $\begin{cases} Y_t = 0.8 + 2Y_{t-1} - Y_{t-2} + u_t \\ u_t = u_{t-1} - 0.25u_{t-2} + \varepsilon_t \end{cases}$

2. 關於非平穩過程的波動性,下列說法不正確的是(　　　)。
   A. 隨著時間的推移,趨勢平穩過程的波動性不變
   B. 隨著時間的推移,$I(1)$ 過程的波動性越來越弱
   C. 隨著時間的推移,$I(2)$ 過程的波動性越來越強
   D. 隨著時間的推移,$I(2)$ 過程的波動性會遠強於 $I(1)$ 過程

3. 關於協整關係與均衡關係,下列說法正確的是(　　　)。
   A. 有協整關係的變量之間存在長期均衡數量關係
   B. 變量之間有協整關係,則它們之間就存在經濟意義上的均衡關係
   C. 有 $(2,2)$ 階協整關係的變量之間存在長期均衡數量關係
   D. 變量之間不存在協整關係(含線性協整和非線性協整),則它們之間就一定不存在經濟意義上的均衡關係

二、簡答題

1. 如何理解時間序列過程的隨機趨勢與確定性趨勢?
2. 如何理解偽迴歸現象與變量序列之間的 (d,d) 階協整關係?
3. 舉例說明 $I(1)$ 變量之間存在協整關係是建立誤差修正模型的基礎。
4. 在應用 ADF 單位根檢驗時,需要考慮哪些問題?如何處理這些問題?
5. 利用 EG 檢驗法,如何檢驗 2 階單整變量之間協整關係的存在性?試寫出基本步驟。

三、綜合應用題

1. 假設兩個時間序列 X_t 與 Y_t 都是 $I(1)$ 過程,
   (1)證明:如果 X_t 與 Y_t 是協整的,則 X_t 與 Y_{t-1} 也是協整的。
   (2)將(1)中結論推廣到一般情形,並證明它是成立的。

2. 表 8-8 給出了 1978—2009 年中國按支出法計算的人均實際居民消費支出 ($ACOMP_t$) 與人均實際國內生產總值 ($AGDPP_t$) 的數據。令 $LACOMP_t$、$LAGDPP_t$ 分別記 $ACOMP_t$ 和 $AGDPP_t$ 的自然對數。試研究以下問題:
   (1)作變量 $ACOMP_t$、$AGDPP_t$、$LACOMP_t$、$LAGDPP_t$ 的趨勢圖,初步判斷它們可能含有的單位根個數,然後利用 ADF(DF) 單位根檢驗法檢驗它們的平穩性。
   (2)從趨勢圖上初步判斷 $ACOMP_t$ 與 $AGDPP_t$、$LACOMP_t$ 與 $LAGDPP_t$ 之間是否存在

共同的變化趨勢,然後利用 EG 檢驗法檢驗它們之間是否存在協整關係,並解釋你的檢驗結果;若存在協整關係,請解釋協整方程蘊含的經濟意義。

表 8-8　1978—2009 年中國人均實際居民消費支出與人均實際國內生產總值的數據　單位:元

年份	人均實際居民消費支出 ($ACOMP_t$)	人均實際國內生產總值 ($AGDPP_t$)	年份	人均實際居民消費支出 ($ACOMP_t$)	人均實際國內生產總值 ($AGDPP_t$)
1978	184	381.231,1	1994	588.8	1,384.923
1979	196.696	404.486,2	1995	634.984	1,519.625
1980	214.36	430.959,6	1996	694.784	1,654.286
1981	232.208	447.782,6	1997	726.064	1,789.675
1982	248.032	481.201,1	1998	768.752	1,911.437
1983	268.272	525.773,5	1999	832.232	2,039.351
1984	300.288	597.668,5	2000	903.44	2,193.939
1985	340.768	668.983,2	2001	959.008	2,358.846
1986	356.96	717.413,4	2002	1,025.984	2555.896
1987	378.12	787.775	2003	1,098.296	2794.673
1988	407.56	862.643	2004	1,187.352	3,058.298
1989	406.64	884.035,8	2,005	1,279.168	3,384.231
1990	421.728	904.599	2006	1,401.896	3,792.002
1991	458.16	974.251,8	2007	1,551.856	4,306.49
1992	518.88	1,099.435	2008	1,686.912	4,697.275
1993	562.672	1,238.642	2009	1,842.944	5,099.453

註:表中數據是利用《中國統計年鑒》(2010)中按支出法計算的人均居民消費支出和人均國內生產總值的數據,經過相應指標的實際年增長率換算得到的。

3. 利率期限結構理論認為短期利率與長期利率之間存在著一個長期均衡關係。由本章介紹的協整理論可知,利用協整檢驗方法可以對短期利率與長期利率之間是否存在長期均衡關係進行實證檢驗。表 8-9 為美國分別用短期政府國債利率 SR_t、長期政府國債利率 LR_t 表示的短期利率和長期利率的月度數據(1983 年 1 月—1988 年 12 月)。試研究以下問題:

(1)作變量 SR_t、LR_t 的趨勢圖,初步判斷它們可能含有的單位根個數,然後利用 ADF(DF)單位根檢驗法檢驗它們的平穩性。

(2)依據(1)中的檢驗結果,你對 SR_t、LR_t 的預測問題能提供什麼建議?

(3)從趨勢圖上初步判斷 LR_t 與 SR_t 之間是否存在共同的變化趨勢,然後利用 EG 檢驗法進一步檢驗 LR_t 與 SR_t 之間協整關係的存在性,並說明你的檢驗結果是否支持利率期限結構理論。

(4)在 LR_t 與 SR_t 是協整的前提下,建立反應 LR_t 短期波動的誤差修正模型,並解釋其蘊含的經濟意義。

表 8-9　　　　　　　　　美國短期利率和長期利率的數據

變量	月份	1983年	1984年	1985年	1986年	1987年	1988年
短期政府國債利率 SR_t (%)	1	8.01	9.07	8.33	7.21	5.46	6.52
	2	8.28	9.2	8.56	7.11	5.63	6.21
	3	8.36	9.67	9.06	6.59	5.68	6.28
	4	8.29	9.95	8.44	6.06	6.09	6.56
	5	8.23	10.57	7.85	6.25	6.52	6.9
	6	8.87	10.93	7.27	6.32	6.35	6.99
	7	9.34	10.89	7.31	5.9	6.24	7.22
	8	9.6	10.71	7.48	5.6	6.54	7.59
	9	9.27	10.51	7.5	5.45	7.11	7.53
	10	8.98	9.93	7.45	5.41	7.05	7.54
	11	9.08	9.01	7.33	5.48	6.5	7.87
	12	9.24	8.6	7.16	5.55	6.69	8.32
長期政府國債利率 LR_t (%)	1	7.86	8.9	7.76	7.07	5.43	5.81
	2	8.11	9.09	8.27	7.06	5.59	5.66
	3	8.35	9.52	8.52	6.56	5.59	5.7
	4	8.21	9.69	7.95	6.06	5.64	5.91
	5	8.19	9.83	7.48	6.15	5.66	6.26
	6	8.79	9.87	6.95	6.21	5.67	6.46
	7	9.08	10.12	7.08	5.83	5.69	6.73
	8	9.34	10.47	7.14	5.53	6.04	7.06
	9	9	10.37	7.1	5.21	6.4	7.24
	10	8.64	9.74	7.16	5.18	6.13	7.35
	11	8.76	8.61	7.24	5.35	5.69	7.76
	12	9	8.06	7.1	5.53	5.77	8.07

註：數據來源於 www.aw-bc.com/murray。

附錄8.1　隨機模擬生成樣本序列的簡單程序舉例

　　在 EViews 軟件下，隨機模擬生成一個隨機過程的容量為 n 的樣本序列，首先需要建立工作文件。此時可以選擇結構類型 Unstructured/Undated，並在 Data range 中輸入觀測次數 n。其次通過程序文件的批處理來隨機模擬生成樣本序列。其基本操作過程如下：

　　在主窗口命令區輸入 program，加空格後輸入程序文件名，按回車鍵 Enter，打開 Program(編程)窗口，如圖 8-15(a)所示。接著在該窗口的空白區域輸入隨機模擬生成樣本序列的命令語句或程序文件，然後點擊工具欄上的 Run，彈出 Run Program 窗口，如圖 8-15(b)所示，在該窗口中點擊 OK，即可運行程序文件得到隨機模擬生成的樣本序列，其名稱同時顯示在工作文件的目錄中。

(a)　　　　　　　　　　　　　　　　　(b)

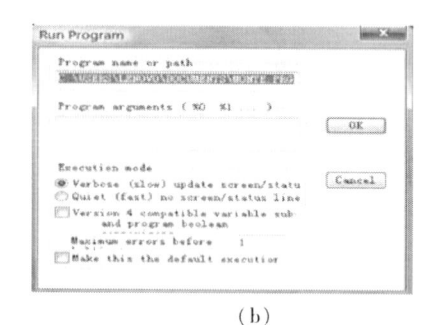

圖 8-15

若要保存程序文件,則需點擊 Program 窗口工具欄上的 SaveAs,打開 SaveAs 窗口,在該窗口中選擇保存位置,然後點擊「保存」即可。若要調取已保存的程序文件,則需點擊主窗口工具欄上的 File→ Open→ Program,打開 Open 窗口,接著選擇要打開的程序文件,並點擊「打開」即可。

在後面的模擬程序文件中,要用到以下命令、控制變量和循環語句:

smpl:設定符合條件的樣本區間。例如,「smpl　1　200」表示設定樣本區間為從第一個觀測點到第 200 個觀測點;「smpl　1978　2010」表示設定樣本區間為 1978 年至 2010 年之間。

series:生成新序列。例如「series　rw」表示生成名為 rw 的新序列;「series　x = @ rnorm」表示生成一列標準正態分佈的隨機數,該序列名為 x。

控制變量:由「!」加字符串或數字來表示,如!j、!mn 等。控制變量代表的是數值,在程序中可以如同一般變量一樣為它賦值,例如,!j = 5。

循環語句:基本格式為

for　由控制變量設置的循環控制命令　step　控制變量每次變化的數量
　　命令 1
　　命令 2
　　…
next

該語句表示對於控制變量的每一個取值依次執行語句中命令 1、命令 2……直至循環結束為止。若控制變量每次變化的數量為 1,則可以省略「step　1」。

例如,循環語句

for　!j = 1　to　500
　　x(!j) = 0.1 * !j + @ rnorm
next

表示對於!j 取從 1 到 500 的每一個值,按照公式:x(!j) = 0.1 * !j + @ rnorm,依次計算序列 x 在第 1 個觀測點的取值 x(1) 至第 500 個觀測點的取值 x(500)。注意,在此之前,首先需要設置樣本區間,並生成序列 x。

另外,EViews 軟件不區分字母的大小寫,所以下列程序均以小寫字母編寫。

隨機模擬生成樣本序列的程序舉例:

(1)隨機模擬生成 $X_t \sim IIDN(0,1)$ 的容量為 200 的樣本序列的程序文件:

smpl 1 200

series x = @rnorm

(2) 隨機模擬生成不含有漂移的隨機遊走過程 RW_t：
$$RW_t = RW_{t-1} + \omega_t \quad (\omega_t \sim IIDN(0,1))$$
的容量為 500 的樣本序列（$RW_0 = 0, t = 1 \sim 500$）的程序文件：

smpl 1,500

series rw

rw(1) = @rnorm

for !j = 2 to 500

    rw(!j) = rw(!j-1) + @rnorm

next

(3) 隨機模擬生成含有漂移的隨機遊走過程 RW_t：
$$RW_t = 0.2 + RW_{t-1} + \omega_t \quad (\omega_t \sim IIDN(0,1))$$
的容量為 500 的樣本序列（$RW_0 = 0, t = 1 \sim 500$）的程序文件：

smpl 1,500

series rw

rw(1) = 0.2 + @rnorm

for !j = 2 to 500

    rw(!j) = 0.2 + rw(!j-1) + @rnorm

next

(4) 隨機模擬生成趨勢平穩過程 Z_t：
$$Z_t = 0.01 \times t + \omega_t \quad (\omega_t \sim IIDN(0,1))$$
的容量為 500 的樣本序列（$t = 1 \sim 500$）的程序文件：

smpl 1 500

series z

for !j = 1 to 500

    z(!j) = 0.01 * !j + @rnorm

next

附錄 A　EViews6.0 軟件的操作基礎

§A.1　EViews 簡介

EViews(Econometrics Views)是 1994 年由美國 QMS(Quantitative Micro Software)公司研製的在 Windows 操作系統下運行的計量經濟學軟件包,直譯為計量經濟學觀察,其本意是對社會經濟關係與經濟活動的數量規律,採用計量經濟學方法與技術進行「觀察」。它擁有數據處理、作圖、統計分析、建模分析、預測和模擬試驗六大類功能,且操作簡便、易學。EViews 軟件的前身是 1981 年由該公司推出的在 DOS 操作系統下運行的 Micro TSP 時間序列分析軟件。相比之下,EViews 軟件具有現代 Windows 軟件可視化的優良性能,既可以使用鼠標對標準的 Windows 菜單和對話框進行操作,也可以在命令區輸入各種命令(註:EViews 軟件與 TSP 軟件的絕大部分功能是兼容的)來進行操作,其操作結果出現在窗口中。隨著 EViews 軟件功能的不斷完善、擴展,EViews 軟件的版本也在不斷更新,目前在國內流行的比較新的版本是 EViews6.0。本附錄只介紹 EViews6.0 中的一些基本操作程序,如工作文件的建立、數據的輸入與處理、作圖和基本描述統計量的計算,關於模型的估計、預測以及模擬、矩陣運算等功能的常用操作程序將在本書相關的章節中給出。

§A.2　Eviews 的啟動與關閉

1. EViews 的啟動

啟動 EViews 有兩種基本方式:

(1)用(鼠標)左鍵單擊任務欄上的「開始」→「程序」→「EViews 文件夾」→「EViews」圖標,這裡「→」意味著「在彈出的菜單或選項中左鍵單擊」。後文將「左鍵單擊」與「點擊」作為同義語使用。

(2)從桌面上「我的電腦」定位 EViews 目錄,左鍵雙擊「Eviews」程序圖標。

2. EViews 的窗口

在啟動 EViews 後,會顯示 EViews 的窗口,即主窗口,如圖附 A-1 所示。主窗口分為如下幾個部分:標題欄、菜單欄、命令區、工作區和狀態欄。

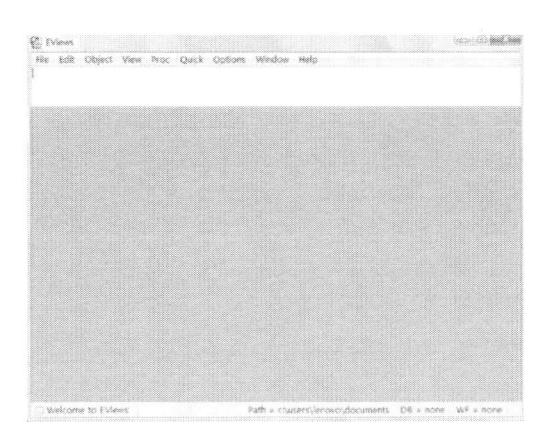

圖附 A-1　EViews 的主窗口

(1)標題欄

標題欄位於主窗口的頂部,標記有 EViews 字樣。在標題欄的右端有三個按鈕,從左至右依次為:—(最小化)、□(最大化或復原)和×(關閉)。

(2)菜單欄

菜單欄位於標題欄之下,它共有 9 個功能鍵:「File」「Edit」「Object」「View」「Proc」「Quick」「Options」「Window」「Help」。將鼠標指針移至菜單欄上的某個功能鍵並用鼠標左鍵單擊,便打開一個下拉式菜單,通過點擊下拉菜單中的項目,就可以對它們進行訪問。菜單中黑色的功能選項是可執行的,灰色的是不可執行的無效功能。表附 A-1 給出了各功能鍵的常用功能。

表附 A-1　　　　　　　EViews 主窗口各功能鍵的常用功能

功能鍵	常用功能
File	建立新工作文件(New)、打開已保存的工作文件(Open)、保存當前已激活的工作文件(Save)、打印已激活窗口的圖形或表格(Print)等。
Edit	撤銷最後一次的編輯(Undo)、刪除選中部分並將其放入 Windows 剪貼板(Cut)、將選中部分複製到 Windows 剪貼板(Copy)、將 Windows 剪貼板中的內容放入指定位置(Paste)、刪除選中部分(Delete)等。
Object	建立一個新的對象(如序列(組)、圖形、方程等)(New Object)、儲存選中的對象(Store)、複製當前激活的對象窗口(Copy Object)、打印已激活窗口的圖形或表格(Print)等。
View	其功能隨著當前激活窗口的不同而改變。
Proc	其功能隨著當前激活窗口的不同而改變。
Quick	提供一些經常使用功能的快捷途徑,如改變樣本區間(Sample)、生成新序列(Generate Series)、顯示一個對象(Show)、作圖(Graph)、打開空白數據組窗口添加新序列(Empty Group)、計算單個序列的描述統計量值(Series Statistics)、計算序列組的描述統計量值(Group Statistics)、估計方程(Estimate Equation)、估計向量自迴歸模型(Estimate VAR)等。
Options	改變 EViews 系統的各種設置,即使退出該系統這些變化仍被保留。
Window	提供激活工作區中已打開窗口的快捷途徑、關閉所有對象(Close All Objects)等。
Help	查閱 EViews 指南的內容(Users Guide Ⅰ(pdf)或 Users Guide Ⅱ(pdf))、快捷查找 EViews 中的各種命令格式(Command Reference(pdf))等。

(3)命令區

菜單欄下的白色區域為命令區。在命令區通過鍵盤輸入 EViews 的命令,按回車鍵 Enter 即可執行。按方向鍵,可以將輸入的歷史命令重新顯示出來,再次執行或修改後執行。將鼠標指向命令窗口的下端,會出現上下的箭頭,按住鼠標左鍵可以擴大或縮小該區域。

(4)工作區

命令窗口下是 EViews 的工作區,執行 EViews 的各種操作彈出的窗口(稱為子窗口)均顯示在此範圍之內。當有多個子窗口時,對處於激活狀態的窗口(狀態欄顏色較深的窗口),才能執行進一步的操作。要激活某一窗口,只需點擊該窗口的可見部分即可。將鼠標指向子窗口的標題欄,按住鼠標左鍵便可以拖動該窗口。

(5)狀態欄

主窗口最底部是狀態欄。狀態欄提供 4 種狀態信息,從左至右依次為:EViews 執行命令的結果信息、EViews 默認的讀取數據和程序的路徑、使用的數據庫和工作文件的名稱。

3. EViews 的關閉

關閉 EViews 的方法很多,如點擊 EViews 窗口右上角的關閉按鈕;選擇主菜單欄上的 File→Exit 等。在關閉 EViews 時,系統總會提醒用戶是否保存已建立的工作文件,屆時應該將沒有保存的有用工作文件存入磁盤(文件夾)中。

§A.3 工作文件的建立與數據的輸入

EViews 的各種功能只有在工作文件(Workfile)中才能實現,因此在初次使用 EViews 時,首先需要建立一個工作文件。

1. 工作文件的建立

在主窗口的菜單欄上,點擊 File→New→Workfile,打開一個創建工作文件(Workfile Create)對話框,如圖附 A-2 所示。

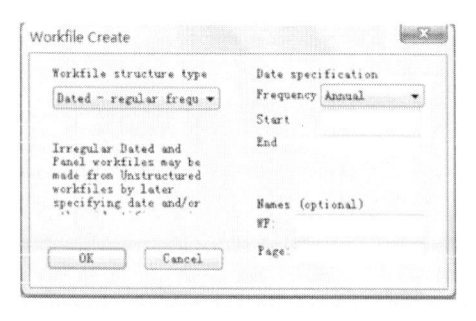

圖附 A-2

在上面的對話框中,首先在 Workfile structure type 下面的隱藏選項中選擇工作文件的數據結構類型,包括 Unstructured/Undated(非結構的或非時間序列數據)、dated-regular frequency(具有規則時間間隔的時間序列數據)和 Balanced Panel(平衡面板數據)。然後設定工作文件或數據的範圍(稍後介紹)並給工作文件命名。最後點擊 OK,就建立了一個新的工作文件,並彈出工作文件窗口,如圖附 A-3 所示。

圖附 A-3

工作文件窗口的頂部標題欄的左側是工作文件的名稱和保存位置的路徑,在標題欄下面是菜單欄,通過這些功能鍵可以實現 EViews 的各種功能。接下來是工作文件的範圍(Range)和當前的樣本區間(Sample)(EViews 對各對象窗口進行操作使用的樣本數據的範圍)。再下面是工作文件中研究對象的目錄,其中包括 c(模型中的截距項)、resid(最近估計的模型相應的殘差序列)以及各種研究對象,如變量、方程、圖形、矩陣等的名稱,在研究對象的前面是其對應的圖標(註:圖附 A-3 中的工作文件還沒有研究對象)。

(1)設定工作文件的範圍

設定 Unstructured/Undated 數據的範圍,只需在 Data range 中輸入觀測次數即可。

設定 Dated-regular frequency 數據的範圍,首先需要在 Date specification 中選擇數據出現的頻率,包括 Annual(年度數據)、Semi-Annual(半年度數據)、Quarterly(季度數據)、Monthly(月度數據)、Weekly(周度數據)、Daily-5 day week(一週為 5 天的日數據)、Daily-7 day week(一週為 7 天的日數據)和 Integer date(時間間隔為 1 的時間序列數據)等;然後在 Start date 中輸入數據的起始日期,在 End date 中輸入截止日期。起止日期的輸入格式:

Annual:直接輸入年份,如 1978、2010。

Semi-Annual:在輸入年份的後面加斜杠「/」,再輸入 1(表示上半年)或 2(表示下半年),如 2010/1 表示 2010 年上半年。

Quarterly:在輸入年份的後面加斜杠再輸入季度序號,如 1978/3 表示 1978 年第三季度。

Monthly:在輸入年份的後面加斜杠再輸入月份的序號,如 2010/8 表示 2010 年 8 月。

Daily:輸入格式是先輸入月份,加斜杠輸入日期,再加斜杠輸入年份,如 12/31/1999 表示 1999 年 12 月 31 日。

Weekly:起始日期輸入第一週的第一天的日期,截止日期輸入最後一週最後一天的日期。若輸入的截止日期不為最後一週的最後一天的日期,系統將自動對其進行更改。

週度數據的觀測序號均以每週第一天的日期表示,如 8/16/2010 表示 2010 年 8 月 16 日為第一天的那一週。

Integer date:直接輸入 0 或正整數。

上述日期設定格式中的斜杠也可以改為逗號,但兩者不能混合使用。如可以將 2010 年 8 月 16 日設定為 8,16,2010,但不能設定為 8/16,2010,或 8,26/2010。

設定 Balanced Panel 數據的範圍,首先在 Panel specification 中輸入 Dated－regular frequency 數據的範圍,再輸入截面個體的觀測個數。比如,要設定中國大陸 31 個省、直轄市和自治區 2000—2009 年地區生產總值構成的平衡面板數據的範圍,首先在 Panel specification 中選擇 Annual,輸入起始時間:2000 和截止時間:2009,接著再輸入截面個體觀測個數 31。

(2)改變工作文件範圍和當前的樣本區間

若改變已建立工作文件的範圍,可以左鍵雙擊工作文件窗口的 Range,打開工作文件結構對話框(如圖附 A－4 所示),將原來工作文件的範圍修改為新的範圍,點擊 OK,接著在彈出的窗口中再點擊 Yes 即可。

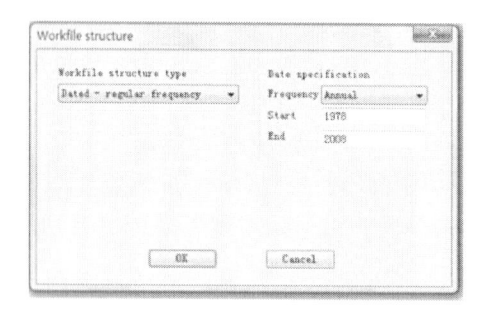

圖附 A－4

在 EViews 的操作過程中,可能要在工作文件或數據範圍的一個小範圍內進行,這就需要將這個小範圍確定為當前的樣本區間。比如,將當前樣本區間:1978—2008,改變為 1978—2000。其操作過程如下:

左鍵雙擊工作文件窗口的 Sample,打開樣本區間對話框,如圖附 A－5 所示。用戶在 Sample range pairs 框中將原有的區間 1978—2008(@all)改為 1978—2000,然後點擊 OK。

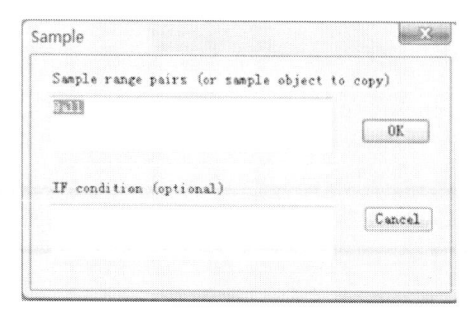

圖附 A－5

附錄 A　EViews6.0 軟件的操作基礎

2. 數據的輸入

在建立工作文件之後,就可以輸入和編輯數據了。輸入數據有兩種基本方法:命令方式和菜單方式。

(1)命令方式

在主窗口的命令區域輸入 data,加空格後依次輸入變量序列的名稱(變量名之間也要加空格),如「data GDP C1 C2」,再按回車鍵 Enter,隨即打開一個只有序列名而無數據的空工作組窗口,如圖附 A-6 所示。

圖附 A-6

在沒有輸入數據之前,變量下方的方格中顯示 NA,用戶選中一個方格便可以在此輸入該樣本點的數據。注意:每輸入完一個數據後都要按回車鍵 Enter 或一個方向鍵。

(2)菜單方式

在主窗口的菜單欄上點擊 Quick→Empty Group(Edit Series),打開一個空的工作組窗口,如圖附 A-7 所示。

圖附 A-7

在 obs 行中的灰色空格中輸入序列名稱,操作過程如下:

點擊空工作組窗口右側向上的箭頭,則出現 obs 開始的白色空格行。接著點擊第一列上的灰色空格,輸入序列名,再按回車鍵 Enter,則彈出 Series create 對話框,如圖附 A-8 所示。在該對話框中選擇序列的類型:Numeric series(數字序列)、Numeric series containing dates(包含日期的數字序列)和 Alpha series(符號序列),之後點擊 OK,便完成了對第一列的命名。點擊第二列上的灰色空格,然後輸入該列對應的序列名,再按回車

303

鍵 Enter，即可為第二列命名。依此繼續下去，可以輸入其他序列名。

圖附 A-8

需要注意的是，序列名要以英文字母開頭，字符個數不得超過 16 個。用戶不能以 c、resid、d、sin、log……這些 EViews 保留的具有特定意義的符號作為序列名稱。EViews 可以與 Excel 互相交換數據，即按照 Windows 下通常使用的複製（Copy）－粘貼（Paste），可以將 Excel 工作表中的數據直接複製到 EViews 的序列組，也可以將 EViews 序列組的數據複製到 Excel 工作表中。例如，將 EViews 序列組的數據複製到 Excel 工作表中的操作過程為：

首先，選中需要複製的數據（表），按右鍵，在打開的下拉菜單中點擊 Copy，彈出 Copy Precision 對話框，如圖附 A-9 所示。在該窗口的 Number copy method 選項中選擇 Formatted－Copy numbers as they appear，並點擊 OK。然後，在 Excel 工作表中的指定位置按右鍵，在打開的下拉菜單中點擊「粘貼」，便將所選數據（表）按照它們出現的格式複製到 Excel 工作表中。

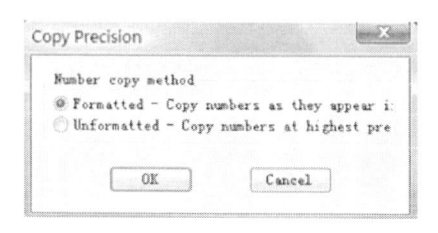

圖附 A-9

（3）數據的編輯

在工作組窗口的菜單欄中，Edit +/- 是編輯狀態與只讀狀態（此時工作表中出現一個藍色的方格）的切換鍵。如果用戶要對序列輸入的數據進行編輯，則需要使工作表處於編輯狀態。

在編輯狀態下，如果用戶要修改某個樣本點的數據，只需點擊此樣本點處，輸入新的數據即可。如果用戶要在某個樣本點處刪除或插入數據，則需要先選中該樣本點，並按右鍵，打開下拉菜單，接著選擇 Delete obs……或 Insert obs……，打開相應的對話窗，並輸入刪除或插入數據的個數，再點擊 OK，則可以直接刪除相應的數據，或在待插入點出現空格，輸入待插入的數據即可。需要注意的是，在某樣本點處刪除或插入數據時，樣本數的範圍不會改變，刪除數據時，後面的數據會前移；插入數據時，樣本最後面的數據可

能會被去掉。另外,當同時編輯幾個數據序列時,一次刪除或插入的操作將對這幾個序列同時進行。因此,如果用戶只想對一個序列進行刪除或插入的編輯,則只需打開要編輯的序列就可以了。

(4)顯示數據

當工作組中輸入序列名稱後,在工作文件的對象目錄中便出現這些序列的名稱,它們及其樣本數據就已經被保存在工作文件中。當工作組關閉之後,若要顯示某些序列的樣本數據,可以在工作文件中選中這些變量並用左鍵雙擊,在彈出的菜單中點擊 Open Group 即可。此時若要打印這些數據,則只需點擊主窗口中的 File→Print 即可。

(5)變量刪除與更名

在工作文件窗口,選中要刪除或更名的變量名,再按右鍵,在彈出的下拉菜單中選擇 Delete 或 Rename,便可以刪除這個變量或更換它的名稱。

3.工作文件的保存與調取

在工作文件建立以後,如果需要將工作文件保存到磁盤上,其操作過程如下:

點擊主窗口菜單欄中的 File→Save as,打開保存窗口(如圖附 A-10 所示),接著選擇保存位置,並輸入文件名(未命名的情形),然後點擊「保存」按鈕,彈出 Workfile save 窗口(如圖附 A-11 所示),在選擇序列儲存的精確度後,點擊 OK,便將工作文件保存到了磁盤上。

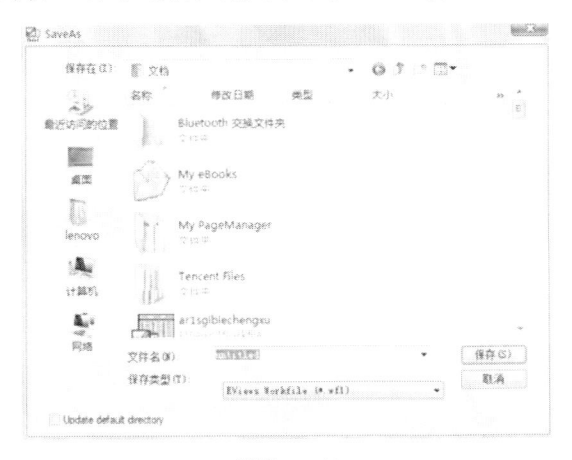

圖附 A-10

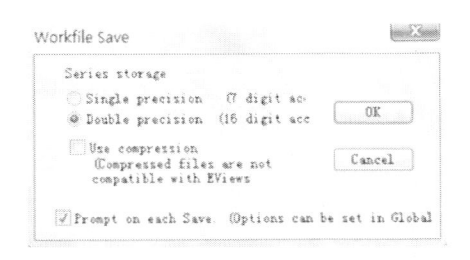

圖附 A-11

若工作文件已經保存在磁盤上,要保存對其進行修改後的內容,可以點擊工作文件窗口菜單欄上的 Save,或點擊主窗口菜單欄中的 File→Save,彈出 Workfile save 窗口,在

選擇序列儲存的精確度後，點擊 OK，便將更新的內容保存在工作文件中。

由以上方式保存的工作文件可以直接加載到 EViews 中，操作過程如下：

在主窗口的菜單欄上點擊 File→Open→EViews Workfile，打開 Open 對話框（如圖附 A-12 所示），從中選擇要打開的工作文件，接著點擊「打開」按鈕，就可以打開需要的工作文件了。

圖附 A-12

§A.4　數據的處理

這裡主要介紹利用方程或公式和已有數據序列生成新的數據序列，也就是使用普通的數學運算或函數對已有序列進行變換以得到新的數據序列。

1. 生成數據序列的操作過程

利用方程生成數據序列的常用操作過程是：

在主窗口的菜單欄中點擊 Quick→Generate Series，打開 Generate Series by Equation 對話框（如圖附 A-13 所示）。在 Enter equation 框中輸入包含新序列名稱的計算公式或方程，接著根據需要在 Sample 框中調整樣本區間，然後點擊 OK，即可生成新的序列，其名稱同時顯示在工作文件的對象目錄中。

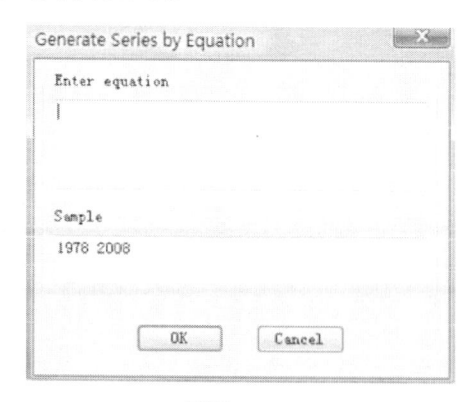

圖附 A-13

例如，打開 Generate Series by Equation 對話框，在 Enter equation 框中輸入

$$LNX = LOG(X)$$

點擊 OK，即可生成一個新序列 LNX，它是在各觀測點處對 X 取自然對數得到的序列。

又如，利用

$$DX2 = X - X(-2)$$

可以得到序列 X 與 X 的滯後 2 期的值 X(-2) 相減得到的差分序列。

再如，利用方程

$$LOG(Z/Y) = X^2 + 5$$

可以生成新序列 Z，這裡 Z/Y 為各觀測點處 Z 的值與 Y 的值對應相除得到的序列，X^2 為在各觀測點處的值為相應 X 值的平方構成的序列，X^2+5 為在各觀測點處 X^2 的值都加 5 得到的序列。

需要注意的是，新序列的名稱在方程左端只能出現一次。

在生成序列的公式中也可以使用邏輯變量（只有正確或錯誤兩個結果的定性變量）生成取值為 1 或 0 的序列。例如，利用

$$Z = X > = Y$$

可以生成新序列 Z，當 X 大於等於 Y 時，其取值為 1；當 X 小於 Y 時，其取值為 0。這裡 X > = Y 就是所謂的邏輯變量，「大於等於」稱為邏輯運算。

2. 數據序列的運算符號及其功能

上述例子中給出了序列的除法、乘方、加法運算、邏輯運算「大於等於」的符號及其功能。在 EViews 軟件下，還可以進行其他一些有關序列的基本算術運算、邏輯運算，對這些運算過程的理解與例題中運算過程的理解類似。表附 A-2 給出了最常用的序列運算的符號及其功能。

表附 A-2　　　　　　　　　　序列運算的符號及其功能

運算符號	功能
+	加法
-	減法
*	乘法
/	除法
^	乘方
>	大於。若 Z = X > Y，則當 X 大於 Y 時，Z = 1，否則，Z = 0
<	小於。若 Z = X < Y，則當 X 小於 Y 時，Z = 1，否則，Z = 0
=	等於。若 Z = X = Y，則當 X 等於 Y 時，Z = 1，否則，Z = 0
≥	大於等於。若 Z = X≥Y，則當 X 大於等於 Y 時，Z = 1，否則，Z = 0
≤	小於等於。若 Z = X≤Y，則當 X 小於等於 Y 時，Z = 1，否則，Z = 0
< >	不等於。若 Z = X < > Y，則當 X 不等於 Y 時，Z = 1，否則，Z = 0
AND	與、並且。若 Z = Φ AND Γ，其中 Φ、Γ 為邏輯變量，則當 Φ 與 Γ 均正確時，Z = 1，否則，Z = 0
OR	或者。若 Z = Φ OR Γ，其中 Φ、Γ 為邏輯變量，則當 Φ 或者 Γ 正確時，Z = 1，否則，Z = 0

3. 序列的函數及其符號

表附 A-3 給出了一些常用的序列函數的符號及其含義。

表附 A-3　　　　　　　　序列函數的符號及其含義

符號	函數
d(X)	X 的一階差分：d(X) = X - X(-1)
LOG(X)	X 的自然對數：lnX
EXP(X)	X 的以 e 為底的指數：e^X
SQR(X)	X 的算術平方根：$\sqrt{X}$
ABS(X)	X 的絕對值：$|X|$
SIN(X)	X 的正弦函數：sin(X)
COS(X)	X 的餘弦函數：cos(X)

4. 幾個特殊數據序列

(1) @RUNIF(a,b)：表示生成服從 a 和 b 之間均勻分佈的隨機數。

(2) @RNORM：表示生成服從均值為 0，方差為 1 的標準正態分佈的隨機數。

(3) @SEAS(m)：表示生成第 m 個季度或月取值為 1，其他季度或月取值為 0 的季節虛擬變量序列。

(4) @TREND(m)：表示生成一個趨勢變量序列，該序列在第 m 個觀測點處取值為 0，往後依次加 1，往前依次減 1。

§A.5　作圖

在建立計量經濟模型之前，借助利用樣本數據作的圖形可以直觀地分析經濟變量的變動規律及變量之間的數量關係，以便合理地設定模型的數學形式。在圖形分析中最常用的是趨勢圖(折線圖)和散點圖，前者可以用於分析經濟變量的發展變化趨勢及其平穩性，後者可以用於分析變量之間的相關類型、相關程度以及用什麼函數擬合這些樣本數據比較合適，為理論模型的建立提供依據。下面以作這兩種圖形為例介紹作圖的操作過程。

1. 作圖過程

要作一個(組)序列的趨勢圖，首先在工作文件的目錄中選中該(組)序列的名稱，接著按右鍵，在打開的下拉菜單中點擊 Open(→as Group)，打開序列的數據窗口；然後點擊該窗口菜單欄上的 View→Graph，打開 Graph Options 窗口。在該窗口 Graph Type General 選項中選擇圖形類型：Basic graph 或 Categorial graph。前者在一個坐標系下描繪出序列的趨勢圖，或其他序列對第一個序列的散點圖；後者則分別在不同坐標系下給出各序列的趨勢圖，或其他序列對第一個序列的散點圖。接著在下面的 Specifi 選項中選擇要作的圖形的具體類型，如 Line(折線圖或趨勢圖)、Scatter(散點圖)等。例如，通過選擇 Basic graph 類型，可以得到 1978—2008 年以當年價格計算的中國國內生產總值 GDP 和農村居

民消費支出 C1、城鎮居民消費支出 C2 的趨勢圖和散點圖,分別如圖附 A－14(a)(b)所示。

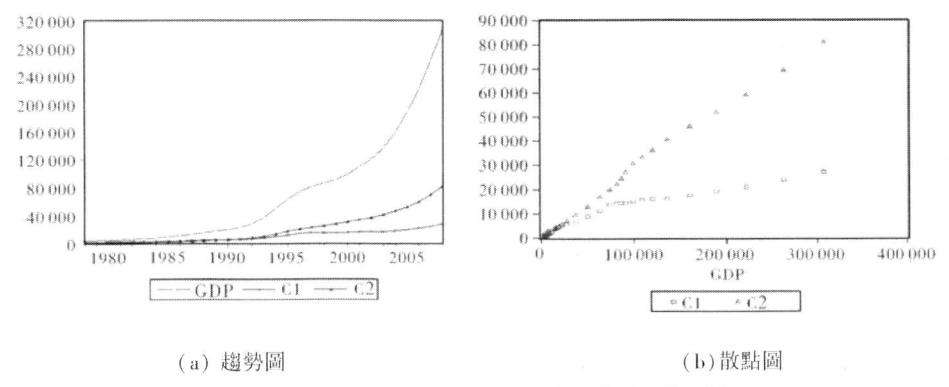

（a）趨勢圖　　　　　　　　　　　　（b）散點圖

圖附 A－14　序列 GDP、C1 和 C2 的趨勢圖和散點圖

對於上述所作圖形,可以就圖形的顏色、標示、坐標軸的刻度等進行修改。其操作過程如下:

用左鍵雙擊要修改的圖形,打開 Graph Options 對話框,如圖附 A－15 所示,就可以根據需要對圖形進行修改了。

圖附 A－15

2. 圖形的保存與複製

用戶根據需要可以將作好的圖形保存到工作文件中或者複製到 Word 文檔。其操作過程如下:

在圖形窗口,點擊菜單欄上的 Name,打開 Object Name 對話框,在 Name to identify object 區域輸入圖形的名稱,點擊 OK,圖形的名稱便顯示在工作文件的目錄中。關於圖形的複製,可以用右鍵單擊要複製的圖形,在打開的菜單中選擇 Copy……然後在 Word 文檔指定的位置按右鍵,在打開的菜單中選擇「粘貼」,就可以把圖形複製到 Word 文檔了。對

於複製後的圖形,點擊選中後,將鼠標指向邊框上的小方塊,待出現雙向箭頭後按住左鍵拖動邊框,可以對圖形的大小進行調整。

§A.6　常用描述統計量的計算

EViews 給出了一組@函數用於計算一個序列或兩個序列的描述統計量。比如,@MEAN(X)、@COV(X,Y)分別表示在當前樣本下序列 X 的均值和序列 X 與 Y 的協方差。可以利用生成序列的操作步驟計算這些描述統計量的值。表附 A-4 給出了一些常用的基本描述統計量的@函數。

表附 A-4　　　　　　　　常用的描述統計量及其@函數

@函數	描述統計量
@SUM(X)	序列 X 的和
@MEAN(X)	序列 X 的均值
@MEDIAN(X)	序列 X 的中位數
@MIN(X)	序列 X 的最小值
@MAX(X)	序列 X 的最大值
@VAR(X)	序列 X 的方差
@STDEV(X)	序列 X 的標準差
@SUMSQ(X)	序列 X 的平方和
@OBS(X)	序列 X 的有效觀測個數
@COV(X,Y)	序列 X 與序列 Y 的協方差
@COR(X,Y)	序列 X 與序列 Y 的相關係數
@CROSS(X,Y)	在各觀測點處序列 X 與序列 Y 對應相乘,然後求和
@PCH(X)	序列 X 的增長率

1. 序列的描述統計量

EViews 可以同時計算並顯示一個序列的若干個描述統計量。其操作過程如下:

在工作文件的目錄中用左鍵雙擊待研究序列的名稱,打開該序列的數據窗口;然後點擊該窗口菜單欄上的 View→Descriptive Statistics & Tests→Histogram Stats,便得到該序列的描述統計量的計算結果及反應其頻數分佈情況的柱狀圖(如圖附 A-16 所示)。該圖顯示了將此序列的最大值與最小值構成的區間分成等長的若干小區間後,每個小區間內含有觀測值的個數。

圖附 A-16 中的 Mean、Median、Maximum、Minimum、Std. Dev.、Skewness、Kurtosis、Jarque-Bera、Probability 分別為序列的均值、中位數、最大值、最小值、標準差、偏度、峰度、JB 統計量、JB 檢驗的 P 值。在上述操作過程中,若將 Histogram Stats 改為選擇 Stats Table,則只顯示序列描述統計量的計算結果。

```
Series: C1
Sample 1978 2008
Observations 31

Mean        9746.787
Median      6858.000
Maximum     27206.40
Minimum     1092.400
Std. Dev.   7636.163
Skewness    0.535002
Kurtosis    2.118364

Jarque-Bera 2.482831
Probability 0.288975
```

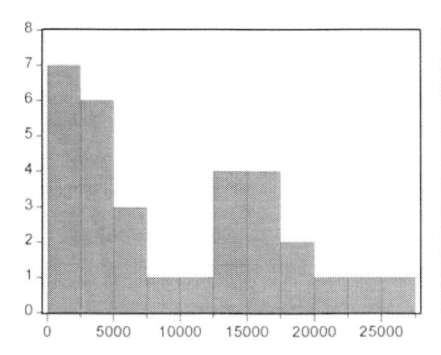

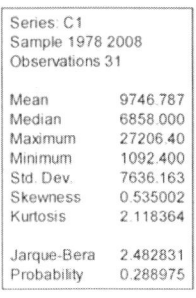

圖附 A-16　序列 C1 的描述統計量及其頻數分佈的柱狀圖

若要同時計算並顯示多個序列的描述統計量值,則需要同時打開這些變量的數據窗口,然後點擊該窗口菜單欄上的 View→Descriptive Stats→Common Sample,便得到對於共同的有效樣本區間這些序列描述統計量的計算結果。在該結果中除包括圖附 A-16 中顯示的統計量值外,還包括序列的和(Sum)、離差平方和(Sum Sq. Dev.)的計算結果。若將 Common Sample 改為選擇 Individual Samples,則得到這些序列在各自的有效樣本範圍內描述統計量的計算結果。

2. 相關係數與協方差

在 EViews 下,計算一組序列的相關係數與協方差的操作過程如下:

首先打開這一組序列,如 GDP、C1、C2,的數據窗口,點擊 View→Covariance Analysis,打開 Covariance Analysis 窗口。在該窗口中選擇 Correlation 或 Covariance,便可以得到該組序列的相關係數矩陣或協方差矩陣,如表附 A-5 或表附 A-6 所示。表附 A-5 右下角的數據即為該組序列兩兩之間的相關係數,如 0.968,350、0.997,393 分別為 C1 與 C2 和 C2 與 GDP 的相關係數。表附 A-6 右下角的數據即為該組序列兩兩之間的協方差,如 Cov(C1,C2) = 1.62E + 08,Cov(C2,GDP) = 1.79E + 09。

表附 A-5　　　　　　　　序列 GDP、C1、C2 的相關係數矩陣

	GDP	C1	C2
GDP	1.000,000	0.957,781	0.997,393
C1	0.957,781	1.000,000	0.968,350
C2	0.997,393	0.968,350	1.000,000

表附 A-6　　　　　　　　GDP、C1、C2 的協方差矩陣

	GDP	C1	C2
GDP	6.53E + 09	5.81E + 08	1.79E + 09
C1	5.81E + 08	56,429,982	1.62E + 08
C2	1.79E + 09	1.62E + 08	4.93E + 08

附錄 B　統計分佈表

附表 1　標準正態分佈表

例，$Z \sim N(0,1), P(Z > 1.96) = 0.025, P(Z < -1.96) = 0.025$。

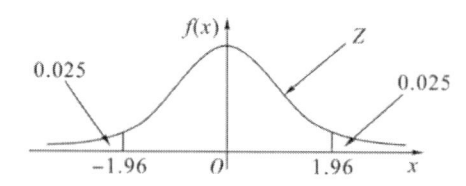

Z	0	0.01	0.02	0.03	0.04	0.05	0.06	0.07	0.08	0.09
0	0.5	0.496	0.492	0.488	0.484	0.480,1	0.476,1	0.472,1	0.468,1	0.464,1
0.1	0.460,2	0.456,2	0.452,2	0.448,3	0.444,3	0.440,4	0.436,4	0.432,5	0.428,6	0.424,7
0.2	0.420,7	0.416,8	0.412,9	0.409	0.405,2	0.401,3	0.397,4	0.393,6	0.389,7	0.385,9
0.3	0.382,1	0.378,3	0.374,5	0.370,7	0.366,9	0.363,2	0.359,4	0.355,7	0.352	0.348,3
0.4	0.344,6	0.340,9	0.331,8	0.333,6	0.33	0.326,4	0.322,8	0.319,2	0.315,6	0.312,1
0.5	0.308,5	0.305	0.301,5	0.298,1	0.294,6	0.291,2	0.287,7	0.284,3	0.281	0.277,6
0.6	0.274,3	0.270,9	0.267,6	0.264,3	0.261,1	0.257,8	0.254,6	0.251,4	0.248,3	0.245,1
0.7	0.242	0.238,9	0.235,8	0.232,7	0.229,6	0.226,6	0.223,6	0.220,6	0.217,7	0.214,8
0.8	0.211,9	0.200,9	0.206,1	0.203,3	0.200,5	0.197,7	0.194,9	0.192,2	0.189,4	0.186,7
0.9	0.181,4	0.181,4	0.178,8	0.176,2	0.173,6	0.171,1	0.168,5	0.166	0.163,5	0.161,1
1	0.158,7	0.156,2	0.153,9	0.151,5	0.149,2	0.146,9	0.144,6	0.142,3	0.140,1	0.137,9
1.1	0.135,7	0.133,5	0.131,4	0.129,2	0.127,1	0.125,1	0.123	0.121	0.119	0.117
1.2	0.115,1	0.113,1	0.111,2	0.109,3	0.107,5	0.105,6	0.103,8	0.102	0.100,3	0.098,5
1.3	0.096,8	0.095,1	0.093,4	0.091,8	0.090,1	0.088,5	0.086,9	0.085,3	0.083,8	0.082,3
1.4	0.080,8	0.079,3	0.077,8	0.076,4	0.074,9	0.073,5	0.072,1	0.070,8	0.069,4	0.068,1
1.5	0.066,8	0.065,5	0.064,3	0.063	0.061,8	0.060,6	0.059,4	0.058,2	0.057,1	0.055,9
1.6	0.054,8	0.053,7	0.052,6	0.051,6	0.050,5	0.049,5	0.048,5	0.047,5	0.046,5	0.045,5
1.7	0.046,6	0.043,6	0.042,7	0.041,8	0.040,9	0.040,1	0.039,2	0.038,4	0.037,5	0.036,7
1.8	0.035,9	0.035,1	0.034,4	0.033,6	0.032,9	0.032,2	0.031,4	0.030,7	0.030,1	0.029,4
1.9	0.028,7	0.028,1	0.027,4	0.026,8	0.026,2	0.025,6	**0.025**	0.024,4	0.023,9	0.023,3
2	0.022,8	0.022,2	0.021,7	0.021,2	0.020,7	0.020,2	0.019,7	0.019,2	0.018,8	0.018,3
2.1	0.017,9	0.017,4	0.017	0.016,6	0.016,2	0.015,8	0.015,4	0.015	0.014,6	0.014,3
2.2	0.013,9	0.013,6	0.013,2	0.012,9	0.012,5	0.012,2	0.011,9	0.011,6	0.011,3	0.011
2.3	0.010,7	0.010,4	0.010,2	0.009,9	0.009,6	0.009,4	0.009,1	0.008,9	0.008,7	0.008,4
2.4	0.008,2	0.008	0.007,8	0.007,5	0.007,3	0.007,1	0.006,9	0.006,8	0.006,6	0.006,4
2.5	0.006,2	0.006	0.005,9	0.005,7	0.005,5	0.005,4	0.005,2	0.005,1	0.004,9	0.004,8
2.6	0.004,7	0.004,5	0.004,4	0.004,3	0.004,1	0.004	0.003,9	0.003,8	0.003,7	0.003,6
2.7	0.003,5	0.003,4	0.003,3	0.003,2	0.003,1	0.003	0.002,9	0.002,8	0.002,7	0.002,6
2.8	0.002,6	0.002,5	0.002,4	0.002,3	0.002,2	0.002,2	0.002,1	0.002,1	0.002	0.001,9
2.9	0.001,9	0.001,8	0.001,8	0.001,7	0.001,6	0.001,6	0.001,5	0.001,5	0.001,4	0.001,4
3	0.001,3	0.001,3	0.001,3	0.001,2	0.001,2	0.001,1	0.001,1	0.001,1	0.001	0.001

附表 2　t 分佈表

例，若 $t \sim t(20)$，其中 $v = 20$，則 $P(t > 2.086) = 0.025$，$P(t < -2.086) = 0.025$。

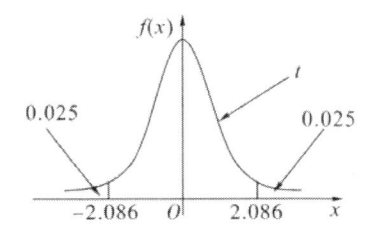

v \ α	0.25	0.1	0.05	0.025	0.01	0.005	0.001
1	1	3.078	6.314	12.706	31.821	63.657	318.31
2	0.816	1.866	2.92	4.303	6.965	9.925	22.327
3	0.765	1.638	2.353	3.182	4.541	5.841	10.214
4	0.741	1.533	2.132	2.776	3.747	4.604	7.173
5	0.727	1.476	2.015	2.571	3.365	4.032	5.893
6	0.718	1.44	1.943	2.447	3.143	3.707	5.208
7	0.711	1.415	1.895	2.365	2.998	3.499	4.785
8	0.706	1.397	1.86	2.306	2.896	3.355	4.501
9	0.703	1.383	1.833	2.262	2.821	3.25	4.297
10	0.7	1.372	1.812	2.228	2.764	3.169	4.144
11	0.697	1.363	1.796	2.201	2.718	3.106	4.025
12	0.695	1.356	1.782	2.179	2.681	3.055	3.93
13	0.694	1.35	1.771	2.16	2.65	3.012	3.852
14	0.692	1.345	1.761	2.145	2.624	2.977	3.787
15	0.691	1.341	1.753	2.131	2.602	2.947	3.733
16	0.69	1.337	1.746	2.12	2.583	2.921	3.686
17	0.689	1.333	1.74	2.11	2.567	2.898	3.646
18	0.688	1.33	1.734	2.101	2.552	2.878	3.61
19	0.688	1.328	1.729	2.093	2.539	2.861	3.579
20	0.687	1.325	1.725	**2.086**	2.528	2.845	3.552
21	0.686	1.323	1.721	2.08	2.518	2.831	3.527
22	0.686	1.321	1.717	2.074	2.508	2.819	3.505
23	0.685	1.319	1.714	2.069	2.5	2.807	3.485
24	0.685	1.318	1.711	2.064	2.492	2.797	3.467
25	0.684	1.316	1.708	2.06	2.485	2.787	3.45
26	0.684	1.315	1.706	2.056	2.479	2.779	3.435
27	0.684	1.314	1.703	2.052	2.473	2.771	3.421
28	0.683	1.313	1.701	2.048	2.467	2.763	3.408
29	0.683	1.311	1.699	2.045	2.462	2.756	3.396
30	0.683	1.31	1.697	2.042	2.457	2.75	3.385
40	0.681	1.303	1.684	2.021	2.423	2.704	3.307
60	0.679	1.296	1.671	2	2.39	2.66	3.232
120	0.677	1.289	1.658	1.98	2.358	2.617	3.16
∞	0.674	1.282	1.645	1.96	2.326	2.576	3.09

註：表中 v 為 t 分佈的自由度，$α$ 為概率。

附表3　F 分佈表

例，若 $F \sim F(10,50)$，其中第一自由度 $v_1 = 10$，第二自由度 $v_2 = 50$，則 $P(F > 2.02) = 0.05$。

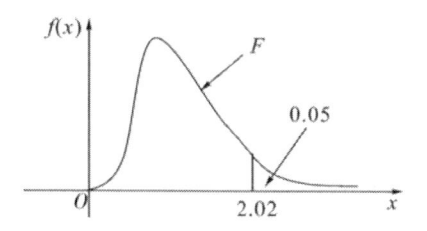

附表3(a)　　　　F 分佈表（顯著性水平 $\alpha = 0.05$）

v_2 \ v_1	1	2	3	4	5	6	7	8	9	10	11	12
1	161	200	216	225	230	234	237	239	241	242	243	244
2	18.51	19	19.16	19.25	19.3	19.33	19.36	19.37	19.38	19.39	19.4	19.41
3	10.13	9.55	9.28	9.12	9.01	8.94	8.88	8.84	8.81	8.78	8.76	8.74
4	7.71	6.94	6.59	6.39	6.26	6.16	6.09	6.04	6	5.96	5.93	5.91
5	6.61	5.79	5.41	5.19	5.05	4.95	4.88	4.82	4.78	4.74	4.7	4.68
6	5.99	5.14	4.76	4.53	4.39	4.28	4.21	4.15	4.1	4.06	4.13	4
7	5.59	4.74	4.35	4.12	3.97	3.87	3.79	3.73	3.68	3.63	3.6	3.57
8	5.32	4.46	4.07	3.84	3.69	3.58	3.5	3.44	3.39	3.34	3.31	3.28
9	5.12	4.26	3.86	3.63	3.48	3.37	3.29	3.23	3.18	3.13	3.1	3.07
10	4.96	4.1	3.71	3.48	3.33	3.22	3.14	3.07	3.02	2.97	2.94	2.91
11	4.84	3.98	3.59	3.36	3.2	3.09	3.01	2.95	2.9	2.86	2.82	2.79
12	4.75	3.88	3.49	3.26	3.11	3	2.92	2.85	2.8	2.76	2.72	2.69
13	4.67	3.8	3.41	3.18	3.02	2.92	2.84	2.77	2.72	2.67	2.63	2.6
14	4.6	3.74	3.34	3.11	2.96	2.85	2.77	2.7	2.65	2.6	2.56	2.53
15	4.54	3.68	3.29	3.06	2.9	2.79	2.7	2.64	2.59	2.55	2.51	2.48
16	4.49	3.63	3.24	3.01	2.85	2.74	2.66	2.59	2.54	2.49	2.45	2.42
17	4.45	3.59	3.2	2.96	2.81	2.7	2.62	2.55	2.5	2.45	2.41	2.38
18	4.41	3.55	3.16	2.93	2.77	2.66	2.58	2.51	2.46	2.41	2.37	2.34
19	4.38	3.52	3.13	2.9	2.74	2.63	2.55	2.48	2.43	2.38	2.34	2.31
20	4.35	3.49	3.1	2.87	2.71	2.6	2.52	2.45	2.4	2.35	2.31	2.28
21	4.32	3.47	3.07	2.84	2.68	2.57	2.49	2.42	2.37	2.32	2.28	2.25
22	4.3	3.44	3.05	2.82	2.66	2.55	2.47	2.4	2.35	2.3	2.26	2.23
23	4.28	3.42	3.03	2.8	2.64	2.53	2.45	2.38	2.32	2.28	2.24	2.2
24	4.26	3.4	3.01	2.78	2.62	2.51	2.43	2.36	2.3	2.26	2.22	2.18
25	4.24	3.38	2.99	2.76	2.6	2.49	2.41	2.34	2.28	2.24	2.2	2.16

附表3(a)(續)

v_1 \ v_2	1	2	3	4	5	6	7	8	9	10	11	12
26	4.22	3.37	2.98	2.74	2.59	2.47	2.39	2.32	2.27	2.22	2.18	2.15
27	4.21	3.35	2.96	2.73	2.57	2.46	2.37	2.3	2.25	2.2	2.16	2.13
28	4.2	3.34	2.95	2.71	2.56	2.44	2.36	2.29	2.24	2.19	2.15	2.12
29	4.18	3.33	2.93	2.7	2.54	2.43	2.35	2.28	2.22	2.18	2.14	2.1
30	4.17	3.32	2.92	2.69	2.53	2.42	2.34	2.27	2.21	2.16	2.12	2.09
32	4.15	3.3	2.9	2.67	2.51	2.4	2.32	2.25	2.19	2.14	2.1	2.07
34	4.13	3.28	2.88	2.65	2.49	2.38	2.3	2.23	2.17	2.12	2.08	2.05
36	4.11	3.26	2.86	2.63	2.48	2.36	2.28	2.21	2.15	2.1	2.06	2.03
38	4.1	3.25	2.85	2.62	2.46	2.35	2.26	2.19	2.14	2.09	2.05	2.02
40	4.08	3.23	2.84	2.61	2.45	2.34	2.25	2.18	2.12	2.07	2.04	2
42	4.07	3.22	2.83	2.59	2.44	2.32	2.24	2.17	2.11	2.06	2.02	1.99
44	4.06	3.21	2.82	2.58	2.43	2.31	2.23	2.16	2.1	2.05	2.01	1.98
46	4.05	3.2	2.81	2.57	2.42	2.3	2.22	2.14	2.09	2.04	2	1.97
48	4.04	3.19	2.8	2.56	2.41	2.3	2.21	2.14	2.08	2.03	1.99	1.96
50	4.03	3.18	2.79	2.56	2.4	2.29	2.2	2.13	2.07	2.02	1.98	1.95
55	4.02	3.17	2.78	2.54	2.38	2.27	2.18	2.11	2.05	2	1.97	1.93
60	4	3.15	2.76	2.52	2.37	2.25	2.17	2.1	2.04	1.99	1.95	1.92
65	3.99	3.14	2.75	2.51	2.36	2.24	2.15	2.08	2.02	1.98	1.94	1.9
70	3.98	3.13	2.74	2.5	2.35	2.23	2.14	2.07	2.01	1.97	1.93	1.89
80	3.96	3.11	2.72	2.48	2.33	2.21	2.12	2.05	1.99	1.95	1.91	1.88
100	3.94	3.09	2.7	2.46	2.3	2.19	2.1	2.03	1.97	1.92	1.88	1.85
125	3.92	3.07	2.68	2.44	2.29	2.17	2.08	2.01	1.95	1.9	1.86	1.83
150	3.91	3.06	2.67	2.43	2.27	2.16	2.07	2	1.94	1.89	1.85	1.82
200	3.89	3.04	2.65	2.41	2.26	2.14	2.05	1.98	1.92	1.87	1.83	1.8
400	3.86	3.02	2.62	2.39	2.23	2.12	2.03	1.96	1.9	1.85	1.81	1.78
1,000	3.85	3	2.61	2.38	2.22	2.1	2.02	1.95	1.89	1.84	1.8	1.76
∞	3.84	2.99	2.6	2.37	2.21	2.09	2.01	1.94	1.88	1.83	1.79	1.75

續附表3(a)

v_1 \ v_2	14	16	20	24	30	40	50	75	100	200	500	∞
1	245	246	248	249	250	251	252	253	253	254	254	254
2	19.42	19.43	19.44	19.45	19.46	19.47	19.47	19.48	19.49	19.49	19.5	19.5
3	8.71	8.69	8.66	8.64	8.62	8.6	8.58	8.57	8.56	8.54	8.53	8.53
4	5.87	5.84	5.8	5.77	5.74	5.71	5.7	5.68	5.66	5.65	5.64	5.63
5	4.64	4.6	4.56	4.53	4.5	4.46	4.44	4.42	4.4	4.38	4.37	4.36
6	3.96	3.92	3.87	3.84	3.81	3.77	3.75	3.72	3.71	3.69	3.68	3.67
7	3.52	3.49	3.44	3.41	3.38	3.34	3.32	3.29	3.28	3.25	3.24	3.23
8	3.23	3.2	3.15	3.12	3.08	3.05	3.03	3	2.98	2.96	2.94	2.93
9	3.02	2.98	2.93	2.9	2.86	2.82	2.8	2.77	2.76	2.73	2.72	2.71

續附表3(a)(續)

v_2 \ v_1	14	16	20	24	30	40	50	75	100	200	500	∞
10	2.86	2.82	2.77	2.74	2.7	2.67	2.64	2.61	2.59	2.56	2.55	2.54
11	2.74	2.7	2.65	2.61	2.57	2.53	2.5	2.47	2.45	2.42	2.41	2.4
12	2.64	2.6	2.54	2.5	2.46	2.42	2.4	2.36	2.35	2.32	2.31	2.3
13	2.55	2.51	2.46	2.42	2.38	2.34	2.32	2.28	2.26	2.24	2.22	2.21
14	2.48	2.44	2.39	2.35	2.31	2.27	2.24	2.21	2.19	2.16	2.14	2.13
15	2.43	2.39	2.33	2.29	2.25	2.21	2.18	2.15	2.12	2.1	2.08	2.07
16	2.37	2.33	2.28	2.24	2.2	2.16	2.13	2.09	2.07	2.04	2.02	2.01
17	2.33	2.29	2.23	2.19	2.15	2.11	2.08	2.04	2.02	1.99	1.97	1.96
18	2.29	2.25	2.19	2.15	2.11	2.07	2.04	2	1.98	1.95	1.93	1.92
19	2.26	2.21	2.15	2.11	2.07	2.02	2	1.96	1.94	1.91	1.9	1.88
20	2.23	2.18	2.12	2.08	2.04	1.99	1.96	1.92	1.9	1.87	1.85	1.84
21	2.2	2.15	2.09	2.05	2	1.96	1.93	1.89	1.87	1.84	1.82	1.81
22	2.18	2.13	2.07	2.03	1.98	1.93	1.91	1.87	1.84	1.81	1.8	1.78
23	2.14	2.1	2.04	2	1.96	1.91	1.88	1.84	1.82	1.79	1.77	1.76
24	2.13	2.09	2.02	1.98	1.94	1.89	1.86	1.82	1.8	1.76	1.74	1.73
25	2.11	2.06	2	1.96	1.92	1.87	1.84	1.8	1.77	1.74	1.72	1.71
26	2.1	2.05	1.99	1.95	1.9	1.85	1.82	1.78	1.76	1.72	1.7	1.69
27	2.08	2.03	1.97	1.93	1.88	1.84	1.8	1.76	1.74	1.71	1.68	1.67
28	2.06	2.02	1.96	1.91	1.87	1.81	1.78	1.75	1.72	1.69	1.67	1.65
29	2.05	2	1.94	1.9	1.85	1.8	1.77	1.73	1.71	1.68	1.65	1.64
30	2.04	1.99	1.93	1.89	1.84	1.79	1.76	1.72	1.69	1.66	1.64	1.62
32	2.02	1.97	1.91	1.86	1.82	1.76	1.74	1.69	1.67	1.64	1.61	1.59
34	2	1.95	1.89	1.84	1.8	1.74	1.71	1.67	1.64	1.61	1.59	1.57
36	1.98	1.93	1.87	1.82	1.78	1.72	1.69	1.65	1.62	1.59	1.56	1.55
38	1.96	1.92	1.85	1.8	1.76	1.71	1.67	1.63	1.6	1.57	1.54	1.53
40	1.95	1.9	1.84	1.79	1.74	1.69	1.66	1.61	1.59	1.55	1.53	1.51
42	1.94	1.89	1.82	1.78	1.73	1.68	1.64	1.6	1.57	1.54	1.51	1.49
44	1.92	1.88	1.81	1.76	1.72	1.66	1.63	1.58	1.56	1.52	1.5	1.48
46	1.91	1.87	1.8	1.75	1.71	1.65	1.62	1.57	1.54	1.51	1.48	1.46
48	1.9	1.86	1.79	1.74	1.7	1.64	1.61	1.56	1.53	1.5	1.47	1.45
50	1.9	1.85	1.78	1.74	1.69	1.63	1.6	1.55	1.52	1.48	1.46	1.44
55	1.88	1.83	1.76	1.72	1.67	1.61	1.58	1.52	1.5	1.46	1.43	1.41
60	1.86	1.81	1.75	1.7	1.65	1.59	1.56	1.5	1.48	1.44	1.41	1.39
65	1.85	1.8	1.73	1.68	1.63	1.57	1.54	1.49	1.46	1.42	1.39	1.37
70	1.84	1.79	1.72	1.67	1.62	1.56	1.53	1.47	1.45	1.4	1.37	1.35
80	1.82	1.77	1.7	1.65	1.6	1.54	1.51	1.45	1.42	1.38	1.35	1.32
100	1.79	1.75	1.68	1.63	1.57	1.51	1.48	1.42	1.39	1.34	1.3	1.28
125	1.77	1.72	1.65	1.6	1.55	1.49	1.45	1.39	1.36	1.31	1.27	1.25
150	1.76	1.71	1.64	1.59	1.54	1.47	1.44	1.37	1.34	1.29	1.25	1.22
200	1.74	1.69	1.62	1.57	1.52	1.45	1.42	1.35	1.32	1.26	1.22	1.19

續附表3(a)(續)

v_1 \ v_2	14	16	20	24	30	40	50	75	100	200	500	∞
400	1.72	1.67	1.6	1.54	1.49	1.42	1.38	1.32	1.28	1.22	1.16	1.13
1,000	1.7	1.65	1.58	1.53	1.47	1.41	1.36	1.3	1.26	1.19	1.13	1.08
∞	1.67	1.64	1.57	1.52	1.46	1.4	1.35	1.28	1.24	1.17	1.11	1

註：表中 v_1、v_2 分別為 F 分佈的第一自由度和第二自由度。

附表3(b) F 分佈表 (顯著性水平 $\alpha = 0.01$)

v_1 \ v_2	1	2	3	4	5	6	7	8	9	10	11	12
1	4,052	4,999	5,403	5,625	5,764	5,859	5,928	5,982	6,022	6,056	6,082	6,106
2	98.49	99	99.17	99.25	99.3	99.33	99.34	99.36	99.38	99.4	99.41	99.42
3	34.12	30.82	29.46	28.71	28.24	27.91	27.67	27.49	27.34	27.23	27.13	27.05
4	21.2	18	16.69	15.98	15.52	15.21	14.98	14.8	14.66	14.54	14.45	14.37
5	16.26	13.27	12.06	11.39	10.97	10.67	10.45	10.27	20.15	10.05	9.96	9.89
6	13.74	10.92	9.78	9.15	8.75	8.47	8.25	8.1	7.98	7.87	7.79	7.72
7	12.25	9.55	8.45	7.85	7.46	7.19	7	6.84	6.71	6.62	6.54	6.47
8	11.26	8.65	7.59	7.01	6.63	6.37	6.19	6.03	5.91	5.82	5.74	5.67
9	10.56	8.02	6.99	6.42	6.06	5.8	5.62	5.47	5.35	5.26	5.18	5.11
10	10.04	7.56	6.55	5.99	5.64	5.39	5.21	5.06	4.95	4.85	4.73	4.71
11	9.65	7.2	6.22	5.67	5.32	5.07	4.88	4.74	4.63	4.54	4.46	4.4
12	9.33	6.93	5.95	5.41	5.06	4.82	4.65	4.5	4.39	4.3	4.22	4.16
13	9.07	6.7	5.74	5.2	4.86	4.62	4.44	4.3	4.19	4.1	4.02	3.96
14	8.86	6.51	5.56	5.03	4.69	4.46	4.28	4.14	4.03	3.94	3.86	3.8
15	8.68	6.36	5.42	4.89	4.56	4.32	4.14	4	3.89	3.8	3.73	3.67
16	8.53	6.23	5.29	4.77	4.44	4.2	4.03	3.89	3.78	3.69	3.61	3.55
17	8.4	6.11	5.18	4.67	4.34	4.1	3.93	3.79	3.68	3.59	3.52	3.45
18	8.28	6.01	5.09	4.58	4.25	4.01	3.85	3.71	3.6	3.51	3.44	3.37
19	8.18	5.93	5.01	4.5	4.17	3.94	3.77	3.63	3.52	3.43	3.36	3.3
20	8.1	5.85	4.94	4.43	4.1	3.87	3.71	3.56	3.45	3.37	3.3	3.23
21	8.02	5.78	4.87	4.37	4.04	3.81	3.65	3.51	3.4	3.31	3.24	3.17
22	7.94	5.72	4.82	4.31	3.99	3.76	3.59	3.45	3.35	3.26	3.18	3.12
23	7.88	5.66	4.76	4.26	3.94	3.71	3.54	3.41	3.3	3.21	3.14	3.07
24	7.82	5.61	4.72	4.22	3.9	3.67	3.5	3.36	3.25	3.17	3.09	3.03
25	7.77	5.57	4.68	4.18	3.86	3.63	3.46	3.32	3.21	3.13	3.05	2.99
26	7.72	5.53	4.64	4.14	3.82	3.59	3.42	3.29	3.17	3.09	3.02	2.96
27	7.68	5.49	4.6	4.11	3.79	3.56	3.39	3.26	3.14	3.06	2.98	2.93
28	7.64	5.45	4.57	4.07	3.76	3.53	3.36	3.23	3.11	3.03	2.95	2.9
29	7.6	5.42	4.54	4.04	3.73	3.5	3.33	3.2	3.08	3	2.92	2.87
30	7.56	5.39	4.51	4.02	3.7	3.47	3.3	3.17	3.06	2.98	2.9	2.84
32	7.5	5.34	4.46	3.97	3.66	3.42	3.25	3.12	3.01	2.94	2.86	2.8
34	7.44	5.29	4.42	3.93	3.61	3.38	3.21	3.08	2.97	2.89	2.82	2.76

附表3(b)(續)

v_2 \ v_1	1	2	3	4	5	6	7	8	9	10	11	12
36	7.39	5.25	4.38	3.89	3.58	3.35	3.18	3.04	2.94	2.86	2.78	2.72
38	7.35	5.21	4.34	3.86	3.54	3.32	3.15	3.02	2.91	2.82	2.75	2.69
40	7.31	5.18	4.31	3.83	3.51	3.29	3.12	2.99	2.88	2.8	2.73	2.66
42	7.27	5.15	4.29	3.8	3.49	3.26	3.1	2.96	2.86	2.77	2.7	2.64
44	7.24	5.12	4.26	3.78	3.46	3.24	3.07	2.94	2.84	2.75	2.68	2.62
46	7.21	5.1	4.24	3.76	3.44	3.22	3.05	2.92	2.82	2.73	2.66	2.6
48	7.19	5.08	4.22	3.74	3.42	3.2	3.04	2.9	2.8	2.71	2.64	2.58
50	7.17	5.06	4.2	3.72	3.41	3.18	3.02	2.88	2.78	2.7	2.62	2.56
55	7.12	5.01	4.16	3.68	3.37	3.15	2.98	2.85	2.75	2.66	2.59	2.53
60	7.08	4.98	4.13	3.65	3.34	3.12	2.95	2.82	2.72	2.63	2.56	2.5
65	7.04	4.95	4.1	3.62	3.31	3.09	2.93	2.79	2.7	2.61	2.54	2.47
70	7.01	4.92	4.08	3.6	3.29	3.07	2.91	2.77	2.67	2.59	2.51	2.45
80	6.96	4.88	4.04	3.56	3.25	3.04	2.87	2.74	2.64	2.55	2.48	2.41
100	6.9	4.82	3.98	3.51	3.2	2.99	2.82	2.69	2.59	2.51	2.43	2.36
125	6.84	4.78	3.94	3.47	3.17	2.95	2.79	2.65	2.56	2.47	2.4	2.33
150	6.81	4.75	3.91	3.44	3.14	2.92	2.76	2.62	2.53	2.44	2.37	2.3
200	6.76	4.71	3.88	3.41	3.11	2.9	2.73	2.6	2.5	2.41	2.34	2.28
400	6.7	4.66	3.83	3.36	3.06	2.85	2.69	2.55	2.46	2.37	2.29	2.23
1,000	6.66	4.62	3.8	3.34	3.04	2.82	2.66	2.53	2.43	2.34	2.26	2.2
∞	6.64	4.6	3.78	3.32	3.02	2.8	2.64	2.51	2.41	2.32	2.24	2.18

續附表3(b)

v_2 \ v_1	14	16	20	24	30	40	50	75	100	200	500	∞
1	6,142	6,169	6,208	6,234	6,258	6,286	6,302	6,323	6,334	6,352	6,361	6,366
2	99.43	99.44	99.45	99.46	99.47	99.48	99.48	99.49	99.49	99.49	99.5	99.5
3	26.92	26.83	26.69	26.6	26.5	26.41	26.35	26.27	26.23	26.18	26.14	26.12
4	14.24	14.15	14.02	13.93	13.83	13.74	13.69	13.61	13.57	13.52	13.48	13.46
5	9.77	9.68	9.55	9.47	9.38	9.29	9.24	9.17	9.13	9.07	9.04	9.02
6	7.6	7.52	7.33	7.31	7.23	7.14	7.09	7.02	6.99	6.94	6.9	6.88
7	6.35	6.27	6.15	6.07	5.98	5.9	5.85	5.78	5.75	5.7	5.67	5.65
8	5.56	5.48	5.36	5.28	5.2	5.11	5.06	5	4.96	4.91	4.88	4.86
9	5	4.92	4.8	4.73	4.64	4.56	4.51	4.45	4.41	4.36	4.33	4.31
10	4.6	4.52	4.41	4.33	4.25	4.17	4.12	4.05	4.01	3.96	3.93	3.91
11	4.29	4.21	4.1	4.02	3.94	3.86	3.8	3.74	3.7	3.66	3.62	3.6
12	4.05	3.98	3.86	3.78	3.7	3.61	3.56	3.49	3.46	3.41	3.38	3.36
13	3.85	3.78	3.67	3.59	3.15	3.42	3.37	3.3	3.27	3.21	3.18	3.16
14	3.7	3.62	3.51	3.43	3.34	3.26	3.21	3.14	3.11	3.06	3.02	3
15	3.56	3.48	3.36	3.29	3.2	3.12	3.07	3	2.97	2.92	2.89	2.87
16	3.45	3.37	3.25	3.18	3.1	3.01	2.96	2.89	2.86	2.8	2.77	2.75

續附表3(b)(續)

v_2 \ v_1	14	16	20	24	30	40	50	75	100	200	500	∞
17	3.35	3.27	3.16	3.08	3	2.92	2.86	2.79	2.76	2.7	2.67	2.65
18	3.27	3.19	3.07	3	2.91	2.83	2.78	2.71	2.68	2.62	2.59	2.57
19	3.19	3.12	3	2.92	2.84	2.76	2.7	2.63	2.6	2.54	2.51	2.49
20	3.13	3.05	2.94	2.86	2.77	2.69	2.63	2.56	2.53	2.47	2.44	2.42
21	3.07	2.99	2.88	2.8	2.72	2.63	2.58	2.51	2.47	2.42	2.38	2.36
22	3.02	2.94	2.83	2.75	2.67	2.58	2.53	2.46	2.42	2.37	2.33	2.31
23	2.97	2.89	2.78	2.79	2.62	2.53	2.48	2.41	2.37	2.32	2.28	2.26
24	2.93	2.85	2.74	2.66	2.58	2.49	2.44	2.36	2.33	2.27	2.23	2.21
25	2.89	2.81	2.7	2.62	2.54	2.45	2.4	2.32	2.29	2.23	2.19	2.17
26	2.86	2.77	2.66	2.58	2.5	2.41	2.36	2.28	2.25	2.19	2.15	2.13
27	2.83	2.74	2.63	2.55	2.47	2.38	2.33	2.25	2.21	2.16	2.12	2.1
28	2.8	2.71	2.6	2.52	2.44	2.35	2.3	2.22	2.18	2.13	2.09	2.06
29	2.77	2.68	2.57	2.49	2.41	2.32	2.27	2.19	2.15	2.1	2.06	2.03
30	2.74	2.66	2.55	2.47	2.38	2.29	2.24	2.16	2.13	2.07	2.03	2.01
32	2.7	2.62	2.51	2.42	2.34	2.25	2.2	2.12	2.08	2.02	1.98	1.96
34	2.66	2.58	2.47	2.38	2.3	2.21	2.15	2.08	2.04	1.98	1.94	1.91
36	2.62	2.54	2.43	2.35	2.26	2.17	2.12	2.04	2	1.94	1.9	1.87
38	2.59	2.51	2.4	2.32	2.22	2.14	2.08	2	1.97	1.9	1.86	1.84
40	2.56	2.49	2.37	2.29	2.2	2.11	2.05	1.97	1.94	1.88	1.84	1.81
42	2.54	2.46	2.35	2.26	2.17	2.08	2.02	1.94	1.91	1.85	1.8	1.78
44	2.52	2.44	2.32	2.24	2.15	2.06	2	1.92	1.88	1.82	1.78	1.75
46	2.5	2.42	2.3	2.22	2.13	2.04	1.98	1.9	1.86	1.8	1.76	1.72
48	2.48	2.4	2.28	2.2	2.11	2.02	1.96	1.88	1.84	1.78	1.73	1.7
50	2.46	2.39	2.26	2.18	2.1	2	1.94	1.86	1.82	1.76	1.71	1.68
55	2.43	2.35	2.23	2.15	2.06	1.96	1.9	1.82	1.78	1.71	1.66	1.64
60	2.4	2.32	2.2	2.12	2.03	1.93	1.87	1.79	1.74	1.68	1.63	1.6
65	2.37	2.3	2.18	2.09	2	1.9	1.84	1.76	1.71	1.64	1.6	1.56
70	2.35	2.28	2.15	2.07	1.98	1.88	1.82	1.74	1.69	1.62	1.56	1.53
80	2.32	2.24	2.11	2.03	1.94	1.84	1.78	1.7	1.65	1.57	1.52	1.49
100	2.26	2.19	2.06	1.98	1.89	1.79	1.73	1.64	1.59	1.51	1.46	1.43
125	2.23	2.15	2.03	1.94	1.85	1.75	1.68	1.59	1.54	1.46	1.4	1.37
150	2.2	2.12	2	1.91	1.83	1.72	1.66	1.56	1.51	1.43	1.37	1.33
200	2.17	2.09	1.97	1.88	1.79	1.69	1.62	1.53	1.48	1.39	1.33	1.28
400	2.12	2.04	1.92	1.84	1.74	1.64	1.57	1.47	1.42	1.32	1.24	1.19
1,000	2.09	2.01	1.89	1.81	1.71	1.61	1.54	1.44	1.38	1.28	1.19	1.11
∞	2.07	1.99	1.87	1.79	1.69	1.59	1.52	1.41	1.36	1.25	1.15	1

註：表中 v_1、v_2 分別為 F 分佈的第一自由度和第二自由度。

附表4 χ^2 分佈表

例,若 $\chi^2 \sim \chi^2(6)$,其中 $v = 6$,則 $P(\chi^2 > 12.592) = 0.05$

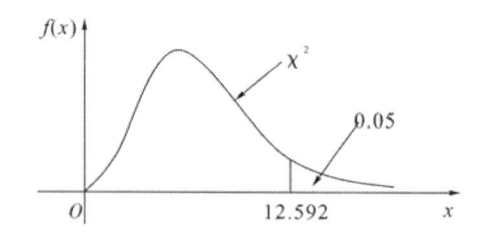

v \ α	0.99	0.975	0.95	0.9	0.1	0.05	0.025	0.01
1	0.0³16	0.001	0.004	0.016	2.706	3.841	5.024	6.635
2	0.02	0.051	0.103	0.211	4.605	5.991	7.378	9.21
3	0.115	0.216	0.352	0.584	6.251	7.815	9.348	11.345
4	0.297	0.484	0.711	1.064	7.779	9.488	11.143	13.277
5	0.554	0.831	1.145	1.61	9.236	11.071	12.833	15.086
6	0.872	1.237	1.635	2.204	10.645	**12.592**	14.449	16.812
7	1.239	1.69	2.167	2.833	12.017	14.067	16.013	18.475
8	1.646	2.18	2.733	3.49	13.362	15.507	17.535	20.09
9	2.088	2.7	3.325	4.168	14.684	16.919	19.023	21.666
10	2.558	3.247	3.94	4.865	15.987	18.307	20.483	23.209
11	3.053	3.816	4.575	5.578	17.275	19.675	21.92	24.725
12	3.571	4.404	5.226	6.304	18.549	21.026	23.337	26.217
13	4.107	5.009	5.892	7.042	19.812	22.362	24.736	27.688
14	4.66	5.629	6.571	7.79	21.064	23.685	26.119	29.141
15	5.229	6.262	7.261	8.547	22.307	24.996	27.448	30.578
16	5.812	6.908	7.962	9.312	23.542	26.296	28.845	32
17	6.408	7.564	8.672	10.085	24.769	27.587	30.191	33.409
18	7.015	8.231	9.39	10.865	25.989	28.869	31.526	34.805
19	7.633	8.907	10.117	11.651	27.204	30.144	32.852	36.191
20	8.26	9.591	10.851	12.443	28.412	31.41	34.17	37.566
21	8.897	10.283	11.591	13.24	29.615	32.671	36.479	38.932
22	9.542	10.982	12.338	14.042	30.813	33.924	36.781	40.289
23	10.196	11.689	13.091	14.848	32.007	35.172	38.076	41.638
24	10.856	12.401	13.848	15.659	33.196	36.415	39.364	42.98
25	11.524	13.12	14.611	16.473	34.382	37.652	40.646	44.314
26	12.198	13.844	15.379	17.292	35.563	38.885	41.923	45.642
27	12.879	14.573	16.151	18.114	36.741	40.113	43.194	46.963
28	13.565	15.308	16.928	18.939	37.916	41.337	44.461	48.278
29	14.257	16.047	17.708	19.768	39.087	42.557	45.722	49.588
30	14.954	16.791	18.493	20.599	40.256	43.773	46.979	50.892

註:表中 v 為 χ^2 分佈的自由度,α 為概率。

附表 5　DW 检验临界值表

附表 5 (a)　DW 检验临界值表（显著性水平 $\alpha=0.05$）

n	$k=1$ d_L	$k=1$ d_U	$k=2$ d_L	$k=2$ d_U	$k=3$ d_L	$k=3$ d_U	$k=4$ d_L	$k=4$ d_U	$k=5$ d_L	$k=5$ d_U	$k=6$ d_L	$k=6$ d_U	$k=7$ d_L	$k=7$ d_U	$k=8$ d_L	$k=8$ d_U	$k=9$ d_L	$k=9$ d_U	$k=10$ d_L	$k=10$ d_U
15	1.077	1.361	0.946	1.543	0.814	1.75	0.685	1.977	0.562	2.22	0.447	2.472	0.343	2.727	0.251	2.979	0.175	3.216	0.111	3.438
16	1.106	1.371	0.982	1.539	0.857	1.728	0.734	1.935	0.615	2.157	0.502	2.388	0.398	2.624	0.304	2.86	0.222	3.09	0.155	3.304
17	1.133	1.381	1.015	1.536	0.897	1.71	0.779	1.9	0.664	2.104	0.554	2.318	0.451	2.537	0.456	2.757	0.272	2.975	0.198	3.184
18	1.158	1.391	1.046	1.535	0.933	1.696	0.82	1.872	0.71	2.06	0.603	2.257	0.502	2.461	0.407	2.667	0.321	2.873	0.244	3.073
19	1.18	1.401	1.074	1.536	0.967	1.685	0.859	1.848	0.752	2.023	0.649	2.206	0.549	2.396	0.456	2.589	0.369	2.783	0.29	2.974
20	1.201	1.411	1.1	1.537	0.988	1.676	0.894	1.828	0.792	1.991	0.692	2.162	0.595	2.339	0.502	2.521	0.416	2.704	0.336	2.885
21	1.221	1.42	1.125	1.538	1.026	1.669	0.927	1.812	0.829	1.964	0.732	2.124	0.637	2.29	0.547	2.46	0.461	2.633	0.38	2.806
22	1.239	1.429	1.147	1.541	1.053	1.664	0.958	1.797	0.863	1.94	0.769	2.09	0.677	2.246	0.588	2.407	0.504	2.571	0.424	2.734
23	1.257	1.437	1.168	1.543	1.078	1.66	0.986	1.785	0.895	1.92	0.804	2.061	0.715	2.208	0.628	2.36	0.545	2.514	0.465	2.67
24	1.273	1.446	1.188	1.546	1.101	1.656	1.013	1.775	0.925	1.902	0.837	2.035	0.751	2.174	0.666	2.318	0.584	2.464	0.506	2.613
25	1.288	1.454	1.206	1.55	1.123	1.654	1.038	1.767	0.953	1.886	0.868	2.012	0.784	2.144	0.702	2.28	0.621	2.419	0.544	2.56
26	1.302	1.461	1.224	1.553	1.143	1.652	1.062	1.759	0.979	1.873	0.897	1.992	0.816	2.117	0.735	2.246	0.657	2.379	0.581	2.513
27	1.316	1.469	1.24	1.556	1.162	1.651	1.084	1.753	1.004	1.861	0.925	1.974	0.845	2.093	0.767	2.216	0.691	2.342	0.616	2.47
28	1.328	1.476	1.255	1.56	1.181	1.65	1.104	1.747	1.028	1.85	0.951	1.958	0.874	2.071	0.798	2.188	0.723	2.309	0.65	2.431
29	1.341	1.483	1.27	1.563	1.198	1.65	1.124	1.743	1.05	1.841	0.975	1.944	0.9	2.052	0.826	2.164	0.753	2.278	0.682	2.396
30	1.352	1.489	1.284	1.567	1.214	1.65	1.143	1.739	1.071	1.833	0.998	1.931	0.926	2.034	0.854	2.141	0.782	2.251	0.712	2.363
31	1.363	1.496	1.297	1.57	1.229	1.65	1.16	1.735	1.09	1.825	1.02	1.92	0.95	2.018	0.879	2.12	0.81	2.226	0.741	2.333
32	1.373	1.502	1.309	1.574	1.244	1.65	1.177	1.732	1.109	1.819	1.041	1.909	0.972	2.004	0.904	2.102	0.836	2.203	0.769	2.306
33	1.383	1.508	1.321	1.577	1.258	1.651	1.193	1.73	1.127	1.813	1.061	1.9	0.994	1.991	0.927	2.085	0.861	2.181	0.795	2.281
34	1.393	1.514	1.333	1.58	1.271	1.652	1.208	1.728	1.144	1.808	1.08	1.891	1.015	1.979	0.95	2.069	0.885	2.162	0.821	2.257
35	1.402	1.519	1.343	1.584	1.283	1.653	1.222	1.726	1.16	1.803	1.097	1.884	1.034	1.967	0.971	2.054	0.908	2.144	0.845	2.236

附表5(a)(续)

n	k=1 d_L	k=1 d_U	k=2 d_L	k=2 d_U	k=3 d_L	k=3 d_U	k=4 d_L	k=4 d_U	k=5 d_L	k=5 d_U	k=6 d_L	k=6 d_U	k=7 d_L	k=7 d_U	k=8 d_L	k=8 d_U	k=9 d_L	k=9 d_U	k=10 d_L	k=10 d_U
36	1.411	1.525	1.354	1.587	1.295	1.654	1.236	1.724	1.175	1.799	1.114	1.877	1.053	1.957	0.991	2.041	0.93	2.127	0.868	2.216
37	1.419	1.53	1.364	1.59	1.307	1.655	1.249	1.723	1.19	1.795	1.131	1.87	1.071	1.948	1.011	2.029	0.951	2.112	0.891	2.198
38	1.427	1.535	1.373	1.594	1.318	1.656	1.261	1.722	1.204	1.792	1.146	1.864	1.088	1.939	1.029	2.017	0.97	2.098	0.912	2.18
39	1.435	1.54	1.382	1.597	1.328	1.658	1.273	1.722	1.218	1.789	1.161	1.859	1.104	1.932	1.047	2.007	0.99	2.085	0.932	2.164
40	1.442	1.544	1.391	1.6	1.338	1.659	1.285	1.721	1.23	1.786	1.175	1.854	1.12	1.924	1.064	1.997	1.008	2.072	0.952	2.149
45	1.475	1.566	1.43	1.615	1.383	1.666	1.336	1.72	1.287	1.776	1.238	1.835	1.189	1.895	1.139	1.958	1.089	2.022	1.038	2.088
50	1.503	1.585	1.462	1.628	1.421	1.674	1.378	1.721	1.335	1.771	1.291	1.822	1.246	1.875	1.201	1.93	1.156	1.986	1.11	2.044
55	1.528	1.601	1.49	1.641	1.452	1.681	1.414	1.724	1.374	1.768	1.334	1.814	1.294	1.861	1.253	1.909	1.212	1.959	1.17	2.01
60	1.549	1.616	1.514	1.652	1.48	1.689	1.444	1.727	1.408	1.767	1.372	1.808	1.335	1.85	1.298	1.894	1.26	1.939	1.222	1.984
65	1.567	1.629	1.536	1.662	1.503	1.696	1.471	1.731	1.438	1.767	1.404	1.805	1.37	1.843	1.336	1.882	1.301	1.923	1.266	1.964
70	1.583	1.641	1.554	1.672	1.525	1.703	1.494	1.735	1.464	1.768	1.433	1.802	1.401	1.837	1.369	1.873	1.337	1.91	1.305	1.948
75	1.598	1.652	1.571	1.68	1.543	1.709	1.515	1.739	1.487	1.77	1.458	1.801	1.428	1.834	1.399	1.867	1.369	1.901	1.339	1.935
80	1.611	1.662	1.586	1.688	1.56	1.715	1.534	1.743	1.507	1.772	1.48	1.801	1.453	1.831	1.425	1.861	1.397	1.893	1.369	1.925
85	1.624	1.671	1.6	1.696	1.575	1.721	1.55	1.747	1.525	1.774	1.5	1.801	1.474	1.829	1.448	1.857	1.422	1.886	1.396	1.916
90	1.635	1.679	1.612	1.703	1.589	1.726	1.566	1.751	1.542	1.776	1.518	1.801	1.494	1.827	1.469	1.854	1.445	1.881	1.42	1.909
95	1.645	1.687	1.623	1.709	1.602	1.732	1.579	1.755	1.557	1.778	1.535	1.802	1.512	1.827	1.489	1.852	1.465	1.877	1.442	1.903
100	1.654	1.694	1.634	1.715	1.613	1.736	1.592	1.758	1.571	1.78	1.55	1.803	1.528	1.826	1.506	1.85	1.484	1.874	1.462	1.898
150	1.72	1.746	1.706	1.76	1.693	1.774	1.679	1.788	1.665	1.802	1.651	1.817	1.637	1.832	1.622	1.847	1.608	1.862	1.594	1.877
200	1.758	1.778	1.748	1.789	1.738	1.799	1.728	1.81	1.718	1.82	1.707	1.831	1.697	1.841	1.686	1.852	1.675	1.863	1.665	1.874

注:① 资料来源:达摩达尔·N.古扎拉蒂. 计量经济学基础(第4版). 北京:中国人民大学出版社,2005:918—919. 这里对其中的1个印刷错误做了修正.
② 表中 n 为观测个数(样本容量), k 为解释变量个数.
③ 举例说明:若 $n=30, k=5$,则对于给定的显著性水平 $\alpha=0.05, d_L=1.071, d_U=1.833$. 若所计算的DW检验的统计量作 $DW<1.071$,则长期模型存在一阶正自相关. 若 $DW>4-1.071=2.929$,则长期模型存在一阶负自相关. 若 $1.833<DW<4-1.833=2.167$,则长期模型不存在一阶自相关. 若 $1.071<DW<1.833$ 或 $1.833<DW<4-1.071$, DW检验失效.

附表 5(b) DW 检验临界值表（显著性水平 $\alpha=0.01$）

n	k=1 d_L	k=1 d_U	k=2 d_L	k=2 d_U	k=3 d_L	k=3 d_U	k=4 d_L	k=4 d_U	k=5 d_L	k=5 d_U	k=6 d_L	k=6 d_U	k=7 d_L	k=7 d_U	k=8 d_L	k=8 d_U	k=9 d_L	k=9 d_U	k=10 d_L	k=10 d_U
15	0.811	1.07	0.7	1.252	0.591	1.464	0.488	1.704	0.391	1.967	0.303	2.244	0.226	2.53	0.161	2.817	0.107	3.101	0.068	3.374
16	0.844	1.086	0.737	1.252	0.633	1.446	0.532	1.663	0.437	1.9	0.349	2.153	0.269	2.416	0.2	2.681	0.142	2.944	0.094	3.201
17	0.874	1.102	0.772	1.255	0.672	1.432	0.574	1.63	0.48	1.847	0.393	2.078	0.313	2.319	0.241	2.566	0.179	2.811	0.127	3.053
18	0.902	1.118	0.805	1.259	0.708	1.422	0.613	1.604	0.522	1.803	0.435	2.015	0.355	2.238	0.282	2.467	0.216	2.697	0.16	2.925
19	0.928	1.132	0.835	1.265	0.742	1.415	0.65	1.584	0.561	1.767	0.476	1.963	0.396	2.169	0.322	2.381	0.255	2.597	0.196	2.813
20	0.952	1.147	0.863	1.271	0.733	1.411	0.685	1.567	0.598	1.737	0.515	1.918	0.436	2.11	0.362	2.308	0.294	2.51	0.232	2.714
21	0.975	1.161	0.89	1.277	0.803	1.408	0.718	1.554	0.633	1.712	0.552	1.881	0.474	2.059	0.4	2.244	0.331	2.434	0.268	2.625
22	0.997	1.174	0.914	1.284	0.831	1.407	0.748	1.543	0.667	1.691	0.587	1.849	0.51	2.015	0.437	2.188	0.368	2.367	0.304	2.548
23	1.018	1.187	0.938	1.291	0.858	1.407	0.777	1.534	0.698	1.673	0.62	1.821	0.545	1.977	0.473	2.14	0.404	2.308	0.34	2.479
24	1.037	1.199	0.96	1.298	0.882	1.407	0.805	1.528	0.728	1.658	0.652	1.797	0.578	1.944	0.507	2.097	0.439	2.255	0.375	2.417
25	1.055	1.211	0.981	1.305	0.906	1.409	0.831	1.523	0.756	1.645	0.682	1.776	0.61	1.915	0.54	2.059	0.473	2.209	0.409	2.362
26	1.072	1.222	1.001	1.312	0.928	1.411	0.855	1.518	0.783	1.635	0.711	1.759	0.64	1.889	0.572	2.026	0.505	2.168	0.441	2.313
27	1.089	1.233	1.019	1.319	0.949	1.413	0.878	1.515	0.808	1.626	0.738	1.743	0.669	1.867	0.602	1.997	0.536	2.131	0.473	2.269
28	1.104	1.244	1.037	1.325	0.969	1.415	0.9	1.513	0.832	1.618	0.764	1.729	0.696	1.847	0.63	1.97	0.566	2.098	0.504	2.229
29	1.119	1.254	1.054	1.331	0.988	1.418	0.921	1.512	0.855	1.611	0.788	1.718	0.723	1.83	0.658	1.947	0.595	2.068	0.533	2.193
30	1.133	1.263	1.07	1.339	1.006	1.421	0.941	1.511	0.877	1.606	0.812	1.707	0.748	1.814	0.684	1.925	0.622	2.041	0.562	2.16
31	1.147	1.273	1.085	1.345	1.023	1.425	0.96	1.51	0.897	1.601	0.834	1.698	0.772	1.8	0.71	1.906	0.649	2.017	0.589	2.131
32	1.16	1.282	1.1	1.352	1.04	1.428	0.979	1.51	0.917	1.597	0.856	1.69	0.794	1.788	0.734	1.889	0.674	1.995	0.615	2.104
33	1.172	1.291	1.114	1.358	1.055	1.432	0.996	1.51	0.936	1.594	0.876	1.683	0.816	1.776	0.757	1.874	0.698	1.975	0.641	2.08
34	1.184	1.299	1.128	1.364	1.07	1.435	1.012	1.511	0.954	1.591	0.896	1.677	0.837	1.766	0.779	1.86	0.722	1.957	0.665	2.057
35	1.195	1.307	1.14	1.37	1.085	1.439	1.028	1.512	0.971	1.589	0.914	1.671	0.857	1.757	0.8	1.847	0.744	1.94	0.689	2.037
36	1.206	1.315	1.153	1.376	1.098	1.442	1.043	1.513	0.988	1.588	0.932	1.666	0.877	1.749	0.821	1.836	0.766	1.925	0.711	2.018
37	1.217	1.323	1.165	1.382	1.112	1.446	1.058	1.514	1.004	1.586	0.95	1.662	0.895	1.742	0.841	1.825	0.787	1.911	0.733	2.001

附表5(b)(续)

n	k=1 d_L	k=1 d_U	k=2 d_L	k=2 d_U	k=3 d_L	k=3 d_U	k=4 d_L	k=4 d_U	k=5 d_L	k=5 d_U	k=6 d_L	k=6 d_U	k=7 d_L	k=7 d_U	k=8 d_L	k=8 d_U	k=9 d_L	k=9 d_U	k=10 d_L	k=10 d_U
38	1.227	1.33	1.176	1.388	1.124	1.449	1.072	1.515	1.019	1.585	0.966	1.658	0.913	1.735	0.86	1.816	0.807	1.899	0.754	1.985
39	1.237	1.337	1.187	1.393	1.137	1.453	1.085	1.517	1.034	1.584	0.982	1.655	0.93	1.729	0.878	1.807	0.826	1.887	0.774	1.97
40	1.246	1.344	1.198	1.398	1.148	1.457	1.098	1.518	1.048	1.584	0.997	1.652	0.946	1.724	0.895	1.799	0.844	1.876	0.794	1.956
45	1.288	1.376	1.245	1.423	1.201	1.474	1.156	1.528	1.111	1.584	1.065	1.643	1.019	1.704	0.974	1.768	0.927	1.834	0.881	1.902
50	1.324	1.403	1.285	1.446	1.245	1.491	1.205	1.538	1.164	1.587	1.123	1.639	1.081	1.692	1.039	1.748	0.997	1.805	0.955	1.864
55	1.356	1.427	1.32	1.466	1.284	1.506	1.247	1.548	1.209	1.592	1.172	1.638	1.134	1.685	1.095	1.734	1.057	1.785	1.018	1.837
60	1.383	1.449	1.35	1.484	1.317	1.52	1.283	1.558	1.249	1.598	1.214	1.639	1.179	1.682	1.144	1.726	1.108	1.771	1.072	1.817
65	1.407	1.468	1.377	1.5	1.346	1.534	1.315	1.568	1.283	1.604	1.251	1.642	1.218	1.68	1.186	1.72	1.153	1.761	1.12	1.802
70	1.429	1.485	1.4	1.515	1.372	1.546	1.343	1.578	1.313	1.611	1.283	1.645	1.253	1.68	1.223	1.716	1.192	1.754	1.162	1.792
75	1.448	1.501	1.422	1.529	1.395	1.557	1.368	1.587	1.34	1.617	1.313	1.649	1.284	1.682	1.256	1.714	1.227	1.748	1.199	1.783
80	1.466	1.515	1.441	1.541	1.416	1.568	1.39	1.595	1.364	1.624	1.338	1.653	1.312	1.683	1.285	1.714	1.259	1.745	1.232	1.777
85	1.482	1.528	1.458	1.553	1.435	1.578	1.411	1.603	1.386	1.63	1.362	1.657	1.337	1.685	1.312	1.714	1.287	1.743	1.262	1.773
90	1.496	1.54	1.474	1.563	1.452	1.587	1.429	1.611	1.406	1.636	1.382	1.661	1.36	1.687	1.336	1.715	1.312	1.741	1.288	1.769
95	1.51	1.552	1.489	1.573	1.468	1.596	1.446	1.618	1.425	1.642	1.403	1.666	1.381	1.69	1.358	1.717	1.336	1.741	1.313	1.767
100	1.522	1.562	1.503	1.583	1.482	1.604	1.462	1.625	1.441	1.647	1.421	1.67	1.4	1.693	1.378	1.717	1.357	1.741	1.335	1.765
150	1.611	1.637	1.598	1.651	1.584	1.665	1.571	1.679	1.557	1.693	1.543	1.708	1.53	1.722	1.515	1.737	1.501	1.752	1.486	1.767
200	1.664	1.684	1.653	1.693	1.643	1.704	1.633	1.715	1.623	1.725	1.613	1.735	1.603	1.746	1.592	1.757	1.582	1.768	1.571	1.779

注：① 资料来源：达摩达尔·N. 古扎拉蒂. 计量经济学基础(第4版). 北京：中国人民大学出版社, 2005: 920—921. 这里对其中的2个印刷错误做了修正。

② 表中 n 为观测个数(样本容量), k 为解释变量个数。

③ 举例说明：若 $n=30, k=5$, 则对于给定的显著性水平 $\alpha=0.01, d_L=0.877, d_U=1.606$。若所计算的DW检验的统计量值 $DW<0.877$, 则长期明模型存在一阶正自相关。若 $1.606<DW<4-1.606=2.394$, 则长期明模型不存在一阶自相关。若 $0.877<DW<1.606$ 或 $4-1.606<DW<4-0.877$, DW>$4-0.877=3.123$, 则长期明模型存在一阶负自相关。若 $4-1.606<DW<4-0.877$, DW检验失效。

附表 6　EG 協整檢驗臨界值表

N	模型形式	α	Φ_∞	Φ_1	Φ_2
1	無常數項,無趨勢項	0.01	-2.565.8	-1.96	-10.04
1	無常數項,無趨勢項	0.05	-1.939.3	-0.398	0
1	無常數項,無趨勢項	0.1	-1.615.6	-0.181	0
1	常數項,無趨勢項	0.01	-3.433.6	-5.999	-29.25
1	常數項,無趨勢項	0.05	-2.862.1	-2.738	-8.36
1	常數項,無趨勢項	0.1	-2.567.1	-1.438	-4.48
1	常數項,趨勢項	0.01	-3.963.8	-8.353	-47.44
1	常數項,趨勢項	0.05	-3.412.6	-4.039	-17.83
1	常數項,趨勢項	0.1	-3.127.9	-2.418	-7.58
2	常數項,無趨勢項	0.01	-3.900.1	-10.534	-30.03
2	常數項,無趨勢項	0.05	**-3.337.7**	**-5.967**	**-8.98**
2	常數項,無趨勢項	0.1	-3.046.2	-4.069	-5.73
2	常數項,趨勢項	0.01	-4.326.6	-15.531	-34.03
2	常數項,趨勢項	0.05	-3.780.9	-9.421	-15.06
2	常數項,趨勢項	0.1	-3.495.9	-7.203	-4.01
3	常數項,無趨勢項	0.01	-4.298.1	-13.79	-46.37
3	常數項,無趨勢項	0.05	-3.742.9	-8.352	-13.41
3	常數項,無趨勢項	0.1	-3.451.8	-6.241	-2.79
3	常數項,趨勢項	0.01	-4.667.6	-18.492	-49.35
3	常數項,趨勢項	0.05	-4.119.3	-12.024	-13.13
3	常數項,趨勢項	0.1	-3.834.4	-9.188	-4.85
4	常數項,無趨勢項	0.01	-4.649.3	-17.188	-59.2
4	常數項,無趨勢項	0.05	-4.1	-10.745	-21.57
4	常數項,無趨勢項	0.1	-3.811	-8.317	-5.19
4	常數項,趨勢項	0.01	-4.969.5	-22.504	-50.22
4	常數項,趨勢項	0.05	-4.429.4	-14.501	-19.54
4	常數項,趨勢項	0.1	-4.147.4	-11.165	-9.88
5	常數項,無趨勢項	0.01	-4.958.7	-22.14	-37.29
5	常數項,無趨勢項	0.05	-4.418.5	-13.641	-21.16
5	常數項,無趨勢項	0.1	-4.132.7	-10.638	-5.48
5	常數項,趨勢項	0.01	-5.249.7	-26.606	-49.56
5	常數項,趨勢項	0.05	-4.715.4	-17.432	-16.5
5	常數項,趨勢項	0.1	-4.434.5	-13.654	-5.77
6	常數項,無趨勢項	0.01	-5.24	-26.278	-41.65
6	常數項,無趨勢項	0.05	-4.704.8	-17.12	-11.17
6	常數項,無趨勢項	0.1	-4.424.2	-13.347	0
6	常數項,趨勢項	0.01	-5.512.7	-30.735	-52.5
6	常數項,趨勢項	0.05	-4.976.7	-20.883	-9.05
6	常數項,趨勢項	0.1	-4.699.9	-16.445	0

註:① 資料來源於 Mackinnon(1,991)。
② 表中 N 為協整迴歸方程所含變量個數,當 $N=1$ 時,表示對單個變量進行 DF 檢驗,α 為顯著性水平。
③ 臨界值計算公式:$C_\alpha = \Phi_\infty + \Phi_1 T^{-1} + \Phi_2 T^{-2}$,其中 T 為樣本容量。
④ 舉例說明:若 $N=2$,$T=60$,模型形式含有常數項,無趨勢項,則對於給定的顯著性水平 $\alpha=0.05$,$\Phi_\infty = -3.337.7$,$\Phi_1 = -5.967$,$\Phi_2 = -8.98$。EG 檢驗的臨界值為:

$$C_{0.05} = -3.337.7 - 5.967 \times 60^{-1} - 8.98 \times 60^{-2} = -3.439.6$$

國家圖書館出版品預行編目(CIP)資料

計量經濟學 / 靳庭良 編著.-- 第三版.
-- 臺北市：崧博出版：財經錢線文化發行, 2018.10
　面；　公分
ISBN 978-957-735-546-1(平裝)
1.計量經濟學
550.19　　107016638

書　名：計量經濟學
作　者：靳庭良 編著
發行人：黃振庭
出版者：崧博出版事業有限公司
發行者：財經錢線文化事業有限公司
E-mail：sonbookservice@gmail.com
粉絲頁　　　　　　網　址：
地　址：台北市中正區延平南路六十一號五樓一室
8F.-815, No.61, Sec. 1, Chongqing S. Rd., Zhongzheng Dist., Taipei City 100, Taiwan (R.O.C.)
電　話：(02)2370-3310　傳　真：(02) 2370-3210
總經銷：紅螞蟻圖書有限公司
地　址：台北市內湖區舊宗路二段 121 巷 19 號
電　話：02-2795-3656　　傳真：02-2795-4100　網址：
印　刷：京峯彩色印刷有限公司（京峰數位）

　　本書版權為西南財經大學出版社所有授權崧博出版事業有限公司獨家發行電子書及繁體書繁體版。若有其他相關權利及授權需求請與本公司聯繫。

定價：550元
發行日期：2018 年 10 月第三版
◎ 本書以POD印製發行